T0198555

Sammlung Metzler
Band 347

Ansgar Nünning (Hrsg.)

Grundbegriffe
der Literaturtheorie

Verlag J.B. Metzler Stuttgart · Weimar

Der Herausgeber:

Ansgar Nünning, Professor für Englische und Amerikanische Literatur- und Kulturwissenschaft an der Universität Gießen und Direktor des »Gießener Graduiertenzentrum Kulturwissenschaften«. Zahlreiche Veröffentlichungen, vor allem zur englischen Literatur des 17. bis 20. Jahrhunderts sowie zu literatur- und kulturtheoretischen Ansätzen (u.a. Narratologie, New Historicism, Gender Studies, Mentalitätsgeschichte, komparatistische Imagologie, radikaler Konstruktivismus). Bei J.B. Metzler ist erschienen »Metzler Lexikon Literatur- und Kulturtheorie«. 2. Auflage 2001. »Metzler Lexikon englischsprachiger Autorinnen und Autoren«. 2002 (Mitherausgeber). »Konzepte der Kulturwissenschaften«. 2003 (Mitherausgeber). »Erzähltextanalyse und Gender Studies«. 2004 (Mitherausgeber).

Bibliografische Information Der Deutschen Bibliothek
Die Deutsche Bibliothek verzeichnet diese Publikation in der Deutschen Nationalbibliografie; detaillierte bibliografische Daten sind im Internet über <http://dnb.ddb.de> abrufbar.

ISBN 978-3-476-10347-5
ISBN 978-3-476-05071-7 (eBook)
DOI 10.1007/978-3-476-05071-7

© 2004 Springer-Verlag GmbH Deutschland
Ursprünglich erschienen bei J. B. Metzlersche Verlagsbuchhandlung und Carl Ernst Poeschel Verlag GmbH in Stuttgart 2004

www.metzlerverlag.de
info@metzlerverlag.de

Vorwort

Die *Grundbegriffe der Literaturtheorie* richten sich vor allem an Studierende im Grundstudium, die in literaturwissenschaftlichen Einführungs- oder Grundkursen in der Regel mit einer Vielzahl von Ansätzen und Fachbegriffen der Literaturtheorie konfrontiert werden, denen sie zunächst rat- und verständnislos gegenüberstehen. Im Gegensatz etwa zu etablierten Gattungsbegriffen (wie z.B. Komödie, Kurzgeschichte oder Sonett) oder dem Grundvokabular der Textanalyse (z.B. Exposition, *point of view* oder Reimschema), das vielen bereits aus dem Oberstufenunterricht bekannt ist, dürften Termini aus dem Bereich der Literaturtheorie für die meisten zunächst einmal ein Buch mit sieben Siegeln sein. Daraus ergibt sich die Notwendigkeit eines kleinen Nachschlagewerks für die erste Orientierung innerhalb eines Sach- und Begriffsfeldes, das für Studienanfänger besonders schwer erschließbar und inzwischen selbst für Fachleute kaum noch überschaubar ist.

Der vorliegende Band verfolgt das Ziel, Studierenden einen kompakten Überblick über die wichtigsten Ansätze der zeitgenössischen Literaturtheorie zu geben und ihnen die zentralen Grundbegriffe zu erläutern. Er beruht auf einer Auswahl von etwa 190 Einträgen aus der in Vorbereitung befindlichen dritten, aktualisierten und erweiterten Auflage des *Metzler Lexikon Literatur- und Kulturtheorie* (Stuttgart/Weimar: J.B. Metzler 2004). Abgesehen von der Kürzung – und gleichzeitigen Aktualisierung – der Literaturangaben wurden die Artikel bewußt nicht verändert, denn angesichts der Komplexität der Materie ist Studierenden weder mit unzulässigen Simplifizierungen noch mit Allgemeinplätzen gedient, sondern nur mit Erklärungen, die den Phänomenen, um die es geht, – trotz des durch das Lexikonformat ohnehin vorgegebenen Zwangs zur Prägnanz – noch angemessen sind.

Die Auswahl der Einträge orientiert sich an den wichtigsten zeitgenössischen Ansätzen und den grundlegenden Begriffen. Zum anderen wurde die Auswahl vor allem im Hinblick auf die intendierte Zielgruppe getroffen. Das heißt konkret, daß besonders jene Ansätze und Grundbegriffe der Literaturtheorie ausgewählt wurden, denen Studierende im Grundstudium in der Regel tatsächlich begegnen. Berücksichtigt wurden daher zunächst einmal grundlegende Metho-

den und Konzepte der literaturwissenschaftlichen Textanalyse (z.B.
Erzählsituation, Figur und Metapher), Interpretation (z.B. Ambiguität,
Bedeutung und Funktion) und der Literaturgeschichtsschreibung
(z.B. Epochen, Gattungen, Diachronie und Synchronie) sowie seit
längerem etablierte Ansätze der Literaturtheorie (von der werkimmanenten Interpretation, dem *New Criticism* und der Stoff- und
Motivgeschichte über die Psychoanalytische Literaturwissenschaft
und den Strukturalismus bis zur Rezeptions- und Wirkungsästhetik).
Daneben liegt der Akzent v.a auf der Erläuterung der wichtigsten
neueren Richtungen der Literaturtheorie (z.B. *Cultural Materialism*,
Dekonstruktivismus, Diskurstheorien, Empirische Theorie der Literatur, Feministische Literaturtheorie, *Gender Studies, New Historicism*,
Literarische Anthropologie, Postkoloniale Literaturtheorie, Poststrukturalismus und Systemtheorie sowie der von den genannten Ansätzen
geprägten Grundbegriffe. Darüber hinaus wurde versucht, durch einige
Lemmata (z.B. Interkulturalität, Intermedialität, Kulturwissenschaft
und Medienkulturwissenschaft) zumindest exemplarisch der Weiterentwicklung der Literaturwissenschaft hin zu einer Kulturwissenschaft
bzw. Medienkulturwissenschaft Rechnung zu tragen. Außerdem
wurde bei der Auswahl Wert darauf gelegt, daß der Zusammenhang
innerhalb von Begriffsfeldern gewahrt bleibt und daß Ratsuchende
durch die Verweise schnell die gewünschten Informationen finden.
Die *Grundbegriffe der Literaturtheorie* erheben mit dieser Auswahl
keinen Anspruch auf Vollständigkeit, möchten aber Studierenden
im Grundstudium fachliche Orientierungshilfe bieten und ihnen
ermöglichen, sich innerhalb der zeitgenössischen Literaturtheorie
schnell eine erste begriffliche Übersicht zu verschaffen.

Dieser Band ist somit zum einen als Ergänzung zu und zur Vertiefung von dem von Heike Gfrereis herausgegebenen Glossar *Grundbegriffe der Literaturwissenschaft* gedacht. Indem er einen Vorgeschmack
auf das weite Feld der Literatur- und Kulturtheorie bietet, soll er zum
anderen Studierenden den Einstieg in diese zunächst unübersichtlich
und schwierig erscheinende Materie erleichtern. Wer *noch* mehr wissen,
wer sich über weitere literatur- und vor allem kulturwissenschaftliche
Ansätze und Begriffe oder die historische Dimension der Literaturtheorie informieren und/oder wer die Autor/inn/en näher kennenlernen
möchte, die die theoretischen Debatten und Begriffe geprägt haben,
sei auf das sehr viel umfangreichere *Metzler Lexikon Literatur- und
Kulturtheorie: Ansätze – Personen – Grundbegriffe* verwiesen, das in
etwa 750 Artikeln verständliche und zuverlässige Einführungen in
die wichtigsten literatur- und kulturwissenschaftlichen Ansätze, deren
Hauptrepräsentanten und die von ihnen geprägten Grundbegriffe

bietet. Die in der Auswahlbibliographie am Ende des vorliegenden Bandes enthaltenen Titel sollen Interessierten die Suche nach umfassenden Darstellungen literatur- und kulturwissenschaftlicher Ansätze und Begriffe erleichtern.

***

Allen, denen ich in den Vorworten zur ersten und zweiten Auflage des *Metzler Lexikon Literatur- und Kulturtheorie* gedankt habe, möchte ich an dieser Stelle nochmals herzlich für die ausgezeichnete und ertragreiche Zusammenarbeit danken: allen voran den Autorinnen und Autoren, die die Artikel für dieses Lexikon geschrieben haben, allen Kolleginnen und Kollegen sowie Rezensentinnen und Rezensenten, denen ich viele wertvolle Hinweise und Ratschläge verdanke, und natürlich – *last, but definitely not least* – meinen unschlagbar tüchtigen und netten Gießener MitarbeiterInnen, in diesem Fall vor allem Stella Butter, Michael Basseler, Eva Laass und Julijana Nadj, sowie Sabine Kubisch, die bei der Endredaktion im Verlag in vielerlei Hinsicht behilflich war. Ute Hechtfischer vom Metzler Verlag danke ich vielmals für die Idee, die zu diesem Band geführt (und mir einige zusätzliche Nachtarbeit beschert ...) hat, sowie für die ebenso professionelle wie angenehme Zusammenarbeit, mit der sie einen auch dann noch zu motivieren versteht, wenn der im Grunde willige, aber müde Geist fast so schwach ist wie das Fleisch.

Wenn dieses Bändchen die oben skizzierten Ziele erfüllen und Studienanfänger/inne/n den Einstieg in die Literaturtheorie sowie die Orientierung im Begriffsdschungel erleichtern sollte, dann hätte sich die Mühe gelohnt. Über positive Rückmeldungen, Anregungen aller Art und natürlich auch kritische Anmerkungen freut sich: *ansgar. nuenning@anglistik.uni-giessen.de.* Denen, für die die *Grundbegriffe der Literaturtheorie* bestimmt sind, wünsche ich viel Erfolg und ebenso viel Freude in ihrem (lies: Ihrem) Studium!

Gießen, im Januar 2004   Ansgar Nünning

Inhalt

A

Aktant (frz. *actant*, Neubildung zu frz. *acte*: Handlung), invariable, semantische Einheit der Erzählstruktur. – A. ist eine Kategorie einer strukturalistischen ↗ Metasprache (↗ Strukturalismus) zur Beschreibung von ↗ Figuren in Texten. Im Gegensatz zu Begriffen wie ›Figur‹ oder ›Akteur‹, die zur Analyse der Textoberfläche verwendet werden, bezeichnet A. eine ›Tiefen‹kategorie. Oberflächenphänomene können nach A.J. Greimas aufgrund ihrer Handlungsfunktion auf sechs A.en zurückgeführt werden, die zu drei Oppositionspaaren angeordnet sind: ↗ Subjekt vs. Objekt, Adressat vs. Adressant, Adjuvant vs. Opponent (diese fallen später weg). Figuren können mehrere A.en realisieren, ein A. kann aber auch in mehreren Figuren realisiert sein. Das aktantielle Modell ist v.a. die »Extrapolation der syntaktischen Struktur« (Greimas 1971, S. 171). Die Beschreibung und Erklärung des Verhältnisses von A.en zu Figuren wird von Greimas mittels der ›thematischen Investierung‹ gelöst, also der Anreicherung der A.enkategorien mit zusätzlichen Bedeutungseinheiten, den Semen. Um die Vermischung der Beschreibung des aktantiellen Modells mit der qualifikativen Analyse zu vermeiden, führt er den Begriff der ›Rolle‹ ein, die als aktantielle Elementareinheit kleinere semantische Einheiten und damit eine analytische Ebene zwischen A.en und Figuren bildet. Ausgangspunkt für Greimas' A.enmodell sind die syntaktischen Analysen von L. Tesnière (1959) sowie v.a. V. Propps (1928) Analysen russ. Volksmärchen und E. Souriaus *Les deux cent mille situations dramatiques* (1950), in denen die Rückführung von vielfältigen Figuren auf der Textoberfläche auf eine kleine Anzahl von Handlungsfunktionen vorgebildet ist.

Lit.: V. Propp: *Morphologie des Märchens*, FfM. 1975 [1928]. – E. Souriau: *Les deux cent mille situations dramatiques*, Paris 1950. – L. Tesnière: *Éléments de syntaxe structurale*, Paris 1965 [1959]. – A.J. Greimas: *Strukturale Semantik*, Braunschweig 1971 [1966]. – ders.: »Die Struktur der Erzählaktanten. Versuch eines generativen Ansatzes«. In: J. Ihwe (Hg.): *Lit.wissenschaft und Linguistik*, Bd. 3, FfM. 1972. S. 218–238. FJ

Alterität, kulturelle (lat. *alter*: anders), während k.A. in der traditionellen ↗ Imagologie und Ethnologie auf Differenzen von Oberflächenphänomenen wie Ritualen und Institutionen verweist, stehen bei Kulturtheorien der Gegenwart kulturell vorgegebene, tiefenstrukturelle Wahrnehmungs- und Werteparadigmen im Mittelpunkt, welche die Differenzen motivieren. – Von der tiefenstrukturell konzipierten k.A. ist der diskursive Umgang mit k.A. zu unterscheiden. Auf einen *clash of cultures* reagiert das kulturelle Bewußtsein mit Entwürfen von Hetero- bzw. Autostereotypen (↗ Stereotyp), d.h. Fremd- und Selbstbildern, die sich zu ›images‹ eines *national character* verdichten und deren von unbewußten Interessen und Projektionen geleiteter Konstruktcharakter nicht durchschaut wird. Sie codieren nicht nur die individuelle Wahrnehmung, sondern ganze Wissenschaftsdisziplinen wie Philosophie, Philologie, Theologie, Biologie, Psychologie usw., wie z.B. im

Kolonialismus und Nationalsozialismus. Kritikwürdig ist die in der Regel zu beobachtende Stigmatisierung der k.A., motiviert durch das Interesse an der Aufrechterhaltung einer mit den Normen der Ausgangskultur kompatiblen Identität, um Dominanzansprüche zu legitimieren. Dabei werden »curious interrelationships between figures for sexual and racial Otherness« (H.L. Gates 1986, S. 16) funktionalisiert.

In der abendländischen, von der gr. Antike her logozentrisch (↗ Logozentrismus) und patriarchalisch geprägten Denktradition gelten u.a. Bewußtsein und Sprache, das metaphorisch mit ihnen assoziierte Licht und die an dieses geknüpfte Sinneswahrnehmung der Visualität (Okularzentrismus), außerdem die durch ein binär operierendes Schema (↗ Binarismus/ binäre Opposition) formal erzielte Eindeutigkeit der Aussage und ein mit ›Männlichkeit‹ assoziierter Merkmalskatalog als positiv konnotierte Werte und damit als Charakteristika der Identität. Sie werden abgesetzt von den der k.A. zugeschriebene Gegenpolen des Unbewußten, der Sprachlosigkeit, der Dunkelheit, der leibzentrierten Sinneswahrnehmung des Taktilen oder Olfaktorischen oder des Diffusen und Amorphen. Als weitere epistemologisch-imperialistische Strategie fungiert die Setzung von Schlüsselkonzepten der okzidentalen Epistemologie und Metaphysik als normativer Maßstab der anders codierten Weltbilder, wie z.B. die Universalisierung des okzidentalen männlich konnotierten, präsentischen und selbstmächtigen ↗ Subjektbegriffs (vgl. G.Ch. Spivak 1988), eine universalistisch ausgelegte, an der Chronologie und dem Ereignis orientierte, evolutionär und teleologisch konzipierte Zeit- und Wirklichkeitsdefinition und die Überlagerung ontogenetischer und phylogenetischer Entwicklungsmodelle, welche die k.A. als eine moralische, biologische, intellektuelle, ökonomische und religiöse Vorstufe der Ausgangskultur erscheinen lassen. Während ›imaginäre‹ A.konstrukte nach dem Us-Them-Schema über ein dichotomisch-hierarchisierendes Polaritätsmodell definiert werden, fordern ›symbolisch‹ geprägte A.modelle (vgl. JanMohamed 1983) die Möglichkeit der k.A. ein, sich ›mit eigener Stimme‹ am interkulturellen Dialog (↗ Interkulturalität) zu beteiligen, z.B. in M. Leiris' Ethnopoesie, H.K. Bhabhas Modell einer ›DisseminNation‹ oder Spivaks ›subaltern studies‹.

Lit.: A.R. JanMohamed: Manichean Aesthetics. The Politics of Literatur in Colonial Africa. Amherst 1983. – Gates 1995 [1986]. – S. Weigel: »Die nahe Fremde – das Territorium des ›Weiblichen‹. Zum Verhältnis von ›Wilden‹ und ›Frauen‹ im Diskurs der Aufklärung«. In: Th. Koebner/G. Pickerodt (Hgg.): Die andere Welt. Studien zum Exotismus, FfM. 1987. S. 171–199. – G.Ch. Spivak: »Can the Subaltern Speak?« In: C. Nelson/L. Grossberg (Hgg.): Marxism and the Interpretation of Culture, Urbana 1988. S. 271–313. – N. Mecklenburg: »Über kulturelle und poetische A.«. In: D. Krusche/A. Wierlacher (Hgg.): Hermeneutik der Fremde, Mchn. 1990. S. 80–102. – A.M. Müller/J. Huber (Hgg.): Die Wiederkehr des Anderen, Basel 1996. – Weimann 1997. – Ashcroft et al. 1998. – Horatschek 1998. – B. Waldenfels: Grenzen der Normalisierung. Studien zur Phänomenologie des Fremden, FfM. 1998. – Ausg. »A.« der Zs. LiLi 28.110 (1998). – Lenz/Lüsebrink 1999. – K.S. Guthke: Der Blick in die Fremde. Das Ich und das andere in der Lit., Tüb.

2000. – P. Wiesinger (Hg.): *Akten des X. Internationalen Germanistenkongresses Wien 2000. »Zeitenwende – Die Germanistik auf dem Weg vom 20. ins 21. Jahrhundert«*, Bd. 9, *Literaturwissenschaft als Kulturwissenschaft. Interkulturalität und Alterität; Interdisziplinarität und Medialität; Konzeptualisierung und Mythographie*, Bern et al. 2003.   AHo

Ambiguität (lat. *ambigere*: streiten, bezweifeln, schwanken; *ambiguitas*: Doppelsinn), ist im Unterschied zur Vagheit oder ↗ Unbestimmtheit die klar zu beschreibende Mehrdeutigkeit eines Wortes oder einer größeren sprachlichen Einheit. Der A. auf der Ausdrucksebene entsprechen Polysemie und Homonymie auf der lexikalischen Ebene. Während die Linguistik diese Differenzierungen betont, wird A. in der Poetik häufig mit jeder Form des uneindeutigen Sinns gleichgesetzt. – In der klassischen Rhetorik galt A. (auch: Amphibolie) als Stilfehler; zugleich konnte z.B. die A. eines Gesetzestextes der eigenen Partei willkommen sein. Bereits in der Antike gab es die Vorstellung einer A. aller Bezeichnungen (Chrysipp), die jedoch meist mit dem Hinweis auf den klärenden Charakter des Kontextes zurückgewiesen wurde. – In der neueren Lit.theorie ist v.a. der Name W. Empsons mit dem Begriff der A. verbunden, die von ihm positiv als Wurzel und Eigenart von Dichtung angesehen wurde. Er unterscheidet verschiedene Grade von A. im Sinne fortschreitender logischer Unordnung. Sie reichen von Nuancen der Interpretationsmöglichkeit, veranlaßt z.B. durch Vergleiche mit mehr als einem Bezugspunkt, bis zu einer kontradiktorischen Gesamtaussage als Zeichen einer inneren Gespaltenheit des Autors. Während bei Empson (und ähnlich bei C. Brooks) die A. auch dort, wo sie nicht mehr in einer umfassenden ↗ Bedeutung aufgelöst werden kann, beschreibbare Aussage des Werkes bleibt, ist für Kritiker im Umkreis des ↗ Dekonstruktivismus das Vorhandensein einer solchen Aussage selbst fragwürdig. So wird etwa bei G. Hartman die prinzipielle Unbestimmtheit zum Charakteristikum des Textes. Damit wird allerdings keine spezifische Aussage mehr über einzelne Werke getroffen, sondern im Vordergrund steht A. als generelle Eigenschaft von Lit. (↗ Literaturbegriff).

Lit.: W. Empson: *Seven Types of Ambiguity*, Ldn. 1963 [1930]. – S. Rimmon: *The Concept of Ambiguity*, Chicago 1977. – T. Bahti: »Ambiguity and Indeterminacy. The Juncture«. In: *Comparative Literature* 38 (1986) S. 209–223. – Ch. Bode: *Ästhetik der A.*, Tüb. 1988. – G. Graff: »Determinacy/Indeterminacy«. In: Lentricchia/McLaughlin 1995 [1990]. S. 163–176. – F. Jannidis et al. (Hgg.): *Regeln der Bedeutung. Zur Theorie der Bedeutung literar. Texte*, Bln. 2003. – L. Rodensky: »Empson's Seven Types of Ambiguity«. In: *Essays in Criticism. A Quarterly Journal of Literary Criticism* 53.1 (2003) S. 54-67. – F. Schick: *Ambiguity and Logic*, Cambridge 2003.   MB

Anachronie (gr. *anachronismós*: zeitlich falsche Einordnung), in G. Genettes »Discours du récit« (*Figures III*, 1972) stellt A. den Oberbegriff für Unstimmigkeiten zwischen der sog. ›Ordnung der Geschichte‹ und derjenigen der Erzählung dar. Eine A. kann als ein Erzählsegment betrachtet werden, das der Haupthandlung, der ›Basiserzählung‹ (*récit premier*), insofern untergeordnet ist, als es sich von ihr ableitet und sich ihr gegenüber als A. definiert. – Bei seiner Analyse zeitlicher Dimensionen des Erzählens geht Genette von einer mit jeder Erzählung grundsätzlich gegebenen Zeitdualität aus: der Zeit der Geschichte (d.h. des zu Erzählenden) und der (Pseudo-)Zeit der Erzählung selbst (d.h. der narrativen Gestaltung); diese Begriffe ersetzen die von G. Müller geprägten Ausdrücke ↗ Erzählzeit und erzählte Zeit. Die temporalen Beziehungen (↗ Erzähltempo) zwischen der Zeit der Geschichte und der Zeit der Erzählung untersucht Genette unter drei verschiedenen Kategorien: ihrer Ordnung, Dauer und Frequenz. – Unter ›Ordnung‹ versteht Genette die Relationen zwischen der zeitlichen Reihenfolge der zu erzählenden Ereignisse und ihrer Anordnung in der erzählerischen Darstellung. Die westliche literar. Tradition zeichnet sich durch Anachronieeffekte wie z.B. Antizipationen bzw. Vorausdeutungen oder Retrospektionen bzw. Rückgriffe aus; diese psychologisch konnotierten Begriffe ersetzt Genette durch die Termini Prolepse bzw. Analepse. So folgt in der Erzähllit. dem Einstieg *in medias res* oft ein erläuternder Rückgriff, der Informationen gewissermaßen nachliefert. Unabhängig davon, ob die A. zukunfts- oder vergangenheitsbezogen ist, kann man zwischen ihrer Reichweite (d.h. der zeitlichen Distanz des anachronen Einschubs zum ›gegenwärtigen‹ Zeitpunkt der Erzählung) und ihrem Umfang (d.h. ihrer Dauer) unterscheiden. Bei komplexen Formen der A., wie sie beispielsweise im modernen frz. Roman zu finden sind, wird die Grenze zur Achronie, bei der alle Zeitbezüge zugunsten von räumlichen, thematischen o.a. Verflechtungen aufgehoben werden (Syllepse), fließend. – Unter dem Aspekt der Dauer untersucht Genette narrative Geschwindigkeitsverhältnisse und unter Frequenz die Wiederholungsbeziehungen zwischen Erzählung und ↗ Diegese.

Lit.: Genette 1972/80. – S. Chatman: »Genette's Analysis of Narrative Time Relations«. In: *L'Esprit Créateur* 14 (1974) S. 353–368. – Genette 1983/88/94 – M. Bal: *Narratology. Introduction to the Theory of Narrative*, Toronto 1997 [1985]. – J. Ci: »An Alternative to Genette's Theory of Order«. In: *Style* 22.1 (1988) S. 18–41. BM

Appellfunktion/-struktur, von W. Iser in seiner 1970 gehaltenen Konstanzer Antrittsvorlesung »Die Appellstruktur der Texte« entwickeltes Konzept, das als Leitidee seiner differenziert ausgearbeiteten ↗ Wirkungsästhetik fungiert. – Daß literar. Texten neben einer expressiven und referentiellen auch eine appellative ↗ Funktion eigen ist (R. Jakobson), ist in verschiedenen Kontexten wiederholt thematisiert worden. Allerdings ist es Isers Verdienst, die A. der Texte systematisch wie historisch ins Zentrum theoretischer Aufmerksamkeit gerückt und wegweisende Vorschläge zu ihrer angemessenen Konzeptualisierung als genuiner Gegenstand der Lit.wissenschaft jenseits empirischer ↗ Rezeptionsforschung und individualistischer Impressionen gemacht zu haben. – Gegen den Bedeutungsplatonismus traditioneller ↗ Interpretationen und ihrer darstellungsästhetischen Prämissen lenkt die A. die Aufmerksamkeit auf den offenen, in der Interaktion von Text- und Aktstruktur generierten Sinnhorizont der Texte und auf den im Ereignischarakter des Lesevorgangs erst konkretisierten ›Spielraum von Aktualisierungsmöglichkeiten‹. Da im Sinne der A. Texte eine ↗ Struktur besitzen, ›in der der Leser immer schon mitgedacht ist‹ und die, als transzendentale Struktur gedacht, der intersubjektiven Beschreibung zugänglich ist, und da zugleich die in der Lektüre sich einstellende Bedeutung ›vom Text konditioniert‹ ist, ›allerdings in einer Form, die es erlaubt, daß sie der Leser selbst erzeugt‹, führt dies keineswegs zu einer Auflösung der ↗ Kohärenz des Textes und einem in eine ›Psychologie des Lesens‹ einmündenden Relativismus. Vielmehr zieht seine Wirkungsästhetik einen um die A. erweiterten Begriff des fiktionalen Texts als Gegenstand lit.wissenschaftlicher Forschung nach sich. So werden die ↗ Leerstellen als die letztlich irreduziblen Unbestimmtheitsbeträge und damit zugleich die Überordnung des Unformulierten nur implizit durch die wechselseitige Beziehung innerhalb des Ensembles markierter Textpositionen Vorgezeichneten gegenüber dem vom Text explizit Formulierten zu entscheidenden Merkmalen der A.

Lit.: Iser 1994 [1976]. – H. Link: »›Die A.struktur der Texte‹ und ein ›Paradigmawechsel in der Lit.wissenschaft‹?«. In: *Jb. der dt. Schillergesellschaft* 17 (1973) S. 532–583. – W. Iser: ›Die Appellstruktur der Texte. Unbestimmtheit als Wirkungsbedingung literar. Prosa«. In: R. Warning (Hg.): *Rezeptionsästhetik*, Mchn. 1994 [1975]. S. 228–252. – ders.: »Im Lichte der Kritik«. In: ebd. S. 325–342.

MW

Arbitrarität des Zeichens (frz. *arbitraire* von lat. *arbitrarius*: willkürlich), allg. die Willkürlichkeit und Konventionalität der Zuordnung einer Bezeichnung und des Gegenstands, der mit ihrer Hilfe bezeichnet wird, umgangssprachlich also zwischen Namen und Sachen. – Der Begriff der A.d. sprachlichen Z.s wird gemeinhin mit F. de Saussures *Cours de linguistique générale* (1916) verbunden. Allerdings bezieht sich de Saussure im Prinzip auf ein schon in der Antike bekanntes Phänomen, wenn man sich z.B. fragt, ob die Beziehung zwischen Bezeichnungen und Dingen sich durch »natürliche Determiniertheit« oder »menschliche Satzung« (Trabant 1996, S. 57) erklärt. Im Rahmen des urspr. de Saussureschen Zeichenmodells besteht die A. allerdings nicht zwischen Z. und außenweltlichem Referent (↗ Referenz), sondern innerhalb des sprachlichen Z.s, nämlich in der willkürlichen Zuordnung von ↗ Signifikant und Signifikat, also zwischen dem Bezeichnenden und dem Bezeichneten bzw. zwischen Ausdrucks- und Inhaltsebene: »Das Band, welches das Bezeichnete mit der Bezeichnung verknüpft, ist beliebig; und da wir unter Zeichen das durch die assoziative Verbindung einer Bezeichnung mit einem Bezeichneten erzeugte Ganze verstehen, so können wir dafür auch einfacher sagen: das sprachliche Zeichen ist beliebig.« (Saussure 1967, S. 79). – Sprachwissenschaftler wie E. Benveniste haben allerdings darauf hingewiesen, daß eigentlich nicht die Zuordnung von Signifikat und Signifikant, sondern nur die Beziehung zwischen Signifikant und Referent willkürlich sein kann. Es gibt aber Einschränkungen dieses Prinzips der A. und Konventionalität, z.B. im Falle der Lautmalerei, der spontanen Ausrufe, in denen man im Wort eine Abbildungs- oder Nachahmungsfunktion des natürlichen Klangs konstatieren kann, oder im

Fall der Abbildlichkeit, der Frage, ob »die materielle Gestalt des Zeichens eine Ähnlichkeit mit dem Etwas aufweist, für das es steht« (Trabant 1996, S. 58). – Für poststrukturalistische Lit.theoretiker wie J. Derrida und J. Lacan dient das Prinzip der Willkürlichkeit der Beziehung von Signifikant und Signifikat v.a. als Begründung ihres Arguments, es sei nicht möglich, die Realität mit sprachlichen Z. zu erfassen.

Lit.: F. de Saussure: Grundfragen der allg. Sprachwissenschaft, Bln. 1967 [1916]. – E. Coseriu: »*L'arbitraire du signe*«. Zur Spätgeschichte eines aristotelischen Begriffes«. In: *Archiv* 204 (1968) S. 81–112. – J. Trabant: *Elemente der Semiotik*, Tüb. 1996 [1976]. – E. Benveniste: *Probleme der allg. Sprachwissenschaft*, FfM. 1977.   MK

Autopoiesis/Autopoietisches System (gr. *autós*: selbst; gr. *poieín*: machen, erzeugen), das Kunstwort A. wurde in den frühen 1970er Jahren von dem chilen. Biologen und Neurophysiologen H.R. Maturana und seinem Kollegen F. J. Varela geprägt. Das damit bezeichnete Konzept beruht auf der Beobachtung von Zellen und bezeichnet ein zentrales Merkmal lebender ↗ Systeme. Im Gegensatz zu anderen komplexen Systembildungen, die Maturana und Varela allo- oder heteropoietisch nennen, (re-)produzieren sich lebende Systeme kontinuierlich selbst, d.h. die Elemente des Systems sind eingebunden in Produktionsprozesse, deren Effekt die fortwährende Erzeugung und Erneuerung der systemkonstituierenden Elemente ist. Dieses zirkulär-selbstreferentielle Organisationsprinzip macht Autonomie und operative Geschlossenheit zu wesentlichen Merkmalen des Systems. Entgegen einem weitverbreiteten Mißverständnis ist dies jedoch keineswegs gleichbedeutend mit völliger Umweltunabhängigkeit, da lebende Systeme auf eine angemessene Versorgung mit Energie in Form von Umweltreizen angewiesen sind. Es gelangt jedoch nichts aus der Umwelt in das System, sondern die Umwelt kann lediglich systemspezifische Prozesse stimulieren, die zunächst zur Etablierung und Aufrechterhaltung einer System-Umwelt-Grenze und danach zu bestimmten Strukturbildungen im Rahmen der identitätsbestimmenden Organisation des Systems führen (Selbstorganisation). A. S.e kombinieren also die auf der Ebene der individuellen Strukturbildung realisierte Fähigkeit zur Anpassung an eine jeweils gegebene Umwelt mit operativer Geschlossenheit und Autonomie als wesentlichen Merkmalen ihrer Organisation bzw. Identität.

In einer Reihe von Arbeiten hat insbes. Maturana die Theorie entwickelt, daß die Funktionsweise des zentralen Nervensystems als Erweiterung bzw. Spezialisierung des Prinzips der A. zu verstehen ist. Auf der Grundlage dieser neurobiologischen Kognitionstheorie ergibt sich in philosophischer Hinsicht die Möglichkeit, eine empirische Erkenntnistheorie zu entwickeln, die ontologische Grundannahmen relativiert, da ›Wirklichkeit‹ ausschließlich das Produkt innersystemischer Prozesse eines Beobachters ›ist‹. Dieser sog. radikale ↗ Konstruktivismus hat über die ↗ Empirische Theorie der Lit. Einzug in die Lit.wissenschaft gehalten. Die Folgen der hier und auch in anderen Disziplinen angestoßenen wissenschaftstheoretischen Diskussion sind noch nicht

abzusehen. Die Faszination, die vom Konzept der A. ausgeht, liegt jedoch
nicht allein in dieser Radikalität, sondern hat auch eine konservative Kehr-
seite. Attraktiv scheint hier die Möglichkeit, der Wissenschaft den Anspruch
auf eine, wenn auch im konstruktivistischen Sinne (↗ Konstruktivismus,
radikaler), empirische Legitimation zu wahren; darüber hinaus impliziert
das Konzept einen möglicherweise bestehenden ganzheitlich-evolutionären
Zusammenhang von Natur und Kultur. Dennoch bleiben Adaptionen des
als neues Paradigma der ↗ Systemtheorie Verbreitung findenden A.konzepts
in anderen Bereichen wie z.B. Familientherapie, Künstlicher Intelligenz und
Sozialwissenschaften umstritten und werden häufig lediglich als metaphorische Begriffsverwendung akzeptiert, was das Potential des Ansatzes für
komplexe Modellbildungen und daraus resultierende originelle Einsichten
jedoch nicht schmälert. In der Lit.wissenschaft haben insbes. soziologische
Adaptionen des A.begriffs verstärkt Beachtung gefunden.

Lit.: H.R. Maturana: *Erkennen. Die Organisation und Verkörperung von Wirklichkeit. Ausgewählte Arbeiten zur biologischen Epistemologie*, Wiesbaden 1982. – H.R.
Fischer (Hg.): *A.: Eine Theorie im Brennpunk der Kritik*, Heidelberg 1991. – J.
Mingers: *Self-Producing Systems. Implications and Applications of Autopoiesis*, N.Y.
1995. – M. Wallich: *A. und Pistis. Zur theologischen Relevanz der Dialogtheorien
des Radikalen Konstruktivismus*, St. Ingbert 1999.   ChR

Autor, historischer, Bezeichnung für den geistigen Urheber von Texten
jeglicher Art. Als reales Individuum und Verfasser eines Werks unterscheidet sich der auf der extratextuellen Ebene des ↗ Kommunikationsmodells
angesiedelte h.A. sowohl von fiktiven Sprechern innerhalb literar. Texte
wie ↗ Erzählern, ↗ Figuren und dem lyrischen Ich als auch von dem umstrittenen Konzept des impliziten ↗ Autors. A.begriffe und Modelle von
Autorschaft unterliegen historischem Wandel, was sich beispielhaft an den
gegensätzlichen A.konzepten des Klassizismus und der Romantik sowie
an den neuen A.konzepten zeigt, die durch die neuen Medien entstanden
sind. – In der Mitte des 20. Jh.s bestimmten werkimmanente Methoden
(↗ werkimmanente Interpretation) wie der ↗ *New Criticism* den Rekurs auf
die ↗ Intention des A.s als methodischen Fehler (›*intentional fallacy*‹), und
bis heute gilt dieser ›Fehlschluß‹ als naiv. Ende der 1960er Jahre setzte sich
(aufgrund gänzlich anderer Vorannahmen) das auf R. Barthes zurückgehende
und vom ↗ Poststrukturalismus popularisierte Schlagwort vom ↗ Tod des
Autors, J. Kristevas Verabschiedung des A.s zugunsten einer universalen
↗ Intertextualität und M. Foucaults historische Relativierung des A.s als
eine auf die Moderne begrenzte diskursive Funktion durch.
    Abgesehen von der ↗ Empirischen Theorie der Lit., die den Bereich der
Lit.produktion als ↗ Handlungsrolle expliziert hat, spielte das Konzept des A.s
in der Lit.theorie lange Zeit eine untergeordnete Rolle, bis es seit den späten
1970er Jahren durch neuere Entwicklungen (z.B. die ↗ feministische Lit.
theorie, die ↗ postkoloniale Lit.theorie und die Debatten um den ↗ Kanon)
in einigen Ansätzen zumindest implizit eine Aufwertung erfuhr. Dabei wurde
auch deutlich, daß das Konzept des A.s in verschiedenen Bereichen der Lit.-

wissenschaft in der Praxis von zentraler Bedeutung ist: So fungiert der A. nicht bloß als »Rechtssubjekt« (G. Plumpe) im Sinne des Urheberrechts, als Ordnungsprinzip in der Lit.geschichte und als (ebenso umstrittene wie bedeutsame) Kategorie der ↗ Interpretation, sondern erfüllt auch eine Vielzahl weiterer Funktionen. Diese Diskrepanz zwischen der reduktiven theoretischen Reflexion über den A. und der lit.wissenschaftlichen Praxis ist erst durch die Wiederaufnahme der Debatte um den A. in den 1990er Jahren (vgl. Birotti/Miller 1993; Coutourier 1995) aufgedeckt worden, im Zuge derer die historischen Modelle und theoretischen Konzepte von A.schaft (vgl. Kleinschmidt 1998), die tatsächlichen Verwendungsweisen des A.begriffs sowie die verschiedenen ↗ Autorfunktionen erstmals historisch rekonstruiert und systematisch herausgearbeitet wurden (vgl. v.a. die Beiträge in Jannidis et al. 1999).

Lit.: s. auch ↗ Autor, impliziter; ↗ Autorfunktionen; ↗ Tod des Autors. – M. Foucault: »Was ist ein A.?«. In: ders.: *Schriften zur Lit.*, FfM. 1988 [1974]. S. 7–31. – Chatman 1993 [1978]. S. 147–151. – G. Plumpe: »Der A. als Rechtssubjekt«. In: H. Brackert/J. Stückrath (Hgg.): *Lit.wissenschaft. Grundkurs 2*, Reinbek 1981. S. 179–193. – M. Biriotti/N. Miller (Hgg.): *What is an Author?* Manchester 1993. – M. Coutourier: *La figure de l'auteur*, Paris 1995. – E. Kleinschmidt: »A.«. In: Weimar 1997. S. 176–180. – ders.: *A.schaft. Konzepte einer Theorie*, Tüb. 1998. – Jannidis et al. 1999. – diess. (Hgg.): *Texte zur Theorie der A.schaft*, Stgt. 2000. – A. Nünning: »Totgesagte leben länger. Anmerkungen zur Rückkehr des A.s und zu Wiederbelebungsversuchen des ›impliziten Autors‹«. In: *Literaturwissenschaftliches Jahrbuch* 42 (2001), S. 353-385. – H. Detering (Hg.): *A.: Positionen und Revisionen*, Stgt./Weimar 2002.   AN

Autor, impliziter (engl. *implied author*), ein von W.C. Booth (1961) eingeführter Begriff, der sowohl die ↗ Struktur und ↗ Bedeutung eines literar. Textes als auch dessen Werte- und Normensystem (»the core of norms and choices«, ebd., S. 74) umfaßt und als heuristisches Konzept zur ↗ Interpretation v.a. narrativer Texte dient. Gemäß Booths Konzeption einer ›normativen ↗ Rhetorik‹, derzufolge literar. Werke »intentional strukturierte normative Welten« (Kindt/Müller 1999, S. 280) sind, ist dieser ebenso einflußreiche wie umstrittene Begriff integraler Bestandteil einer ›ethisch orientierten rhetorischen Analyse‹ (vgl. ebd., S. 279; ↗ *ethical criticism*), die in der ›Rhetorik der Erzählkunst‹ einen Schlüssel zum Verständnis der Textintention (»text intent«, Chatman 1990, S. 86) und des Wertesystems des historischen ↗ Autors sieht. Die Einführung des Begriffs ermöglichte es einer in der Nachfolge des ↗ *New Criticism* primär textimmanent orientierten Lit.wissenschaft, zumindest wieder ›implizit‹ über den Autor und seine ↗ Intentionen zu sprechen, ohne sich dem Vorwurf des Biographismus auszusetzen.

Befürworter des Konzepts (vgl. z.B. Chatman 1990; Nelles 1993) betonen dessen interpretatorische Nützlichkeit (z.B. zur Bestimmung erzählerischer ↗ Unzuverlässigkeit) und konzeptualisieren den i.A., für den Begriffe wie »Subjekt des Werkganzen« (Pfister 1977, S. 21) und ›abstrakter A.‹ als

Synonyme gebraucht werden, als eine ›stimmenlose‹ Senderinstanz des ↗ Kommunikationsmodells dramatischer, lyrischer und narrativer Texte, die zwischen der Kommunikationsebene des realen historischen Autors und den Kommunikationsebenen des ↗ Erzählers bzw. der ↗ Figuren angesiedelt ist und die sich nicht explizit äußert, sondern vom Leser erschlossen werden muß. Kritiker des Konzepts beanstanden hingegen den unbestimmten Status des i.A.s (vgl. z.B. Juhl 1980; Genette 1983/88/94; Rimmon-Kenan 1983) und monieren, daß es sich bei dem i.A. und seinem abstrakten Korrelat auf der Empfängerseite, dem impliziten ↗ Leser, nicht um personalisierbare und pragmatische Sprecherinstanzen handelt, die deiktisch (↗ Deixis) faßbar sind, sondern um semantische Kategorien (die Gesamtbedeutung bzw. das Werte- und Normensystem eines literar. Werkes), die sich in den formalen Relationen der Textstruktur manifestieren. Aufgrund der theoretischen Widersprüche, der terminologischen Vagheit und des bislang vorherrschenden »theoretisch und methodologisch bedenkenlose[n] Umgang[s] mit dem Begriff des *implied author*« (Kindt/Müller 1999, S. 286) plädieren Narratologen wie M. Bal und G. Genette dafür, im Rahmen einer an der Beschreibung von Textmerkmalen interessierten Erzähltheorie auf dieses anthropomorphisierte Konzept zu verzichten (vgl. Nünning 1993).

Um Aufschluß über die dem i.A. zugeschriebenen Leistungen und ↗ Funktionen zu gewinnen, bedarf es einer Explikation, die sich einer wissenschaftsgeschichtlichen und systematischen Rekonstruktion des Entstehungszusammenhangs, der Rezeption und der Verwendungskontexte des Begriffs bedient, wie Kindt/Müller (1999) in ihrer Würdigung von Booths Konzeption und Position im Kontext des Neo-Aristotelismus der Chicago-Schule gezeigt haben. Mit ihren Vorschlägen, den Begriff des *implied author* im Kontext der Deskription literar. Texte fallenzulassen, ihn für die Interpretation durch den Begriff *author* zu ersetzen oder dafür Bezeichnungen wie ›Textintention‹ oder ›Erzählstrategie‹ zu wählen, die der Gefahr der Anthropomorphisierung und »der Verwechslung mit einer intentionalistischen Bedeutungskonzeption weniger ausgesetzt« (ebd., S. 286) sind als der Begriff des i.A.s, formulieren Kindt/Müller auch die bislang aussichtsreichsten Empfehlungen für eine Klärung oder Ersetzung des i.A.s durch Alternativkonzepte.

Lit.: Booth 1991 [1961]. – Pfister 2000 [1977]. – P.D. Juhl: »Life, Literature, and the Implied Author«. In: *DVjs* 54 (1980) S. 177–203. – Genette 1983/88/94. – Rimmon-Kenan 1996 [1983]. – S. Chatman: »In Defense of the Implied Author«. In: ders. 1993 [1990]. S. 74–89. – W. Nelles: »Historical and Implied Authors and Readers«. In: *Comparative Literature* 45 (1993) S. 22–46. – A. Nünning: »Renaissance eines anthropomorphisierten Passepartouts oder Nachruf auf ein lit.kritisches Phantom? Überlegungen und Alternativen zum Konzept des *implied author*«. In: *DVjs* 67.1 (1993) S. 1–25. – T. Kindt/H.-H. Müller: »Der ›i.A.‹: Zur Explikation und Verwendung eines umstrittenen Begriffs«. In: Jannidis et al. 1999. S. 273–288.   AN

Autorfunktion, von M. Foucault geprägte Bezeichnung für ein wesentliches Kennzeichen von ↗ Diskursen. Für Diskurse mit A. sind nach Foucault vier

Merkmale charakteristisch: (1) die Funktion Autor ist an das Rechts- und Staatssystem gebunden, der Autor ist Teil des Eigentumssystems der Gesellschaft. (2) Die Funktion Autor ist weder in allen Diskursen einer Kultur noch in einem Diskurs immer vorhanden. (3) Die A. ist Ergebnis einer Operation, die aufgrund einer psychologisierenden Projektion, mit der man die Texte behandelt, ein Vernunftwesen konstruiert. Foucault unterscheidet vier, im gewissen Sinne invariante Regeln der Autorkonstruktion: (a) der Autor als konstantes Wertniveau, (b) der Autor als Feld eines begrifflichen und theoretischen Zusammenhangs, (c) der Autor als stilistische Einheit und (d) der Autor als ein bestimmter geschichtlicher Augenblick. (4) Alle Diskurse mit der A. weisen eine ›Ego-Pluralität‹ auf. Die historische Analyse von Diskursen, die sich v.a. auf (1) und (3) bezieht, hat sich als fruchtbar erwiesen; bemängelt wird inzwischen aber die Unschärfe der Begriffsbildung, u.a. weil sie die Unterschiedlichkeit der historischen Diskurse mit A. verdeckt. Neuere Untersuchungen haben folgende typische A.en in historisierenden Lit.theorien nachgewiesen: (1) Raumzeitliche Fixierung des Textes, (2) Zuschreibung der Auswahl der Textelemente aus dem historisch jeweils präsenten Vorrat an Textelementen, (3) Zuschreibung der Gestaltung des Textes, (4) Selektion von Kontexten, (5) Zuschreibung der Textbedeutung, wobei der Autor (a) als eine Instanz der Bedeutungskonstitution (↗ Bedeutung) unter anderen, oder (b) als zentrale Instanz aufgefaßt werden kann, (6) Zuschreibung der Erkenntnis, die in einem Text formuliert wird, und (7) die Zuschreibung der innovatorischen Leistung eines Textes (vgl. Jannidis et al. 1999). A.en müssen keineswegs dem historischen ↗ Autor zugeschrieben werden, sondern lassen sich teilweise auch anderen Instanzen zuordnen, z.B. den Diskursen, der ↗ Intertextualität, dem Schreiben; die Funktionen selbst sind jedoch konstitutiv für die jeweiligen Diskurse. Es fehlen noch weitgehend Analysen der A.en in verschiedenen Diskurstypen (z.B. juristischen, lit.wissenschaftlichen) sowie die Prüfung, inwieweit die typischen Zuschreibungen der Funktionen für kulturwissenschaftliche Analysen (↗ Kulturwissenschaft) brauchbar sind.

Lit.: s. auch ↗ Autor, impliziter; ↗ Tod des Autors. – M. Foucault: »Was ist ein Autor?«. In: ders.: *Schriften zur Lit.*, FfM. 1988 [1974]. S. 7–31. – F. Jannidis et al.: »Rede über den Autor an die Gebildeten unter seinen Verächtern. Historische Modelle und systematische Perspektiven«. In: diess. 1999. S. 3–35. – F. Jannidis: »Der nützliche Autor. Möglichkeiten eines Begriffs zwischen Text und historischem Kontext«. In: ders. et al. 1999. S. 353– 389. – B.F. Scholz: »Alciato als emblematum pater et princeps. Zur Rekonstruktion des frühmodernen Autorbegriffs«. In: Jannidis et al. 1999. S. 321–351. FJ

B

Bedeutung, ist einer der umstrittensten Begriffe der Lit.- und Zeichentheorie. In der Poetik geht es dabei nicht nur, wie in der ↗ Semantik, um die B. des einzelnen Wortes, Satzes oder sonstigen Textelementes, sondern auch um die Gesamt-B. eines Werkes (↗ Interpretation). – Das Spektrum der ›B. von B.‹ läßt sich bereits an den verschiedenen lat. Ausdrücken der grammatisch-rhetorischen Tradition ablesen: *significatio* ist der bezeichnete Wortsinn, die *vis* oder *potestas* die dem Wort innewohnende Geltung; *sententia, notio* oder *intellectus* sind B. als gedankliches Substrat. Daneben ist schon in der Antike die von L. Wittgenstein aufgegriffene Vorstellung anzutreffen, daß die B. eines Wortes in der Art besteht, wie es tatsächlich gebraucht wird (*usus*). In der ma. Sprachtheorie tritt die *suppositio* hinzu, die, ähnlich wie die ↗ Denotation, der extensionalen Wort-B. entspricht. B.s-Ebenen werden in der Lehre vom mehrfachen Schriftsinn voneinander geschieden. Generell ist B. im Mittelalter nicht nur der Sprache, sondern allen physischen und historischen Gegebenheiten eigen.

Als Erbe des Streites zwischen Nominalisten und Realisten stellt sich in der Neuzeit immer wieder die Frage, ob das (sprachliche) ↗ Zeichen ein reales ›Ding‹, eine gedankliche Vorstellung oder nur andere Zeichen bedeutet (vgl. ↗ Referenz; ↗ Signifikant/Signifikat). So unterscheidet G. Frege zwischen B. als Gegenstand und Sinn als ›Art des Gegebenseins‹; für C.K. Ogden und I.A. Richards ist die B. eines Zeichens der durch einen Gedanken (*thought, reference*) vermittelte Gegenstand (*referent*). – Die verschiedenen Theorien zur B. in der Lit. lassen sich durch ein Kräftefeld veranschaulichen, in dessen Mitte das Werk steht, dessen B. bestimmt wird durch den Autor (betont u.a. von E.D. Hirsch), die Sprache (betont im ↗ Dekonstruktivismus) oder den Leser (↗ Rezeptionsästhetik). Alle drei Bereiche können dabei als eher individuell bzw. frei oder als (z.B. historisch-gesellschaftlich) determiniert angesehen werden. In jedem Fall erscheint die genaue Analyse des Werkes selbst (↗ *explication de texte*) als Voraussetzung für die Bestimmung von B. oder Nicht-B.

Lit.: C.K. Ogden/I.A. Richards: *The Meaning of Meaning*, San Diego 1989 [1923]. – F. Ohly: *Schriften zur ma. B.sforschung*, Darmstadt 1977. – Ray 1984. – W.V. Harris: *Literary Meaning. Reclaiming the Study of Literature*, Basingstoke 1996. – F. Jannidis et al. (Hgg.): *Regeln der B.: Zur Theorie der B. literar. Texte*, Bln. 2003.

MB

Bildfeld/Bildfeldtheorie, als B. wird der größere systematische Zusammenhang verstanden, in den eine einzelne ↗ Metapher eingegliedert werden kann. Im B. sind ein bildspendendes und ein bildempfangendes Feld verbunden. Es läßt sich auch auffassen als die Summe aller möglichen metaphorischen Äußerungen (im Sinne eines erweiterten Metaphernbegriffs) im Umkreis einer Zentralmetapher oder metaphorischen Leitvorstellung und setzt sich aus verschiedenen Bildelementen (Einzelmetaphern), Teilbildern und Bildvarianten (im Sinne der ↗ Rhetorik: Allegorien, aber auch Gleichnisse) zusammen. Teilbilder können miteinander kombiniert, Bildvarianten gegeneinander ausgetauscht werden; die Grenzen zwischen Teilbild und Bildvariante sind fließend. Das Bildelement kann verschiedene Ausprägungen erfahren. So gibt es im B. vom Staatskörper als Bildelement neben dem gesunden auch das kranke Glied, das Teilbild des politischen

Chirurgen bei der Amputation eines unheilbar erkrankten Gliedes und dazu die Bildvariante des Arztes, der die Gesundheit des Staatskörpers mit einer Spritze wiederherzustellen versucht.

Das B. ist ein systemähnliches, aber schwach durchstrukturiertes und prinzipiell offenes Gebilde; es ist auf die Sprache als System zu beziehen und kann als Summe aller Teilbilder und ihrer Varianten in einem in sich kohärenten Text niemals vollständig realisiert werden. Zwischen verschiedenen B.ern lassen sich mitunter Strukturäquivalenzen feststellen; so ist z.B. das Prinzip der funktionalen Differenzierung im B. vom Staatskörper (verschiedene Glieder haben verschiedene Aufgaben) wie auch im B. von der Staatsmaschine verdeutlicht. Doch ist es methodisch fragwürdig, aufgrund solcher Strukturäquivalenzen verschiedene B.er zu B.systemen zusammenzuschließen (vgl. Schlobach 1980). – Der Begriff des B.s, der sich mit dem des ↗ Kollektivsymbols überschneiden kann, hat sich v.a. in der lit.wissenschaftlichen Metaphernanalyse (vgl. Wessel 1984) und in der (die ↗ Toposforschung modifizierenden) historischen Metaphorologie (vgl. Peil 1983) bewährt, da er eine plausible Strukturierung des Analysematerials ermöglicht (↗ Metapherntheorien). – Die B.theorie hat sich in enger Anlehnung an die Wortfeldtheorie entwickelt. Wie das Einzelwort in seiner Bedeutung durch die Feldnachbarn bestimmt ist, wird auch die Einzelmetapher durch ihre Nachbarn im B. beeinflußt. Doch ist das B. keine Kopplung zweier Wortfelder. Während zwischen den Elementen eines Wortfeldes ↗ paradigmatische Beziehungen anzusetzen sind, können die Beziehungen zwischen den B.elementen auch ↗ syntagmatisch sein. Neben dem Wortfeld sind für die B.theorie auch das Bedeutungsfeld im Sinne lexikalischer Solidaritäten, das Assoziationsfeld und der in der strukturalistischen ↗ Semantik entwickelte Begriff der ↗ Isotopieebene relevant.

Lit.: H. Weinrich: »Münze und Wort«. In: ders.: *Sprache in Texten*, Stgt. 1976 [1958]. S. 276–290. – J. Schlobach: *Zyklentheorie und Epochenmetaphorik*, Mchn. 1980. – D. Peil: *Untersuchungen zur Staats- und Herrschaftsmetaphorik in literar. Zeugnissen von der Antike bis zur Gegenwart*, Mchn. 1983. – F. Wessel: *Probleme der Metaphorik und die Minnemetaphorik in Gottfrieds von Straßburg ›Tristan und Isolde‹*, Mchn. 1984. – D. Peil: »Überlegungen zur B.theorie«. In: *Beiträge zur Geschichte der dt. Sprache und Lit.* 112 (1990) S. 209–241. – W.-A. Liebert: *Metaphernbereiche der dt. Alltagssprache. Kognitive Linguistik und die Perspektiven einer kognitiven Lexikographie*, FfM. et al. 1992. – D. Peil: »Zum Problem des B.begriffs«. In: P. Lutzeier (Hg.): *Studien zur Wortfeldtheorie*, Tüb. 1993. S. 185–202.   DP

Binarismus/Binäre Opposition (lat. *binarius*: zwei enthaltend), ist ein Klassifizierungs- und Beschreibungsverfahren, das komplexe Sachverhalte auf die Opposition von jeweils zwei Einheiten, zwei gegensätzliche Werte, zurückführt. B. ist eine theoretische Denkkategorie, die keinen Anspruch auf universelle/ontologische Gültigkeit erhebt und deren sich insbes. strukturale Ansätze bedienen (↗ Strukturalismus): »Nicht jede [...] Klassifikation ist [...] binär, aber jede läßt sich in eine binäre übersetzen« (Titzmann 1977, S. 102). Die heuristische Nützlichkeit einer binären Segmentierung zeigt sich am jeweiligen Untersuchungsobjekt und hängt von ihrer Funktionalisierung in Text oder Kultur ab. B. als Verfahren bzw. das Denken in Oppositionen ist nicht reduktionistisch und reduziert nur insofern Komplexität, als es zur Systematisierung und Bildung von ↗ paradigmatischen Ordnungen über den Text und somit zur Rekonstruktion des Modells von Welt beiträgt, das der jeweilige Text entwirft. Bei den Veränderungen und Modifikationen gegenüber dem vorgegebenen Sprachsystem und den Strukturen der Wirklichkeit, die Lit. als ›sekundäres, modellbildendes, semiotisches System‹ (vgl. Ju. Lotman 1972) bei der Bedeutungskonstituierung mittels Selektion und Kombination vornimmt, sind es insbes. die semantischen Relationen, die das Bedeutungsgefüge des Textes organisieren. Neben der Äquivalenz ist dies v.a. die Opposition: Zwei ↗ Signifikate stehen genau dann in Opposition, wenn sie einander aufgrund mindestens eines ihrer Merkmale logisch ausschließen, d.h. nicht zum selben Zeitpunkt als Prädikate derselben Größe ausgesagt werden können. Sie stellen alternative Möglichkeiten innerhalb einer übergeordneten gemeinsamen Klasse, eines Paradigmas dar. In Texten lassen sich über asymmetrische Oppositionen, bei denen zwei Signifikate zwar logisch-semantisch qua System miteinander kompatibel und also auch miteinander kombinierbar sind, die aber in der konkreten Äußerung als einander ausschließend gesetzt werden, Merkmalsbündel von ↗ Figuren oder semantische Räume (vgl. Lotman 1972) abstrahieren.

B. geht zurück auf klassische logische Prinzipien und hat in zahlreiche Wissenschaften Eingang gefunden, so etwa in die Informationstheorie und die strukturalistischen Erzähltheorien (z.B. ↗ *histoire* vs. *discours*). In der Sprachwissenschaft wurde das Denken in Gegensatzpaaren zunächst in der Phonologie von R. Jakobson eingeführt. Die Kritik, der die strukturalen Theorien aufgrund ihres ›Hangs zum B.‹ häufig ausgesetzt waren/sind (so z.B. von J. Derrida), beruht dabei zumeist auf einer Vermengung von Objekt- und Metaebene.

Lit.: Lotman 1993 [1972]. – M. Titzmann: *Strukturale Textanalyse. Theorie und Praxis der Interpretation*, Mchn. 1977. – H. Bonheim: »Binarism«. In ders.: *Literary Systematics*, Cambridge 1990. S. 30–43.   HK

C

Code (lat. *codex*: Buch, Verzeichnis), System von Regeln, Übereinkünften oder Zuordnungsvorschriften, das die Verortung und Deutung von ↗ Zeichen oder Zeichenkomplexen erlaubt. – Im lit.- und kulturtheoretischen Gebrauch von C. treffen sich das Konzept der ›Prägung‹ in der Verhaltensforschung (K. Lorenz), demzufolge in der frühesten Kindheit irreversible Lernprozesse ablaufen, welche das sexuelle, moralische und soziale Verhalten des Individuums im Rahmen eines geschlossenen Systems von Organismus und Umwelt festlegen (Konzepte der ↗ Kommunikationstheorie), sowie semiotische Modelle (↗ Semiotik). In diesem Sinne ist C. ein Sammelbegriff für jede Form tiefenstruktureller Prägung durch kulturspezifische, ideologische, religiöse, epistemologische ↗ Paradigmen, welche perzeptive und moralische Grundstrukturen des individuellen Weltbildes präformieren.

Praktisch manifestieren sich kulturelle C.s z.B. als Geschlechterstereotype, Konstrukte kultureller Identität und ↗ Alterität, anthropologische Vorstellungen und Zeitmodelle. Überragende Relevanz bei der weltbildgenerierenden Überlieferung und Institutionalisierung kultureller C.s kommt der Sprache nicht nur als Informationsträgerin, sondern auch in ihrer epistemologisch bedeutsamen Strukturiertheit zu, z.B. das Subjekt als Agens, Zeitformen des Verbes, maskuline Substantive und Pronomina als Verallgemeinerungsformen usw., die in Genres wie dem Bildungsroman, der Autobiographie oder dem Historiendrama narrativ ausgelegt werden. Die Einschätzungen mit Bezug auf das Ausmaß kultureller C.s reicht von der Akzeptanz der vorrangig sprachlich tradierten ›legitimen Vorurteile‹ bei H.-G. Gadamer über die Kritik an einer mit Hilfe tiefenhermeneutisch angelegter Methoden (↗ tiefenhermeneutische Ansätze) aufzudeckenden gesamtkulturellen Pseudokommunikation bei J. Habermas (1971) bis zu M. Foucaults These von der mit seinem Diskursbegriff (↗ Diskurs und Diskurstheorien) absolut gesetzten kulturellen Kodierung des Individuums, die das aufklärerische Postulat eines selbstmächtigen Subjektes ad absurdum führt.

Lit.: J. Habermas: »Der Universalitätsanspruch der Hermeneutik«. In: Apel 1971. S. 120–159. – N. Elias: *Über den Prozeß der Zivilisation*, 2 Bde., FfM. 1976. – E.W.B. Hess-Lüttich: »C.«. In: Weimar 1997. S. 307–310.   AHo

Computerphilologie, Sammelbegriff für die Einsatzmöglichkeiten des Computers in der Lit.wissenschaft, insbes. das (1) Erstellen und (2) Verwenden elektronischer Texte, einschließlich der computergestützten Stilistik und Inhaltsanalyse, (3) die Hypertexttheorie und -praxis (↗ Hypertext/ Hypertextualität), (4) das Programmieren von Anwendungen für Lit.wissenschaftler, (5) die Untersuchung der Veränderung wissenschaftlicher Kommunikation durch den Computereinsatz.

(1) Erstellung elektronischer Texte. Anfangs dienten die elektronischen Texte v.a. der Druckvorbereitung, z.B. zur Generierung von Konkordanzen oder von komplexen textkritischen Apparaten mittels (halb-)automatischer Kollationierung. Bekanntestes Projekt dieser Anfänge der C. ist R. Busas Konkordanz zu den Werken von Thomas von Aquin, mit deren Erstellung er 1949 begann. Inzwischen werden die elektronischen Texte als Ausgangspunkt für die Druckausgabe und für die Erstellung elektronischer Retrievalausgaben (›Textrechercheprogramme‹) gesehen. Als wesentliches Problem hat sich die langfristige Speicherung eines elektronischen Texts erwiesen, insbes. die Form der Textauszeichnung. ›Textauszeichnung‹ bezeichnet das Eintragen von zusätzlichen Informationen in einen Text, z.B. Autor, Kapitelanfang, Absatz- oder Versende. Die meisten kommerziell vertriebenen Editionen sind zur Zeit aufgrund ihrer proprietären Auszeichnung eng an das jeweilige Darstellungs- und Retrievalprogramm und damit an dessen Lebensdauer gekoppelt. Eine weitgehend betriebssystem- und softwareunabhängige Kodierung, die elektronischen Texten eine mit Drucktexten vergleichbare Lebensdauer

ermöglichen soll, kann mit dem philologischen Textauszeichnungssystem
der *Text Encoding Initiative* (*TEI*) erreicht werden. *TEI* baut auf dem internationalen Standard für Auszeichnungssysteme (*Standard General Markup
Language*) auf und ermöglicht die Notierung gattungsspezifischer Merkmale
von Prosa, Verstexten und Drama sowie die Auszeichnung von Transkrip-
tionen gesprochener Sprache, von Wörterbüchern und terminologischen
Datenbanken. Es stellt außerdem einen Mechanismus zur Implementierung
auch komplexer Hypertextverknüpfungen und zur Kodierung beliebiger
Zeichen zur Verfügung (vgl. Sperberg-McQueen/Burnard 1994; Jannidis
1997). *TEI* ist allerdings bes. zur Kodierung semantischer Informationen
(z.B. ›Kapitelanfang‹) gedacht; eine Ergänzung, die auch die typographi-
schen Informationen (z.B. Kapitelüberschrift ›fett‹) festhält, wird zur Zeit
entwickelt. Erster Arbeitsschritt der Erstellung elektronischer Editionen ist
die (Retro-)Digitalisierung von Texten, die auch Archive und Bibliotheken
interessiert, da diese so Handschriften oder ältere Buchausgaben schonen
und zugleich relativ kostengünstig der Öffentlichkeit zugänglich machen
können. Erfaßt werden Texte dafür entweder durch manuelle Eingabe oder
durch das Erstellen einer elektronischen Kopie mittels scannen und einer
anschließenden Zeichenerkennung mittels *Optical Character Recognition*-
Software. Zwei Formen elektronischer Texte haben sich inzwischen etabliert:
Zum einen elektronische Editionen autoren-, epochen-, oder gattungsspezifischer Textkorpora, z.B. die Weimarer Ausgabe der Werke J.W.v. Goethes
(1995) oder die Zusammenstellung kanonischer Texte der Germanistik (vgl.
Bertram/Jurschitza 1997). Zum anderen werden fachspezifische Informa-
tionssysteme angeboten, z.B. die elektronische Version einer periodischen
Bibliographie (vgl. Schmidt 1997) oder Informationen zur ↗ Lebenswelt
eines Autors (vgl. Kuhn 1995).

(2) Verwendung elektronischer Texte. Im wesentlichen gibt es drei Zu-
griffsweisen auf elektronische Texte: (a) Die Darbietung, z.B. zur Lektüre
am Bildschirm oder als Vortrag von Text. (b) Die Suche nach Zeichenketten
(*strings*), also nach beliebigen Kombinationen von Buchstaben, Zahlen oder
Satzzeichen. Dabei können zumeist auch Platzhalter für beliebige Zeichen
eingesetzt werden. Eine abstrakte Form dieser Verwendung von Platzhaltern
ist der Einsatz von ›regulären Ausdrücken‹, womit Zeichenmuster beschrieben
werden können. Einzelne Zeichenketten können durch die Verwendung von
Booleschen Operatoren zu komplexen Abfragen kombiniert werden. (c) Die
statistische Auswertung von Korpora, z.B. die Bildung von Häufigkeitslisten
und ihr Vergleich mit Durchschnittswerten, die Streuung der tatsächlichen
Vorkommnisse vom Mittelwert, die Analyse des gehäuften gemeinsamen
Auftretens von Wörtern oder Zeichenketten usw. Insbes. die computerge-
stützte Stilanalyse, die Stylometrie, und die sozialwissenschaftlich geprägte
Inhaltsanalyse verwenden teilweise sehr komplexe quantitative Verfahren.
Viele davon können auch ohne den Computer eingesetzt werden, doch erst
mit ihm wird die Untersuchung großer Korpora möglich. Die Stylometrie
z.B., die zumeist zur Feststellung anonymer oder fraglicher Autorschaft verwendet wird, ermittelt individualspezifische Textmerkmale. Ein frühes Beispiel
dafür ist die Analyse der Junius-Briefe durch A. Ellegård, der ausgewählte

Funktionswörter untersuchte. Neuere stylometrische Untersuchungen legen die mittlere Satzlänge, die Wortlänge, die Silbenanzahl der verwendeten Wörter oder die relative Verteilungshäufigkeit zugrunde.

(3) Hypertexttheorie und -praxis. Als ›Hypertext‹ oder auch ›Hypermedia‹ bezeichnet man elektronische Texte bzw. Textsammlungen, in die audiovisuelle Informationen integriert sein können. Wesentliches Merkmal eines Hypertexts ist die Verknüpfung von Informationseinheiten durch *links*, die es dem Benutzer ermöglichen, mit geringem mechanischen Aufwand von einem Knoten der Verknüpfung zum nächsten zu gelangen. Zur Lektüre von Hypertexten sind zumeist spezielle Präsentationssysteme notwendig. Neben der multimedialen Darbietung und der Realisierung der Verknüpfungen als ›Sprünge‹ von einem Informationspunkt zum nächsten bieten sie auch Vorrichtungen zum Überblick, z.B. als Inhaltsverzeichnis, zum Informationsretrieval, z.B. die Suche nach Zeichenketten, zum Abspeichern und Verknüpfen benutzerspezifischer Zusätze, z.B. Annotierungen, und zum schnellen Wiederfinden bereits besuchter Informationsknoten, z.B. als *history*- bzw. *bookmark*-Funktion. Zentrale Konzepte des Hypertexts, etwa die beliebige, auch assoziative Verknüpfung von Informationseinheiten durch den Autor oder Leser, gehen auf Überlegungen aus den 1940er und 1970er Jahren zurück (V. Bush, T. Nelson), konnten aber lange Zeit aufgrund der technischen Schwierigkeiten nicht realisiert werden. Erst die leistungsfähigen Computer, die im Laufe der 1980er Jahre in größerer Zahl verfügbar wurden, ermöglichten die Präsentation multimedialer Informationen. Erfolgreichstes Beispiel eines Hypertexts ist seit Anfang der 1990er Jahre der Teil des Internet, der als ›World Wide Web‹ (WWW) bezeichnet wird. Anwender können in den Texten und audiovisuellen Informationen, die weltweit auf Computern verteilt mit der Auszeichnungssprache *HTML* (*Hypertext Markup Language*) kodiert sind, mittels WWW-Browsern navigieren. Hypertexte haben sehr schnell Beachtung in der Lit.theorie gefunden, da sie als Realisierung der Forderungen poststrukturalistischer Texttheorien, etwa Dezentrierung und Autorlosigkeit, gesehen wurden (vgl. Landow 1992; ↗ Poststrukturalismus). Inzwischen haben insbes. empirisch arbeitende Kritiker diese Position mit einer Reihe von Belegen in Frage gestellt; z.B. betonen sie die praktische Relevanz von Orientierungsmitteln, die der Autor eines Hypertexts zur Verfügung stellt (vgl. Rouet et al. 1996). Hypertexte und herkömmliche Texte sind weniger als Gegensätze aufzufassen, vielmehr weisen Hypertexte neben den Eigenschaften früherer Textformen auch neue auf und stellen somit eine Herausforderung für moderne Texttheorien dar.

(4) Das Programmieren von Anwendungen für Lit.wissenschaftler. Die Verwendung von Programm- und Skriptsprachen durch Philologen hat zwei Formen: Zum einen wird Software für den kleinen Markt der Philologien entwickelt, zum anderen verwenden Lit.wissenschaftler alleinstehende (z.B. ›Perl‹) oder anwendungsspezifische (z.B. ›Lingo‹) Skriptsprachen. Bekannte Beispiele für textwissenschaftliche Software sind das am. Programm ›Tact‹, das zur inhaltlichen Analyse kleinerer Korpora dient, das Retrievalprogramm ›Word Cruncher‹, das engl. Kollationierungsprogramm ›Collate‹ und das dt. Satz- und Editionsprogramm ›Tustep‹ (vgl. Ott 1990). Versuche, lit.wissen-

schaftliche Programmiertechniken als Bestandteil des Faches zu etablieren, hatten bislang kaum Erfolg (vgl. Ludwig 1991), wahrscheinlich weil sich lit.wissenschaftliche Fragestellungen und Methoden der Informatik, die etwa komplexe Modelle für scheinbar einfache Vorgänge wie Suchen und Sortieren gebildet hat, nur schwer vermitteln lassen. Andererseits lassen sich die spezifischen Interessen von Philologen nur unzureichend oder gar nicht mit Standardprogrammen befriedigen, weshalb sich in der Praxis eine Abhängigkeit von den seltenen Grenzgängern zwischen der Informatik und den Textwissenschaften zeigt. Weitere Verbreitung hat die Verwendung von Skriptsprachen gefunden, die etwa zur Erstellung elektronischer Editionen oder auch zur Ereignissteuerung innerhalb von Multimedia-Anwendungen dienen.

(5) Die Untersuchung der Veränderung wissenschaftlicher Kommunikation durch den Computereinsatz. Der PC-Einsatz hat zu Veränderungen in fast allen Bereichen wissenschaftlicher Kommunikation geführt: Die insbes. an Universitäten weit vorangeschrittene Vernetzung hat den persönlichen Informationsaustausch per E-mail zum Standard gemacht. E-mail wird außerdem auch für halböffentliche Diskussionsgruppen genutzt, wodurch Wissenschaftler mit ihren Fachkollegen über Tagungen, ›Calls for Paper‹ und kleinere oder sehr aktuelle inhaltliche Probleme diskutieren können. Die Produktion und Distribution von Fachzeitschriften, die angesichts zunehmender Spezialisierung zu einer Kostenexplosion für Druckwerke geführt hat, wird inzwischen durch elektronische Zs.en oder Aufsatz-Datenbanken ergänzt. In den angelsächs. Ländern stellen Textarchive über das Internet gesicherte Texte, ausgezeichnet nach *TEI*, für die wissenschaftliche Nutzung zur Verfügung. *Preprints* und Arbeitsmaterial werden nicht mehr nur privat ausgetauscht, sondern der *scientific community* angeboten. Da die Digitalisierung der bibliographischen Daten, v.a. durch die Bibliotheken, am weitesten fortgeschritten ist, verändert sich damit auch das Rechercheverhalten von Lit.- und Kulturwissenschaftlern. – Die C. ist international in zwei wissenschaftlichen Gesellschaften organisiert: Der *Association for Computers and the Humanities* (*ACH*) und der *Association for Literary and Linguistic Computing* (*ALLC*). Diese Gesellschaften publizieren auch die beiden renommiertesten Zs.en in diesem Feld: *Literary and Linguistic Computing* (seit 1973) und *Computers and the Humanities* (seit 1966). Ein Teil des Informationsaustausches läuft inzwischen auch über Internet-Gesprächsgruppen, z.B. *HUMANIST* (http://www.princeton.edu/˜mccarty/humanist/).

Lit.: A. Schwob et al.: *Historische Edition und Computer*, Graz 1989. – W. Ott: »Edition und Datenverarbeitung«. In: H. Kraft (Hg.): *Editionsphilologie*, Darmstadt 1990. S. 59–70. – R. Kuhlen: *Hypertext*, Bln./Heidelberg 1991. – H.-W. Ludwig: *EDV für Lit.wissenschaftler*, Tüb. 1991. – Ch.S. Butler (Hg.): *Computers and Written Texts*, Oxford 1992. – G.P. Landow: *Hypertext 2.0*, Baltimore 1997 [*Hypertext*, 1992]. – C.M. Sperberg-McQueen/L. Burnard: *Guidelines for Electronic Textencoding and Interchange*, Chicago 1994. – J.W.v. Goethe: *Gesammelte Werke*, Weimarer Ausgabe mit Ergänzungen (ersch. bei Chadwyck-Healey; Datenbankzugang unter: http://www.chadwyck.co.uk), CD-ROM, Cambridge 1995. – H. Kuhn: *Th. Mann.*

Rollende Sphären, 1 CD-ROM, Mchn. 1995. – R. J. Finneran (Hg.): *The Literary Text in the Digital Age*, Ann Arbor 1996. – J.-F. Rouet et al. (Hgg.): *Hypertext and Cognition*, Mahwah 1996. – M. Bertram/E. Jurschitza (Hgg.): *Dt. Lit. von Lessing bis Kafka*, 1 CD-ROM, Bln. 1997. – N. Gabriel: *Kulturwissenschaften und neue Medien. Wissensvermittlung im digitalen Zeitalter*, Darmstadt 1997. – F. Jannidis: »Wider das Altern elektronischer Texte. Philologische Textauszeichnung mit *TEI*«. In: *Editio* 11 (1997) S. 152–177. – W.R. Schmidt (Hg.): *Bibliographie der Dt. Sprach- und Lit.wissenschaft*, 1 CD-ROM, FfM. 1997. – V. Deubel et al. (Hgg.): *Jahrbuch für C. 1*, Paderborn 1999. – G. Braungart et al. (Hgg.): *Jahrbuch für C. 2ff.*, Paderborn 2000ff. FJ

Cultural Materialism, der seit den frühen 1980er Jahren an brit. Universitäten entwickelte und institutionalisierte *C.M.* hat teil an einer umfassenderen Tendenz in den neueren Lit.wissenschaften, an der Bemühung um eine Erweiterung der lit.wissenschaftlichen Disziplinen zugunsten neuer kulturhistorischer und politischer Perspektiven. Somit steht der *C.M.* wie auch der in methodischer Hinsicht verwandte am. ↗ *New Historicism* im Zeichen einer kritischen Überwindung der ↗ werkimmanenten Interpretation und des ↗ *New Criticism*. Entschiedener noch als der *New Historicism* betonen die Vertreter des *C.M.* die unhintergehbare Existenz einer politischen Dimension literar. Texte, der die lit.wissenschaftliche Arbeit Rechnung zu tragen habe. Aus dieser Forderung ergibt sich folgerichtig die Notwendigkeit einer interdisziplinären Zusammenarbeit (Interdisziplinarität) und wechselseitigen Verflechtung von politischer Theorie, Historiographie, Lit.- und ↗ Kulturwissenschaften. Um ihrem Anliegen gerecht zu werden, eine dem neueren Diskussionsniveau angemessene marxistische und materialistische Ästhetik zu entwickeln, sind die Vertreter des *C.M.* um eine Neukonzeption von Kulturgeschichte (*New Cultural History*) bemüht, die von den Erkenntnissen der frz. ↗ Diskurstheorie und der ↗ Dekonstruktion angereichert und ergänzt wird. Im Rückgriff auf unorthodoxe, neomarxistische Theoriebildung der Frankfurter Schule (bes. W. Benjamin, Th.W. Adorno, M. Horkheimer) sowie der frz. und brit. marxistisch-materialistischen Lit. kritik (L. Althusser, R. Williams) sichern sich die Vertreter des *C.M.* ein beachtliches Theorieniveau, mittels dessen es gelingt, systematische und methodische Defizite im marxistischen Denken traditioneller Art zu korrigieren. Entgegen den Leitannahmen der orthodox-marxistischen Position werden nun das ältere Basis-Überbau-Modell (↗ marxistische Lit.theorie) und die überholungsbedürftige Widerspiegelungspoetik (↗ Widerspiegelung) als erkenntnistheoretisch unzulänglich betrachtet und daher abgelehnt. Stattdessen gehen die *Cultural Materialists* von sehr viel dynamischeren Zusammenhängen zwischen literar. Texten, kulturellen Artefakten und historischen Daten aus, von einem Modell reziproker gesellschaftlicher Austauschprozesse, die eine umfassende Neubewertung sozialer Strukturen erforderlich machen. In dieser Hinsicht lassen sich bedeutende methodische Affinitäten und zunehmende Vernetzungen des *C.M.* mit dem am. *New Historicism* beobachten, die jedoch über gewisse bleibende Unterschiede zwischen den beiden parallelen Strömungen nicht hinwegtäuschen kön-

nen. Hier wie dort entzündet sich die kritische Intention zunächst an W.
Shakespeare, dem wohl best-institutionalisierten Autor der Weltlit., und,
mehr noch, der traditionellen Shakespeare-Philologie. Im Mittelpunkt der
kulturmaterialistischen Analysen steht nicht zufällig die Epoche der Renaissance, die in der Tat als entscheidendes Schlüsselstadium im Prozeß der
gesamtgesellschaftlichen Modernisierung gelten kann und innerhalb derer,
so die Annahme, die Weichen für die Verfaßtheit der modernen europ.
Gesellschaften gestellt wurden. Zwar strebt der *C.M.* durch die produktive
Einbeziehung außerfiktionaler kulturhistorischer Zeugnisse in die Arbeit der
Lit.wissenschaftler auch eine Kanonerweiterung an und konvergiert so bis
zu einem gewissen Grad mit den Bemühungen der Mentalitätsgeschichte,
aber deutlicher noch verfolgt er das Ziel einer kritischen Re-Lektüre des
etablierten ↗ Kanons. Einerseits bestehen zwischen dem brit. *C.M.* und
dem am. Neohistorismus eine Allianz und zunehmende Solidarität, die
sich aus einer gemeinsamen Frontstellung gegenüber der traditionalen,
humanistisch inspirierten Lit.wissenschaft ergeben. Andererseits gehen die
Meinungen und Positionen der beiden Bewegungen wiederum auseinander,
wenn es um die Frage nach dem subversiven Potential der Renaissance-Lit.
geht, das von den Vertretern des *C.M.* im allg. höher veranschlagt wird als
von ihren am. KollegInnen.

Unter dem Eindruck des frz. ↗ Poststrukturalismus, insbes. der Diskursanalyse des späten M. Foucault, widmen sich die *Cultural Materialists*
bevorzugt den unterschiedlichen gesellschaftlichen Mechanismen und
Manifestationen der ↗ Macht, der Legitimierung und Ausübung von
Herrschaft, die, so die Annahme, jenseits oder diesseits der von der traditionellen Geschichtstheorie überschätzten institutionellen Verankerung in den
diskursiven Strukturen einer ↗ Epoche und den Praktiken ihrer Verbreitung
und Regulierung anzusiedeln sei. So unternehmen die Autoren des *C.M.*
den Versuch einer literar. Machtanalyse und -kritik, die in den Renaissance-
Tragödien einen reichhaltigen Anschauungsfundus und geeignetes historisches Belegmaterial findet (vgl. Dollimore 1984; Belsey 1985). C. Belseys
aufschlußreiche Studie erkundet die inneren Widersprüche frühneuzeitlicher
↗ Subjektivität, wie sie sich beispielhaft in der elisabethanischen und jakobäischen Rachetragödie manifestieren. Das Zögern und die epistemologische
Unsicherheit eines Hamlet beleuchten schlaglichtartig das prekäre Moment,
das der neuzeitlichen Subjektkonstruktion innewohnt. Nicht individuelles
Scheitern kennzeichnet die Tragödienhelden der Renaissance, sondern ihre
Haltung erweist sich als symptomatisch für eine ganze Epoche, da sich in
ihr eine für die frühe Neuzeit grundlegende gesellschaftliche Problematik
kristallisiert. Indem der moralische Konflikt des Helden von einem politischen Spannungsfeld überlagert wird, gewinnt das individuelle Dilemma
epochentypische Konturen. Die Überlappungen der beobachteten ethischen
und politischen Bezugsrahmen setzen die Handlungsfähigkeit des Subjekts
schrittweise außer Kraft, weil sie die bisher anerkannten Dichotomien
zwischen falschem und richtigem Verhalten, zwischen ›gut‹ und ›böse‹ unter-
wandern, die tradierte Wertehierarchie verunsichern und die konventionellen
Bedeutungszuweisungen untergraben. Um ihre Lesart zu plausibilisieren,

greift Belsey auf die systematischen Ergebnisse der Dekonstruktion zurück. Mit der Einsicht, daß für die Tragödienhelden der Renaissance die geläufigen Identitätsannahmen und ihre Logik anfechtbar geworden und ins Wanken geraten sind, verbindet sich die Beobachtung einer folgenreichen Differenz und untergründigen Kluft, die sich zwischen den kulturellen ↗ Signifikanten und ihren (ehemals verbürgten) Signifikaten auftut.

Seit Ende der 1980er Jahre bahnen sich eine zunehmend fruchtbare Diskussion und Zusammenarbeit zwischen dem *C.M.* und den ↗ *Gender Studies* an, die die Aufmerksamkeit kulturpoetologischer Studien vermehrt auf das Verhältnis der Geschlechter in seinen sozialgeschichtlichen und politischen Implikationen lenken. Während namhafte feministische Autorinnen wie L. Jardine sich in ihren neueren Veröffentlichungen auf die Seite des *C.M.* geschlagen haben, beschäftigen sich einige herausragende Vertreter des *C.M.* in jüngster Zeit stärker mit der Problematik von Sexualität und literar. Geschlechterrollen. Schon die Orientierung an Foucault mußte die Autoren des *C.M.* das reziproke Verhältnis von Machtausübung und Begehren erkennen lassen, so daß die genaue Beobachtung der Mechanismen gesellschaftlicher Machtausübung mit einer gewissen Konsequenz zu der systematischen Untersuchung derjenigen Faktoren führen mußte, welche die kulturellen Konstruktionen der ↗ Geschlechterrollen bedingen und regulieren. Sowohl die *Gender Studies* als auch der *C.M.* stellen sich gegen einen essentialistischen Standpunkt zugunsten der Annahme eines kulturellen ↗ Konstruktivismus. Über die soziokulturelle Geschlechterrolle entscheidet demzufolge nicht die biologische Geschlechtszugehörigkeit, die der historischen Veränderung entzogen ist, sondern die kulturspezifische Sozialisation des einzelnen und die epochentypischen Projektionen des Begehrens, wie sie sich in den charakteristischen Diskursen einer Gesellschaft oder Kulturgemeinschaft sedimentiert haben. Von diesen Voraussetzungen ausgehend, beschäftigt sich Belsey in ihrem Buch *Desire* (1994) mit einer Geschichte des Begehrens und der abendländischen Liebessemantik. Analog dazu hat J. Dollimore (1991) den nicht weniger ambitionierten Versuch vorgelegt, von Augustinus bis O. Wilde und Foucault die Möglichkeiten und literar. Ausdrucksformen eines nicht konformen sowie homosexuellen Begehrens zu erkunden, in denen sich die kulturellen Erwartungen und Ängste der okzidentalen Gesellschaften vielleicht am prägnantesten artikuliert haben. Mit den zuletzt genannten Studien hat die diskutierte Bewegung zugleich den anfänglichen Kernbereich ihrer materialistischen Textarbeit, die Renaissanceepoche, verlassen und damit die Reichweite ihres Ansatzes entschieden erweitert. Darin zeigt sich, daß sich das intellektuelle und theoretische Potential des *C.M.* noch lange nicht erschöpft hat und in Zukunft durchaus eine produktive Weiterentwicklung der methodischen Voraussetzungen und verwendeten Konzepte zu erwarten ist (vgl. Colebrook 1997).

Lit.: Belsey 1994 [1980]. – J. Dollimore: *Radical Tragedy. Religion, Ideology and Power in the Drama of Shakespeare and his Contemporaries*, Durham 1993 [1984]. – C. Belsey: *The Subject of Tragedy. Identity and Difference in Renaissance Drama*, Ldn/N.Y. 1985. – J. Dollimore/A. Sinfield: *Political Shakespeare. New Essays in C.M.*,

Ithaca 1985. – J.E. Howard/M.F. O'Connor (Hgg.): *Shakespeare Reproduced. The Text in History and Ideology*, N.Y/Ldn. 1987. – J. Dollimore: »Shakespeare, C.M., Feminism and Marxist Humanism«. In: *NLH* 21.2 (1989–90) S. 471–493. – ders.: *Sexual Dissidence. Augustine to Wilde. Freud to Foucault*, Oxford 1991. – C. Belsey/J. Moore (Hgg.): *The Feminist Reader. Essays in Gender and the Politics of Literary Criticism*, N.Y. 1989. – A. Höfele: »New Historicism/C.M.«. In: *Jb. der dt. Shakespearegesellschaft West* (1992) S. 107–123. – L. Jardine: *Reading Shakespeare Historically*, Ldn./N.Y. 1996. – Colebrook 1998 [1997]. Bes. S. 138–197. – A. Milner: *Re-Imagining Cultural Studies. The Promise of C.M.*, Ldn. et al. 2002. – M. Baßler: »New Historicism, C.M. und Cultural Studies«. In: A. Nünning/V. Nünning 2003. S. 132-155.   AS

D

Dauer ↗ Anachronie; ↗ Erzähltempo; ↗ Erzählzeit und erzählte Zeit

Deixis (gr. *deíxis*: Hinweis), die situationsabhängige ↗ Referenz auf Elemente der Rahmensituation eines Kommunikationsvorgangs durch verbale oder nonverbale Mittel. – Bereits die antike Grammatik beschrieb die Funktion deiktischer Ausdrücke, und die moderne Linguistik stellt D. in den Schnittbereich von ↗ Semantik und ↗ Pragmatik. Hauptproblem für Bedeutungstheorien ist, daß deiktische Ausdrücke wechselnde Referenzobjekte haben und nicht ohne weiteres in situationsunabhängige Ausdrücke übersetzbar sind; so bezeichnet ›hier‹ je nach ↗ Kontext ein Zimmer oder ein ganzes Land. Situationsdeixis tritt in Dialogen auf, deren Teilnehmer einander und ihre gemeinsame Umgebung wahrnehmen. K. Bühler zufolge ist jeder Sprecher das Zentrum eines Koordinatensystems, dessen Nullpunkt durch ›ich‹ (Personaldeixis), ›hier‹ (Lokaldeixis) und ›jetzt‹ (Temporaldeixis) gekennzeichnet ist und relativ zu dem er andere Orte, Richtungen und Objekte lokalisiert. In natürlichen Sprachen sind deiktische Ausdrücke immer mit deskriptiver Information vermischt, etwa über relative Entfernung (›da‹ vs. ›dort‹). In einer logischen Rekonstruktion sind deiktische Ausdrücke Funktoren, die eine Situation als Argument haben. Zeigegesten und andere hinweisende Körperbewegungen alleine sind immer mehrdeutig und werden darum meist mit deiktischen Ausdrücken kombiniert. Im einfachsten Fall, wie ›dieser Baum‹ beim Zeigen auf einen Baum, sind gezeigtes und referiertes Objekt identisch. In komplexeren Fällen steht das gezeigte Objekt in einer erschließbaren Beziehung zum Referenzobjekt. So wird die Phrase ›dieser Maler‹, geäußert beim Zeigen auf ein Bild, vom Hörer aufgrund der Kausalrelation zwischen Produzent und Produkt verstanden. Diskursdeixis und Textdeixis referieren textintern, nämlich auf sprachliche Ausdrücke desselben Textes (›dieses Kapitel‹) oder deren Inhalte (›das folgende Argument‹).

Lit.: K. Bühler: *Sprachtheorie*, Stgt. 1982 [1934]. – Ausg. »Die Indexikalität der Erkenntnis« (Hg. H. Pape) der *Zs. für Semiotik* 21.1 (1999).   DS

Dekonstruktion, Theorie und Verfahren der poststrukturalistischen Lit.-kritik (↗ Poststrukturalismus), das im wesentlichen auf Konzeptionen J. Derridas und P. de Mans zurückgeht (vgl. auch ↗ Dekonstruktivismus). Der Begriff entzieht sich einer eindeutigen Bestimmung, da er selbst gerade die Unmöglichkeit jeder eindeutigen Bestimmbarkeit und semantischen Begrenzbarkeit sprachlicher ↗ Zeichen beinhaltet. Indem er neben dem zunächst ins Auge springenden Moment der Destruktion auch ein Moment der Konstruktion enthält, bezeichnet er den für die D. charakteristischen, doppelten Gestus zwischen Kritik und Affirmation, zwischen der radikalen Demontage überlieferter Begriffsgerüste und dem gleichzeitigen Bewußtsein, grundsätzlich nicht ohne diese auszukommen. Die D. ist daher keine schematisch anwendbare Methode, sondern ein gewissermaßen subversives Prinzip der Annäherung an Texte ›von innen her‹, die diese in ihren potentiell unendlichen Bedeutungsverästelungen, ihrem über die manifeste Textintention hinausgehenden Bedeutungsüberschuß und ihrer dabei unvermeidlich hervortretenden inneren Widersprüchlichkeit expliziert. Insbes. stellt sie die Art und Weise heraus, in der die je spezifische Sprache, Form und Rhetorik eines Textes der eigenen Aussage so weit entgegenlaufen, daß sie deren Hauptinhalte letztlich selbst wieder dementieren. Regulative Prinzipien des Verfahrens sind die Axiome der ›Schrift‹ und der ›Differenz‹, d.h. einerseits die Annahme der Priorität der Schrift vor dem gesprochenen Wort (dem ›Logos‹), des ↗ Signifikanten vor dem Signifikat, des intertextuell-offenen (↗ Intertextualität und Intertextualitätstheorien) vor dem individuell-geschlossenen Charakter kultureller Zeichensysteme und andererseits der unaufhebbaren Differentialität, der irreduziblen Mehrdeutigkeit und prozeßhaften Unabschließbarkeit der kulturellen Zeichenaktivität. Die Kritik der D. an der logozentrischen (↗ Logozentrismus) ›westlichen‹ Tradition des Denkens und der Textauslegung besteht denn auch darin, daß diese die intertextuelle Offenheit und Vieldeutigkeit kultureller Erfahrung in die Zwangsmuster eines vereindeutigenden Systemdenkens preßt, in dem das vorgebliche Interesse an Erkenntnis häufig nur ein Interesse der Machtausübung und der ideologischen Realitätskontrolle verbirgt. Der Akt der D. ist von hier aus intendiert als Selbstbefreiung des Denkens aus gewohnten Grenzziehungen und Hierarchisierungen, insbes. aus den herkömmlichen Dichotomien von Subjekt und Objekt, Geist und Körper, Signifikat und Signifikant, Innerem und Äußerem, gut und böse, wahr und falsch, Gegensätzen, die oft genug zur Rechtfertigung des Hegemonieanspruchs einer Kultur, Klasse (*class*), Rasse (*race*) oder eines Geschlechts (↗ *gender*) über das andere mißbraucht wurden.

Als charakteristische Operationen der D. in der Lit.kritik ergeben sich daraus v.a.: (a) Dezentrieren der zentral gesetzten thematisch-strukturellen Instanzen eines Textes aus der Perspektive dessen, was durch sie marginalisiert wird, sich aber dennoch als textkonstitutiv erweist (Dezentrierung); (b) Auflösung binärer, hierarchischer Bedeutungsoppositionen im Text und deren Einbeziehung in einen enthierarchisierten Prozeß von Differenzen (↗ Binarismus/binäre Opposition, ↗ *différance*); (c) Auflösung ungebrochener Identitäts-, Präsenz- und Subjektkonzepte in der fiktional dargestellten Welt und ihrer Charaktere; (d) Aufbrechen der scheinbaren Einheit und Geschlossenheit des Textes in die Offenheit eines intertextuellen Spannungsfelds, durch das der Einzeltext erst konstituiert wird und das seine immanenten Bedeutungen stets bereits von außen her affiziert; (e) Aufzeigen der Art und Weise, wie die im Text intendierten Signifikate durch die unhintergehbare Interferenz des sprachlichen Mediums verstellt bleiben und wie stattdessen das Spiel der Signifikanten, der Prozeß der kulturellen Semiose, selbst den Textvorgang ins Innerste bestimmt; (f) Aufweisen der Tendenz der Texte, die eigene Bedeutungskonstruktion durch die Art und Weise ihrer rhetorisch-semiotischen Präsentation letztlich selbst wieder zu dekonstruieren; (g) im Zusammenhang damit Aufdecken spezifischer rhetorisch-struktureller Konfigurationen in Texten, die solche Prozesse der D. unmittelbar inszenieren, wie *mise en abyme*, Rekursivität, Selbstreferentialität, Paradoxalität; (h) im Bereich der Textverfahren und Darstellungsmodi Aufwertung der ↗ Rhetorik gegenüber der Ästhetik, insofern letztere eine (für die D. obsolet erscheinende) Kontinuität von sinnlicher Welt und Ideenwelt voraussetzt, sowie der Allegorie gegenüber dem ↗ Symbol, da ein Zeichen nicht mehr (wie im Symbol) als Verkörperung eines Allg. im Bes., sondern nur als ein immer wieder ›anders sagen‹ (wie in der Allegorie, von gr. *allēgoreín*: anders sagen) im Sinn der Differentialität von Sprache gesehen wird.

Nach einer Phase großer Verbreitung in den 1980er Jahren hat sich die D. als für sich bestehende Zugangsweise zu Texten eher erschöpft und ist Verbindungen mit verschiedenen ›inhaltlich‹ geprägten Positionen wie ↗ feministische Lit.theorie, ↗ psychoanalytische Lit.wissenschaft, ↗ marxistische Lit.theorie und ↗ postkoloniale Lit.theorie und -kritik eingegangen, wobei sie als kritisches Korrektiv essentialistischer Konzepte von ↗ Geschlechterdifferenz, Subjektidentität, gesellschaftlicher Wirklichkeit oder nationaler Kultureigenschaften fungiert und erstarrte Denkmuster auf die Vielfalt kultureller Differenzen und Interferenzen öffnet.

Lit.: s. auch ↗ Dekonstruktivismus. – Ch. Norris: *Deconstruction. Theory and Practice*, Ldn. 2002 [1988]. – B. Menke: »D. – Lektüre. Derrida lit.theoretisch«. In: Bogdal 1997 [1990]. S. 242–273. – dies.: »D.: Lesen, Schrift, Figur, Performanz«. In: Pechlivanos et al. 1995. S. 116–137. – C. Pross/G. Wildgruber: »D.«. In: Arnold/Detering 1997 [1996]. S. 409–429. – Tholen 1999. – Tonn 2000. – E. Angehrn: *Interpretation und D.: Untersuchungen zur Hermeneutik*, Weilerswist 2003.   HZ

Dekonstruktivismus, Richtung des ↗ Poststrukturalismus, die sich v.a. auf den sprachlich-textuellen und ideologisch-metaphysischen Aspekt von Kultur und Lit. bezieht und deren Begründer und philosophischer Hauptvertreter J. Derrida ist. In den USA wurde der D. von den sog. *Yale Critics* H. Bloom, G. Hartman, J.H. Miller und P. de Man als innovatives Paradigma der Lit. kritik eingeführt, das v.a. in den 1980er Jahren große Bedeutung erlangte.

Der D. wurde von Derrida zunächst in primär philosophischem Kontext aus einer grundlegenden Auseinandersetzung mit der Tradition der westlichen Metaphysik entwickelt. Er ist darin beeinflußt von F.W. Nietzsches Kritik humanistischer Ideologie und seiner Annahme eines allen Kulturäußerungen zugrundeliegenden Willens zur Macht, von M. Heideggers Analytik der Temporalität und begriffshermeneutischen Reflexion (v.a. *Identität und Differenz*, 1957), von F. de Saussures Loslösung sprachlicher ↗ Zeichen aus der Beziehung zur außersprachlichen Welt und deren Ersetzung durch ein innersprachliches System von Differenzen und vom größeren Theoriediskurs des Poststrukturalismus (J. Lacan, M. Blanchot, R. Barthes, M. Foucault), den er zugleich entscheidend mitprägte. Letzterer ist wiederum erst aus seiner Auseinandersetzung mit dem ↗ Strukturalismus verstehbar, aus dem er hervorging und dessen Spuren er trägt. Der entscheidende Bruchpunkt zwischen beiden Epistemen liegt dort, wo dem quasi-naturwissenschaftlichen Systemdenken des Strukturalismus mit seiner Annahme allgemeingültiger Grundgesetze der symbolischen Tätigkeit des menschlichen Geistes, die er allen Ausprägungen kultureller Aktivitäten zugrundeliegen sah (vgl. Cl. Lévi-Strauss), seine Basis entzogen wurde. In dem bahnbrechenden Aufsatz »La structure, le signe et le jeu dans le discours des sciences humaines« (in *L'écriture et la différence*, 1967) zeigt Derrida, wie die unhinterfragte Prämisse eines festen Zentrums kultureller ↗ Strukturen und Zeichensysteme zu unauflöslichen Paradoxien führt und wie der Versuch einer ontologischen Fundierung der sprachlichen Zeichenaktivität durch ein ›transzendentales Signifikat‹, d.h. eine letzte bedeutungsgebende Instanz, immer wieder durch den niemals stillzustellenden Prozeß der ↗ Signifikanten subvertiert wird, die sich in ständiger wechselseitiger Verschiebung, Substitution und ↗ *dissémination* befinden. Der Signifikant als der materielle Zeichenträger, also der konkret-mediale Aspekt der kulturellen Zeichenvorgänge, rückt damit in den Mittelpunkt der Aufmerksamkeit, während gleichzeitig die Seite des Signifikats, des Bedeuteten und Bezeichneten, in höchstem Maße problematisiert wird. Die Suche nach einem transzendentalen Signifikat wirkt nur noch als ein niemals erfüllbares Begehren fort, das durch die ›Unruhe der Sprache‹, das über alle fixierenden Text- und Bedeutungsgrenzen hinausschießende Spiel der Signifikanten, immer wieder aufgeschoben und weitergetrieben wird. Es gibt kein Inneres mehr ohne ein Äußeres, kein Immaterielles ohne materielle Manifestation, keine ↗ Bedeutung jenseits der konkreten Zeichengestalt. Dieses Äußere der Zeichen, ihre sinnlich-materielle Gestalt, wird aufgefaßt in Analogie zum ›Körper‹, der aus seiner langen Zwangsherrschaft durch den ›Geist‹ befreit werden muß. Für die Lit.kritik folgt daraus, daß der Text von den logozentrischen Bedeutungsansprüchen befreit werden muß, denen er durch das traditionelle Verfahren der ↗ Interpretation unterworfen wird. Es gilt, die materielle Seite der Texte ernstzunehmen, ja diese als konventionelle Bedeutungsstrukturen ›unlesbar‹ zu machen und in ihrer reinen, jede eingrenzbare Bedeutungszuschreibung sprengenden Textualität zum Vorschein zu bringen.

Schlüsselkonzepte Derridas sind die der ›Schrift‹ und der ›Differenz‹, der *écriture* und der ↗ *différance/différence*. Diese sind gegen die, wie Derrida es sieht, tragenden logozentrischen Illusionen des abendländischen Denkens gewendet, nämlich gegen die Illusion der ›Präsenz‹ einer unmittelbar gegebenen und in Sprache vergegenwärtigten Wirklichkeit, und gegen

die Illusion der ›Identität‹ des Zeichens mit seiner Bedeutung, des Subjekts
mit sich selbst. Gegen den ›Phonozentrismus‹ des westlichen Denkens und
die Priorität des Logos und der gesprochenen Sprache setzt Derrida die
Priorität der Schrift. Die Schrift wird dabei nicht verstanden in einem
empirischen oder historischen Sinn, etwa als konkrete historische Entstehung
bestimmter Schriftsysteme, sondern als diesen vorausgehende ›Ur-Schrift‹,
als universales Apriori menschlicher Kultur (*Grammatologie*, 1974). Mit
dem Axiom der Unhintergehbarkeit der Schrift hängt das zweite Axiom des
D. zusammen, das der *différance*: Es gibt keine Identität, sondern nur
Differenz, keine Kernpunkte des Denkens, sondern nur ein Netzwerk
aufeinander bezogener Zeichen, eine unendliche Kette immer weiterver-
weisender Signifikanten. ›Bedeutung‹ ergibt sich nur aus dieser Beziehung
und Differenz zwischen den Zeichen, sie ist damit prinzipiell entlang der
gesamten Signifikantenkette verstreut und niemals in einem Zeichen vollständig gegeben. Umgekehrt impliziert jedes Zeichen die Wiederholung
seines früheren Gebrauchs und ist damit niemals urspr. gesetzt. Gleichzeitig ist es durch seine differentielle Beziehung zu anderen Zeichen seinerseits
in seiner Bedeutung nicht eindeutig eingrenzbar oder ›identifizierbar‹. Jedes
Zeichen und jeder Text gehen über die ihnen subjektiv zugeschriebenen
Bedeutungen hinaus, da diese immer schon unterschwellig auf andere,
nichtintendierte Bedeutungen bezogen sind, die die beabsichtigte Eindeutigkeit und Abgeschlossenheit jedes Diskurses sprengen. Der eigentümlich
umwegige, das Nichtgesagte einbeziehende und eigene Festlegungen ver-
meidende Denkmodus des D. begründet sich aus der grundsätzlichen Paradoxalität und vorgängigen Spaltung der Schrift selbst, die in ihrer Bestimmung als ›urspr. Spur‹ von Differenzen zugleich als Ursprung und als
Nachträgliches, als Anwesenheit und zugleich als Abwesenheit markiert ist,
ohne je eines von beiden allein zu sein. Diese Zwischenposition seines
Denkens hat Derrida u.a. mit einer Grammatik des Schleiers, des Vorhangs
und des ›Hymen‹ umschrieben, die ebenso Präsenz wie Absenz, ebenso
Verheißung wie Verweigerung erfüllter Bedeutung impliziert (*La dissémination*, 1972).

   Die Auflösung herkömmlicher binärer Oppositionsmuster (↗ Binarismus/
binäre Opposition) resultiert also nicht in einem einfachen Umkehrungsver-
fahren, sondern im Versuch, das Denken in Identitäten und Oppositionen
von innen her zu überwinden. Der D. ist in wesentlichen Aspekten ein
Neuschreiben der zentralen westlichen Konzepte und Positionen von deren
Rändern her, von dem ›Supplement‹, das jene Konzepte zugunsten ihrer
vermeintlichen Eindeutigkeit unterdrückt, das aber bestimmend in sie als
Bedingung ihrer Möglichkeit hineinwirkt und sie so a priori unterminiert
(die Schrift als das unterdrückte Supplement des Logos, die Kultur als Supplement der Natur usw.). An Begriffen wie dem ›Hymen‹ zeigt sich darüber
hinaus der im D. implizit mitgedachte Zusammenhang von Text- und
Lebensvorgängen, der etwa auch in der im Anschluß an Platon vorgenom-
menen Bezeichnung der Schrift als ›Pharmakon‹ deutlich wird, die sowohl
als Heilmittel wie als Giftmittel wirksam sei und so nicht nur konzeptuelle,
sondern sozusagen kulturbiologische Funktion erhält.

Die Geschichte logozentrischen Denkens erscheint von hier aus als Domestizierung der Offenheit und abgründigen Mehrdeutigkeit der Sprache (↗ Ambiguität) durch die Zwangsstrukturen eines vereindeutigenden Systemdenkens, das seine Definitionsmacht über die Realität durch hierarchisch-wertende Begriffsoppositionen wie die zwischen Subjekt und Objekt, Geist und Materie, Seele und Körper, Natur und Kultur, wahr und falsch zu stabilisieren suchte. An die Stelle von System, Zentrum und Struktur tritt im D. der Begriff des ›Spiels‹, das Derrida als ›Abwesenheit eines Zentrums‹ bestimmt. Hieraus ergibt sich eine typische Ambivalenz des D. zwischen Desillusionierung und avantgardistischer Aufbruchsrhetorik. Negation und Affirmation greifen eigentümlich ineinander, da die Zerstörung bisheriger Scheingewißheiten und harmonisierender Sinnkonstruktionen des Denkens gleichzeitig als eine bisher nicht dagewesene Befreiung ungebundener Denk- und Lebensenergien aufgefaßt wird, die gegen die Systemzwänge traditioneller Wissenschaft, die Machtstrukturen der Gesellschaft, die Rollenmuster der Geschlechter oder die Interpretation von literar. Texten gleichermaßen mobilisierbar sind.

Der D. wirkt sich auch auf die Sicht des menschlichen Subjekts aus, dem nicht mehr eine einheitliche Identität zukommt, sondern das bereits bei S. Freud ein *mixtum compositum* verschiedener Antriebskräfte und Selbstbilder ist, die oft im Konflikt zueinander stehen. Unsere ›Identität‹ ist so eine plurale Identität; sie ist keine zentrierte Struktur, sondern ein Ort des Spiels verschiedener Bilder des Selbst ohne festen Grund und ohne festes Zentrum. Ja, sie ist nicht bloß durch das Spiel verschiedener Selbstbilder, sondern bis in ihr Innerstes hinein durch das Spiel von Texten bestimmt. Dies hat für die Kommunikation zur Folge, daß die Subjekte sich auch gegenseitig opak sind und Verstehen zur Fiktion wird, die einen unaufhebbaren Bruch zwischen den einzelnen überdeckt. Hierin liegt eine unmittelbare Antithese zur ↗ Hermeneutik, die ja das intersubjektive Verstehen, in welcher Begrenztheit auch immer, zur zentralen Kategorie ihres Kultur- und Lit.begriffs hat. Aus der ›Macht des guten Willens‹, die H.-G. Gadamer als unabdingbare Voraussetzung aller sinnvollen Kommunikation, also auch aller lit.- und kulturtheoretischen Debatten, sieht, wird bei Derrida in charakteristisch dekonstruktiver Umkehrung der ›gute Wille zur Macht‹. Die Vorstellung gelingender Kommunikation ist eine Spätform des humanistischen Idealismus; für das Verhältnis der Subjekte zueinander gilt: Der Bruch ist der Bezug.

Für die Lit.kritik ergeben sich aus all dem verschiedene Konsequenzen: (a) Der Text bildet kein in sich geschlossenes, integriertes Ganzes mehr, sondern ist ein Ort intertextueller Einflüsse und Interferenzen (↗ Intertextualität und Intertextualitätstheorien). (b) Der Text bildet daher auch keine kohärente Struktur, sondern ein heterogenes Kraftfeld von Spannungen und Widersprüchen, die sich zu keiner inneren Einheit zusammenfügen. (c) Der Text geht einerseits immer schon über die ihm zugeschriebenen Bedeutungen hinaus, andererseits liegt in seiner Form und Rhetorik zugleich die Tendenz begründet, den eigenen Bedeutungsanspruch schließlich wieder selbst zu dekonstruieren. (d) Die herkömmliche Trennung von Autor, Text und Leser

wird damit ebenfalls unhaltbar, da weder Autor noch Leser die Kontrolle
über den Prozeß der Zeichenaktivität beanspruchen können, den die Schrift
selbst als ständige Produktion von Differenzen trägt. (e) Für den Interpreten
kann es kein adäquates Verstehen von Texten mehr geben, da sich deren
Bedeutung jeder eindeutigen Festlegung entzieht und überdies auch hier
das Diktum vom ›Bruch als Bezug‹ gilt. ›Every reading is a misreading‹,
sagt J. Culler, und statt der Unterscheidung von ›wahren‹ und ›falschen‹
Interpretationen gibt es nur noch die zwischen ›*weak readings*‹ und ›*strong
readings*‹ von Texten. (f) Die Lit.kritik ist nicht mehr eine ↗ Metasprache,
die der Lit. als ↗ Objektsprache gegenübergestellt wird; vielmehr muß sich
der lit.kritische Diskurs seiner eigenen Zugehörigkeit zu jener allg. Textualität
bewußt werden, d.h. seiner inneren Verwandtschaft zur Mehrdeutigkeit und
Selbstreferentialität der Lit. selbst. Die Lit.kritik darf sich der Lit. nicht mehr
hierarchisch über- oder unterordnen, sondern muß ihr ähnlich werden und
so ihre durch Institutionalisierung und Überformalisierung verlorengegan-
gene Vitalität zurückgewinnen. Auch hier ist die genannte Ambivalenz des
Ansatzes zu konstatieren, denn je nach Präferenz des Kritikers kann dabei
entweder die Bedeutungspluralisierung an einem Text betont werden, die
den Verlust des Zentrums affirmiert und sich als Möglichkeit produktiven
Spiels herausstellt (vgl. G. Hartman), oder die letztliche Bedeutungsleere,
die durch den selbstdekonstruktiven Charakter des Textes am Ende notwendigerweise herauskommt (vgl. de Man 1979).

Der D. hat sich innerhalb der anglo-am. Lit.kritik zunächst hauptsächlich
auf die Periode der Romantik konzentriert, in der nicht zuletzt Versuche,
Lit. und Kritik aneinander anzunähern, ihre Wurzeln haben. Er ist aber
inzwischen längst auf alle möglichen Epochen und Texte der Lit.geschichte
angewendet worden, wobei nach einer Phase intensiver Produktivität eine
gewisse Monotonie der Ergebnisse unverkennbar war. Inzwischen hat sich
der D. als eigenständiger Ansatz eher erschöpft und zunehmend mit anderen,
mehr inhaltlich orientierten Ansätzen der Lit.- und Kulturtheorie verbunden (↗ psychoanalytische Lit.wissenschaft, ↗ feministische Lit.theorien,
↗ marxistische Lit.theorie, ↗ postkoloniale Lit.theorie und -kritik). Er hat
sich dabei als Prinzip des Abbaus von Denk- und Machthierarchien einerseits
politisiert, andererseits wirkt er als erkenntnistheoretisches Korrektiv für
ungebrochene Wahrheitsansprüche kulturellen Wissens, indem er auch im
Bereich kulturkritischer Gegendiskurse alle essentialistischen Konzepte (wie
der von Marginalität, ↗ Geschlechtsidentität, gesellschaftlicher Wahrheit
oder kultureller Nationalität) hinterfragt.

Die Grenzen des D. liegen nicht nur in seiner mangelnden pragmatischen
Komponente, insofern er sich auf kulturelle ›Inhalte‹ stets nur parasitär
beziehen kann; sie liegen auch in den eigenen epistemologischen und text-
theoretischen Voraussetzungen. So führt der Versuch der Abschaffung einer
zentrierten und hierarchisierten Begrifflichkeit in einen Selbstwiderspruch,
der durch keine noch so ausgeklügelte terminologische Vermeidungsstrategie
entschärft werden kann, vielmehr auf einer Metaebene unvermeidlich neue
Begriffszentren und -hierarchien hervorbringt (›Schrift‹, ›Differenz‹ usw.).
Auch die Texte des D. müssen, wenn sie überhaupt einen Erkenntnisanspruch

erheben wollen, abstrahieren und generalisieren. Und sie müssen darüber
hinaus so geschrieben sein, daß sie, was überwiegend auch zutrifft, von ihren
intendierten Lesern ›verstanden‹ werden können. Dies setzt voraus, daß ihre
Begriffe einen (wie auch immer umwegig bestimmten) Bedeutungskern
besitzen, womit aber der Prozeß der *différance* gerade suspendiert ist. Darin
bestätigt sich der auch für den D. geltende hermeneutische Grundsatz, daß
die Beteiligten ›allein unter der Voraussetzung intersubjektiv identischer
Bedeutungszuschreibungen überhaupt kommunikativ handeln können‹
(J. Habermas).

Lit.: M. Heidegger: *Identität und Differenz*, Pfullingen 1957. – Derrida 1997b
[1967]. – ders.: *La dissémination*, Paris 1972 (dt. *Dissemination*, Wien 1995). – de
Man 1979. – Lentricchia 1980. – B. Johnson: *The Critical Difference. Essays in the
Contemporary Rhetoric of Reading*, Baltimore 1981. – Culler 1994 [1982]. – Horst-
mann 1983. – R. Rorty: »Deconstruction«. In: Selden 1995 [1989]. S. 166– 196.
– Zapf 1996 [1991]. S. 189–219. – Zima 1994. – G. Neumann (Hg.): *Poststruktura-
lismus. Herausforderung an die Lit.wissenschaft*, Stgt./Weimar 1997. – Brenner 1998.
S. 133–166. – Jahraus/Scheffer 1999. – D.K. Krauss: *Die Politik der Dekonstruktion.
Politische und ethische Konzepte im Werk von Jacques Derrida*, FfM. 2001.   HZ

Denotation (lat. *denotare*: bezeichnen), wird in der Logik, ↗ Semantik
und ↗ Semiotik für eine bestimmte Art der ↗ Bedeutung oder ↗ Referenz sprachlicher und anderer ↗ Zeichen verwandt. D. erscheint meist als
Komplementärbegriff zur ↗ Konnotation. – In der Logik wird D. seit J.St.
Mill für die Extension eines Begriffes gebraucht, d.h. ein Begriff oder Name
denotiert eine Anzahl von Gegenständen, während er die Eigenschaften eines
Gegenstandes konnotiert (Intension). In der Semantik bezeichnet D. die
lexikalische Grundbedeutung eines sprachlichen Ausdrucks im Unterschied
zu den mit ihm assoziierten, z.B. emotionalen Mitbedeutungen (Konnotationen). Daneben wird, insbes. in der Semiotik, generell die referentielle
Funktion eines Zeichens als D. bezeichnet, also das Verhältnis, das zwischen
einem Zeichen und seinem Bezugsobjekt (Denotat) besteht.

In der Poetik tritt die D. vielfach zugunsten der Konnotationen in den
Hintergrund. Insbes. im ↗ New Criticism, aber auch etwa bei G. Genette,
wird das Wesen literar. Sprache jenseits der D. gesehen. Eine Steigerung
dieser Auffassung stellt die Negation der Möglichkeit von D. überhaupt
dar, da ›primäre‹ Bedeutungen von ›sekundären‹ nicht zu scheiden seien
(↗ Dekonstruktion). Andererseits wird D. ausdrücklich zur Beschreibung
literar. Sprache herangezogen, etwa wenn P. Ricœur, anknüpfend an N.
Goodmans Theorie der Bezeichnung, den spezifischen referentiellen Bezug
der ↗ Metapher D. nennt. Gerade indem durch den wörtlichen Sinn der
Metapher keine Referenz herzustellen ist, ergibt sich eine D. oder Referenz
zweiter Stufe, die eine Neubeschreibung der Realität ermöglicht.

Lit.: P. Ricœur: »Une théorie de la dénotation généralisée«. In: ders.: *La métaphore
vive*, Paris 1975. S. 288– 301. – J. Lyons: *Semantics*, Cambridge 1977 (dt. *Semantik*,
Mchn. 1980).   MB

Diachron/Diachronie (gr. *diá*: durch[-hin]; gr. *chrónos*: Zeit), bezeichnet die zeitliche Abfolge von Ereignissen oder Zuständen in einem System; bei einer diachronen Analyse geht es um die historische Entwicklung eines Phänomens (z.B. einer literar. Gattung). Umfaßt die diachrone Perspektive »alles, was mit den Entwicklungsvorgängen zusammenhängt« (de Saussure 1967, S. 96), so erliegen Strukturalisten gern der Versuchung, die Gleichzeitigkeit des Ungleichzeitigen zu unterschätzen. Die Evolution der Lit. auf die Barthes'sche Formel zu bringen, »On the one hand there is what it is possible to write, on the other hand what it is no longer possible to write« (zit. n. Lodge 1981, S. 71), steht in Spannung zum Ungleichzeitigen ebenso wie zur Komplexität des auf der Achse der ↗ Synchronie betrachteten Systems. Ein Pragmatiker wie D. Lodge (1981, S. 75) weist mit seiner lit. historischen Beschreibung der Moderne auf einen Mittelweg: »This variety can be reduced to an intelligible order if we refer it to what is constant and finite in literature as a signifying system, mapping the diachronic on the grid of the synchronic«. Entscheidend ist die Relativierung der traditionellen D. durch die Synchronie. Allerdings verspricht die von H.R. Jauß (1970, S. 197) im Rückgriff auf S. Kracauer propagierte Abkehr vom Primat der D. hin zum »synchrone(n) Schnitt durch die literar. Produktion eines historischen Zeitpunkts« mit notwendig »weitere(n) Schnitte(n) im Vorher und Nachher der Diachronie« als Theorie mehr, als der Lit.historiker in der Praxis in der Regel hält. Dennoch kann die systembedingte Andersartigkeit der Lit. einer anderen Epoche zu fruchtbaren Vergleichen führen, solange der Historiker akzeptiert, nur über Ausschnitte aus der Gesamtheit einer im ständigen Wandel befindlichen Kultur urteilen zu können. Periode, ↗ Gattung, Thema oder ↗ Motiv sind diachron gebrauchte Betrachtungseinheiten von unterschiedlicher Aussagefähigkeit gegenüber dem Gesamtprozeß.

Lit.: F. de Saussure: Grundfragen der allg. Sprachwissenschaft, Bln. 1967 [1916]. – Jauß 1992 [1970]. – D. Lodge: »Historicism and Literary History. Mapping the Modern Period«. In: ders.: *Working with Structuralism*, Ldn. 1981. S. 68–75.

FWN

Dialogizität (dt. auch Redevielfalt, Polyphonie [Mehrstimmigkeit]), in Abwendung von einer ↗ synchronen oder rein immanenten Sprachbetrachtung im Sinne F. de Saussures und der russ. Formalisten entwickelte der russ. Lit.wissenschaftler und Philosoph M.M. Bachtin die Grundgedanken der D. bzw. des Dialogismus. Insbes. Bachtins Übersetzer (seit den 1970er und 1980er Jahren, zunächst v.a. ins Engl.) und Interpreten (T. Todorov, J. Kristeva, C. Emerson, M. Holquist sowie R. Lachmann und R. Grübel) haben den Begriff eingeführt und als theoretisches Konzept etabliert, das der Lit.wissenschaft, v.a. der Romantheorie, neue Impulse gegeben hat in seiner Betonung der intertextuellen und kontextorientierten Aspekte von Lit.

Nach Bachtin ist jegliche sprachliche Äußerung immer ein kommunikativer, dynamischer Prozeß, der als ↗ Sprechakt auf den anderen oder andere gerichtet ist und zur Gegenrede auffordert. Worte, Äußerungen und Texte spiegeln den epistemologischen Modus der Welt der Heteroglossie, sind Konfliktfelder sich teils bündelnder, teils konkurrierender Stimmen (Sprach- und Registerebenen, aber auch Werte und Normen). In der Lit. zeigt sich die D. ↗ paradigmatisch im polyphonen, mehrstimmigen Roman als »Mikrokosmos der Redevielfalt«, der die »sozioideologischen Stimmen der Epoche« (Bachtin 1979, S. 290) auffächert. In einem polyphonen Kunstwerk ergänzen und brechen sich eine Vielzahl von divergenten Stimmen, ↗ Perspektiven und Weltanschauungen in der Orchestrierung des Autors, der wiederum als eine Stimme an dem dynamischen Sinnkonstituierungsprozeß teilnimmt. Im Gegensatz zu einem monologischen Werk läßt der dialogische Roman nicht durch das Hervortreten nur einer dominanten Stimme andere verstummen, er tendiert vielmehr zur subversiven Kraft des Karnevalismus und reflektiert im narrativen Rahmen demokratische und anti-hierarchische Werte. Im Gegensatz dazu, so Bachtin, bestimmt Monologizität, d.h. die Dominanz nur einer Stimme, traditionelle, hierarchisch aufgebaute Gesellschaften und deren epische und lyrische Texte. Als monologisch sind auch ↗ Interpretationen zu verstehen, die autoritativ Deutungsvielfalt leugnen und einen Königsweg suggerieren. Hingegen ist eine dialogische Interpretation nie abgeschlossen und kann nie, wie im Sinne H.-G. Gadamers, in einer abschließenden ›Horizontverschmelzung‹ enden, sondern stellt sich als dynamische, dialogische ↗ Hermeneutik dar, zumal der Leser selber als ›polyphones Ich‹ offen ist und keine abgeschlossene Einheit darstellt.

Bachtins zunächst auf den Roman beschränkte D.-Forschung wird inzwischen immer mehr auch auf andere ↗ Gattungen (Lyrik und Drama) ausgeweitet, in denen inhärente Multiperspektivität, etwa in der Komplementärlektüre durch den Leser, auszumachen ist. D.-Forschung ermöglicht nicht nur Einblicke in das dynamische Beziehungsgeflecht innerhalb des literar. Produktions- und Rezeptionsprozesses, verlangt nicht nur ein hohes Maß an Selbstreflexion, sondern mahnt darüber hinaus interpretatorische Offenheit und die Fähigkeit an, mit Widersprüchen und ungelösten Problemen zu leben. Eine dialogische Auseinandersetzung mit Lit. darf niemals mit der Fixierung des Textes auf eine Bedeutung enden: »To be means to communicate dialogically. When dialogue ends, everything ends« (Bachtin zit. in: Gardiner 1992, S. 25).

Lit.: J. Kristeva: »Bachtin, das Wort, der Dialog und der Roman«. In: J. Ihwe (Hg.): *Lit.wissenschaft und Linguistik*, FfM. 1972. Bd. 3, S. 345–375. – M.M. Bachtin: *Die Ästhetik des Wortes* (Hg. R. Grübel), FfM. 1993 [1979]. – ders.: *The Dialogic Imagination* (Hg. M. Holquist), Austin 1981. – R. Lachmann (Hg.): *D.*, Mchn. 1982. – T. Todorov: *M. Bakhtin. The Dialogical Principle*, Minneapolis 1995 [1984]. – M. Pfister: »Konzepte der Intertextualität«. In: U. Broich/ders. (Hgg.): *Intertextualität*, Tüb. 1985. S. 1–30. – D.M. Bauer: *Feminist Dialogics. A Theory of Failed Community*, Albany 1988. – D. Bialostosky: »Dialogic Criticism«. In: Atkins/Morrow 1989. S. 214–228. – M. Holquist: *Dialogism. Bakhtin and the Theory of Ideology*, Ldn./N.Y. 1990. – M. Gardiner: *The Dialogics of Critique. M.M. Bakhtin and the Theory of Ideology*, Ldn./N.Y. 1992. – M. Martinez: »D., Intertextualität, Gedächtnis«. In: Arnold/Detering 1997 [1996]. S. 430–445. – G. Helms: *Challenging Canada. Dialogism and narrative techniques in Canadian novels*,

Montreal et al. 2003. – G. Vickermann-Ribémont/D. Rieger (Hgg.): *Dialog und D. im Zeichen der Aufklärung*, Tüb. 2003.   LV

Diegese (gr. *diēgēsis*: Erzählung, Erörterung, Ausführung), analytischer Begriff der modernen Erzähltheorie, der die in einer Erzählung narrativ vermittelten Vorgänge und die durch diese konstituierte räumlich-zeitliche Welt bezeichnet. – Schon in Platons *Staat* (387–367 v.Chr.) unterscheidet Sokrates zwischen Diegesis und ↗ Mimesis. Während der Dichter bei ersterer selbst spricht und dies auch nicht zu verbergen sucht, schafft er bei letzterer die Illusion des nicht durch ihn vermittelten Sprechens. Diese klassische Unterscheidung zwischen Diegesis und Mimesis entspricht also der modernen narratologischen Distinktion zwischen *telling* und *showing*. G. Genette definiert D. allerdings neu als die aus der Erzählung abstrahierte Abfolge von Handlungen und Ereignissen, unabhängig von ihrer erzählerischen Vermittlung im *récit*. Erzählerfiguren in narrativen Texten werden nach Genette jedoch nach ihrem Verhältnis zur diegetischen Welt, d.h. zum räumlich-zeitlichen Universum der ↗ Figuren bzw. Charaktere, klassifiziert (↗ Erzähler). Homodiegetische Erzähler sind Teil dieser Welt und entsprechen zumeist F.K. Stanzels Ich-Erzähler, während heterodiegetische Erzähler nicht Charaktere innerhalb der von ihnen erzählten Situationen sind (↗ Erzählsituation). Autodiegetische Erzähler sind Ich-Erzähler, die gleichzeitig als Hauptfiguren in der Welt der D. fungieren. Charaktere, die derselben D. angehören, werden als ›isodiegetisch‹ bezeichnet. Die extradiegetische Ebene der Narration befindet sich außerhalb der D., so daß der Erzähler nicht als Textfigur auftritt, während die intradiegetische Ebene sich innerhalb der D. befindet. Scheherazade in den *Erzählungen aus Tausendundeiner Nacht* (8. Jh.) ist beispielsweise als Figur innerhalb der Welt der Rahmenerzählung eine intradiegetische Erzählerin. Da sie aber nicht selbst ein Charakter in den von ihr erzählten meta- bzw. hypodiegetischen Geschichten ist, fungiert sie als heterodiegetische Erzählerfigur.

Lit.: Genette 1972/80. – ders. 1983/88/94. – K. Weimar: »D.«. In: ders. 1997. S. 360–363.   HA

Différance/Différence, eines der wichtigsten (Para-)Konzepte der Theorie der ↗ Dekonstruktion von J. Derrida, das an F. de Saussures Betonung der Differentialität der sprachlichen Zeichen anknüpft und diese radikalisiert. Das System der sprachlichen Differenzen ist bei Derrida nicht mehr stabil und an relativ fest zuschreibbare Signifikate gebunden, sondern als Prozeß des ständigen Sich-Unterscheidens und Aufeinander-Verweisens von Signifikanten gefaßt, als ein Spiel der Differenzen ohne Zentrum und festen Grund, das gleichwohl selbst die einzige Grundlage von Sprache und Bedeutung darstellt. Das Kunstwort der *différance*, das die orthographisch korrekte Form des frz. *différence* scheinbar nur minimal verändert, soll dennoch die fundamentale Priorität der Schrift vor der gesprochenen Sprache demonstrieren, die Derridas Anliegen ist, da der Unterschied der beiden Wörter nicht lautlich hörbar ist, sondern erst in der Schriftform als ihre ›Differenz‹ hervortritt. Die *différance* betreibt so in ihrem eigenen Begriff die Dekonstruktion einer mit sich selbst identischen Zeichenbedeutung. Sie macht sich die Doppelbedeutung des Verbs *différer* (›sich unterscheiden‹, aber auch ›aufschieben‹) zunutze, und verweist damit auf den räumlichen und zeitlichen Aspekt der sprachlichen Zeichenaktivität als endloser Produktion von Differenzen, ohne die kein Text und keine Bedeutung möglich sind, die aber zugleich keine Präsenz und keine eingrenzbare Identität von Text und Bedeutung mehr zulassen. Indem darüber hinaus in dem ›a‹ der *différance* die Partizipialform des Verbs mit anklingt, wird die unentscheidbare Stellung der Zeichenproduktion zwischen Aktivität und Passivität betont und die dezentrierende Polysemie des Begriffs *différance* noch gesteigert.

Lit.: J. Derrida: *Marges de la philosophie*, Paris 1972 (dt. *Randgänge der Philosophie*, Wien 1988). – Culler 1994 [1982]/1994 [1988]. – H. Kimmerle: *Jacques Derrida zur Einf.*, Hbg. 1997 [1988]. – B. Menke: »Dekonstruktion – Lektüre. D. lit. theoretisch«. In: Bogdal 1997 [1990]. S. 242-273.   HZ

Diskurs und Diskurstheorien (lat. *discursus*: das Auseinanderlaufen, Hin- und Herlaufen), der Begriff des D.es wird verstärkt seit Beginn der 1970er Jahre von ganz verschieden fundierten Ansätzen in Anspruch genommen, so daß es zur Vermeidung terminologischer Verwirrung unabdingbar ist, jeweils deutlich zu machen, aus welcher theoretischen Perspektive von D. die Rede ist. Wollte man die divergierenden DT. auf einen kleinsten gemeinsamen Nenner bringen, so verbliebe als Schnittmenge eine vage Charakteristik als »Theorien, die in der Untersuchung von Äußerungszusammenhängen«, von Äußerungsfolgen, Kohärenzen bzw. von »regelbestimmten Sprachspielen« im weitesten Sinne angewandt werden (Fohrmann 1997, S. 372). Eine solche Definition ließe das ohnehin weite Spektrum der DT. zusätzlich expandieren. Dessen ungeachtet lassen sich vier wichtigere DT. konturieren, die in Deutschland vermehrt seit Beginn der 1970er Jahre eine Rolle spielen: (a) DT. im Sinne der ›Gesprächs-‹, oder ›Konversationsanalyse‹ bzw. ›*discourse analysis*‹ angloam. Prägung einschließlich der ↗ Sprechakttheorie ist einer, teils stärker psychologisch, teils stärker linguistisch orientierten ↗ Pragmatik verpflichtet, wobei das Augenmerk zum einen auf den pragmatischen Rahmen von D.en, zum anderen auf über die Satzgrenze hinausgehende Redezusammenhänge gerichtet ist (vgl. Ehlich 1994). (b) Bei J. Habermas bezeichnet D. eine spezifische Form der Interaktion, nämlich die Orientierung an einem Idealtyp ›herrschaftsfreier Kommunikation‹ mit dominant rationalem Austausch von Argumenten unter Ausblendung aller empirischen Bedingungsfaktoren (vgl. Habermas 1971, 1976 und 1985). Mag es auch sinnvoller erscheinen, hier von einer ↗ Kommunikationstheorie zu sprechen, so benutzen die Vertreter dieser Transzendentalpragmatik doch die Bezeichnung DT., und zwar insbes. dann, wenn es gilt, ›Brücken‹ zu den frz. DT. (M. Foucault, M. Pêcheux, L. Althusser) zu schlagen. So wird etwa von ›D.ethik‹ oder auch ›Spezialdiskursen‹ gesprochen. (c) Schließlich sprechen von D. all jene seit den 1960er Jahren aufgetretenen Denkrichtungen, die die ↗ Materialität sowie die Macht- und Subjekt-

effekte von historisch je spezifischen Aussageformationen behandeln. Diese
DT. fassen D.e im strikten Sinne als materielle Produktionsinstrumente auf,
mit denen auf geregelte Weise soziale Gegenstände wie ›Wahnsinn‹ (vgl.
Foucault 1961), ›Sexualität‹ (vgl. Foucault, 1976–84), ›Normalität‹ (vgl.
Link 1996) und die ihnen entsprechenden Subjektivitäten produziert werden. Geht man von den Analysen M. Foucaults aus, dann lassen sich in
modernen Gesellschaften hochgradig spezialisierte Wissensbereiche voneinander abgrenzen, die jeweils relativ geschlossene Spezialdiskurse ausgebildet
haben. Sie können ihrerseits, je nach Theorieoption, als Resultat zunehmender gesellschaftlicher Ausdifferenzierung (N. Luhmann) bzw. Arbeitsteilung (K. Marx) angesehen werden. Die institutionalisierte Rede innerhalb
solcher differenzierter Wissensbereiche läßt sich als je spezifischer D. verstehen, wobei ›D.‹ immer nur die sprachliche Seite einer weiterreichenden
›diskursiven Praxis‹ meint, die das gesamte Ensemble von Verfahren der
Wissensproduktion wie Institutionen, Sammlung, Kanalisierung, Verarbeitung, autoritative Sprecher, Regelungen der Versprachlichung, der Verschrift-
lichung und der Medialisierung umfaßt. D.e im Sinne der an die Arbeiten
Foucaults anschließenden Theorien sind demnach dadurch bestimmt, daß
sie sich auf je spezielle Wissensausschnitte (Spezialdiskurse) beziehen, deren
Grenzen durch Regulierungen dessen, was sagbar ist, was gesagt werden
muß und was nicht gesagt werden kann, gebildet sind, sowie durch ihre je
spezifische Operativität. ›D.analyse‹ bezeichnet dann die Methodik der
Untersuchung dieser komplexen diskursiven Praxis, ›DT.‹: ihre Reflexion.
Auch (literar.) Texte müssen im Anschluß an Foucault dann als Bestandteile übergreifender historischer D.formationen bzw. mit Link (1988) re-in-
tegrierender ↗ Interdiskurse verstanden und analysiert werden. Da Foucault
selbst jedoch keine explizite Theorie des literar. D.es entwickelt hat (vgl.
Schriften zur Lit., 1974 [1969]), ging die Rezeption seiner Arbeiten in den
Lit.wissenschaften, ganz im Gegensatz zu den heute aktuellen Trends, zunächst nicht in Richtung einer möglichst umfassenden Bestimmung der
Spezifik des literar. D.es, sondern knüpfte einerseits an die von Foucault
begonnene Problematisierung der Autorfunktion an (vgl. »Was ist ein
Autor?«, in: *Schriften zur Lit.*), verfolgte andererseits die von ihm herauspra-
parierten Spezialdiskurse als Themen von Lit., etwa ›Lit. und Wahnsinn‹.
(d) Innerhalb der an Foucault anschließenden DT. haben sich in den beiden
letzten Jahrzehnten unterschiedliche Akzentuierungen einzelner Aspekte
seiner DT. bzw. Kombinationen mit weiteren Theorieelementen entwickelt:
Eine stärker medientheoretisch orientierte Richtung (↗ Medientheorien)
fragt, in konsequenter Verlängerung Foucaults, nach den Medien als dis-
kurskonstituierenden, -bedingenden und -regulierenden Aufschreibesystemen
(vgl. Kittler 1985 und Kittler et al. 1987); feministische Ansätze untersuchen
insbes. geschlechtsspezifische diskursive Kodierungen und Ordnungen (vgl.
Runte 1996); stärker an J. Lacan als an Foucault lehnen sich psychoanalytisch orientierte DT. an, wobei v.a. die Faszinationskomplexe unbewußter
Wunschenergien in den Mittelpunkt des Interesses rücken (vgl. Gallas 1981).
Eine Weiterentwicklung der eigentlichen D.analyse für den Spezialfall der
Lit. erfährt die DT. Foucaults bei J. Link und U. Link-Heer, die literar. D.e

als Orte der Häufung solcher D.elemente und diskursiver Verfahren verstehen, die der Re-Integration des in den Spezialdiskursen arbeitsteilig organisierten Wissens dienen (vgl. Link 1983 und 1988 sowie Link/Link-Heer 1990). Dabei wird insbes. auch die ↗ Funktion solcher Re-Integration für die jeweilige Konstitution historisch-spezifischer Subjektivitäten betont. Für die Textwissenschaften von bes. Interesse ist hier das gesamte Ensemble diskursübergreifender elementar-literar. Elemente. Dazu gehören die verschiedenen Modelle von Analogien, ↗ Metaphern, ↗ Symbolen, ↗ Mythen, insbes. auch von ↗ Kollektivsymbolen. Sie bilden den allg. interdiskursiven Rahmen eines D.systems. Der Lit. insgesamt kommt aus dieser interdiskurstheoretischen Sicht ein quasi paradoxer Status zu: Einerseits ist sie Spezialdiskurs mit eigenen Formationsregeln; andererseits greift sie in bes. hohem Maße auf diskursübergreifende Elemente zurück, und zwar in zweierlei Hinsicht: extensiv durch enzyklopädische Akkumulation von Wissen, intensiv dadurch, daß polyisotopes (mehrstimmiges) D.material so verwendet wird, daß die Ambivalenzen und semantischen Anschlußmöglichkeiten noch gesteigert werden und im Extremfall die gesamte Struktur der Spezial- und Interdiskurse einer Kultur ins Spiel gebracht wird. Nimmt man als Beispiel das zwischen 1807 und 1837 erschienene *Morgenblatt für gebildete Stände*, so zielt J.F. Cottas ›Instruction für die Redaction‹ zugleich auf akkumulierende Integration der Spezialdiskurse wie des ausdifferenzierten Publikums (»Es ist der Plan des Mbl. u. die Erwartung des Publikums durch dises Institut alles zu erhalten, was es von den Ereignissen, Erscheinungen im literar., Kunstfach p. interessiren kann [...]. *Allen Etwas* ist das Hauptgesez das jeder Numer zur Norm dienen muß, man darf also annehmen, daß in jeder derselbigen der Gelehrte, der Kaufmann, halb oder ganz gebildet, der geschäftige Müssiggänger, der Mann von Welt, die Dame von Geist, der Künstler etwas finde« [Cotta zit. nach Kuhn 1980, S. 47]), während Jean Paul sich in der Vorstellung des Programms in Nr. 1 vom 1. Januar 1807 der intensiven, polyisotope Kollektivsymbole nutzenden Form von Re-Integration bedient, indem er die verbreitete ›Uhr‹-Symbolik katachretisch in ein ›Ballon‹-Symbol münden läßt (»Eine Zs., diese Dutzend- und Terzinen-Uhr der Zeit, muß mit der Zeit fortgehen wie jede Uhr und sogar fortfliegen [...]« [Jean Paul zit. nach Kuhn 1980, S. 47]). Für die sog. ›hohe Kunstlit.‹ stellen solche interdiskursiven Elemente ›Halbfertigfabrikate‹ dar, die sie weiter elaboriert (vgl. etwa die ›Ballon‹-Symbolik in Jean Pauls Romanen). Lit. ist daher neben Religion, Philosophie, den ›Weltanschauungen‹ der zweiten Hälfte des 19. Jh.s und den modernen Mediendiskursen als ein auf interdiskursive Integration hin angelegter Spezialdiskurs zu beschreiben, der sich aus je schon spontan gebildetem interdiskursivem Material ›nährt‹. Sie kann dabei die kollektiv parat gehaltenen diskursiven Positionen sowohl verstärken wie ambivalent auflösen oder kulturrevolutionär subvertieren. Dabei bildet die gewohnte Institutionalisierung einen Spiel-Rahmen nicht nur für Experimente, sondern gerade auch für ›unerhörte‹ Positionen. Die Interdiskurstheorie gibt damit nicht nur eine Antwort auf die Frage nach dem Funktionszusammenhang von Lit., Kultur und Spezialdiskursen und erlaubt es, den lit.wissenschaftlichen Blick stets schon

auf das gesamte Feld der Kultur hin auszudehnen, sondern macht auch die
Schnittstelle zu den ↗ Intertextualitätstheorien deutlich, insofern Intertextualität dann Interdiskursivität immer schon zur Voraussetzung hätte.

Insgesamt haben die DT., v.a. die unter (c) und (d) genannten, zu einer
Reihe von Debatten innerhalb der Lit.- und Textwissenschaften geführt:
Die Orientierung der DT. an der Streuung von Aussagen quer durch ganze
Bündel von Texten stellte den Werkbegriff ebenso in Frage wie den des individuellen Autors und darüber hinaus die Instanz des in sich geschlossenen,
intentional handelnden Subjekts als Ort des Ursprungs von DT. überhaupt,
was von seiten hermeneutischer Theorien (↗ Hermeneutik), die sich bes.
herausgefordert fühlen mußten, als ›Verlust des Subjekts, des Autors, des
Werkes‹ beklagt wurde. Weiter verschob sich die alte ↗ Mimesis-Frage nach
der Abbildung von ›Realität‹ im Text hin auf die nach der Konturierung der
diskursiven Elemente, Regulierungen und Praktiken als eigener Form von
Materialität. Dies brachte den DT. Foucaults gelegentlich den Vorwurf einer
idealistischen Konstruktion ein. Dem steht jedoch entgegen, daß diese DT.
keineswegs behaupten, die ganze Welt sei lediglich das Produkt von DT.,
sondern mit Foucault (und zuvor schon J. Kristeva) zwischen diskursiven
und nicht diskursiven Praktiken (z.B. Ökonomie) unterscheiden, wobei
beide als materiell und im Zustand wechselseitiger funktionaler Verzahnung
begriffen angesehen werden.

Lit.: M. Foucault: *Wahnsinn und Gesellschaft*, FfM. 1973 [1961]. – ders. 1966.
– ders. 1969. – ders.: *Die Ordnung des D.es*, FfM. 1977 [1971]. – J. Habermas:
»Vorbereitende Bemerkungen zu einer Theorie der kommunikativen Kompetenz«.
In: ders./N. Luhmann (Hgg.): *Theorie der Gesellschaft oder Sozialtechnologie*, FfM.
1971. S. 101– 142. – M. Foucault: *Sexualität und Wahrheit*, Bd. 1–3, FfM. 1977–86
[1976–84]. – J. Habermas: »Zwei Bemerkungen zum praktischen D.«. In: ders.:
Zur Rekonstruktion des Historischen Materialismus, FfM. 1976. S. 338–346. – F.A.
Kittler/H. Turk (Hgg.): *Urszenen. Lit.wissenschaft als D.analyse und D.kritik*, FfM.
1977. – M. Foucault: *Schriften zur Lit.*, FfM. 1988 [1979]. – J.F. Cotta: »Instruction
für die Redaction«. In: D. Kuhn (Hg.): *Cotta und das 19. Jh.: Aus der literar. Arbeit
eines Verlages. Ständige Ausstellung des Schiller-Nationalmuseums und des Dt. Lit.
archivs Marbach am Neckar*, Stgt. 1980. S. 47. – Jean Paul: »Abschieds-Rede bey
dem künftigen Schlusse des Morgenblatts«. In: Kuhn 1980. S. 47f. – H. Gallas:
*Das Textbegehren des Michael Kohlhaas. Die Sprache des Unbewußten und der Sinn
der Lit.*, Hbg. 1981. – *Kulturrevolution. Zs. für angewandte DT.*, 1982ff. – Link
1983. – J. Habermas: *Der philosophische D. der Moderne*, FfM. 1985. – Kittler
1995 [1985]. – ders. et al. (Hgg.): *D.analysen. Medien*, Wiesbaden 1987. – J.
Link: »Lit.analyse als Interdiskursanalyse«. In: Fohrmann/Müller 1992 [1988].
S. 284–307. – J. Link/U. Link-Heer: »D./Interdiskurs und Lit.analyse«. In: *LiLi*
20.77 (1990) S. 88–99. – R.G. Renner: »D.«. In: W. Killy (Hg.): *Lit.-Lexikon*, Bd.
13, Gütersloh 1992. S. 180–183. – K. Ehlich (Hg.): *D.analyse in Europa*, FfM.
1994. – J. Link: *Versuch über den Normalismus. Wie Normalität produziert wird*,
Opladen 1996. – A. Runte: *Biographische Operationen. D.e der Transsexualität*, Mchn.
1996. – S. Winko: »D.analyse«. In: Arnold/Detering 1997 [1996]. S. 463–478.
– J. Fohrmann: »D.«. In: Weimar 1997. S. 372–374. – H.-U. Nennen (Hg.): *D.:*

Begriff und Realisierung, Würzburg 2000. – H.E. Bödeker (Hg.): *Begriffsgeschichte, Diskursgeschichte, Metapherngeschichte*, Göttingen 2002. – M. Torres Morales: *Systemtheorie, DT. und das Recht der Transzendentalphilosophie. Kant – Luhmann – Habermas*, Würzburg 2002. UG/JL/RP

Dissémination, Begriff J. Derridas, der mit dessen spezifischem Zeichenbegriff zusammenhängt. Die sprachlichen ↗ Signifikanten sind nicht festen Signifikaten zugeordnet, sondern in einem ständigen Prozeß der Differenzierung, der inneren Entzweiung und gegenseitigen Ersetzung begriffen. Das Spiel der ↗ Zeichen, das ein Spiel von Bedeutungssetzung und zugleich Bedeutungsauslöschung ist, ist niemals stillzustellen oder auf einen überschaubaren, in sich abgeschlossenen Text- oder Aussagezusammenhang eingrenzbar. Sprachliche und textuelle Bedeutung entsteht stets erst im Wechselbezug mit dem allgemeineren Prozeß von Sprache und Schrift und ist somit potentiell über die gesamte Signifikantenkette einer Sprach- und Kulturwelt verstreut. Die *D.* ist ein sowohl die ›äußeren‹, formalistischen wie die ›inneren‹, thematischen Ordnungsgrenzen des Textes sprengendes Prinzip, das die binär-hierarchischen Oppositionsmuster logozentrischen Denkens subvertiert und übersteigt (↗ Binarismus, ↗ Logozentrismus). In Fortführung des Begriffs der ↗ *différance* als der Differentialität der Schrift im doppelten Spannungsfeld zwischen (zeitlichem) Aufschub und (räumlicher) Verschiebung intendierter Bedeutung besagt die *D.*, daß erst die Zwischenräume zwischen den sprachlichen Elementen deren Bedeutung hervorbringen, womit sie diese zugleich immer wieder in irreduzible Polysemie ›zerstreuen‹. Wie insgesamt für die ↗ Dekonstruktion charakteristisch, schwingt in dem Ausdruck *D.* durch den negativen Aspekt der Auflösung und Zerstreuung hindurch in der Konnotation der ›Saat‹ ein gewissermaßen kulturbiologischer Aspekt von semiologischer Produktivität mit, die allerdings niemals an einen bestimmten Text oder Autor gekoppelt, sondern der Sprache und Schrift generell zu eigen ist.

Lit.: J. Derrida: *La dissémination*, Paris 1972 (dt. *Dissemination*, Wien 1995).
HZ

Dominante (lat. *dominare*: beherrschen), Bezeichnung für die Leitkomponente eines Werks oder einer ↗ Epoche, die dessen bzw. deren strukturelle Einheit und spezifischen Charakter begründet. Die *D.* ist ein wichtiger Begriff der Prager Schule und des Russ. Formalismus, v.a. geprägt durch die Arbeiten von R. Jakobson zur Lyrik sowie J. Mukařovský und V.B. Šklovskij zur Prosa. Die *D.* ist das jeweils vorherrschende, essentielle, charakteristische und organisatorische Moment der künstlerischen bzw. verbalen Struktur; sie determiniert die Seinsweise des Kunstwerks, konstruiert seine internen Hierarchien und verleiht ihm so seine Gestalt. Obgleich das Konzept auf I. Tynianov zurückgeht (vgl. McHale 1987, S. 6), verdankt es seine Verbreitung v.a. einem Vortrag von Jakobson aus dem Jahre 1935 und den Schriften von M.M. Bachtin. Jakobson definiert die *D.* als »diejenige Komponente eines Kunstwerkes […], an der sich alle andern orientieren: sie regiert, determi-

niert und transformiert die restlichen Komponenten. Die D. garantiert die Integrität der Struktur« (Jakobson 1979, S. 212).
Der Begriff der D. ist sehr weit und umfassend zu verstehen: Die D. eines einzelnen Gedichtes z.b. kann ein rekurrentes stilistisches Mittel sein, als D. der Lyrik ist jedoch bisweilen auch die Versstruktur oder die übergeordnete ästhetische ↗ Funktion von literar. Sprache überhaupt beschrieben worden. Die Versstruktur selbst wiederum ist ihrerseits ein komplexes Gebilde aus einer Vielzahl von Elementen, d.h. potentiell dominanten Faktoren. Für die Gattungs- und Lit.geschichte ist der Begriff der D. interessant, weil er auch zur Charakterisierung einzelner Epochen dienen kann: Während für die Lyrik der Renaissance Malerei und Bildhauerei als D. gelten, ist diese die Musik in der Lyrik der Romantik; für die Epoche des Realismus ist es die Lit. allg. Dem Konzept der D.n liegt eine dynamische Auffassung von Lit.geschichte als permanentem Versuch zugrunde, etablierte Verfahren zu dehabitualisieren (↗ Verfremdung) und durch innovative zu ersetzen. Dabei ist weniger von einem Austausch spezifischer Elemente als vielmehr von ihrer wechselnden Funktionalisierung auszugehen. Die inhärente Idee der ›shifting dominant‹ ist in jüngerer Zeit in die Theorie vom Paradigmenwechsel eingeflossen.

Lit.: J. Striedter (Hg.): *Russ. Formalismus. Texte zur allg. Lit.theorie und zur Theorie der Prosa*, Mchn. 1994 [1971]. – L. Matejka/I.R. Titunik (Hgg.): *Semiotics of Art*, Cambridge 1989 [1976]. – R. Jakobson: *Poetik. Ausgewählte Aufsätze 1921–1971* (Hgg. E. Holenstein/T. Schelbert), FfM. 1993 [1979]. – B. McHale: *Postmodernist Fiction*, Ldn. 1996 [1987].   GN

E

Écriture féminine (weibliches Schreiben; von frz. *écriture*: Schreiben; *féminine*: weiblich), der Begriff stammt von H. Cixous, ist aber auf theoretische Konzepte und die schriftstellerische Praxis v.a. frz. Feministinnen (wie L. Irigaray, M. Wittig, Ch. Chawaf, A. Leclerc, M. Duras, J. Hyvrard) übertragen worden, ohne daß diese eine einheitliche ›Schule‹ bilden würden. – Vor dem Hintergrund der 1968er ›Revolution‹ in Frankreich wurde *é.f.* als theoretische und praktische Auseinandersetzung mit dem ↗ Logozentrismus und Phallozentrismus der westlichen Kultur entwickelt. Cixous widersetzt sich Definitionsversuchen von *é.f.*, da ein solcher Versuch zwangsläufig zu ihrer Reduktion und zur Bestätigung der Symbolischen Ordnung führen müsse, die Bedeutung festzuschreiben suche. Dieser Logik sucht die *é.f.* mit einer Schreibweise zu begegnen, die nicht über den Mangel, sondern über die Verausgabung organisiert und an den weiblichen bzw. den mütterlichen Körper gebunden ist. Der Vorwurf, *é.f.* propagiere ein biologistisches Konzept von ↗ Weiblichkeit, greift jedoch zu kurz. In dem Versuch, die ↗ binäre Opposition von Körper und Geist zu überwinden, wird bei den Theoretikerinnen der *é.f.* einerseits der Körper nie außerhalb sprachlicher Strukturen gedacht, andererseits der Text aber auch nicht vom Körper gelöst. Für Wittig muß sich ›feministisches Schreiben‹ v.a. einer heterosexuellen Metaphorisierung und Fetischisierung des weiblichen Körpers widersetzen. Als Charakteristika von *é.f.* gelten die Auflösung von Gattungsgrenzen, die Unabgeschlossenheit des Textes, ein nichtlineares Erzählen, ↗ Dialogizität, syntagmatische und grammatikalische Brüche sowie die Betonung der Materialität der Sprache über Rhythmus und Homophonie. Cixous unterscheidet eine ›männliche‹ von einer ›weiblichen libidinösen Ökonomie‹, wobei ›männlich‹ und ›weiblich‹ als ↗ Metaphern zu verstehen sind, die sich nicht auf biologische Körper beziehen müssen. *É.f.* ist für Cixous nicht zwangsläufig an die Autorschaft der Frau gebunden, obwohl sie Frauen explizit zum Schreiben auffordert, um so die patriarchale Aneignung von weiblicher Körperlichkeit und Sexualität zu überwinden. Weibliches Schreiben verdrängt für Cixous den Körper und seine physiologischen Prozesse nicht; gerade die Anbindung des Schreibens und Sprechens an Stimme und Körper der Mutter betrachtet sie als Subversion der Symbolischen Ordnung. Kernpunkt ihrer Überlegungen ist eine Ethik des Schreibens, die der ↗ Alterität des Anderen Rechnung trägt und die sie paradigmatisch in der nichtnarzißtischen Mutterliebe verwirklicht sieht. Cixous führt folglich die Überlegungen von J. Derrida fort, der das ›Weibliche‹ für das Unentscheidbare der Schrift, als »Metapher des Metonymischen« (Weigel 1989, S. 196) setzt. Demgegenüber entwirft Irigaray ihr *parler femme* (Frau-Sprechen) als ein Schreiben oder Sprechen von Frauen. Da die Frau in der patriarchalen Ordnung als Frau keinen Ort habe, sei ihr Schreiben ein uneigentliches, es komme aus der Verstellung innerhalb der Symbolischen Ordnung und gleichzeitig von ›anderswo‹. Mit dem Bild der ›zwei Lippen‹, die sich unablässig berühren, bindet Irigaray weibliche Sexualität und weibliches Sprechen aneinander. Auf diese Weise setzt sie dem phallogozentrischen Denken in Einheiten und Eindeutigkeiten eine weibliche Logik der Berührung, des ›Flüssigen‹, des Nicht-Eins-Seins entgegen. Das ›Semiotische‹ bei J. Kristeva ist aufgrund seiner Assoziation mit der präödipalen Mutter-Kind-Dyade oft unter *é.f.* gefaßt worden, obwohl Kristeva das Konzept eines weiblichen Schreibens als quasi religiöse Überhöhung des Weiblichen kritisiert hat. Anstatt das Symbolische suspendieren zu wollen, sucht sie vielmehr das Spiel von Semiotischem und Symbolischem in der Sprache zu beschreiben. Damit entgeht sie letztlich der Tendenz, die bei Cixous kritisiert wurde, nämlich ›Weiblichkeit‹ erneut als Metapher festzuschreiben und den Dualismus männlich-weiblich zu stabilisieren. Doch auch ihr wurde, wie der *é.f.* insgesamt, vorgeworfen, die Bedeutung des Schreibens für die Subversion der patriarchalen Ordnung überzubewerten.

Lit.: A.R. Jones: »Writing the Body. Toward an Understanding of ›L'*É.f.*‹«. In: *Feminist Studies* 7.2 (1981) S. 247–263. – S. Weigel: *Die Stimme der Medusa. Schreibweisen in der Gegenwartslit. von Frauen*, Reinbek 1989 [1987]. – S. Sellers: *Language and Sexual Difference. Feminist Writing in France*, N.Y. 1991. – I. Weber (Hg.): *Weiblichkeit und weibliches Schreiben. Poststrukturalismus, weibliche Ästhetik, kulturelles Selbstverständnis*, Darmstadt 1994. – F. Regard: *L'é.f. en Angleterre. Perspectives postféministes*, Paris 2002.   DF/SSch

Empirische Theorie der Literatur (ETL), im Jahre 1980 legte S.J. Schmidt mit dem ersten Teilband seines *Grundriß der Empirischen Lit.wissenschaft* eine komplexe Theorie literar. kommunikativen Handelns vor. Sie wird spezialisierend und theoretisierend schrittweise aus einer allg. Handlungstheorie, einer Theorie kommunikativen Handelns sowie einer Theorie ästhetischen Handelns entwickelt. Als Gegenstandsbereich dieser Theorie werden literar. ↗ Handlungen, d.h. nicht Texte, bestimmt, in denen Akteure (in der Theorie ›Aktanten‹ genannt) mit solchen Texten umgehen, denen sie aufgrund ihrer bisherigen Erfahrungen die Eigenschaft ›literar.‹ zuschreiben. Dabei wird die Literarizität von Texten abhängig gemacht von der Art und Weise, wie Aktanten sozialisationsbedingt mit Texten umgehen. Produzieren oder lesen sie Texte nicht primär im Hinblick auf ihre erfahrungsweltliche Referentialisierbarkeit, d.h. auf Fragen wie: Welche Tatsachen werden ausgesagt? Sind die Aussagen auch tatsächlich wahr? u.a., so handeln sie einer ↗ Konvention gemäß, die als ›ästhetische Konvention‹ (komplementär zu einer ›Tatsachenkonvention‹ für die Bereiche nicht-ästhetischen Handelns) bezeichnet wird. Produzieren oder rezipieren Aktanten Texte außerdem nicht unter dem Gesichtspunkt der Eindeutigkeit der Texte und Textkomponenten sowie der ausgesagten Sachverhalte, sondern erwarten sie eine bzw. schreiben oder lesen sie in Hinblick auf eine Vielzahl möglicher Lesarten und Bedeutungsvarianten, so handeln sie gemäß der ›Polyvalenz-Konvention‹, die komplementär zu einer ›Monovalenz-Konvention‹ für nicht ästhetische Handlungen angesetzt wird. Unter diesen Voraussetzungen gelten Texte als literar., wenn sie von Aktanten als literar. Texte behandelt werden, d.h. wenn Aktanten im Umgang mit Texten den beiden genannten Konventionen folgen. Zugleich wird der Bereich der in diesem Sinne literar. kommunikativen und nicht-kommunikativen Handlungen als Geltungsbereich der Ästhetik- und Polyvalenzkonvention deutlich von allen anderen sozialen Handlungsbereichen unterschieden. Die Konventionen sorgen somit dafür, daß der Bereich literar. Handelns nach Innen und Außen differenziert wird.

Intern wird der Bereich literar. Kommunikationshandlungen nach vier Handlungsrollen strukturiert: nach der literar. Produktion (LP), der literar. Vermittlung (LV), der literar. Rezeption (LR) und der literar. Verarbeitung (LVA), die zueinander in handlungslogischen, zeitlichen und kausalen Beziehungen stehen. Dabei werden die Handlungsrollen Produktion und Rezeption als obligatorisch, Vermittlung und Verarbeitung als fakultativ angesehen. Entsprechend wird die Theorie literar. Kommunikationshandlungen für jede dieser Handlungsrollen in vier Theorieelemente (TE) ausdifferenziert: in die Theorie literar. Produktionshandlungen (TLP), die Theorie literar. Vermittlungshandlungen (TLV), die Theorie literar. Rezeptionshandlungen (TLR) und die Theorie literar. Verarbeitungshandlungen (TLVA). Die in allen Theorieelementen in spezialisierter oder theoretisierter Form wiederkehrenden handlungstheoretischen Grundbegriffe sind: ›Handlung‹, im Sinne von Veränderung oder Aufrechterhaltung eines Zustandes durch einen Aktanten; ›Aktant‹ als individuelles, kollektives, institutionelles oder korporatives handelndes System, wobei individuelle Aktanten im Sinne H.R. Maturanas als autopoietische kognitive Systeme interpretiert werden

(↗ Autopoiesis); ›Handlungssituation‹; ›Handlungsvoraussetzungssystem‹, das für individuelle Aktanten zum Handlungszeitpunkt ihr Wirklichkeitsmodell, alle Handlungsrestriktionen, alle allg. und speziellen Fähigkeiten, Bedürfnisse, Intentionen und Motivationen, alle sprachlichen und enzyklopädischen Kenntnisse, Wissen über soziale Konventionen, Normen und Werte, nicht kontrollierbare Handlungsbedingungen und -beschränkungen biographischer, d.h. physischer und psychischer, sozialer, politischer und ökonomischer Art umfaßt (vgl. Schmidt 1980, S. 29; ↗ Voraussetzungssystem); ›Handlungsstrategie‹; ›Handlungsrealisierung‹; ›Handlungsresultat‹ und ›Handlungsmittel‹, d.h. im Falle kommunikativen Handelns z.b. Sprache, Kommunikatbasis, Kommunikat.

Zu den zentralen Begriffen der ETL gehört das Konzept des ›Lit.systems‹. Damit ist die Vorstellung von einem Sozialsystem Lit. verbunden, das neben anderen gesellschaftlichen Subsystemen wie Kunst, Wissenschaft, Wirtschaft, Politik usw. spezifische Leistungen bzw. ↗ Funktionen für die Gesellschaft als Ganze, z.B. in Form von Reflexivität, Innovativität und Identität, für andere Subsysteme von Gesellschaft, z.B. Produkte für das Wirtschaftssystem oder für das Rechtssystem, sowie für die im Lit.system handelnden Individuen auf kognitiver, emotiver und normativer Ebene erbringt. Die gängige Redeweise vom Lit.betrieb illustriert die Vielzahl verschiedener Vorgänge, Sachverhalte und Zusammenhänge, an die hier zu denken ist. – Im zweiten Teilband des Grundrisses (vgl. Schmidt 1982) werden lit.historische, lit.soziologische, lit.psychologische, lit.kritische und lit.didaktische Fragen und Probleme im Rahmen der ETL rekonstruiert. Lit.geschichte wird dort als Ermittlung der ↗ Diachronie des Lit.systems gefaßt: »›*Literarhistorie in der ETL*‹ *bedeutet*: Erforschung der *Geschichte* aller in der ETL konzipierten Elemente des Systems LITERATUR im Kontext der übrigen gesellschaftlichen Systeme in einer Gesellschaft G bzw. in einer Menge von Gesellschaften {G1, ..., Gn}. D.h. Literarhistorie im Rahmen der ETL ist nicht zu konzipieren als eine eigenständige Disziplin: sie ist vielmehr zu konstruieren als die *diachrone Komponente der ETL*. Von der Konzeption her wird die ETL also nur dann als vollständig bezeichnet, wenn sie in der Lage ist, die ↗ synchronen wie die diachronen Aspekte aller Elemente des Systems LITERATUR im Kontext von G zu untersuchen [...]. Die Grundlage empirischer historischer Analysen in einer solchermaßen vollständigen ETL bildet eine *Theorie von Veränderung*, also eine Theorie diachroner Prozesse im LITERATUR-System bzw. eine Theorie der diachronen Entwicklung der Strukturen und Funktionen des LITERATUR-Systems selbst« (Schmidt 1982, S. 32; Hervorhebungen im Original). In lit.didaktischer Hinsicht ergeben sich mit der ETL folgende allg. Lernziele für den Lit.unterricht: Ausbildung der Fähigkeit zur kompetenten Teilnahme am Lit.system, d.h. der Fähigkeit zum Handeln in den verschiedenen literar. ↗ Handlungsrollen, sowie zu seiner Analyse und Kritik, d.h. strukturale und funktionale Aspekte des Lit.systems kennen und beurteilen.

Die ETL ist im Rahmen einer Konzeption Empirischer Lit.wissenschaft (ELW) entwickelt worden, die explizite wissenschaftstheoretische und methodologische Werte postuliert, nämlich Empirizität, Theoretizität und

Applikabilität. Die ELW verpflichtet sich damit ausdrücklich zur Beachtung grundsätzlicher Standards wissenschaftlichen Handelns: Intersubjektivität und Explizitheit der Fachsprache, intersubjektive Überprüfbarkeit der Ergebnisse, gesellschaftliche Relevanz der bearbeiteten Probleme, Lehr- und Lernbarkeit der Methoden und Begrifflichkeiten. Der metatheoretische Wert der Applikabilität öffnet eine Perspektive für eine Angewandte Lit. wissenschaft, die sich der Bearbeitung von praktischen Problemen im Handlungsfeld Lit., z.b. für Aktanten in den verschiedenen literar. Handlungsrollen, widmet.

Lit.: Schmidt 1991 [1980]. – D. Hintzenberg et al.: *Zum Lit.begriff in der BRD*, Braunschweig 1980. – P. Finke: *Konstruktiver Funktionalismus. Die wissenschaftstheoretische Basis einer ETL*, Braunschweig 1982. – Schmidt 1982. – G. Rusch/S.J. Schmidt: *Das Voraussetzungssystem G. Trakls*, Braunschweig 1983. – H. Hauptmeier/S.J. Schmidt: *Einf. in die Empirische Lit.-wissenschaft*, Braunschweig/Wiesbaden 1985. – D. Meutsch: »Über die Rolle von Konventionen beim Verstehen literar. Texte«. In: SPIEL 4.2 (1985) S. 381– 408. – Arbeitsgruppe NIKOL (Hg.): *Angewandte Lit.wissenschaft*, Braunschweig 1986. – D. Meutsch: *Lit. verstehen. Eine empirische Studie*, Braunschweig 1987. – R. Viehoff (Hg.): *Alternative Traditionen. Dokumente zur Entwicklung einer Empirischen Lit.wissenschaft*, Braunschweig 1991. – Barsch et al. 1994. – H.F. Alfes: *Lit. und Gefühl. Emotionale Aspekte literar. Schreibens und Lesens*, Opladen 1995. – G. Rusch: »Modelle, Methoden und Probleme der ETL«. In: Nünning 1998 [1995]. S. 215–232. – S.J. Schmidt: »The Empirical Study of Literature. Reasons, Plans, Goals«. In: M.L. Losa et al. (Hgg.): *Literatura Comparada. Os Novos Paradigmas*, Porto 1996. S. 281–294. – ders.: »Anwendungsorientierte Lit.wissenschaft – Perspektiven eines Projekts«. In: G. Jäger/J. Schönert (Hg.): *Wissenschaft und Berufspraxis*, Paderborn 1997. S. 135–144. – S. Moser: *Komplexe Konstruktionen. Systemtheorie, Konstruktivismus und empirische Lit.wissenschaft*, Wiesbaden 2001. – D. Schram/G. Steen (Hgg.): *The Psychology and Sociology of Literature*, Amsterdam: 2001.   GR

Emplotment (engl. wörtlich: Einbettung der historischen Fakten in einen Handlungs- und Sinnzusammenhang), ist als Begriff durch den am. Geschichtstheoretiker H. White in die Debatte um die ›Fiktion des Faktischen‹ in der Geschichtsschreibung eingeführt worden, um Strategien des Historikers zu umschreiben, die Kontingenz historischer Ereignisse und Geschehen erzählerisch zu strukturieren und zu einer Geschichte zu machen. »E. is the way by which a sequence of events fashioned into a story is gradually revealed to be a story of a particular kind« (White 1973, S. 7). White entwickelt dazu schematisch eine an N. Frye orientierte Typologie narrativer Figuren, wie Stile (Romanze, Komödie, Satire, Tragödie) und ↗ Tropen (↗ Metapher, ↗ Metonymie, Synekdoche und Ironie), die als tiefenstrukturelle Prägeformen die Wahrnehmung, Darstellung und Konstruktion des jeweiligen historischen Diskursgegenstands unhintergehbar präfigurieren. Damit demontiert White den epistemologischen Status der Geschichtsschreibung im Unterschied zur Belletristik und den Glauben an die Möglichkeit objektiver historischer Darstellung. Die Historiographie wird von White (1978, S. 85) sogar als »essentially a literary, that is to say fiction-making, operation« bezeichnet.

Die von poststrukturalistischen Theorien wie dem ↗ *New Historicism* aufgenommenen Thesen Whites sind kürzlich in zweierlei Hinsicht modifiziert worden. So hat A. Nünning (1995, S. 142) darauf hingewiesen, daß das bei White als spezifisch literar. eingeengte Verfahren des *e.* nicht unbedingt per se die Geschichtsschreibung zur Fiktion werden läßt. Weiterhin deutet H. Antor (1996, S. 68) das *e.* als Ausdruck einer anthropologisch bedingten Grunddisposition des Menschen als ›*pattern-building animal*‹, fiktive wie nicht-fiktive Texte in einen kohärenten Sinnzusammenhang zu bringen.

Lit.: White 1997 [1973] – ders. 1994 [1978]. – Nünning 1995. Bes. S. 129–144. – H. Antor: »The Ethics of Criticism in the Age After Value«. In: Ahrens/Volkmann 1996. S. 65–85. – B. Brenn: *E. in Salman Rushdie's Midnight's Children*, Oslo 2001. – J.A. Carter: »Telling Times. History, E., and Truth«. In: *History and Theory* 42 (2003) S. 1-27.   LV

Episteme (gr. *epistémē*: Wissen, Verstehen), aufgrund von Materialstudien zur Geschichte des Wahnsinns entwickelt M. Foucault in verschiedenen Studien eine Geschichte der E., d.h. von historisch variablen Wissensformationen, mit dem impliziten Ziel der Historisierung und Depotenzierung des Vernunftbegriffes und damit der Kritik der historischen Moderne. Gemäß der Analyse von *Les mots et les choses* (1966) bestimmen epistemische Konfigurationen (Wissensformationen) die Anordnung der Dinge und sind die Ermöglichungsbedingung für die Organisation von sprachlichen Äußerungen. Die epistemischen Konfigurationen sind zwar ↗ diachron verschieden und durch Brüche voneinander getrennt, ↗ synchron verbinden sie jedoch unterschiedliche Wissensgebiete miteinander, und zwar entsprechend einer allg. Disposition. Trotz aller Streuung des Wissens sind E. grundsätzlich aneinander gekoppelt; in ihren Strukturen verweisen sie aufeinander. Die E. der Ähnlichkeit organisiert das Wissen der Renaissance und die Interpretation des Zusammenhangs zwischen ↗ Zeichen und Dingen. In vier grundsätzliche Formen (›convenentia‹, ›aemulatio‹, Analogie, Sympathie) gruppiert Foucault eine Vielzahl semantischer Möglichkeiten des Ähnlichkeitsdenkens. Die auf Identität und Differenz gründenden mathematischen, taxonomischen und genetischen E. der Klassik strukturieren das Wissen nach einer binären Logik (↗ Binarismus/binäre Opposition). Mit der Auflösung der klassischen E. und damit der universalen Analysemethode ergibt sich eine Ausdifferenzierung des Wissens, die im 19. Jh. zu den Einzelwissenschaften führt. Diese ruhen auf gemeinsamen anthropozentrischen E.n, die eine metaepistemologische Analyse verlangen. Die epistemologischen Wissensformationen manifestieren sich, so Foucault, als diskursive Praktiken (*L'archéologie du savoir*, 1969). ↗ Diskurse werden von Regeln und institutionellen Zwängen, d.h. von materiell faßbaren historischen Bedingungen und Folgerungen (historische Aprioris) begleitet, die dem ↗ Subjekt einen spezifischen Platz zuweisen und eine reglementierte Praxis durchsetzen. Die wiederkehrenden Serien von Diskursen bilden die Wirklichkeit nicht ab, sondern konstituieren sie und haben aus diesem Grunde Ereignischarakter. Jedem Diskurs wohnt eine ihn erst fundierende Wirkkraft inne, die Foucault in Anlehnung an F.W. Nietzsche den ›Willen zur Wahrheit‹ nennt. Die Wahrheit einer Rede ist nicht metaphysisch als Abglanz vom Sein eines auswärtigen Anderen, als Angleichung des Diskurses an seinen Gegenstand zu verstehen, sondern tritt als Effekt vorausgegangener diskursiver Ereignisse hervor. Die Ereignisse des Gesagten und die Wirkungen der ↗ Sprechakte werden in ihrer Positivität und Äußerlichkeit analysiert, wo es keine ›inneren Geheimnisse‹, keinen ›sammelnden Logos‹ und keine ›Teleologie der Vernunft‹ gibt (Waldenfels). Die Diskursanalyse hat damit weder mit dem Ungesagten (↗ Hermeneutik) noch mit den Regeln der Sagbarkeit zu tun. Foucault schließt also ein ›Anderswo‹ aus, in dem sich das entscheidet, was sich in den Diskursen ereignet. Die Entstehungsbedingungen dieses Ereignisses zeigen auch die Bedingungen für ihr ausgrenzendes Tun, so daß mit der Positivität des Diskursereignisses auch die ausgrenzende Tätigkeit der Diskurse in den Blick einer Archäologie des Wissens kommt.

Im Spätwerk seit *L'ordre du discours* (1971) wird der Akzent auf die ↗ Macht gelegt. Institutionelle Diskurspraktiken werden als Machtdispositive, einem unzertrennlichen Aggregat aus Können und Wissen, begriffen. Die Macht gilt als absolut und unhintergehbar im Verhältnis zum Subjekt, das als unterlegen angesehen wird. Die Depotenzierung des Vernunfts- und Subjektbegriffs hat die Kritik von J. Habermas und M. Frank bezüglich der Aporie der Diskursanalyse hervorgerufen. Doch greifen diese Autoren den metaepistemologischen Anspruch Foucaults nicht auf. In *La bibliothèque fantastique* (1995) bzw. in anderen in *Schriften zur Lit.* (1974) versammelten Essays entwickelt Foucault die Konzeption eines Gegendiskurses, der der Lit. zugeschrieben wird. Nach der Dissolution des homogenen Gebiets geregelter ↗ Repräsentationen gilt Lit. als eine ausgesprochene kulturelle Heterotopie, d.h. als ein heterogener Raum und ein Nicht-Ort der Sprache, der im Widerstreit zu den Kohärenzregeln der Diskurse steht. Analog dazu wird in *L'archéologie du savoir* die Geschichte der E., die in *Les mots et les choses* noch fortschreitend erscheint, als paradoxale Aufeinanderfolge von Diskontinuitäten und als Palimpsest von Diskursen denkbar. Die postklassische Lit. habe die ↗ Funktion eines nicht diskursiven Denkens, das das rohe Sein der Sprache manifestiert, die Macht der Sprache offenlegt und die Ereignisse der Diskurse darstellt. Lit.kritik verlangt mithin eine metaepistemologische Kritik realistischer bzw. positivistischer und anthropomorpher E.

Lit.: Foucault 1966. – ders. 1969. – ders.: *L'ordre du discours*, Paris 1971 (dt. *Die Ordnung des Diskurses*, Mchn. 1974). – ders.: *Schriften zur Lit.*, FfM. 1993 [1974]. – ders.: *La bibliothèque fantastique*, Brüssel 1995. – H.-G. Ruprecht: »Savoir et littérature; doxa historique/épistème sémiotique«. In: *Degrés* 12.39/40 (1984) S. m1-m12. – C. Kammler: »Historische Diskursanalyse (M. Foucault)«. In: Bogdal 1997 [1990]. S. 31–55. – P. Veyne: *Foucault. Die Revolutionierung der Geschichte*, FfM. 1992. – W. Seitter: *Das Spektrum der Genealogie. M. Foucault*, Bodenheim 1996.   VB

Epochen, literaturgeschichtliche/Epochenbegriffe (gr. *epochē*: Halte-
oder Fixpunkt), E. bezeichnen Zeiträume in Geschichte oder Lit.geschichte,
die sich im Vergleich zum Vorher und Nachher als relativ homogen darstellen
und zumeist durch eine Reihe von Trennereignissen begrenzt sind. In der
Lit.wissenschaft erlaubt die Einteilung in E. ein sinnvolles Gespräch über
langfristige Veränderungen von ↗ Gattungen und literar. Formen sowie über
↗ Diskurse, welche die Lit. beeinflussen. E. sind somit, wie Gattungen, als
»soziokulturelle Verständigungsmittel« (Voßkamp 1992, S. 265) aufzufassen,
die in jeweilige historische Funktionszusammenhänge eingebunden sind. Sie
sind der literar. Evolution nicht wesensmäßig inhärent, sondern werden im
Nachhinein gebildet. Anders ausgedrückt: E. und E.bewußtsein sind zumeist
nicht deckungsgleich. Konstruktivistische Positionen (↗ Konstruktivismus,
radikaler) gehen davon aus, daß E.einteilungen und ↗ Periodisierungen
grundsätzlich revidierbar sind und weniger durch den Gegenstand der
Untersuchung als durch den Untersuchenden als subjektabhängige Konstruktionen (vgl. A, Nünning 1996, S. 15) festgesetzt werden. – Flexibilität
von E.begriffen ergibt sich durch die mehrfache Anbindung an Formgesetze
der Gattungen, an gesellschaftliche und institutionelle Beziehungsgeflechte
und Bedürfniskonstellationen und an den Dialog mit den jeweiligen Rezipientengruppen. E.begriffe nehmen ob der Vielfalt solcher Anschließbarkeiten
in der Lit. gern Fremddiskurse politischer (›*Georgian age*‹), biographischer
(›Goethezeit‹), kunsthistorischer Art (›Barock‹) auf, je nach den vorherrschenden Erkenntnisinteressen, wobei die Gesetze ästhetischer Evolution in
Spannung mit Tempi des Wandels in anderen gesellschaftlichen Bereichen
geraten: So endet z.B. das Restaurationszeitalter in der engl. Lit. erst im
frühen 18. Jh. und nicht 1688. E. sind um so stabiler, je deutlicher sich
an ihren Grenzen Trennereignisse und Transformationen aus verschiedenen
Diskursen häufen. Nichtsdestoweniger zeigt ein Blick über Kultur- oder
Ländergrenzen schnell ihre regionale und thematische Begrenztheit, wie
A.O. Lovejoy in einer wegweisenden Untersuchung zur Romantik schon
1924 aufgewiesen hat.

Trotz aller Problematik sind E. notwendig als Ordnungsbegriffe für
das Verstehen der Mechanismen des kulturellen Gedächtnisses, welches
nur mit ihrer Hilfe über Singularitäten und Unzeitgemäßes urteilen kann.
Die wachsende Skepsis gegenüber E.einteilungen hat mehrere Ursachen,
v.a. die Krise totalisierender Geschichtsentwürfe, der sog. *grand récits*, u.a.
durch die rezeptionsästhetische Wende (↗ Rezeptionsästhetik; vgl. H.R.
Jauß 1970) und den ↗ Poststrukturalismus. Beide führten zum Ersetzen
des Kollektivsingulars Geschichte (vgl. Koselleck 1979), der Geschichte als
geradezu metaphysische Schicksalsmacht eingesetzt hatte, durch eine Vielzahl
konkurrierender Geschichten, durch Polychronie, Pluralität, Heterogenes
an jedem historischen Ort. Parallel dazu ist die Aufspaltung der Lit. in
Literaturen zu konstatieren, in Frauenlit. (vgl. Schabert 1995, S. 184), Min-
derheitenlit., Triviallit., welche jeweils eigenen Tempi des Wandels folgen.
Schließlich ist die postkoloniale Wende (↗ postkoloniale Lit.theorie und
-kritik) bedeutsam, welche den Eurozentrismus durch potenzierte Fremdheitserfahrungen dekonstruiert und Strategien hermeneutischer Anverwandlung

problematisiert (↗ Hermeneutik). D.E. Wellbery (1996, S. 125) geht von einem unmittelbaren Zusammenhang zwischen Internationalisierung und ↗ Dekonstruktion aus. Seine Verteidigung der unhistorischen interkulturellen Rezeption befreit den Einzeltext von epochalen Bindungen. – Historisch wäre ein Dreischritt zu konstatieren. Bezeichnen E. ursprünglich Einschnitte in der Zeit, so wird der Begriff im 18. Jh. auf einen Zeitraum übertragen und erlaubt die Konstruktion geschichtsphilosophischer Modelle vor einem offenen Zukunftshorizont. In der ↗ Postmoderne führen Erfahrungen der Ungleichzeitigkeit des Gleichzeitigen, der Anachronie und der kulturellen Hybridisierung (vgl. Bhabha 1994) zur grundsätzlichen Skepsis gegenüber E.begriffen.

Lit.: Koselleck 1995 [1979]. – M. Titzmann: »Probleme des E.begriffs in der Lit. geschichtsschreibung«. In: K. Richter/J. Schönert (Hgg.): *Klassik und Moderne*, Stgt. 1983. S. 98–131. – Gumbrecht/Link-Heer 1985. – R. Herzog/R. Koselleck (Hgg.): *E.schwelle und E.bewußtsein*, Mchn. 1987. – R. Rosenberg: »E.«. In: Brackert/Stückrath 1997 [1992]. S. 269–280. – W. Voßkamp: »Gattungen«. In: Brackert/Stückrath 1997 [1992]. S. 253–269. – Bhabha 1995 [1994]. – I. Schabert: »*Gender* als Kategorie einer neuen Lit.geschichtsschreibung«. In: Bußmann/Hof 1995. S. 162–204. – D.E. Wellbery: »Posthermeneutische Konzepte der Texterörterung«. In: Danneberg/Vollhardt 1996 [1995]. S. 123–138. – G. Plumpe: »Einl.: Vom Dilemma der E.begriffe«. In: ders.: *E. moderner Lit.: Ein systemtheoretischer Entwurf*, Opladen 1995. S. 7–30. – A. Nünning: »Kanonisierung, Periodisierung und der Konstruktcharakter von Lit.geschichten«. In: ders. (Hg.): *Eine andere Geschichte der engl. Lit.*, Trier 1996. S. 1–24. – U. Japp (Hg.): *E.: Grenzen und Möglichkeiten*, Wien 2002.   WG

Erlebte Rede (engl. *free indirect discourse*; frz. *style indirect libre*), von J.E. Lorck 1921 erstmals in die Erzählforschung eingeführter Begriff zur Beschreibung einer Erzählweise, bei der die Äußerungen und Gedanken einer literar. ↗ Figur in Anlehnung an deren Syntax und Diktion, jedoch im jeweils aktuellen Erzähltempus zum Ausdruck gebracht werden. Die Pronomina werden der jeweiligen Erzählsituation angepaßt. Grammatikalisch ist die e.R. der indirekten Rede verwandt, es fehlt ihr aber oft am einleitenden Satz, und Orts- und Zeitangaben werden wie in direkter Rede verwendet. F.K. Stanzel (1979, S. 248) spricht von einer »›Ansteckung‹ der Erzählersprache durch die Figurensprache«. Solche Echos der Figurenrede können umgangssprachliche Wendungen oder Elemente des Idiolekts der Figur ebenso wie typische semantische Elemente sein. E.R. tritt meistens in Verbindung mit interner ↗ Fokalisierung auf. E.R. erlaubt es daher auch in einer auktorialen ↗ Erzählsituation, Elemente der Ich-Erzählsituation zu nutzen, wobei aber oft durch die spürbare Gegenwart des ↗ Erzählers die Rede und Gedanken der Figur in leicht ironischem Licht erscheinen. E.R. unterscheidet sich vom ↗ inneren Monolog, der zweiten großen Variante der Bewußtseinsstromtechnik, durch ihren höheren Grad an Grammatizität und durch ihre geringeren Normabweichungen. – E.R. taucht schon in den Werken von J. Austen auf. Sie wurde durch ihre virtuose Verwendung in

G. Flauberts Roman *Madame Bovary* (1857) populär und ist seither ein beliebtes Erzählmittel v.a. in modernen fiktionalen Texten. Die historische und generische Bandbreite der Erscheinungsformen der e.r. ist jedoch viel umfassender und reicht, wie M. Fludernik (1993) gezeigt hat, von frühneuzeitlichen Erzähltexten bis zu nichtfiktionalen Alltagserzählungen und journalistischen Texten. Die Verwendung der e.r. in einer umstrittenen Rede über die Judenverfolgung im dritten Reich durch den damaligen Bundestagspräsidenten Ph. Jenninger wurde von vielen Zuhörern nicht erkannt und führte vor einigen Jahren zum Rücktritt des Politikers.

Lit.: R. Pascal: *The Dual Voice. Free Indirect Speech and its Functioning in the 19th-Century European Novel*, Manchester 1977. – Cohn 1983 [1978]. – B. McHale: »Free Indirect Discourse. A Survey of Recent Accounts«. In: *PTL* 3 (1978) S. 249–287. – M. Fludernik: *The Fictions of Language and the Languages of Fiction. The Linguistic Representation of Speech and Consciousness*, Ldn. 1993. – F.K. Stanzel: »E.R.: Prolegomena zu einer Wirkungsgeschichte des Begriffs. Festschrift für Wilhelm Fuger«. In: J. Helbig (Hg.): *Erzählen und Erzähltheorie im 20. Jahrhundert*, Heidelberg 2001. S. 153-167. HA

Erwartungshorizont (engl. *horizon of expectations*), zentrales Konzept rezeptionsästhetisch orientierter Lit.theorie und ↗ Hermeneutik, das die Situiertheit des Lesers in der Welt als einen den Verstehensprozeß entscheidend beeinflussenden Faktor erfaßt (↗ Rezeptionsästhetik). Der E. besteht aus der Gesamtheit kultureller Annahmen und Erwartungen, Normen und Erfahrungen, die das Verstehen und die Interpretation eines literar. Textes durch einen Leser in einem bestimmten Moment leiten. Der E. ist abhängig von zeitlichen und kulturräumlichen Faktoren einerseits und von individuellen Gegebenheiten in bezug auf den einzelnen Rezipienten andererseits. Horizonte unterliegen also historischen Veränderungen und sind damit auch mitverantwortlich für die Neubewertung literar. Werke im Laufe der Zeit.

Der Begriff des Horizonts ist insbes. seit F.W. Nietzsche, E. Husserl und M. Heidegger in den philosophischen Sprachgebrauch eingegangen. Für die Hermeneutik griff H.-G. Gadamer in *Wahrheit und Methode* (1960) den Begriff wieder aus der Phänomenologie Husserls auf, um die Beschränktheit des Gesichtskreises beim durch seinen Standort situationsgebundenen Menschen zu beschreiben. Der Begriff des Horizontes bezieht sich dabei auf die »Gebundenheit des Denkens an seine endliche Bestimmtheit« (Gadamer 1986, S. 307), aber auch Texte haben für Gadamer ihren eigenen Horizont. Historisches Verstehen beispielsweise älterer Texte bedeutet für Gadamer die Gewinnung des historischen Horizontes solcher Werke. Der Horizont der Gegenwart umfaßt auch unsere ›Vor-Urteile‹, die die Erwartung strukturieren, mit der wir uns einem Text nähern. Verstehen findet laut Gadamer in der Horizontverschmelzung von gegenwärtigem Horizont des Lesers und historischem Horizont des Textes statt. Gadamers Überlegungen wurden v.a. von H.R. Jauß in *Lit.geschichte als Provokation* (1970) aufgegriffen, der erstmals den Begriff des E.s in die Lit.theorie einführte, wenngleich dieser

schon vorher von dem Soziologen K. Mannheim und von K. Popper und
E.H. Gombrich benutzt worden war. Für Jauß ist der E. eine Erwartungs-
struktur im Sinne eines die Lektüre leitenden Referenzsystems, das sich v.a.
aus den die jeweilige Textgattung bestimmenden bekannten Normen, den
Beziehungen des Textes zu seiner dem Leser ebenfalls vertrauten literar.
Umgebung und zu anderen Texten sowie aus der dem Rezipienten präsenten Differenzqualität von Fiktion und Wirklichkeit konstituiert. Durch die
Verwendung von Bekanntem produziert der Text im Leser einen E. in bezug
auf die Normen des Evozierten, wobei diese dann aber reproduziert oder
auch negiert, parodiert, variiert werden können. Der Rezeptionsprozeß stellt
für Jauß somit einen Vorgang des ständigen Aufbaus und der unablässigen
Veränderung von Horizonten in der Auseinandersetzung mit Textsignalen
dar, der *idealiter* in die Schaffung eines transsubjektiven Verstehenshorizon-
tes führen sollte, welcher die Wirkung des Textes bestimmen würde. Die
Konfrontation von E. und literar. Kunstwerk führt nach Jauß also zu einem
Horizontwandel, der sich in der Breite des Spektrums kritischer Reaktionen
auf den Text äußert und die ästhetische Qualität des Werkes dokumentiert.
In Anlehnung an die Verfremdungstheorie der russ. Formalisten ist daher
die Distanz zwischen E. und Werk für Jauß ein Indikator literar. Wertes
(↗ Verfremdungseffekt). So ist diese Distanz bei kulinarischer Kunst bzw.
Unterhaltungslit. nicht sehr groß, wodurch es kaum zu einem Horizontwandel
kommt. Bei anspruchsvoller Lit. ist laut Jauß jedoch aufgrund des größeren
Abstandes zwischen E. und literar. Werk das Gegenteil der Fall.

Lit.: Jauß 1992 [1970]. – H.-G. Gadamer: *Wahrheit und Methode*, Tüb. 1986.
S. 305ff.   HA

Erzähler, (1) alteingeführter, aber neuerdings kritisierter (vgl. Fludernik
1993; Weimar 1994) Grundbegriff der Narratologie (Erzähltheorien) für ein
zentrales Element der ›discours‹-Ebene (↗ *histoire* vs. *discours*), näherhin der
↗ Erzählsituation: die (textinterne) Vermittlungsinstanz von Erzählungen.
Basis des E.konzeptes ist (a) ein einem Großteil der Erzähllit. durchaus
angemessenes illusionistisch-vorstellendes Denken, aufgrund dessen der im
mündlichen Erzählen anwesende E. auf schriftliches Erzählen übertragen
wird, wo er indes nur als Vorstellungsobjekt aufgrund mehr oder weniger
deutlicher Spuren im Text rekonstruiert werden kann, sowie (b) ein systematisches Denken, das in Weiterentwicklung des schon bei Platon und
Aristoteles nachweisbaren Redekriteriums die Vermitteltheit der Erzählkunst
als gattungskonstitutives Element der Unvermitteltheit des Dramas gegen-
überstellt. Als gedachtes Agens einer Erzählfunktion wird der fiktive E. im
Rahmen des z.T. inzwischen ebenfalls umstrittenen (vgl. Fludernik 1993,
S. 58–65) literar. ↗ Kommunikationsmodells traditionell von folgenden
Instanzen abgegrenzt: auf der ›Sender‹-Seite vom textexternen historischen
↗ Autor und vom textinternen ›impliziten ↗ Autor‹ bzw. den Implikaten
des Gesamttextes, auf der ›Empfänger‹-Seite vom textinternen ›fiktiven
↗ Leser‹, der mitunter einem expliziten Erzähler bzw. ›overt narrator‹ als
›narratee‹ gegenübersteht, vom ebenfalls textinternen impliziten ↗ Leser

sowie dem textexternen realen Leser. Trotz vereinzelter Versuche, den Begriff
›E.‹ nur auf Texte mit markanten E.spuren, d.h. mit einem ›*overt narrator*‹,
zu beschränken (vgl. Fludernik 1993, S. 443), wird ein E. aus Gründen
der Abgrenzung vom Drama in der Regel für alle Erzählungen in Anschlag
gebracht: »There is at least one narrator in any narrative« (Prince 1982,
S. 8). Probleme, auch gattungstheoretischer Art, bereiten dann allerdings
Texte, in denen wegen einer extrem innenperspektivischen Darstellung
wie im ↗ inneren Monolog von A. Schnitzlers »Fräulein Else« (1924) die
Spuren des E.s gegen Null tendieren. Für solche Fälle wurde das Konzept
eines ›*covert narrator*‹ eingeführt (vgl. Chatman 1978, Kap. 5), das allerdings
tendenziell mit dem ›impliziten Autor‹ zusammenfällt.

(2) Typologisch lassen sich E. differenzieren: (a) nach dem Grad der
Spürbarkeit oder »Verpersönlichung und Entpersönlichung« (Stanzel 1979,
S. 192), den erwähnten Formen eines ›*covert*‹ vs. ›*overt narrator*‹; explizite
Erzähler können, abgesehen vom Grad ihrer Einmischung, d.h. ihrem mehr
oder weniger subjektiven ›Erzählverhalten‹ (vgl. Petersen 1993, Kap. II.4),
gegebenenfalls ihrem Geschlecht (↗ feministische Narratologie; vgl. Nün-
ning/Nünning 2004) und ihrer metafiktionalen ›*self-consciousness*‹, weiter
differenziert werden: (b) nach Wissensstand und Verläßlichkeit: ›allwissende‹
oder ›zuverlässige‹ vs. ›unzuverlässige‹ E. (↗ Unzuverlässigkeit, erzählerische;
vgl. Booth 1961; Rimmon-Kenan 1996 [1983], S. 100–103; Nünning
1998); und (c) je nachdem, ob sie aufgrund der in (a) und (b) genannten
›Formatierungskriterien‹ als Fokalisierungsinstanz (engl. *focalizer*) anzusehen
sind oder nicht (↗ Fokalisierung). Weitere Unterscheidungen sind zu treffen:
(d) nach der Zugehörigkeit des E.s zu einer erzähllogischen Ebene in der
Terminologie Rimmon-Kenans (vgl. 1983, Kap. 7): extra-diegetischer E., der
Normalfall eines E.s erster Ordnung, vs. intra- und hypodiegetischer E., ›*overt
narrators*‹ zweiter und dritter Ordnung bei ›*embedded stories*‹ (↗ Diegese);
(e) nach der Möglichkeit, für den E. über diese Zuordnung hinaus auch
eine Zuordnung zu einer darunterliegenden Erzählebene vorzunehmen: Ist
diese Möglichkeit nicht gegeben, d.h. besetzen E. und Erzähltes verschiedene
fiktive Welten, spricht man von einem ›heterodiegetischen‹ E., z.B. beim
typischen ›auktorialen E.‹ (vgl. Stanzel 1979). Ist dieser Fall gegeben, d.h.
bei »Identität [...] der Seinsbereiche des E.s und der Charaktere« (Stanzel
1979, S. 109), liegt ein ›homodiegetischer E.‹ vor (vgl. Genette 1972, Kap.
5), v.a. in der typischen Ich-Erzählsituation, wobei zwischen ›peripherem‹
(vgl. Stanzel 1979, Kap. 7.2.2.) und zentralem ›homodiegetischen‹ E.
weiter zu differenzieren ist. Eine letzte Differenzierung (f) steht damit
z.T. im Zusammenhang, bei welcher nach der gegebenenfalls zeitlichen,
räumlichen, intellektuellen, emotionalen, moralischen usw. Distanz des E.s
zum Erzählten gefragt wird (vgl. den Begriff ›Erzählhaltung‹ bei Petersen
1993, Kap. II.5).

(3) Von den zahlreichen ↗ Funktionen des E.s (vgl. Nünning 1997)
seien als (explizite oder implizite) Grundfunktionen genannt: die Konstitution bzw. Vermittlung der erzählten Welt und die v.a. für *overt narrators*
wichtige Sprecher- und Kommentatorrolle; als hierauf aufbauende weitere
Funktionen: die Eigencharakterisierung als fiktive Gestalt, die Herstellung

von Kontakten zum fiktiven Leser, referentielle, auf die erzählte Welt und ihre Kontexte bezogene generalisierende Aussagen oder ästhetisch-selbstreferentielle Aussagen z.b. zum Erzählvorgang (↗ Metafiktion) zu machen; sowie als wiederum auf den vorigen aufbauende Funktionen: ↗ Sympathielenkung, Steuerung des wirkungsästhetischen Effektes, z.b. der ästhetischen ↗ Illusion oder ihrer Durchbrechung, Mitwirkung an der Sinngebung des Textes, Vermittlung von Normen und Weltbild usw.

Lit.: Booth 1991 [1961]. – Genette 1972/80. – Chatman 1993 [1978]. – Stanzel 1995 [1979]. – G. Prince: *Narratology. The Form and Functioning of Narrative*, Bln. 1982. – Rimmon-Kenan 1996 [1983]. – M. Bal: *Narratology. Introduction to the Theory of Narrative*, Toronto 1997 [1985]. – M. Fludernik: *The Fictions of Language and the Languages of Fiction. The Linguistic Representation of Speech and Consciousness*, Ldn. 1993. – J.H. Petersen: *Erzählsysteme. Eine Poetik epischer Texte*, Stgt. 1993. – K. Weimar: »Wo und was ist der E.?«. In: *MLN* 109 (1994) S. 495–506. – Fludernik 1996. – A. Nünning: »Die Funktionen von Erzählinstanzen. Analysekategorien und Modelle zur Beschreibung des E.verhaltens«. In: *LWU* 30 (1997) S. 323–349. – ders. (Hg.): ›*Unreliable Narration‹. Studien zur Theorie und Praxis unglaubwürdigen Erzählens in der engl.sprachigen Erzähllit.*, Trier 1998. – F. Jannidis: »Zwischen Autor und E.«. In: H. Detering (Hg.): *Autorschaft. Positionen und Revisionen*, Stgt./Weimar 2002. S. 540-556. – Nünning/Nünning 2004.

WW

Erzählsituation, v.a. in der dt.sprachigen Narratologie seit F.K. Stanzels *Die typischen E.en im Roman* (1955) verbreiteter Sammelbegriff für Elemente der ›*discours*‹-Ebene (↗ *histoire* vs. *discours*), die sich beziehen auf die Gestaltung (a) bestimmter (fiktiver) Instanzen der äußeren narrativen Kommunikationssituation: des fiktiven ↗ Lesers und bes. des fiktiven ↗ Erzählers; (b) der Instanz der ↗ Fokalisierung, bzw. des/der Perspektiventräger(s), sowie (c) der sich aus Erzähler(n) und Fokalisierungsinstanz(en) ergebenden Möglichkeiten, die erzählte Welt zu erfassen. ›E.‹ wird z.T. synonym mit ›*point of view*‹ und ›Erzählperspektive‹ verwendet, und beides wird verwirrenderweise auch für ›Fokalisierung‹ gebraucht. Die E. ist jedoch weiter gefaßt als Erzählperspektive bzw. Fokalisierung und setzt sich aus der Modellierung folgender Faktoren zusammen: (a) Erzählform (vgl. Petersen 1993, Kap. II.1): Erzählen in der ersten oder dritten, selten zweiten Person (vgl. Fludernik 1993; Wiest-Kellner 1999); (b) ›Formatierung‹ gegebenenfalls des fiktiven Lesers, v.a. jedoch des Erzählers; (c) ↗ Perspektive/Fokalisierung; (d) (An-)Sicht des Erzählten, bezogen v.a. auf die dargestellten Figuren (vgl. Stanzel 1979, S. 55–56): ›Innensicht‹, d.h. der Leser erhält Einblick in deren Psyche, oder ›Außensicht‹, d.h. es wird nur geschildert, was ein Zeuge wahrnehmen könnte; (e) Modus (vgl. Stanzel 1979, Kap. 6): ›*telling*‹, d.h. berichtendes Erzählen, ›Diegesis‹, oder ›*showing*‹, d.h. szenische Darstellung, ›Mimesis‹.

Aus einer bestimmten, historisch häufigen Kombination dieser Faktoren ergeben sich die mehrfach kritisierten, jedoch heuristisch brauchbaren Stanzelschen ›typischen E.en‹, wobei Stanzel nicht alle der genannten Faktoren und Elemente als konstitutiv erachtet. Diesen typischen E.en

können in typologisch und lit.historisch erhellender Weise Werke der Erzähllit. zugeordnet werden, obwohl die Modellierung mancher Faktoren,
bes. der Ansichten und des Modus, im Verlauf dieser Werke variabel ist und
Übergangsformen auftreten, die in einem ›Typenkreis‹ (vgl. Stanzel 1979)
darstellbar sind. Im einzelnen können in Anlehnung an Stanzel unterschieden
werden: (a) ›Auktoriale E.‹: Erzählform: dritte Person; Formatierung des
Erzählers: heterodiegetischer *overt narrator* mit Neigung zu ›Allwissenheit‹
und Einmischungen; Möglichkeit eines fiktiven Lesers; Perspektive: meist
Aperspektivismus oder Außenperspektive ohne intradiegetischen Reflektor;
Sicht: Innen- wie Außensicht möglich; Modus: Abwechslung von *telling* und
showing möglich, jedoch Tendenz zum *telling*; (b) ›Ich-E.‹: Erzählform: erste
Person; Formatierung des Erzählers: homodiegetisch, meist mit ›erzählendem
Ich‹ als *overt narrator*, zumal bei größerer Distanz zwischen ↗ Erzählzeit
und erzählter Zeit oft Erzählverhalten mit Mehrwissen; Möglichkeit eines
fiktiven Lesers; Perspektive: durch Beschränkung auf subjektives Ich Neigung
zum Perspektivismus; häufig Innenperspektive, wenn das ›erlebende Ich‹ als
Reflektor dominant ist, dagegen vorwiegend Außenperspektive, wenn das
›erzählende Ich‹ dominiert; Sicht: Innen- u. Außensicht möglich; Modus:
Abwechslung von *telling* und *showing* möglich; (c) ›Personale E.‹: Erzählform:
dritte Person; Formatierung des Erzählers: heterodiegetischer *covert narrator*,
kein allwissendes Erzählverhalten, kein fiktiver Leser; Perspektive: Perspektivzentrum in intradiegetischer/n Reflektor-Figur(en), daher Innenperspektive
mit ausgeprägtem Perspektivismus; Sicht: Innensicht bezüglich des diegetischen Reflektorbewußtseins wie Außensicht möglich; Modus: Dominanz
von *showing*; (d) ›Neutrale E.‹ bzw. ›*camera-eye*-Technik‹, eine von Stanzel
(vgl. 1979, Kap. 7.3.2.; vgl. auch Broich 1983) nur am Rande erwähnte E.:
Erzählform, Formatierung des Erzählers und Modus: ähnlich personaler E.;
Perspektive: Perspektivismus, ausgehend von einem nicht-anthropomorphen
Perspektivzentrum; Sicht: Innensicht ist ausgeschlossen.

Lit.: F.K. Stanzel: *Die typischen E.en im Roman*, Wien 1955. – Genette 1972/80.–
Stanzel 1995 [1979]. – D. Cohn: »The Encirclement of Narrative. On F. Stanzel's
›Theorie des Erzählens‹«. In: *Poetics Today* 2.2 (1981) S. 157–182.– Genette
1983/88/94. – U. Broich: »Gibt es eine ›neutrale E.‹? F.K. Stanzel zum 60. Ge-
burtstag«. *GRM* 33 (1983) S. 129–145. – J.H. Petersen: *Erzählsysteme. Eine Poetik
epischer Texte*, Stgt. 1993. – M. Fludernik: »Second Person Fiction. Narrative *You*
As Addressee And/Or Protagonist«. In: *AAA* 18.2 (1993) S. 217–247. – U. Wiest-
Kellner: *Messages from the Threshold. Die You-Erzählform als Ausdruck liminaler
Wesen und Welten*, Bielefeld 1999. WW

Erzähltempo (engl. *narrative speed, tempo*), Konzept bei der Analyse
narrativer Texte, das das Verhältnis zwischen ↗ Erzählzeit und erzählter
Zeit erfaßt und dadurch Aufschluß über Raffungen und Dehnungen in
der narrativen Präsentation der Erzählung gibt. Die Erzählzeit ist die Zeit,
die der Durchschnittsleser zur Lektüre des jeweils vorliegenden Textes
benötigt, während die erzählte Zeit den Zeitraum bezeichnet, der für die
fiktionale Handlung benötigt wird, innerhalb dessen also die Geschichte

abläuft. Ist die Erzählzeit länger als die erzählte Zeit, so liegt das Phänomen der Zeitdehnung vor. Der Text weist dann ein niedriges E. auf. Umgekehrt liegt ein hohes E. vor, wenn die Erzählzeit kürzer als die erzählte Zeit ist. Bei szenischer Präsentation liegt oft Zeitkongruenz im Sinne einer Gleichheit von Erzählzeit und erzählter Zeit vor. Die erzählte Zeit muß oft erst aufgrund verschiedener Textsignale erschlossen werden, da in einem Text z.B. Zeitsprünge (Ellipsen) oder Auslassungen ebenso vorkommen können wie Pausen im Fortschritt der erzählten Zeit, z.B. bei längeren deskriptiven Passagen. Zusammenfassende Textteile berichtenden Erzählens (Bericht) beschleunigen das E. Anachronien, d.h. Abweichungen von der normalen Chronologie der erzählten Geschichte, wie sie durch die retrospektive Rückblende (Analepse) oder die antizipatorische Vorauswendung (Prolepse) entstehen, schaffen ebenso die Notwendigkeit für den Leser, die erzählte Zeit zu rekonstruieren. Gleiches gilt für die repetitive mehrfache Präsentation eines einzigen fiktionalen Vorganges und für das einmalige Erzählen eines sich wiederholenden Vorgangs nach dem Prinzip der Iterativität. Obwohl sich E. also primär auf das Verhältnis zweier Kategorien narrativer Dauer bezieht, spielen in der Praxis auch Aspekte chronologischer Ordnung (↗ Anachronie) und narrativer Frequenz eine Rolle.

Lit.: Genette 1972/80. – ders. 1983/88/94.   HA

Erzählzeit und erzählte Zeit, in der *Odyssee* Homers wie auch im entsprechenden Film von St. Kubrick ist die Zeit, die Zuhörer, Leser oder Zuschauer zur Aufnahme des Epos brauchen, in ihrem Umfang und ihrer linearen Abfolge (Erzählzeit) gänzlich unterschiedlich zur erzählten Zeit (vgl. ↗ Diegese; ↗ Mimesis). Die früh in der germanistischen (vgl. G. Müller 1968; W. Kayser 1948 u.ö.), anglistischen (vgl. F.K. Stanzel 1955) und später romanistischen Tradition (vgl. G. Genette 1972) entwickelte Unterscheidung kann man als ›Erzählform‹ zusammenfassen (Kloepfer 1998). Sie hat drei Dimensionen: (a) Ordnung mit Übereinstimmung in der Abfolge, mit ↗ Anachronien (Vorgriff vs. Rückgriff in unterschiedlicher Reichweite) und mit Achronien (totale Diskrepanz); sodann (b) Dauer in szenischer Identität, Verkürzungen bis zur Pause und Dehnungen (z.B. zehn Seiten für wenige Sekunden); und schließlich (c) die Frequenz, welche die Spannung zwischen erzählten und Erzählereignissen erfaßt: als ikonische Entsprechung, als iterative Zusammenfassung von Wiederholtem oder umgekehrt Repetition des einmalig Geschehenen. Die Spannungen innerhalb der Erzählform können mehr oder weniger anspruchsvoll den Adressaten zu ästhetisch relevanten Leistungen führen, denn Verdichtungen, Einschübe und Verzerrungen können nicht nur rhythmisch genutzt werden, ikonisch mit dem Dargestellten übereinstimmen oder ihm gerade widersprechen (Ironie), sondern den Adressaten zu spezifischen, zeichengesteuerten inneren Handlungen bringen (›Sympraxis‹) wie z.B. Antizipation, Erinnern, Simultanhalten oder zu Haltungen bzw. Einstellungen wie Neugier, Spannung, Frustration (↗ Verfremdung; ↗ Illusion, ästhetische). In Lit. und Film wird die Erzählform oft genutzt, um verschiedene Zeitkonzepte erfahrbar zu machen, sie experimentell zu erproben und kulturspezifisch dergestalt zu kontrastieren, daß die Prämissen gegensätzlicher Wirklichkeitsmodelle erfahrbar werden.

Lit.: Kayser 1992 [1948] – F.K. Stanzel: *Die typischen Erzählsituationen im Roman,* Wien 1955. – G. Müller: *Morphologische Poetik* (Hg. E. Müller), Tüb. 1968. – Genette 1972/80. – ders. 1983/88/94. – R. Kloepfer: *Sympraxis. Ko-Autorschaft in Lit. und Film*, Dresden 1998.   RK

Ethical criticism (gr. *ethos*: Sitte, Gewohnheit, Brauch), der Begriff einer ethischen Lit.kritik erscheint zunächst fast wie ein Hendiadyoin, da es im Wesen jeder nicht bloß reproduktiven oder deskriptiven Kritik liegt, interpretative Schwerpunkte zu setzen und dadurch zu werten und Aussagen über die Qualität literar. Werke zu machen, wobei Konzepte des Guten und des Schlechten implizit oder explizit eine Rolle spielen (↗ Wertung). In der Tat findet sich in der Lit.theorie schon immer der Zusammenhang zwischen Moral bzw. ethischen Vorstellungen und Normen und der ↗ Funktion von Lit. Platon, der ja die Dichter des Lügens zeiht, weist ihrer Kunst eine ethische Funktion im Sinne einer Systemstabilisierung von Staat und Erziehungswesen zu, verbannt die Dichter andernfalls aber aus seinem Staat. In der Renaissance weist der engl. Dichter B. Jonson in *The Art of Poetry* (1640/41), einer Übersetzung von Horaz' *Ars Poetica*, seiner Kunst ebenfalls eine für das Leben wichtige ethische Bedeutung zu, und in Deutschland wird im 18. Jh. wiederum über die moralethische Funktion von Lit. diskutiert. 1730 reklamiert J.Ch. Gottsched in seiner *Critischen Dichtkunst* die Lit. im Dienste einer bürgerlichen Sittenreform und weist ihr damit die Aufgabe einer Moraldidaxe zu, der sie als Medium der Anschauung rationalistisch moralphilosophischer Einsicht nachkommen soll. In dem berühmten Briefwechsel über das Trauerspiel von 1756/57 zwischen G.E. Lessing, M. Mendelssohn und F. Nicolai hingegen vertreten die beiden letzteren die Gegenposition zu Gottsched und sehen die Tragödie in einem Freiraum jenseits der Moral, während Lessing wiederum der Tragödie insofern eine moralische Aufgabe zuweist, als sie die Empfindungsfähigkeit des Menschen als Basis jeder Moralität steigern soll.

Im 20. Jh. wurde die Debatte über die ethische Dimension der Lit. und ihrer Kritik v.a. im angelsächs. Raum geführt, von wo aus sie aber auch in andere Kulturräume ausstrahlte. Die Vertreter des ↗ *New Criticism* befürworteten in ihrem Streben nach einem mit der Naturwissenschaft rivalisierenden Objektivitätsideal eine formalistisch-textimmanente Analyse, die Bewertung nur auf der Basis der dem Text inhärenten Formqualitäten zuließ, das Anlegen außertextueller moralethischer Wertmaßstäbe jedoch als unwissenschaftlich ablehnte. F.R. Leavis hingegen verband ästhetische mit moralischen Fragestellungen und funktionalisierte die Romane einer von ihm postulierten großen Tradition im Sinne einer moralischen Lebenskritik. Er sah diese Romane als moralische Fabeln und damit als Medien einer konzentrierten Signifikanz für das Leben, worin er eine hohe ethische Qualität erkannte. Aufgrund solch problematischer Verwendung der ethi-

schen Dimension in den Werken der *New Critics* oder der *Leavisites* wurden
moralethische Fragen und solche nach der Evaluation literar. Werke einige
Zeit lang nur mit Argwohn betrachtet.

In den letzten Jahren allerdings wurde gerade solchen Fragen starkes
kritisches Interesse zuteil, und es entwickelte sich *e.c.* als ein neuer Zweig
der Lit.theorie. Dies hängt v.a. mit der Orientierungs- und Wertekrise
der Welt im späten 20. Jh. zusammen, die nach dem Verlust der Mitte
in der Moderne und der spielerischen Bejahung eines *anything goes* in der
Postmoderne nunmehr an einen Punkt gelangt ist, an dem inmitten der
multiplen Angebote der neuen heterogenen Polyzentrik eines immer offener
und immer multikultureller werdenden *global village* wieder nach ethischen
Orientierungen gesucht wird, ohne daß man die durch die Kritik des ↗ Poststrukturalismus, der ↗ Dekonstruktion und der Postmoderne unmöglich
gewordenen alten Positionen wieder einnehmen möchte. Suchte man in der
frühen Postmoderne noch jegliche moralethische Positionierung als metaphysische Täuschung zu vermeiden und vermied man Diskussionen über
Ethik und Wertkonzepte aus Angst vor einer Etikettierung als altmodischer
liberal humanist, so hat man nun die anthropologische, psychologische und
kulturelle Notwendigkeit einer auch moralethischen Selbstpositionierung
im Sinne von Identitätsdefinition und Orientierungsstiftung, aber auch
im Sinne der Ermöglichung eines produktiven Diskurses erkannt. Die
Essentialismen alter moralethischer Systeme können gleichwohl nicht mehr
unhinterfragt akzeptiert werden, da sie den Konstruktcharakter und damit
die Künstlichkeit ihrer Wertstrukturen hinter dem Postulat einer ethischen
Wahrheit mit einer eigenen Ontologie zu verbergen suchen. Moralethische
Werte können immer nur mittels Sprache formuliert werden, und da wir
dem Gefängnis der Sprache nicht entfliehen können, müssen ethische
Konzepte ebenso wie der Akt der endgültigen Bedeutungskonstitution
im linguistischen Signifikationsprozeß immer wieder vertagt werden und
unterliegen daher einem unendlichen Prozeß des Versagtbleibens. Dennoch
bedarf der Mensch eines Weltmodells und somit auch der durch ein solches
implizierten Vorstellung von Wahrheit und einer Wertstruktur, um sich
im Chaos der ihn umgebenden kontingenten Welt zurechtzufinden. Der
kanad. Philosoph Ch. Taylor hat auf die Notwendigkeit solcher erklärender
Bezugsrahmen für die Identitätskonstitution und -stabilisierung hingewiesen,
und der am. pragmatische Philosoph R. Rorty betont die Bedeutung einer
zumindest vorgestellten Teleologie für den Menschen, wie sie durch solche
konstruierten Weltmodelle geschaffen wird. Auch durch literar. Kunstwerke
werden explizit oder implizit solche Fokusangebote gemacht. Kritiker wie
J.H. Miller streben nach wie vor nach ethischen Universalien im Sinne I.
Kants, nach einem allg.gültigen moralischen Gesetz, und sehen dennoch
die Unmöglichkeit, ein solches mittels der *infinite deferral* der Sprache zu
erreichen, weshalb Miller die Ethik des Lesens im Erkennen der letztlichen
Unlesbarkeit eines jeden Textes sieht. Philosophen und Kritiker wie R.
Rorty, M. Nussbaum und W.C. Booth hingegen nehmen eine weniger
rigide Position ein und vertrauen auf die katalytische Funktion einer Fiktion
von Teleologie, die unterschiedliche Leser immer wieder dazu bringt, ihre

Versuche der Evaluation und der Sinnhaftmachung dialogisch miteinander zu vergleichen, dadurch ihre eigene Position jeweils zu definieren und zu verhandeln, womöglich auch zu verändern, ohne daß dieser Prozeß je zu einem Ende im Sinne einer einstimmigen Übereinkunft führen müßte. Das Ergebnis ist eine neue Offenheit jenseits liberalhumanistischer Skrupel, die sich der Begrenztheit und konkreten Bedingtheit ihrer jeweiligen Positionen bewußt ist und diese immer wieder neu zu verhandeln bereit ist, Inkommensurabilität verschiedener Ansichten zu ertragen weiß, konfliktfähig ist und dennoch Konsens sucht, ohne ihn erzwingen zu müssen. Dadurch ist *e.c.* auch in der Lage, die Herausforderungen der Alteritätsforschung (↗ Alterität, kulturelle), des ↗ Multikulturalismus, der ↗ feministischen Lit.theorie, der ↗ Ideologiekritik, der ↗ Diskurstheorie u.a. aufzunehmen und produktiv bei der Lektüre literar. Kunstwerke zu nutzen.

Lit.: A. MacIntyre: *After Virtue*, Ldn. 1981. – G. J. Handwerk: *Irony and Ethics in Narrative. From Schlegel to Lacan*, New Haven 1985. – J.H. Miller: *The Ethics of Reading*, N.Y. 1987. – Smith 1995 [1988]. – W.C. Booth: *The Company We Keep. An Ethics of Fiction*, Berkeley 1988. – ders.: »Are Narrative Choices Subject to E.C.?«. In: J. Phelan (Hg.): *Reading Narrative. Form, Ethics, Ideology*, Columbus 1989. S. 57– 78. – J.H. Miller: »Is There an Ethics of Reading?«. In: J. Phelan (Hg.): *Reading Narrative*. S. 79–101. – R. Rorty: *Contingency, Irony, and Solidarity*, Cambridge 1989. – Ch. Taylor: *Sources of the Self. The Making of the Modern Identity*, Cambridge 1989. – M. Nussbaum: *Love's Knowledge. Essays on Philosophy and Literature*, N.Y./Oxford 1990. – S. Connor: *Theory and Cultural Value*, Oxford 1992. – G. Harpham: *Getting It Right. Language, Literature, and Ethics*, Chicago 1992. – Ch. Norris: *Truth and the Ethics of Criticism*, Manchester/N.Y. 1994. – A.Z. Newton: *Narrative Ethics*, Cambridge 1995. – H. Antor: »The Ethics of Criticism in the Age After Value«. In: Ahrens/Volkmann 1996. S. 65–85. – G. Hoffmann/A. Hornung: *Ethics and Aesthetics. The Moral Turn of Postmodernism*, Heidelberg 1996. – R. Eaglestone: *E.C.: Reading After Levinas*, Edinburgh 1997. – J. Adamson et al. (Hgg.): *Renegotiating Ethics in Literature, Philosophy and Theory*, Cambridge 1998. – Ausg. »Ethics in Narrative« (Hgg. T.F. Davis/K. Womack) der Zs. *Style* 22.1 (1998). – Gibson 1999. – A. Hadfield et al. (Hgg.): *The Ethics in Literature*, Ldn./Basingstoke 1999. – Ausg. »E.C.« (Hg. L. Buell) der Zs. *PMLA* 114.1 (1999). – T.F. Davis/K. Womack (Hgg.): *Mapping the Ethical Turn. A Reader in Ethics, Culture, and Literary Theory.* Charlottesville, VA. 2001. – Ch. Kotte: *Ethical Dimensions in British Historiographic Metafiction. Julian Barnes, Graham Swift, Penelope Lively*, Trier 2001. HA

Explication de texte, die *e.d.t.* entsteht zu Beginn des 20. Jh.s (Hauptgeltung 1930er bis Anfang 1960er Jahre) als Reaktion auf biographische, historische, soziologische Kausalanalysen literar. Texte und geht vom autonomen Einzeltext als sprachlich-ästhetischer Einheit aus. Es geht nicht um die Funktionsbestimmung von Lit. (↗ Funktion), sondern um den Nachweis der immer schon vorausgesetzten Qualität einzelner Texte (v.a. Gedichte), die sich in stilistischer Harmonie, ↗ Kohärenz, Stimmigkeit aller formalen Komponenten in einem Text (Werkstil), im Gesamtwerk eines Autors

(Personalstil), in einer bestimmten Zeit (Epochen-, Zeitstil) objektiviert.
Die ↗ Intention des Autors und »Kategorie der Kausalität« haben keinen
Platz, »wo makellose Schönheit als solche verstanden werden soll« (Staiger
1971, S. 17). Texte, die dieser Norm nicht entsprechen, können keinen
Anspruch auf literar. Geltung erheben. »La littérature se compose de tous
les ouvrages dont le sens et l'effet ne peuvent être pleinement révélés que
par l'analyse de la forme« (Lanson 1965, S. 34).

Lit. wird als Abweichung von einer formalisierten Norm konventioneller
Sprachverwendung definiert. Dies verweist methodologisch auf die von F. de
Saussure entwickelte Antithetik von ↗ ›langue‹ (Sprache als System, Sprach-
norm) und ›parole‹ (individueller ↗ Sprechakt, Ausdruck, Performanz) und
von ↗ ›diachron‹ (Geschichte des sprachlichen Systems) und ↗ ›synchron‹
(gegenwärtige Ausprägung des Systems) sowie auf Wölfflins (1915) formale
Oppositionen ›linear-malerisch‹, ›Fläche-Tiefe‹, ›geschlossene-offene Form‹
(↗ offene vs. geschlossene Form), ›Vielheit-Einheit‹, ›Klarheit-Unklarheit‹ zur
Epochenbestimmung (↗ Epochen) von Renaissance und Barock. Die Lit.
wissenschaft entwickelt daraus die technologische Methode der Stilanalyse
sowie ein Register von Stilmerkmalen und -typen. In standardisierter Form
umfaßt die *e.d.t.* folgende Teile: 1. *situation du texte, localisation, paraphrase*;
2. *compréhension globale*; 3. *étude de la composition*; 4. *analyse détaillée (le fond,
la forme)*; 5. *conclusion*. Sie vermittelt auch Erkenntnisse über historische
Prozesse: »Nous étudions l'histoire de l'esprit humain et de la civilisation
nationale dans leurs expressions littéraires, dans celles-là essentiellement; et
c'est toujours au travers d'un style que nous tâchons d'atteindre le mouve-
ment des idées et de la vie« (Lanson 1965, S. 34).

Gegenüber der *e.d.t.* betonen ↗ werkimmanente Interpretation und
↗ *New Criticism* den hermeneutischen Verstehensprozeß (›Einfühlen‹;
↗ Hermeneutik): Das spontane Verständnis der Textstimmigkeit wird in der
Stilanalyse objektiviert und zu einem gesicherten Urteil zusammengefaßt.
Es geht um die Rechtfertigung von Dichtungen, die den impliziten Lit.
begriff immer schon erfüllen. – Kritisiert werden an diesem Zirkelverfahren
»die Unschärfe der Terminologie und die Überschätzung des individuel-
len Geschmacksurteils des Interpreten, das sich einer wissenschaftlichen
Verifikation entzieht« (Adam 1997, S. 247). Eine Reaktualisierung ihrer
in den 1960er Jahren v.a. an Rezeptions- und Sozialgeschichte verlorenen
Geltung könnte die *e.d.t.* im Rahmen des Deutungsmodells ↗ Kommentar
erfahren: Erweiterter ↗ Lit.begriff, Mittelpunktstellung, Unantastbarkeit
und Orientierungsfunktion des Texts, rhetorisch fundierte Strukturanalyse,
Paraphrase, historische Brückenfunktion zwischen Text/↗ Kontext und Leser
könnten motivierend wirken.

Lit.: H. Wölfflin: *Kunstgeschichtliche Grundbegriffe*, Mchn. 1915. – L. Spitzer:
Aufsätze zur romanischen Syntax und Stilistik, Mchn. 1918. – ders.: *Stilstudien*,
Mchn. 1928. – ders.: *Eine Methode, Lit. zu interpretieren*, Mchn. 1966. – Kayser
1968 [1948]. – E. Staiger: *Die Kunst der Interpretation. Studien zur dt. Lit.geschichte
1945–1955*, Mchn. 1971 [1955]. – G. Lanson: *Essais de méthode, de critique et
d'histoire littéraire* (Hg. H. Peyre), Paris 1965. – Eagleton 1996 [1983]. – G. Ma-

thieu-Castellani/M. Plaisance (Hgg.): *Les commentaires et la naissance de la critique littéraire*, Paris 1990. – J. Assmann/B. Gladigow (Hgg.): *Text und Kommentar. Archäologie der literar. Kommunikation IV*, Mchn. 1995. – W. Adam: »Die Zs. ›Euphorion‹ in den Jahren 1950–1970«. In: P. Boden/R. Rosenberg (Hgg.): *Dt. Lit.wissenschaft 1945–1965. Fallstudien zu Institutionen, Diskursen, Personen*, Bln. 1997. S. 241– 260.   BD

F

Feld, literarisches, das Konzept des l.F.s wurde von P. Bourdieu in zahlreichen Aufsätzen seit 1966 formuliert. Der Ansatz fand seine systematische Darstellung im grundlegenden Werk *Les règles de l'art. Genèse et structure du champ littéraire* (1992). Durch die Kategorie des ›F.s‹ soll der globale Gesellschaftsbegriff differenziert und der realen Autonomisierung der einzelnen Bereiche Rechnung getragen werden. – Die Theorie des l.F.s versucht die Antinomie zu überwinden zwischen einer ↗ werkimmanenten Interpretation und einer ↗ marxistischen Lit.theorie, die Werke v.a. als Ausdruck einer sozialen Klasse deutet und von einer letztinstanzlichen Determinierung durch die Ökonomie ausgeht. Das l.F. wird nach Bourdieu durch eine Ordnung eigener Logik bestimmt. Als relativ autonomes F. steht es gegenüber dem F. der Ökonomie, der Politik, der Macht nicht in einem homologen, sondern in einem chiastischen Verhältnis; es zeichnet sich aus durch die Ablehnung der für das ökonomische F. grundlegenden Regeln und Regelmäßigkeiten. Die Dominanz des ökonomischen Kapitals ist so innerhalb der Logik des l.F.s ein ›heteronomes‹ Prinzip, dem etwa die Massenlit. verpflichtet scheint, der darum ein geringerer symbolischer Stellenwert zukommt. Das spezifische kulturelle Kapital steht in einem umgekehrten Verhältnis zum ökonomischen. Das F. ist Ort des permanenten Kampfes zwischen den beiden Prinzipien der Hierarchisierung: des heteronomen und des autonomen Prinzips. Bei feldinternen literar. Kämpfen geht es nach Bourdieu immer um die Definition der jeweiligen literar. Legitimität. Er unterscheidet zwischen dem dominanten Pol, der eine literar. ›Orthodoxie‹ festschreiben will, und dem dominierten Pol der Avantgarde, welche diese Position umzustürzen gedenkt. Das l.F. wird so intern geprägt durch das System der Positionen (als Positionen symbolischer Macht) und das System der Stellungnahmen (mittels Werken oder theoretischer Aussagen). Während in den systemtheoretischen Ansätzen (der ↗ Diskurstheorie und -analyse, der ↗ Gattungstheorie, der ↗ Intertextualitätstheorie) nur die innere Logik als Gesamtes der literar. Produkte betrachtet wird, sollen hier die Symbolsysteme immer auch auf das System der sozialen Positionen bezogen werden, deren Ausdruck sie sind, damit so im Wechselspiel der beiden Ordnungen die Dialektik von Text und ↗ Kontext adäquat erfaßt werden kann. Eine Sozio-Analyse sollte nach Bourdieu immer auch die formalen Aspekte der literar. Produkte untersuchen, diese aber in Bezug zur jeweiligen Position der Produzenten im F. setzen. Die schriftstellerische Praxis wird schließlich von Bourdieu verstanden als Schnittpunkt der Geschichte der Positionen und der Geschichte der Dispositionen, die die Produzenten einbringen. Da das System der bestehenden Positionen die erwarteten Voraussetzungen bestimmt, die eingebrachten Voraussetzungen der (neuen) Produzenten, aber auch das System der Positionen verändern können, ist von einem dialektischen Wechselverhältnis von Positionen und Dispositionen auszugehen und nicht von einer mechanistischen Determination der ersteren durch die soziale Herkunft der Schriftsteller. Die Theorie des l.F.s beschränkt sich nicht auf die Analyse der feldinternen Positionen der Schriftsteller und ihre Stellungnahmen durch Werke und Manifeste. Literar. Gruppen, Verlagen und der Lit.kritik wird eine wichtige Rolle bei der Schaffung des symbolischen ›Wertes‹ der Werke zugeschrieben. Bourdieu hat in *Les règles de l'art* seinen Ansatz illustriert durch die Analyse der Ausbildung des l.F.s während des Zweiten Kaiserreiches in Frankreich (mit G. Flaubert und Ch. Baudelaire), den Höhepunkten der Autonomisierung um die Jh.wende und schließlich der institutionellen Bedingungen der Lit. in den 1960er Jahren.

Das Konzept Bourdieus regte eine Reihe von literar. Arbeiten v.a. zum l.F. Frankreichs an: zur Klassik (A. Viala), zum 19. Jh. (R. Ponton, Ch. Charle, A.-M. Thiesse), zu Sartre (A. Boschetti) und zur Gruppe ›*Tel Quel*‹ (N. Kauppi), aber auch zum l.F. in Deutschland (Funk/Wittmann) und Brasilien (S. Miceli).

Lit.: L. Fischer/K. Jarchow: »Die soziale Logik der F.er und das F. der Lit.«. In: *Sprache im technischen Zeitalter* 102 (1987) S. 164–172. – P. Bourdieu: *Les règles de l'art. Genèse et structure du champ littéraire*, Paris 1992. – J. Jurt: *Das l.F.: Das Konzept P. Bourdieus in Theorie und Praxis*, Darmstadt 1995. – P. Bourdieu: »Das l.F.«. In: L. Pinto/F. Schultheis (Hgg.): *Streifzüge durch das l.F.*, Konstanz 1996. S. 33–147. – J. Jurt: »Bourdieus Analyse des l.F.s oder der Universalitätsanspruch des sozialwissenschaftlichen Ansatzes«. In: *IASL* 22.2 (1997) S. 152–180. – V. Holler/R. Menasse: *F.er der Lit.: Eine Lit.soziologische Studie am Beispiel von Robert Menasse*, FfM. 2003.   JJ

Feministische Literaturtheorie, die f.L. basiert nicht auf einer einheitlichen und geschlossenen theoretischen Position, sondern auf einer Vielzahl von inzwischen sehr differenzierten Methoden, mit denen aus weiblicher Perspektive die Darstellung von Frauen in literar. Texten sowie die Lit.produktion und Lit.rezeption von Frauen erforscht wird. Allen Ansätzen ist gemeinsam, daß sie die von männlichen Sehweisen geprägte und insofern einseitige Sicht auf Lit. kritisieren und revidieren oder gar aufheben und ersetzen. In ihrer Vorgehensweise ist die f.L. interdisziplinär. Sie verarbeitet u.a. Erkenntnisse der allg. Frauenforschung, der Anthropologie, Kulturtheorie, Psychoanalyse und des Materialismus.

Die f.L. entwickelte sich im engl. Sprachraum vor dem Hintergrund der politisch orientierten Frauenbewegung seit dem Ende der 1960er Jahre. In der frühen Phase, d.h. bis ca. Mitte der 1970er Jahre, analysierten Wissenschaftlerinnen v.a. die Frauenbilder in von Männern verfaßten ›Klassikern‹ der Lit. und zeigten auf, was bis dahin unbemerkt geblieben war: die Gestaltung von literar. Frauenfiguren nach patriarchalischen Normen.

Diese Phase, von E. Showalter als *feminist critique* bezeichnet, wurde von
M. Ellmanns *Thinking about Women* (1968) eingeleitet. Hier reflektiert die
Autorin kritisch und ironisch über stereotype Frauendarstellungen in der Lit.
(↗ Stereotyp) und die damit verbundenen Rollenfestschreibungen sowie über
die Einschreibungen männlicher Vorstellungen von ↗ Geschlechterdifferenz
in die Lit.kritik. Wesentlich einflußreicher war *Sexual Politics* (1969), die
Dissertation der am. Feministin K. Millett. Diese liest kanonisierte kulturelle
und literar. Texte des 19. und 20. Jh.s subversiv ›gegen den Strich‹, d.h. sie
unterwirft die Werke männlicher Autoren den Interessen der (feministischen)
Leserin. Dabei entdeckt Millett patriarchalische Weiblichkeitsstereotype,
welche die hierarchischen Machtverhältnisse zwischen den Geschlechtern
reproduzieren und damit fortschreiben. Aus der Feststellung, daß literar.-
kulturelle Standardwerke überwiegend durch Misogynie gekennzeichnet sind,
ergab sich in der f.L. die Frage nach den Konsequenzen für die Rezeption
dieser Texte durch Frauen. J. Fetterleys Studie *The Resisting Reader* (1978)
beschreibt das Dilemma, in dem sich Frauen beim Lesen misogyner Lit.
befinden: Sie werden dazu verführt bzw. gezwungen, sich mit der männlichen
Sichtweise zu identifizieren, und ordnen sich so nur allzu leicht männlichen
Autoritätsstrukturen unter.

Ab Mitte der 1970er Jahre widmete sich die f.L. auch der Kritik und
Revision des vor dem Hintergrund männlicher Werturteile gebildeten literar. ↗ Kanons. Das Ziel war, eine Kontinuität weiblichen Schreibens aufzudecken, wobei Uneinigkeit bestand, ob bislang mißachtete Werke von
Frauen in den vorhandenen Kanon zu integrieren seien oder ob sich die
f.L. gänzlich von der bestehenden Tradition lossagen und einen ›Gegenka-
non‹ nach eigenen Kriterien bilden solle. Das bekannteste Resultat der
Bemühungen um einen solchen alternativen Kanon ist die *Norton Antho-
logy of Literature by Women*, herausgegeben von S.M. Gilbert und S. Gubar.
Mit der Wiederentdeckung und Veröffentlichung bis dahin unbeachteter
Lit. von Frauen begann eine verstärkte Beschäftigung mit der Rolle der Frau
als Autorin. Diese prominenteste Phase der f.L. wurde von Showalter (1985,
S. 131) als ›Gynokritik‹ bezeichnet. Diese bemüht sich um die Einbeziehung
aller Aspekte weiblichen Schreibens, von den soziokulturellen Bedingungen
im jeweiligen historischen Kontext über die Frage nach einer spezifisch
weiblichen Kreativität und Sprache bis hin zu Themen und Strukturen der
Texte sowie literar. Genres. In der kritischen Auseinandersetzung mit den
Arbeitsbedingungen von Autorinnen wurde V. Woolfs *A Room of One's Own*
(1929) zu einem Basistext. Woolf geht darin der Frage nach, mit welchen
Hindernissen sich (potentielle) Schriftstellerinnen im Laufe der Lit.geschich-
te immer wieder konfrontiert sahen. Diese reichen von mangelnder gesellschaftlicher Anerkennung bis hin zum Problem, daß Geld und Muße als
Voraussetzungen für kreatives Arbeiten oft fehlten. Die Versuche, eine
spezifisch ↗ weibliche Ästhetik aufzuspüren und eine weibliche Schreibtradition nachzuzeichnen, brachten die ›Klassiker‹ im Bereich lit.wissenschaft-
licher ↗ Women's Studies hervor. V.a. Gilberts und Gubars Studie *The
Madwoman in the Attic* (1979) trug zur internationalen Etablierung der f.L.
bei. Die Autorinnen beschäftigen sich u.a. mit der Frage, wie sich der rein

männliche Kreativitätsmythos auf die Werke bekannter Autorinnen des 19.
Jh.s auswirkte. Dabei entdeckten sie, daß die unterdrückten Gefühle von
Angst, Wut und Selbstverachtung, welche die Schriftstellerinnen aufgrund
ihrer gesellschaftlichen Ablehnung empfanden, in Subtexten dargestellt
werden, die unter der konventionellen, den patriarchalischen Stereotypen
entsprechenden Oberfläche liegen. Anders als Gilbert und Gubar ist Showalter in ihrer bahnbrechenden Studie *A Literature of Their Own* (1977)
bemüht, die Lücken zwischen den wenigen anerkannten ›Höhepunkten‹
weiblichen Schaffens zu füllen, um die Traditionslinien einer sich durch die
Geschichte der engl.sprachigen Lit. ziehenden weiblichen Schreibtradition
nachzuzeichnen. Bei der Untersuchung dieser Weiblichkeitsdiskurse, die
Showalter als literar. Subkultur begreift, werden kulturgeschichtliche Kontexte konsequent miteinbezogen. Die Fülle der von Showalter zusammen-
getragenen Texte weiblicher Autorschaft, die hier als Ausdruck weiblicher
Erfahrung gelten, machten deutlich, daß es noch viele bislang unbekannte
Autorinnen zu ermitteln gab. Unterstützt wurde diese Aufgabe der f.L.
durch feministische Verlage, die wiederentdeckte Texte von Frauen druckten,
sowie von feministischen Zs.en, die ein wissenschaftliches Diskussionsforum
bereitstellten. Neben Showalter beschäftigten sich u.a. P. Meyer Spacks in
The Female Imagination (1975), E. Moers in *Literary Women* (1976) und
N. Baym in *Women's Fiction* (1978) mit der Erforschung weiblicher Schreib-
traditionen. Die Kritik, daß sich diese Werke zu sehr auf weiße, heterose-
xuelle Autorinnen der Mittelschicht konzentrieren, führte zur stärkeren
Beachtung der marginalisierten Bereiche innerhalb der weiblichen Lit.-
produktion. In ihrer lesbischen Kulturtheorie und -kritik definierte etwa A.
Rich Weiblichkeit neu im Sinne eines *lesbian continuum*. A. Walker sieht
eine Aufgabe f.L. darin, die Geschichte schwarzer Frauen vor dem Vergessen
zu retten. Hierzu trugen Studien wie B. Christians *Black Women Novelists*
(1980) und H.V. Carbys *Reconstructing Womanhood* (1987) bei. Insgesamt
ist in der f.L. allerdings umstritten, ob die Bildung eines weiblichen literar.
Kanons, der selbst wiederum ausgrenzt und hierarchisiert, unter politisch-
reformerischen Gesichtspunkten überhaupt sinnvoll ist. T. Moi (1985, S.
78) etwa kritisiert, daß ein solches Vorgehen nicht notwendig dazu beiträgt,
patriarchalische Strukturen aufzulösen. Auch Showalter (1985, S. 249)
räumt ein, daß es in erster Linie die stärker sozialistisch beeinflußte engl.
f.L. ist, die mit ihrer Kritik eine politische Veränderung bewirken will.
Demgegenüber arbeitet die am. f.L. vorwiegend textorientiert und hält z.T.
an etablierten lit.wissenschaftlichen Normen fest. Entsprechend ist die f.L.
im am. Wissenschaftssystem stärker institutionalisiert als in anderen Ländern.
Kurse in f.L. und *Women's Studies* gehören zum Lehrprogramm vieler am.
Universitäten. Auch diese Entwicklung ist jedoch nicht unproblematisch,
da eine rein separatistisch verstandene Frauenforschung eine ungefährliche
Alibifunktion übernehmen kann, welche die phallozentrische Ordnung
bestätigt. Zudem wird seit den 1980er Jahren die mangelhafte theoretische
Fundierung der empirisch und praxisorientiert arbeitenden anglo-am. f.L.
kritisiert, die bes. mit dem Bekanntwerden der stärker abstrakt-theoretisch
argumentierenden frz. f.L. im engl. Sprachraum deutlich wurde.

Frz. Feministinnen haben in Weiterentwicklung der Theorien von J. Lacan und J. Derrida eine feministische Philosophie sowie eine Herangehensweise an literar. Texte entwickelt, in welcher der Differenz zentrale Bedeutung beigemessen wird. In diesen oft als essentialistisch kritisierten Ansätzen wird davon ausgegangen, daß es einen fundamentalen Unterschied zwischen der Denk- und Ausdrucksweise von Männern und Frauen gibt, der allerdings weniger biologisch als durch die psychologischen Auswirkungen gesellschaftlich-kultureller Prägungen bedingt ist. Die gemeinsame Prämisse der frz. f.L. ist die Verankerung der Geschlechterdifferenz in der Sprache, welche nach Derrida als ›phallogozentrisch‹ begriffen wird, d.h., daß der Phallus als ihr Logos fungiert, als primärer Signifikant und Zentrum ihrer Macht. Dies manifestiert sich u.a. in festen Bedeutungszuweisungen und ↗ binären Oppositionen, die frz. Feministinnen zu dekonstruieren und/oder durch eine ↗ *écriture féminine*, eine spezifisch weibliche Schreibweise, zu ersetzen suchen. Auch wenn der frz. f.L. die Psychoanalyse (↗ psychoanalytische Lit.-wissenschaft) und der ↗ Poststrukturalismus als theoretische Basis gemeinsam sind, sind deren Implikationen von H. Cixous, L. Irigaray, J. Kristeva und M. Wittig, den wichtigsten Vertreterinnen der frz. f.L., mit unterschiedlichen Akzenten und Schwerpunkten weiterentwickelt worden. Cixous sieht die Möglichkeit einer spezifisch weiblichen Ausdrucksweise im ›Schreiben durch den Körper‹: die Tinte wird mit den Körperflüssigkeiten (Muttermilch, Blut) assoziiert, und das unbeschriebene Blatt, bes. dessen Ränder, werden zum Körper, der spielerisch beschrieben wird. Ein zentraler Begriff ist dabei die weibliche *jouissance*, ein sexuelles Genießen, das in seiner Auflösung der Grenzen zwischen ↗ Subjekt und Objekt an die Sinnlichkeit der präödipalen Phase erinnert und nicht der symbolischen Ordnung des Phallozentrismus entspricht. Dieser *jouissance* soll in der *écriture féminine* Ausdruck verliehen werden. Zudem versuchen die Autorinnen, mit Hilfe von Wortspielen, Neologismen, unkonventioneller Zeichensetzung und stilistischen Brüchen die phallozentrische Logik zu durchbrechen. Mit dieser Strategie widmet sich Irigaray den Diskursen von Philosophen wie S. Freud, Platon, Lacan, K. Marx, F. Engels, M. Heidegger und F.W. Nietzsche, die grundlegend für die phallogozentrische Denktradition sind. Kristeva bezeichnet die dominante sprachliche Ordnung als ›symbolischen Modus‹, das ›Gesetz des Vaters‹, das mit dem Spracherwerb des Kindes verinnerlicht wird. Dem Symbolischen voraus geht der ›semiotische Modus‹, die Phase vorsprachlicher Zeichenaktivität, die in den unbewußten Triebkräften auch im Erwachsenen weiterwirkt und in der Sprache die Sinnsetzung des Symbolischen unablässig durchkreuzt. Kristeva weist der Kunst (Poesie, Theater, Gesang, Tanz usw.) eine bes. Bedeutung zu, da sie dem Semiotischen Ausdruck verleiht, als Semiotisierung und damit Destabilisierung des Symbolischen wirksam wird. Wittig geht noch einen Schritt weiter, indem sie versucht, eine völlig neue, nichtphallogozentrische Sprache zu entwickeln. Ihr Ziel ist es, die Sprache durch eine ›Lesbianisierung‹ strukturell so zu verändern, daß die Kategorien *sex* und ↗ *gender*, d.h. biologisches und soziokulturelles Geschlecht, die die Unterdrückung der Frau organisieren, aufgehoben sind.

Kritikerinnen haben auf die politische Positionslosigkeit und praktische
Unverbindlichkeit der frz. f.L. hingewiesen. In der Tat sind die historische
und soziopolitische Situation von Frauen in der frz. f.L. allenfalls von zweit-
rangiger Bedeutung. Cixous' rein sprachbezogene Definition von *écriture
féminine* impliziert zudem, daß diese auch von Männern realisiert werden
kann. Infolgedessen wird einigen frz. Wissenschaftlerinnen vorgeworfen,
daß sie sich nicht nur in der Wahl ihrer Vorbilder (Lacan, Derrida usw.),
sondern auch in ihren Musterbeispielen der weiblichen Schreibweise auf
Männer berufen, loben sie doch die experimentellen Ausdrucksformen von
Autoren wie J. Joyce, J. Genet und St. Mallarmé. Trotz der Unterschiede
zwischen der frz. und anglo-am. f.L. ist es allerdings in den letzten fünfzehn
Jahren zunehmend zu einer gegenseitigen Beeinflussung und Annäherung
gekommen. Zum einen können die frz. Positionen statt als ahistorische
Essentialismen als Fragen nach den Grenzen phallogozentrischer Sinnstiftung, als Repräsentierbarkeit des (in der patriarchalischen Logik) Nichtre-
präsentierbaren, verstanden werden. Zum anderen hat die anglo-am. f.L.
ihre Theoriefeindlichkeit, die lange Zeit als Widerstand gegen patriarchale
Fremdbestimmung verstanden wurde, inzwischen aufgegeben. So wurden
etwa psychoanalytische Theorieansätze seit den 1980er Jahren v.a. durch
die feministische Filmtheorie in den anglo-am. Feminismus getragen und
weiterentwickelt (vgl. J. Rose, L. Mulvey, T. de Lauretis). Entsprechend
ergibt sich für die gegenwärtige f.L. nicht so sehr das Bild eines verwirren-
den Pluralismus als eher das einer fruchtbaren Dialogizität. Dies beweist
nicht zuletzt die poststrukturalistische bzw. dekonstruktivistische Richtung
innerhalb der f.L. (↗ Dekonstruktion), die an Theorien von F. de Saussure,
Derrida, Lacan und ihren feministischen Weiterentwicklungen anknüpft und
diese mit materialistischen oder diskurstheoretischen Ansätzen verbindet
(↗ Diskurs und Diskurstheorien; vgl. Johnson 1987; G.Ch. Spivak 1987).
Ausgangspunkt ist die Saussuresche Unterscheidung zwischen ↗ Signifikant
und Signifikat, die darauf verweist, daß Bedeutungsstiftung ein sprachlich-
differentieller Prozeß ist. Das trifft insbes. auch auf die Geschlechterdifferenz
zu, die nicht essentiell, sondern rhetorisch begründet ist, wobei die Sprache
die Illusion der Essentialität produziert (vgl. Vinken 1992, S. 19). Der
(literar.) Text ist für die Vertreterinnen der poststrukturalistischen oder
dekonstruktivistischen f.L. der Ort, an dem diese Differenz produziert, aber
gleichzeitig auch lesbar wird. Im Gegensatz zu den *Women's Studies* bzw.
der frühen Phase der f.L. werden weder weibliche Autorschaft noch feministische Kritik an eine außersprachliche Erfahrung von Frauen gekoppelt
und durch eine solche autorisiert. Statt dessen wird die den Texten eingeschriebene Geschlechterdifferenz zum Ausgangspunkt einer feministischen
(Re-)Lektüre, die sich einem ›männlichen Verlesen‹ entgegensetzt. Den
phallogozentrischen Versuch, die Differenz zu verdrängen, feste Bedeutungen zu setzen und männliche Selbstidentität zu stiften, beantwortet u.a. Sh.
Felman mit einem ›als-Frau-Lesen‹, das die textuelle Konstruktion von ›Frau‹
oder ›Weiblichkeit‹ als Moment erkennt, in dem die Differenz zum Tragen
kommt und Essentialismen und Identitäten aufbricht. In der poststrukturalistischen Richtung der f.L., die die binäre Opposition männlich-weiblich

zu dekonstruieren sucht, treffen sich somit die politische Kritik der f.L. mit der Perspektive einer allgemeineren Geschlechterforschung, den ↗ *Gender Studies*. Unter dem Schlagwort ›Postfeminismus‹ findet seit den 1990er Jahren eine kritische Überprüfung von feministischen Grundannahmen – insbesondere der Identitätspolitik – durch eher poststrukturalistische und postkoloniale Ansätze statt. Daneben ist eine Öffnung des Forschungsgegenstandes zu kultur- bzw. medienwissenschaftlichen Fragestellungen zu verzeichnen. So setzt sich insbes. der Cyberfeminismus mit den De- und Re-Konstruktionen der ↗ Geschlechterdifferenz in den digitalen Medien auseinander (D. Haraway).

Unter dem gemeinsamen Dach der f.l. lassen sich derzeit divergierende ›Strömungen‹ ausmachen, die schlagwortartig mit Begriffen wie *Women's Studies*, Feminismus, ↗ *Gender Studies*, Postfeminismus, Cyberfeminismus, Männlichkeitsforschung, *Gay and Lesbian* und *Queer Studies* zu charakterisieren sind. Von einer historischen Ablösung der ersten durch eine zweite oder gar dritte Generation der f.l. kann daher keine Rede sein.

Lit.: G. Greene/C. Kahn (Hgg.): *Making a Difference. Feminist Literary Criticism, Explorations in Theory*, Lexington 1985. – Moi 1995 [1985]. – J. Newton/D. Rosenfelt (Hgg.): *Feminist Criticism and Social Change. Sex, Class and Race in Literature and Culture*, N.Y. et al. 1985. – Showalter 1993 [1985]. – B. Johnson: *A World of Difference*, Baltimore et al. 1987. – G.Ch. Spivak: *In Other Worlds. Essays in Cultural Politics*, N.Y. et al. 1987. – Ch. Weedon: *Feminist Practice and Poststructuralist Theory*, Oxford 1997 [1987] (dt. *Wissen und Erfahrung. Feministische Praxis und poststrukturalistische Theorie*, Zürich 1991 [1990]. – B. Hahn: »Feministische Lit.wissenschaften«. In: Bogdal 1997 [1990]. S. 225–241. – B. Vinken (Hg.): *Dekonstruktiver Feminismus. Lit.wissenschaft in Amerika*, FfM. 1992. – P. Morris: *Literature and Feminism. An Introduction*, Oxford 1993. – R. Kroll/M. Zimmermann (Hgg.): *Feministische Lit.wissenschaft in der Romanistik. Theoretische Grundlagen – Forschungsstand – Neuinterpretationen*, Stgt. 1995. – L. Lindhoff: *Einf. in die f.L.*, Stgt. 2003 [1995]. – J. Osinski: *Einf. in die feministische Lit.wissenschaft*, Bln. 1998 [1995]. – G. Rippl: »Feministische Lit.wissenschaft«. In: Pechlivanos et al. 1995. S. 230–240. – W. Erhart/B. Herrmann: »Feministische Zugänge – ›Gender Studies‹«. In: Arnold/Detering 1997 [1996]. S. 498–515. – A. Brooks: *Postfeminisms. Feminism, Cultural Theory and Cultural Forms*. Ldn./N.Y. 1997. – J. Osinski: *Einf. in die feministische Lit.wissenschaft*, Bln. 1998. – Ausg. »Feminisms« (Hg. Cl. Raynaud) der Zs. *EJES* 2.3 (1998). – S. Gamble: *The Routledge Critical Dictionary of Feminism and Postfeminism*, N.Y. 2000. – S. Gubar: *Critical Condition. Feminism at the Turn of the Century*, N.Y. 2000. – R. Robbins: *Literary Feminisms*, Ldn. 2000. – M. Eagleton (Hg): *Concise Companion to Feminist Theory*, Oxford 2003. – E. Rooney: *The Companion to Feminist Literary Theory*, Cambridge 2003. ABe/DF/SSch

Figur, literarische (lat. *figura*: Gestalt), menschliche oder menschenähnliche Gestalt in fiktionalen Texten. F.en bestehen aus Textelementen, die durch den Bezug auf literar. Typen und Personenwahrnehmungsmodelle ↗ Kohärenz erhalten und mit weiteren Informationen angereichert werden. Zu unterscheiden sind Weise und Inhalt der Figurendarstellung. Mit den Mitteln der direkten und indirekten Charakterisierung, z.B. Erzählerkommentar (↗ Erzähler), ↗ Handlung, Figurenrede, Selbst- und Fremdbeschreibung, werden F.en den Moment überdauernde Eigenschaften zugeordnet. Insbes. Techniken der indirekten Charakterisierung basieren oft auf historisch varianten Regelmäßigkeitsannahmen. Menge, interne Ordnung und Komplexität der Eigenschaften bilden die Grundlage zu Kategorisierungsversuchen von F.en: flache vs. runde F. (E.M. Forster), Typ vs. Individuum. Einen Sonderfall der F. stellt der Protagonist und dessen Rezeption, oft in Form der Identifikation, durch den Leser dar.

Seit der Antike werden die Abhängigkeit der F. von der Handlung (Aristoteles) und das interne Verhältnis der figurenspezifischen Textelemente (Horaz) diskutiert. Figurenklassifikationen waren von der Typenkomödie bekannt. Noch lange im Kontext normativer oder anthropologischer Konzepte erörtert, erhielt die Theorie der F. einen wesentlichen Anstoß erst durch die strukturalistische Erzähltheorie, die die F. als Funktionsstelle der Handlung bestimmt (↗ Aktant). Rezeptiontheoretische Überlegungen betonen dagegen die Rolle von impliziten Persönlichkeitstheorien des Lesers bei der Figurenkonstitution. Eine Integration der textanalytischen und rezeptionsästhetischen Ansätze steht noch aus.

Lit.: H. Grabes: »Wie aus Sätzen Personen werden«. In: *Poetica* 10 (1978) S. 405–428. – Ausg. »Literary Character« (Hg. J.V. Knapp) der Zs. *Style* 24.3 (1990). – Th. Koch: *Literar. Menschendarstellung*, Tüb. 1991. – R. Schneider: *Grundriß zur kognitiven Theorie der Figurenrezeption am Beispiel des viktorianischen Romans*, Tüb. 2000. – F. Jannidis: *F. und Person. Beitrag zu einer historischen Narratologie*, Bln. 2003.   FJ

Fiktion/Fiktionalität (lat. *fingere*: bilden, erdichten, vortäuschen), Bezeichnung für den erfundenen bzw. imaginären Charakter der in literar. Texten dargestellten Welten. Die Auffassung, daß Aussagen in literar. Texten bezüglich eines Wahrheitsanspruches ein Sonderstatus zukommt, zieht sich mit unterschiedlichen Bewertungen durch die gesamte Geschichte lit. wissenschaftlicher Theoriebildung. So findet sich der Topos (↗ Topik) von der Lügenhaftigkeit der Dichtung ebenso wie die Vorstellung von Lit. als Ausdruck einer höheren Wahrheit im Rahmen einer erfundenen Wirklichkeit. Mit der Verwendung des ↗ Mimesis-Konzeptes erfolgte zeitweilig eine Verschiebung von der Wahrheitsfrage auf das Wahrscheinliche, wobei das Unwahrscheinlich-Phantastische ganz ausgeblendet wurde. Eine ausgearbeitete Theorie der F. liegt bisher nicht vor. Als Grundlage für die heutige Theoriebildung muß immer noch H. Vaihingers *Philosophie des Als Ob* (1911) gelten. F. steht im Zusammenhang mit Kategorien wie ›Realität‹, ›Sinn‹, ↗ ›Bedeutung‹, ↗ ›Referenz‹ und ›Verstehen‹. Zur begrifflichen Klärung erscheint es sinnvoll und notwendig, eine terminologische Differenzierung bezüglich der Attribute ›real‹, ›referentiell‹, ›fiktiv‹ und ›fiktional‹ vorzunehmen. ›Real‹ kann als ein Seinsmodus definiert werden, der Sachverhalten aufgrund von gemeinsam geteilten, durch ↗ Konventionen und Sanktionen abgesicherten Wirklichkeitsvorstellungen zugeschrieben wird. Als ›referentiell‹ können alle Äußerungen bezeichnet werden, denen unter dem geltenden Wirklichkeitskonzept eine realitätsbehauptende Funktion zukommt. Dies beinhaltet die Akzeptanz einer eindeutigen Zuordnung der erzeugten Textbedeutung zu einem Realitätsbereich außerhalb des kommunikativen Aktes. Fiktionale Texte unterscheiden sich von referentiellen dadurch, daß dieser eindeutige Realitätsbezug fehlt. Zur Klärung dieses Sachverhaltes ist es sinnvoll, zunächst den Begriff des ›Fiktiven‹ anzusprechen. ›Fiktiv‹ meint etwas Erdachtes, Erfundenes, Vorgestelltes, mit dem dennoch im Sinne eines ›Als ob‹ operiert wird. Auch hier erfolgt die Zuordnung zu einem außertextuellen Seinsbereich, der jedoch als vom Sprachverwender gesetzt gedacht wird. Handlungen und Figuren in Romanen sind ebenso fiktiv wie Textaufgaben im Mathematikbuch oder juristische Kategorien wie die ›juristische Person‹ oder die ›Ein-Mann-Gesellschaft‹. Entscheidend für den Unterschied ist der jeweilige Verwendungszusammenhang. Die Lösung fiktiver Fälle und Aufgaben dient der Einübung von Fertigkeiten im Sinne praktischer Handlungskompetenzen. Als Modellfälle mit Modellösungen zielen sie auf die Erfassung von Realem ab. Wird dieser eindeutige Bezug zu dem, was man als ›real‹ auffaßt, aufgehoben, dann wird Fiktionalität (Ft.) erzeugt. Genuiner Ort für Ft. ist das Spiel: Es negiert einerseits den eindeutigen Bezug zur Realität, andererseits ist den Regeln zu folgen, solange man spielt. Hier schließt die vielfach genannte ↗ Funktion des Probehandelns im Umgang mit Lit. an. Ft. bezeichnet eine pragmatische Größe, die direkt von geltenden Wirklichkeitsvorstellungen und Spachverwendungskenntnissen abhängt. Zur Bestimmung von Literarizität reicht Ft. sicher nicht aus. Ästhetische Charakterisierungen und literar. Konventionen treten hinzu. Herauszustellen ist jedoch, daß Ft. als einziges Bestimmungselement allen modernen ↗ Lit.begriffen seit dem 18 Jh. gemeinsam ist. Deshalb wurde Ft. in verschiedenen Lit.theorien der letzten Jahrzehnte mit unterschiedlichen Begründungen als Differenzqualität von Lit. begriffen. Anschluß wurde u.a. gesucht an die Semantik möglicher Welten (↗ possible-worlds theory). Der Status als Texteigenschaft bzw. als pragmatische Zuschreibung war in dieser Diskussion durchaus strittig.

Lit.: H. Vaihinger: *Die Philosophie des Als Ob. System der theoretischen, praktischen und reliogiösen F.en der Menschheit aufgrund eines idealistischen Positivismus*, Lpz. 1911. – H. Grabes: »F.-Realismus-Ästhetik. Woran erkennt der Leser Lit.?« In: ders. (Hg.): *Text – Leser – Bedeutung. Untersuchungen zur Interaktion von Text und Leser*, Grossen-Linden 1977. S. 61–81. – U. Keller: *Ft. als lit.wissenschaftliche Kategorie*, Heidelberg 1980. – Henrich/Iser 1983. – A. Assmann: »F. als Differenz«. In: *Poetica* 21.3–4 (1989) S. 239–260. – D. Cohn: »Signposts of Fictionality«. In: *Poetics Today* 11.4 (1990) S. 775–804. – K. Kasics: *Lit. und F*, Heidelberg 1990. – K.L. Pfeiffer: »Zum systematischen Stand der F.stheorie«. In: *Journal for Gerneral Philosophy of Science* 21 (1990) S. 135–156. – Ch. Berthold: *F. und Vieldeutigkeit*, Tüb. 1993. – W. Iser: »F./Imagination«. In: Ricklefs 1996. S. 662–679. – Mihailescu/Hamarneh 1996. – L. Rühling: »Ft. und Poetizität«. In: Arnold/Detering 1997 [1996]. S. 25–51. – D. Cohn: *The Distinction of Fiction*, Baltimore/Ldn.

1999. – F. Zipfel: *F., Fiktivität, Ft.: Analysen zur F. in der Lit. und zum F.sbegriff in der Lit.wissenschaft*, Bln. 2001.   AB

Fokalisierung (engl. *focalization*: Scharfeinstellung), wie das dt. Korrelat ↗ ›Perspektive‹ und ›*point of view*‹ aus dem Bereich optischer Wahrnehmung stammender Zentralbegriff der Erzähltheorie zur *discours*-Ebene (↗ *histoire* vs. *discours*). Er bezeichnet eine Konstituente der ↗ Erzählsituation und bezieht sich auf die Funktion des *focalizer*, einer narrativen Vermittlungsinstanz, die G. Genette mit den Leitfragen »qui voit?« (1972, S. 203) bzw. »qui perçoit?« (1983, S. 43) erfaßt, im Unterschied zum ↗ Erzähler, nach dem er mit »qui parle?« fragt (1972, S. 203). Bestimmend für eine erkennbare F. sind die Existenz eines Perspektivzentrums in der Erzählung, die Partialität der von diesem erfaßten Sachverhalte sowie deren Begrenzung durch einen mit dem jeweiligen Standpunkt gegebenen Horizont. Durch diese konstitutive Begrenztheit von F., die weit über eine optische Perspektivität hinaus sich auf subjektive Faktoren wie Informationsstand und kognitive, psychologische oder ›ideologische‹ Wahrnehmungs- und Bewertungsmuster bezieht, ist es epistemologisch fraglich, ob es eine ›Null-F.‹, wie sie Genette annimmt, geben kann (vgl. Toolan 1988, S. 67f.). Allerdings ist es sinnvoll, von einer mehr oder weniger prominenten F. auszugehen, und insofern verständlich, daß die meisten Theoretiker einen *focalizer* im Unterschied zum Erzähler nicht in allen Erzählungen ansetzen, z.B. nicht in Texten mit allwissendem Erzähler.

Typologisch lassen sich differenzieren: (a) nach der Spürbarkeit von F.: graduelle Abstufungen zwischen Perspektivismus bzw. deutlich begrenztem *point of view* und tendenziellem Aperspektivismus (vgl. Kablitz 1988); (b) nach der Zuordnung der F. zu erzähllogischen Ebenen: ›Innenperspektive‹ bei F. auf der intradiegetischen Ebene (Genette [1972, S. 206] spricht von »focalization interne«) vs. ›Außenperspektive‹ bei F. von der extradiegetischen Ebene aus (Genette [1972, S. 206f.] nennt dies »focalization zéro« und reserviert »focalization externe« für die im Grunde innenperspektivische ›*camera-eye*-Technik‹; Stanzel [1979, S. 150] definiert Innen-/Außenperspektive etwas anders: nach dem Kriterium der Standortwahl inner- oder außerhalb der Hauptfigur oder des Geschehenszentrums); neuerdings wird massiv für die von Genette und Stanzel ausgeschlossene Möglichkeit einer Personalunion zwischen extradiegetischem Erzähler und *focalizer* plädiert (vgl. Toolan 1988, S. 74; Jahn 1996), wie sie bei manchem unzuverlässigen Erzähler deutlich werden kann (↗ Unzuverlässigkeit, erzählerische); (c) nach dem Grad der Anthropomorphisierung des Perspektivzentrums: Ver- oder Entpersönlichung der F. Diese v.a. für die Innenperspektive wichtige Unterscheidung ist konstitutiv für die Differenzierung von personaler Erzählsituation (mit ›Reflektorfigur[en]‹, vgl. Stanzel 1979) und neutraler Erzählsituation (mit einem *camera eye* als unpersönlichem Perspektivzentrum); (d) nach der Variabilität der F.: statische vs. variable, auf mehrere *focalizers* zentrierte F.

Lit.: T. Todorov: »Les catégories du récit littéraire«. In: *Communications* 8 (1966) S. 125–151. – Genette 1972/80. – Stanzel 1995 [1979]. – S.S. Lanser: *The Nar-*

rative Act. Point of View in Prose Fiction, Princeton 1981. – Genette 1983/88/94.
– A. Kablitz: »Erzählperspektive – *point of view* – *focalisation.* Überlegungen zu
einem Konzept der Erzähltheorie«. In: *Zs. für frz. Sprache und Lit.* 98 (1988)
S. 239–255. – M. J. Toolan: *Narrative. A Critical Linguistic Introduction,* Ldn.
1988. – M. Jahn: »Windows of Focalization. Deconstructing and Reconstructing
a Narratological Concept«. In: *Style* 30 (1996) S. 241–267. – ders.: »More Aspects
of Focalization. Refinements and Applications«. In: *GRAAT* 21 (1999) S. 85–110.
– M. Fludernik: »New Wine in Old Bottles? Voice, Focalization, and New Writing«.
In: *NLH* 32.3 (2001) S. 619–638. – G. Nieragden: »Focalization and Narration.
Theoretical and Terminological Refinements«. In: *Poetics Today* 23.4 (2002) S.
685–697. – D. Shen: »Difference behind Similarity. Focalization in Third-Person
Center-of-Consciousness and First-Person Retrospective Narration«. In: C. Jacobs/H.
Sussman (Hgg.): *Acts of Narrative,* Stanford, CA. 2003. S. 81-92.   WW

Form (lat. *forma:* äußere Gestalt, Umriß), Grundbegriff der Lit.-, Kunst-
und Kulturtheorie, der gerade wegen seines axiomatischen Charakters
schwer zu fassen bzw. zu definieren ist und, wie schon Th.W. Adorno in
seiner *Ästhetischen Theorie* (1970) bündig formuliert, »bis hinauf zu Valé-
ry, den blinden Fleck von Ästhetik« (S. 211) bildet. An den zahlreichen
Wandlungen, denen der neuzeitliche F.begriff unterliegt, läßt sich bes. gut
die historische Bedingtheit jener lit.theoretischen Konzepte ablesen: So wird
gegen Ende des 19. Jh.s eine ältere, organologische und anthropomorphe
F.konzeption durch neue technomorphe Vorstellungen ersetzt, die im
Futurismus und der Avantgardelit. überhaupt ihren Höhepunkt erreichen.
Ferner ist zu unterscheiden zwischen ganzheitlichen F.konzepten, die meist
mit der Vorstellung von unmittelbarer Prägnanz und Evidenz einhergehen,
und differentiellen Ansätzen, wie sie aus der ↗ Dekonstruktion und der
↗ Systemtheorie vertraut sind. N. Luhmanns Beschreibung des modernen
Lit.systems stützt sich nicht von ungefähr auf mathematische und physikalische F.modelle. So greift Luhmann in *Die Kunst der Gesellschaft* (1995)
bezeichnenderweise auf das F.konzept des mathematischen Kalküls zurück und
versteht die F. in Einklang mit G. Spencer-Brown als eine Unterscheidung,
als Differenz zwischen Selbstreferenz und Fremdreferenz bzw. Grenzlinie
zwischen einem markierten und einem unmarkierten Raum. Im Gegensatz
zu älteren harmonistischen, ganzheitlichen F.modellen (etwa der seit J.J.
Winckelmann geläufigen, klassischen Forderung der Wohlproportioniertheit
und des Gleichgewichts) betont Luhmanns Ansatz die Asymmetrie und das
Spannungsverhältnis, das sich zwischen den beiden Seiten der F. bzw. der
Differenz auftut. – Im Gegensatz zum holistischen F.begriff erweist sich
der differenztheoretische auch in der neueren Mediendebatte als durchaus
anschlußfähig. Jene differentielle Spannung kann nämlich als die zwischen
F. und Medium interpretiert werden. Auch das Medium, dem die literar.
bzw. ästhetische F. aufgeprägt werden soll, stellt sich dabei, entgegen einem
verbreiteten laienhaften Verständnis, nicht als eine amorphe, unstrukturierte
Masse dar, sondern weist vielmehr selbst schon bestimmte charakteristische
Strukturmerkmale auf. Genauer: Es besteht aus losen Kopplungen, die bei
der F.fixierung zu festen Kopplungen verdichtet werden können.

Lit.: Th.W. Adorno: *Gesammelte Schriften*, Bd. 7: *Ästhetische Theorie* (Hgg. G. Adorno/R. Tiedemann), FfM. 1970. – N. Luhmann: *Die Kunst der Gesellschaft*, FfM. 1995. – D. Burdorf: *Poetik der F.*, Stgt/Weimar 2001.   AS

Frequenz ↗ Anachronie; ↗ Erzählzeit und erzählte Zeit

Funktion (lat. *functio*: Erfüllung einer Aufgabe), einer der meistgebrauchten, vieldeutigsten und zumeist nur vage oder gar nicht definierten Grundbegriffe der Lit.wissenschaft, der sich je nach Ansatz und Kontext auf ganz unterschiedliche Phänomene beziehen kann. Abgesehen von einigen wenigen Ansätzen wie z.B. der Glossematik (L. Hjemslev), die den Terminus F. im engeren mathematischen Sinn verwenden (vgl. Gülich/Raible 1977, S. 91), dominiert in der Lit.- und Kulturtheorie ein alltagssprachlicher Gebrauch des F.sbegriffs; dessen kleinster gemeinsamer Nenner besteht in der Bedeutung von F. als ›Aufgabe, Rolle, Leistung oder Wirkung, die ein unselbständiger Teil bzw. ein Element in einem größeren Ganzen hat, spielt bzw. erfüllt‹. Obgleich der F.sbegriff oft irreführenderweise synonym mit Termini wie ↗ Intention und ↗ Wirkung verwendet wird, ist er weder mit der Absicht eines realen historischen ↗ Autors noch mit der tatsächlichen Wirkung eines Textes auf Leser gleichzusetzen (vgl. Sommer 2000). Fricke (1981, S. 90) betont, daß F. »kein einfacher Beobachtungsbegriff, sondern ein *Dispositionsbegriff*« sei: »Ein Text bzw. ein Textelement erfüllt eine bestimmte F. [...], wenn es die in empirischer Verallgemeinerung nachweisbare Disposition [...] besitzt, angebbare Textrelationen herzustellen und angebbare Leserwirkungen hervorzurufen« (Fricke 1997, S. 643).

Die heterogenen Verwendungsweisen des Terminus F. differieren allerdings erheblich im Hinblick darauf, auf welche Elemente und Zusammenhänge sich der Begriffsname jeweils bezieht. In der Lit.- und Kulturtheorie sind mindestens fünf verschiedene Verwendungsweisen zu unterscheiden: (a) Seit V. Propps Analysen russ. Volksmärchen bezieht sich F. im Russ. Formalismus und in daran anknüpfenden strukturalistischen Ansätzen (Prager Schule; ↗ Strukturalismus) auf die kleinsten Erzähleinheiten, die eine absichtsvolle und zielgerichtete Handlung innerhalb einer Handlungssequenz darstellen. (b) Im Anschluß an Modelle von K. Bühler bzw. R. Jakobson bezieht sich der F.sbegriff auf drei bzw. sechs verschiedene kommunikative F.en, die sprachliche Äußerungen erfüllen können, sowie (c) in einem spezielleren Sinne auf eine dieser F.en, die man seit Jakobson als ›ästhetische bzw. poetische F.‹ bezeichnet. Darüber hinaus hat Fricke (1981, S. 90–100) in Fortführung von Grundgedanken der Deviationsstilistik eine terminologische Unterscheidung zwischen zwei verschiedenen Typen von F.en eingeführt, die sowohl für ↗ funktionsgeschichtliche und sozialgeschichtliche Ansätze als auch für eine lit.wissenschaftliche Präzisierung und Anwendung des F.sbegriffs grundlegend ist: (d) Der Begriff ›interne F.‹ bezieht sich auf die Leistung von Textelementen oder Darstellungsverfahren innerhalb eines Textes; (e) hingegen bezeichnet der Terminus ›externe F.‹ Beziehungen zwischen Texten und Faktoren außerhalb des Textes und verweist somit auf kulturelle und soziale Aufgaben, die literar. Texte im Spannungsfeld von Autonomie und

Heteronomie (vgl. Struck 1995) in der Gesellschaft jeweils erfüllen. Ähnlich wie im Falle der Sprachfunktionen (↗ Polyfunktionalität der Sprache) ist davon auszugehen, daß Textelemente und literar. Werke mehrere interne und externe F.en gleichzeitig erfüllen und daß zwischen diesen Teilfunktionen variable Dominanzverhältnisse bestehen können (↗ Dominante). Da ästhetische und rhetorische Darstellungsverfahren wie z.B. Kommentare eines ↗ Erzählers zugleich als Mittel der Rezeptionslenkung fungieren (vgl. Nünning 1989), besteht zwischen internen und externen F.en oft ein enger korrelativer Zusammenhang. Obgleich neuere funktionsgeschichtliche Ansätze in Anknüpfung an die ↗ Rezeptions- und ↗ Wirkungsästhetik (W. Iser) terminologisch zwischen dem F.spotential bzw. impliziten F.smodell von Texten, also textuell vorgegebenen »*Wirkungsdispositionen*« (Fricke 1981, S. 90), und externen F.en, die Werke im jeweiligen historischen Kommunikationszusammenhang tatsächlich erfüllen, unterscheiden (vgl. Fluck 1997), ist das »Problem der Beliebigkeit von F.szuschreibungen« (Fricke 1981, S. 99) noch nicht hinreichend gelöst. Das breite Spektrum der F.sbestimmungen der Poetik, das von der Katharsis der Tragödie und den auf Horaz zurückgehenden Topos der Belehrung und Unterhaltung (*prodesse aut delectare*) über die in Lit.theorien der Aufklärung im Zentrum stehenden Vorstellungen einer moralischen Erziehungsfunktion zum Zwecke einer Vervollkommnung des Menschen bis zu den Autonomiepostulaten des Ästhetizismus und der Moderne und emanzipatorischen Zielen politisch engagierter Lit. reicht, ist jedenfalls nicht unbefragt gleichzusetzen mit der »Sachgeschichte der F.en von Lit.'« (Fricke 1997, S. 645), die zu den Desiderata der Lit.geschichte und Lit.geschichtsschreibung zählt.

Lit.: s. auch ↗ Funktionsgeschichtliche Ansätze. – Gülich/Raible 1977. – L. Fietz: *Funktionaler Strukturalismus. Grundlegung eines Modells zur Beschreibung von Text und Textfunktion*, Tüb. 1976. – H.U. Gumbrecht: »Poetizitätsdefinition zwischen F. und Struktur«. In: *Poetica* 10 (1978) S. 342–361. – R. Jakobson: *Poetik. Ausgewählte Aufsätze 1921–1971* (Hgg. E. Holenstein/T. Schelbert), FfM. 1979. – Fricke 1981. Bes. S. 88–100. – Nünning 1989. – W. Struck: »Soziale F. und kultureller Status literar. Texte oder: Autonomie als Heteronomie«. In: Pechlivanos et al. 1995. S. 182– 199. – W. Fluck: *Das kulturelle Imaginäre. Eine F.sgeschichte des am. Romans 1790–1900*, FfM. 1997. – H. Fricke: »F.«. In: Weimar 1997. S. 643–646. – R. Sommer: »F.sgeschichten. Überlegungen zur Verwendung des F.sbegriffs in der Lit.wissenschaft und Anregungen zu seiner terminologischen Differenzierung«. In: *Lit.wissenschaftliches Jb.* 41 (2000) S. 319–341. – O. Jahraus: *Lit. als Medium. Sinnkonstruktion und Subjekterfahrung zwischen Bewußtsein und Kommunikation*, Weilerswist 2003. AN

Funktionsgeschichtliche Ansätze, Sammelbezeichnung für eine heterogene Gruppe von lit.wissenschaftlichen Strömungen der 1960er und 1970er Jahre mit kulturwissenschaftlich (↗ Kulturwissenschaft) orientierten Perspektiven und Fragestellungen. Trotz der Vielfältigkeit f.A. lassen sich zwei Hauptströmungen unterscheiden: f.A. der westlichen, damals polemisch als ›bürgerlich‹ bezeichneten Lit.wissenschaft, und f.A. der marxistisch

orientierten Lit.wissenschaft. – Westliche f.A. stellen die Frage nach den
jeweiligen kulturellen ↗ Funktionen einer Lit., z.B. einer ↗ Gattung, in
einer ↗ Epoche. Solche Funktionen können u.a. sein: die Plausibilisierung
von neuem Wissen, die Vermittlung zwischen kulturellen Institutionen,
z.B. der Philosophie, der Historiographie und den Naturwissenschaften,
und dem Publikum, die Mitwirkung an der Konstruktion einer neuen
sozialen oder nationalen ↗ Identität, die Hervorbringung neuer bzw. die
Affirmation alter ↗ Mythen. Das Aufkommen solcher f.A. war als doppelte
Reaktion auf die lit.theoretischen Trends der damaligen Zeit zu verstehen:
auf die rein intrinsischen Ansätze (↗ werkimmanente Interpretation) wie der
↗ *New Criticism* einerseits sowie die Lit.soziologie und die ↗ marxistische
Lit.theorie andererseits. Während man den ersteren die Ausblendung der
historischen Dimension und des kulturellen ↗ Kontextes von Lit. vorwarf,
erschienen die letzteren aufgrund ihrer ideologisch geprägten Geschichts-
auffassung voreingenommen und wegen ihres systemischen Charakters
unflexibel. Dementsprechend verstanden Vertreter der f.A. Lit. weder als
bloße ↗ Widerspiegelung gesellschaftlicher Mechanismen noch als Folge
universaler und zeitloser Meisterwerke, sondern als eigenständigen, aber
immer in das jeweils historische Zusammenspiel kultureller Kräfte einge-
bundenen Prozeß. Ihre Arbeiten führten sie nicht selten zu Ergebnissen, die
heutigen mentalitätsgeschichtlichen oder kulturwissenschaftlichen Ansätzen
(↗ Kulturwissenschaft) den Weg ebneten.

   Als einer der ersten Lit.wissenschaftler, der sich an funktionsgeschichtlichen Fragestellungen orientierte, verdient E. Wolff bes. Erwähnung. Seine
Studien zu Shaftesbury, J. Ruskin und Th. Carlyle sowie zum engl. Roman
des 18. Jh.s zeigen, daß sich Lit. als Vermittler in den Dienst kultureller
Institutionen stellt, um zeitgenössisches neues Wissen aus seiner Esoterik zu
befreien und der Öffentlichkeit seine lebensweltliche Relevanz näher zu bringen. Diese Funktionalität erreicht sie u.a. dadurch, daß sie neue Gattungen
hervorbringt, wie z.B. den historischen Roman, oder ältere modifiziert, etwa
den literar. Essay oder die Versepistel. Wolff vermeidet es jedoch bewußt, Lit.
im Dienste von politischen oder auch nur sozialgeschichtlichen ↗ Diskursen
zu sehen. Andere Forscher dagegen haben demonstriert, daß sich auch diese
Dimension der Lit. durch f.A. durchaus erschließen lassen. W. Voßkamp
z.B., der vielleicht wichtigste germanistische Vertreter f.A., wies in Untersuchungen zur Utopie, zur Robinsonade sowie zum Bildungsroman nach,
daß die jeweiligen Gattungen die sich verändernden Sinnkonstruktionen
einer Gesellschaft nicht nur reflektierten, sondern aktiv an ihrer Gestaltung
mitwirkten. F.A. haben sich als bes. geeignet erwiesen, politische, soziale und
nationale Mythen gleichsam in ihrer Entstehung zu erfassen.

   Trotz ihrer großen Verdienste um die Entwicklung f.A. kann man Wolff
und Voßkamp nicht als Begründer einer Theorie oder gar Schule bezeichnen. F.A. erheben selten den Anspruch auf theoretische Geschlossenheit;
ihre Terminologie ist weder einheitlich noch etabliert. Dennoch sind f.A.
in mehrfacher Weise wichtige Stationen auf dem Entwicklungsweg der Lit.
theorie gewesen. Erstens implizieren f.A. die Erweiterung des ↗ Kanons
und taten dies bereits in einer Zeit, als sich Konsumlit. und Gebrauchstexte

noch nicht als Gegenstand lit.wissenschaftlicher Untersuchung eingebürgert hatten. So finden sich funktionsgeschichtliche Studien zur Straßenballade, zum Pamphlet und zum Comic-Strip, bevor diese Genres von der Kulturwissenschaft entdeckt wurden. Zweitens wurde die interdisziplinäre Öffnung der Lit.wissenschaft, die eine zwangsläufige Konsequenz der f.A. darstellt, durch die damalige Entwicklung beschleunigt: »Mir scheint, daß wir auf diesem Wege nicht nur die ›werkimmanente‹, sondern auch die ›lit.-immanente‹ Betrachtungsweise hinter uns lassen und die Lit.geschichte ohne Scheu als integrierenden Bestandteil der allg. Kulturgeschichte verstehen müssen« (Wolff 1970, S. 16). Drittens begreifen f.A. Lit. nicht mehr als Abbild historischer Wirklichkeit oder autonome Kunstform, sondern bereits als Spiegel und zugleich prägenden Faktor kollektiver Wahrnehmungsmuster und Wunschvorstellungen.

In der sozialistisch geprägten Lit.wissenschaft war die Frage nach der Funktion von Lit. von vornherein in die marxistisch-leninistische Rahmenideologie eingebunden. Hier ging es den Forschern um »Aufgabe und Leistung der Lit. im gesellschaftlichen Leben und im Leben der Individuen und Gruppen, um Beziehungen, die wesentlich das Verhältnis von Lit. und Wirklichkeit, sozialer Bewegung und Lit. ausmachen und deshalb auch stets die Aufmerksamkeit der Kulturpolitik der Partei der Arbeiterklasse fanden« (Schlenstedt et al. 1975, S. 13). Bevorzugter Untersuchungsgegenstand war in dieser dogmatischen Version der f.A. die sozialistische Lit. selbst. Es entstanden jedoch auch Abhandlungen über vormarxistische Lit., die auf ihre revolutionäre und klassenkämpferische bzw. klassenkonsolidierende, die Bourgeoisie und den Nationalismus stabilisierende, Funktion hin untersucht und bewertet wurden. Bemerkenswerterweise wurde der Terminus ›Funktion‹ von den undogmatischen marxistischen Lit.theoretikern der Zeit eher gemieden, obwohl sie Perspektiven entwickelten, die man funktionsgeschichtlich hätte nennen können.

Aufbauend auf der ↗ Wirkungsästhetik W. Isers und dessen Theorie der ↗ Fiktion (↗ Imaginäre, das) hat in jüngster Zeit W. Fluck (1997) einen theoretisch avancierten und literarhistorisch äußerst produktiven f. Ansatz entwickelt, der als konzeptioneller Rahmen für eine bahnbrechende Geschichte des am. Romans des 19. Jh.s »als die eines fortlaufenden Funktionswandels« (ebd., S. 25) dient und der Modellcharakter für zukünftige Gattungsgeschichten haben könnte. Diesem Ansatz zufolge sind literar. Texte in ihrer Organisation und Wirkungsstruktur auf ein ›implizites Funktionsmodell‹ hin ausgerichtet, so daß Hypothesen über die ›Funktionspotentiale‹ und Funktionsbestimmungen eine Analyse der ästhetischen Wirkungsstruktur voraussetzen, über die sie realisiert werden, wobei »über die tatsächliche Realisierung einer sozialen Funktion in einem komplexen gesellschaftlichen Handlungsfeld letztlich keine verläßlichen Aussagen möglich sind« (ebd., S. 12). Flucks Studie hat schon jetzt den Debatten um f.A. sowie um neue Formen der Lit.geschichte und Lit.geschichtsschreibung wichtige Impulse gegeben und sowohl zu einer Präzisierung und Differenzierung des bislang sehr heterogen verwendeten lit.wissenschaftlichen Funktionsbegriffs (vgl. Fricke 1997) als auch zu einer stärkeren Reflexion über die theoretischen, terminologischen und methodischen Grundlagen f.A. beigetragen (vgl. Sommer 2000).

Lit.: E. Wolff: *Ruskins Denkformen*, Diss. Bonn 1950. – ders.: *Shaftesbury und seine Bedeutung für die engl. Lit.*, Tüb. 1960. – ders.: *Der engl. Roman im 18. Jh.*, Göttingen 1980 [1964]. – ders.: »Sir Walter Scott und Dr. Dryasdust. Zum Problem der Entstehung des historischen Romans im 19. Jh.«. In: W. Iser/F. Schalk (Hgg.): *Dargestellte Geschichte in der europ. Lit. des 19. Jh.s*, FfM. 1970. S. 15–32. – D. Schlenstedt et al. (Hgg.): *Funktion der Lit.*, Bln. 1975. – W. Voßkamp: »Gattungen als literar.-soziale Institutionen. Zu Problemen sozial- und funktionsgeschichtlich orientierter Gattungstheorie und -historie«. In: W. Hinck (Hg.): *Textsortenlehre – Gattungsgeschichte*, Heidelberg 1977. S. 27–44. – ders.: »Lit.geschichte als Funktionsgeschichte der Lit. (am Beispiel der frühneuzeitlichen Utopie)«. In: T. Cramer (Hg.): *Lit. und Sprache im historischen Prozeß*, Tüb. 1983. S. 32–54. – U. Broich et al. (Hgg.): *Functions of Literature*, Tüb. 1984. – W. Fluck: *Das kulturelle Imaginäre. Eine Funktionsgeschichte des am. Romans 1790–1900*, FfM. 1997. – H. Fricke: »Funktion«. In: Weimar 1997. S. 643–646. – R. Sommer: »Funktionsgeschichten. Überlegungen zur Verwendung des Funktionsbegriffs in der Lit.wissenschaft und Anregungen zu seiner terminologischen Differenzierung«. In: *Lit.wissenschaftliches Jb.* 41 (2000) S. 319–341. – H. Zapf 2002.   SSt

G

Gattung, literarische, der Begriff G. wird in der Lit.wissenschaft in zwei verschiedenen Bedeutungen verwendet: zum einen zur Bezeichnung der drei traditionellen Großbereiche der Lit. (Lyrik, Drama und Erzähllit. bzw. früher: Epik), zum anderen zur Bezeichnung spezifischer, anhand sehr verschiedener Kriterien definierter literar. Texttypen (wie Tragödie, Komödie, Historie, bürgerliches Trauerspiel, Einakter, Epos, Romanze, Roman, Kurzgeschichte, Essay, Briefroman, pikaresker Roman, Detektivroman, Utopie, Schauerroman, Sonett, Ode, Ballade oder Satire). – Bes. in der ersten, aber auch in der zweiten Bedeutung dient der Begriff der G. v.a. der Ordnung und Klassifikation von Lit. Um diese Funktion zu optimieren, hat die ↗ G.stheorie immer wieder versucht, alle G.en in einem gestuften System nach Art des naturwissenschaftlichen Einteilungssystems der Pflanzen und Tiere unterzubringen und dabei den unscharfen Begriff der G. durch unterschiedliche Bezeichnungen für Werkgruppen der höheren und niederen Stufen zu ersetzen. Solche Versuche waren jedoch zum Scheitern verurteilt, weil literar. anders als biologische G.en nicht an einen genetisch fixierten, die Replizierung der Einzelform bestimmenden Code gebunden, sondern intentional gestaltbare, sehr flexible Gebilde sind. Aufgrund ihrer Flexibilität sind literar. G.en in bes. Maße den Einflüssen der Lit.-, Geistes- und Sozialgeschichte unterworfen und somit historisch äußerst wandelbar. Für die Theoriebildung über G.en bedeutet das, daß weder im Gesamtfeld der literar. Texte noch innerhalb der drei traditionellen Großbereiche klare Hierarchien über- und untergeordneter Kategorien auszumachen sind.

Vielmehr stellen G.en offene Systeme dar, deren Charakter nur durch ein Bündel von unterschiedlichen formalen, strukturellen und thematischen Kriterien beschrieben werden kann (vgl. Suerbaum 1993, S. 83–88).

Die Einsicht in die beschränkten Möglichkeiten der G.sklassifikation, verbunden mit der durch die ↗ Rezeptionsästhetik geschaffenen Aufmerksamkeit für den ↗ Erwartungshorizont der Leser, hat die neuere G.sforschung zu der These veranlaßt, das Konzept der G. sei »of little value in classification«, jedoch von großer Wichtigkeit als »a communication system, for the use of writers in writing, and readers and critics in reading and interpreting« (Fowler 1982, S. 256). So wie die verschiedenen Textsorten in der täglichen Sprachpraxis Untersysteme der Sprache mit eigenen Regeln und ↗ Konventionen darstellen, deren Kenntnis für die erfolgreiche Kommunikation unabdingbar ist, so setzt auch die literar. ↗ Kommunikation bei einer Reihe von Textgruppen die Vertrautheit mit spezifischen, nur für diese Textgruppe gültigen Spielregeln voraus. Das adäquate Verständnis eines Liebessonetts aus dem Zeitalter der Renaissance erfordert z.B. in den meisten Fällen die Kenntnis der petrarkistischen Liebeskonzeption; der Leser von Science Fiction muß neben den allg. Konventionen der Erzähllit. die Regel akzeptieren, daß ein zukünftiges Ereignis als schon geschehen dargestellt wird und die gezeigte Welt gegenüber der Jetztzeit fundamental verändert ist (vgl. Suerbaum 1993, S. 102). Bes. augenfällig ist die Erfordernis einer gattungsspezifischen Leseweise im Falle des klassischen Detektivromans, dessen Rezeption durch die Erwartung einer verzögerten Lösung und abschließenden Überraschung gesteuert wird (vgl. Suerbaum 1982). Die Konzeption der G. ist aufgrund ihres Regel- und Systemcharakters zu einem der beliebtesten Forschungsgegenstände der modernen, strukturalistisch orientierten Lit.wissenschaft geworden und hat älteren Paradigmen lit. theoretischer Reflexion wie dem ↗ Autor oder der ↗ Epoche den Rang abgelaufen. – Die Frage, ob ein konkreter Text einer G. angehört oder nicht, kann freilich jeweils nur im Rekurs auf das G.sbewußtsein seiner Leser entschieden werden, das ein labiles, mit zunehmender Komplexität der Texte nur schwer zu fassendes Wissen ist (vgl. Kuon 1988, S. 250). Aus diesem Grunde ist die Relevanz von G.en in der Geschichte der G.stheorie auch wiederholt bestritten worden. Andererseits aber zeigen so hübsche Exempla wie das katastrophale Textmißverständnis einer alten Dame, die in einer berühmten Thurber-Geschichte W. Shakespeares *Macbeth* als Krimi zu lesen versucht, daß eine rezeptionsorientierte Lit.theorie nicht ohne die Konzeption der G. und gattungsgerechten Leseweise auskommen kann (vgl. Suerbaum 1982).

Lit.: U. Suerbaum: »Text, G., Intertextualität«. In: Fabian 1998 [1971]. S. 81–122. – W. Raible: »Was sind G.en? Eine Antwort aus semiotischer und textlinguistischer Sicht«. In: *Poetica* 12.3–4 (1980) S. 320–349. – Fowler 1997 [1982]. – U. Suerbaum: »Warum ›Macbeth‹ kein Krimi ist. G.sregeln und gattungsspezifische Leseweise«. In: *Poetica* 14 (1982) S. 113–133. – H. Steinmetz: »Historisch-strukturelle Rekurrenz als G.s-Textsortenkriterium«. In: Vorstand der Vereinigung der dt. Hochschulgermanisten (Hg.): *Textsorten und literar. G.en. Dokumentation des*

Germanistentages in Hamburg vom 1.–4. April 1979, Bln. 1983. S. 68–88. – Z. Kravar: »G.en«. In: Borchmeyer/Žmegač 1994 [1987]. S. 173–180. – P. Kuon: »Möglichkeiten und Grenzen einer strukturellen G.swissenschaft«. In: J. Albrecht et al. (Hgg.): *Energeia und Ergon*, Bd. 3, Tüb. 1988. S. 237–252. – P. Stolz: »Der literar. G.sbegriff. Aporien einer lit.wissenschaftlichen Diskussion. Versuch eines Forschungsberichtes zum Problem der ›literar. G.en‹«. In: *Romanistische Zs. für Lit. geschichte* 14 (1990) S. 209–227. – H. Meyer: »G.«. In: Pechlivanos et al. 1995. S. 66–77. – K. Müller-Dyes: »G.sfragen«. In: Arnold/Detering 1997 [1996]. S. 323–348.   PW

Gattungstheorie und Gattungspoetik, wichtigstes Problem der GT. war zu allen Zeiten die Frage nach der Unterscheidung und Klassifikation von ↗ Gattungen. Da die Wahrnehmung von Ähnlichkeiten, Unterschieden und sich daraus ableitenden Einteilungen immer von dem der Wahrnehmung zugrundeliegenden Denksystem abhängig ist, waren die Probleme der GT. stets auf das Engste mit philosophischen Grundfragen verbunden. Von bes. Bedeutung ist in diesem Zusammenhang zum einen der sog. Universalienstreit, also die Frage, ob Allgemein-(und damit auch Gattungs-)begriffe apriorisch neben den einzelnen Dingen (d.h. hier: den literar. Werken) existieren (Position des Platonismus und Realismus), ob sie ein bloßer Ausfluß subjektiven begrifflichen Denkens (Position des Nominalismus) oder ob sie Konstrukte sind, die aus der Interaktion von Erkenntnissubjekt und -objekt resultieren (Position des ↗ Konstruktivismus) (vgl. Hempfer 1973, S. 30ff.); zum anderen spielt die Alternative zwischen einem deduktiv-systematischen und einem induktiv-historischen Verfahren bei der Gattungsbestimmung eine wichtige Rolle (vgl. Hempfer 1973, S. 128ff.; Harris 1992, S. 120f.). Vor dem Hintergrund dieser beiden Grundannahmen und Denkverfahren gliedern sich die Beiträge zur GT. zum einen in solche, die die Relevanz von Gattungen grundsätzlich bestreiten, und zum anderen in solche, die sie grundsätzlich befürworten, wobei der Gattungsbegriff der Befürworter entweder ein systematischer oder ein historischer sein kann.

In der Geschichte der Lit.theorie wechseln Positionen, die die Relevanz von Gattungen anerkennen oder gar betonen, mit Theorien, die die Relevanz von Gattungen ignorieren oder gar bestreiten: In der klassischen Antike ist die Gattung ein wichtiges Konzept: Schon in Platons *Politeia* (392d) und Aristoteles' *Poetik* (Kap. 1) finden sich Ansätze zu einer Gattungstypologie, und die aristotelischen Aussagen zu Tragödie, Komödie und Epos haben bekanntlich die gesamte Geschichte der europ. GT. vorgeprägt. Bei röm. Lit.theoretikern wie Cicero, Horaz und Quintilian ist eine Fülle der auch heute noch gebräuchlichen Gattungsbegriffe, z.B. Elegie, Satire, Pastorale, schon vorhanden (vgl. Harris 1992, S. 116). Das Mittelalter zeigt sich am Problem der Gattungsunterscheidung nur wenig interessiert, die Renaissance entdeckt es wieder und entwirft hierzu bereits so komplexe Differenzierungen, daß sich W. Shakespeares Polonius darüber lustig machen kann (vgl. *Hamlet* II.2.). Das Zeitalter des Neoklassizismus ist eine Blütezeit präskriptiver GT., bemüht um eine hierarchische Stufung und Reinerhaltung der einzelnen Gattungen; für die auf den ↗ Autor konzentrierten Lit.theoretiker der Romantik hingegen sind Gattungsfragen wieder weniger interessant. Die wichtigsten Neuerungen in der GT. des 19. Jh.s sind dann, v.a. in Deutschland, die Herausbildung der Lehre von den drei ›Naturformen‹ der Dichtung (Epik, Lyrik, Drama), die mit den verschiedensten psychologischen und philosophischen Prinzipien untermauert wird, sowie die von F. Brunetière, J.A. Symonds und anderen unternommenen Versuche, die GT. mit Prinzipien der biologischen Evolutionstheorie zu verbinden. Im krassen Gegensatz hierzu steht am Anfang des 20. Jh.s die nominalistische Position B. Croces und seiner Schüler, für die allein die Idee des Schönen und das einzelne Werk real, die Gattungen aber bloße Sprachfiktionen sind (vgl. Hempfer 1973, S. 37–52). Eine strikt platonistisch-realistische Auffassung von den Gattungen dominiert dagegen die dt. Lit.theorie um die Mitte des 20. Jh.s, geprägt von den fundamentalontologischen Vorstellungen E. Staigers (vgl. Hempfer 1973, S. 69–76). In der angloam. Lit.theorie des 20. Jh.s spiegelt sich der Gegensatz zwischen Befürwortung und Ignoranz oder gar Ablehnung der GT. im Dissens zwischen den Kritikern der Chicago-Schule, die als Neuaristoteliker das Konzept der Gattung äußerst wichtig nehmen, und den Vertretern des ↗ New Criticism, bei denen es kaum eine Rolle spielt. Die Auseinandersetzung um den Gattungsbegriff setzt sich schließlich, die Nationallit. übergreifend, fort im Gegensatz zwischen dem klassischen ↗ Strukturalismus, dem der Gattungsbegriff sehr wichtig ist (vgl. z.B. Hempfer 1973; Todorov 1974; Bonheim 1991/92), und dem ↗ Poststrukturalismus, der ihn durch Konzepte wie ↗ ›Intertextualität‹ und ›écriture‹ ersetzen möchte (vgl. Schnur-Wellpott 1983).

Das bei den Befürwortern der GT. am weitesten verbreitete Konzept ist noch immer das der Gesamteinteilung der Lit. in die drei Großbereiche Epik (oder moderner: Erzähllit.), Lyrik und Drama. Für die neueren, vom Strukturalismus geprägten Gattungstheoretiker hat das Konzept jedoch nurmehr einen heuristischen Wert. Den Theoretikern vom 19. bis weit ins 20. Jh. galt es hingegen noch als eine von Natur aus gegebene Wesenheit. So gab es für J.W.v. Goethe (1981, S. 187) »nur drei echte Naturformen der Poesie: die klar erzählende, die enthusiastisch aufgeregte und die persönlich handelnde: Epos, Lyrik und Drama«. So wie schon Goethe hier versucht, die drei vermeintlichen Naturformen an drei verschiedene menschliche Tätig- oder Befindlichkeiten (Erzählen, Erregung, Handeln) zu koppeln, hat es bei anderen Theoretikern eine Fülle ähnlicher Parallelisierungen gegeben, deren metaphysischer Charakter in den meisten Fällen offensichtlich ist: Jean Paul z.B. korrelierte Epik mit der Vergangenheit, Lyrik mit der Gegenwart, Dramatik mit der Zukunft. Staiger übernahm diese Trias und fügte ihr eine Reihe von weiteren hinzu, indem er u.a. Epik mit Addition, Wort und Vorstellung, Lyrik mit Ineinander, Silbe und Erinnerung, Dramatik mit Gegenüber, Satz und Spannung in Verbindung brachte (vgl. Schnur-Wellpott 1983, S. 49). Selbst noch im Denken eines klassischen Strukturalisten wie R. Jakobson spielt die Assoziation von Epik mit der dritten, Lyrik mit der ersten und Dramatik mit der zweiten Person Singular eine Rolle (vgl. Hempfer 1973, S. 168f.). Die methodische Fragwürdigkeit solcher Parallelisierungen wird deutlich, wenn man in Rechnung stellt, daß es bei der

Gegenüberstellung zweier beliebiger Triaden immer ein Glied in der einen Triade geben muß, das mit einem bestimmten Glied der anderen in irgendeiner Hinsicht mehr Ähnlichkeit aufweist als mit den beiden anderen, so daß die Suche nach Parallelen zur *self-fulfilling prophecy* gerät. Anfechtbar ist neben den Parallelen, mit denen die Vertreter einer idealistischen GP. die Naturformenlehre zu untermauern versuchten, auch die Dreiteilung selbst: So ist gegen die kategoriale Unterscheidung von Erzähllit., Lyrik und Drama mit Recht eingewendet worden, daß sich einige Gattungen, wie der Essay, gar nicht in das Schema fügen, während andere, wie die Pastorale und die Satire, bei denen der Unterschied zwischen Prosa- und Versvariante nur von sekundärer Bedeutung ist, künstlich von ihm zerschnitten werden. Ein weiterer Nachteil des Schemas liegt darin, daß seine drei Kategorien nicht auf derselben Ebene liegen (vgl. Suerbaum 1993, S. 86). Unliebsame Überschneidungen und künstliche Zertrennungen bleiben aber auch dann ein zentrales Problem einer nach Grundformen suchenden GT., wenn man die Triadik der Naturformenlehre durch eine Binäropposition (↗ Binarismus/binäre Opposition) ersetzt und z.B. zwischen Poesie und Nicht-Poesie bzw. ›Prosa‹ oder fiktionalen und nicht-fiktionalen Texten unterscheidet (vgl. Todorov 1974, S. 960; Suerbaum 1993, S. 86).

Das typische Problem der traditionellen GT., die Willkür für apriorisch erklärter Unterscheidungen, die von ihren Verfechtern nur durch eine präskriptive Theorie gegen eine komplexere Wirklichkeit verteidigt werden können, findet sich analog in ihren verschiedenen Teilbereichen, den GP.en, wieder. So geht die in der GP. des Dramas seit Aristoteles gepflegte Unterscheidung von Tragödie (mit ernsthafter Handlung, sozial hochstehenden Figuren und unglücklichem Ausgang) und Komödie (mit komischer Handlung, sozial niedrigen Figuren und glücklichem Ausgang) nicht nur deshalb nicht auf, weil es auch Tragikomödien gibt, sondern v.a., weil die meisten modernen Dramentypen (epische Stücke mit episodischer Handlungsstruktur, absurde Dramen, Einakter) ebenso wie z.B. die religiösen Dramen des Mittelalters (Mysterienspiele und Moralitäten) durch andere Strukturschwerpunkte definiert sind und somit nicht in das aristotelische Schema passen. Ebenso wenig haben auf dem Gebiet der Romanpoetik, trotz ihres unbestreitbaren heuristischen Nutzens, Kategorisierungsversuche wie W. Kaysers Unterscheidung von Geschehnis-, Figuren- und Raumroman in *Das sprachliche Kunstwerk* (1948) oder F.K. Stanzels viel beachteter Typenkreis in *Theorie des Erzählens* (1979) eine überzeitliche, ontologische Berechtigung. Für die Entwicklung von Neuansätzen im Bereich der GP. bietet sich am ehesten die Kategorie der Sprechsituation an (vgl. Hempfer 1973, S. 160ff. und 225; Suerbaum 1993, S. 97–100), die freilich ebenfalls nur als ein Konstrukt verstanden werden kann und besser für gattungspoetische Innovationen im Bereich des Dramas und der Erzähllit. als im Bereich der Lyrik geeignet erscheint.

Auf methodologische Aporien stößt die GT. nicht nur bei ihrer Suche nach Grundformen für die Einteilung der Lit., sondern auch bei der noch viel komplexeren Aufgabe der Unterscheidung und Ordnung ihrer Unterformen. Da alle traditionellen Verfahren der Gattungsklassifikation auf dem Prinzip beruhen, Texte zu einer Gattung zusammenzufassen, denen ein bestimmtes formales, strukturelles oder inhaltliches Merkmal gemeinsam ist, sind sie der Gefahr der Bildung von oberflächlichen logischen Klassen ausgesetzt, die wenig über die wirkliche Beschaffenheit der in ihnen zusammengefaßten Objekte aussagen. Man kann Texte aufgrund einer gemeinsamen Akt- oder Zeilenzahl (Einakter, Sonett), einer Thematik (Abenteuer-, Liebes-, Sozialroman), vielleicht auch, wie es E.M. Forster (vgl. 1966, S. 19) in geschickter Polemik gegen die GT. tat, aufgrund eines gemeinsamen Schauplatzes (›the literature of Inns‹, ›the literature of Sussex‹) zu einer Gattung erklären. Daß mit einer solchen Zuordnung aber nur wenig über den tatsächlichen Verwandtschaftsgrad der Texte ausgesagt wird, ist gerade im Fall des letzten Beispiels bes. evident. T. Todorov (1976/77, S. 162) hat dieses Grundproblem der GT. wie folgt auf den Punkt gebracht: »One can always find a property common to two texts, and therefore put them together in one class. But is there any point in calling the result of such a union a ›genre‹?« – Ein Mittel zur Vermeidung oberflächlicher Klassenbildung hat die Forschung lange Zeit in der Suche nach Archetypen und Urformen gesehen, aus denen sich die ganze spätere Vielfalt der Lit. entwickelt haben sollte. A. Jolles' vielzitiertes Buch von den neun *Einfachen Formen* (1930) (Legende, Sage, Mythe, Rätsel, Spruch, Kasus, Memorabile, Märchen, Witz) gehört ebenso in diesen Zusammenhang wie der anthropologisch-strukturale Ansatz N. Fryes in *The Anatomy of Criticism* (1957), der vier prägenerische, auf vier jahreszeitliche ↗ Mythen zurückgehende Schreibweisen unterscheidet, Romanze (Sommer), Tragödie (Herbst), Komödie (Frühling), Satire (Winter), und der Versuch Todorovs (1976/77), als den Ursprung von Gattungen ↗ Sprechakte auszumachen, wobei sich der Texttyp Gebet aus dem Sprechakt des Betens, die Autobiographie aus dem Über-sich-selbst-Reden und die phantastische Lit. aus dem verwunderten Sprechen entwickelt haben soll. Alle diese Ansätze sind jedoch mit dem Problem konfrontiert, daß sich ihr Erkenntnisinteresse auf Ahistorisch-Substantielles bezieht, während an den konkreten Texten aber nur Historisch-Akzidentielles ablesbar ist (vgl. Kuon 1988, S. 238), so daß die rekonstruierten Zwischenschritte sehr spekulativ wirken müssen und die postulierten Typologien der Archetypen leicht anfechtbar sind (Wenn z.B. die Sage eine einfache Form ist, warum dann nicht auch das Volkslied? Wenn der Witz, warum dann nicht auch die Anekdote?).

Vielversprechender erscheint ein anderer Weg der Vermeidung oberflächlicher Klassenbildung, der auch von der nachlinnéschen biologischen Taxonomie eingeschlagen worden ist: die Ablösung der sog. monothetischen, an nur einem einzigen Kriterium orientierten, durch die polythetische, auf die Berücksichtigung vieler verschiedener Kriterien abzielende Klassifikation. Es handelt sich dabei um ein Verfahren, das mit L. Wittgensteins Konzept der ›Familienähnlichkeit‹ in enger Verbindung steht. Danach wird die Verwandtschaft zwischen den Mitgliedern einer Familie durch ein bestimmtes Merkmalsbündel konstituiert, an dem die verschiedenen Individuen jeweils in einzelnen, einigen oder auch vielen, aber niemals in allen Merkmalen partizipieren. Bezogen auf die GT., auf die dieses Denkmodell in jüngerer Zeit von vielen Theoretikern übertragen worden ist (vgl. Ryan 1981; Fowler

1982; Goch 1992; Suerbaum 1993), bedeutet das, daß eine Gattung einerseits nur dann diesen Namen verdient, wenn die ihr zugeordneten Texte in einer Vielzahl von Merkmalen übereinstimmen, daß aber andererseits das einzelne Werk nicht alle diese Merkmale aufweisen muß, um der Gattung zugerechnet werden zu können, sondern nur so viele, daß man seine Familienzugehörigkeit erkennt (vgl. Suerbaum 1993, S. 94). Ein Werk kann auch an den Merkmalen mehrerer Gattungen partizipieren und deshalb wahlweise der einen oder der anderen bzw. beiden Gattungen zugeordnet werden (z.B. dem Thriller und dem Detektivroman, der Science Fiction und der Anti-Utopie, der Elegie und der Pastorale). Die Gattungen sind diesem Modell zufolge keine festen Entitäten, sondern offene Systeme, die sich, vergleichbar mit sich z.T. berührenden, überlagernden oder gar einschließenden Kugeln (vgl. Goch 1992, S. 25), nicht mehr trennscharf voneinander unterscheiden, sondern fließende Grenzen haben und sich ob ihrer Nichtabgeschlossenheit auch leicht ausdehnen, verengen oder verlagern können. Die Vorzüge eines solchen Vorstellungsmodells für die GT. sind offensichtlich: Zum einen wird das neue Partizipationsmodell ungleich besser als die alten essentialistischen Gattungskonzeptionen der realen Vielfalt der Gattungslandschaft, ihrer geschichtlichen Veränderbarkeit und ihrer Tendenz zur Bildung von hybriden Genres gerecht. Ob es um die immer größere Ausdifferenzierung einer Einzelgattung (also eine Zunahme ihrer Merkmalsmenge), ihren allmählichen Zerfall in verschiedene Zweige (also die zunehmende Isolierung einer Teilmenge der Merkmale von einer anderen) oder gar um den Fall einer radikalen Umstrukturierung der gesamten Gattungslandschaft geht, prinzipiell sind alle diese möglichen Entwicklungen der Gattungsgeschichte mit dem Partizipationsmodell erfaßbar. Zum anderen hat das Modell den Vorzug, daß es, da die Zahl der erkannten Merkmalsähnlichkeiten eine Frage subjektiven Ermessens ist, die Entscheidung über die Zugehörigkeit eines Werks zu einer Gruppe dem Urteil des Betrachters überläßt und so deutlich macht, daß Gattungen weder platonische Wesenheiten noch Nachfahren fester Urformen sind, sondern Konstrukte, die im Bewußtsein ihrer Leser existieren.

Lit.: E.M. Forster: *Aspects of the Novel*, Harmondsworth 1966 [1927]. – A. Jolles: *Einfache Formen*, Tüb. 1982 [1930]. – J.W. v. Goethe: »Noten und Abhandlungen«. In: *Werke*, Bd. 2 (Hg. E. Trunz), Hbg. 1981 [1949]. – U. Suerbaum: »Text, Gattung, Intertextualität«. In: Fabian 1998 [1971]. S. 81–122. – K.W. Hempfer: *GT.*, Mchn. 1973. – T. Todorov: »Literary Genres«. In: Th.A. Sebeok (Hg.): *Current Trends in Linguistics*, Bd. 12, Den Haag 1974. S. 957–962. – ders.: »The Origin of Genres«. In: *NLH* 8 (1976/77) S. 159–170. – K. Müller-Dyes: *Literar. Gattungen*, Freiburg et al. 1978. – M.-L. Ryan: »Introduction. On the Why, What and How of Generic Taxonomy«. In: *Poetics* 10 (1981) S. 109–126. – Fowler 1997 [1982]. – M. Schnur-Wellpott: *Aporien der GT. aus semiotischer Sicht*, Tüb. 1983. – P. Kuon: »Möglichkeiten und Grenzen einer strukturellen Gattungswissenschaft«. In: J. Albrecht et al. (Hgg.): *Energeia und Ergon*, Bd. 3, Tüb. 1988. S. 237–252. – M. Perloff (Hg.): *Postmodern Genres*, Norman/Ldn. 1989. – H. Bonheim: »The Cladistic Method of Classifying Genres«. In: *REAL* 8 (1991/92) S. 1–32. – M.

Goch: *Der engl. Universitätsroman nach 1945*, Trier 1992. Bes. S. 15–27. – Harris 1992. S. 115–127. – K. Müller-Dyes: »Gattungsfragen«. In: Arnold/Detering 1997 [1996]. S. 323–348. – Ausg. »Reconceptions of Genre« (Hg. J.F. Duarte) der Zs. *EJES* 3.1 (1999). – D. Duff (Hg.): *Modern Genre Theory*, Harlow et al. 2000. – St. Trappe: *G.spoetik. Studien zur Poetik des 16. bis 19. Jh.s und zur Geschichte der triadischen G.slehre*, Heidelberg 2001. – Ausg. »Theorizing Genres I« (Hg. R. Cohen) der Zs. *NLH* 34.2 (2003). – Ausg. »Theorizing Genres II« (Hg. R. Cohen) der Zs. *NLH* 34.3 (2003). – R. Zymner: *G.stheorie. Probleme und Positionen der Lit.wissenschaft*, Paderborn 2003.   PW

Gender (engl., Genus, Geschlecht), 1968 schlug der Psychologe R. Stoller vor, den Begriff *g.* aus der Grammatik zu entlehnen, um mit ihm soziokulturelle Funktionen von Männlichkeit und ↗ Weiblichkeit zu bezeichnen und von biologischen Geschlechtsmerkmalen (*sex*) zu unterscheiden. Seit den frühen 1970er Jahren ist diese Differenzierung von der feministischen Forschung weitgehend übernommen worden (↗ *G. Studies*). Da das Dt. diese Unterscheidung nicht kennt, werden die engl. Termini gewöhnlich auch im Dt. verwendet.

Grundannahme der *G. Studies* ist, daß *g.* nicht kausal mit dem biologischen Geschlecht verknüpft ist, sondern als eine kulturelle Interpretation des Körpers zu verstehen ist, die dem Individuum über eine ↗ Geschlechtsidentität und Geschlechterrolle einen spezifischen Ort innerhalb der gesellschaftlichen Ordnung zuweist. Als zugleich semiotische und soziokulturelle Kategorie meint *g.* folglich die Bedeutung(en), die eine Kultur der Unterscheidung zwischen Mann und Frau verleiht und die sich mit anderen grundlegenden Sinnstiftungen überlagern bzw. sie stabilisieren kann. So ermöglicht der Einbezug der Kategorien *class, race* bzw. Ethnizität und sexueller Orientierung in die Analyse von *G.*, wie er von materialistischen Feministinnen, der ↗ postkolonialen Lit.theorie und den *Gay and Lesbian Studies* eingefordert wurde, die Überkreuzung der ↗ Geschlechterdifferenz mit anderen gesellschaftlichen Machtverhältnissen zu erforschen. In bezug auf die Lit. untersuchen die unterschiedlichen Richtungen der ↗ feministischen Lit.-theorie bzw. *G. Studies*, wie in der Gestaltung literar. Texte, in Fragen der Autorschaft und der Rezeption von Lit. *g.* als prägendes Prinzip zum Tragen kommt, reproduziert und gegebenenfalls auch dekonstruiert wird.

Seit den späten 1980er Jahren wird unter dem Einfluß von neueren Erkenntnissen in der Biologie und der Medizingeschichte (Th. Laqueur) einerseits und der Weiterentwicklung der Theorien des ↗ Poststrukturalismus andererseits die Differenzierung zwischen *sex* und *g.* in Frage gestellt. In der kontroversen Auseinandersetzung, die innerhalb der *G. Studies* geführt wird, stehen solche Positionen zur Diskussion, die den Konstruktcharakter (↗ Konstruktivität) von *g.* zwar anerkennen, aber eine letztlich ahistorische und prädiskursive Leiblichkeit voraussetzen, der oftmals subversives Potential zugewiesen wird (E. Scarry, A. Duden). Das Postulat von Gemeinsamkeiten, die sich aus der kulturellen Interpretation und Funktionalisierung der weiblichen Biologie ergeben, manifestiert sich insbes. im Gynozentrismus wie auch bei Vertreterinnen der Differenztheorie. Auf diese Weise, so betont u.a. J. Butler, werde aber die abendländische (nachaufklärerische) Bindung von Subjektivität an den Körper fortgeschrieben. Neuere Richtungen der *G. Studies* erachten dagegen auch *sex*, also den vermeintlich natürlichen Körper, als eine kulturelle Konstruktion, die nachträglich die Zuschreibung von *g.* naturalisiert. Danach gehen kulturelle Signifikationsprozesse, die den Geschlechtskörper produzieren, mit einer Körperpraxis einher, in der die Individuen diese Repräsentationen reproduzieren und als eigene materielle Körperidentität konstituieren. Für Butler ist die Kohärenz von *sex* und *g.* zwar prozeßhaft, sie unterliegt aber nicht dem freien Willen der Individuen, sondern ist ein Effekt gesellschaftlicher Machtdiskurse. Während für diejenigen, die die kategoriale Trennung zwischen *sex* und *g.* für obsolet halten, der Körper seinen Charakter als unveränderliche Konstante verloren hat und ebenso wie Charaktereigenschaften und soziale Rollen zur Variable wird, haben andere diesem Konzept entgegengehalten, daß der Körper aus der Forschung eliminiert und damit die abendländische Binarität von Körper und Geist reproduziert werde.

In neueren Ansätzen, insbes. im Kontext der *Queer Studies* (*Gay and Lesbian Studies*), werden mit dem Begriff *transgender* die verschiedenen Formen der Transgression von dualistischen Modellen der ↗ Geschlechtsidentität und Geschlechterrolle bezeichnet. Wird *G.* so als performativer und diskursiver Prozeß gesehen, muß *G.* als Identitätskategorie in Frage gestellt werden. Im Cyberfeminismus (↗ feministische Lit.theorie) ist über die Identifikation mit dem Cyborg (D. Haraway) die Utopie von *postgender*-Identitäten entwickelt worden. Auch wenn in der virtuellen Realität der digitalen Medien Geschlechterkonstrukte nicht mehr primär an einen biologischen Körper gebunden werden können, ist doch der Optimismus des frühen Cyberfeminismus der Einsicht in die Unausweichlichkeit der handlungsstrukturierenden Kategorie *G.* gewichen.

Lit.: M. Jehlen: »G.«. In: Lentricchia/McLaughlin 1995 [1990]. S. 263–273. – L. Nicholson: »Interpreting G.«. In: dies./S. Seidman (Hgg.): *Social Postmodernism. Beyond Identity Politics*, Cambridge 1995. S. 39-67. – I. Stephan: »G.‹: Eine nützliche Kategorie für die Lit.wissenschaft«. In: *Zs. für Germanistik* N.F. 9.1 (1999) S. 23–35. – C. Kaplan/D. Glover: *G.s*, Ldn./N.Y. 2000. – von Braun/Stephan 2000. – K. Baisch et al. (Hgg.): *G. Revisited. Subjekt und Politikbegriffe in Kultur und Medien*, Stgt./Weimar 2002. – S. Gamble: »G. and Transgender Criticism«. In: J. Wolfreys (Hg.): *Introducing Criticism at the 21st Century*, Edinburgh 2002. S. 37-56. – C. Colebrook: *G.*, N.Y. 2004.   DF/SSch

Gender Studies (Geschlechterforschung; engl. *gender*: Geschlecht; *study*, Pl. *studies*: Studien, Untersuchungen), *G.St.* analysieren das hierarchische Verhältnis der Geschlechter (↗ Geschlechterdifferenz; ↗ Geschlechtsidentität und Geschlechterrolle), wie es sich in den verschiedenen Bereichen einer Kultur manifestiert. Grundannahme dabei ist, daß sich Funktionen, Rollen und Eigenschaften, die Männlichkeit bzw. ↗ Weiblichkeit konstituieren, nicht kausal aus biologischen Unterschieden zwischen Mann und Frau ergeben, sondern gesellschaftliche Konstrukte und damit veränderbar sind. Die

Gegenstände und Methoden der *G.St.* sind von denen der feministischen Theorie (↗ feministische Lit.theorie) nicht immer eindeutig zu trennen. Ein entscheidender Unterschied ist gleichwohl die Perspektive: Anders als die *Women's Studies* postulieren die *G.St.* keine Gemeinsamkeiten von Frauen, die auf ihre spezifische Körperlichkeit bzw. die männliche Reaktion auf diese Körperlichkeit zurückzuführen wären. So ist die zentrale Analysekategorie der *G.St.* nicht ›die Frau‹ oder ›Weiblichkeit‹, sondern Geschlechtlichkeit als Genus (↗ *gender*), d.h. als historisch wandelbares, gesellschaftlich-kulturelles Phänomen. Die *G.St.* diskutieren kulturelle ↗ Repräsentationen und Interpretationen des Körpers und fragen danach, wie die gesellschaftliche Geschlechterdifferenz über den Rückgriff auf die Biologie naturalisiert wird. Vielfach steht auch die Unterscheidung zwischen männlich und weiblich selbst zur Disposition. Unter Bezugnahme auf die ↗ Dekonstruktion wird die Geschlechtsidentität dabei als Effekt sprachlich-differentieller Prozesse verstanden, die jeder Essentialität entbehrt. Ziel ist folglich weniger die Kritik an männlicher Herrschaft und die Forderung nach Gleichberechtigung von Frauen. Zwar setzen sich die *G.St.* auch mit der Asymmetrie zwischen den Geschlechtern auseinander, sie fragen darüber hinaus aber auch nach der Konstitution, der Funktion und der spezifischen Ausformung der Geschlechterdifferenz in der jeweiligen Gesellschaft. Entsprechend wird *gender* auch im Zusammenspiel mit anderen hierarchisierenden Kategorien wie etwa *class* und *race* diskutiert. Die *G.St.* stellen insofern einen neuen wissenschaftlichen Ansatz dar, als hier angenommen wird, daß kulturelle Bedeutungsstiftung grundsätzlich über die Geschlechterdifferenz organisiert wird. *Gender* wird folglich nicht als ein weiterer Forschungsaspekt neben vielen anderen erachtet, wie dies im Bereich der *Women's Studies* möglich ist, sondern kann oder sollte jeder Forschung zugrunde liegen.

Die *G.St.*, die sich v.a. in den 1980er Jahren etablierten, trugen zunächst v.a. jenen Einwänden Rechnung, die dem frühen Feminismus eine Universalisierung der Erfahrungen weißer Frauen der Mittelklasse und Ignoranz gegenüber Differenzen zwischen Frauen vorgeworfen haben. Die von poststrukturalistischen Theorien (↗ Poststrukturalismus) inspirierte Dekonstruktion der Kategorie ›Frau‹, für den frühen Feminismus gleichermaßen Forschungsobjekt wie Erkenntnissubjekt, ist daher als ein entscheidender Aspekt in der Entwicklung der *G.St.* zu erachten. Die weitgehende Verdrängung der *Women's Studies* durch die *G.St.* mit ihrer veränderten Schwerpunktsetzung hat dazu geführt, daß die vorwiegend soziohistorische Ausrichtung feministischer Studien der 1970er Jahre durch Ansätze ergänzt oder ersetzt wurde, die aus der Lit.wissenschaft, der (Sprach-)Philosophie und der Anthropologie stammen. Letztere hat auf die Vielfalt von *gender*-Systemen in den verschiedenen Kulturen verwiesen (vgl. Sh. Ortner und H. Whitehead). Ein entscheidender theoretischer Impuls ging von der Anthropologin G. Rubin aus, die die Freudsche Psychoanalyse und den ↗ Strukturalismus von Cl. Lévi-Strauss verknüpfte und die Differenzierung zwischen *sex* und *gender* für die Gesellschaftsanalyse nutzbar machte. Von Rubin stammt der Begriff des ›*sex/gender*-Systems‹, womit sie die Strukturen bezeichnet, durch die in einer spezifischen Kultur aus dem ›biologischen Rohmaterial‹

(*sex*) gesellschaftliche Subjekte (*gender*) produziert werden. Innerhalb dieses Systems geht nach Rubin die Naturalisierung der Geschlechterdifferenz mit dem Inzesttabu sowie mit der Tabuisierung aller Formen von Sexualität einher, die nicht der normativen heterosexuellen Paarbeziehung entsprechen. Rubins *sex-gender*-System galt über lange Zeit als grundlegendes Modell der *G.St.* Ihre These vom Zusammenhang zwischen Geschlechterdifferenz und gesellschaftlicher ›Zwangsheterosexualität‹ ist von den *Gay and Lesbian* bzw. *Queer Studies* aufgenommen und weiterentwickelt worden. Insbes. deren neuere Strömungen, die sich dem Konnex *sex-gender*-Sexualität zuwenden, haben wiederum für die *G.St.* wichtige Impulse geliefert (vgl. z.B. J. Butler, J. Dollimore, E.K. Sedgwick). Neben den Parallelen und Überschneidungen zwischen *G.St.* und *Gay and Lesbian Studies* sind *G.St.* auch ein wichtiger Aspekt der ↗ postkolonialen Lit.theorie, wie sie u.a. in den Arbeiten von G.Ch. Spivak entwickelt wird. Gemeinsamer Ansatzpunkt ist die Frage nach dem Zusammenwirken von Geschlechterdifferenz und ethnischer Differenz bzw. Rassismus. *G.St.* stellen folglich nicht so sehr eine eigenständige Forschungsrichtung dar als vielmehr eine spezifische Art der Herangehensweise an kulturelle Phänomene, die sich in den verschiedenen Disziplinen mit unterschiedlichen Methoden etabliert hat. So ist der Einbezug der Kategorie *gender* nicht nur für die Lit.- und Sozialwissenschaften, sondern auch für die naturwissenschaftliche (E. Fox Keller) und die historische Forschung (N.Z. Davis, J. Kelly-Gadol) eingefordert worden. Dabei ist jedoch fast immer eine deutliche interdisziplinäre, vielfach kulturwissenschaftliche oder kulturanthropologische Anlage der Forschung festzustellen, die sich gerade aus der Zielstellung der *G.St.* ergibt (↗ Kulturwissenschaft). Charakteristisch ist zudem eine historische Perspektivierung, die nach Brüchen und Neudefinitionen der Geschlechterordnungen fragt. Daß sich solche Studien insbes. auf das Europa der Frühen Neuzeit und die Zeit um 1800 konzentriert haben (vgl. A. Corbin, C. Gallagher, K. Hausen, C. Honegger, Th. Laqueur, L. Steinbrügge), erklärt sich dadurch, daß bis ins 18. Jh. ein grundsätzlich anderes Modell der Geschlechterdifferenz gültig war. Mann und Frau waren graduell voneinander unterschieden, wurden aber nicht in fundamentaler Opposition zueinander gesehen.

Geht man davon aus, daß die Geschlechterdifferenz ein Effekt gesellschaftlicher ↗ Diskurse ist, verlangt der Konnex von Text und *gender* bzw. Textualität und Sexualität bes. Berücksichtigung. *G.St.* in der Lit.wissenschaft analysieren, wie kulturelle Entwürfe von Weiblichkeit oder Männlichkeit in der Lit. und ihrer Lektüre konstituiert, stabilisiert und revidiert werden. Dies impliziert u.a., daß der literar. Text in seiner historischen und kulturellen Spezifität, in seinen intertextuellen Bezügen (↗ Intertextualität) z.B. zu religiösen, politischen, medizinischen oder juristischen Diskursen gelesen wird (vgl. u.a. C. Belsey, St. Greenblatt, S. Weigel). Dabei wird auch der Zusammenhang zwischen *gender* und Genre sowie geschlechtsspezifisches Lesen (Sh. Felman, P. Schweickart) problematisiert und gefragt, inwieweit Autorschaft und das Schreiben bzw. die Repräsentation an sich über die Geschlechterdifferenz organisiert sind (E. Bronfen, B. Johnson, T. de Lauretis, B. Vinken). Schließlich stehen auch die Paradigmen der

Lit.wissenschaft selbst zur Disposition, so daß z.B. die traditionelle Lit.-geschichtsschreibung einer kritischen Lektüre und Neuschrift unterzogen wird (vgl. Schabert 1997).

War bei aller methodologischen und theoretischen Vielfalt innerhalb der *G.St.* die Unterscheidung zwischen biologischem und sozialem Geschlecht weitgehender Konsens, hat in den späten 1980er Jahren und verstärkt im Zuge der Diskussion um Butlers Buch *Gender Trouble* (1990) zu Beginn der 1990er Jahre eine intensive Debatte um die Gültigkeit dieses *sex/gender-*Modells eingesetzt, in der verschiedene Aspekte zum Tragen kommen: (a) die Rezeption und radikale Weiterentwicklung theoretischer Ansätze des Poststrukturalismus (der Diskursanalyse M. Foucaults, der Psychoanalyse J. Lacans und ihrer Lektüre durch frz. Feministinnen); (b) die Aufnahme neuerer Erkenntnisse der Medizingeschichte (Th. Laqueur, L. Jordanova), die zeigen, daß sich Vorstellungen von einem fundamentalen Unterschied zwischen männlichem und weiblichem Körper (*two-sex-model*) erst seit dem 18. Jh. entwickelt haben; (c) Auseinandersetzungen in der Biologie um die Kriterien zur Bestimmung der Geschlechtszugehörigkeit; (d) die durch die neuen Kommunikationstechnologien ausgelöste Revolutionierung des Verhältnisses von Mensch, Maschine und Wirklichkeit (D. Haraway); (e) Phänomene der Populärkultur wie z.B. Transvestismus (M. Garber). Mit dem Argument, daß erst die Gesellschaft bestimmten Körpermerkmalen Bedeutung zuweist und als Geschlechtsmerkmale identifiziert, wird der Glaube an eine jeder Kultur vorgängige Existenz von zwei biologischen Geschlechtern bestritten. Der ↗ Poststrukturalismus wirft Fragen auf, die das Grundverständnis der *G.St.* berühren: Die aktuellen Debatten konzentrieren sich v. a. auf das Verhältnis zwischen gesellschaftlicher Macht und dem individuellen Handlungsspielraum des Subjekts, auf historische Körper- und Geschlechter(de)konstruktionen, auf die Diskursivität und Performativität von *engendering*, auf Transgressionen binärer ↗ Geschlechtsidentitäten sowie die Spannungen zwischen (unterschiedlichen fach)wissenschaftlichen *G.St.* und Frauenpolitik und -förderung.

Lit.: s. auch ↗ Geschlechterdifferenz. – I. Schabert: *Engl. Lit.geschichte. Eine neue Darstellung aus der Sicht der Geschlechterforschung,* Stgt. 1997. – Themenheft zu *G.St.* (Hgg. P.U. Hohendahl et al.) der *Zs. für Germanistik* N.F. 9.1 (1999). – C. Kaplan/D. Glover (Hgg.): *Genders,* Ldn./N.Y. 2000. – von Braun/Stephan 2000. – K. Baisch et al. (Hgg.): *Gender revisited. Subjekt- und Politikbegriffe in Kultur und Medien,* Stgt./Weimar 2002. – S. Gamble: »Gender and Transgender Criticism«. In: J. Wolfreys (Hg.): *Introducing Criticism at the 21st Century,* Edinburgh 2002. S. 37-56. – R. Kroll (Hg.): *Metzler Lexikon G.St./Geschlechterforschung. Ansätze, Personen, Grundbegriffe,* Stgt./Weimar 2002. – R. Hof: »Kulturwissenschaften und Geschlechterforschung«. In: A. Nünning/V. Nünning 2003. S. 329-350. – V. Nünning/A. Nünning (Hgg.): *Erzähltextanalyse und G. St.*, Stgt./Weimar 2004.

DF/SSch

Geschlechterdifferenz, G. bezeichnet das hierarchische Verhältnis zwischen Männern und Frauen, wie es in verschiedenen Aspekten einer Gesellschaft zum Tragen kommt. Dies überkreuzt sich mit anderen Hierarchisierungen, v.a. über die Kategorien *race* und *class*, so daß die G. weitere Differenzierungen innerhalb der Geschlechter nicht ausschließt.

Die ↗ *Gender Studies* bzw. die ↗ feministische (Lit.-)Theorie führen diese Ungleichheiten nicht auf Vorstellungen von einem natürlichen ›Wesen‹ der Geschlechter zurück. Statt dessen wird seit den späten 1960er Jahren zwischen dem biologischen Geschlecht (*sex*) und dem kulturellen Geschlecht (↗ *gender*) unterschieden und letzteres als Konstrukt erkannt, das sich nicht kausal aus dem Körper ergibt. Wie die Ergebnisse historischer Forschung zeigen, haben sich in der westlichen Kultur erst im 19. Jh. Vorstellungen etabliert, die von einer grundsätzlichen biologischen Verschiedenheit der Geschlechter ausgehen, aus denen spezifische, komplementäre Charakteristika abgeleitet werden. Diese geschlechtsspezifischen Zuschreibungen orientieren sich an den ↗ binären Oppositionen Kultur/Natur, aktiv/passiv, Verstand/Gefühl, Geist/Körper, wobei der Frau immer der zweite (negativ besetzte) Term zugewiesen wird. Die Forschung zur G. sucht einerseits ihr Entstehen und ihre spezifische Ausformung in der jeweiligen Gesellschaft nachzuzeichnen und sie andererseits als sprachlich-differentiellen Prozeß zu dekonstruieren. Hier trifft sich die ↗ Dekonstruktion mit der Psychoanalyse nach J. Lacan, der die Herausbildung der geschlechtlichen Differenz erst mit dem Eintritt des Kindes in die Symbolische Ordnung ansetzt. G. stellt sich folglich als hierarchischer und unabschließbarer Signifikations- und Repräsentationsprozeß dar, welcher in gesellschaftlichen Diskursen immer wieder aufs neue (re-)produziert wird.

Lit.: s. auch ↗ Gender Studies. – H. Nagl-Docekal/H. Pauer-Studer (Hgg.): Denken der G.: Neue Fragen und Perspektiven der feministischen Philosophie, Wien 1990. – C. Honegger: Die Ordnung der Geschlechter. Die Wissenschaft vom Menschen und das Weib, FfM./N.Y. 1991. – S. Benhabib (Hg.): Der Streit um Differenz. Feminismus und Postmoderne in der Gegenwart, FfM. 1993. – H. Bußmann/R. Hof (Hgg.): *Genus. Zur G. in den Kulturwissenschaften*, Stgt. 1995. – K. Röttger/H. Paul (Hgg.): Differenzen in der G./Differences within Gender Studies, Bln. 1999.   DF/SSch

Geschlechtsidentität und Geschlechterrolle, der Begriff der Geschlechterrolle (GR.) stammt aus der soziologischen Rollentheorie, die das soziale Handeln des oder der einzelnen im Rahmen gesellschaftlicher Erwartungsmuster als Rolle bezeichnet. Unter GR.n wären also die spezifischen Aufgaben zu verstehen, die Männern bzw. Frauen zugewiesen werden, insbes. die geschlechtsspezifische Arbeitsteilung in der Familie und dem Erwerbsleben, darüber hinaus aber auch als ›männlich‹ oder ›weiblich‹ definierte Verhaltensmuster (↗ Weiblichkeit/weibliche Ästhetik). Die Rollen gehen nach dieser Theorie im Zuge der Sozialisation fest ins Handeln der Individuen über, die sie internalisieren und schließlich als natürlich erachten, d.h. als Geschlechtsidentität (GI.) ausbilden. Mit der Analyse von GI. und GR. wird folglich der Zusammenhang zwischen körperlich differenzierten Individuen, Gesellschaftsstruktur und Persönlichkeitsentwicklung beleuchtet.

Seit den 1960er Jahren hat der Feminismus Kritik an den traditionellen weiblichen Rollen geübt. Dabei wurde mehr und mehr auch der den Rollen zugrunde liegende Machtaspekt berücksichtigt, die Natürlichkeit der Verbindung zwischen Körper, gesellschaftlicher Rolle und GI. angezweifelt und als Effekt kultureller Diskurse beschrieben. In Abweichung von Sozialisationstheorien erfolgt nach der Psychoanalyse J. Lacans mit dem Eintritt des Kindes in die Symbolische Ordnung die sexuelle Differenzierung und die Herausbildung von GI. Dagegen betont die feministische Objektbeziehungstheorie in der Nachfolge M. Kleins die Ablösung von der Mutter als zentral für die Ausformung der GI. des Kindes. Vom Gynozentrismus wurden traditionelle Weiblichkeitsstereotype (Mutterschaft, Emotionalität, Körperlichkeit usw.) positiv umbewertet und zur Basis einer weiblichen GI. und einer neuen Ethik erklärt. Neuere Entwicklungen in den *Gender Studies* diskutieren GI. dagegen als ein gesellschaftlich-kulturelles Konstrukt, das die Beziehungen zwischen körperlichem Geschlecht, GR.n sowie Sexualität naturalisiert und unablässig reproduziert. Mit der Auffassung von ↗ *Gender* als einem diskursiven und performativen Prozeß (J. Butler) und mit dem Entwurf von *transgender-* oder *postgender-*Utopien (D. Haraway) geht insofern der Versuch einher, geschlechtliche Identitätskategorien grundsätzlich zu dekonstruieren (↗ Dekonstruktion).

Lit.: S. Harding: »GI. und Rationalitätskonzeptionen. Eine Problemübersicht«. In: E. List/H. Studer (Hgg.): *Denkverhältnisse. Feminismus und Kritik*, FfM. 1989. S. 425–453. – B. Wartenpfuhl: *Dekonstruktion von GI. – Transversale Differenzen. Eine theoretisch-systematische Grundlegung*, Opladen 2000.   DF/SSch

H

Handlung/Handlungsrollen, literarische, Termini aus der ↗ Empirischen Theorie der Lit. (ETL); der Begriff der H. wird dort definiert als intentionale (beabsichtigte) Veränderung oder Aufrechterhaltung eines Zustandes durch eine Person, die in einer Situation im Rahmen ihres ↗ Voraussetzungssystems und gemäß einer Strategie handelt. Eine literar. H. ist eine Kommunikationshandlung (eine H., die für das Zustandsmanagement Kommunikate benutzt), die eine sprachliche Kommunikatbasis als thematisches Kommunikat realisiert und dabei die Ästhetik- und die Polyvalenz-↗ Konvention befolgt sowie sprachbezogene ästhetische ↗ Normen anwendet. Die Ästhetik-Konvention entlastet den Handelnden von der ansonsten sozial verbindlichen Verpflichtung auf die Wahrheit und den Tatsachengehalt von Aussagen (Tatsachen-Konvention). Dadurch werden kontrafaktische und fiktionale Aussagen im Zusammenhang ästhetisch-literar. ↗ Kommunikation positiv bewertbar. Die Polyvalenz-Konvention entlastet von der ansonsten geltenden Verpflichtung auf die Eindeutigkeit von Aussagen. Dadurch werden in ihrer Bedeutung und Lesart vielschichtige, für alternative semantische Interpretationen offene Texte positiv bewertbar. Literar. Handeln ist also ein auf sprachliche Kommunikate gerichtetes Handeln, das ↗ Fiktionalität und Mehrdeutigkeit von Texten ermöglicht, erwartet und erzeugt.

Bereits seit der Antike gibt es soziale HR. im Bereich ästhetisch-literar. Handelns. Das Konzept der sozialen Rollen stammt aus der Beziehungssoziologie (L.v. Wiese, G. Simmel); dort bezeichnet es gesellschaftlich vorgegebene H.sräume oder Positionen, die von einzelnen Individuen ausgefüllt bzw. besetzt werden können; die Gesellschaft legt die Verhaltens- und H.smöglichkeiten ihrer einzelnen Mitglieder fest. R. Dahrendorf dynamisierte in seinem *Homo Soziologicus* das starre Rollenkonzept der Beziehungssoziologie, indem er soziale Rollen als Resultate der Wechselwirkung und Arbeitsteilung unter den Gesellschaftsmitgliedern charakterisierte, die als soziale Institutionen stabilisiert werden können. – Im Bereich des ästhetischliterar. Handelns haben sich schon früh soziale Rollen wie die des Poeten, des Erzählers, des Sängers und Mimen, oder des Kommentators etabliert. Mit der Technisierung des Schreibens durch manuelle und schließlich maschinelle Vervielfältigung (Buchdruck) sowie einer entsprechenden infrastrukturellen Entwicklung und Kommerzialisierung (Buchmarkt) entstanden z.B. die moderne Schriftsteller-Rolle, die Rolle des Verlegers und des Buchhändlers, des Bibliothekars, des Lit.kritikers. In der ETL werden solche HR. auf vier generelle Rollenkonzepte reduziert, nämlich die der Lit.produktion, Lit.-vermittlung, Lit.rezeption und Lit.verarbeitung. Mit der fortschreitenden medialen Diversifizierung und Ausdifferenzierung sind die HR. in den Mediensystemen bis in die Gegenwart (z.B. digitale Bildschirmmedien) einem entsprechenden Wandel unterworfen: Urheber von Werken sind oft Teams, so daß Autorschaft nicht mehr auf eine Person (z.B. den Dichter) zurechenbar ist; die traditionelle Verlegerrolle ist in zahlreiche Spezialtätigkeiten wie Finanz- und Personalmanagement, Lektorierung, Herstellung und Marketing differenziert, die keine Einzelperson mehr allein ausüben kann; die Gruppe der Lit.rezipienten und -verarbeiter ist intern hoch differenziert. Um diesem Differenzierungsprozeß auch terminologisch Rechnung zu tragen, wird in der neueren ETL zwischen H.sbereichen (Produktion, Rezeption, Vermittlung, Verarbeitung) und in diesen Bereichen entstandenen HR. unterschieden.

Lit.: Schmidt 1991 [1980]. – G. Rusch: »Zur Systemtheorie und Phänomenologie von Lit.«. In: *SPIEL* 10.2 (1991) S. 305–339. – S.J. Schmidt: »HR. im Fernsehen«. In: W. Faulstich (Hg.): *Vom ›Autor‹ zum Nutzer. HR. im Fernsehen*, Mchn. 1994. S. 13–26.   GR

Hermeneutik (gr. *hermēneutiké téchnē*: Auslegungs-, Übersetzungskunst), der Begriff bezeichnet sowohl die literar.-philologische Kunstlehre der Textinterpretation als auch die philosophische Theorie der Auslegung und des Verstehens überhaupt. Beide Bedeutungen überschneiden sich z.T. in verschiedenen geisteswissenschaftlichen Theorien, so daß eine klarere Trennung zwischen ihnen, z.B. in literar. H. und hermeneutische Philosophie, wünschenswert wäre. – Traditionell beschäftigt sich die literar. H. mit der Auslegung von Gesetzen (juristische H.), des humanistischen Textkanons (philologische H.), philosophischer und biblischer Schriften (philosophische und theologische H.), doch werden auch andere tradierte Kunstformen und gesellschaftliche Überlieferungen von ihr erfaßt.

Bereits in der Antike lassen sich mit den allegorischen Interpretationen von ↗ Mythen (bes. Homers und Hesiods) durch die Stoiker erste Ansätze einer literar. H. erkennen, die in ähnlicher Weise von Philon von Alexandreia (15 v.Chr.–45 n.Chr.) im Umgang mit dem Alten Testament verwendet wurden. Die Kirchenväter Origines (185–254; *Peri archon*) und Augustinus von Hippo (354–430; *De doctrina christiana*) lieferten eine erste, im Mittelalter stark wirkende Theoretisierung des Verfahrens, bei der der buchstäbliche Sinn hinter dem ›geistlichen‹ zurücktritt. Augustinus postulierte dabei einen mehrfachen Schriftsinn, dessen gottgemäßer Sinn unter Absehung vom wörtlichen Text der Fabeln durch den Schriftkundigen zu eruieren sei. Durch die Reformation traten die Betonung des wörtlichen Sinns der Bibel und die Ablehnung der Auslegungstradition in den Vordergrund. Bestimmend waren M. Luthers (1483–1546) ›Schriftprinzip‹ der ›sola scriptura‹, demgemäß sich die Bibel selbst auslegt, und M. Flacius Illyricus' (1520–1575) Werk *Clavis scripturae sacrae*, das einen Schlüssel (*clavis*) zur Interpretation von Bibelstellen bieten wollte. Die Einführung des Neologismus ›H‹. findet in der frühen Neuzeit durch J.C. Dannhauers (1603–1666) Werk *Hermeneutica sacra sive methodus exponendarum sacrum litterarum* (1654) statt. Weitere Wegbereiter der H. in dieser Periode, die durch die Auflösung der Trennung der unterschiedlichen Auslegungspraktiken von theologischer und philologischer H. gekennzeichnet ist, sind J.H. Chladenius (1710–1759), G.F. Meier (1718–1777), A.H. Francke (1663–1727), S.J. Baumgarten (1706–1757) und J.S. Semler (1725–1791). Steht in der frühen Neuzeit noch das praktische Textauslegung mit ihrem Ziel der Aufdeckung der Originalbedeutung des Textes im Vordergrund hermeneutischer Bemühungen, so stellt sich mit der romantischen H. des 18. und 19. Jh.s, z.B. in den Schriften G.A.F. Asts (1778–1841), F.A. Wolfs (1759–1824), J.G. Herders (1744–1803), F.v. Schlegels (1772–1829), ein Universalisierungsprozeß ein. In dieser Periode beginnt sowohl die Historisierung der Bibel als auch die stärkere Beachtung weltlicher Lit. in den Bemühungen der frühen Hermeneutiker. F. Schleiermacher (1768–1834; Theologe und Philosoph; seit 1810 Professor in Berlin; seit 1811 Mitglied der Preußischen Akademie der Wissenschaften), der für die weitere Entwicklung der H. bedeutendste Vertreter, führte in Auseinandersetzung mit dem Gedankengut des dt. Idealismus als erster eine Trennung zwischen der reinen Methodenlehre der Textbearbeitung und der Theorie vom menschlichen Verstehen überhaupt ein, die sich in seiner Unterscheidung zwischen ›grammatischer‹ und ›psychologischer‹ H. ausdrückte. Verstehen erscheint ihm als durch die Teilhabe jedes Menschen an Gott gewährleistet, die einen Akt der ›Divination‹, des kongenialen Erfassens des Sinns eines Kunstwerks, ermöglicht. Das wichtigste Hilfsmittel auf dem Weg zu einem angemessenen Verständnis ist dabei die historisch-biographische Analyse, da sich erst aus dem Verständnis des Lebenszusammenhangs die Bedeutung der einzelnen Werke erschließt. Im Übergang vom 19. zum 20. Jh. wurde

W. Dilthey, ausgehend von seinem *Leben Schleiermachers* (1870) und seiner
Auseinandersetzung mit den Ansichten der historischen Schule L.v. Rankes
(1795–1886) und J.G. Droysens (1808–1884), zum Begründer der Theorie
der Geisteswissenschaften, deren Selbständigkeit nach Gegenstand und
Methode er in Abhebung von den Naturwissenschaften in seiner *Einleitung in die Geisteswissenschaften* (1883) zu erweisen suchte. In den *Ideen
zu einer beschreibenden und zergliedernden Psychologie* (1894) stellte er die
in diesem Zusammenhang entscheidende Trennung zwischen naturwissen-
schaftlichem ›Erklären‹ und geisteswissenschaftlichem ›Verstehen‹ auf. Ein
weiteres grundlegendes Werk für Diltheys Nachfolger auf dem Gebiet der
H. und der geisteswissenschaftlichen Erkenntnistheorie ist *Der Aufbau der
geschichtlichen Welt in den Geisteswissenschaften* (1910). In einer theoretischen
Weiterentwicklung der Position Schleiermachers wird hier die Bedingung der
Möglichkeit des Verstehens in der Geschichtlichkeit des Menschen erblickt;
eine methodische Fortentwicklung findet dabei allerdings nicht statt.

Im 20. Jh. erfolgt eine starke Ausweitung der theoretischen Tendenzen
des 19. Jh.s; ihre extremsten Formen finden diese im Bereich der Philosophie.
Sie interessieren sich dort nur noch am Rande für das Verstehen von Texten
und richten ihr Hauptaugenmerk auf die erkenntnistheoretische Fundierung
des Verstehens. Vorherrschend ist hier die fundamentalontologische Theorie
M. Heideggers, mit dessen Werk *Sein und Zeit* (1927) die Etablierung einer
hermeneutischen Philosophie ihren Abschluß fand. Heideggers Bedeutung
für die Entwicklung der Geisteswissenschaften im 20. Jh. ist kaum zu über-
schätzen: er wurde nicht nur für die weitere Ausprägung der Theorie der
Geisteswissenschaften und der H. durch seinen Schüler H.-G. Gadamer,
sondern auch für die Philosophie des frz. Existentialismus (J.-P. Sartre), die
dt. Existenzphilosophie (K. Jaspers) und verschiedenste lit.- und kulturwissenschaftliche Theorien (J. Derrida, P. Ricœur, J. Habermas, Th.W. Adorno
usw.) zu einem entscheidenden Einflußfaktor. Verstehen wird von ihm als
die primäre Weise des In-der-Welt-Seins ausgewiesen. In der Sorge um den
je eigenen Lebensweg erlangt die Auslegung des alltäglich Begegnenden
vorrangige Bedeutung; Texte werden als Träger von darin angesprochenen
Seinsmöglichkeiten bedeutsam. Große Skepsis wird dabei der sprachlichen
Fundierung des Verstehens entgegengebracht, da Sprache durch bereits in
den Worten liegenden Weltauslegungen die Möglichkeit des Verbergens von
Wahrheit beinhaltet. H. meint hier die Analyse der verschiedenen Aspekte
der Verstehensprozesse.

In Gadamers bahnbrechendem Werk *Wahrheit und Methode* (1960) wird
der Akzent auf die positiven Möglichkeiten der in der Sprache angelegten
Verstehensunterschiede verschoben, durch die erst eine Grundlage für den
diskursiven Vergleich von Welterkenntnis bzw. Textverständnis existiert.
Interpretation und Wahrheit sind wegen ihrer Bezogenheit auf die je eigene
Welterfahrung also nur für den jeweiligen Leser gültig und insofern nur
subjektiv zu denken. Die immense Bedeutung, die sich in den vielfältigen
Reaktionen auf dieses Werk zeigt (vgl. die langjährigen Diskussionen mit
Derrida und Habermas), erfordert allerdings eine breitere Betrachtung
von Gadamers Theorie. Während das Verstehen der romantischen H.

noch als kongeniale Reproduktion der urspr. genialen Produktion eines Kunstwerks galt (Schleiermacher) und im Laufe der Universalisierung des Ansatzes zum existentialen Akt der Auslegung des innerweltlich Begegnenden wurde (Heidegger), charakterisiert Gadamer es als die ›Verschmelzung der Horizonte‹ von Text und Leser. Einer der Kernbegriffe ist dabei der des ↗ ›hermeneutischen Zirkels‹, der in verschiedenen Formen und Vorformen auch bei seinen Vorgängern auftritt. Dieser bezeichnet das Verhältnis des Ganzen und seiner Teile als Strukturmerkmal jeden Verstehens, ob textbezogen oder nicht, demzufolge jedem Wissen ein Vorwissen vorausgeht und jeder Erweiterung des Wissenshorizonts eine weitere Ausdehnung folgen kann, so daß Verstehen immer prozeßhaft, veränderlich und wesenhaft subjektiv bleibt. ›Man versteht anders, wenn man überhaupt versteht.‹ (Gadamer). Damit hängt auch das Problem des reziproken Verhältnisses von Ganzem und Teil (z.B. im Verhältnis von Kap. zu Buch oder Buch zu Gesamtwerk eines Autors) zusammen, bei dem jeweils das eine notwendige Vorbedingung für das angemessene Verständnis des anderen ist. Versuchte die ältere H. noch (und bestimmte Vertreter einer modernen philologischen H. wieder), aus diesen Dilemmata auszubrechen und einen objektiven Standpunkt zu finden, von dem aus sichere Erkenntnis möglich würde, so bezieht die hermeneutische Philosophie seit Heidegger (›Vorhabe, Vorsicht und Vorgriff‹) und Gadamer die Vorurteile des erkennenden Subjekts als notwendige Erkenntnisbedingung mit ein, deren sich der Interpret bewußt werden muß, da sie wesenhaft nicht hintergehbar sind. Mit diesen ist jede Art der Welterfahrung gemeint, die ein Leser an einen Text, bzw. ein Betrachter an ein Objekt, überhaupt heranträgt, so z.B. der von Gadamer so benannte ›Vorgriff der Vollkommenheit‹, in dem der Leser sowohl einen kohärenten Textsinn als auch die Wahrheit des im Text Ausgesagten voraussetzt. Aufgrund der vorhandenen Vorurteile ist die wichtigste Aufgabe der philologischen H., Offenheit für den Anspruch des Textes zu wahren, der von Gadamer als Antwort auf eine existentielle Frage verstanden wird. Diese Frage gilt es, unter Abwehr eigener Einfälle herauszuhören und sich auf ein ›hermeneutisches Gespräch‹ einzulassen, bei dem die Sache selbst den Verlauf des Frage-Antwort-Spiels zwischen Erkennendem und Objekt bestimmt. Dabei ist zu beachten, daß die von der gr. Ontologie entwickelte und seit R. Descartes stark in den Vordergrund getretene Dichotomie von Subjekt und Objekt von den Vertretern der hermeneutischen Philosophie gerade abgelehnt wird. Im Anschluß an Heideggers ›ontologische Wende‹ bezeichnet Gadamer das Verhältnis von Text und Leser als Spiel, in dem die Offenheit des Lesers eine ›totale Vermittlung‹ bzw. Horizontverschmelzung bewirken kann. Erst im Anschluß an dieses Verstehen kann die kritisch-objektivierende Betrachtung stehen. Im Begriff der Horizontverschmelzung liegt allerdings auch die Ablehnung einer historischen Naivität: Vor aller Möglichkeit der Verschmelzung muß der Versuch der gründlichen Erschließung des (auch historischen) Horizonts des Anderen liegen, doch ist sich die hermeneutische Philosophie der Unabschließbarkeit dieses Prozesses bewußt. Der historischen Erschließung eines Textes kommt dabei ein weiteres Strukturmerkmal des Verstehens, der Zeitenabstand, zugute.

Durch den historischen Abstand zum Untersuchungsobjekt werden nämlich
sowohl die Vorurteile der Entstehungszeit des Werks zerstört als auch neue
Verstehensmöglichkeiten eröffnet, die der im Text zur Sprache gebrachten
Sache angemessener sein können.

Gegen die relativistische Tendenz der hermeneutischen Philosophie
richten sich verschiedene weitere Spielarten der H., zum einen Teil im
erkenntnistheoretischen Rückschritt zu Schleiermacher, Dilthey und einer
wiederzugewinnenden Originalbedeutung des Textes (E.D. Hirsch Jr., E.
Betti), zum anderen Teil in Betonung der Notwendigkeit, trotz des unbe-
zweifelbaren Konflikts der Interpretationen zu methodischen Verfahren zu
gelangen, die eine völlige Willkür einschränken (Ricœur). Hirsch wendet
sich mit seinem Werk *Validity in Interpretation* (1967) in Anlehnung an die
Tradition der philologischen H. gegen die formalistische Textanalytik des
anglo-am. ⁊ *New Criticism* und dessen Unterordnung von Bedeutung und
Inhalt eines Werks unter Aufbau und Struktur. Seine dabei hervortretende
Betonung der Möglichkeit des objektiven Erfassens der Originalbedeutung
(*meaning*) eines Texts, für die die Absicht des Autors den einzig gültigen
Erkenntnismaßstab liefert und die im Gegensatz zur Bedeutung (*significance*)
für den einzelnen Leser zu verstehen ist, bringt ihn mit der poststrukturalistischen Kritik ebensosehr in Konflikt wie mit der hermeneutischen Philosophie
Gadamers, mit deren Positionen er sich in seiner Essaysammlung *The Aims
of Interpretation* (1976) auseinandersetzt. Ricœur wandte sich, ausgehend
von philosophischen Untersuchungen, seit 1960 verstärkt der hermeneutischen Theorie zu, innerhalb derer er zu einem Ausgleich der verschiedenen
Strömungen zu gelangen versuchte. In *De l'Interprétation – Essais sur Freud*
(1965) schlägt Ricœur eine begriffliche Trennung in eine H. des Glaubens,
die sich bemüht, eine gegebene, ›heilige‹ Bedeutung zu erschließen, und
eine H. des Zweifels, die der scheinbar eindeutigen Oberflächenbedeutung
mißtraut und tiefer liegende Interpretationsmöglichkeiten aufsucht, vor.
Zu diesem Zweck werden u.a. die Techniken der Psychoanalyse (⁊ psychoanalytische Lit.wissenschaft) oder der Ideologiekritik (⁊ Ideologie und
Ideologiekritik) als Methoden befürwortet. *Le conflit des interprétations* (1969)
bringt eine Auseinandersetzung mit den Theorien des ⁊ Strukturalismus und
⁊ Poststrukturalismus, bei der Ricœur mit seiner Theorie des Symbols eine
Verbindung zwischen diesen und der H. zu etablieren versucht.

Lit.: E. Betti: *Die H. als allg. Methodik der Geisteswissenschaft*, Tüb. 1962. – E.D.
Hirsch: »Three Dimensions of Hermeneutics«. In: *NLH* 3 (1972) S. 245– 261.
– Jauß 1991 [1977]. – M. Riedel: *Verstehen oder Erklären? Zur Theorie und Ge-
schichte der hermeneutischen Wissenschaften*, Stgt. 1978. – H. Birus: *Hermeneutische
Positionen*, Göttingen 1982. – U. Nassen (Hg.): *Klassiker der H.*, Paderborn 1982.
– T.K. Seung: *Structuralism and Hermeneutics*, N.Y. 1982. – D.E. Klemm: *The
Hermeneutical Theory of P. Ricœur*, Lewisburg 1983. – Ph. Forget (Hg.): *Text und
Interpretation*, Mchn. 1984. – M. Frank: *Das individuelle Allgemeine. Textstruk-
turierung und Textinterpretation nach Schleiermacher*, FfM. 1985. – E.D. Hirsch:
»Truth and Method in Interpretation«. In: *Review of Metaphysics* 18 (1985) S.
489–507. – J.C. Weinsheimer: *Gadamer's Hermeneutics*, New Haven 1985. – G.B.

Madison: *The Hermeneutics of Postmodernity*, Bloomington 1988. – W. Jung: »Neue H.konzepte. Methodische Verfahren oder geniale Anschauung?« In: Bogdal 1997 [1990]. S. 159–180. – H. Silverman (Hg.): *Gadamer and Hermeneutics*, N.Y. 1991. – A. Bühler (Hg.): *Unzeitgemäße H.: Verstehen und Interpretation im Denken der Aufklärung*, FfM. 1994. – J. Grondin: *Hermeneutische Wahrheit? Zum Wahrheitsbegriff H.-G. Gadamers*, Weinheim 1994. – A. How: *The Habermas-Gadamer Debate and the Nature of the Social*, Avebury 1995. – N. Bolz: »H./Kritik«. In: Ricklefs 1996. S. 758–776. – K.-M. Bogdal: »Problematisierung der H. im Zeichen des Poststrukturalismus«. In: Arnold/Detering 1997 [1996]. S. 137–156. – P. Rusterholz: »Hermeneutische Modelle«. In: Arnold/Detering 1997 [1996]. S. 101–136. – ders.: »Zum Verhältnis von H. und neueren antihermeneutischen Strömungen«. In: Arnold/Detering 1997 [1996]. S. 157–177. – Brenner 1998. – Tholen 1999. – K. Weimar: »H.«. In: Fricke 2000. S. 25–29. – M. Jung: *H. zur Einführung*, Hamburg 2002 [2001]. – E. Angehrn: *Interpretation und Dekonstruktion. Untersuchungen zur H.*, Weilerswist 2003.   RAh

Hermeneutischer Zirkel (gr. *hermēneutés*: Ausleger, Erklärer), Modell zur Erfassung des Verstehensprozesses. Der h.Z. beschreibt das Verhältnis des Ganzen und seiner Teile zueinander. Ein Werk kann nur verstanden werden, wenn der Leser bei der Lektüre der einzelnen Textbestandteile schon eine Vorstellung von der ↗ Bedeutung des gesamten Textes hat. Vor dem Hintergrund dieser Hypothese in bezug auf den Gesamtsinn werden die einzelnen Teile sinnhaft, während umgekehrt aber gleichzeitig die Lektüre der Textbestandteile auch die Antizipation der Bedeutung des kompletten Textes beeinflußt.

Für M. Luther war ›sola scriptura sui ipsius interpres‹, d.h. daß die Bibel sich selbst auslegt. Zum Verständnis einer einzelnen Textstelle braucht der gläubige Leser nicht mehr die Überlieferung der Kirche mit ihrer Lehrautorität, sondern kann sich am Gesamtsinn der Heiligen Schrift orientieren. Diese protestantische ↗ Hermeneutik wurde insbes. von dem Schelling-Schüler F. Ast und von dessen Schüler F. Schleiermacher im frühen 19. Jh. weiterentwickelt. Nach Ast läßt sich das Zirkelproblem nur durch die Anerkennung der urspr. Einheit des Besonderen und des Allg., und d.h. durch das Voraussetzen einer Sinneinheit von Einzelnem und Ganzem, auflösen. Schleiermacher begegnet der Möglichkeit von Verstehen hingegen mit größerer Skepsis und sieht lediglich in der Kongenialität zwischen Interpret und Schriftsteller, also in der Fähigkeit des Lesers, sich dem Autor geistig anzuverwandeln, eine Hoffnung auf Verstehen. Letzteres hat nach Schleiermacher immer Prozeßcharakter, wobei vorgreifendes bzw. divinatorisches Erraten in bezug auf das Ganze und absichernder Vergleich mit dem Einzelnen in einem dialogischen Verhältnis stehen und zur Erhellung des Textes führen können. W. Dilthey greift das Prinzip des h.Z.s wieder auf, wenn er darlegt, daß das bloße Nebeneinander der Teile des Lebens lediglich durch die Annahme eines diesen übergeordneten Bedeutungszusammenhanges sinnhaftig werden kann. Dennoch bleibt der Verstehensprozeß auch hier immer ein unabgeschlossener, bei dem der Vorgang der induktiven Antizipation des Ganzen aus den Teilen nie ein völliges Ende nimmt. Verstehen als Überbrückung der kulturellen oder zeitlichen Kluft zwischen Subjekt und Objekt ist nach Dilthey ein Prozeß zwischen einzelnen Typen, d.h. Besonderem, und Allgemeinmenschlichem, d.h. Generellem, wobei ganz im Sinne des h.Z.s mittels des historischen Bewußtseins über die Bedingtheit des Standpunktes des Individuums dennoch universales Wissen möglich wird, das wiederum die Geschichtlichkeit der verstehenden Einzelposition verstehbar werden läßt. Auch M. Heidegger stellt fest, daß Verstehen immer nach der Logik eines *circulus vitiosus* abläuft. Dabei kommt es nicht darauf an, den Zirkel zu verlassen, sondern sich seiner richtig zu bedienen, weil dieser in der existentiellen Vorstruktur des Daseins selbst angelegt sei. Der h.Z. erweist sich dadurch als produktiv im Sinne einer Auflösung des Antagonismus zwischen Teil und Ganzem, Vorverständnis und Text, Subjekt und Objekt. Auch H.-G. Gadamer bedient sich in *Wahrheit und Methode* (1960) wieder des Modells des h.Z.s, um das Phänomen des Verstehens zu klären. Die Kreisbewegung zwischen Teil und Ganzem faßt er durch die Analyse des hermeneutischen Gesprächs zwischen verstehendem oder erkennendem Subjekt und erkanntem Objekt oder Text, bei dem im wechselseitigen Dialog Vor-Urteile durch Frage- und Antwort-Vorgänge verändert werden. Da dabei beide beteiligten Pole sich ständig verändern und gegenseitig beeinflussen und dieser Prozeß wiederum nach dem Muster des h.Z.s abläuft, kann nach Gadamer die alleinig richtige und endgültige ↗ Interpretation eines Textes nicht existieren. Verstehen ist demnach kein linearer und endlicher Vorgang, wie die Zirkelstruktur deutlich zeigt. Nach Gadamer können wir die Vergangenheit nur aus der Gegenwart heraus verstehen und umkehrt. Es ist sein Verdienst, zu einer Historisierung des h.Z.s beigetragen zu haben.

Lit.: K. Stierle: »Für eine Öffnung des h.Z.s«. In: *Poetica* 17 (1985) S. 340–354. – J. Grondin: *Einf. in die philosophische Hermeneutik*, Darmstadt 1991. – L. Danneberg: »Die Historiographie des h.Z.s: *Fake* und *fiction* eines Behauptungsdiskurses«. In: *Zs. für Germanistik* N.F. 5 (1995) S. 611–624. – K. Weimar: »H.Z.«. In: Fricke 2000. S. 31–33.   HA

Histoire vs. discours, die Begriffsopposition (vgl. É. Benveniste 1966) geht davon aus, daß das verbale bzw. literar. wie auch das filmische Erzählen zwei Situationen verbindet, eine an- und eine abwesende. Der Text gibt den Zeichenverlauf für den jeweils konkreten Adressaten in einer bestimmten Ordnung vor (frz. *discours).* Dieses ›Wie‹ des Diskurses dient dem ›Was‹, der vergegenwärtigten, in einer Geschichte verknüpften Welt (frz. *histoire).* Für G. Genette (1972 und 1983) und die meisten westlichen Strukturalisten (↗ Strukturalismus) besteht eine Erzählung nur aus diesen beiden Dimensionen. Sie stehen in Spannung durch ihre beiden Zeiten (↗ Erzählzeit und erzählte Zeit) und dadurch, daß unterschiedliche Wahrnehmungsweisen und Artikulationsmodi im Diskurs bestimmen, was wie zu Geschichte(n) wird. A. Jolles (1930), M.M. Bachtin (1989), am. Pragmatisten wie W. Labov und J. Waletzky (1967) sowie T. Todorov (1967 und 1971) gehen jedoch davon aus, daß die Spannung zwischen Geschichte und Diskurs dem ›Wozu‹ eines Textes dient. Man macht Geschehnisse zu Ereignissen und diese zu einer Geschichte und tut dies diskursiv auf eine bestimmte Weise, um genrespezifisch witzig, märchenhaft, phantastisch, spannend usw. zu wirken. Wenn der Text die möglichen Reaktionen des Adressaten vorwegnimmt, sie als praktisches, zeichengelenktes Tun für eine umfassende Wirkung organisieren kann, wird die so erzeugte Pragmatik während der Kommunikation zentral. Sie konkretisiert den »Pakt« zwischen Autor und Leser zu einer spezischen »Ko-Autorschaft« (Sartre 1958, S. 27f. und 35), impliziert eine »Vollzugsstruktur« und »Spielregeln« (W. Iser 1976, S. 50 und 176), wird von R. Kloepfer »Sympraxis« genannt (1998) und entspricht so, durch Antwort auf die diversen Leserleistungen, auf die dieser wieder reagieren kann usw., dem sokratischen Ideal eines Textes, der das Dialogische über die Zeit bewahrt (vgl. Platons *Phaídros* 1276dff.).

Lit.: A. Jolles: *Einfache Formen*, Tüb. 1982 [1930] – J.-P. Sartre: *Qu'est-ce que la littérature*, Paris 1947 (dt. *Was ist Lit.?*, Hg. T. König, Reinbek 1990 [1950]). – É. Benveniste: *Problèmes de linguistique générale*, Paris 1966 (dt. *Probleme der allg. Linguistik*, Mchn. 1974). – W. Labov/J. Waletzky: »Narrative Analysis. Oral Versions of Personal Experience«. In: J. Helm (Hg.): *Essays on the Verbal and Visual Arts*, Seattle 1967. S. 12–44. – T. Todorov: *Littérature et signification*, Paris 1967. – ders.: *Poétique de la prose*, Paris 1971 (dt. *Poetik der Prosa*, FfM. 1972). – Genette 1972/80. – Iser 1994 [1976]. – Genette 1983/88/94. – M.M. Bachtin: *Formen der Zeit im Roman*, FfM. 1989. – R. Kloepfer: *Sympraxis. Ko-Autorschaft in Lit. und Film*, Dresden 1998.   RK

Hybridität, der aus dem Lat. abgeleitete urspr. biologische Wortgebrauch versteht unter ›Hybride‹ einen Bastard, ein aus Kreuzungen hervorgegangenes Produkt von Vorfahren mit unterschiedlichen erblichen Merkmalen. Das Konzept der H. umfaßt heute einen vielfältig auslegbaren Problemkomplex kultureller Mischformen, der auch als ›Synkretismus‹ bezeichnet worden ist und häufig in Zusammenhang mit den Begriffen Pastiche, Kontamination, ↗ Interkulturalität und ↗ Multikulturalismus sowie ↗ Dialogizität, Heteroglossie und dem Karnevalesken (M.M. Bachtin), der Nomadologie von G. Deleuze und P.F. Guattari und M. Foucaults heterotopischen Räumen gebraucht wird. – Der Begriff entwickelt sich in den Rassenlehren des 19. Jh. s zu einer kulturellen ↗ Metapher. Als rassistisch gefärbte Argumentationsfigur und zugleich angstbesetztes und verführerisches Phantasma sexueller Kontakte zwischen verschiedenen Rassen findet sich H. in den Debatten über die Sklaverei (›*miscegenation*‹), in der Typenlehre und Eugenik sowie in antisemitischen und nationalsozialistischen Texten.

In den 1980er Jahren wurde H. zu einem kulturtheoretischen Schlüsselbegriff umgedeutet. Eine Schaltstelle dieser strategischen Aneignung bildet Bachtins Konzept einer organischen und intentionalen H. sprachlicher Phänomene. Neben St. Hall, P. Gilroy und I. Chambers hat v.a. H. Bhabha diese politisch zu funktionalisierende linguistische H. unter Anschluß an die Psychoanalyse J. Lacans und J. Derridas Begriff der ↗ *différance* zu einer interkulturellen Denkfigur gemacht. Diese faßt Kulturkontakte nicht mehr essentialistisch bzw. dualistisch, sondern entwirft einen ›dritten Raum‹, in dem die Konstitution von Identität und ↗ Alterität weder als multikulturelles Nebeneinander noch als dialektische Vermittlung, sondern als unlösbare und wechselseitige Durchdringung von Zentrum und Peripherie, Unterdrücker und Unterdrücktem modelliert wird. Bhabhas Begriff der H. übernimmt W. Benjamins Konzept der Übersetzung als einer Transformation, in der Inkommensurables ans Licht tritt, und macht den post-kolonialen Intellektuellen zu einem produktiven ›Parasiten‹ inmitten neuer Globalisierungs-, Regionalisierungs- und Migrationsbewegungen, der, wie etwa S. Rushdie, seine Heimatlosigkeit subversiv ausspielen kann.

  Diese strategische ›Ortlosigkeit‹ bildet einen Hauptangriffspunkt vieler Kritiker Bhabhas. So wurde darauf hingewiesen, daß eine poststrukturalistisch fundierte H. die Erfahrungen einer privilegierten Schicht kosmopolitischer Intellektueller verallgemeinert und die Realität kolonialer Ausbeutung sowie das Problem der Mobilisierung kollektiver Identitäten und Handlungsinstanzen vernachlässigt. Während zudem kritisiert wurde, daß H. die Bedeutung von ↗ Geschlechterdifferenzen in kolonialen Szenarien verwischt, macht D. Haraway in Anlehung an die von den ↗ Gender Studies herausgearbeitete H. von Geschlechterbeziehungen den Cyborg, ein Mischwesen aus Mensch und Maschine, zur Leitfigur einer feministischen Politik, die sich Naturwissenschaften und Technologie aneignet, um die materiellen wie diskursiven Übergänge und Austauschprozesse zwischen Menschen, Tieren und Dingen zu erfassen. Haraway liefert damit ein Bindeglied zu zwei Theoriefeldern, in denen der Begriff der H. ebenfalls an Bedeutung gewonnen hat, der Medientheorie, in der Schnittstellen von Mensch und Maschine sowie die hybriden Repräsentationspotentiale des Computers (wie z.B. morphing) erkundet werden, und den sog. social studies of science, deren Vertreter u.a. auf M. Serres' Konzept hybrider ›Quasi-Objekte‹ zurückgegriffen haben, um den Graben zwischen natur- und geisteswissenschaftlicher Kultur zu überbrücken.

  H. ist selbst ein bewußt hybrid gefaßter Begriff und damit ebenso wie die Phänomene, die er hervortreiben soll, schwer zu lokalisieren und immer wieder neu zu verhandeln: Er oszilliert zwischen einem stärker integrativ konzipierten multikulturellen und einem dekonstruktiven Verständnis. Als subversive Kategorie ist H. zudem argumentativ angewiesen auf den Gegenpol stabiler Identitäten, Nationen, Kulturen und Ethnien, also auf das, was viele Anhänger einer Theorie der H. zu überwinden suchen. Für die künftige Begriffsverwendung stellt sich die Frage, welche analytische bzw. subversive Funktion dieser Begriff noch übernehmen kann, wenn H. im Begriff ist, Multikulturalismus als Mode, Werbestrategie und Unternehmensphilosophie abzulösen.

Lit.: Ch.W. Thomsen (Hg.): Hybridkultur, Siegen 1994. – R.C. Young: Colonial Desire. Hybridity in Theory, Culture and Race, Ldn. 1995. – E. Bronfen et al. (Hgg.): Hybride Kulturen. Beiträge zur anglo-am. Multikulturalismusdebatte, Tüb. 1997. – P. Werbner/T. Modood (Hgg.): Debating Cultural Hybridity. Multi-Cultural Identities and the Politics of Anti-Racism, Ldn. 1997. – Ashcroft et al. 1998. – M. Fludernik

(Hg.): *Hybridity and Postcolonialism*, Tüb. 1998. – Ch. Galster: *Hybrides Erzählen und hybride Identität im britischen Roman der Gegenwart*, FfM et al. 2002. – H. Zapf: *Dekonstruktion des Reinen. H. und ihre Manifestationen im Werk von Ishmael Reed*, Würzburg 2002. JG

Hypertext/Hypertextualität (gr. *hypér*: über; lat. *texere*: weben, flechten), *Hypér* verweist auf die metatextuelle Ebene des H.s, d.h. auf die einem elektronisch abgespeicherten ↗ Text übergelagerte Struktur von elektronischen Vernetzungen mit weiteren Texten. – Der Begriff H. wurde in den 1960er Jahren von dem Computerpionier Th.H. Nelson geschaffen. Nelson (1980, S. 2) definierte H. als elektronische Form des »non-sequential writing«. Nach Nelson ist H. ein elektronisch verknüpftes, multilineares und multisequentielles Netzwerk von Textblöcken (Lexien), das dem Leser erlaubt, interaktiv mit dem(n) Text(en) in Kontakt zu treten, elektronischen Verbindungen zu folgen oder selbst solche in Form eigener Lexien zu schaffen. Der H. erzeugt durch die Möglichkeit von Verbindungen (*links*) einen Dialog zwischen Text und weiteren Kontexten/Texten; der H. verliert für Nelson seine Funktion als isolierter Text, wie ihn das traditionelle Buch darstellt. – Im Gegensatz zum Begriff H. beschreibt Hypertextualität (Ht.) die Konvergenz zwischen Computertechnologie und poststrukturalistischen Theorieansätzen (↗ Poststrukturalismus). Nach G.P. Landow (1992) führt die Verbindung aus Text und elektronischem Medium zu einer Pragmatisierung poststrukturalistischer und dekonstruktivistischer Theoreme. Ht. beschreibt einen Textbegriff, der vortäuscht, sich aus der aristotelischen Totalität, die den Text als kausale und lineare Abfolge zwischen Anfang, Mitte und Ende begreift, zu befreien. Ht. fordert eine unabschließbare Neubeschreibung, da sich der elektronisch verfaßte Text jeweils neu in den Übergängen, Verbindungen und Komplexionen des hypertextuellen Netzwerkes konstituiert. Nach Landow übersetzt Hypertextualität die poststrukturalistische Forderung nach einer Dehierarchisierung in eine demokratische Textpragmatik; sie verspricht gleichermaßen Teilhabe an Wissen und Kontribution zu Wissen (vgl. J.-F. Lyotards *La condition postmoderne*, 1979).

H. und Ht. sind eng verbunden mit den lit.theoretischen, philosophischen und kybernetischen Neuansätzen seit dem Ende der 1960er Jahre. Allen gemein ist nicht nur ihre Kritik am logozentrischen Denkmodell der europ. Epistemologie und Metaphysik, sondern ebenso die mit dem ↗ Logozentrismus einhergehende Vorstellung von Textualität als linearem Schreiben und Lesen. J. Derridas *De la grammatologie* (1967), die am Ende der 1960er Jahre zeitgleich mit der zunehmenden Verbreitung des *Personal Computer* entstanden ist, deutet bereits die Konvergenz zwischen Kybernetik und Humanwissenschaften an. Die digitale ›Erschütterung‹, von der Derrida spricht, verkündet ein ›debordement‹, das die traditionell überlieferten Grenzen und Einteilungen der Texte überwindet. R. Barthes trifft in *S/Z* (1970) die kategoriale Unterscheidung in ›schreibbare‹ und ›lesbare‹ Texte, die in der Theorie zum H. und der Ht. eine dominante Rolle spielt. ›Lesbare Texte‹ sind für Barthes schlechthin ›klassische‹ Texte (vornehmlich realistische Romane des 19. Jh.s), in denen der Leser als passiver Rezipient fungiert, insofern diese Text noch ganz einer auktorial vermittelten Darstellungsästhetik verpflichtet sind. Im Gegensatz dazu eröffnet der ›schreibbare Text‹ (moderne, postmoderne Texte) die Möglichkeit der aktiven Teilnahme des Lesers am Prozeß der Bedeutungskonstitution. – Zeitgenössische Theorien zu H. und Ht. (vgl. Landow 1994) vernachlässigen allerdings die Komplexität des Rezeptionsaktes im ›klassischen‹ Text und betonen dagegen poststrukturalistische Konzepte wie die der Dehierarchisierung, der ↗ Intertextualität, des ›schreibbaren Textes‹ und der Negation der Linearität in der ↗ Postmoderne.

Lit.: Th.H. Nelson: *Literary Machines*, Sausalito 1992 [1980]. – G.P. Landow: *Hypertext: The Convergence of Contemporary Critical Theory and Technology*, Baltimore 1992/93. – ders.: *Hypertext Theory*, Baltimore 1994. – H. Krapp/Th. Wägenbauer (Hgg.): *Künstliche Paradiese – Virtuelle Realitäten. Künstliche Räume in Lit.-, Sozial-, und Naturwissenschaften*, Mchn. 1997.   OSch

I

Ideologie und Ideologiekritik (gr. *idéa*: äußere Erscheinung, Anblick; gr. *lógos*: Wort), von dem Franzosen A.L. Destutt de Tracy 1796 als neutrale Bezeichnung für eine neue Wissenschaftsdisziplin geprägt, hat der I.begriff bald eine negative Bedeutung angenommen. Dies geht u.a. auf seinen Gebrauch durch K. Marx und F. Engels zurück, der bis heute die Grundlage der Diskussion bildet. I. bezeichnet dort die auf den Standortabhängigkeit des Denkens beruhenden Mechanismen, durch die veränderliche, gesellschafts- und interessenspezifische Fakten als naturgegebene, unveränderliche Daten mißverstanden werden. Insofern steht das Konzept der I. bei Marx und Engels im Kontext der Debatte um die Erkenntnisfähigkeit von Subjekten, die den gesamten philosophischen Diskurs der Moderne durchzieht. In der selbstbestimmten Arbeit erfährt das Subjekt nach Marx den Sinn der es umgebenden Objekte. Unter kapitalistischen Produktionsverhältnissen werden Objekte jedoch auf ihren Wert reduziert, und die Verbindung zwischen Subjekten und Objekten wird durchtrennt; gesellschaftliche Wertzuschreibungen scheinen Natureigenschaften der Objekte zu sein. Auf der Grundlage dieser verzerrten Wahrnehmungen bilden sich sytemstabilisierende Glaubens- und Überzeugungssysteme, I.n, aus.

Während Marx und Engels noch die Möglichkeit, ideologische Verzerrungen der Wahrnehmung zu durchschauen, also Ideologiekritik (IK.) zu betreiben, konstatieren, werden die Definitionen von I. in der Folge immer expansiver. So vertritt K. Mannheim (1929) die Auffassung, daß alles Denken standortabhängig und damit ideologisch sei. Dies gilt dann natürlich auch für das Denken, das I.n als solche entlarven will. So wird die Frage, wer das Subjekt von IK. sein kann, zu einem zentralen Problem. In der diesbezüglichen Diskussion haben sich im wesentlichen zwei Lösungsansätze herauskristallisiert. Einerseits werden kollektive Erkenntnisprozesse als Möglichkeit zur Überwindung von I. angesehen. So hält G. Lukács es für möglich, daß sich ein proletarisches Klassenbewußtsein herausbilden läßt, das zum Erkennen der objektiven Lage fähig ist. F. Jameson entdeckt ein ideologiekritisches Potential in Kollektiven aller Art, und J. Habermas will I.n mit Hilfe der potentiell ideologiekritischen Substanz von herrschaftsfreier Kommunikation ausschalten. Der konkurrierende Vorschlag, der heute in erster Linie in der feministischen Theorie (↗ feministische Lit.theorie), aber auch von marxistischen Theoretikern wie T. Eagleton (↗ marxistische Lit.-theorie) verteten wird, geht davon aus, daß die Körperlichkeit des Menschen einen Katalog an objektiven Bedürfnissen und Erfahrungstatsachen bereitstellt, der einen analytischen Ausgangspunkt für ideologiekritische Reflexion bietet.

Ein weiterer wichtiger Schritt der Expansion des I.-Konzeptes ist in L. Althussers Arbeiten zu finden. Als ›ideologische Staatsapparate‹ werden dort Institutionen bezeichnet, die dafür sorgen, daß Subjekte ihr Handeln als autonom und folgenreich für ein übergeordnetes Ganzes mißverstehen, während sie nach Althusser nur austauschbare Funktionsträger im System sind. Hiermit wird die Anfälligkeit für herrschaftsstabilisierende I. vom kognitiven auf den affektiven Raum ausgedehnt. – Die Tendenz zu immer expansiveren I.definitionen hat zu dem Versuch geführt, den I.begriff mit Konzepten des ↗ Poststrukturalismus wie M. Foucaults Begriff des ›Diskurses‹ und J. Derridas Verständnis von Metaphysik zu verbinden. Weil diese Theoretiker jedoch die Allgegenwart von I.n konstatieren, scheitert das Unterfangen, sie für IK. zu nutzen, an dem Punkt, wo es notwendig wird, einen ideologiefreien, vernünftigen Maßstab für die Ermittlung ideologischer Aussagen zu erarbeiten. Diesen Maßstab in einer ideologiegesättigten Welt zu finden, bleibt die wichtigste und schwierigste Aufgabe der IK.

Lit.: G. Lukács: *Geschichte und Klassenbewußtsein*, Neuwied 1970 [1923]. – K. Mannheim: *I. und Utopie*, FfM. 1965 [1929]. – L. Althusser: *I. und ideologische Staatsapparate*, Hbg. 1977. – P.V. Zima (Hg.): *Textsemiotik als IK.*, FfM. 1977. – Jameson 1994 [1981]. – P.V. Zima: *Roman und I.: Zur Sozialgeschichte des modernen Romans*, Mchn. 1986. – ders.: *I. und Theorie. Eine Diskurskritik*, Tüb. 1989. – I. Mészáros: *The Power of Ideology*, N.Y./Ldn. 1989. – Eagleton 1995 [1990]. – ders.: *Ideology. An Introduction*, Ldn. 1991. – F. Jameson: *Postmodernism, or, The Cultural Logic of Late Capitalism*, Durham 1991. – Sh. Raman/W. Struck: »I. und ihre Kritiker«. In: Pechlivanos et al. 1995. S. 207–223. – J. Decker: *Ideology*, Basingstoke 2002. SS

Illusion, ästhetische (lat. *illusio*: Verspottung, Ironie, Täuschung). (1) Ein Effekt ↗ ästhetischer Wirkung, der unter bestimmten Bedingungen im Rezipienten als eine mögliche Form der Rezeption von Artefakten entsteht: die imaginative, v.a. visuelle Vorstellung, in den vom Artefakt bestimmten Raum bzw. in seine Welt einzutreten, in ihr ›rezentriert‹ zu sein (vgl. Ryan 1991, S. 21–23) und diese wie eine Wirklichkeit (mit)zuerleben. Im Unterschied

zur Sinnestäuschung, aber auch zur ›rituellen I.‹ archaischer Wahrnehmung
von Artefakten, bei der diese mit der Realität gleichgesetzt werden, besitzt
ä.I. stets ein Moment latenter rationaler Distanz als Folge des kulturell er-
worbenen Wissens um den Artefaktstatus des Wahrgenommenen. Damit ist
ä.I. ein ambivalentes Phänomen, das zwischen den (ausgeklammerten) Polen
völliger ›Immersion‹ (vgl. Ryan 1991) und völliger Distanz, die u.a. durch
Verfahren der I.sdurchbrechung hervorgerufen werden kann, angesiedelt ist.
Im Normalfall liegt ä.I. in relativer Nähe zur Immersion, ist jedoch nach
Art und Intensität variabel: Dies gilt sowohl für ganze Werke in historischer
wie individueller Hinsicht, als auch für die unterschiedlichen Vorstellungen,
die Werkteile im Lektüreprozeß entstehen lassen.

(2) Typologisch lassen sich u.a. differenzieren a) nach dem auslösenden
Artefakt: nichttextuelle ä.I. (in diesem, v.a. auf bildende Kunst bezogenen
Sinn hat der Begriff der ›ä.I.‹ in der Kunstwissenschaft seinen Ursprung
[vgl. Gombrich 1977]) vs. textuelle bzw. literar. ä.I., bei der die ›dramati-
sche I.‹ am bekanntesten ist; daneben ist von Bedeutung die ä.I. narrativer
Texte (vgl. Wolf 1993), wohingegen diejenige der Lyrik noch weitgehend
ungeklärt ist (vgl. Wolf, 1998); b) nach dem Wesen der ä.I.: Die oft mit ä.I.
gleichgesetzte *illusion of reality* (Realismus-Effekt) oder ›*illusion référentielle*‹
(Barthes 1968) ist nur eine, auf bestimmte fiktionale Werke beschränkte
Form, bei der deren ↗ Fiktionalität ausgeblendet erscheint; wichtiger als diese
›Referenzillusion‹ ist die aller ä.I. und obiger Definition zugrundeliegende
›Erlebnisillusion‹, die auch von nichtfiktionalen Werken hervorgerufen
werden kann, wobei lediglich das Bewußtsein um den Artefaktcharakter
in den Hintergrund tritt.

(3) Historisch sind in der abendländischen Entwicklung der bildenden
Kunst die Anfänge ä.I. mit dem Aufkommen einer ästhetischen, nicht vorwiegend pragmatischen Zwecken dienenden Kunst(-rezeption) in der von
E.H. Gombrich (1977) sog. ›griechischen Revolution‹ mit dem Höhepunkt
im 4. Jh. v.Chr. anzusetzen, d.h. mit einer Kunst, die durch ›überzeugende Annäherung an die Wirklichkeit‹ statt (nur) durch ›klare Lesbarkeit‹
charakterisiert ist (↗ Mimesis, Wahrscheinlichkeit). Anfänge ä.I. in der
klassischen gr. Lit. sind u.a. durch das Spiel mit der I. in der Komödie z.B.
bei Aristophanes anzunehmen. In der neueren Lit. spielt ä.I. im Erzählen
seit M. de Cervantes und bes. seit dem Roman des 18. Jh.s eine wichtige
Rolle. In diese Zeit fällt auch eine intensive poetologische Auseinandersetzung mit dem ›Schein‹ der Kunst. Der realistische Roman des 19. Jh.s
stellt einen Höhepunkt der I.sliteratur dar. Im nachantiken Drama ist ä.I.
seit der Shakespearezeit (vgl. Wolf 1993b), ebenfalls mit einem Höhepunkt
im 19. Jh., zu beobachten. Im 20. Jh. erreicht die erzählerische I.skunst
in der modernen Bewußtseinsmimesis einen weiteren Höhepunkt, wenn
auch in dieser Zeit das nicht mehr illusionistische Erzählen, parallel mit
Tendenzen zur I.sdurchbrechung im Drama (L. Pirandello, B. Brecht), an
Boden gewinnt. In der Gegenwart, v.a. im Postmodernismus, ist ä.I., wenn
überhaupt, in der narrativen wie dramatischen Hochkunst vielfach nur
mehr ironisch vorhanden, wohingegen die kommerzielle Kunst (v.a. Film
und Triviallit.) weiterhin dominant illusionistisch ist.

Lit.: E.H. Gombrich: *Art and Illusion. A Study in the Psychology of Pictorial Representation*, Ldn. 1977 [1960]. – R. Barthes. »L'Effet de réel«. In: *Communications* 11 (1968) S. 84–89. – E. Lobsien: *Theorie literar. I.sbildung*, Stgt. 1975. – W. Strube: »I.«. In: J. Ritter/K. Gründer (Hgg.): *Historisches Wörterbuch der Philosophie*, Bd. 4, Darmstadt 1976. S. 204–215. – M. Hobson: *The Object of Art. The Theory of Illusion in Eighteenth-Century France*, Cambridge 1982. – Ryan 1991. – Wolf 1993. – ders.: »Shakespeare und die Entstehung ä.I. im engl. Drama«. In: *GRM* 43.3 (1993b) S. 279–301. – ders.: »Aesthetic Illusion in Lyric Poetry?« In: *Poetica* 30 (1998) S. 18–56. – R. Behrens: *Krise und I.: Beiträge zur kritischen Theorie der Massenkultur*, Münster 2003.   WW

Imaginäre, das (lat. *imaginarius*: bildhaft, nur in der Einbildung bestehend; *imago*: Bild, Urbild, Totenmaske), Schlüsselbegriff im psychoanalytischen Modell von J. Lacan. – Das I. leitet sich ab von dem ›Image‹ der im Spiegel bzw. an der Mutter wahrgenommenen Ganzheitlichkeit des Körpers, mit dem der präödipale Säugling sich entgegen der eigenen Erfahrung des *corps morcelé* (M. Klein) im Spiegelstadium identifiziert und welches hinfort als *moi* den tiefenstrukturellen Horizont seiner Welt- und Selbstauslegung, d.h. zunächst seines eigenen Körperschemas, als subjektive Ganzheit vorgibt. ↗ Subjektivität konstituiert sich also auf der Basis einer Fehldeutung (*méconnaissance*), welche die Spaltung der Psyche in *je* und *moi* inauguriert.

Einerseits impliziert die Identifikation des *je* mit dem imaginären *moi* eine Verkennung der Seinsweise des irreflexiven, eigenschafts- und damit wesenlosen, exzentrischen *sujet véritable* oder auch *sujet de l'inconscient*, das Lacan als *je* bezeichnet. Andererseits jedoch erhält *je* erst durch diese Identifikation mit dem *moi* ein imaginäres Korrelat (vgl. Frank 1983), welches die Bedingung der Möglichkeit dafür darstellt, *je* überhaupt, und sei es ex negativo, semantisch aufscheinen zu lassen. Die Filmtheorie greift auf das I. mit Bezug auf unbewußte Identifizierungsvorgänge bei der Filmrezeption, postkoloniale Studien (↗ Postkolonialismus/Postkolonialität) mit Bezug auf von unbewußten Projektionen getragene Konstrukte kultureller ↗ Alterität zurück. – In seiner literar. Anthropologie ersetzt W. Iser bei seiner Entfaltung der Konstitutionsbedingungen von Lit. die herkömmliche Opposition von ↗ Fiktion und Wirklichkeit durch eine dreistellige Beziehung, die Triade des Realen, Fiktiven und I.n, und betont, daß der ›Akt des Fingierens‹ dem I.n Realität verleihe, weil er ihm eine spezifische Gestalt gebe: »[I]n der Überführung des Imaginären als eines Diffusen in bestimmte Vorstellungen geschieht ein Realwerden des Imaginären« (Iser 1991, S. 19).

Lit.: Ch. Metz: *Le signifiant imaginaire*, Paris 1977 (engl. *The Imaginary Signifier*, Bloomington 1984). – S.M. Weber: *Rückkehr zu Freud. J. Lacans Entstehung der Psychoanalyse*, Wien 1990 [1978]. – H.-Th. Lehmann: »Die Raumfabrik – Mythos im Kino und Kinomythos«. In: K.H. Bohrer (Hg.): *Mythos und Moderne*, FfM. 1983. S. 572–609. – Frank 1983 (bes. Vorlesung 18–20). – L. Costa Lima: *Die Kontrolle des I.n. Vernunft und Imagination in der Moderne*, FfM. 1990. – Iser 1993 [1991]. – W. Fluck: *Das kulturelle I.: Eine Funktionsgeschichte des am. Romans 1790–1900*, FfM. 1997. – Pfeiffer 1999. – M. Krieger: »The ›Imaginary‹ and Its

Enemies«. In: *NLH* 31.1 (2000) S. 129–162. – Ch. Lubkoll (Hg.): *Das I. des*
fin de siècle. Ein Symposium für Gerhard Neumann, Freiburg 2002. – B. Wirkus:
Fiktion und I.s in Kultur und Gesellschaft, Konstanz 2003.   AHo

Imagologie, komparatistische (lat. *imago*: Bildnis), der Begriff k.I.
bezeichnet eine lit.wissenschaftliche Forschungsrichtung innerhalb der vergleichenden Lit.wissenschaft, die nationenbezogene Fremd- und Selbstbilder
in der Lit. selbst sowie in allen Bereichen der Lit.wissenschaft und -kritik
zum Gegenstand hat. Sie beschäftigt sich dabei mit der Genese, Entwicklung
und Wirkung dieser ›Hetero- und Auto-Images‹ im literar. und außerliterar.
Kontext (vgl. Leiner 1991, S. 12; Fischer 1987, S. 56). Der Begriff der
Images oder Bilder dient im Vergleich zur historischen Stereotypenforschung
(↗ Stereotyp) einer Erweiterung des Objektbereichs in dem Sinne, daß über
imagotypische Aussagen im Rahmen eines sprachlich-gedanklichen ↗ Diskurses hinaus auch historisch originelle Einzel- oder Kollektivsichtweisen
eines Landes Berücksichtigung finden (vgl. zur Differenzierung begrifflicher
Konzepte Fischer 1987, S. 57; O'Sullivan 1989, S. 22f. und 41f.). Institutionell ist die I. v.a. in der ↗ Komparatistik als demjenigen Zweig der Lit.-
wissenschaft angesiedelt, der die Beziehungen verschiedensprachiger literar.
Werke untereinander erforscht. Der Ansatz der Bildforschung wird jedoch
auch innerhalb der Nationalphilologien betrieben (bes. intensiv in der frz.
Romanistik und der Anglistik; vgl. Leiner 1991 und Blaicher 1992). Als Wis-
senschaftszweig steht die I. in enger Verwandtschaft zur (historischen) Stereotypenforschung, wie sie heute, auf der Basis des neutralen Stereotypenbegriffs
der kognitiven Sozialpsychologie (vgl. O'Sullivan 1989, S. 20f.), in beinahe
allen Humanwissenschaften betrieben wird. Darüber hinaus weist sie deutliche Beziehungen zur Xenologie auf, die sich ausgehend vom Blickpunkt der
›interkulturellen Germanistik‹ als eine Theorie kultureller ↗ Alterität versteht.

Die wissenschaftlichen Vorläufer der k.I. erstrecken sich zeitlich vom
letzten Viertel des 19. Jh.s bis zum Beginn der 1950er Jahre. Die Forschungen
dieser »Frühgeschichte komparatistischer Image-Forschung« (Fischer 1981,
S. 28) zeichnen sich dadurch aus, daß ihre Vertreter, ausgehend von der
deklarierten Verschiedenheit der Nationen, die Existenz von ›Nationalcharak-
teren‹ als gegebene und beschreibbare Wesensentitäten annahmen. Als ihre
vorrangige Aufgabe erachteten sie es, anhand der Werke namhafter Autoren,
welche sie entsprechend den Prinzipien der Einflußforschung als ›national-
typisch‹ einstuften, das Vorhandensein bestimmter ›Nationalcharaktere‹ in
der Lit. nachzuweisen. Taten sie dies meist mit einer »völkerversöhnende[n]
Grundtendenz« (ebd., S. 17), so glichen ihre Verfahrensweisen und Ergebnisse
einer positivistischen Stoff- und Motivgeschichte, die in den Denkstrukturen
der Völkerpsychologie verankert blieb. Zu Beginn des 20. Jh.s vollzog sich
dann die Wendung der Komparatistik weg von der Einflußforschung hin
zur internationalen ↗ Rezeptionsforschung, die sich den ↗ Mentalitäten
und dem Rezeptionsverhalten der Leser und Kritiker von Lit. verschrieb
(vgl. ebd., S. 32ff.). Doch änderte diese neue Herangehensweise an der
Praxis der Image-Forschung wenig, da ihre Vertreter nun zwar ›Nationalcharaktere‹ als historisch variable Größen begriffen, diese aber weiterhin als

Beitrag zur Völkerpsychologie verstanden. Damit blieben sie aber in letzter
Instanz dem romantischen und positivistischen Erbe des 19. Jh.s verhaftet.
Dies gilt auch noch für die k.I. nach dem Zweiten Weltkrieg; sie beharrte
nämlich auf einer Komparatistik der lit.historischen ›Tatsachen‹, welche
Fragen der Lit.theorie und -methodologie oder der Ästhetik ausklammerte
und die Bildforschung als Gegenstand empirischer Forschungen definierte.
Dabei maß sie ihr letztlich propädeutischen Charakter zu, indem man auf
ihr zukünftiges Einmünden in eine neue Wissenschaft, die »Vergleichende
Völkerpsychologie« hoffte (vgl. Fischer 1987, S. 59f.).

Ins Wanken geriet die lange Tradition der positivistischen, völkerpsy-
chologisch ausgerichteten I. erst in Folge der umgreifenden ideologiekritischen und methodologischen Kritik R. Welleks an der Komparatistik. Die
entsprechenden Neuverortungen der I. vollzog seit Mitte der 1960er Jahre
in bes. Maße H. Dyserinck (vgl. Fischer 1981, S. 25ff.). Als Ergebnis der
Überlegungen formulierten er und seine Schüler bis in die späten 1980er
Jahre eine lit.wissenschaftlich ausgerichtete k.I., die völkerpsychologische
Denkschemata und positivistische Vorgehensweisen strikt zurückweist und
an die Stelle »ideologischer Kategorien« (ebd., S. 28) die Erforschung der
historischen Zusammenhänge um die Entstehung und Wirkung nationaler
Vorstellungsbilder setzt. Die k.I. erweiterte ihren Gegenstandsbereich nun
konzeptionell auf einen extensiven ↗ Lit.begriff hin, der in der imagologi-
schen Praxis jedoch nur wenig Anwendung fand. Charakteristisch für die
k.I. ist lange Zeit ihr ideologiekritischer Anspruch gewesen (vgl. ebd., S. 16),
der wie die I. seit jeher im außerliterar. Zeichen der Völkerverständigung
stand und der in seinen extremen Ausformungen sogar bis zur Verleugnung
der Existenz historisch bedingter Unterschiede zwischen Mentalitäten und
Verhaltensweisen unterschiedlicher ethnischer Gruppen überhaupt geführt
hat (vgl. O'Sullivan 1989, S. 13; Stüben 1995, S. 54).

In jüngster Zeit jedoch wird die »historische Wirkkraft« nationaler
Differenzen als »wahrnehmungsprägende Schemata« (Blaicher 1992, S. 9)
nicht mehr geleugnet. Ausgehend von dieser Einsicht ergeben sich für eine
zukünftige k.I. eine Reihe von Aufgaben und Anforderungen, welche über
die oben getroffenen Bestimmungen hinausgehen. Die zentrale Aufgabe
der k.I. wird es dabei sein, sich zwischen zwei Wissenschaftsrichtungen zu
entscheiden, nämlich (a) zwischen einer im engeren Sinne lit.wissenschaftli-
chen und (b) einer mentalitätsgeschichtlich orientierten. Im ersten Fall geht
es um den »Primat der literar. und lit.wissenschaftlichen Spezifität« (Fischer
1987, S. 67) der Bilder und innerliterar. Untersuchungen zum ›ästhetischen
Potential‹ (vgl. O'Sullivan 1989) von (nationalen) Images. In deren Zentrum stehen u.a. die Funktionen der bewußten oder unbewußten Setzung
oder Unterdrückung (nationaler) Bilder und Stereotypen (vgl. ebd., S. 26
und 48f.). Eine Forderung an diese Forschungsrichtung ist die tatsächliche
Umsetzung des extensiven Lit.begriffs als Gegenstandsfeld der Forschung, so
daß neben fiktionalen Texten vermehrt auch andere Textsorten untersucht
werden. So könnten z.B. durch die Analyse lit.wissenschaftlicher Texte wesentliche Ergänzungen zur Wissenschaftsgeschichte des 20. Jh.s entstehen,
die sich in den letzten Jahren stark biographischen Aspekten gewidmet hat.

Die Alternative zu dieser Entwicklung der k.I. besteht in einer mentalitätsgeschichtlich orientierten Bildforschung, die die literar. Bilder von anderen
Ländern um ihres semantischen Gehaltes willen untersucht, um auf diese
Weise letztlich einen Beitrag zu einer interdisziplinären Kulturgeschichte zu
leisten. Dies ist aber nur sinnvoll, wenn sich die Komparatisten auf ihre lit.
wissenschaftlichen Kompetenzen besinnen. Das bedeutet zunächst, daß sich
die k.I. die Erkenntnisse des radikalen ↗ Konstruktivismus zu eigen macht
und es zu ihrem Ziel erklärt, mittels der Analyse von Texten als sprachlicher
Realitätskonstituierung Aufschluß über kollektive Wahrnehmungsmuster
und Vorstellungen historischer Gemeinschaften zu gewinnen. Interessante
Aufschlüsse könnte diese Form der k.I. beispielsweise zur Klärung der These
vom literar. Ursprung von Stereotypen allg. beitragen (vgl. O'Sullivan 1989,
S. 38). Ein anderer lohnender Komplex betrifft die integrierende Funktion
von textuellen Fremd- und Eigenbildern für die Ausbildung der kollektiven
Identität sozialer Gruppen. Im Kontext der von Dyserinck (1988) postulierten ›politischen Tragweite‹ der k.I. als ›einer europ. Wissenschaft von
der Lit.‹ stellt sich u.a. die Frage nach der Bedeutung nationaler Bilder und
Stereotypen für Prozesse der Nationsbildung.

Lit.: F.K. Stanzel: »Der literar. Aspekt unserer Vorstellungen vom Charakter fremder
Völker«. In: *Anzeiger der philosophisch-historischen Klasse der Österreich. Akademie der
Wissenschaften* 111 (1974) S. 63–82. – M.S. Fischer: *Nationale Images als Gegenstand
Vergleichender Lit.geschichte. Untersuchungen zur Entstehung der k.I.*, Bonn 1981.
– ders: »Literar. I. am Scheideweg. Die Erforschung des ›Bildes vom anderen Land‹
in der Lit.-Komparatistik«. In: G. Blaicher (Hg.): *Erstarrtes Denken. Studien zu
Klischee, Stereotyp und Vorurteil in engl.sprachiger Lit.*, Tüb. 1987. S. 55–71. – H.
Dyserinck: »K.I.: Zur politischen Tragweite einer europ. Wissenschaft von der
Lit.«. In: ders./K.U. Syndram (Hgg.): *Europa und das nationale Selbstverständnis.
Imagologische Probleme in Lit., Kunst und Kultur des 19. und 20. Jh.s*, Bonn 1988. S.
13–37. – W. Leiner: *Das Deutschlandbild in der frz. Lit.*, Darmstadt 1991 [1989].
– E. O'Sullivan: *Das ästhetische Potential nationaler Stereotypen in literar. Texten*,
Tüb. 1989. – H. J. Kleinsteuber: »Stereotype, Images und Vorurteile. Die Bilder
in den Köpfen der Menschen«. In: G. Trautmann (Hg.): *Die häßlichen Deutschen?
Deutschland im Spiegel der westlichen und östlichen Nachbarn*, Darmstadt 1991. S.
60–68. – G. Blaicher: *Das Deutschlandbild in der engl. Lit.*, Darmstadt 1992. – H.
Dyserinck: *I.: Gesammelte Aufsätze zur Erforschung ethnischer Stereotypenbildung*,
Bonn 1993. – A. Nünning: »Das Image der (häßlichen?) Deutschen. Möglichkeiten
der Umsetzung der k.I. in einer landeskundlichen Unterrichtsreihe für den Eng-
lischunterricht«. In: *Die Neueren Sprachen* 93.2 (1994) S. 160–184. – J. Stüben:
»Dt. Polen-Bilder. Aspekte ethnischer Imagetype und Stereotype in der Lit.«. In:
H.H. Hahn (Hg.): *Historische Stereotypenforschung. Methodische Überlegungen
und empirische Befunde*, Oldenburg 1995. S. 41–74. – W. Zacharasiewicz: *Das
Deutschlandbild in der am. Lit.*, Darmstadt 1998. – M. Schmeling: »»Vergleichung
schafft Unruhe‹. Zur Erforschung von Fremdheitsdarstellungen in der lit.wissen-
schaftlichen Komparatistik«. In: Lenz/Lüsebrink 1999. S. 19–35. – J. Leerssen:
»The Rhetoric of National Character. A Programmatic Survey«. In: *Poetics Today*
21.2 (2000) S. 267-92.   MSch

Innerer Monolog, narratives Verfahren zur möglichst unvermittelten Präsentation direkter Gedankenzitate in einem fiktionalen Text. Der i.M., der auch als autonomer Monolog bezeichnet wird, ist neben der ↗ erlebten Rede die zweite große Variante der Bewußtseinsstromtechnik. Wie die erlebte Rede wird auch der i.M. eingesetzt, um die Komplexität mentaler Abläufe im Denken fiktionaler Charaktere möglichst realistisch zu evozieren. Dabei werden insbes. beim i.M. auch Regeln der Grammatikalität und der Kohärenzlogik (↗ Kohärenz) überschritten, wenn z.B. der teils fragmentarische und chaotisch assoziative Charakter menschlichen Denkens dargestellt wird. So können im i.M. syntaktisch unvollständige Sätze und Wortsequenzen ebenso auftauchen wie Aneinanderreihungen von Begriffen, die keine konventionell sinnhafte Abfolge ergeben, da sie die individuelle Assoziationskette einer fiktionalen Figur darstellen.

Für die erratische Qualität solcher Bewußtseinsinhalte verwendete der berühmte am. Psychologe und pragmatische Philosoph W. James im 19. Jh. erstmals den Begriff *stream of consciousness* (Bewußtseinsstrom). Nachdem G. Flaubert schon 1857 in *Madame Bovary* ausführlich die erlebte Rede als eine Form der Bewußtseinsstromtechnik benutzt hatte, machte 1888 der frz. symbolistische Schriftsteller E. Dujardin in seiner Novelle *Les lauriers sont coupés* erstmals vom im Vergleich zur erlebten Rede noch näher an der Assoziativität der Gedanken orientierten i.M. Gebrauch. In der Lit. der klassischen Moderne wurde der i.M. eine beliebte narrative Technik, der sich A. Schnitzler in seiner Erzählung *Leutnant Gustl* (1900) ebenso bediente wie J. Joyce im berühmten i.M. der Molly Bloom im letzten Kap. des *Ulysses* (1922) oder V. Woolf in *Mrs Dalloway* (1925).

Lit.: Cohn 1983 [1978]. – W.G. Müller: »I.M.«. In: Borchmeyer/Žmegač 1994. S. 208–211.   HA

Institutionen, literarische, diejenigen Instanzen des Lit.systems, die an der Produktion, der Verbreitung und der Rezeption und Verarbeitung von Lit. beteiligt sind. Hierzu gehören Autorinnen und Autoren, literar. AgentInnen, ÜbersetzerInnen, LektorInnen, das Druckgewerbe, der Buchhandel, Zeitungen und Zs.en, die Lit.kritik, Schriftstellerorganisationen, Bibliotheken, Bildungseinrichtungen wie Schulen und Universitäten sowie Leserinnen und Leser. Dieses Konglomerat ließe sich nicht nur um weitere Instanzen ergänzen, auch eine stärkere Differenzierung ist denkbar. Das trifft z.B. auf den Buchhandel zu, der in verschiedene Teilbereiche wie Verlagsbuchhandel, Zwischenbuchhandel und Bucheinzelhandel zerfällt. Die literar. I. stellen somit ein offenes, heterogenes Netzwerk mit vielfältigen Relationen und Abhängigkeiten dar, in denen die unterschiedlichsten gesellschaftlichen Prozesse zum Tragen kommen. Einen lit.kritischen Terminus von G. Deleuze und P.F. Guattari aufgreifend, läßt sich dieses Gebilde als ›Rhizom‹ beschreiben. – Da der Lit.betrieb einem ständigen Wandel unterworfen ist, sind die l. I. in ihrem jeweiligen Zeitbezug zu sehen. So veränderte sich etwa die Rolle des Verlegers durch den Wegfall des Mäzenatentums stark; der Beruf des Lektors entstand erst zu Beginn des 20. Jh.s. Daneben gilt es, die Abhängigkeit des

Lit.betriebs von den politischen und ökonomischen Rahmenbedingungen zu beachten. Die Mechanismen demokratischer Staaten lassen sich nicht ohne weiteres auf totalitäre Staaten übertragen, kommen hier doch gänzlich andere l. I. ins Spiel, wie z.B. Zensurbehörden (↗ Zensur).

Das in den letzten Dekaden anwachsende Interesse an den l. I. hat seinen Ursprung in den kommunikationsorientierten, systemtheoretischen und kulturwissenschaftlichen Ansätzen (↗ Kommunikationstheorie; ↗ Systemtheorie; ↗ Kulturwissenschaft), die seit den 1960er Jahren die textimmanente Betrachtung von Lit. (↗ werkimmanente Interpretation) abgelöst haben. Hierzu zählen die ↗ marxistische Lit.theorie, die ↗ Rezeptionsästhetik von H.R. Jauß und W. Iser, die ↗ Empirische Theorie der Lit. von S.J. Schmidt, die Polysystemtheorie von I. Even-Zohar, der ↗ *Cultural Materialism* von R. Williams, die zunächst unter dem Stichwort ↗ *New Historicism* bekannt gewordene *Cultural Poetics* von St. Greenblatt sowie die einflußreiche Kultursoziologie P. Bourdieus. Der Terminus l. I. wird bei Bourdieu allerdings vermieden und durch das Konzept des ›*champ littéraire*‹ ersetzt (literar. ↗ Feld). Die Empirische Theorie der Lit., deren Gegenstandsbereich soziale Handlungen im Lit.system sind, hat l. I. im Rahmen eines strukturierten Netzes von Theorieelementen und ↗ Handlungsrollen konzeptualisiert. Ein nicht minder bedeutsamer Impuls ging von der literar. Übersetzungsforschung aus. Im Unterschied zu den zuvor erwähnten Ansätzen, die sich häufig auf abstrakte Überlegungen beschränkten und den literar. Text mitunter ganz ausblendeten, analysiert die Übersetzungsforschung exemplarische Fälle und gelangt so z.B. zu Aussagen über den Einfluß von Lektoren, Übersetzern und Herausgebern oder aber die kanonbildende Wirkung (↗ Kanon) der Copyrightbestimmungen. Daß die l. I. bislang nicht mehr Berücksichtigung gefunden haben, obwohl ihre Einbeziehung seit langem als notwendig erkannt ist, mag u.a. damit zu tun haben, daß die für konkrete Aussagen notwendigen Dokumente mitunter nicht zugänglich sind. Die Korrespondenz der Verlage mit Übersetzern und Herausgebern z.B. ist nicht immer erhalten oder wird, was zeitgenössische Fälle betrifft, aus geschäftsinternen Gründen der Forschung nur ungern zur Verfügung gestellt. Die Untersuchung l. I. kann Aufschluß geben über Phänomene wie literar. Autorität, literar. Bildung, literar. ↗ Wertung, die Unterscheidung von Hochlit. und Triviallit. sowie die Mechanismen der Kanonbildung und Zensur.

Lit.: R. Williams: *Culture*, Ldn. 1981. – J. Dubois: *L'institution de la littérature. Introduction à une sociologie*, Paris 1983 [1978]. – I. Even-Zohar: »The ›Literary System‹«. In: *Poetics Today* 11.1 (1990) S. 27–44. – A. Viala: »L'histoire des institutions littéraires«. In: H. Béhar/R. Fayolle (Hgg.): *L'histoire littéraire aujourd'hui*, Paris 1990. S. 118–128. – K. Martens: »Institutional Transmission and Literary Translation. A Sample Case«. In: *Target* 3.2 (1991) S. 225–241. – P. Bourdieu: *Les règles de l'art. Genèse et structure du champ littéraire*, Paris 1992. – A. Barsch: »Komponenten des Lit.systems. Zur Frage des Gegenstandsbereichs der Lit.wissenschaft«. In: Fohrmann/Müller 1996. S. 134– 158. – N. Weber: »Institution«. In: Fricke 2000. S. 152– 154.   JE

Intention (lat. *intentio*: Absicht/Bestrebung), der Begriff hat sehr starke Affinitäten mit seinen Bedeutungen außerhalb der Lit.theorie. Juristisch ist er im anglo-am. Strafrecht schon lange gebräuchlich (z.b. Unterschied zwischen Mord und Totschlag); philosophisch bezieht er sich in der Phänomenologie (E. Husserl) auf den Problemkreis Wahrnehmung-Objekt sowie in der ↗ Sprechakttheorie (J.L. Austin) auf die den Kommunikationsakt bestimmenden Konventionen; kunstgeschichtlich erfaßt er ästhetische Fragestellungen zum auktorialen Beitrag bei der Werkgenese.

In der Lit.kritik ist I. spätestens seit 1946 ein umstrittenes Konzept. Die Traditionalisten argumentieren, daß die I. eines Autors rekonstruierbar und im Hinblick auf die ↗ Bedeutung eines Textes ausschlaggebend ist. Der wichtigste Vertreter dieser in der Romantik beginnenden Richtung ist E.D. Hirsch (1967), der zwischen *meaning* (durch I. des Autors im Text festgelegt) und *significance* (variiert je nach ↗ Epoche und ↗ Leser) unterscheidet und die I. als unverzichtbares Hilfsmittel bzw. als Norm für die ↗ Interpretation bezeichnet. Die *New Critics* (↗ *New Criticism*) W.K. Wimsatt und M. Beardsley hingegen argumentieren in der Nachfolge der Moderne (T.S. Eliot) gegen das romantische Prinzip der ↗ Originalität und bezeichnen das interpretierende Operieren mit der I. als Trugschluß (*intentional fallacy*). Als Anti-Intentionalisten insistieren sie auf der sprachlichen ↗ Struktur des Textes und weisen dem (akademischen) Kritiker eine evaluative Funktion zu, ohne dessen ↗ Subjektivität in Frage zu stellen. Seit den 1970er Jahren wird die I. durch den ↗ Poststrukturalismus in Frage gestellt (vgl. J. Derrida 1967; M. Foucault 1969), wenn Foucault z.B. vom anonymen ↗ Diskurs spricht und Derrida die Idee des Ursprungs und der festen Bedeutung ad absurdum führt. Die I. wird auch durch den performativen Aspekt der Sprache (J. Culler 1997, S. 95–109) zu einem höchst problematischen Kriterium für die Interpretation.

Lit.: W.K. Wimsatt/M. Beardsley: »The Intentional Fallacy« (1946). In: D. Newton-de Molina (Hg): *On Literary Intention*, Edinburgh 1976. S. 1–13. – Derrida 1997a [1967]. – E.D. Hirsch: *Validity in Interpretation*, New Haven 1967. – Foucault 1969. – L. Danneberg/H.-H. Müller: »Der ›intentionale Fehlschluß‹ – ein Dogma?«. In: *Zs. für allg. Wissenschaftstheorie* 14 (1983) S. 103–137, 376–411. – G. Iseminger (Hg.): *Intention and Interpretation*, Philadelphia 1992. – A. Bühler: »Der Hermeneutische Intentionalismus als Konzeption von den Zielen der Interpretation«. In: *Ethik und Sozialwissenschaften* 4 (1993) S. 511–518. – Ausg. »I.« der Zs. *NLH* 25.3 (1994). – A. Patterson: »I.«. In: Lentricchia/McLaughlin 1995 [1990]. S. 135–146. – D. Buchwald: »Intentionalität, Wahrnehmung, Vorstellung, Un-Bestimmtheit«. In: Pechlivanos et al. 1995. S. 311–323. – Culler 1997. – B. Rosebury: »Irrecoverable Intentions and Literary Interpretation«. In: *British Journal of Aesthetics* 37 (1997) S. 15–30. – L. Danneberg: »Zum Autorkonstrukt und zu einem methodologischen Konzept der Autorintention«. In: Jannidis et al. 1999. S. 77–105. – P. Swinden: *Literature and the Philosophy of Intention*, Basingstoke 1999. – S. Winko: »Einf.: Autor und I.«. In: Jannidis et al. 1999. S. 39–46. – F. Jannidis: »I.«. In: Fricke 2000. S. 160– 162. HPW

Interdiskurs, reintegrierender, sind ↗ Diskurse im Sinne der an die
Arbeiten M. Foucaults anschließenden Diskurstheorien dadurch bestimmt,
daß sie sich auf je spezielle Wissensausschnitte (Spezialdiskurse) beziehen,
deren Grenzen durch Regulierungen dessen, was sagbar ist, was gesagt werden muß und was nicht gesagt werden kann, gebildet sind (die ›Ordnung
des Diskurses‹ bei Foucault) sowie durch ihre je spezifische Operativität, so
bezeichnet der I.begriff all jene Diskurselemente und diskursiven Verfahren,
die der Re-Integration des in den Spezialdiskursen arbeitsteilig organisierten
Wissens dienen.

Zu unterscheiden sind dabei drei Ebenen von Interdiskursivität: (a)
Bereits Foucault selbst hat gezeigt, wie sich mehrere Diskurse oder diskursive
Formationen auf Grund der Analogie ihrer Aussageverfahren zu interdiskursiven Konstellationen bündeln. (b) Weiter lassen sich diskursübergreifende
Dispositive wie ›Vernunft‹, ›Sexualität‹ oder ›Normalität‹ feststellen, die
soziale Gegenstände von bes., tendenziell gesamtgesellschaftlicher Relevanz
konstituieren. (c) Schließlich lassen sich in (literar.) Texten Elemente mit
diskursübergreifender und damit die ausdifferenzierten Spezialdiskurse reintegrierender Funktion bestimmen, wie etwa die verschiedenen Modelle
von Metaphern, Symbolen (v.a. ↗ Kollektivsymbolen), Analogien und
Mythen. Solche elementar-literar. Elemente bilden in ihrer Gesamtheit den
allg. interdiskursiven Rahmen eines Diskurssystems, wobei diese Elemente
wiederum zu verschieden perspektivierten I.en (Religion, Philosophie und
eben auch Lit.) gebündelt werden können, und zwar sowohl parallel als auch
in Konkurrenz zueinander. Lit. ist dann einerseits als ein Spezialdiskurs zu
beschreiben (weil sie eigenen Formationsregeln unterliegt), andererseits als
hochgradig interdiskursiv, da sie, wie sich empirisch leicht feststellen läßt, in
bes. hohem Maße diskursübergreifende und -integrierende Elemente ins Spiel
bringt. Lit. übernimmt also als Spezialdiskurs die ↗ Funktion interdiskursiver
Re-Integration. Über den engeren Gegenstandsbereich der Lit. hinaus stellt
die I.theorie damit nicht nur ein Modell für den komplexen Funktionszusammenhang von Lit., Spezialdiskursen und Gesamt-Kultur bereit, sondern
liefert zudem einen Beitrag zur Debatte um ↗ Intertextualität, die dann
lediglich als ein Spezialfall von Interdiskursivität zu verstehen wäre.

Lit.: J. Link: »Lit.analyse als I.analyse«. In: Fohrmann/Müller 1992 [1988]. S.
284–307. – J. Link/U. Link-Heer: »Diskurs/I. und Lit.analyse«. In: *LiLi* 20.77
(1990) S. 88–99. – J. Link/R. Parr: »Semiotik und I.analyse«. In: Bogdal 1997
[1990]. S. 108–133.   UG/JL/RP

Interkulturalität, Begriff für die philosophische und kulturwissenschaftliche
Konzeption der Beziehungen zwischen den Kulturen. Zu den Prämissen
neuerer I.stheorien zählen (a) die u.a. von M. Halbwachs sowie von A. und
J. Assmann ausgearbeiteten Theorien zur Prägung kultureller Identitäten
durch kollektive Gedächtnisstrukturen, (b) die Einsicht, daß zahlreiche der
unseren Alltag bestimmenden Konzepte und Begriffe kulturspezifischer
sind als bislang angenommen wurde und (c) die Annahme, daß soziale

und kulturelle Aspekte einen nicht zu unterschätzenden Einfluß auf den Prozeß der menschlichen Identitätsbildung ausüben (vgl. Wierlacher 1999, S. 157). Des weiteren wird allg. davon ausgegangen, daß die Begegnung mit fremden Kulturen nie voraussetzungslos, sondern stets durch kollektiv geteilte Vorannahmen sowie individuelle Voraussetzungen (↗ Voraussetzungssystem) geprägt ist. Fremdheit als »Interpretament von Andersheit und Differenz« (ebd.) und kulturelle ↗ Alterität werden daher als relationale Größen aufgefaßt.

Deutliche Unterschiede bestehen zwischen aufklärerischen und hermeneutischen Konzeptionen von I. Während die Aufklärung von universellen Eigenschaften des Menschen ausging und kulturelle Unterschiede rational zu überwinden suchte, besteht die ↗ Hermeneutik darauf, daß das Verstehen stets an die geschichtliche, kollektive Erfahrung gebunden bleibt, die sich in der eigenkulturellen Tradition manifestiert (vgl. Brenner 1989). Beide Auffassungen werden dann problematisch, wenn sie zur Vereinnahmung des Fremden tendieren (diesen Aspekt hebt bes. die postkoloniale Kritik an der Aufklärung hervor) oder einer kulturrelativistischen »Ontologisierung des Fremden« (Bredella et al. 1997, S. 11) Vorschub leisten. Zwischen diesen Extrempositionen versucht eine Konzeption des Fremdverstehens zu vermitteln, die Verständigung als einen Dialog konzipiert, der die Standpunkte aller Beteiligten modifiziert. Ein so verstandener »hermeneutischer Ethnozentrismus« (Bredella 1993, S. 93) erlaubt die Anerkennung von Differenz, ohne von der Vorstellung einer kultur- und rassenübergreifenden Humanität abzurücken (vgl. H.L. Gates 1994, S. 15).

In den ↗ Kultur- und Lit.wissenschaften wird der I. zunehmend der Stellenwert eines Leitbegriffs oder gar neuen Forschungsparadigmas (vgl. Schmitz 1991) zugeschrieben. Auch wenn sich bislang kein Konsens über die Differenzierung der I. von den häufig synonym verwendeten Begriffen der Multi- und Transkulturalität (↗ Multikulturalismus) abzeichnet (vgl. Schulte 1993, S. 33), spricht vieles dafür, I. in Abgrenzung von Monokulturalität einerseits und Postkulturalität andererseits als Oberbegriff für Multi- und Transkulturalität zu konzipieren. Letztere bezeichnen unterschiedliche Weisen des Umgangs mit und der Bewertung von kultureller Differenz (vgl. Sommer 2001). Gegenstände interkulturell orientierter Lit.-wissenschaft sind u.a. kulturelle Selbst- und Fremdbilder und ↗ Stereotypen (komparatistische ↗ Imagologie), Fragen der ethnischen oder kulturellen Identität und ↗ Repräsentation, der ↗ Weltlit. (vgl. Bachmann-Medick 1996) und Globalkultur (vgl. Appiah/Gates 1996) sowie die Problematik der Übersetzbarkeit kultureller Konzepte (vgl. Bachmann-Medick 1997).

Lit.: P.J. Brenner: »Interkulturelle Hermeneutik. Probleme einer Theorie kulturellen Fremdverstehens«. In: P. Zimmermann (Hg.): *Interkulturelle Germanistik. Dialog der Kulturen auf Dt.*, FfM. 1989. S. 35–55. – W. Schmitz: »Das Eigene als das Fremde. ›I.‹ als Forschungsparadigma für die ›Germanistik‹«. In: B. Thum/G.-L. Fink (Hgg.): *Praxis interkultureller Germanistik. Forschung – Bildung – Politik*, Mchn. 1991. S. 171–175. – L. Bredella: »Ist das Verstehen fremder Kulturen wünschenswert?« In: ders./H. Christ (Hgg.): *Zugänge zum Fremden*, Gießen 1993.

S. 11–36. – B. Schulte: *Die Dynamik des Interkulturellen in den postkolonialen Literaturen in engl. Sprache*, Heidelberg 1993. – H.L. Gates: *Colored People*, Ldn. 1994. – Appiah/Gates 1996. – D. Bachmann-Medick: »Multikultur oder kulturelle Differenzen? Neue Konzepte von Weltlit. und Übers. in postkolonialer Perspektive.« In: dies. 1998 [1996]. S. 262–296. – dies. (Hg.): *Übers. als Repräsentation fremder Kulturen*, Bln. 1997. – L. Bredella et al.: »Einleitung.« In: diess. (Hgg.): *Thema Fremdverstehen*, Tüb. 1997. S. 11–33. – J. Joachimsthaler/M.K. Lasatowicz (Hgg.): *I. in Lit. und Sprache*, Oppeln 1999. – St. Rieger et al. (Hgg.): *I.: Zwischen Inszenierung und Archiv*, Tüb. 1999. – A. Wierlacher: »I.: Zur Konzeptualisierung eines Leitbegriffs interkultureller Lit.wissenschaft.« In: de Berg/Prangel 1999. S. 155–181. – P.V. Zima (Hg.): *Vergleichende Wissenschaften. Interdisziplinarität und I. in den Komparatistiken*, Tüb. 2000. – R. Sommer: *Fictions of Migration. Ein Beitrag zur Theorie und Gattungstypologie des zeitgenössischen interkulturellen Romans in Großbritannien*, Trier 2001. – H. Uerlings: *Das Subjekt und die Anderen. I. und Geschlechterdifferenz vom 18. Jh. bis zur Gegenwart*, Bln. 2001. – A. Wierlacher/A. Bogner (Hgg.): *Handbuch interkulturelle Germanistik*, Stgt./Weimar 2003. – P. Wiesinger (Hg.): *Akten des X. Internationalen Germanistenkongresses Wien 2000. »Zeitenwende – Die Germanistik auf dem Weg vom 20. ins 21. Jh.«*, Bd. 9, *Lit.wissenschaft als Kulturwissenschaft. I. und Alterität; Interdisziplinarität und Medialität; Konzeptualisierung und Mythographie*, Bern et al. 2003.   RS

Intermedialität (lat. *inter*: zwischen; lat. *medius*: Mittler, vermittelnd), analog zur ↗ Intertextualität, die eine in einem Text nachweisliche Einbeziehung mindestens eines weiteren (verbalen) Textes bezeichnet, läßt sich I. definieren als eine intendierte, in einem Artefakt nachweisliche Verwendung oder Einbeziehung wenigstens zweier konventionell als distinkt angesehener Ausdrucks- oder Kommunikationsmedien. Ähnlich wie der Begriff ›Text‹ in der Intertextualität ist allerdings ›Medium‹ als Basis von I. problematisch. Die Möglichkeit, ›Medium‹ im engeren, technischen Sinn aufzufassen, wird heute in der I.sforschung oft zugunsten eines weiten Mediumsbegriffs unter Einschluß der traditionellen Künste aufgegeben, wodurch eine weitgehende Deckung mit den *interart(s) studies* entsteht.

Typologisch läßt sich I. differenzieren: (a) nach beteiligten Medien: für die Lit. z.B. nach der Einbeziehung von bildender Kunst, Film oder Musik; (b) nach der Dominanzbildung: intermediale Formen ohne klare Dominanz, z.B. Musik und Lyrik im Kunstlied, vs. I. mit Dominanz eines Mediums gegenüber einem oder mehreren anderen, z.B. punktuelle Illustrationen zu einem Roman; (c) nach der Quantität der intermedialen Bezugnahmen: ›partielle‹, d.h. Teile eines Werkes betreffende, vs. ›totale‹, d.h. das ganze Werke betreffende I., im Bereich musik-literar. I., z.B. Drama mit Liedeinlagen vs. Oper; (d) nach der Genese der I.: ›primäre I.‹, bei der I. wie in der Bildgeschichte von Anfang an Teil des Werkkonzeptes ist, vs. ›sekundäre I.‹, bei der I. erst im Nachhinein, oft von fremder Hand entsteht, z.B. bei Romanverfilmungen; (e) nach dem bes. wichtigen Differenzkriterium der Qualität des intermedialen Bezuges: Bei der ›manifesten I.‹ bleiben die beteiligten Medien als solche an der Werkoberfläche unabhängig von einer möglichen Dominanzbildung erhalten und unmittelbar erkennbar, z.B. bewegte Bilder,

›dramatischer‹ Text und Musik im Tonfilm. Dabei kann die Intensität des intermedialen Bezuges schwanken zwischen den Polen ›Kontiguität‹, z.B. im Nebeneinander von Text und Musik im Kinderlied, und ›Synthese‹, z.B. in einer Wagneroper. Zur manifesten I. in Opposition steht die ›verdeckte I.‹, bei der stets eine bestimmte Dominanzbildung stattfindet, so daß ein nicht-dominantes Medium als Folge eines Medienwechsels im dominanten Medium eines Werkes aufgeht, von diesem quasi verdeckt wird und deshalb an der Werkoberfläche nicht mehr in jedem Fall erkennbar ist. In der verdeckten I. kann die Nachweisbarkeit der I. daher zum Problem werden, namentlich in einer wichtigen Unterform: der Imitation bzw. Inszenierung eines fremden Mediums, d.h. im Versuch, in einem Medium (oft bis an die Grenzen von dessen Möglichkeiten) ein anderes Medium unter ›ikonischer‹ statt ›referentieller‹ Zeichenverwendung nachzuahmen, z.B. wenn ein literar. Text durch bestimmte Strukturen der Musik angenähert wird. In der Regel bedarf es zur Erkennbarkeit der I. hierbei einer ›Lesehilfe‹ (in paratextuellen Hinweisen [↗ Paratext], Bildunterschriften o.ä.). Diese Hilfen gehören zur zweiten Unterform verdeckt intermedialer Bezüge: der intermedialen Thematisierung, bei der unter üblicher Verwendung der Zeichen des einen Mediums auf ein anderes Medium referiert wird: z.B. in der Beschreibung eines Gemäldes in einer literar. Ekphrasis.

I. ist in der Form manifester I. ein in der Lit. wohl schon immer vorkommendes Phänomen, bes. in der traditionellen Verbindung zwischen Musik und Text im Lied. Das Auftreten verdeckter I., bes. fremdmedialer Imitation, ist demgegenüber eine relativ neue Entwicklung. Im Roman datieren Versuche der Annäherung an die Malerei ab dem Ende des 18. Jh.s, Experimente mit einer Musikalisierung ab der Romantik und Imitationen filmischer Techniken ab der Moderne. Das funktionale Spektrum der I. ist außerordentlich breit. In der Lit. umfaßt es u.a. das experimentelle Ausloten und Erweitern der Grenzen des eigenen Mediums, das Schaffen metafiktionaler/ästhetischer Reflexionsräume (↗ Metafiktion) oder die Stärkung, aber auch Unterminierung ästhetischer ↗ Illusion.

Lit.: Z. Konstantinovic et al. (Hgg.): *Literature and the Other Arts. Proceedings of the IXth Congress of the ICLA*, Innsbruck 1981. – J.-P. Barricelli/J. Gibaldi (Hgg.): *Interrelations of Literature*, N.Y. 1982. – U. Weisstein (Hg.): *Lit. und bildende Kunst. Ein Handbuch zur Theorie und Praxis eines komparatistischen Grenzgebietes*, Bln. 1992. – Zima 1995. – H.P. Wagner (Hg.): *Icons, Texts, Iconotexts. Essays in Literature and Intermediality*, Bln. 1996. – W. Wolf: »I. als neues Paradigma der Lit.wissenschaft? Plädoyer für eine lit.zentrierte Erforschung von Grenzüberschreitungen zwischen Wortkunst und anderen Medien am Beispiel von V. Woolfs ›The String Quartet‹«. In: *AAA* 21.1 (1996) S. 85–116. – J. Helbig (Hg.): *I.: Theorie und Praxis eines interdisziplinären Forschungsgebiets*, Bln. 1998. – W. Wolf: *The Musicalization of Fiction. A Study in the Theory and History of Intermediality*, Amsterdam 1999. – F. Mosthaf: *Metaphorische I.: Formen und Funktionen der Verarbeitung von Malerei im Roman*, Trier 2000. – V. Nünning/A. Nünning (Hgg.): *Erzähltheorie transgenerisch, intermedial, interdisziplinär*, Trier 2002. – I.O. Rajewsky: *I.*, Tüb. et al. 2002.

WW

Interpretation (lat. *interpretatio*: Deutung, Übersetzung, Erklärung), Prozeß und Resultat der Auslegung bzw. Deutung mündlicher, schriftlicher und allg. zeichenhafter Äußerungen auf der Basis von Verstehen bzw. hermeneutischer Bemühung; im engeren Sinne Auslegung schriftlicher (theologischer, juristischer, historischer, literar.) Werke in methodisch reflektierter bzw. wissenschaftlich disziplinierter, nicht nur naiver Weise nach Maßgabe der ↗ Hermeneutik als der ›Kunstlehre des Verstehens‹, mit der Grundregel des ↗ ›hermeneutischen Zirkels‹, spiralenförmig vom Teil zum Ganzen und zurück führend; im engsten Sinne Deutung von Kunstwerken.

Die lit.wissenschaftliche I. unterscheidet zwischen rein philologischer I. erklärungsbedürftiger Aussagen, d.h. semantischer und grammatischer Klärung zeitgenössischer bzw. uns fremd gewordener vergangener Texte, und ästhetischer I. (vgl. Ter-Nedden 1987, S. 32ff.). Lit. als Selbstdarstellung konkreter ↗ Subjektivität geht, schon aufgrund ihrer Gestaltqualität, über die diskursive Sprache der Information bzw. Wissenschaft hinaus; Form ist integrativer, nicht ablösbarer Bestandteil dieses Symbolsystems. Die ästhetische I. reflektiert dies. Die ↗ ›werkimmanente‹ I. (vgl. E. Staiger), historische Erscheinung nach 1945, ist, logisch gesehen, die Voraussetzung weiterreichender, werktranszendierender I., da sie sowohl den immanenten philologischen Sinn und die Textintention bestimmt als auch den immanenten ästhetischen Beziehungs- und Formenreichtum reflektierend erläutert. Wird die Immanenz des Textes falsch verstanden, muß auch die werktranszendierende I., die Beziehungen des Werks zu Autor, Kultur- und Sozialgeschichte usw. eruiert, falsche Konsequenzen ziehen. Die werktranszendierende I. kann (a) das Werk als Material und Quelle für historische, soziologische, ideengeschichtliche, psychologische Auslegungen und Erklärungen verwenden, (b) es auf ↗ Gattung, Stil, Ideen einer ↗ Epoche oder (c) auf ↗ Intention und Entwicklung des Autors beziehen und (d) übergreifende Zusammenhänge zwischen Werk und Kultur- und Sozialgeschichte sowie soziopsychologischen Gegebenheiten herstellen. Die an der ↗ marxistischen Lit.theorie orientierte I. versuchte, das Werk als Phänomen des ›Überbaus‹ aus der ökonomischen ›Basis‹ zu verstehen, ja zu erklären oder gar ›abzuleiten‹. Die moderne ›Antihermeneutik‹, sich auf M. Foucault, J. Lacan oder J. Derrida berufend, bewegt sich häufig im Rahmen der antiaufklärerischen Paradoxie, antihermeneutisch (d.h. nicht-verstehend) verstehen zu wollen, wenngleich sie vorgibt, in ihren ›Diskursanalysen‹ (↗ Diskurs und Diskurstheorien) und ↗ ›Dekonstruktionen‹ subjektunabhängig bloß ↗ ›Strukturen‹ und ›Diskurse‹ freizulegen (vgl. R. Barthes 1970, J. Hörisch 1988).

Die Geschichte der I. leitet sich von der theologischen Exegese, um philologische und allegorische I. bemüht, her. Im 18. Jh. verbinden sich theologische und profane Exegese zu wissenschaftlicher historisch-hermeneutischer Auslegung, deren Theorie von F. Schleiermacher zu W. Dilthey und schließlich zu H.-G. Gadamer führt, der die Basis des für unhintergehbar-universell gehaltenen hermeneutischen Erkennens in Sprache und Dialog begründet sieht. Eine spezifisch literar. I.-theorie steckt noch in den Anfängen. E.D. Hirsch hat 1972 im Gegensatz zu poststrukturalistischen Thesen vom ↗ ›Tod‹ des Autors und des Sinns Überlegungen zur Rekonstruktion der Autorintention angestellt. Er hält, wie U. Eco (1992), an der sinngebenden Instanz des Autors, die Unbewußtes einschließe, bzw. der *intentio operis* fest, während H.R. Jauß von der Unabschließbarkeit der Deutung der unbegrenzten Sinnpotentiale eines Werks, der *intentio lectoris* vorbehalten, ausgeht. L. Bredella (1980) und G. Ter-Nedden (1987) z.B. wenden sich einer spezifisch literar. I.-stheorie zu.

Lit.: E.D. Hirsch: *Validity in Interpretation*, New Haven 1967 (dt. *Prinzipien der I.*, Mchn. 1972). – R. Barthes: *S/Z*, Paris 1970 (dt. *S/Z*, FfM. 1976). – L. Bredella: *Das Verstehen literar. Texte*, Stgt. 1980. – Ph. Forget (Hg.): *Text und I.*, Mchn. 1984. – G. Ter-Nedden: *Leseübungen. Einf. in die Theorie und Praxis der literar. Hermeneutik*, Hagen 1987. – J. Hörisch: *Die Wut des Verstehens*, FfM. 1988. – L. Danneberg: »I.: Kontextbildung und Kontextverwendung«. In: *SPIEL* 9.1 (1990) S. 89–130. – St. Mailloux: »I.«. In: Lentricchia/McLaughlin 1995 [1990]. S. 121–134. – U. Eco: *Die Grenzen der I.*, Mchn. 1992. – W. Strube: *Analytische Philosophie der Lit.wissenschaft. Untersuchungen zur lit.wissenschaftlichen Definition, Klassifikation, I. und Textbewertung*, Paderborn 1993. – A. Spree: *Kritik der I.: Analytische Untersuchungen zu interpretationskritischen Lit.theorien*, Paderborn 1995. – Brenner 1998. – de Berg/Prangel 1999. – Jahraus/Scheffer 1999. – J.-J. Lecercle: *Interpretation as Pragmatics*, Ldn. 1999. – A. Spree: »I.«. In: Fricke 2000. S. 168–172. – E. Angehrn: *I. und Dekonstruktion. Untersuchungen zur Hermeneutik*, Weilerswist 2003. – F. Jannidis et al. (Hgg.): *Regeln der Bedeutung. Zur Theorie der Bedeutung liter. Texte*, Bln. 2003. HHH

Intertextualität und Intertextualitätstheorien, I. bezeichnet die Eigenschaft von insbes. literar. Texten, auf andere Texte bezogen zu sein. IT. beschreiben, erklären oder systematisieren die Bezüge zwischen Texten. – Daß ein literar. Text nicht in einem Vakuum existiert, ist seit langem bekannt, zumal Begriffe wie Imitation, Parodie oder Epikrise schon der klassischen ↗ Rhetorik vertraut waren. Darüber hinaus ist allein die Idee von literar. oder anderen ↗ Gattungen ohne die Annahme intertextueller Bezüge undenkbar, da die bloße Klassifizierung eines Texts als Typus schon eine Aussage über Ähnlichkeiten oder Unterschiede zu anderen Texten impliziert. Grundsätzlich sind zwei Kategorien von IT. zu unterscheiden. In der einen wird I. als deskriptiver Oberbegriff für herkömmliche Bezugsformen von Texten verstanden, in der anderen in einem umfassenderen ontologischen Sinn zur qualitativen Bezugnahme auf sämtliche Arten von bedeutungstragenden Äußerungen verwendet. Während deskriptive IT. versuchen, die intentionale und spezifische Anspielung eines Autors auf das Werk eines anderen zu bezeichnen, wurde der ontologische Begriff der I. urspr. innerhalb eines breiteren und radikaleren theoretischen Projekts geprägt, das gerade die Vorstellung auktorialer Intentionalität (↗ Intention) sowie die Einheit und Autonomie des ›Werks‹ selbst unterminieren wollte.

Die auf dieser radikaleren Version der I. basierenden IT. haben ihre Herkunft in M.M. Bachtins Theorie der ↗ Dialogizität, obgleich die Unterschiede zwischen dieser und den IT. genauso bedeutsam sind wie

ihre Gemeinsamkeiten. Nach Bachtin (1986, S. 91f.) ist jede Äußerung
untrennbar mit Dialog und Zitat verbunden, denn sie ist »filled with
dialogic overtones«, »with echoes and reverberations of other utterances«.
Weil Sprache ein soziales Medium ist, sind die Wörter, die wir benutzen,
bereits angereichert mit den Intentionen und Akzenten anderer Sprecher.
Äußerungen beziehen ihre Bedeutung nur aus der »dialogisch erregte[n]
und gespannte[n] Sphäre der fremden Wörter, Wertungen und Akzente««,
mit welchen sie in »komplexen Wechselbeziehungen« stehen (Bachtin 1979,
S. 169). Sprache ist gekennzeichnet von Heteroglossie, der komplexen
Konfiguration konkurrierender sozialer, generischer und berufsspezifischer
Sprachen, die die Stratifikation jeder Einzelsprache zu einem beliebigen
Zeitpunkt ausmachen. J. Kristeva berief sich explizit auf Bachtin, als sie
den Begriff I. prägte, um damit die dialogische Relation aller Texte untereinander zu beschreiben. Laut Kristeva (1972, S. 348) baut sich jeder Text
»als Mosaik von Zitaten auf, jeder Text ist Absorption und Transformation
eines anderen Textes«. Kristeva und anderen Poststrukturalisten zufolge ist
I. eine Eigenschaft aller Texte und beschreibt nicht nur die intentionalen
Bezüge von bewußter Anspielung auf andere Texte. Die Kristevasche IT.
geht sogar so weit, die auktoriale Intentionalität völlig zu marginalisieren,
indem der Dialog von intendierenden Sprechern durch den Dialog von
Texten ersetzt wird: »An die Stelle des Begriffs der IT. tritt der Begriff der
Intertextualität« (ebd.). An diesem Punkt vollzieht Kristeva jedoch einen
Bruch mit Bachtins Dialogizität. Insbes. in seinen späteren Schriften betont
Bachtin (1986, S. 104), daß jeder Text ein Subjekt oder einen Autor habe,
und daß Sprache immer die Form einer Äußerung annehme, die zu einem
bestimmten sprechenden Subjekt gehört und außerhalb dieser Form nicht
existieren kann (ebd., S. 71). In der Kristevaschen IT. dient der Begriff I.
sowohl als polemische Waffe als auch als deskriptives Instrument innerhalb
des umfassenderen poststrukturalistischen Projekts der Subjektdezentrierung
(↗ Subjekt und Subjektivität). Kristeva (1972, S. 372) zufolge ist gerade
das Vorhandensein von I. für eine Verwischung der Grenze zwischen lesen-
dem und schreibendem Subjekt verantwortlich; beide werden textualisiert:
»Derjenige, der schreibt, ist auch derjenige, der liest« und ist »selbst nur ein
Text, der sich aufs neue liest, indem er sich wieder schreibt«.

Auch R. Barthes stellt in seiner IT. Vorstellungen von Subjektautonomie
und auktorialer Intentionalität in Frage, wenn er in seinem sehr einflußreichen Essay »Der Tod des Autors« (1968) den Leser als Raum beschreibt, in
welchen das den Text konstituierende ›Gewebe von Zitaten‹ eingeschrieben
sei (↗ Tod des Autors). Dieser Leser sei jedoch kein unschuldiges Subjekt,
das dem Text vorausginge, sondern selbst schon eine Pluralität anderer
Texte, ›unendlicher Codes‹. Die universalisierende Tendenz, die Barthes'
›unendlich‹ und Kristevas ›jeder Text‹ impliziert, ist ein entscheidendes
Moment poststrukturalistischer IT. J. Derrida, für den Sprache immer
›Zitat‹ oder ›Iteration‹ ist, spricht von einem grenzen- und nahtlosen *texte
général* (vgl. L. Jenny 1982, S. 45: I. »speaks a language whose vocabulary
is the sum of all existing texts«). Bachtin zufolge sind intertextuelle Bezüge
weder universell noch unendlich, sondern historisch determiniert. Hetero-

glossie ist nicht das Produkt subjektloser Texte, sondern ein soziales und historisches Phänomen.

Das allumfassende Konzept unendlicher intertextueller Bezüge, das der ↗ Poststrukturalismus vertritt, hat seine Anhänger nicht davon abgehalten, in ihrer textanalytischen Praxis spezifische Wechselbeziehungen zwischen einzelnen Texten und deren ›Prätexten‹ bzw. Hypotexten hervorzuheben. So versucht H. Bloom in seiner IT. eine absolutistische Variante der poststrukturalistischen I. (›there are no texts, but only relationships between texts‹) mit deskriptiver literar. Einflußforschung zu vereinbaren. Bloom zufolge ist der Text, in bes. Maß das Gedicht, ein Schlachtfeld, auf dem der Dichter einen ödipalen Konflikt mit den Prätexten der Tradition und den Einfluß ausübenden ›Vätern‹, die diese Prätexte projizieren, ausagiert. Blooms Konzept einer ›anxiety of influence‹ grenzt nicht nur die möglichen Beziehungen zwischen Text und Prätext ein, sondern repersonalisiert diese wieder, so daß Subjektivität und Intersubjektivität wieder von Bedeutung sind.

In dem bisher umfassendsten intertextualitätstheoretischen Projekt versucht G. Genette (1982/93), eine systematische Typologie intertextueller Relationen aufzustellen. Genette teilt die in ihrer Gesamtheit von ihm Transtextualität genannten möglichen Beziehungen zwischen Texten in fünf Untergruppen ein: (a) I., womit v.a. die ganze »traditionelle Praxis des Zitats« (ebd., S. 10) sowie die zusätzlichen Aspekte des Plagiats und der Anspielung gemeint sind; (b) Paratextualität, die Beziehung zwischen einem Text und den ihn unmittelbar einrahmenden Versatzstücken von Texten, wie z.B. Titel, Einleitung, Nachwort, Anmerkungen, Epigraph usw. (↗ Paratext); (c) Metatextualität, der Kommentar eines Textes zu einem anderen; Genette (ebd., S. 13) nennt dies »die kritische Beziehung par excellence«; (d) ↗ Hypertextualität, die kommentarlose Transformation eines Prätextes (bzw., in Genettes Worten, eines ›Hypotextes‹) in die Form einer Parodie, eines Pastiches, einer Adaption usw.; und (e) Architextualität, die als abstrakteste und impliziteste der fünf Kategorien die allgemeineren Gattungsbezüge zwischen Texten betrifft.

Gerade die Differenzierung und Pluralisierung von Kategorien im Genetteschen Begriffssystem verweisen auf ein zentrales Problem aller IT. Der Begriff I. ist derzeit als Bezeichnung für eine Vielzahl möglicher Bezugsformen von Texten in Gebrauch, seien sie intentional oder unbewußt, zufällig oder von theoretischer Notwendigkeit. Darüber hinaus widersprechen sich die beiden extremen Versionen, die eine universell-ontologisch, die andere spezifisch-deskriptiv. Wenn alle Texte nur Aktualisierungen eines anonymen und uneinholbaren Intertextes oder ›texte général‹ sind, wie kann man dann noch von einzeln auffindbaren und abgrenzbaren Prätexten sprechen? Und wie können der ↗ synchrone ↗ Strukturalismus oder der anti-teleologische und ahistoristische Poststrukturalismus die ↗ diachrone Vorgängigkeit aufrechterhalten, die der ontologische Begriff des Prätextes impliziert? So bleiben die zwei Richtungen innerhalb der IT. nicht nur praktisch sondern auch theoretisch unvereinbar. Während die IT. in ihrer textanalytischen Anwendung die Bezüge zwischen einzelnen Texten ermittelt und analysiert, stellt sie in ihrer sprachontologischen Anwendung gerade die Grundlage einer solchen Auswahl in Frage.

Lit.: J. Kristeva: »Wort, Dialog und Roman bei Bachtin«. In: J. Ihwe (Hg.): *Lit. wissenschaft und Linguistik*, Bd. 3, FfM. 1972. S. 345–375. – Bloom 1997 [1973]. – M.M. Bachtin: *Die Ästhetik des Wortes* (Hg. R. Grübel), FfM. 1979. – Genette 1982/93. – L. Jenny: »The Stragegy of Form«. In: T. Todorov (Hg.): *French Literary Theory Today*, Cambridge et al. 1982. S. 34–63. – U. Broich/M. Pfister (Hgg.): *I.: Formen, Funktionen, anglistische Fallstudien*, Tüb. 1985. – E. Morgan: »Is There an Intertext in This Text? Literary and Interdisciplinary Approaches to Intertextuality«. In: *American Journal of Semiotics* 3.4 (1985) S. 1–40. – M.M. Bachtin: *Speech Genres and Other Late Essays* (Hgg. C. Emerson/M. Holquist), Austin 1986. – M. Pfister: »I.«. In: Borchmeyer/Žmegač 1994 [1987]. S. 215–218. – U. J. Hebel (Hg.): *Intertextuality, Allusion and Quotation. An International Bibliography of Critical Studies*, N.Y. 1989. – R. Lachmann: *Gedächtnis und Lit.: I. in der russ. Moderne*, FfM. 1990. – M. Worton/J. Still (Hgg.): *Intertextuality. Theories and Practices*, Manchester et al. 1995 [1990]. – H.F. Plett (Hg.): *Intertextuality*, Bln. 1991. – Sh. Schahadat: »I.: Lektüre – Text – Intertext«. In: Pechlivanos et al. 1995. S. 366– 377. – R. Lachmann: »I.«. In: Ricklefs 1996. S. 794– 809. – M. Martinez: »Dialogizität, I., Gedächtnis«. In: Arnold/Detering 1997 [1996]. S. 430–445. – G. Allen: *Intertextuality*, Ldn./N.Y. 2000. – U. Broich: »I.«. In: Fricke 2000. S. 175–179.   RA

Isotopie (gr. *ísos*: gleich; gr. *tópos*: Ort), von A. J. Greimas (1971) eingeführter Begriff für eine homogene semantische Struktur, die die ↗ Kohärenz und somit die Verstehbarkeit eines Textes begründet. Eine I. konstituiert sich durch die Rekurrenz gleicher semantischer Einheiten, den kontextuellen Semen oder Klassemen, in unterschiedlichen Lexemen oder Lexemgruppen eines Textes. So ist z.B. das Klassem [Finanzen] in dem folgenden Satzgefüge rekurrent: ›Er entschied sich für eine Bank, die mit kostenloser Kontoführung, Telefonbanking und Zinsen für das Girokonto warb‹. Eine weitere Leistung der I. besteht darin, daß polysemische Begriffe, wie hier ›Bank‹, durch die Rekurrenz des Klassems monosemiert, d.h. vereindeutigt werden. Mehrdeutige ↗ Signifikanten können aber auch z.B. in Bonmots als konnektierender Term zur Verbindung zweier unterschiedlicher I.n Verwendung finden (z.B. ›Der Feind der Hamburger ist der Feinschmecker‹). Literar. Texte intensivieren dieses Verfahren, indem einzelne Lexeme oder Lexemgruppen ganz unterschiedlichen I.n zugeordnet werden können. Auf diese Weise entstehen komplexe I.n, die Mehrfachlesarten zulassen. Rastier (1974) z.B. wies drei verschiedene kohärente Lesarten des Gedichts »Salut« von St. Mallarmé nach.

Der Begriff I. und das damit verbundene semanalytische Verfahren fand v.a. seit den 1970er Jahren Eingang in die Lit.wissenschaft, so etwa bei J. Schulte-Sasse und R. Werner (1977), die auch der Kritik der Ahistorizität begegneten und eine sozial-historische Erweiterung der Methode vorschlugen sowie in Ansätzen eine Übertragung auf den Film leisteten. Nachdem der Begriff eine starke Ausdehnung auf die Rekurrenz der verschiedensten Inhalts- und Ausdruckselemente gefunden hatte, unternahm U. Eco (1987) eine konzentrierende Systematik, wobei er gleichzeitig den Begriff in seinen rezeptionspragmatischen Ansatz integrierte.

Lit.: A. J. Greimas: *Sémantique structurale*, Paris 1966 (dt. *Strukturale Semantik*, Braunschweig 1971). – F. Rastier: »Systematik der I.n«. In: W. Kallmeyer et al. (Hgg.): *Lektürekolleg zur Textlinguistik*, Bd. 2, FfM. 1974. S. 153–190. – E.U. Große: »Zur Neuorientierung der Semantik bei Greimas«. In: Kallmeyer et al. 1974. S. 87–125. – J. Schulte-Sasse/R. Werner: *Einf. in die Lit.wissenschaft*, Mchn. 1977. – U. Eco: *Lector in fabula*, Mchn./Wien 1987. S. 107–127.   VW

K

Kanon, literarischer (gr. *kanon*: Regel, Maßstab), urspr. auf die anerkannten heiligen Schriften bezogen, wird der Begriff K. erst seit Ende des 18. Jh.s auf Lit. angewendet. Mit K. wird gewöhnlich ein Korpus literar. Texte bezeichnet, die eine Trägergruppe, z.b. eine ganze Kultur oder eine subkulturelle Gruppierung, für wertvoll hält, autorisiert und an dessen Überlieferung sie interessiert ist (materialer K.), daneben aber auch ein Korpus von ↗ Interpretationen, in dem festgelegt wird, welche ↗ Bedeutungen und Wertvorstellungen mit den kanonisierten Texten verbunden werden (Deutungskanon). Ein K. entsteht also nicht dadurch, daß sich Texte aufgrund zeitloser literar. Qualitäten durchsetzen; er ist vielmehr das historisch und kulturell variable Ergebnis komplizierter Selektions- und Deutungsprozesse, in denen inner- und außerliterar. (z.B. soziale, politische) Faktoren eine Rolle spielen. K.es erfüllen verschiedene Funktionen für ihre Trägergruppe: Sie stiften Identität, indem sie für die Gruppe konstitutive Normen und Werte repräsentieren; sie legitimieren die Gruppe und grenzen sie gegen andere ab; sie geben Handlungsorientierungen, indem sie ästhetische und moralische ↗ Normen wie auch Verhaltensregeln kodieren; sie sichern Kommunikation über gemeinsame Gegenstände. Je homogener eine Gesellschaft ist, desto wahrscheinlicher ist es, daß es einen K. oder wenige K.es gibt. Typisch für moderne, zunehmend differenzierte Gesellschaften ist dagegen die K.pluralität: K.es, die die Selbstdarstellungs- und Legitimationsbedürfnisse unterschiedlicher Trägergruppen erfüllen, stehen neben- und gegeneinander.

Bis in die 1960er Jahre wurde unter K. der bildungsbürgerliche K. verstanden, der weitgehend mit dem akademischen identisch war. Zu ihm zählen die Bezugstexte der ›Weltlit.‹ (aus abendländischer Sicht), d.h. in der Regel die Texte, auf die sich andere Texte bzw. Autoren immer wieder bezogen haben, die über längere Zeit in der akademischen Kommunikation präsent und deren Ausgaben kontinuierlich lieferbar sind. Ab den 1970er Jahren im Zeichen der ↗ Ideologiekritik, konsequenter aber im Kontext am. feministischer Forschung (↗ feministische Lit.theorie) ab den 1980er Jahren wurde dieser K. heftig kritisiert, v.a. sein Status als Machtinstrument der ›repräsentativen‹ gesellschaftlichen Gruppe der ›*male whites*‹ und die systematische Ausgrenzung und Abwertung der Texte und ↗ Traditionen kultureller ›Randgruppen‹, z.B. der Frauen und der Schwarzen. Als Konsequenz wurden einerseits Gegenkanones der unterdrückten Gruppen gefordert, andererseits wurde, aus der radikaleren poststrukturalistischen Kritik (↗ Poststrukturalismus) am Konzept der Repräsentativität generell, für den Verzicht auf K.es plädiert. Dagegen steht die Einsicht, daß zumindest in literar. ↗ Institutionen K.es unvermeidbar sind und auch Kritiker des Konzepts mit ihren Akten der Auswahl und ↗ Wertung von Texten zu deren Kanonisierung beitragen. Als Gegenreaktion auf die K.revision stellte H. Bloom in *The Western Canon* (1994) eine autoritative Liste literar. Meisterwerke von der Antike bis zur Gegenwart auf und löste damit in den USA erneut eine heftige K.debatte aus.

Lit.: A. Assmann/J. Assmann (Hgg.): *K. und Zensur*, Mchn. 1987. – H. J. Lüsebrink/G. Berger: »K.bildung in systematischer Sicht«. In: diess. (Hgg.): *Literar. K.bildung in der Romania*, Rheinfelden 1987. S. 3–32. – Smith 1995 [1988]. – J. Guillory: *Cultural Capital. The Problems of Literary Canon Formation*, Chicago/Ldn. 1993. – H. Bloom: *The Western Canon*, N.Y. 1994. – R.v. Heydebrand/S. Winko: »Geschlechterdifferenz und literar. K.«. In: *IASL* 19.2 (1994) S. 96–172. – J. Guillory: »Canon«. In: Lentricchia/McLaughlin 1995 [1990]. S. 233–249. – R. Grübel: »Wert, K. und Zensur«. In: Arnold/Detering 1997 [1996]. S. 601–622. – S. Winko: »Literar. Wertung und K.bildung«. In: Arnold/Detering 1997 [1996]. S. 585–600. – J.-J. Lecercle: »The Münchhausen Effect. (Why) Do We Need a Canon?«. In: *EJES* 1.1 (1997) S. 86–100. – R. v. Heydebrand (Hg.): *K., Macht, Kultur*, Stgt. 1998. – D.L. Madsen (Hg.): *Post-Colonial Literatures. Expanding the Canon*, Ldn. et al. 1999. – C. Belsey: »The Possibility of Literary History. Subject, Object and the Relation of Knowledge.« In: G. Collier et al. (Hgg.): *Critical Interfaces. Contributions in Philosophy, Literature and Culture in Honour of Herbert Grabes*, Trier 2001. S. 43-54. – H.L. Arnold (Hg.): *Literar. K.bildung*, Mchn. 2002. – P. Wiesinger (Hg.): *Akten des X. Internationalen Germanistenkongresses Wien 2000. »Zeitenwende – Die Germanistik auf dem Weg vom 20. ins 21. Jh.«*, Bd. 8, *K. und Kanonisierung als Probleme der Lit.geschichtsschreibung; Interpretation und Interpretationsmethoden*, Bern et al. 2003. SW

Kohärenz (lat. *cohaerere*: zusammenhängen), auch Textkohärenz, ist das Ergebnis derjenigen syntaktischen, semantischen oder pragmatischen Mechanismen, die eine Sequenz, eine Aneinanderreihung von Sätzen und Äußerungen, als zusammenhängend erscheinen lassen, die damit als Einheit aufzufassen ist und in diesem Sinne einen Text bildet. – K. wird bei T.A. van Dijk (1980) auf zwei Ebenen situiert: (a) Als linearer Zusammenhang bezeichnet K. die Bezüge zwischen einzelnen Propositionen oder Propositionsgruppen innerhalb einer Sequenz, (b) als Makrostruktur bezieht sich K. auf Zusammenhänge, die die Struktur von Sequenzen hinter sich lassen und auf dem Text als Ganzem beruhen. Die Bedeutungseinheit konstituiert sich dabei über Thema, ↗ Isotopien, ↗ Paradigmen, narrative Strukturen. Syntaktische Konnexionen, die K. begründen, wären etwa deiktische Elemente, Proformen, Tempusabfolge; als Bedingungen und Kriterien semantischer K. lassen sich anführen: (a) Verträglichkeitsbeziehungen, (b) konditionale

Zusammenhänge oder kausale Verbindungen zwischen Propositionen, (c) Übernahme raumzeitlicher Situationen, (d) Beziehungen zwischen Konzepten: Identität, Vergleichbarkeit, Ähnlichkeit und (e) die Einbeziehung von kulturellem Wissen über typische Situationen und Geschehnisse (↗ Schema, *frames*), das als Deutungsraster dient. Referentielle Identität und Präsuppositionen führen zur pragmatischen K., die sich insbes. über universale logische Prinzipien, das Kooperationsprinzip und allg. Angemessenheitsbedingungen von effektiver Kommunikation als Konversationsmaxime der Qualität, Quantität, Relation und Modalität (H.P. Grice 1975) darstellt.

Das aus der Textlinguistik stammende Konzept der K. ist in der strukturalen Textanalyse ein grundlegendes Theorem der Interpretationstheorie und heuristisch relevant. K. entspricht der Sinnhaftigkeit eines Äußerungskontextes und ist an die jeweilige Thema/Rhema-Struktur eines Textes, die spezifische Kombination von Bekanntheit und Informationshaltigkeit, gebunden. Das Postulat der K. läßt eine Abweichung als Abweichung erkennen, erzwingt die Suche nach dem ›Sinn‹ einer Äußerung und nach der Ebene, auf der dieser Sinn zu situieren ist, und ruft zur ↗ Interpretation, zur Bildung von K.annahmen, auf. Inkonsistenzen und Inkohärenzen, polarisiert als Redundanz und Widerspruch, wie sie die rhetorischen Figuren Pleonasmus und Paradoxie repräsentieren, werden somit einer Oberflächenebene zugeordnet, die es gilt, mittels adäquater Hypothesen aufzulösen und konsistent in ein Modell über den Text zu integrieren.

Lit.: H.P. Grice: »Logic and Conversation«. In: *Syntax and Semantics* 3 (1975) S. 41–58. – T.A. van Dijk: *Textwissenschaft. Eine interdisziplinäre Einf.*, Mchn. 1980. – E. Stucke: »K.«. In: Fricke 2000. S. 280–282. HK

Kollektivsymbol/Kollektivsymbolik, umfaßt die Gesamtheit der ›Bildlichkeit‹, die durch eine Grundstruktur semantischer Abbildung gekennzeichnet ist. Für diese Grundstruktur gelten sechs Kriterien: (a) semantische Sekundarität, (b) Ikonizität, (c) Motiviertheit, (d) ↗ Ambiguität (Mehrdeutigkeit), (e) syntagmatische Expansion des Symbolisanten zum Umfang einer rudimentären ↗ Isotopie, (f) Isomorphie-Relationen zwischen Symbolisant und Symbolisat. Als einheitliche Notation dienen die der historischen Emblematik entlehnten Begriffe ›Pictura‹ für die Symbolisanten und ›Subscriptio‹ für die Symbolisate. Auf strukturell-funktionaler Basis umfaßt der so definierte Begriff ›Symbol‹ Phänomene, die aus unterschiedlichen theoretischen Perspektiven und Traditionen als ↗ Symbol, Allegorie, Emblematik, ↗ Metapher, Image, Archetyp usw. von einander getrennt beschrieben werden. Topische Reproduktion und kollektive Trägerschaft sind die weiteren Kennzeichen der K. – Die in den 1970er Jahren entstandene lit.wissenschaftliche Forschungsrichtung zur modernen K. betont im Unterschied etwa zu Metaphorologie oder ↗ Toposforschung die ↗ synchrone Systematik der Gesamtheit der Symbole und ihre strikte Interdependenz zu einer historisch spezifischen Diskurskonstellation (↗ Diskurs und Diskurstheorien). Die K. gilt dabei als interdiskursives Verfahren (↗ Interdiskurs), das zum strukturierenden

Moment der Lit. sowie des gesamtkulturellen Orientierungswissens wird und v.a. die kollektive und individuelle Subjektbildung fundiert.

Lit.: J. Link: *Die Struktur des Symbols in der Sprache des Journalismus. Zum Verhältnis literar. und pragmatischer Symbole*, Mchn. 1978. – A. Drews et al.: *Moderne K.: Eine diskurstheoretisch orientierte Einf. mit Auswahlbibliographie*. In: *IASL* 1, Sonderheft Forschungsreferate (Hgg. W. Frühwald et al.), Tüb. 1985. S. 256–375. – F. Becker et al.: »Moderne K. (Teil II)«. In: *IASL* 22.1 (1997) S. 70–154.   UG

Kommentar, philologischer (lat. *commentarius* von gr. *hypómnēma*: Denkwürdigkeit, Text-Erklärung), Erläuterungstext. – In jedem K. steckt implizit die These, daß ein (literar.) Text nicht unmittelbar, etwa auf dem Wege einer Sinnpräsenz oder mittels einer direkten Einfühlung, erfaßt werden kann. – Der ph. K. steht in einer langen Tradition, die über weite Strecken mit der Philologie selber zusammenfällt. Bis zum Aufstieg der ↗ Interpretation als neuer Leitoperation war der sog. Wort- und Sachkommentar das dominante Genre der Philologie. Insbes. der textphilologische K. als Produkt der Textkritik hat lange das Bild der Disziplin bestimmt. Gegenwärtig lassen sich mehrere Verwendungsweisen ausmachen. Zum einen stellt der ph. K. im engeren Sinn Informationen zu einem kommentarwürdigen Text zusammen. Die meist als gesonderter Anhang einem solchen Werk beigegebenen Hinweise betreffen seine textkritische Überlieferung, die historische Einordnung und die biographischen Entstehungsbedingungen sowie die sprachlichen und eventuell metrischen Eigentümlichkeiten. Der ph. K. steht für all das, was an Sach- und Sprachkenntnissen notwendig ist, um den kommentierten Text einer Interpretation unterziehen zu können. Die Unterscheidung von sachlicher Kommentierung und auf Sinnkommunikation ausgelegter Interpretation ist zugleich das Kriterium, anhand dessen entschieden wird, was ein ph. K. an Informationen zusammenträgt bzw. was er mit dem ausgewählten Text tut. Eine zweite implizite These besagt, daß ein ph. K. stets in einem dienenden Verhältnis zu einem ersten, dem primären Text steht: »Der K. geht von der Klassizität seines Textes und damit gleichsam von einem Vorurteil aus.« (Benjamin 1977, S. 539). Lit.-theoretisch relevant geworden ist diese emphatische Nähe zum Text einmal in der ↗ werkimmanenten Interpretation und im *close reading* sowie in der ↗ Dekonstruktion. Hier ist die Grenze zwischen ph. K. und Interpretation aufgehoben bzw. Interpretation wird als Explikation texteigener Strukturen (↗ *différance* [J. Derrida] bzw. Rhetorizität [P. de Man]) praktiziert: Zwischen Erkenntnisweise und Erkenntnisgegenstand soll es eine immanente Entsprechung geben. In dieser Ausrichtung als eigene Theorieform beansprucht der ph. K. im Zeitalter konstruktivistischer Wissenschaftstheorie(n) (↗ Konstruktivismus, radikaler) eine epistemologische Sonderposition.

Inzwischen interessiert der ph. K. über den engeren Fachkontext hinaus. Ausgangspunkt ist die Unwahrscheinlichkeit einer solchen aufwendigen Erläuterung: Welche Texte erhalten mit welcher Begründung dieses Maß an Aufmerksamkeit? Das öffnet einmal den Weg zu Fragen des ↗ Kanons. Zum anderen stellt sich die generelle hermeneutische Überlegung (↗ Hermeneutik), wie das Verhältnis zwischen ph.K. und kommentiertem Text beschaffen ist. Man geht davon aus, daß diese Relation die entscheidende Instanz ist für alle Fragen nach der Variation im Bereich der Ideenevolution. Geistesgeschichte wird so rückverlegt in die Grundannahme, wonach Text und kommentierende Interpretation sich wechselseitig stabilisieren. Variation als abweichende Sinnzuweisung kann nur dann für die soziale Kommunikation relevant werden, wenn sie dem philologischen Postulat der Einheit von Text und kommentierender Interpretation genügt. Andererseits ist mit der Anerkennung, daß Variationen durch die Produktion von Texten aus Texten erfolgen, noch nicht geklärt, welche Variation sich durchsetzt. Entscheidende Instanz hierfür ist dann der soziale Kontext. Aktuell stellt sich in Theorie und Methode das Problem, ob und wie der ph.K. als Form der Texterläuterung auf die Arbeit mit anderen Medien wie Film oder Computerspiel übertragen werden kann. Vermutlich wird mit der Frage, ob der ph.K. mit seiner bis ins Mikrologische reichenden Sensibilität für kommunikative Formen und Strukturen auch außerhalb der ›Höhenkamm-Lit.‹ Anwendung finden kann, zugleich über die Zukunft der Lit.wissenschaft wie des lit.zentrierten Schulfachs Deutsch entschieden werden.

Lit.: B. Sandkühler: *Die frühen Dante K.e und ihr Verhältnis zur ma. K.tradition*, Mchn. 1967. – W. Benjamin: *Gesammelte Schriften*, Bd. 2 (Hgg. R. Tiedemann/H. Schweppenhäuser), FfM. 1977. – L. Ellrich/N. Wegmann: »Theorie als Verteidigung der Lit.? Eine Fallgeschichte. P. de Man«. In: *DVjs* 64 (1990) S. 467–513. – A. Assmann/B. Gladigow (Hgg.): *Text und K.*, Mchn. 1996. NW

Kommunikation, literarische, über die linguistische Orientierung formalistischer und strukturalistischer Ansätze haben ↗ kommunikationstheoretische Überlegungen schon relativ früh Eingang in die Lit.wissenschaft gefunden. Seit den späten 1970er Jahren zeichnet sich darüber hinaus eine Tendenz ab, neben die für ↗ Strukturalismus, ↗ Poststrukturalismus und ↗ Dekonstruktion charakteristische Ausrichtung auf Sprache als Zentralkonzept ein Alternativmodell zu stellen, das K. zum Ausgangspunkt lit.wissenschaftlicher Theoriebildung macht. So steht im Zentrum der ↗ Empirischen Theorie der Lit. eine ›Theorie literar. kommunikativen Handelns‹ mit der Grundannahme eines ›Systems l.K.‹ (S.J. Schmidt 1980). Adaptionen der soziologischen ↗ Systemtheorie N. Luhmanns hingegen arbeiten mit dem Konzept der ↗ Autopoiesis der gesellschaftlichen K., das gängige Auffassungen von K., etwa als Übertragung einer Nachricht im Rahmen eines Sender-Empfänger-Modells, grundsätzlich verwirft. K. erscheint demzufolge als selbstreferentieller Prozeß, der im Vorgang des Mitteilens das Mitzuteilende, d.h. die Information erst selektiv erschafft und die Differenz zwischen den mit ›Mitteilung‹ und ›Information‹ bezeichneten Selektionsebenen auf einer dritten Selektionsebene, die Luhmann Verstehen nennt, synthetisierend sinnhaft bearbeitet. Als Vollzugsmodus sozialer Systeme wird K. dabei strikt von Bewußtsein als Vollzugsmodus psychischer Systeme geschieden. Luhmann (1995, S. 23) verweist auf die »laufende Reproduktion der Unterscheidung von Mitteilung (Selbstreferenz) und Information (Fremdreferenz) unter Bedingungen, die ein Verstehen (also: weitere Verwendung im Kommunikationsprozeß) ermöglichen«, und ergänzt: »Die Begriffe ›Information‹, ›Mitteilung‹ und ›Verstehen‹ müssen dabei ohne direkte psychische Referenz gebraucht werden.« (ebd.). Der hier scheinbar verlorene Zusammenhang wird jedoch auf einer allgemeineren Ebene wiederhergestellt, da sowohl psychische als auch soziale Systeme im Rahmen der Luhmannschen Theorie als Sinnsysteme konzipiert sind, zwischen denen strukturelle Kopplungen nicht nur möglich, sondern notwendig sind. So ist jedes K.ssystem im Hinblick auf eine kontinuierliche Versorgung mit ›Energie‹ in Form von Außenreizen auf die Inklusion psychischer Systeme bzw. deren systemspezifische Sozialisation angewiesen. Die gängige Zurechnung der K. auf handelnde Subjekte ist ein Reflex dieser Notwendigkeit; sie ist jedoch nicht konstitutiver Teil des K.sprozesses, sondern sekundäre inhaltliche Anreicherung.

Auf der Grundlage dieser Theorie läßt sich die literar. K. der modernen Gesellschaft wie folgt beschreiben (vgl. Reinfandt 1997): L.K. ist ein systemhafter Zusammenhang von Kommunikationen über Texte als ›Werke‹, der die Entstehung neuer als ›Werk‹ kommunizierbarer Texte fördert und formt. Als (Anschluß-)Selektion einer für ›literar.‹ gehaltenen Differenz von ›Information‹ und ›Mitteilung‹ ist ein als ›Werk‹ intendierter Text zum Zeitpunkt seiner Entstehung fest in den Kontext l.K. eingebunden, so daß eine werkorientierte Ästhetik durchaus denkbar bleibt. Eine für das Lit. system konstitutive K. vollzieht sich jedoch erst dann, wenn dem Text im kommunikativen ›Verstehen‹ die Eigenschaft ›literar.‹ zugeschrieben wird, während auch nicht-literar. ›Verstehen‹ prinzipiell möglich ist. Es handelt sich somit bei ›Lit.‹ in erster Linie um eine historisch wandelbare K.skonvention (↗ Konvention), für deren Beschreibung der spezifische Inklusionsmodus psychischer Systeme im Lit.system und hier bes. die Rollenasymmetrie von aktiver (↗ Autor, historischer) und passiver (Leser) Sozialisation von Interesse ist. Im Rahmen einer derartigen Konzeption kann dann auch das im Falle l.K. bes. ausgeprägte Phänomen der zeitlichen Distanz zwischen Lit.-produktion und Lit.rezeption angemessen berücksichtigt werden. Ein Indiz für die breitere Etablierung von K. als Grundbegriff oder ›Gegengrundbegriff‹ lit.wissenschaftlicher Modellbildung bietet ein von Fohrmann und Müller (1995) herausgegebener einschlägiger Sammelband.

Lit.: A. Assmann/J. Assmann: »Exkurs. Archäologie der l.K.«. In: Pechlivanos et al. 1995. S. 200–206. – Schmidt 1991 [1980]. – J. Assmann/B. Gladigow (Hgg.): *Text und K.: Archäologie der l.K.* Bd. 4, Mchn. 1995. – Fohrmann/Müller 1995. – N. Luhmann: *Die Kunst der Gesellschaft*, FfM. 1995. – Ch. Reinfandt: »Moderne l.K. Ein systemtheoretischer Entwurf«. In: ders.: *Der Sinn der fiktionalen Wirklichkeiten*, Heidelberg 1997. S. 16–122. – Jahraus/Scheffer 1999. – Ch. Reinfandt: *Romantische K.: Zur Kontinuität der Romantik in der Kultur der Moderne*, Heidelberg 2003.
                                                                                    ChR

Kommunikationsmodell dramatischer, lyrischer und narrativer Texte, Bezeichnung für die vereinfachte graphische Darstellung (↗ Modell) der für verschiedene literar. Gattungen jeweils typischen Kommunikationsstruktur.

Das K. rückt die pragmatische Dimension in den Vordergrund und liefert einen theoretischen Bezugsrahmen für die Textanalyse, weil es die Einbeziehung aller Sender und Empfänger ermöglicht, die auf verschiedenen Ebenen im werkexternen und werkinternen Bereich an der ↗ Kommunikation eines literar. Textes beteiligt sind (vgl. ↗ Diegese). Das K. veranschaulicht sowohl die vertikale Hierarchisierung der Kommunikationsebenen und die funktionalen Einbettungsverhältnisse als auch die »horizontale Binnenstruktur der Kommunikationsniveaus« (Kahrmann et al. 1993, S. 43).

Mit Hilfe des K.s lassen sich grundlegende Gattungsmerkmale lyrischer, dramatischer und narrativer Texte veranschaulichen. In lyrischen Texten äußert sich der Schriftsteller nicht direkt, sondern delegiert seine Aussagen und Empfindungen an einen fiktiven Sprecher im Text, das ›lyrische Ich‹, das einen mehr oder weniger deutlich konturierten textuellen Adressaten anspricht. In dramatischen und narrativen Texten wird die Kommunikationsebene der fiktiven Handlung, auf der die Sender- und Empfängerrollen wechseln können, durch den Dialog zwischen den Figuren der Geschichte konstituiert. Im Gegensatz zum Drama (vgl. Pfister 1977) ist die Sprechsituation der Figuren im Falle von Erzähltexten in die übergeordnete Kommunikationsebene der erzählerischen Vermittlung eingebettet, auf der sich eine fiktive Erzählinstanz an einen ebenfalls fiktiven, oftmals im Text direkt angesprochenen Adressaten wendet. Von diesen beiden werkinternen, fiktionalen Kommunikationsebenen ist die werkexterne Ebene der empirischen Kommunikation zu unterscheiden, auf der ein realer Autor als Sender und reale Leser als Empfänger fungieren.

Durch die Differenzierung dieser drei Kommunikationsebenen werden sowohl die Unterschiede zwischen dem ↗ Erzähler und dem historischen ↗ Autor sowie zwischen dem fiktiven, im Text oft mitartikulierten Adressaten und dem realen Leser eines Erzähltextes als auch das Konzept der ›Einbettung‹ der Kommunikationsebenen verdeutlicht, die in einem hierarchischen Subordinationsverhältnis zueinander stehen. Der bereits früher und unabhängig von der ↗ Kommunikationstheorie entwickelte Begriff ›Erzähler‹ kann im Rahmen der Kommunikationsebenen des narrativen Textes systematisch hinsichtlich seiner Funktionen untersucht werden, da er logisch aus den Voraussetzungen der Theorie ableitbar ist. Das K. narrativer Texte ist insofern kompatibel mit der Unterscheidung zwischen der Ebene des Erzählten und der des Erzählens (↗ *histoire* vs. *discours*), als sich der Begriff *histoire* bzw. *story* auf die Gesamtheit der Aspekte bezieht, die die Ebene der erzählten Geschichte, d.h. die eingebettete Kommunikationsebene, konstituieren, während der Begriff *discours* der Struktur der erzählerischen Vermittlung, mithin der zweiten werkinternen Kommunikationsebene, entspricht.

Die in einigen K.en vorgesehene Ebene des impliziten ↗ Autors und impliziten ↗ Lesers (vgl. Kahrmann et al. 1977; Pfister 1977), die der Kommunikationsebene der erzählerischen Vermittlung hierarchisch übergeordnet ist, wird von Kritikern deshalb zurückgewiesen, weil es sich beim impliziten Autor nicht um einen ›Sender‹ im kommunikationstheoretischen Sinne handelt, sondern um semantische und formale Aspekte des Gesamttextes und weil eine personale Differenzierung zwischen dem impliziten Autor und impliziten Leser nicht nachweisbar ist. In der neueren Forschung sind die realistischen und mimetischen Prämissen, die die Übertragung kommunikationstheoretischer Konzepte auf die verschiedenen Instanzen und Ebenen literar. Texte impliziert und die dem K. zugrunde liegen, Gegenstand der Kritik geworden (vgl. Fludernik 1993). Dennoch hat sich das K. literar. Texte v.a. in der Erzähltheorie und Erzähltextanalyse, der Dramentheorie sowie zur Verdeutlichung der Differenzierungskriterien literar. Gattungen als heuristisches und didaktisches Hilfsmittel bewährt (vgl. Wenzel 1997).

Lit.: C. Kahrmann et al.: *Erzähltextanalyse. Eine Einf. in Grundlagen und Verfahren*, 2 Bde., Kronberg 1993 [1977]. – Pfister 2000 [1977]. – Nünning 1989. – M. Fludernik: *The Fictions of Language and the Languages of Fiction*, Ldn. 1993. – P. Wenzel: »Ein Plädoyer für Modelle als Orientierungshilfe im Lit.unterricht«. In: *LWU* 30.1 (1997) S. 51–70. AN

Kommunikationstheorie (lat. *communicatio*: Mitteilung, Verständigung; lat. *communicare*: gemeinsam machen, vereinigen), alltagssprachlich versteht man unter Kommunikation den Austausch von Meinungen, Gedanken, Nachrichten oder Informationen. Dieses Verständnis liegt auch vielen philosophischen und wissenschaftlichen ↗ Metaphern und ↗ Modellen der Kommunikation zugrunde, die unterstellen, daß ein Sprecher Gedanken oder Nachrichten sprachlich so ausdrückt, daß ein Hörer sie dem sprachlichen Text gemäß der ↗ Intention des Sprechers entnehmen kann. Dieses Modell hat seine wissenschaftliche Nobilitierung durch die beiden am. Mathematiker C.E. Shannon und W. Weaver (1949) erfahren, die in ihrem informationstechnischen Modell Kommunikation wie folgt bestimmen: Ein Sender enkodiert eine Botschaft in Signale, die über einen Kanal möglichst störungsfrei an einen Empfänger weitergeleitet werden, der die Signale dekodiert. Sprecher und Hörer müssen dabei über einen gemeinsamen Zeichenvorrat (↗ Zeichen und Zeichensystem) verfügen. Beim Versuch, dieses technische Modell auf menschliche Kommunikation zu übertragen, wurde sehr bald deutlich, daß die Vorstellung von Verständigung durch Informationsaustausch unrealistisch ist. Offensichtlich verläuft Kommunikation nicht als linear gerichteter Prozeß, sondern als komplexer Wirkungszusammenhang zwischen aktiven Kommunikationspartnern in komplexen, sozial schematisierten Situationen, bei dem konventionalisierte Kommunikationsinstrumente und Medien eine entscheidende Rolle spielen. Jede K. steht vor dem grundsätzlichen Autologie-Dilemma: Kommunikationskonzepte können nur in Kommunikation als Kommunikation bestimmt werden, d.h. sie setzen voraus und vollziehen, was sie theoretisch einholen wollen. K.n unterscheiden sich wesentlich dadurch, was sie als exemplarisches Beobachtungsfeld betrachten, also entweder interaktive (*face-to-face*) oder medienvermittelte Kommunikation (sog. Massenkommunikation; Massenmedien). K.n bekommen ihre grundlegende Ausrichtung schließlich danach, welches Menschenbild sie (meist implizit) voraussetzen, d.h. v.a., ob Kommunikationspartner als aktive oder als passive Instanzen konzipiert werden und ob deren kognitiver Bereich als offen oder geschlossen vorausgesetzt wird.

In der gegenwärtigen Theorienlandschaft lassen sich drei Typen von K.n voneinander unterscheiden: Handlungstheorien und ↗ Systemtheorien von Kommunikation sowie Vermittlungsversuche zwischen diesen beiden Extremen. Handlungstheoretische Konzeptionen orientieren sich vorwiegend an interaktiver Kommunikation und modellieren Kommunikation als Verständigungsgeschehen zwischen Aktanten in konkreten Kommunikationssituationen auf der Grundlage gemeinsam geteilten sprachlichen und enzyklopädischen *common sense*-Wissens. Diese Konzeptionen haben ihre Schwierigkeiten bei der Übertragung des Kommunikationskonzepts auf sog. Massenkommunikation. Systemtheoretische Konzeptionen orientieren sich vorwiegend an schriftlicher bzw. medienvermittelter Kommunikation und bestimmen Kommunikation als aktantenfreies Sinngeschehen, bei dem Kommunikationen an Kommunikationen anschließen. Die starre Opposition Handlungs- vs. Systemtheorie scheint sowohl unzutreffend als auch erkenntnishemmend zu sein, weil beide Konzeptionen systematisch reduktiv sind: Handlungstheoretische Optionen vernachlässigen überindividuelle Sinnbildungsmechanismen und sind v.a. an mikro-empirischer Forschung interessiert, systemtheoretische Optionen vernachlässigen die Aktanten- und Handlungsebene und sind nur wenig an empirischer Forschung interessiert.

Die im folgenden skizzierte Position vermittelt zwischen diesen beiden Extremen und geht davon aus, daß die Alternative System vs. Handlung eine ›Beobachtungsalternative‹ darstellt und nicht eine ›Seinsalternative‹. Unter der Beobachtungsperspektive Handlung kann man Kommunikation als eine bes. Form ›sinnorientierten sozialen Handelns‹ modellieren. Dabei wird der Handlungsbegriff wie folgt bestimmt: Handeln kann man tun oder lassen; Handeln kann gelingen oder mißlingen, es erreicht oder verfehlt Zwecke; zum Handeln kann man andere auffordern oder dies unterlassen; Handeln erfolgt durch Befolgen eines Handlungsschemas (↗ Schema- und Schematheorie) in bereits sinnhaft gedeuteten Situationen (Geschichten) und ist stets abhängig von kulturellen Sinnzusammenhängen, also von individuellem wie kollektivem sozio-kulturellen Wissen, das sich die Handlungspartner gegenseitig unterstellen. Die Besonderheit von Kommunikation als Prototyp sinnorientierten sozialen Handelns liegt darin, daß es mit Hilfe von Kommunikationsinstrumenten oder Medien erfolgt. ›Medium‹ läßt sich als ein systemischer Wirkungszusammenhang von Komponenten in vier Dimensionen modellieren: (a) Kommunikationsinstrumente (wie natürliche Sprachen oder andere Zeichensysteme, die nicht als Medien konzipiert werden); (b) die für die Verwendung von Kommunikationsinstrumenten erforderlichen Technologien (etwa Buchdruck oder Internet-Technologie) samt den dadurch bestimmten Produktions- und Nutzungsbedingungen; (c) die institutionellen bzw. organisatorischen Rahmenbedingungen für den Einsatz solcher Technologien (Verlage, Funkhäuser, Netzwerkbetreiber samt allen damit zusammenhängenden ökonomischen, rechtlichen, sozialen und politischen Randbedingungen), und schließlich (d) die konkreten Medienangebote (Bücher, Filme, E-mails) als Resultate des Zusammenwirkens aller Komponenten. Dieses Zusammenwirken kann als ›Selbstorganisation‹

bestimmt werden, d.h.: die Ordnungszustände des Systems entstehen durch die Vernetzung systeminterner Zustände und nicht durch Interventionen von außen. Der Zweck dieses bes. sozialen Handelns liegt darin, Systeme in der Sinndimension strukturell miteinander zu koppeln. Das bedeutet, daß man mit Hilfe von Medienangeboten die voneinander getrennten kognitiven Systeme von Individuen oder Aktanten durch Kommunikation strukturell so miteinander koppelt, daß jedes kognitive System diese Angebote unter Rückgriff auf kollektives sozio-kulturelles Wissen nutzen kann, um systemeigene Bedeutungen bzw. Sinnstrukturen aufzubauen und Anschlußkommunikationen vorzunehmen; denn auch kognitive Systeme lassen sich plausibel als selbstorganisierende Systeme modellieren. Keiner kann in den Kopf eines anderen hineinsehen und dessen Gedanken unmittelbar beobachten. Auch wenn wir zum Ausdruck bringen, was wir in der Selbstbeobachtung für unsere Gedanken, Wünsche und Vorstellungen halten, dann reden wir darüber, und andere können darauf reagieren, indem sie denken oder ihrerseits reden. Anders gesagt: Aus Kommunikationen können entweder Anschlußkommunikationen oder Anschlußgedanken gemacht werden. Welche Gedanken im Kopf eines anderen entstehen, was er aus Gesagtem Gedanken macht, liegt allein beim anderen. Daraus folgt: In der Kommunikation werden weder Informationen noch Gedanken oder Bedeutungen übertragen oder ausgetauscht. Informationen, Gedanken oder Bedeutungen werden ausschließlich im Gehirn von Menschen erzeugt, und zwar gemäß den individuellen und sozialen Bedingungen und Schemata, die dabei im Gehirn jedes einzelnen aufgrund seiner bisherigen Biographie in einer konkreten Kommunikationssituation operativ eingesetzt werden. In der Umwelt gibt es keine Informationen, sondern nur materielle Gegebenheiten, die zur ›Informationsproduktion‹ genutzt werden können, also v.a. Medienangebote. Selbst Bücher, Filme oder andere Dokumente in Archiven sind keine Informationsspeicher, sondern Angebote, die zur Informationsproduktion genutzt werden können, die sie zwar beeinflussen, aber nicht kausal steuern können.

Daß wir trotz der hier unterstellten kognitiven Autonomie erfolgreich miteinander interagieren und kommunizieren können, liegt v.a. an unserer Sozialisation. Im Verlauf dieser Sozialisation lernen wir als Kinder nicht etwa die dt. Sprache, sondern wir lernen durch Versuch und Irrtum, durch Lohn und Strafe, durch Vertrauen und Enttäuschungen erfolgreiches soziales Verhalten sprachlicher wie nichtsprachlicher Art. Wir verinnerlichen in immer wiederholten prototypischen Situationen, was man in bestimmten Situationen tut und sagt und wie die anderen sich dazu verhalten. Erst sehr spät lernt das Kind, dabei zwischen sprachlichem und nicht-sprachlichem Verhalten zu unterscheiden, also zu wissen, daß es (s)eine Sprache spricht. Sprechen als soziales Handeln ist wie auch jeder Umgang mit anderen als sprachlichen Medienangeboten ausschließlich konzentriert auf den sozial normierten und daher akzeptablen Gebrauch bestimmter Zeichenmaterialitäten (etwa Wörter) in bestimmten Situationen. In diesen Materialitäten (↗ Materialität der Kommunikation) und ihren Gebrauchsregeln ist gleichsam das gesellschaftliche Wissen verkörpert, was der Gebrauch dieser Materialitäten zum Ausdruck bringt. Aus diesem Grunde ist die Ausdrucksebene die kommunikativ entscheidende Dimension, nicht etwa die Sinn- oder Bedeutungsebene, die allein kognitiv relevant ist. Und darum müssen wir nicht wissen, was ein Ausdruck ›bedeutet‹, sondern wie er gesellschaftlich relevant und akzeptabel ›gebraucht‹ wird.

Akzeptiert man diese Überlegungen, dann folgt daraus, daß in allen Formen von Kommunikation ›Wissen‹, ›Kultur‹ und ›Sozialisation‹ die entscheidenden Parameter darstellen. Nur wenn Kommunikationsteilnehmer über eine vergleichbare Sozialisation, also über vergleichbares kollektives Wissen verfügen und sich (fiktiv) dieses Wissen gegenseitig als Sinnbildungsgrundlage unterstellen, kann man überhaupt annehmen, daß kognitiv autonome Systeme wie Menschen mit den Materialitäten von Medienangeboten in vergleichbarer Weise umgehen. Nur wenn alle Beteiligten im Kommunikationsprozeß vergleichbare kulturelle Sinnbildungsprogramme anwenden, können auch kognitiv völlig voneinander getrennte autonome Systeme wie Menschen miteinander kommunizieren, also Medienangebote herstellen und nutzen, die zu sozial akzeptierten Anschlußhandlungen führen.

Um selbst in Konstellationen von Unsicherheit und Unwahrscheinlichkeit Kommunikation dennoch erfolgreich zu machen, hat die Gesellschaft im Laufe der Entwicklung eine große Zahl von Vorkehrungen getroffen, um das Unwahrscheinliche wahrscheinlich zu machen. Sie können unter den Oberbegriff ›symbolische Ordnungen‹ gefaßt werden. Diese sozial relevanten Ordnungen, die jeder von uns in der Sozialisation internalisiert und deren Einhaltung durch Sanktionen gesichert wird, betreffen alle Kommunikationsbereiche. Zu ihnen sind symbolisch generalisierte Kommunikationsmedien sensu N. Luhmann (1997) (z.B. Wahrheit, Geld, Macht, Liebe) sowie die schon erwähnten Diskurse (↗ Diskurs und Diskurstheorien) und Geschichten zu zählen. Sie sind in festen Typen schematisiert, die schon vorab unsere Erwartungen und Einstellungen regulieren. Kommunikationssituationen sind in aller Regel typisiert nach möglichen ›Kommunikationskonstellationen‹ bzw. nach der ›Hierarchie‹ der Kommunikationsteilnehmer. Wer wann das Wort ergreifen oder schweigen darf und wer das letzte Wort behält, das ist in sozialen Systemen genau geregelt; und nur deshalb können Individuen dagegen verstoßen und dadurch Aufmerksamkeit erzeugen. Man kann davon ausgehen, daß ähnlich sozialisierte Aktanten dasselbe Medienangebot normalerweise ganz ähnlich rezipieren, weil sie gelernt haben, wie man bestimmte sprachliche Ausdrücke verwendet und wann man welchen Typ von Medienangebot sinnvollerweise verwendet. Diese Beobachtung darf nicht zu dem Fehler verleiten, von ähnlicher Rezeption auf ähnliche Nutzung zu schließen. Rezeption ist die Voraussetzung und die Grundlage von Nutzung, da zunächst einmal das Medienangebot in systemspezifische Information verwandelt werden muß, ehe es dann gemäß verschiedenen Nutzungsparametern in konkreten Nutzungssituationen verarbeitet werden kann. Daher empfiehlt es sich, in der Medienwirkungsforschung deutlich zwischen Rezeption und Nutzung sowie zwischen Bedeutung und Wirkung zu unterscheiden. Interaktive Kommunikationen vollziehen sich als verbale und non-verbale Kommunikationen. Auf der non-verbalen Ebene dienen

Formen des Ausdrucksverhaltens der Einschätzung verbaler Aussagen (Bekräftigung, Kontradiktion, emotionale Begleitung), der Strukturierung des Kommunikationsprozesses, dem Ausdruck der Beziehung zwischen den Kommunikationspartnern sowie als Substitut für verbale Aussagen. Wie P. Watzlawick et al. (1967) gezeigt haben, hat jede Kommunikation einen Inhalts- und einen Beziehungsaspekt, der die Relation zwischen den Kommunikationspartnern ausdrückt. Als Alternative zur interaktiven Kommunikation hat sich mit der Schrift und endgültig mit dem Buchdruck die sog. Massenkommunikation entwickelt, also jene Form der Kommunikation, bei der die Aussagen öffentlich, durch technische Verbreitungsmittel indirekt und einseitig an ein disperses Publikum vermittelt werden.

Die hier skizzierte K. beobachtet das Kommunikationsgeschehen also auf drei voneinander nur analytisch unterscheidbaren Ebenen. Auf der Mikro-Ebene geht es um die Aktanten, denen Kommunikationshandlungen zugeordnet werden (Kommunikationsakte). Auf der Meso-Ebene werden die sozialen Einbettungsrahmen (Geschichten und Diskurse) analysiert, die sinnvolles Handeln und Kommunizieren als komplexe Wirkungsmechanismen allererst ermöglichen und verständlich machen. Auf der Makro-Ebene kommen die symbolischen Ordnungen bzw. die sozio-kulturellen Wissensbestände in den Blick, an denen sich sinnvolle Handlungen und Kommunikationen orientieren und die sich die kognitiv getrennten Aktanten als gemeinsam geteiltes Wissen unterstellen. Die Fragestellungen der gegenwärtigen Kommunikationswissenschaft orientieren sich stark an der berühmten Lasswell-Formel (Wer sagt was zu wem über welchen Kanal mit welchem Effekt?) und lassen sich daher in folgendem Schema zusammenfassen:

Tab. 1: Systematisierung kommunikationswissenschaftlicher Fragestellungen

Fokus Einstiegs-punkt	Makro	Meso	Mikro
Wer?	Funktionssysteme	Medien-institutionen	Aktanten
Was?	Symbolisch generalisierte Kommunikations-medien	Themen	Aussagen
Kanal?	Mediensysteme	Distributions-einrichtungen	Kommunikations-instrumente
Wem?	Publikum	Zielgruppen	Rezipienten
Effekt?	Funktionen	Leistungen	Wirkungen

Lit.: C.E. Shannon/W. Weaver: *Mathematische Grundlagen der Informationstheorie*, Mchn. 1976 [1949]. – P. Watzlawick et al.: *Menschliche Kommunikation. Formen,*

Störungen, Paradoxien, Bern 1996 [1967]. – K. Merten: *Kommunikation. Eine Begriffs- und Prozeßanalyse*, Opladen 1977. – J. Habermas: *Theorie des kommunikativen Handelns*, 2 Bde., FfM. 1995 [1981]. – G. Maletzke: *Massenkommunikationstheorien*, Tüb. 1988. – D. Crowley/D. Mitchell (Hgg.): *Communication Theory Today*, Cambridge 1994. – K. Merten et al. (Hgg.): *Die Wirklichkeit der Medien. Eine Einf. in die Kommunikationswissenschaft*, Opladen 1994. – Schmidt 1996 [1994]. – N. Luhmann: *Die Gesellschaft der Gesellschaft*, 2 Bde., FfM. 1997. – S.J. Schmidt/G. Zurstiege: *Orientierung Kommunikationswissenschaft. Was sie kann, was sie will*, Reinbek 2000. – A. Schorr et al. (Hgg.): *Communication Research and Media Science in Europe. Perspectives for Research and Academic Training in Europe's Changing Media Reality*, Bln. 2003.   SJS

Komparatistik, die Vergleichende Lit.wissenschaft, die den Vergleich zweier oder mehrerer literar. Werke aus verschiedenen Sprachbereichen zum Gegenstand hat, ist in der zweiten Hälfte des 19. Jh.s im Anschluß an vergleichende Naturwissenschaften wie G.v. Cuviers Vergleichende Anatomie, Blainvilles Vergleichende Physiologie und Costes Vergleichende Embryogenese entstanden. In der Situation sollte sie aus methodologischen Gründen im Zusammenhang mit der Vergleichenden Sprachwissenschaft, der Vergleichenden Rechtswissenschaft (ebenfalls K. genannt) und der Vergleichenden Politikwissenschaft betrachtet werden. Denn allen diesen Wissenschaften sind grundsätzliche Fragestellungen gemeinsam: (a) der typologische Vergleich; (b) der genetische Vergleich; (c) Probleme der Rezeption in einem fremden Kulturkontext; (d) Probleme der literar. oder fachsprachlichen Übersetzung; (e) Fragen der ⟋ Periodisierung (etwa die Frage nach der Koexistenz von literar. und politischer Romantik in Deutschland und Frankreich) und (f) thematologische (⟋ Stoff- und Motivgeschichte/Thematologie) Fragestellungen.

(a) Wie sind Ähnlichkeiten auf typologischer Ebene zu erklären? In zahlreichen Fällen stößt man auf sprachliche, literar. oder verfassungsrechtliche Ähnlichkeiten, die nicht aus direkten oder indirekten Einflüssen ableitbar sind, sondern dadurch zustandekommen, daß sich aufgrund von ähnlichen Ausgangssituationen, die geographisch, wirtschaftlich und gesellschaftlich bedingt sein können, ähnliche Typen entwickeln. So hat z.B. der russ. Komparatist V. Zirmunskij gezeigt, daß sich in geographisch weit auseinanderliegenden Gesellschaften (etwa in Aserbaidschan und Westeuropa) in der feudalen Ära das Epos entwickeln konnte, das die Heldentaten kriegerischer Kasten besingt. Zugleich würde ein vergleichender Soziologe oder Anthropologe erklären wollen, weshalb und wie sich ähnliche feudale Strukturen in verschiedenen Ländern Eurasiens unabhängig voneinander entwickelt haben. Eine vergleichbare Situation finden wir in der literar. Moderne vor, in der unabhängig voneinander avantgardistische Bewegungen in Großbritannien (*Vorticism*), Frankreich (Surrealismus), Deutschland (Expressionismus), Italien und Rußland (Futurismus) entstanden sind. Als Typen sind sie zunächst unabhängig voneinander aus ähnlich gearteten gesellschaftlichen, politischen und sprachlichen Verhältnissen hervorgegangen.

(b) Die komplementäre Fragestellung, die ebenfalls Lit.wissenschaftler, Linguisten, Rechts- und Sozialwissenschaftler beschäftigt, betrifft den

Einfluß, der im Rahmen von genetischen Vergleichen untersucht wird.
Typologischer und genetischer Vergleich hängen insofern zusammen, als sich
immer wieder zeigt, daß literar. Einfluß durch ähnliche gesellschaftliche und
kulturelle Voraussetzungen ermöglicht wird. So ist z.B. die Beeinflussung der
verschiedenen europ. Avantgarden durch den ital. Futurismus (seit 1909)
zu erklären. Daß Einflüsse oftmals politisch bedingt sind, läßt der kroat.
und slowen. Expressionismus erkennen, der im Bereich der österreich.-ungar.
Monarchie entstanden ist, sowie der aus Frankreich eingeführte serb.
Surrealismus (etwa M. Ristics, der nicht nur Dichter, sondern auch serb.
Botschafter in Paris war).

(c) Obwohl Einfluß und Rezeption verwandte Phänomene sind, sollten
sie unterschieden werden: Während sich Einflußstudien vorwiegend auf
Kontakte und Beziehungen zwischen einzelnen Schriftstellern und Schriftstel-
lergruppen konzentrieren, haben Rezeptionsstudien kollektive Erscheinungen
zum Gegenstand (↗ Rezeptionsgeschichte). Während sich die literar. K.
für die Rezeption von H. Hesses Werk bei den am. Hippies, Beatniks und
Studenten der 1960er Jahre oder für die Nietzsche-Rezeption in Spanien
um 1900 interessiert, befaßt sich die Vergleichende Politikwissenschaft mit
der kollektiven Rezeption am. Wahlkampftaktiken in verschiedenen europ.
Gesellschaften. In beiden Fällen geht es um die Frage, wie die rezipierten
Texte oder Praktiken im neuen Kulturkontext umgedeutet, adaptiert und
deformiert werden.

(d) Eine Umdeutung als adaptierende Rezeption stellt in allen Fällen
die Übersetzung (von Lit., Film, politischem Text) dar: Für die literar. K.
ist sie deshalb bes. wichtig, weil sich literar. Texte durch Vieldeutigkeit aus-
zeichnen, so daß Übersetzerinnen und Übersetzer einen großen Spielraum
für Umdeutungen nutzen können. Aber auch im juristischen Bereich lassen
Übersetzungen oftmals abweichende Texte entstehen, wie die Schwierigkeiten
der EU-Verwaltung immer wieder zeigen. Eine bes. Form der Übersetzung
ist die Übertragung in andere Medien, und die zeitgenössische literar. K.
befaßt sich in zunehmendem Maße mit den Adaptionen von Lit. in Film
und Fernsehen.

(e) Für alle vergleichenden Wissenschaften bes. wichtig ist die ↗ Periodisierung: Gibt es eine europ. Klassik oder Romantik, einen europ.
Realismus oder Ästhetizismus? Wie können diese Erscheinungen interkulturell am besten definiert werden? Die interdisziplinäre Frage lautet, ob es
möglich und sinnvoll sei, eine literar. und eine politische Aufklärung oder
Romantik aufeinander zu beziehen und sie interkulturell zu bestimmen.
In diesem Zusammenhang könnte man die radikale These vertreten, daß
nur eine interkulturelle und interdisziplinäre Beschreibung von Klassik,
Romantik oder Realismus diesen Perioden als historischen Erscheinungen
allseitig gerecht wird.

(f) Eine solche Beschreibung wird es immer wieder mit der Frage nach
den Themen zu tun haben, die in einer bestimmten ↗ Epoche oder Periode
dominieren. Mit dieser Frage setzt sich eine historische Thematologie (C.
Guillén) auseinander, die u.a. zeigen kann, daß in der Romantik bestimmte
Themen wie Identitätssuche, Sehnsucht, Naturverbundenheit, Mittelalter

dominieren oder daß Themen und ↗ Mythen (der Faust-Mythos, der Don-Juan-Mythos, der Medusa-Mythos) in verschiedenen Epochen unterschiedlich verarbeitet und gedeutet werden. Die literar. K., die sich im engl. Sprachbereich bei H.M. Posnett, in Frankreich bei F. Brunetière, später bei J.-M. Carré und in Deutschland bei W. Scherer an den Naturwissenschaften orientierte und der positivistischen Tradition verpflichtet war, hat sich nur allmählich von ihrem Positivismus gelöst. Obwohl dieser Positivismus als ›Faktenfetischismus‹ sehr früh von der dt. Geistesgeschichte (z.B. F. Gundolf) in Frage gestellt wurde, begann er in Frankreich erst in den 1960er und 1970er Jahren zu verschwinden, als die *Nouvelle Critique* an Einfluß gewann und (ähnlich wie in Deutschland) eine an der ↗ Semiotik, der Soziologie, der Phänomenologie und der Psychoanalyse ausgerichtete Methodendiskussion einsetzte. Diese Methodendiskussion führte u.a. dazu, daß sich v.a. in den USA eine Auffassung durchsetzte, die die Vergleichende Lit.wissenschaft auf den Vergleich mit anderen Kunstformen sowie auf den Medienbereich und die Philosophie (H. Remak) ausdehnte. Als ›am. Schule‹ wurde sie in den 1960er und 1970er Jahren der sog. ›frz. Schule‹ gegenübergestellt, die sich auf den bilateralen genetischen Vergleich konzentrierte, typologische Studien mit Skepsis betrachtete und von einer Ausdehnung der literar. K. auf den Bereich der ↗ Intermedialität nichts wissen wollte. Inzwischen hat sich auch in Frankreich eine eher ›großzügige‹ Definition des komparatistischen Objektbereichs (vgl. Chevrel 1989) durchgesetzt, die Musik, Malerei, Photographie und Film zumindest tendenziell einbezieht. Einige Lit.wissenschaftler gehen so weit, daß sie die K. recht einseitig als Medien- oder Kunstwissenschaft auffassen (vgl. van Heusden/Jongeneel 1993), während andere sie in der Übersetzungswissenschaft auflösen möchten (vgl. Bassnett 1993). Solchen Einseitigkeiten und Verwirrungen kann nur ein klares komparatistisches Konzept entgegenwirken, das die Themen ›Übersetzung‹ und ›Intermedialität‹ unmißverständlich der Vergleichenden Lit.wissenschaft subsumiert und diese wiederum systematisch in den Kontext der anderen vergleichenden Wissenschaften einbettet.

Lit.: H.M. Posnett: *Comparative Literature*, Ldn. 1886. – F. Brunetière: *L'évolution des genres dans l'histoire de la littérature*, Paris 1890. – J.-M. Carré: *Goethe en Angleterre*, Paris 1920. – P. van Tieghem: *La littérature comparée*, Paris 1946. – V. Zirmunskij: *Vergleichende Epenforschung*, Bln. 1961. – S.S. Prawer: *Comparative Literary Studies. An Introduction*, Ldn. 1973.– G.R. Kaiser: *Einf. in die Vergleichende Lit.wissenschaft. Forschungsstand – Kritik – Aufgaben*, Darmstadt 1980. – ders.: *Vergleichende Lit.forschung in den sozialistischen Ländern 1963–1979*, Stgt. 1980. – M. Schmeling (Hg.): *Vergleichende Lit.wissenschaft. Theorie und Praxis*, Wiesbaden 1981. – C. Guillén: *Entre lo uno y lo diverso. Introducción a la literatura comparada*, Barcelona 1985. – P. Brunel/Y. Chevrel (Hgg.): *Précis de littérature comparée*, Paris 1989. – Y. Chevrel: *La littérature comparée*, Paris 1989. – Zima 1992. – S. Bassnett: *Comparative Literature. A Critical Introduction*, Oxford 1993. – B. van Heusden/E. Jongeneel: *Algemene literatuurwetenschap. Een theoretische inleiding*, Utrecht 1993. – H. Birus (Hg.): *Germanistik und K.*, Stgt. 1995. – M. Schmeling (Hg.): *Weltlit.*

heute. Konzepte und Perspektiven, Würzburg 1995. – H. Birus: »K.«. In: Fricke
2000. S. 313–317. – E. O'Sullivan: *Kinderliterar. K.*, Heidelberg 2000. – P.V.
Zima (Hg.): *Vergleichende Wissenschaften. Interdisziplinarität und Interkulturalität
in den K.en*, Tüb. 2000.   PVZ

Konkretisation/Konkretisierung (lat. *concretus*, Part. Perf. zu *concrescere*:
zusammenwachsen, sich verdichten), bedeutendes Konzept rezeptionsästhetisch orientierter Lit.theorie (↗ Rezeptionsästhetik), das die Tätigkeit des
Lesers bei der komplementierenden Determinierung und Disambiguierung
von Unbestimmtheitsstellen (↗ Unbestimmtheit, literar.) bzw. beim Füllen von ↗ Leerstellen beschreibt. K. bezeichnet auch das Ergebnis solcher
konstituierender Aktivitäten des Rezipienten. Der Prozeß der K. läuft oft
unbewußt im Leser ab, stellt aber dennoch einen entscheidenden Teil des
literar. Verstehensvorganges dar. Erst durch die K. wird der intentionale Gegenstand des literar. Kunstwerkes fertiggestellt. Dies geschieht in Abhängigkeit
vom individuellen Leser, der seinen persönlichen ↗ Erwartungshorizont in
den Akt der K. einfließen läßt. Demnach läßt jede Unbestimmtheitsstelle
ein ganzes K.sspektrum zu, so daß die Vorstellung von der einen richtigen
↗ Interpretation eines fiktionalen Textes ad absurdum geführt wird. Durch
die K. verleiht jeder Leser dem Text eine individuelle Bestimmtheit, die mit
denjenigen anderer K.sakte durch andere Rezipienten konkurriert. Während
R. Ingarden noch zwischen richtigen und falschen K. in Abhängigkeit von
der Konstituierung ästhetisch relevanter Qualitäten spricht, lehnt sein
Schüler F. Vodička die Vorstellung einer idealen K. ab und sieht den Begriff
in Abhängigkeit von der historischen Entwicklung ästhetischer ↗ Normen.
W. Iser negiert jegliche solche Normierung und betont statt dessen die
Vielheit möglicher K.en. Dennoch bleibt es Ingardens Verdienst, mit dem
Begriff der K. das literar. Kunstwerk aus den Zwängen einer autorenzen-
trierten Darstellungsästhetik befreit und dadurch seine Rezeptionsstruktur
entdeckt zu haben.

Lit.: Ingarden 1972 [1931]. – H. Schmid: »Zum Begriff der ästhetischen K.
im tschech. Strukturalismus«. In: *Sprache im technischen Zeitalter* 36 (1970) S.
290–318. – Iser 1994 [1976].   HA

Konnotation, in der Linguistik bezeichnet K. v.a. die registerbestimmte
Sekundärbedeutung (Mitbedeutung) eines Wortes, im Unterschied zu
seinem sachlich-begrifflichen Inhalt, der ↗ Denotation. Jede natürliche
Sprache weist eine Vielfalt räumlich-regionaler, sozial-gruppensprachlicher
und stilistischer Register auf, vgl. dt. ›am Samstag/Sonnabend‹, ›meine Ge-
mahlin/Gattin/Frau/Alte‹. Die entsprechenden Merkmale solcher Wörter,
hier z.B. ›süddt.‹ oder ›gehoben‹, die zugleich Schlüsse auf deren Benutzer
und die Sprechsituation zulassen, heißen regionale, soziale, stilistische K.
Hinzu kommt die ↗ diachrone K. bei Archaismen und Neologismen. Als K.
bezeichnen viele Linguisten auch eine quasi gemeinsprachliche Assoziation
(Begleitvorstellung), z.B. bei Fuchs ›Schläue, List‹, bei Esel ›Dummheit‹. Wird
ein solches Wort für Menschen gebraucht, nennt man es usuelle ↗ Metapher.

Wörter mit lexikalisierter Bewertung, z.B. dt. ›schön‹, ›häßlich‹, ›Verbrecher‹, bilden ein Sonderproblem: das der denotierten Evaluation.

Zu unterscheiden von der stets überindividuellen Assoziation im linguistischen Sinne ist die mehr oder weniger individuelle und für den Text oder die Texte eines Autors aufschlußreiche Assoziation, die ein Autor mit diversen Verfahren (neben Stilfiguren z.B. Anspielungen, Zitaten, auffallenden Eigennamen) dem Leser mitzuteilen sucht. Gerade sie heißt in der Lit.wissenschaft K., nach dem Vorbild von R. Barthes und U. Eco, welche den Begriff von dem Linguisten L. Hjelmslev (zuerst 1943) übernahmen. Im bis heute weiterwirkenden Modell dieser Strukturalisten steht das ↗ Zeichen der Gemeinsprache als Ganzheit, ↗ Signifikant und Signifikat umfassend, wiederum als Signifikant für ein neues Signifikat: die K. Ein Beispiel: G. Benn verwendet das Zeichen ›Mohn‹ stets auch für ›Rausch, Bereich des Irrationalen‹. Da nicht nur Wörter, sondern ebenso ganze Sätze, Textpassagen und Texte ein komplexes Feld einander ähnlicher wie auch gegensätzlicher K.en tragen und erst mit ihrer Erschließung die für das Textverständnis wesentlichen Bedeutungen erkennbar werden, hat man dem primären und v.a. denotativen Zeichensystem der Gemeinsprache die sekundären, versteckteren Zeichensysteme der Lit. gegenübergestellt, die z.T. dicht von autoren- bzw. zeittypischen K.en durchzogen und geprägt sind. Verwandte, z.T. einfacher strukturierte Phänomene sind bald danach in der Bildersprache von Malern (z.B. P. Klee), in der Werbung und sogar in politischen Reden und Schriften entdeckt worden.

Lit.: C. Kerbrat-Orecchioni: *La connotation*, Lyon 1984 [1977]. – J. Schulte-Sasse/R. Werner: »Die K.«. In: diess.: *Finf in die Lit.wissenschaft*, Mchn. 1997 [1977]. S. 90–109. – G. Rössler: *K.*, Wiesbaden 1979. – H.K. Schwab: ›*Non-violence*‹. *Studie zur Semantik einer neueren lexikalischen Einheit des Frz.*, Diss. Freiburg 1994. Bes. Kap. 1, 3, 4. – E. Andringa: »K.«. In: Fricke 2000. S. 331–333.   EUG

Konstruktivismus, radikaler, der Terminus und die Konzeption wurden von E.v. Glasersfeld geprägt. Der r.K. ist eine transdisziplinäre Konzeption und stellt eine Theorie des Wissens und Erkennens, eine Erkenntnistheorie für kognitive Systeme, dar. Zentraler Gedanke der Konzeption ist, daß Wissen und Erkennen als kognitive Konstrukte bzw. konstruktive Operationen anzusehen sind. Wissen und Erkenntnis sind ausnahmslos Konstrukte, in diesem Sinne ist der r.K. radikal. Nimmt man diese Einsicht ernst, ergeben sich schwerwiegende erkenntnistheoretische Folgen. So kann z.B. das Verhältnis von Wissen, d.h. stabilen, rekurrent erfolgreichen, viablen Kognitionen, und Realität, im Sinne eines kognitionsunabhängigen Mediums, in dem lebende Organismen existieren, unter den Bedingungen unhintergehbarer und vollständiger kognitiver ↗ Konstruktivität nur als Kompatibilitäts- oder Passungsverhältnis charakterisiert werden, nicht aber als Korrespondenz, Übereinstimmung ikonischer oder isomorpher Art oder Adaequation. Erkenntnis kann dann nicht mehr umstandslos als Realitätserkenntnis begriffen werden, sondern muß in erster Linie als Selbsterkenntnis, d.h. als Erleben, Erfahren und Erlernen eigener Wahrnehmungs-, Verhaltens-, Denk- und

Handlungsmöglichkeiten gelten. Die Erfahrungswelt kognitiver Systeme, ihre persönliche und soziale Wirklichkeit, ist dann als System je subjektiv viabler Kognitionen, nicht aber als Repräsentation von Realität vorzustellen. Genaugenommen kann von einem konstruktivistischen Standpunkt aus über die Möglichkeit oder Unmöglichkeit solcher (Realitäts-)Erkenntnis gar nichts gesagt werden, weil es kognitiven Systemen unmöglich ist, einen Standpunkt einzunehmen, von dem aus das Verhältnis ihrer Urteile zur von ihnen unabhängigen Realität subjektiv, objektiv oder intersubjektiv bestimmt werden könnte (vgl. bereits u.a. Demokrit, Xenophon, Sextus Empiricus, Vico). Mit Ausnahme der Beantwortung der Frage, ob kognitive Systeme ihr Wissen für Realitätserkenntnis im genannten Sinne halten dürfen oder nicht, ist es in jeder anderen Hinsicht gleichgültig, ob solche Erkenntnis möglich ist oder nicht. Denn das von kognitiven Systemen entwickelte Repertoire von Annahmen, Kenntnissen, Erfahrungen und Fertigkeiten büßt seine Funktionen nicht abhängig davon ein, ob es Realität abbildet oder nicht.

Der Konstruktionsbegriff des r.K. kann als (a) Konstruktion von Wirklichkeit, (b) Konstruktion von Erkenntnis, d.h. Wissen, viablen Hypothesen und (c) Konstruktion von Erkenntnisfähigkeiten, d.h. kognitive, und in einem engeren Sinne z.B. mentale Operationen und Operablen bzw. Wissensstrukturen und Wissensprozesse präzisiert werden. ›Konstruktion von Wirklichkeit‹ bedeutet dann für Individuen: Wahrnehmen, Beobachten; (Er-)Finden und Verwenden sprachlicher Ausdrücke, wie von Begriffen, Kennzeichnungen, Namen; Hantieren mit und Gestalten von wahrgenommenen Entitäten; Interagieren, Kommunizieren, Kooperieren mit anderen Individuen. Konstruktion von Wissen bedeutet: Erzeugen sprachlicher Strukturen, die interpersonell verifizierbar sind; Hervorbringen oder Aktualisieren von Strukturen, die ihrerseits sprachliche Strukturen erzeugen, d.h. kognitive Konzepte, Schemata, *scripts, frames* und kognitive Operationen (↗ Schema und Schematheorie); ›Interindividuelle Verifikation‹ bedeutet den Einsatz all derjenigen Prüfverfahren für eine wahr/falsch-Prädikation von Aussagen, vermittels derer prinzipiell jedes einzelne Individuum in einer Gemeinschaft in der Lage ist, zu beurteilen, ob eine Aussage ›wahr‹ oder ›falsch‹ heißen soll; Wissen ist dann immer sozial konstruiert, weil es nicht unabhängig von der Überprüfung durch andere bzw. der Übereinstimmung mit anderen ist. Hier ist auch an gewisse methodologische Prinzipien von Wissenschaft zu erinnern, z.B. an Kommunikabilität, Lehr- und Lernbarkeit, intersubjektive Überprüfbarkeit usw.; ›Konstruktion von Erkenntnisfähigkeiten‹ bedeutet dann: Bilden von Begriffen, d.h. Konzepten, Schemata usw.; Hervorbringen von Wahrnehmungs- und Denkstilen, z.B. Tiefenwahrnehmung von Bildern, episodisches oder syllogistisches Denken; Ausbilden von Verhaltens- und Handlungsstilen oder Verhaltens- und Handlungsmustern, z.B. handwerklichen Techniken, Techniken der Lebensführung, Lebensstile. Erkenntnisfähigkeiten sind als subjektive Vermögen von Individuen durch Sozialisation/Kulturation sozial geprägt und schließen soziale Kompetenzen ein. Die Konstruktion von Erkenntnisfähigkeiten, die Konstruktion von Erkenntnis/Wissen und die Konstruktion von Wirklichkeit konvergieren in kognitiv-sozialen Synthesen, die wir als persönliches Erleben, als Lebensformen bzw. -stile, als Kulturen mit spezifischen Mythen, Wissensbeständen und Lebenspraxen auch aus der eigenen Anschauung kennen. Insofern in der Temporalisierung der hier unterschiedenen Konstruktionsprozesse die Konstruktion von Erkenntnisfähigkeiten die Anwendung dieser Fähigkeiten, d.h. die Konstruktion von Wissen, nach sich zieht, fällt sie mit der Konstruktion von Wirklichkeit zusammen. Wenn also Konstruktivisten von der Konstruktion von Wirklichkeit sprechen, dann in einem derart analysierbaren Sinne. In gleicher Weise kann auch die Rede von der kognitiven Verkörperung von Wirklichkeit präzisiert werden, denn die Anwendung von Erkenntnisfähigkeiten ist im Hinblick auf ihre Resultate, wie z.B. das Vorkommen von Gegenständen in der Umgebung des eigenen Körpers, nicht zu unterscheiden von den vermittels dieser Fähigkeiten kognitiv konstruierten Erfahrungsgegenständen. Das Prozessieren von Erkenntnisfähigkeiten entspricht der kognitiven Konstruktion von Erkenntnisgegenständen. Das bedeutet: Erkenntnisgegenstände sind in kognitiven, und im weiteren Sinne in kognitiv-sozialen Prozessen verkörpert.

Der r.K. hat Wurzeln bzw. Verankerungen in der Tradition skeptischer Philosophie seit den Pyrrhonisten, in der Aufklärungsphilosophie I. Kants, der Analytischen Sprach- und Wissenschaftstheorie v.a. L. Wittgensteins, dem Pragmatismus (vgl. J. Dewey, W. James, Ch. Peirce), dem Methodischen K. (vgl. H. Dingler, S. Ceccato), der Genetischen Epistemologie und Entwicklungspsychologie J. Piagets, in der kognitiven Psychologie (vgl. G.A. Miller, J. Piaget, U. Neisser), in der therapeutischen Psychologie (vgl. P. Watzlawick, R.D. Laing), in der Kybernetik (vgl. N. Wiener, W.R. Ashby, C.E. Shannon), in der Kognitionsbiologie (vgl. H.R. Maturana, F. Varela) und in den Neurowissenschaften (vgl. W. McCulloch, J.C. Eccles).

Aus der Perspektive eines r.K. müssen die Erkenntnis- und Handlungsbedingungen der Wissenschaften und des Alltags grundsätzlich überdacht werden. Kognitive Autonomie, ⁊ Autopoiesis, Selbstorganisation, Selbstreferentialität und Selbstregelung verlangen neue Ansätze z.B. in der ⁊ Kommunikationstheorie und Medienwissenschaft (vgl. Kommunikation ohne Informationsübertragung bei W.K. Köck; Handlungstheoretisches Kommunikationsmodell bei S.J. Schmidt; Attributionstheorie des Verstehens bei G. Rusch), in der Sozialtheorie (vgl. Selbstorganisation sozialer Systeme, Soziale Systeme aus kognitiv autonomen Einheiten etwa bei P.M. Hejl, N. Luhmann), in der Geschichtswissenschaft (vgl. Geschichte als Interpretament des Vergangenheitsbegriffs bei G. Rusch), in der Managementlehre (vgl. G. Probst), in der Therapie (vgl. das Subjekt als Konstrukteur seiner persönlichen Wirklichkeit). Der konstruktivistische Diskurs hat sich in den letzten Jahren erheblich ausdifferenziert, etwa in kulturwissenschaftlicher Hinsicht (vgl. S.J. Schmidt 1994), ist aber auch Gegenstand scharfer Kritik geworden (vgl. Nüse et al. 1991).

Lit.: P. Watzlawick: *Wie wirklich ist die Wirklichkeit? Wahn, Täuschung, Verstehen*, Mchn. 1997 [1976]. – ders. (Hg.): *Die erfundene Wirklichkeit. Wie wir wissen, was wir zu wissen glauben*, Mchn. 1997 [1981]. – H.v. Foerster: *Sicht und Ein-*

sicht, Braunschweig 1985. – E.v. Glasersfeld: *Wissen, Sprache und Wirklichkeit*, Braunschweig 1987. – H.R. Maturana/F. J. Varela: *Der Baum der Erkenntnis*, Mchn. 1997 [1987]. – Rusch 1987. – S.J. Schmidt (Hg.): *Der Diskurs des r.K.*, FfM. 1994 [1987]. – R. Nüse et al.: *Über die Er-findungen des r.K.: Kritische Gegenargumente aus psychologischer Sicht*, Weinheim 1995 [1991]. – S.J. Schmidt (Hg.): *Kognition und Gesellschaft. Der Diskurs des r.K. 2*, FfM. 1994 [1992]. – H.v. Foerster: *Wissen und Gewissen*, FfM. 1997 [1993]. – H.R. Fischer (Hg.): *Die Wirklichkeit des K.*, Heidelberg 1995. – E.v. Glasersfeld: *R.K.: Ideen, Ergebnisse, Probleme*, FfM. 1996. – ders.: *Wege des Wissens. Konstruktivistische Erkundungen durch unser Denken*, Heidelberg 1997. – Jahraus/Scheffer 1999. – G. Rusch/S.J. Schmidt (Hgg.): *K. in der Medien- und Kommunikationswissenschaft. DELFIN 1997*, FfM. 1999. – M. Wallich: *Autopoiesis und Pistis. Zur theologischen Relevanz der Dialogtheorien des R.K.*, St. Ingbert 1999. – Schmidt 2000. – S. Moser: *Komplexe Konstruktionen. Systemtheorie, K. und empirische Lit.wissenschaft*, Wiesbaden 2001.   GR

Konstruktivität (von lat. *constructio*: Zusammensetzung, Errichtung), als Eigenschaft jeder Wahrnehmung und Erkenntnis abhängig von Wahrnehmungsapparat, Begriffssystem und Konvention im Gegensatz zur realistischen Vorstellung einer ontischen äußeren Wirklichkeit. In der Skeptischen Tradition neuerdings Grundannahme des ↗ Dekonstruktivismus, der in der Folge J. Derridas insbes. sprachliche Bedeutungen gegenzulesen und zu unterlaufen versucht, der Diskursanalyse (↗ Diskurs und Diskurstheorien) nach M. Foucault, die auf die gesellschaftliche Konstruktion von Wissen durch z.B. Ausschließungs- oder Verknappungsprozeduren zielt, und der ↗ Systemtheorie in der Folge der Annahme einer ↗ Autopoiesis der Systeme, radikalisiert im radikalen ↗ Konstruktivismus, der die K. von Wirklichkeitsmodellen zum Kern seiner multidisziplinären Ansätze macht. Dort entstehen in Anlehnung an die Kybernetik zunächst die biologische Theorie der operationalen Geschlossenheit lebender Organismen, d.h. ihrer Autopoiesis, aus der die K. sogar wahrnehmungsphysiologischer Prozesse folgt (vgl. H. Maturana, F. Varela), dann in verschiedenen Disziplinen neue Konzepte von Wirklichkeit und Wissen. Bausteine der Kognition bleiben Erfahrungen des Scheiterns (vgl. E.v. Glasersfeld), Experimente und Messungen, aber unter Redefinition ihrer Empirizität: Nicht mehr das Ergebnis gilt als objektive Aussage über eine tatsächliche Wirklichkeit, vielmehr ist nur noch operationales Wissen, d.h. das Wissen um die prozessualen Zusammenhänge unserer Konstruktionen, möglich (vgl. G. Vico). Damit wird die rationalistische Unterscheidung von ↗ Subjekt und Objekt der Erkenntnis hinfällig, an deren Stelle die Rückbezüglichkeit der Kognitionssysteme tritt. Bes. Aufmerksamkeit gilt den ontischen Implikationen der Beschreibungssysteme, v.a. der Sprache.

Für die Wissenschaftspraxis wird die Forderung nach Wahrheit durch die nach Glaubwürdigkeit und Effektivität der Modelle und nach Transparenz der K. ihrer Methoden, Begriffssysteme, Erkenntnisgegenstände und Ergebnisse ersetzt (vgl. McHale 1992).

Lit.: Rusch 1987. – S.J. Schmidt (Hg.): *Der Diskurs des Radikalen Konstruktivismus*, FfM. 1987. – McHale 1992.   GV

Kontext (lat. *contextus*, von *contexere*: zusammenweben), der K. ist grundsätzlich das, was zu einem Text gehört, damit dieser angemessen verstanden wird. K. ist also eine für das Verstehen von Texten wesentliche Kategorie. – Zwar reklamieren gerade literar. Texte gerne für sich, was der ↗ *New Criticism* bes. hervorhob, daß sie nämlich aus sich selbst heraus verständlich sind, doch ist dies nur relativ und bes. im Vergleich mit nicht-literar. Texten gültig. Jedes einzelne Element, ob ein Wort, ein Satz oder ein längerer Text, definiert sich immer in Relation zu anderen, die ihm erst eine spezifische ↗ Bedeutung zuweisen. Dieses, die Bedeutung wesentlich mitbestimmende sprachliche oder kulturelle Umfeld ist der K. Ironie wird z.B. nur dort erkannt, wo eine Aussage aus dem wörtlichen in einen anderen K. gestellt wird. Wörter aus dem K. zu reißen heißt, sie bewußt oder unbewußt mißzuverstehen und ihre Bedeutung zu verzerren. Für P. Ricœur hebt allein der K. die Polysemie der Sprache auf. Die ↗ Rezeptionsgeschichte jedes literar. Werkes zeigt, wie sich ↗ Interpretationen dadurch ändern, daß sich die K.e verschieben. In einem K. etwa, der richtiges Verhalten v.a. durch Beherrschung und Akzeptanz der bestimmenden gesellschaftlichen Normen definiert, ist der Misanthrop eine komische und unangemessene Figur, über die Molière entsprechend eine Komödie schreibt. Im romantischen K., in dem subjektives Empfinden ein viel höheres Gewicht erhält und das Individuum in berechtigter Opposition zur Gesellschaft erscheint, erhält dieselbe Figur eine ganz andere, nämlich eine tragische Dimension. K.e prägen die Rezeption von Texten ebenso wie ihre Produktion und bestimmen stark die Präsuppositionen von ↗ Autor und Leser, die Erwartungshaltungen und grundsätzlich die Art und Weise, wie die Welt und darin die Lit. betrachtet wird. Der K. ist immer kulturell beeinflußt, daher historisch veränderbar und in seiner Wertigkeit abhängig vom Konsens der jeweils bestimmenden Gesellschaftsschicht. In einer modernen, multikulturellen Gesellschaft bieten sich grundsätzlich mehrere K.e für die Interpretation von Lit. an. Die Präferenz für nur einen dominierenden K. bedarf daher heute im Grunde einer expliziten Begründung. Neuere Lit.theorien, wie etwa der ↗ *New Historicism*, betonen die Pluralität der K.e und ziehen herkömmliche Vorstellungen von der Beziehung zwischen literar. Texten und historischen K.en in Zweifel. Das Aufzeigen der bei einer Textproduktion oder -rezeption maßgeblichen K.e führt zu wesentlichen Erkenntnissen über die kulturellen Zusammenhänge, in denen ein Text steht oder gesehen wird.

Lit.: J. Schulte-Sasse: »Aspekte einer kontextbezogenen Lit.semantik«. In: W. Müller-Seidel (Hg.): *Historizität in Sprach- und Lit.wissenschaft*, Mchn. 1974. S. 259–275. – P. Ricœur: *Interpretation Theory. Discourse and the Surplus of Meaning*, Fort Worth 1976. – J. Fohrmann: »Textzugänge. Über Text und K.«. In: *Scientia Poetica. Jb. für Geschichte der Lit. und der Wissenschaften* 1 (1997). S. 207–223. – Brenner 1998. S. 285–322. – Glauser/Heitmann 1999. – L. Danneberg: »K.«. In: Fricke 2000. S. 333–337. KPM

Konvention/Ästhetik-Konvention/Polyvalenz-Konvention (frz. *convention*: Vereinbarung, Abmachung; lat. *convenire*: zusammenkommen,

passen), Bezeichnung für die nach Übereinkunft geltenden Regeln, die die
Einschätzung von und den Umgang mit Texten, die für literar. gehalten
werden, bestimmen. Erfolgt die Definition von Lit. nicht textontologisch
über die Angabe von Textmerkmalen und werden Texte nicht für literar. an
sich (↗ Lit.begriff) gehalten, sondern als in literar. ↗ Handlungen als literar.
konstruiert, dann muß die Entscheidung über einen Text als literar. oder
nicht-literar. auf andere Weise als vielfach unterstellt erfolgen. Fragen nach
der Literarizität eines Textes können operational unter Rückgriff auf literar.
K.en behandelt werden, die im Sinne von Literarisierungsmechanismen
fungieren. D.h. die Art und Weise des konventionalisierten Umgangs mit
einem Text, also das literar. Handeln von Aktanten, das unter der Befolgung
literar. K.en erfolgt, entscheidet über die Literarizität eines Textes. Mit
K.en ist keinesfalls Beliebigkeit verbunden. Einerseits halten sie immer die
Veränderlichkeit und den historischen Ursprung literar. Normen präsent.
Andererseits werden literar. K.en trotz ihrer grundsätzlichen Offenheit
bei Geltung in einer sozialen Gruppe unter Androhung von Sanktionen
möglichst befolgt. Damit ist die Entscheidung eines Aktanten, einen Text
für literar. zu halten und entsprechend zu behandeln, zwar eine subjektabhängige, individuelle Entscheidung, aber keine rein subjektive, denn
sie wird getragen von den in einer Gruppe geltenden und geteilten literar.
K.en. Abstrakt sind K.en zu beschreiben als Erwartungserwartungen, die
im Sinne kognitiver Schemata (↗ Schema und Schematheorie) Handlungen steuern. Literar. K.en greifen auf drei unterschiedlichen Ebenen. Es ist
zu unterscheiden zwischen K.en auf intrapersonaler, interpersonaler und
systemischer Ebene. Intrapersonale K.en wie z.B. Gattungskonventionen
u. Fiktionalitätskonventionen sind beteiligt bei Prozessen der Kommu-
nikatbildung, d.h. der Herstellung u. Zuordnung einer ↗ Bedeutung zu
einem für literar. gehaltenen Ausgangstext. Interpersonale K.en regeln die
Kommunikation über Lit., und systemische K.en regeln die Teilnahme am
Lit.system im Gegensatz zu anderen sozialen Systemen.
    S.J. Schmidt (1980) geht von zwei K.en aus, die für unser heutiges Lit.-
system prägend sind: die literar. Ästhetik-K. und die literar. Polyvalenz-K.
Die Ä.-K. besagt, daß literar. Texte im obigen Sinne im Gegensatz zur
umgangssprachlichen Tatsachen-K. weniger nach den Kriterien wahr/falsch
und nützlich/nutzlos beurteilt werden als vielmehr nach ästhetisch-literar.
Kriterien, wie sie z.B. der Rezipient seinem Lit.verständnis entsprechend
anlegt. Weiterhin impliziert die Ä.-K., daß literar. Texte nicht allein und
primär das sozial erzeugte und geltende Wirklichkeitsmodell als Referenzrahmen aufweisen müssen. Mit dem letzten Punkt wird auch der immer wieder
betonten ↗ Fiktionalität literar. Texte Rechnung getragen. Die Ä.-K. stellt
somit einen sofortigen funktionalen Bezug oder Verwertungszusammenhang
zum Alltagsleben und dem dort als gültig unterstellten Wirklichkeitsmodell
zurück bzw. hebt einen solchen Bezug auf. Die P.-K. bezieht sich auf die
literar. Texten zugeschriebene Mehrdeutigkeit und läuft darauf hinaus,
daß sich Leser kaum um das Richtig oder Falsch ihrer jeweiligen Textlesart
streiten; eher gestehen sie sich voneinander abweichende Lesarten (↗ Polyvalenz) als durchaus mögliche Textbedeutungen zu. Schmidt führt 1989

Ä.-K. und P.-K. als Makro-K.en ein, die als globale Kriterien zur Festlegung der Teilnahme am Lit.system fungieren. Die Konzepte von Ä.-K. und P.-K. lösten eine Kontroverse um den deskriptiven bzw. normativen Status von Konventionen im Rahmen von Lit.theorien aus, weil nach Schmidt (1980) Nicht-Befolgen der K.en nicht-literar. Handeln impliziert. Mittlerweile ist klargestellt, daß literar. K.en lit.wissenschaftliche Deskriptionen von Handlungsregeln sind, die im Gegenstandsbereich ›Lit.system‹ Gültigkeit besitzen und historischem Wandel unterliegen.

Lit.: Schmidt 1991 [1980]. – D. Meutsch: »Über die Rolle von K.en beim Verstehen literar. Texte«. In: SPIEL 4.2 (1985) S. 381–408. – S.J. Schmidt: *Die Selbstorganisation des Sozialsystems Lit. im 18. Jh.*, FfM. 1989. – L. Kramaschki: »Anmerkungen zur Ästhetik- und Polyvalenzdiskussion der empirischen Theorie der Lit. Ein Beitrag zur Konventionalismus-Debatte in der Lit.wissenschaft«. In: *SPIEL* 10.2 (1991) S. 207–233. – N. Groeben/M. Schreier: »The Hypothesis of the Polyvalence Convention. A Systemic Survey of the Research Development from a Historical Perspective«. In: *Poetics* 21 (1992) S. 5–32. – M. Hjort (Hg.): *Rules and Conventions. Literature, Philosophy, Social Theory*, Baltimore 1992. – Barsch et al. 1994. – R. Weninger: *Literar. K.en. Theoretische Modelle, historische Anwendung*, Tüb. 1994. – A. Barsch: *Ein integrativer Blick auf liter. K.en*, Siegen 2000.   AB

Kultursemiotik (lat. *cultura:* Landbau, Pflege; gr. *sēmeîon:* Zeichen), die theoretische Reflexion über Kultur läßt sich bis Cicero zurückverfolgen. Sie ging lange von einseitigen Definitionen aus und beschränkte sich auf bestimmte Aspekte von Kultur; erst die moderne Anthropologie und ↗ Semiotik untersuchen Kultur als einheitliches Phänomen. Die Anthropologie unterscheidet soziale, materiale und mentale Kultur, und die Semiotik stellt diese drei Gegenstandsbereiche in einen systematischen Zusammenhang, indem sie eine soziale Kultur als eine strukturierte Menge von Zeichenbenutzern (Individuen, Institutionen, Gesellschaft) definiert, die materiale Kultur als eine Menge von Texten (Zivilisation) und die mentale Kultur als eine Menge von ↗ Codes.

K. im engeren Sinn beginnt bei E. Cassirer, der eine Kultur als Gesamtheit von symbolischen Formen charakterisiert und diese zum zentralen Gegenstand der Semiotik erklärt. Der breitesten und überaus produktiven Definition der Tartu-Moskauer Schule zufolge ist Kultur die hierarchisch geordnete Gesamtheit aller ↗ Zeichensysteme, die in der Lebenspraxis einer Gemeinschaft verwendet werden. Von diesen sind manche dauerhaft (Bild, Statue, Gebäude, Gesetzestext), andere nur in ihrem Vollzug wahrnehmbar, der entweder einmal (Happening) oder häufiger stattfindet (Gottesdienst). Auch elementare Verhaltensweisen sind kulturell geformt, da jede Kultur etwa festlegt, wie eine bequeme Ruhehaltung aussieht und wieviel Schmerz man artikulieren darf.

Dieser semiotische Ansatz ist in Fortführung des ↗ Strukturalismus holistisch und dynamisch; ihm zufolge gibt es weder isolierte noch statische Zeichensysteme. Er macht es möglich, die kulturelle Entwicklung als Übergang zu immer komplexeren Zeichenfunktionen zu verstehen. Unter evolutionärer Perspektive wird ein Kontinuum zwischen Natur und Kultur angenommen, so daß kulturelles Handeln oft als Fortsetzung von natürlichem Verhalten gilt (z.B. Nestbau – Hausbau). Nach Ju. Lotman ist jede Kultur als System konzentrischer Sphären rekonstruierbar, die von innen nach außen das kulturell Zentrale, kulturell Periphere, Nichtkulturelle und Außerkulturelle enthalten. Dieses Modell erlaubt es, den Mechanismus des Kulturwandels zu beschreiben, der in der zunehmenden Semiotisierung der Welt besteht und an den Grenzen dieser Sphären stattfindet. Der Übergang vom Außerkulturellen zum Nichtkulturellen setzt ein, wenn eine Kultur einen neuen Objektbereich entdeckt, ihn durch einen rudimentären Code erfaßt und zum bekannten Wissensbestand in Beziehung setzt. An der Grenze zwischen Kultur (Lotman spricht von ›Semiosphäre‹) und Nichtkultur entsteht ein Bedürfnis nach Übersetzung fremder Texte, die folglich Sinnbildungsprozesse in Gang setzen. Hier definiert eine Kultur ihre eigene Identität, so daß nach Einverleibung des vorher Fremden ein Bedarf nach neuen derartigen Herausforderungen entsteht. Im Inneren einer Kultur gibt es eine Binnengliederung in Zentrales und Peripheres. Hier entsteht Dynamik, weil jeder Code dazu tendiert, eine zentrale Stelle einzunehmen, die durch weite Verbreitung, häufige Verwendung und hohes Prestige gekennzeichnet ist. Zentrale Codes werden immer weiter verfeinert, standardisiert und automatisiert und greifen schließlich auf andere Zeichensysteme über. Sobald diese wachsende Dominanz sie starr und damit unattraktiv macht, werden sie wiederum von flexibleren Codes verdrängt. Dieser zyklische Prozeß verläuft in allen Bereichen, jedoch unterschiedlich schnell: natürliche Sprachen verändern sich viel langsamer als ideologische Systeme. Er läßt sich nur aufhalten, wenn alternative Codes für denselben Objektbereich nebeneinander bestehen. Günstig ist jeweils ein mittleres Ausmaß von innerer Vielfalt, da zu viele Codevarianten zu Chaos führen und zu wenige zu Stagnation. Kulturwandel mit vorhersagbaren Ergebnissen nennt Lotman ›Evolution‹. Den nicht-vorhersagbaren Fall bezeichnet er als ›Ausbruch‹ und lokalisiert ihn v.a. im Bereich von Kunst und Mode. Dieser semiotische Ansatz erlaubt es auch, interkulturelle Prozesse zu beschreiben, etwa die Integration des einzelnen in eine andere Kultur, die Übernahme fremder Artefakte und Wertsysteme sowie die Zitate fremdkultureller Zeichen.

Kultursemiotische Detailuntersuchungen beschäftigen sich mit bestimmten Arten des menschlichen Handelns und dessen Resultaten. Jedes Werkzeug etwa ist eine Materialisierung von Erfahrungen, denn es weist bereits durch seine Gestaltung auf seine Funktion hin, wobei verschiedene Reflexionsstufen unterscheidbar sind. Auf der niedrigsten Stufe wird ein Gebrauchswert zufällig entdeckt: Man stellt etwa fest, daß sich ein Felsen zum Sitzen eignet. Das einfachste künstliche Pendant ist ein Hocker, während ein Stuhl bereits das zusätzliche Bedürfnis nach Bequemlichkeit erfüllt. Auf den nächsten Stufen wird der Zweck der Artefakte explizit gekennzeichnet (Sessel) oder gar zelebriert (Thron). Der Übergang zu höheren Stufen bewirkt eine Standardisierung der Objekte und zugleich eine Automatisierung des Umgangs mit ihnen. Zeitgenössische Kulturen können in ihrer Gesamtheit untersucht werden, zu der auch flüchtige Gebilde gehören wie Tischdekorationen, Fernsehinterviews oder Grußrituale. Die Archäologie hingegen kann sich oft nur auf materielle Zeugnisse stützen. Auch hier hat sich eine umfassendere Perspektive durchgesetzt, die von den Objekten auf ihre Hersteller schließt und auf die Kontexte, in denen sie verwendet wurden. Irrtümer sind nie auszuschließen, da Objekte oft mehrere Funktionen haben oder in einen anderen Kontext übernommen wurden. Ein bes. Typ von Artefakten sind Texte, d.h. Zeichenkomplexe, die durch eine festgelegte Bedeutung gekennzeichnet sind. Der Textbegriff, der urspr. nur geschriebene Texte umfaßte, wurde Anfang des 20. Jh.s zunächst auf mündliche Äußerungen ausgedehnt und dann immer weiter, so daß heute jedes codierte Zeichentoken als Text gilt, sei es Bild, Musikstück oder multimediale Installation. Das Zusammengehörigkeitsgefühl einer Gesellschaft wird durch Rituale und Inszenierungen stabilisiert, die oft eine Grenze zwischen semiotischen Sphären thematisieren, z.b. die zum Transzendenten (Gottesdienst), zur konkurrierenden Kultur (Sport, Quiz), zur Tierwelt (Zoo, Zirkus) oder zur Pflanzenwelt (Gärten, Parks).

Lit.: Koch 1986. – Ju. Lotman: »Über die Semiosphäre«. In: *Zs. für Semiotik* 12 (1990) S. 287–305. – R. Posner: »Was ist Kultur? Zur semiotischen Explikation anthropologischer Grundbegriffe«. In: M. Landsch et al. (Hgg.): *Kultur-Evolution. Fallstudien und Synthese*, FfM. 1992. S. 1–65. – R. Posner et al. (Hgg.): *Semiotik. Ein Handbuch zu den zeichentheoretischen Grundlagen von Natur und Kultur*, 4 Bde., Bln. et al. 1996-2004. – R. Posner: »K.«. In: A. Nünning/V. Nünning 2003. S. 39-72.   RPo/DS

Kulturwissenschaft, der Terminus K. läßt sich bislang trotz vielfältiger Bemühungen deshalb nicht eindeutig definieren, weil darunter eine Vielfalt von unterschiedlichen Forschungsrichtungen und Tendenzen in den Geisteswissenschaften subsumiert wird, weil er als Sammelbegriff für einen offenen und interdisziplinären Diskussionszusammenhang fungiert und weil seine Reichweite umstritten ist. Der inflationär gebrauchte Begriff K. wird in mindestens vier verschiedenen Bedeutungen verwendet: (a) In einem sehr weiten Sinne steht K. für einen fächerübergreifenden Bezugsrahmen, der das Spektrum der traditionellen geisteswissenschaftlichen Disziplinen integrieren soll. (b) Der Begriff K. fungiert zweitens als Schlagwort für die von verschiedenen Seiten erhobene Forderung nach einem Wandel und einer Erweiterung der traditionellen Philologien und Lit.wissenschaften. (c) In einem noch engeren und spezielleren Sinne bezeichnet K. einen Teilbereich bzw. eine bestimmte Richtung innerhalb der einzelnen Philologien. (d) Der begrifflichen Klarheit wenig förderlich ist es, auch die Volkskunde oder Europ. Ethnologie als K. zu bezeichnen (vgl. Glaser/Luserke 1996). Trotz einiger inhaltlicher und methodischer Parallelen ist K. zu unterscheiden von der in Großbritannien entwickelten Form von *Cultural Studies*, zu deren Merkmalen eine marxistische Gesellschaftstheorie, eine ideologisch geprägte Zielsetzung und eine weitgehende Eingrenzung des Gegenstands auf die Populärkultur (engl. *popular culture*) der Gegenwart zählen. Je nach den jeweils zugrunde gelegten Gegenstands- und Methodenbestimmungen

der K. ergeben sich vielfältige Berührungspunkte mit der komparatistischen
↗ Imagologie, ↗ Kollektivsymbolik, Kulturökologie, ↗ literar. Anthropologie, Begriffs-, Geistes-, Ideen- und Mentalitätsgeschichte, *New Cultural
History,* Xenologie und den ↗ *Gender Studies.* – Die verschiedenen Versuche,
den Gegenstandsbereich und die Methoden von K. zu definieren, unterscheiden sich zum einen im Hinblick auf die verwendeten Kulturbegriffe
und Kulturtheorien; zum anderen variieren sie in bezug auf die jeweils
vorgeschlagenen theoretischen Leitbegriffe und Verfahrensweisen. Trotz
der Vielzahl unterschiedlicher Entwürfe wird ein der Kulturanthropologie
und der ↗ Kultursemiotik verpflichtetes Verständnis von ›Kultur als Text‹
(vgl. Bachmann-Medick 1996) und von K. als »ein interpretatives, be-
deutungsgenerierendes Verfahren, das sozial signifikante Wahrnehmungs-,
Symbolisierungs- und Kognitionsstile in ihrer lebensweltlichen Wirksamkeit
analysiert« (Böhme/Scherpe 1996, S. 16), favorisiert. K. geht es v.a. um »ein
Verständnis der Textvermitteltheit von Kulturen ebenso wie von kulturellen
Implikationen literar. Texte« (Bachmann-Medick 1996, S. 45).

Zu den wissenschaftsgeschichtlichen Vorläufern einer so verstandenen K.
zählen E.A. Cassirers Untersuchungen der ›symbolischen Formen‹, das mit
der Kulturwissenschaftlichen Bibliothek Warburg verbundene fächer- und
epochenübergreifende Forschungsprogramm (A. Warburg), die soziologischen
Arbeiten G. Simmels, die auf N. Elias zurückgehende Zivilisationstheorie
und psychohistorische Verhaltensforschung, die kulturgeschichtlichen Arbeiten J. Burckhardts, G. Lukács', E.R. Curtius' und W. Benjamins sowie
die frz. Mentalitätsgeschichte. Darüber hinaus haben der ↗ *linguistic turn,*
das wachsende Interesse an den Wechselbeziehungen zwischen den verschiedenen Künsten und Medien sowie die zunehmende Internationalisierung
und Interdisziplinarität der Geisteswissenschaften den Aufschwung der K.
begünstigt. Wichtige theoretische und methodische Impulse für die Entwicklung innovativer Varianten von K. gehen zurück auf den ethnologischen
und lit.wissenschaftlichen ↗ Strukturalismus (insbes. auf Cl. Lévi-Strauss
und R. Barthes), die Lit.soziologie (namentlich die Studien P. Bourdieus),
die Kultursemiotik (U. Eco), die am. Kulturanthropologie (allen voran die
semiotische Erforschung kultureller Prozesse der Selbstauslegung durch
Cl. Geertz), Studien zu den historisch variablen Aufschreibesystemen (F.A.
Kittler), den ↗ *New Historicism* bzw. die ›Kulturpoetik‹ St. Greenblatts,
neue Medientheorien sowie auf ↗ Diskurstheorien und historische Diskursanalysen, v.a. die Arbeiten M. Foucaults.

Die von verschiedenen Seiten erhobene Forderung nach einer kulturwissenschaftlichen Reformierung und Weiterentwicklung der Philologien hin
zu interdisziplinären Formen von K. (vgl. Frühwald et al. 1991) gründet
u.a. in der Kritik an der bisherigen institutionellen Aufteilung akademischer
Disziplinen, dem verbreiteten Wunsch nach einer Kanonrevision und einer
Ausweitung des Gegenstandsbereichs lit.wissenschaftlicher Forschung, der
Skepsis gegenüber überkommenen Text- und ↗ Lit.begriffen, der Zurückweisung des normativ gefärbten Gegensatzes zwischen Hochlit. und Populärkultur, der Notwendigkeit der Einbeziehung der heutigen Medienkultur
sowie der Abkehr vom Eurozentrismus und der interkulturellen Erforschung

einer neuen ›Weltlit.‹. Für die verbreitete Ansicht, daß K. »das Fundament
für die verschiedensten Reformbemühungen abgeben könnte«, gibt es eine
Vielzahl von Gründen, welche sich H. Böhme und K. Scherpe (1996, S.
10) zufolge »in sechs Typen einer kulturwissenschaftlichen Entwicklung der
Philologien ordnen lassen« (ebd., vgl. S. 10–13): (a) wissenschaftsimmanente
Motive, die sich aus der Einsicht in das Mißverhältnis zwischen Problement-
wicklung und disziplinärer Entwicklung ergeben; (b) der allg. »Trend zur
Pluralisierung der Quellen« (ebd., S. 11), der mit der Ausweitung des Lit.-
begriffs, der Problematisierung und Revision des ↗ Kanons verschiedener
Nationalliteraturen sowie der Aufwertung der Populärkultur und der Massenmedien einhergeht; (c) die Einsicht, daß durch die Ausdifferenzierung
und Spezialisierung der Philologien vielfältige Erkenntnisgrenzen (insbes. im
Hinblick auf fächerübergreifende Fragestellungen) entstanden sind, sowie die
daraus abgeleitete Forderung, den Verlust an wissenschaftlicher Wahrneh-
mungsfähigkeit durch eine interdisziplinäre Neuorientierung zu überwinden;
(d) ein »Veralten der philologischen Methoden gegenüber der Entwicklung
der Künste selbst« (ebd., S. 12), ein v.a. in der dialogischen Beziehung der
Lit. zu anderen Medien zu beobachtender Prozeß, dem die K. durch die
Entwicklung interdisziplinärer Ansätze (↗ Komparatistik) und Konzepte (z.B.
↗ Intermedialität) entgegenzuwirken versucht; (e) Motive, die weniger den
Gegenstandsbereich als die Methoden und Forschungsperspektiven betreffen;
K. wird dabei als »eine Form der Moderation« und als »ein Medium der
Verständigung« zwischen den hochspezialisierten Einzelwissenschaften bzw.
als »eine Metaebene der Reflexion« (ebd.) konzeptualisiert; (f) Versuche einer
»gegenstandsbezogenen Selbstbegründung von K.«, denen die Auffassung
zugrunde liegt, daß K. »sehr wohl durch ein eigenes Set von Fragestellungen, Methoden und Gegenstandsfeldern charakterisiert sei« (ebd., S. 13).
Dazu zählen etwa die Entwicklung einer ↗ Medienkulturwissenschaft, die
Forschungen zur kulturellen Erinnerung und zum kollektiven Gedächtnis
(vgl. J. Assmann/Hölscher 1988; A. Assmann/Harth 1991; J. Assmann
1992), das von der ›anthropologischen Wende in der Lit.wissenschaft‹ ausgehende Konzept einer »Lit.wissenschaft als einer ethnologisch inspirierten
K.« (Bachmann-Medick 1996, S. 18), eine ›mentalitätsgeschichtlich orientierte K.‹ (vgl. Nünning 1998 [1995]), eine ›textwissenschaftlich fundierte
K.‹ (vgl. Grabes 1996) sowie die unter dem Begriff *New Cultural History*
subsumierten alltags- und kulturgeschichtlichen Studien.

Obgleich inzwischen ein breiter Konsens darüber besteht, daß eine
interdisziplinäre Erweiterung der Philologien auf eine K. hin notwendig
und daß eine stärkere Einbeziehung kulturgeschichtlicher Fragen und
neuer Medien wünschenswert sei, besteht bislang keine Klarheit über die
Abgrenzung des Gegenstandsbereichs einer K., über deren Verhältnis zu
traditionellen Formen von Lit.wissenschaft und über die theoretischen
Grundlagen oder die Methoden der Kulturanalyse. Einigkeit herrscht
allenfalls darüber, daß die Hochkonjunktur des Themas ›K.‹ dem Interesse
an disziplinübergreifenden Fragestellungen entspringt und daß nach neuen
Möglichkeiten gesucht wird, die Analyse von Texten und anderen Mediener-
zeugnissen mit weiterreichenden kulturgeschichtlichen Fragestellungen zu

verknüpfen. Zu den weiteren Konvergenzpunkten der Debatten zählen: (a)
die »Anerkennung des Konstruktcharakters kollektiver Bedeutungssysteme«
(Bachmann-Medick 1996, S. 21), d.h. die Überzeugung, daß Kultur von
Menschen gemacht bzw. konstruiert wird; (b) die Erkenntnis, »daß es
›Kultur‹ nicht gibt, sondern nur ›Kulturen‹« (Böhme 1996, S. 62); (c) die
Auffassung, daß der Kulturbegriff weder auf ›hohe‹ Kultur eingeschränkt
noch mit den künstlerischen Lebensäußerungen einer Gemeinschaft gleich-
gesetzt werden darf; (d) die Einsicht, daß Kultur nicht nur eine materiale
Seite (die ›Kulturgüter‹ einer Nation) hat, sondern auch eine soziale und
mentale Dimension (vgl. Posner 1991).

Als bes. perspektiven- und anwendungsreich gilt eine textwissenschaftlich
und kultursemiotisch fundierte K., die von einem bedeutungsorientierten
und konstruktivistisch geprägten Kulturbegriff ausgeht und Kultur als einen
symbolischen und textuell vermittelten Prozeß der Selbstauslegung und
Bedeutungskonstruktion bestimmt. Demzufolge wird Kultur als der von
Menschen erzeugte Gesamtkomplex von kollektiven Sinnkonstruktionen,
Denkformen, Empfindungsweisen, Werten und Bedeutungen definiert,
der sich in Symbolsystemen materialisiert. ›Lit.‹ verkörpert einen zentralen
Aspekt der materialen Seite der Kultur bzw. der medialen Ausdrucksformen,
durch die eine Kultur beobachtbar wird. K. muß von einem weiten Lit.
begriff ausgehen, auf jede wertbestimmte Eingrenzung verzichten und ne-
ben Texten auch mentale Dispositionen (Vorstellungen, Ideen, Werte und
Normen) und soziale Praktiken berücksichtigen. Leitbegriffe einer historischen und mentalitätsgeschichtlich orientierten K. sind darüber hinaus die
Konzepte der ↗ Alterität, Erinnerung, des kulturellen Gedächtnisses und der
↗ Mentalitäten. Die Begriffe der kollektiven Erinnerung und des kulturellen
Gedächtnisses verweisen auf den gesellschaftlichen Rahmen von Kultur, auf
die sozialen Institutionen bzw. Kulturträger, die die Voraussetzungen für die
kulturelle Überlieferung schaffen, weil sie die Aneignung und Tradierung
des kollektiven Wissens durch die Selektion und Speicherung von Texten
sowie durch die Kommunikation über Texte sicherstellen. Der Begriff der
Mentalität bezeichnet ein Ensemble von kollektiven Denkweisen, Gefühlen,
Überzeugungen, Vorstellungen und Wissensformen, mithin die immaterielle
Dimension von Kultur.

Angesichts der gegenwärtigen Hochkonjunktur der Themen ›kulturelles
Gedächtnis‹ und ›Erinnerungskulturen‹ spricht vieles dafür, »daß sich um
den Begriff der Erinnerung ein neues Paradigma der K.en aufbaut« (J.
Assmann 1992, S. 11). Als bes. fruchtbar haben sich kulturwissenschaftliche Fragestellungen darüber hinaus im Kontext der komparatistischen
Imagologie, der Untersuchung von Kollektivsymbolen und ↗ Metaphern,
der interdisziplinären Fremdheitsforschung bzw. Xenologie, der Medienkulturwissenschaft, der ↗ postkolonialen Lit.theorie und -kritik sowie in
Studien zur Entwicklung des kollektiven Bewußtseins und zur Herausbildung von nationaltypischen Gewohnheiten und Identitäten erwiesen (vgl.
Berding 1994 und 1996). Ob K.en in Zukunft weiter an Boden gewinnen
werden, hängt aber nicht allein von der Konsistenz der Theorieentwürfe
oder der Produktivität der Forschung ab, sondern auch von der institutio-

nellen Verankerung einer interdisziplinär und historisch ausgerichteten K. in geisteswissenschaftlichen Fakultäten.

Lit.: J. Assmann/T. Hölscher (Hgg.): *Kultur und Gedächtnis*, FfM. 1988. – Frühwald et al. 1996 [1991]. – R. Posner: »Kultur als Zeichensystem. Zur semiotischen Explikation kulturwissenschaftlicher Grundbegriffe«. In: Assmann/Harth 1991. S. 37–74. – J. Assmann: *Das kulturelle Gedächtnis*, Mchn. 1997 [1992]. – A. Nünning: »Lit., Mentalitäten und kulturelles Gedächtnis. Grundriß, Leitbegriffe und Perspektiven einer anglistischen K.«. In: Nünning 1998 [1995]. S. 173–197. – Bachmann-Medick 1998 [1996]. – H. Berding (Hg.): *Mythos und Nation*, FfM. 1996. – H. Böhme: »Vom Cultus zur Kultur(wissenschaft). Zur historischen Semantik des Kulturbegriffs«. In: Glaser/Luserke 1996. S. 48–68. – ders./Scherpe 1996. – Glaser/Luserke 1996. – H. Grabes: »Textwissenschaftlich fundierte K./ Landeskunde«. In: *Anglistik* 7 (1996) S. 35–40. – D. Harth: »Vom Fetisch bis zum Drama? Anmerkungen zur Renaissance der K.en«. In: *Anglia* 114.3 (1996). – C. Winter (Hg.): *K.: Perspektiven, Erfahrungen, Beobachtungen*, Bonn 1996. – Ausg. »Lit.wissenschaft und/oder K.« der Zs. *Anglia* 114.3 (1996) S. 307–445. – B. Henningsen/St. M. Schröder (Hgg.): *Vom Ende der Humboldt-Kosmen. Konturen von K.*, Baden-Baden 1997. – D. Harth: *Das Gedächtnis der K.en*, Dresden/Mchn. 1998. – O.G. Oexle (Hg.): *Naturwissenschaft, Geisteswissenschaft, K.: Einheit – Gegensatz – Komplementarität?*, Göttingen 1998. – J. Anderegg/E.A. Kunz (Hgg.): *K.en: Positionen und Perspektiven*, Bielefeld 1999. – W. Voßkamp: »Lit.wissenschaft und K.en«. In: de Berg/Prangel 1999. S. 183–199. – H. Böhme: »K.«. In: Fricke 2000. S. 356–359. – ders. et al.: *Orientierung K.: Was sie kann, was sie will*, Reinbek 2000. – W. Müller-Seidel: »K.en, Geisteswissenschaften, Humanwissenschaften. Eine kritische Einf.«. In: Themenheft »K.en, Geisteswissenschaften, Humanwissenschaften in der Diskussion« des *Akademie-Journal* 1 (2000) S. 2–9. – Zs. Kea. Zs. für K. 1990ff. – H. Appelsmeyer/E. Billmann-Mahecha (Hgg.): *K.: Felder einer prozeßorientierten wissenschaftlichen Praxis*, Weilerswist 2001. – M. Engel: »K.en – Lit.wissenschaft als K – kulturgeschichtliche Lit.wissenschaft«. In: *KulturPoetik* 1 (2001) S. 8-36. – J. Ullmaier: *K. im Zeichen der Moderne. Hermeneutische und kategoriale Probleme*, Tüb. 2001. – L. Musner/G. Wunberg (Hgg.): *K.en. Forschung – Praxis – Positionen*, Wien 2002. – A. Nünning/V. Nünning 2003.   AN

L

Langue und parole, die Unterscheidung von *l.*u.*p.* ist eine der vier sich aus dem Arbitraritätsprinzip der Sprache ableitenden Grunddichotomien in F. de Saussures *Cours de linguistique générale* (*CLG*, 1916); Saussure betrachtet sie als die zentrale Dichotomie. Das Bild, das sich aus der Auswertung des von den Saussure-Schülern Ch. Bally und A. Sechehaye herausgegebenen *CLG* ergibt, wird durch die Einbeziehung des Quellenmaterials der Vorlesungen z.T. modifiziert. In der Forschung setzt sich zunehmend die Ansicht durch, daß die Unterscheidung von *l.*u.*p.* eine methodologische und keine objektgegebene ist. Nach Saussure handelt es sich um zwei interdependente Erscheinungsformen für dieselben sprachlichen Einheiten. Die *l.* ist die Ebene der Virtualität. Sie ist ein System von Regeln und ↗ Zeichen; der Wert eines Zeichens ergibt sich aus den Beziehungen und Oppositionen zu anderen Zeichen. Demgegenüber ist die *p*. die Ebene der Aktualität, der konkreten Realisierungen von Einheiten der *l*. Der passiven *l*. steht die aktive, durch den Willen des Individuums bedingte *p*. gegenüber. Sprachwandel beginnt in der *p*., dort entstandene Änderungen können in einem zweiten Schritt in die *l*. übernommen werden. Im *CLG* sagt Saussure (1967, S. 30): »En séparant la langue de la parole, on sépare du même coup: 1° ce qui est social de ce qui est individuel; 2° ce qui est essentiel de ce qui est accessoire et plus ou moins accidentel.« Zieht man jedoch die Quellen für den *CLG* hinzu, zeigt sich, daß die *l*. nach Saussure nicht nur über eine soziale Seite verfügt (damit eine sprachliche Einheit Teil des Systems wird, muß sie von der Sprachgemeinschaft übernommen werden), sondern auch über eine individuelle: »Tout ce qui est contenu dans le cerveau de l'individu, le dépôt des formes <entendues et> pratiquées et de leur sens, <c'est> la l.« (Saussure 1967ff., S. 383). Umgekehrt ist die *p*. zwar primär individuell, doch bei Saussure findet sich auch eine soziale Konzeption der *p*. »im Sinne einer intersubjektiven (dialogischen) Hervorbringung neuen sprachlichen Sinnes« (Jäger 1976, S. 234). Der Schwerpunkt liegt bei Saussure eindeutig auf der *l*., aber er sieht auch die Notwendigkeit einer *linguistique de la p*. Der Oberbegriff für *l*.u.*p*. ist *langage*, ein Terminus, der bei Saussure zunächst austauschbar mit *l*. gebraucht wird. Voraussetzung für *l*.u.*p*. ist die *faculté du langage*, die nach Saussure naturgegebene Sprachfähigkeit. Die *faculté du langage* ist wichtig bei der Aktivierung, der Kodierung und der Dekodierung. In anderer Form findet sich die Trennung in verschiedene Ebenen im 19. Jh. bereits vor Saussure; ein wichtiger Vorläufer ist G. von der Gabelentz (1891) mit seiner Unterscheidung zwischen Sprachsystem und aktualisierter Rede.

Hauptkritikpunkte an der Dichotomie *l*.u.*p*. sind der statische Charakter der *l*. und die zu rigide Trennung in *l*.u.*p*. (daß es Zwischenebenen geben könnte, klingt bei Saussure nur implizit an). Demgegenüber geht E. Coseriu (1979) von einer Dreiteilung in System, Norm und Rede aus. Er unterteilt die *l*. in System und Norm. Das System ist die Ebene des Funktionellen, der distinktiven Einheiten, während die Norm die Ebene des in einer Sprachgemeinschaft Üblichen, traditionell Fixierten, aber nicht zwangsläufig Distinktiven ist. K. Heger (1969) setzt zwischen Norm und *p*. zusätzlich die Ebene der Sigma-*p*. an, auf der eine Summe von *p*.-Akten klassiert wird. Ähnliche Dichotomien wie die von *l*.u.*p*. finden sich bei N. Chomsky und bei G. Guillaume (1964), der *l*. und *discours* trennt. – Die lit.wissenschaftliche Aneignung von Saussures Unterscheidung zielt bis in die 1960er Jahre (Russ. Formalismus; Prager Schule; ↗ Strukturalismus; *Tel Quel*; A. J. Greimas; R. Barthes) auf die Erfassung struktureller Invarianzen von Texten. Der Einfluß von Saussures Anagrammstudien (J. Starobinski), die stärkere Akzentuierung der Signifikantenebene gegenüber der des Signifikats (↗ Signifikant und Signifikat), die Betonung von Fragen der Temporalisierung, der Historizität und Subjektivität führen zu einer Revision solcher Ansätze.

Lit.: G. v. der Gabelentz: *Die Sprachwissenschaft. Ihre Aufgaben, Methoden und bisherigen Ergebnisse*, Tüb. 1984 [1891]. – Saussure 1967 [1916]. – G. Guillaume: *Langage et science du langage*, Paris/Quebec 1964. – N. Chomsky: *Aspects of the Theory of Syntax*, Cambridge 1965. – Saussure 1967ff. – K. Heger: »Die Semantik und die Dichotomie von *l*.u.*p*.«. In: *Zs. für romanische Philologie* 85 (1969) S. 144–215. – E. Coseriu: *Sprache. Strukturen und Funktionen*, Tüb. 1979 [1970]. – L. Jäger: »F. de Saussures historisch-hermeneutische Idee der Sprache. Ein Plädoyer für die Rekonstruktion des Saussureschen Denkens in seiner authentischen Gestalt«. In: *Linguistik und Didaktik* 27 (1976) S. 210–244.   YSt

Leerstelle, zentraler Begriff der von W. Iser in seinen Schriften der 1970er Jahre entwickelten Theorie der ↗ Wirkungsästhetik. – Iser knüpft an R. Ingardens Konzept der Unbestimmtheitsstellen (↗ Unbestimmtheit, literar.) an und leitet die L. phänomenologisch aus dem perspektivischen System ›schematisierter Ansichten‹ in der Gegenstandserzeugung fiktionaler Texte ab, geht jedoch insofern entscheidend über Ingarden hinaus, als ihre ↗ Konkretisierung durch den Leser nicht nur als eine undynamische Komplettierung von ›Lücken‹ im Text, sondern als Basis für das offene, Sinn konstituierende Geschehen in der Interaktion von Text und Leser gedacht wird. Die L. wird daher als unterbrochene bzw. ausgesparte Anschließbarkeit definiert, die eine vom Leser zu vollziehende Kombinationsnotwendigkeit zwischen einzelnen Textsegmenten und Darstellungsperspektiven anzeigt, ihm also eine Hypothesenbildung darüber abverlangt, in welchem Beziehungsverhältnis diese zueinander stehen, und die zugleich in kontrollierter Weise diese Vorstellungsaktivität des Lesers steuert.

Die Funktion der L. als Kommunikationsbedingung erklärt sich aus der Annahme einer fundamentalen Asymmetrie von Text und Leser, ›die sich in der mangelnden Gemeinsamkeit einer Situation und in der mangelnden Vorgegebenheit eines gemeinsamen Bezugsrahmens anzeigt‹ (Iser). Dies ist freilich kein Manko, sondern fungiert analog zur Wirkung von Kontingenzerfahrung in dyadischen Interaktionen der Lebenswelt als Antrieb zu einem dynamischen Kommunikationsprozeß zwischen Text und Leser. Er wird durch die Dialektik ›von Zeigen und Verschweigen‹ reguliert, wobei das Verschwiegene den Anreiz für die Konstitutionsakte des Lesers bildet, die ihrerseits durch das im Text Formulierte und perspektivisch Ausgestaltete kontrolliert werden. Die L. ist daher kein Freibrief für interpretatorische Willkür und den Relativismus subjektiver Sinnprojektionen, sondern wird in der Systemreferenz der Textstruktur verankert, die der intersubjektiven Rekonstruktion zugänglich bleibt. Obwohl L. als Textstrategien in erster Linie auf der ↗ syntagmatischen Achse den wechselnden Leserblickpunkt organisieren, üben sie gemeinsam mit den Negationen auch auf der ↗ paradigmatischen Achse des ↗ Textrepertoires eine entscheidende Wirkung aus. Erzeugen doch Negation bzw. ›gezielte Teilnegationen‹ eingekapselter Normen ihrerseits ›L.n im selektierten Normenrepertoire‹, markieren ›eine Verdeckung am bekannten Wissen‹, stellen dessen Geltungsanspruch in Frage und wirken so in vielfältiger Weise auf die Vorstellungen des Lesers ein.

Lit.: Iser 1970. – G. Kaiser: »Nachruf auf die Interpretation?«. In: *Poetica* 4 (1971) S. 267–277. – ders.: »Die Appellstruktur der Texte. Unbestimmtheit als Wirkungsbedingung literar. Prosa«. In: R. Warning (Hg.): *Rezeptionsästhetik*, Mchn. 1994 [1975]. S. 228– 252. – Iser 1994 [1976]. S. 257–347. – M. Richter: »Wirkungsästhetik«. In: Arnold/Detering 1997 [1996]. S. 516–535.   MW

Leser, fiktiver (fiktiver Adressat, engl. *narratee*), das Konzept des f.L.s bildet das Korrelat des ↗ Erzählers auf der *discours*-Ebene (↗ *histoire* vs. *discours*) eines Erzähltextes, ist aber bei weitem nicht so etabliert wie das des Erzählers. Grundlage für dieses Konzept ist die Annahme, daß jede Erzählung einen Adressaten besitzt; im ↗ Kommunikationsmodell narrativer Texte bildet der f.L die dem Erzähler als Sender entsprechende Instanz auf Empfängerseite. Auf der Senderseite läßt sich der f.L. textintern von Leserfiguren auf der Figurenebene und vom impliziten ↗ Leser abgrenzen, textextern stehen ihm Konzepte wie das des ›idealen‹ bzw. intendierten (vgl. Wolff 1971) und des realen Lesers gegenüber. Innerhalb dieser Abgrenzungen lassen sich verschiedene Grade der Explizität des f.L.s unterscheiden, die zwischen den Polen ›impliziter fiktiver Adressat‹ (*covert narratee*) und ›expliziter fiktiver Adressat‹ (*overt narratee*) angesiedelt sind. Allen Ausprägungen des f.L.s gemeinsam sind die Eigenschaften des *zero-degree narratee* (vgl. G. Prince 1980): Dieser ist mit den gleichen sprachlichen Fähigkeiten wie der Erzähler ausgestattet, besitzt jedoch keine Persönlichkeit und ist auf das Erzählen und die Werturteile des Erzählers angewiesen, da er aufgrund seines fehlenden Weltwissens keine impliziten Kausalitäten wahrnehmen kann. Der *zero-degree narratee* bildet gleichzeitig die Nullstufe der Skalierung von Adressatentypen und ist mit dem *covert narratee* identisch. Je expliziter die Signale sind, die den f.L. textuell faßbar machen, desto näher rückt der Adressatentyp an den *overt narratee*. Diese textuellen Signale können in direkten Leseranreden eines auktorialen Erzählers bestehen, aber auch im Gebrauch eines inklusiven ›wir‹ oder in ›rhetorischen‹ Fragen des Erzählers, die unterstellte Fragen des f.L.s wiedergeben. An den Extrempunkten dieser Skala sind die Übergänge zur jeweils nächsten Kommunikationsebene fließend: Ein durch viele textuelle Signale explizierter f.L. kann zur Leserfigur werden, während der Übergang vom *covert narratee* zum impliziten Leser fließend ist und die Abgrenzung vom jeweils verwendeten Konzept des impliziten Lesers abhängt (vgl. Goetsch 1983, S. 201).

Lit.: E. Wolff: »Der intendierte Leser«. In: *Poetica* 4 (1971) S. 139–166. – G. Prince: »Introduction to the Study of the Narratee«. In: Tompkins 1994 [1980]. S. 7–25. – W.D. Wilson: »Readers in Texts«. In: *PMLA* 96 (1981) S. 848–863. – P. Goetsch: »Leserfiguren in der Erzählkunst«. In: *GRM* 33 (1983) S. 199–215. – G. Prince: »The Narratee Revisited«. In: *Style* 19.3 (1985) S. 299–303.   KS

Leser, impliziter, als Komplement zum *implied author* (W.C. Booth) von W. Iser unter diesem Titel in Einzelanalysen engl.sprachiger Romane historisch ausdifferenziertes und in *Der Akt des Lesens* (1976) theoretisch detailliert begründetes Zentralkonzept seiner ↗ Wirkungsästhetik. – In strikter Parallelität zum ›impliziten ↗ Autor‹ wird der i.L. als ein sowohl vom realen Leser als auch von der im Text markierten Perspektive der Leserfiktion unterschiedenes theoretisches Konstrukt postuliert. Als rezeptionsbezogenes Äquivalent zum impliziten Autor plausibilisiert es zum einen eine als personalisiert vorgestellte eigene Kommunikationsebene zwischen beiden Instanzen und etabliert in dem nach unterschiedlichen semiotischen Niveaus differenzierten ↗ Kommunikationsmodell narrativer Texte eine weitere Ebene. Als transzendentales Modell gedacht, erweitert der i.L. zum anderen den phänomenologischen Spielraum der Textstruktur und der über sie intersubjektiv begründbaren lit.wissenschaftlichen Aussagen und sichert sie gegen Interferenzen mit der sozialpsychologisch codierten Realität des historischen ↗ Autors wie des Lesers ab.

Iser definiert den i.L. als ›ein transzendentales Modell, durch das sich allg. Wirkungsstrukturen fiktionaler Texte‹ beschreiben lassen. Es meint die im Text ausmachbare Leserrolle, die aus einer Textstruktur und einer Aktstruktur besteht, es umschreibt ›einen Übertragungsvorgang, durch den sich die Textstrukturen über die Vorstellungsakte in den Erfahrungshaushalt des Lesers übersetzen‹. Da die Leserrolle einen Realisierungsfächer, eine virtuelle ↗ Struktur von durch perspektivische Relationen unterschiedlich anschließbaren Bedeutungspotentialen, enthält, der in jeder konkreten Aktualisierung eine bestimmte Besetzung ›der Struktur des i.L.s‹ erfährt, bildet diese Struktur einen intersubjektiv zugänglichen Referenzrahmen (vgl. ↗ Schema und Schematheorie), der ›den Beziehungshorizont für die Vielfalt historischer und individueller Aktualisierungen des Textes bereitstellt, um diese in ihrer Besonderheit analysieren zu können‹. Ungeachtet der Verdienste um ein theoretisch geschärftes Bewußtsein für die aktive Rolle des Lesers bei der Konstituierung der Werkstruktur, ist das Konzept des i.L.s aus narratologischer Perspektive ernsthaft in Zweifel gezogen worden. Wie beim impliziten Autor richtet sich die Kritik am i.L. gegen den zu Widersprüchen führenden Status dieser personalisierte Instanzen suggerierenden Konzepte, die beide aus der übergreifenden Werkstruktur abgeleitete Konstrukte vom Fluchtpunkt des Lesers darstellen ohne Bindung an ein reales oder fiktives Aussagesubjekt und daher in der Differenz von Sender- und Empfängerinstanz im Grunde ununterscheidbar werden. Daher spricht manches für A. Nünnings (1993) Vorschlag, zur Vermeidung von Paradoxien auf beide Konzepte und ihre Unterscheidung zu verzichten, gleichzeitig aber ihre unverzichtbaren theoretischen Funktionen auf das rein virtuelle System einer Gesamtstruktur des Textes als einer im Sinne von L. Althussers Strukturbegriff abwesenden Ursache, die nur in ihren Wirkungen vorhanden ist, zu übertragen.

Lit.: W. Iser: *Der i.L.: Kommunikationsformen des Romans von Bunyan bis Beckett*, Mchn. 1994 [1972]. – ders. 1994 [1976]. S. 37–86. – S.R. Suleiman/I. Crosman (Hgg.): *The Reader in the Text. Essays on Audience and Interpretation*, Princeton 1980. – A. Nünning: »Renaissance eines anthropomorphisierten Passepartouts oder Nachruf auf ein lit.kritisches Phantom? Überlegungen und Alternativen zum Konzept des ›implied author‹«. In: *DVjs* 67 (1993) S. 1–25.   MW

Linguistic turn, der Begriff bezeichnet eine Reihe von sehr unterschiedlichen
Entwicklungen im abendländischen Denken des 20. Jh.s. Allen gemeinsam
ist eine grundlegende Skepsis gegenüber der Vorstellung, Sprache sei ein
transparentes Medium zur Erfassung und Kommunikation von Wirklichkeit.
Diese Sicht wird durch die Auffassung von Sprache als unhintergehbare
Bedingung des Denkens ersetzt. Danach ist alle menschliche Erkenntnis
durch Sprache strukturiert; Wirklichkeit jenseits von Sprache ist nicht exi-
stent oder zumindest unerreichbar. Wichtigste Folgen sind, daß Reflexion
des Denkens, bes. die Philosophie, damit zur Sprachkritik wird und daß
Reflexion sprachlicher Formen, auch der Lit., nur unter den Bedingungen
des reflektierten Gegenstandes, eben der Sprache, geschehen kann.
　　Deutliche Anklänge finden sich bereits bei antischolastischen Rhetori-
kern der ital. Renaissance, wie z.B. L. Valla; später wiederholt bei einzelnen Autoren wie G. Vico oder J.G. Hamann und, im 19. Jh., bes. in der
Philosophie F.W. Nietzsches, der vom ›Zuchthaus der Sprache‹ schreibt
(vgl. Jameson 1972), und in der Dichtung St. Mallarmés. Das Problem
der Intransparenz des Mediums Sprache wurde dann zu Beginn des 20.
Jh.s in paradigmatischer Weise von L. Wittgenstein in zwei kontrastiven
Erklärungsversuchen angegangen. Sein Frühwerk die *Tractatus* trifft sich
einflußreich mit der analytischen Philosophie um G. Frege, G.E. Moore,
B. Russel und, später, dem ›Wiener Kreis‹ in dem Bestreben, erkannte
Verzerrungen und Unschärfen der Sprache mit Mitteln der Logik (Russels
logical atomism) zu beseitigen bzw. zu vermeiden. Die hier unterlegte Statik
einer Abbildtheorie der Sprache revidiert Wittgenstein in seinen späteren
Schriften zur Vorstellung von unabhängigen Sprachspielen, deren Regeln
nur durch Erfahrung gesellschaftlich vermittelt, nicht aber auf eine logische
Essenz reduziert werden können. Diese Abkehr von logischen Sprachidealen
hin zur Betrachtung der Aussageweisen alltäglicher Sprache als menschlicher
Tätigkeit und gesellschaftlicher Praxis kennzeichnet auch die v.a. mit J.L.
Austin identifizierte *ordinary language philosophy.* Allg. verliert ein Text aus
dieser Sicht seine unilineare Korrelierbarkeit mit einer bestimmten ↗ Bedeutung; diese wird vielmehr in den gesellschaftlich verorteten Prozessen
von Produktion, Reproduktion und Rezeption verhandelt und bleibt mul-
tivalent. Sich ergebende Fragestellungen wurden u.a. von M.M. Bachtin,
in der ↗ Hermeneutik H.-G. Gadamers und in der ↗ Rezeptionsästhetik
der Konstanzer Schule thematisiert. Der individualisierenden Tendenz
dieser Ansätze steht das Systemdenken der neueren frz. Sprachbetrachtung
gegenüber, das sich, ausgehend von der ↗ Semiotik F. de Saussures, in
↗ Strukturalismus und später ↗ Poststrukturalismus auffächert. Sprache als
Regelsystem von ↗ Zeichen, dem der Einzeltext gehorcht, ohne es je ganz
zu realisieren, wurde im Strukturalismus zum linguistischen Paradigma, das
anwendbar ist, wo immer sich ein Phänomen als ↗ Zeichensystem darstellen
läßt. Intersubjektivität wird zur ↗ Intertextualität im weitesten Sinne, das
Subjekt zur Schnittstelle disparater ↗ Diskurse, Geschichte zur Genealogie
von ↗ Epistemen (vgl. M. Foucault); Regeln der Grammatik inspirieren
Beschreibungsmodelle für Erzähltexte; Grundformen der Rhetorik firmieren
als Prägemuster der Geschichtsschreibung.

Die Kritik des *l.t.* betont zum einen die fehlende Rückkoppelung an die sozio-materielle Realität als gefährliche Folge einer Auffassung, die Sprache als unhintergehbar und damit unhinterfragbar charakterisiert (vgl. z.B. J. Habermas); zum anderen sieht inzwischen R. Rorty mit der zunehmenden Entwertung des (sprachphilosophischen) Repräsentationsgedankens auch die mit ihm untrennbar verquickten Grundvoraussetzungen des *l.t.* in der Bedeutungslosigkeit verschwinden (vgl. Rorty 1992, S. 371–74).

Lit.: R. Rorty (Hg.): *The L.T.*, Chicago 1992 [1967]. – Jameson 1974 [1972]. – D. LaCapra: *History and Criticism*, Ithaca 1985. – K.L. Klein: »What Was the L.T.?«. In: *Clio* 30.1 (2000) S.79-90. – R. Pordzik: »After the L.T.: Neo-Pragmatist Theories of Reading and the Interpretation of Modern Literature«. In: *Arbeiten aus Anglistik und Amerikanistik* 27.1 (2002) S. 3-14. – K. Rennhak: *Sprachkonzeptionen im metahistorischen Roman. Diskursspezifische Ausprägungen des ›L.T. in Critical Theory‹, Geschichtstheorie und Geschichtsfiktion (1970 – 1990)*, Mchn. 2002. KSt

Linguistische Ansätze/Linguistische Poetik, die Bezeichnung l.P. wurde geprägt für Lit.theorien und lit.wissenschaftliche Ansätze, Schulen und Richtungen, die auf linguistischen Konzepten oder Sprachtheorien fundiert sind oder im Anschluß an diese entwickelt wurden. Ausgangspunkt für diese gesuchte Annäherung ist die Überlegung, daß Lit. zunächst ein sprachliches Phänomen und als solches zu analysieren ist. Erst in einem darauffolgenden zweiten Schritt ist sie in ihren ästhetischen Ausprägungen zu erfassen und zu untersuchen. Aufgrund dieser Überlegung liegt es nahe, lit.wissenschaftliche Forschung und Theoriebildung an Ansätzen, Konzepten, Methoden und Resultaten der Sprachwissenschaft auszurichten. Ein Zitat von R. Jakobson (1972, S. 118) bringt diese Grundauffassung deutlich zum Ausdruck: »Poetik beschäftigt sich hauptsächlich mit der Frage: *Was macht aus einer sprachlichen Nachricht ein Kunstwerk?* Da der wichtigste Untersuchungsgegenstand der Poetik die *differentia specifica* der Wortkunst ist in Beziehung zu anderen Künsten und in Beziehung zu anderen Arten sprachlichen Verhaltens, ist es berechtigt, die Poetik an den ersten Platz innerhalb der Lit.wissenschaft zu setzen«. Literarizität wird in der l.P. an bes. sprachlichen Eigenschaften sprachlicher Äußerungen festgemacht, wodurch die Trennung von prakti-scher und poetischer Sprache ihre Begründung findet. Durch die das 20. Jh. prägende strukturale Sprachwissenschaft F. de Saussures kommt es seit Beginn der l.P. zu einer intensiven Verflechtung mit dem ↗ Strukturalismus und strukturalem Denken. Der Strukturalismus ist weniger als eine Theorie denn als eine bes. wissenschaftliche Denkweise zu begreifen, die neben Linguistik und Lit.wissenschaft ganz unterschiedliche Disziplinen wie Biologie, Ethnologie oder Philosophie geprägt hat (vgl. Titzmann 1984). Der frühe R. Barthes (1966, S. 191f.) bestimmt die strukturalistische Einstellung näher als »das Ziel jeder strukturalistischen Tätigkeit, sei sie nun reflexiv oder poetisch [...], ein ›Objekt‹ derart zu rekonstituieren, daß in dieser Rekon-stitution zutage tritt, nach welchen Regeln es funktioniert (welches seine ›Funktionen‹ sind). Die Struktur ist in Wahrheit also nur ein *simulacrum* des Objekts, aber ein gezieltes, ›interessiertes‹ Simulacrum, da das imitierte

Objekt etwas zum Vorschein bringt, das im natürlichen Objekt unsichtbar oder, wenn man lieber will, unverständlich blieb. Der strukturale Mensch nimmt das Gegebene, zerlegt es, setzt es wieder zusammen; das ist scheinbar wenig [...]. Und doch ist dieses Wenige, von einem anderen Standpunkt aus gesehen, entscheidend; denn zwischen den beiden Objekten, oder zwischen den beiden Momenten strukturalistischer Tätigkeit, bildet sich etwas Neues, und dieses Neue ist nichts Geringeres als das allgemein Intelligible«. Ein im Sinne struktureller Analyse und Synthese schon klassisch zu nennender Text ist die ›Les Chats‹-Analyse von Jakobson/Cl. Lévi-Strauss (1962). Auf verschiedenen linguistischen Ebenen, von der Phonologie bis zur Semantik, werden Gesetze aufgestellt. Wie auch diese Gemeinschaftsarbeit zeigt, ist l.P. generell geprägt durch eine ausgesprochene Textfixiertheit, die auch mit Saussures bilateralem Zeichenmodell (↗ Zeichen und Zeichensystem) und seiner Vorstellung von Sprache als System mit Selektion und Kombination als den zentralen Prinzipien zusammenhängt. Schon im formalistischen Manifest von Ju. Tynjanov/Jakobson wird 1928 der Systemgedanke für die Erforschung von Sprache und Lit. ausdifferenziert. Werkgruppen, ↗ Gattungen, literar. Entwicklungen werden als Systeme betrachtet. Diese Art Systembildung findet sich außerhalb der l.P. bis in die heutige Lit.-wissenschaft z.B. im Rahmen literarhistorischer Fragestellungen (vgl. Titzmann 1991). Als grundsätzliches Problem aller l.P.en stellt sich die Frage nach dem logischen Verhältnis von linguistischen und lit.wissenschaftlichen Theorieanteilen und ihrem Zusammenspiel (vgl. Barsch 1981). In den wenigsten l.P.en wird dieses Verhältnis explizit thematisiert. Häufig wurde, wie bei den Russ. Formalisten, statt dessen ein Kampf um die Lit.wissenschaft als eigenständige Disziplin geführt, da die Linguisten in der Lit. einen bes. Anwendungsfall von Sprache und in der Lit.wissenschaft ein Anhängsel an die Linguistik sahen. Jakobson (1972, S. 118) bestätigt eine solche Position, indem er der Poetik im Sinne von Dichtungstheorie folgenden Status zuweist: »Poetik hat mit Problemen der sprachlichen Struktur zu tun, genauso wie die Analyse der Malerei es mit bildlichen Strukturen zu tun hat. Da die Linguistik die umfassende Wissenschaft von der Sprachstruktur ist, kann die Poetik als ein wesentlicher Bestandteil der Linguistik angesehen werden«. An diesem Zitat zeigt sich die grundsätzliche Schwäche l.P. Lit. wird als eine bes. Sprachkonstruktion begriffen und nicht als sozio-historisches Phänomen, an dem Autoren, Lektoren, Leser und Kritiker beteiligt sind, die aus einem Text erst Lit. machen. Wenn auch in der l.P. nach strukturellen Gesetzmäßigkeiten gesucht wird und nicht der singuläre Text im Fokus des Interesses steht, so wird doch immer stillschweigend das vorausgesetzt, was man eigentlich herausfinden möchte: Man weiß immer schon, ob der jeweilige Text literar. ist oder nicht.

Die Geschichte der l.P. wird allg. mit den Russ. Formalisten am Beginn des 20. Jh.s angesetzt, die eine erste intensive Zusammenarbeit von Linguisten und Lit.wissenschaftlern aufwiesen. Die Dichotomie von praktischer und poetischer Sprache geht ebenso auf sie zurück wie die zentralen Begriffe ›Verfahren‹, ↗ ›Verfremdung‹, ›Konstruktionsprinzip‹ und ›literar. Reihe‹. Der etwas später entstandene Prager Strukturalismus weist mit Jakobson eine zentrale Figur der Formalisten auf. In seiner Prager Zeit entsteht seine Arbeit zur Dominanten, die im Sinne einer strukturprägenden Größe starke Ähnlichkeit zu Tynjanovs ›Konstruktionsprinzip‹ aufweist. J. Mukařovský ist die zweite wichtige Figur im Prager Linguistik-Zirkel, der 1926 gegründet wurde. Mit seiner Unterscheidung von ›ästhetischem Objekt‹ und ›materiellem Artefakt‹ nimmt er R. Ingardens Dichotomie von Werk und ↗ Konkretisation bzw. die Trennung von Kommunikatbasis und Kommunikat der ↗ Empirischen Theorie der Lit. vorweg. Analog zum funktionalen Sprachmodell der Russ. Formalisten führt Mukařovský das Konzept der ästhetischen ↗ Funktion ein, die analog zu Jakobsons poetischer Funktion allen ästhetischen Gebilden und nicht nur Kunst eigen ist. Der osteurop. Strukturalismus wurde von der sowjet. ↗ Kultursemiotik der Tartu-Moskauer Schule um Ju. Lotman in gewisser Weise fortgesetzt. L.P. und Strukturalismus wurden in den ehemaligen Ostblockstaaten auch als wissenschaftliche Überlebenstrategie für ideologiereduzierte Forschung betrieben. Im Gegensatz zu Osteuropa hat der Strukturalismus in Amerika und in Westeuropa bis auf die Pariser Gruppe *Tel Quel* keine herausragenden Zentren gebildet. In Amerika gibt es nach dem Zweiten Weltkrieg verschiedene linguistische Ansätze (J. Culler), die sich mit Metrik, Stilistik oder in Anschluß an N. Chomskys Generativer Transformationsgrammatik mit poetischen Abweichungsgrammatiken befassen. ›*foregrounding*‹ und ›*coupling*‹ werden als Varianten des Verfremdungsbegriffs bzw. Parallelismuskonzepts geprägt. Auch in Westeuropa beginnt die Rezeption des Russ. Formalismus und des Prager Strukturalismus erst lange Zeit nach dem Zweiten Weltkrieg. Neben Frankreich als einer Hochburg des Strukturalismus und Italien mit einer semiotischen Ausrichtung (U. Eco) wurden in Deutschland v.a. in den 1970er Jahren l.A. verfolgt. Im Kontext des Linguistik-Booms wurde eine Verwissenschaftlichung der Lit.-wissenschaft auf linguistischer Basis angestrebt. Die wissenschaftstheoretischen Defizite ↗ werkimmanenter Interpretation sollten unter Verwendung elaborierterer linguistischer Modelle überwunden werden. So stellten z.B. J. Ihwe und J. Petöfi Lit.theorien auf der Basis von Texttheorien auf; G. Wienold formulierte eine Semiotik der Lit., und S.J. Schmidt beschrieb einen kommunkations- und handlungstheoretischen Ansatz. Die l.P., die auch Verbindungen zur Informationsästhetik aufweist, hat ein breites Feld von Anwendungsmöglichkeiten sprachwissenschaftlicher Methoden in der Lit.wissenschaft eröffnet (vgl. Fludernik 1995 und 1996). – In den letzten Jahren haben l.A. wie die *relevance theory* und die historische Dialoganalyse v.a. der Kognitionstheorie, der ↗ Metapherntheorie und der ↗ Pragmatik wichtige Impulse gegeben.

Lit.: H. Kreuzer/R. Gunzenhäuser (Hgg.): *Mathematik und Dichtung*, Mchn. 1965. – R. Barthes: »Die strukturalistische Tätigkeit«. In: *Kursbuch* 5 (1966) S. 190–196. – M. Bierwisch: »Strukturalismus. Geschichte, Probleme und Methoden«. In: *Kursbuch* 5 (1966) S. 77–152. – J. Ihwe (Hg.). *Lit.wissenschaft und Linguistik. Ergebnisse und Perspektiven*, 3 Bde., FfM. 1971. – H. Blumensath (Hg.): *Strukturalismus in der Lit.wissenschaft*, Köln 1972a. – ders.: *Linguistik in der Lit.wissenschaft*, Mchn. 1972b. – R. Jakobson: »Linguistik und Poetik«. In: H. Blumensath 1972a. S.

118–147. – M. Titzmann: *Strukturale Textanalyse*, Mchn. 1977. – A. Barsch: *Die logische Struktur l.P.en*, Bln. 1981. – M. Titzmann: »Struktur, Strukturalismus«. In: K. Kanzog/A. Masser (Hgg.): *Reallexikon der dt. Lit.geschichte*, Bd. 4, Bln./N.Y. 1984. S. 256–278. – ders.: *Modelle des literar. Strukturwandels*, Tüb. 1991. – Ju. Tynjanov/R. Jakobson: »Probleme der Lit.- und Sprachforschung«. In: R. Viehoff (Hg.): *Alternative Traditionen*, Braunschweig 1991. S. 67–69. – D. Attridge: »The Linguistic Model and Its Application«. In: Selden 1995. S. 58–84. – M. Fludernik: »Sprachwissenschaft und Lit.wissenschaft. Paradigma, Methoden, Funktionen und Anwendungsmöglichkeiten«. In: Nünning 1998 [1995]. S. 119–136. – dies.: »Linguistics and Literature. Prospects and Horizons in the Study of Prose«. In: *Journal of Pragmatics* 26.2 (1996) S. 583–611. – J.M. Henkel: *The Language of Criticism. Linguistic Models and Literary Theory*, Ithaca/Ldn. 1996. – Ausg. »Language and Literature« (Hg. M. Fludernik) der Zs. *EJES* 2.2 (1998). – H. Fricke/W. van Peer: »L.P.«. In: Fricke 2000. S. 429–432. – D. Maingueneau: *Linguistische Grundbegriffe zur Analyse literar. Texte*, Tüb. 2000. – Pilkington 2000. – M. Gymnich (Hg.): *Literature and Linguistics. Approaches, Models, and Applications*, Trier 2002.   AB

Literarische Anthropologie, entstanden ist der Begriff aus einem wachsenden Interesse der Lit.wissenschaft an anthropologischen Fragestellungen sowie der A., insbes. der am. Kulturanthropologie, an lit.wissenschaftlichen Analysemethoden. Diese doppelte disziplinäre Herkunft prägt auch heute noch das Spektrum der verschiedenen Ansätze, die unter diesem Begriff verfolgt werden. – Anspruch auf Erstbenutzung des Begriffs hat F. Poyatos, der ihn 1977 vorgeschlagen hat. Wie er in einem von ihm herausgegebenen Konferenzband mit dem Titel *Literary Anthropology* (1988, S. xii) erläutert, ist das interdisziplinäre Forschungsfeld l.A. bestimmt durch »the anthropologically-oriented use of the *narrative literatures* of the different cultures [...], as they constitute the richest sources of documentation for both synchronic and diachronic analyses of people's ideas and behaviors«. Literaturen sind also für ihn Archive anthropologisch relevanter Daten, eine Einsicht, die in der Mythen- und Archetypenforschung Tradition hat (↗ Mythentheorie), aber hinter den Reflexionsstand der *interpretive anthropology* eines C. Geertz oder J. Clifford zurückfällt. Poyatos' positivistisches Verständnis von l.A. ist heftig von Teilnehmern der Konferenz, auf deren Ergebnissen der genannte Sammelband beruht, kritisiert worden und hat keine Schule gemacht. So faßte z.B. in der abschließenden Diskussion die Anthropologin J. Botscharow die Einwände in der folgenden Weise zusammen: »Objektive Fakten können in literar. Texten nicht von den Produkten der Imagination der Schriftsteller unterschieden werden.« (Poyatos 1988, S. 337). Deshalb erweist sich Poyatos' Ansatz als unfruchtbar.

Für ertragreicher und interessanter wird ein Ansatz gehalten, für den Lit. nicht als Quelle objektiver Information gilt, sondern in dem ihre Verfahren zum Gegenstand anthropologischer Fragestellungen gemacht werden. Es ist dieser Ansatz, der sich in der Folge als forschungsleitend und produktiv herausstellen sollte. Zwei unterschiedliche Schwerpunktsetzungen kommen dabei zum Tragen. Für die eine ist die anthropologische Frage nach der Fiktionsfähigkeit und Fiktionsbedürftigkeit des Menschen, die

Bestimmung der Rollen, die ↗ Fiktionen in der Geschichte des Welt- und Selbstverstehens des Menschen gespielt haben, dominant. Die andere untersucht die konkrete Rolle der Lit. bei der Entfaltung eines anthropologischen Interesses. Die Erstere ist transzendental orientiert, die letztere konkret historisch. Für die eine stehen W. Isers Arbeiten zum Fiktiven und ↗ Imaginären, für die andere W. Pfotenhauers Untersuchungen zur Rolle der autobiographischen Lit. im 18. und frühen 19. Jh. Beide Richtungen treffen sich und interagieren in dem 1996 gegründeten Sonderforschungsbereich ›Lit. und A.‹ an der Universität Konstanz. In seiner Studie von 1987 beschreibt Pfotenhauer l.A. als einen für das 18. Jh. ›denkwürdigen Sachverhalt‹: nämlich »die Verbindung von A. und Lit. als wechselseitige Ermutigung, Reflexion, Kritik. A. ist die neue, populäre Wissenschaft des 18. Jh.; sie befaßt sich mit dem ›ganzen Menschen‹ als einem leibseelischen Ensemble; sie will im Gegensatz zu den herrschenden Denktraditionen die alte Aufspaltung von Sinnlichem und Vernunft in ein ›commercium mentis et corporis‹, eine Verbindung von Leib und Seele, umdeuten; [...]. Darin ist A. mit der gleichzeitig sich entwickelnden Ästhetik verschwistert, die Subjektivität in ihren konkreten Erscheinungsformen in ihr Recht setzt« (Pfotenhauer 1987, S. 1). Es erstaunt deshalb nicht, so Pfotenhauer (ebd.), »daß A. sich Unterstützung von den ästhetischen Praktiken erwartet und die Lit. zur Reflexion jener menschlichen Ganzheit ermuntert«; es erstaunt auch nicht, »daß Lit. ihrerseits sich als A. sui generis versteht, nämlich als einen authentischen, durch Selbsterfahrung und Selbstreflexion gewonnenen Aufschluß über die Natur des Menschen«. Pfotenhauer findet konsequenterweise für seine l.A. ein fruchtbares Betätigungsfeld dort, wo Lit. explizit zur A. wird. Das Buch schreibt deshalb die Geschichte einer »Innenansicht des Anthropologischen« (ebd., S. 2) und tritt damit in Gegensatz zu der aus der generalisierenden Distanz operierenden philosophischen A. des 19. und zur Ethnologie des 20. Jh.s. Literar. ist diese A., weil die Einheit des physischen und psychischen Menschen nur im »Reflexionsbereich des einzelnen Subjekts« (ebd., S. 5) und im unmittelbaren Bezug auf seine Lebenspraxis herstellbar ist. »Für diese A. des Einzelmenschlichen wird dann die Autobiographie als Quelle der Erkenntnis des ganzen Menschen bedeutsam.« (ebd., S. 5) Die Gattung Autobiographie erlaubt nach Pfotenhauer das Fingieren eines Zusammenhangs und die Exploration eines Zusammenwirkens der beiden Seiten des Menschen, Möglichkeiten, die die naturwissenschaftliche oder philosophische Reflexion schon längst verspielt hatte. Deshalb ist für ihn im 18. Jh. die »Konvergenz von Menschenkunde und Selbstdarstellung durch die subjektive Reflexion auf erlebte Menschennatur [...] l.A. im emphatischen Sinne« (ebd., S. 27). Pfotenhauers Ansatz bleibt an die Selbstbekundung eines anthropologischen Interesses gebunden, d.h. er ist im Grunde immanentistisch, impliziert aber zugleich so etwas wie die Beispielhaftigkeit der Entwicklung des neuzeitlichen Ich für die gesamte Kulturgeschichte des Menschen. Eine Perspektive, auf deren Basis unterschiedliche Modelle der kulturellen Leistung von literar. Fiktionen entwickelt werden können, ist bei Pfotenhauer nicht erkennbar. Er bleibt insofern trotz der von ihm herausgearbeiteten anthropologischen Leistung von Lit.

in einer bestimmten Epoche eine A. der Lit. schuldig. Iser wählt einen
anderen Weg. Er geht in seinem Aufsatz »Towards a Literary Anthropology«
(1989b) das Problem ›literarischer‹ als Poyatos und in seinem Buch *Das
Fiktive und das Imaginäre. Perspektiven l. A.* grundsätzlicher als Pfotenhauer an. Die Frage, die sich angesichts der Tatsache, daß alle Schriftkulturen
fiktionale Lit. produziert haben, erhebt, ist seiner Ansicht nach die nach
der speziellen Leistung von Lit. gegenüber anderen Produkten kulturbil-
dender Aktivitäten des Menschen. L.A. ist für Iser das Studium der anthropologischen Implikationen literar. Texte, ein Forschungsparadigma mit
hoher Ertragsprognose, da das Medium Lit. Einsichten in die Ausstattung
des Menschen erlaubt, wie sie philosophische, soziologische oder psychologische Theorien des Menschen nicht zu vermitteln vermögen. Lit. wird
auf diese Weise für Iser zum Instrument der Erforschung menschlicher
Potentiale an und zugleich jenseits ihrer je historischen Aktualisierung.
Historische Aktualisierungen müssen im Kontext der jeweiligen ↗ Funktionen gesehen werden, die Fiktionen erfüllen. Dabei gilt, daß diese Fiktionen weder glatt unter wie auch immer definierte anthropologische
Konstanten zu verrechnen sind, noch auch unter die jeweiligen kulturellen
Bedingungen, unter denen sie entstehen. Literar. Werke inszenieren vielmehr
als ›phantasmatische Figurationen‹ Interaktionsverhältnisse zwischen den
menschlichen Anlagen und den jeweiligen Gegebenheiten dergestalt, daß
sie diese fortwährend überschreiten. Es ist nach Iser die grundsätzliche
Leistung der Fiktion, dem Menschen ein bes. Instrumentarium der Selbst-
erweiterung zur Verfügung zu stellen. L.A. ist für ihn deshalb extensionale
A.; diese Bestimmung führt ihn konsequent zu der Frage, warum der Mensch
sich ständig überholen will. Er beantwortet diese Frage mit einem existen-
tial-epistemologischen Credo, das für alle seine Arbeiten zentral ist: »As
human beings' extensions of themselves, fictions are ›ways of worldmaking‹,
and literature figures as a paradigmatic instance of this process because it
is relieved of the pragmatic dimension so essential to real-life situations.«
(Iser 1989, S. 270). Fiktionale Akte übersteigen das jeweils Gegebene, weil
sie Mensch und Welt frei von pragmatischen Zwängen inszenieren können.
Im entpragmatisierenden Übersteigen doppelt und spiegelt sich das Gegebene und der Mensch so, daß dabei seine Grenzen und seine Ausschlüsse
zugleich mitgekennzeichnet werden. Dadurch wird eine Wahrnehmungs-
veränderung induziert, die ihrerseits auf das Gegebene zurückwirkt. Die
Quelle, aus der sich der unablässige Drang zur Entpragmatisierung und
Fiktionalisierung speist, ist für Iser (ebd., S. 273) das Imaginäre: »Yet fictionality is only an instrument that channels the necessary flow of fantasy
into our everyday world. As an activity of consciousness it taps our imaginary resources, simultaneously shaping them for their employment, and so
the interplay between the fictional and the imaginary turns out to be basic
to the heuristics of literary anthropology.« Die Frage nach der historischen
Umsetzbarkeit dieser Art von l.A. beantwortet Iser ausweichend, indem er
sie in die Frage nach ihrem wissenschaftshistorischen Ort umformuliert.
L.A. gewinnt demnach ihre Bedeutung als Nachfolgerin eines untergegan-
genen bürgerlichen Bildungsverständnisses von Lit. Lit. dient nicht mehr

der Bildung des Menschen zu geschlossener Persönlichkeit, sondern der permanenten Selbstaufklärung seiner Wandelbarkeit. Beide Richtungen der l.A. sind komplementär. Die Bedingung der Möglichkeit von Lit. und ihre je historisch und kulturell spezifische Funktionalisierung in Prozessen des Selbst- und Weltverstehens treffen sich als Theorie und Praxis ureigenster menschlicher, und d.h., anthropologischer Vermögen. Die eine sieht Lit. als eine eigene Form der A., während sich die andere als Rekonstruktion der theoretischen Grundlegung für eine A. der Lit. versteht. Für die weitere Entwicklung wird entscheidend sein, wie produktiv sich diese beiden Richtungen miteinander ins Verhältnis setzen.

Lit.: H. Pfotenhauer: *L.A.*, Stgt. 1987. – F. Poyatos (Hg.): *Literary Anthropology*, Amsterdam/Philadelphia 1988. – Iser 1989. – ders.: »Towards a Literary Anthropology«. In: Cohen 1989. S. 208–228. – ders. 1993 [1991]. – P. Benson (Hg.): *Anthropology and Literature*, Urbana 1993. – Bachmann-Medick 1998 [1996]. – J. Schlaeger (Hg.): *The Anthropological Turn in Literary Studies*, Tüb. 1996. – A. Koschorke: *Körperströme und Schriftverkehr. Mediologie des 18. Jh.s*, Mchn. 1999. – Pfeiffer 1999. – M. Bergengruen et al. (Hgg.): *Die Grenzen des Menschen. Anthropologie und Ästhetik um 1800*, Würzburg 2001. – H. Neumeyer: »Historische und l.A.«. In: A. Nünning/V. Nünning 2003. S. 108-131.　　　　　　　　　　　　　　　　　　　　　　　　　　　　JS

Literaturbegriff, im engeren Sinne, d.h. in Abgrenzung zu Begriffsbildungen wie Sach-, Fach- oder Sekundärlit., bezeichnet der Terminus ›L.‹ historisch kontingente Vorstellungen von Lit., die in einer sozialen Gruppe gemeinsam geteilt werden. L.e bilden die Grundeinstellung gegenüber für literar. gehaltenen Texten und bestimmen in Verbindung mit literar. ↗ Konventionen und Vertextungsstrategien der Produktion und Rezeption den weiteren Umgang mit diesen Texten. – Aus technischer Sicht schneidet ein L. aus der Menge aller Texte diejenigen heraus, die unter die jeweilige Vorstellung fallen, und trennt somit literar. von nicht-literar. Texten. Das Prädikat ›ist literar.‹ kann folglich als das Ergebnis einer Zuschreibung unter Anwendung eines L.s verstanden werden. Diese Art der Zuschreibung schließt einerseits nicht aus, daß ein und derselbe Text in ↗ synchroner oder ↗ diachroner Betrachtung mit mehreren L.en verträglich ist. Häufig ist in einer derartigen Überlagerung gerade ein Kennzeichen von ›hoher‹ Lit. im Sinne einer immer neuen Lesbarkeit (↗ Polyvalenz) gesehen worden. Andererseits zeigt auch die Zuschreibung ›nicht-literar.‹ für Texte, die nicht unter einen L. passen, Konsequenzen.

Innerhalb des Lit.systems basieren Lit.streits zwischen literar. Schulen und Strömungen auf unterschiedlichen L.en und führen zu Ausgrenzungsbestrebungen der jeweils als nicht-literar. erachteten Texte. Außerhalb des Lit.systems kann es durch staatliche, kirchliche oder Intervention anderer einflußreicher sozialer Gruppen zur Beeinträchtigung und Verfolgung von Texten (literar. ↗ Zensur) kommen, die für andere als Lit. gelten. L.e geben somit eine Antwort auf die Frage: Was ist Lit.? Sie bilden damit auch einen Faktor der näheren Bestimmung des Gegenstandsbereichs der Lit.wissenschaft.

H. Grabes stellte 1977 ein Schema zur Typologisierung von L.en auf, das
auf drei verschiedenen Dimensionen basiert. Die erste betrifft die Behauptung der ontologischen Valenz und trennt referentielle und fiktionale Texte
(↗ Fiktion/Fiktionalität). Im Gegensatz zu fiktionalen behaupten referentielle
Texte den Anspruch, eindeutige Aussagen über ›Realität‹ zu machen. Die
zweite Dimension bezieht sich auf die epistemologische Valenz, d.h. auf
den Erkenntniswert von Texten. Auch hier werden zwei Zuschreibungen
unterschieden: realistisch und phantastisch. Realistische Texte signalisieren
trotz ihres fiktionalen Status unter Rückgriff auf das Wahrscheinliche die
Behauptung einer Erkenntnisfunktion bezüglich der sozial geltenden Vorstellungen von Realität (↗ Funktion). Phantastischen Texten fehlt dieser Bezug.
Im deutlichen Aufzeigen von Alterität untergraben sie den Glauben an die
absolute Verbindlichkeit jeglicher Realitätskonzepte. Schließlich deckt die
dritte Dimension die Frage nach der ontischen Besonderheit von Lit. ab.
Als Ort für den Sitz des Schönen finden sich historisch drei verschiedene
Angaben: Produzent, Werk und Rezipient. In dieses dreidimensionale Schema
lassen sich alle L.e einordnen.

Historisch gerade geltende L.e wie der sog. ›erweiterte L.‹ wurden
häufiger in die lit.wissenschaftliche Theoriebildung übernommen und als
analytische Kategorien und damit als determinierende Elemente der Theorie
selbst verwendet. Als historisch veränderliche Größen sind L.e für analytische
Zwecke jedoch untauglich; sie gehören demnach zum lit.wissenschaftlichen
Gegenstandsbereich selbst. Wie für andere Konzepte auch ist hier ein ›Ab-
sinken‹ von der theoretischen auf die Gegenstandsebene festzustellen.

Lit.: K. Hamburger: *Die Logik der Dichtung*, Stgt. 1987 [1957]. – H. Grabes:
»Fiktion – Realismus – Ästhetik. Woran erkennt der Leser Lit.?«. In: ders. (Hg.):
Text-Leser-Bedeutung, Grossen-Linden 1977. S. 61–81. – P. Hernadi (Hg.): *What
is Literature?*, Bloomington 1978. – D. Hintzenberg et al.: *Zum L. in der BRD*,
Braunschweig 1980. – A. Barsch: »Handlungsebenen des Lit.systems«. In: *SPIEL*
11.1 (1992) S. 1– 23. – O. Jahraus: *Lit. als Medium. Sinnkonstruktion und Subjekterfahrung zwischen Bewußtsein und Kommunikation*, Weilerswist 2003.   AB

Logozentrismus (gr. *lógos*: die Rede, das Wort; gr. *kéntron*: Mittelpunkt
eines Kreises), der L. ist ein von J. Derrida geprägter, für das Verständnis der
↗ Dekonstruktion zentraler Begriff, der sich im Anschluß an M. Heidegger
auf eine Metaphysik der Präsenz bezieht. Derrida bezeichnet die Hauptströmungen westlichen Denkens als logozentrisch, da sie das Wort im Sinne
von ›lógos‹, d.h. als metaphysische Einheit von Wort und Sinn, privilegieren.
Laut Derrida ist logozentrisches Denken um ein transzendentales Zentrum
bzw. ein übergeordnetes Konzept, wie z.B. Gott, Natur, Mensch oder Phallus, organisiert, dem eine absolute, außersprachliche Präsenz zugesprochen
wird und das sprachliche Bedeutungen bestätigt und fixiert. Damit werde
Sprache zum bloßen Mittel der (Suche nach) Erkenntnis.

Innerhalb des L. kritisiert Derrida eine weitere hierarchische Ordnung,
nämlich den Phonozentrismus, d.h. die Privilegierung des Sprechens gegenüber der Schrift. Seit Platon gelte das gesprochene Wort als authenti-

scher (Selbst-)Ausdruck und damit als Garant von ↗ Bedeutung, da es die
Präsenz eines sprechenden ↗ Subjekts voraussetze, das den Ursprung des
Textes konstituiere. Schreiben dagegen zerstöre das Ideal reiner Selbstpräsenz
bzw. unmittelbarer Realisation von Bedeutung. Der Einsatz eines fremden,
depersonalisierten (Schreib-)Mediums mache die Differenz zwischen einer
Äußerung und deren Sinn deutlich, eine Differenz, die in jedem ↗ Diskurs
eine ↗ *différance*, d.h. eine fortlaufende Verschiebung von Bedeutungen,
bewirke. – Mit seiner Kritik am L. und der in ihm implizierten Möglichkeit
eines stabilen Sinns von Diskursen versucht Derrida, die tradierten Systeme
und Grenzen von Sprache und Denken zugunsten einer Grammatologie,
d.h. eines dezentrierten Spiels der ↗ Signifikanten, zu öffnen.

Lit.: Derrida 1997a [1967]. – O. Kozlarek: *Universalien, Eurozentrismus, L.*, FfM.
2000.   DF/HJ

M

Macht, der Einfluß, durch den Akteure anderen Personen erfolgreich Handlungen vorschreiben oder deren Handlungsmöglichkeiten einschränken. Man
spricht dabei auch von M.verhältnissen oder M.beziehungen. – M. ist weder
ein modernes Phänomen, noch sind M.verhältnisse auch nur für menschliche
Gesellschaften spezifisch. M.beziehungen setzen soziale Verhältnisse voraus,
in denen M. als ein Mittel der Regulierung von Interaktionsbeziehungen
bzw. der Handlungskoordination auftritt. Damit geht einher, daß Mächtige
und M.unterworfene in der Regel bestehende M.verhältnisse kennen und
anerkennen. Fehlt diese Anerkennung, so handelt es sich um Gewaltverhältnisse. Die Anerkennung schließt jedoch nicht ein, daß M.verhältnisse
als legitim anerkannt werden. Dies bleibt Herrschaftsverhältnissen vorbehalten, bei denen M.ausübung im Rahmen von Institutionen erfolgt. Die
Anerkennung von M.verhältnissen fordert wegen ihrer Wechselseitigkeit
eine gewisse Rücksicht von allen Beteiligten. Dies ist der Ansatzpunkt für
ihre Veränderung. Die fehlende Anerkennung macht Versuche riskant, bestehende Gewaltverhältnisse zu ändern. Herrschaftsverhältnisse widerstehen
Reformbestrebungen dagegen bereits deshalb, weil sie qua Institutionalisierung
auf zeitliche Dauer angelegt sind und somit doppelt legitimiert erscheinen.
Während reine Gewaltverhältnisse nur zeitlich beschränkt bestehen können,
finden sich politische, wirtschaftliche und kulturelle und zunehmend auch
mediengestützte M.differenzen in allen Gesellschaften. Historisch besteht
eine Tendenz, M.verhältnisse in Herrschaftsbeziehungen zu überführen, den
Zugang zu M.positionen von der Zugehörigkeit zu bestimmten Familien
oder sozialen Schichten zu lösen und statt dessen an die Erfüllung von
Kriterien zu binden, die je nach Bereich variieren. Politische M.positionen
werden z.B. aufgrund anderer Auswahlkriterien erlangt als wirtschaftliche
oder wissenschaftliche. Im Zuge der Demokratisierung werden v.a. politische
M.positionen unabhängig von allen anderen Überlegungen in regelmäßigen
Abständen neu besetzt. – Im Anschluß an die Arbeiten M. Foucaults wurde

der M.begriff v.a. im Kontext des angelsächsischen *Cultural Materialism*, der ↗ feministischen Lit.theorie, der ↗ marxistischen Lit.theorie und des ↗ *New Historicism* aufgegriffen, die mit unterschiedlichem Erkenntnisinteresse historische und aktuelle Manifestationsformen von M. untersuchen.

Lit.: M. Weber: *Wirtschaft und Gesellschaft*, Tüb. 1980. – D. Rueschemeyer: *Power and the Division of Labour*, Stanford 1986.   PMH

Marxistische Literaturtheorie, der Sammelbegriff ›m.L.‹ faßt sehr unterschiedliche lit.theoretische Ansätze zusammen. Dies hat seinen Grund darin, daß das Adjektiv ›marxistisch‹ nicht so sehr gemeinsame Basisannahmen über das Wesen der Lit. oder der Sprache impliziert, als vielmehr Übereinstimmungen in der Einschätzung philosophischer, historischer, politischer und v.a. sozio-ökonomischer Sachverhalte und Entwicklungen. Die Arbeiten K. Marx' und F. Engels' bieten lediglich sehr allg. und grundsätzliche Überlegungen zu Lit. und Kultur. Die unterschiedliche Interpretation und relative Gewichtung dieser Überlegungen bilden die Basis für die verschiedenen Strömungen in der m.L.

Allen marxistischen Theorien gemeinsam ist die Verpflichtung auf die materialistischen Grundlagen des Denkens Marx' und damit eine Sicht der Geschichte als einer Abfolge von Kämpfen um die Kontrolle über die materiellen Grundlagen der Existenz. Unter der Prämisse, daß die materiellen Bedingungen des Seins das Bewußtsein bestimmen, ist eine isolierte Betrachtung der Lit. ohne Berücksichtigung der zugrunde liegenden materiellen Bedingungen unsinnig. Insofern kommt keine m.L. ohne ein Modell aus, das den Einfluß der Produktionsverhältnisse, der sog. Basis, auf bewußtseinsabhängige Phänomene wie Lit., einen Bereich des Überbaus, beschreibt. Wie eng der Zusammenhang zwischen Basis und Überbau ist, ist eine der entscheidenden Fragen in der m.L. Die Aussagen der Klassiker des Marxismus können diese Frage nicht klären, weil sie einen weiten Interpretationsspielraum bieten. So schreibt Engels (1968, S. 206): »Die politische, rechtliche, philosophische, religiöse, literar., künstlerische usw. Entwicklung beruht auf der ökonomischen. Aber sie alle reagieren auch aufeinander und auf die ökonomische Basis. Es ist nicht, daß die ökonomische Lage Ursache, allein aktiv ist und alles andere nur passive Wirkung. Sondern es ist Wechselwirkung auf Grundlage der in letzter Instanz stets sich durchsetzenden ökonomischen Notwendigkeit«. Auf einer ersten Ebene lassen sich m.L.n danach unterscheiden, wie unmittelbar der Einfluß der Basis auf den Überbau und wie stark die Rückwirkung des Überbaus auf die Basis angenommen wird. Die zweite entscheidende Quelle für die Heterogenität m.L.n betrifft erkenntnistheoretische Grundlagen. Nach Marx ermöglicht nur die selbstbestimmte Arbeit einen Kontakt zur Welt der Objekte, der dem Subjekt die Gewißheit verbürgt, die Welt angemessen wahrzunehmen. Wenn durch die Entfremdung der Arbeit unter tauschwertorientierten Produktionsverhältnissen tatsächlich die harmonische Verbindung von Subjekt und Objekt durchtrennt wird und die Sicht auf die Objektwelt notwendigerweise ideologisch verzerrt ist, stellt sich die Frage, wie der marxistische

Theoretiker sich diesen Beschränkungen der Möglichkeiten von Erkenntnis soll entziehen können (↗ Ideologie und Ideologiekritik). Die Antwort auf die Frage, wie stark Subjekte in ihren Erkenntnismöglichkeiten durch Ideologie eingeschränkt sind, hat entscheidende Konsequenzen für die jeweilige m.L. Für Zwecke einer ersten Orientierung kann man das Feld der m.L.n wie folgt ordnen: (a) hohe Abhängigkeit des Überbaus von der Basis und schwacher Ideologiebegriff; (b) hohe Abhängigkeit des Überbaus von der Basis und expansiver Ideologiebegriff; (c) hoher Grad von Autonomie des Überbaus und expansiver Ideologiebegriff; (d) hoher Grad von Autonomie des Überbaus und schwacher Ideologiebegriff.

(a) M.L.n dieser Prägung waren insbes. in der Lit.wissenschaft des ehemaligen Ostblocks verbreitet. Die Partei als Vorhut der Arbeiterklasse sei als Trägerin proletarischen Klassenbewußtseins in der Lage, die objektiven materiellen Bedingungen zu erkennen. Insofern nehme sie nicht nur politisch, sondern auch epistemologisch eine Sonderstellung ein. Gleichzeitig, so die These, spiegelten die kulturellen Erscheinungen ungebrochen den Stand der Produktionsverhältnisse. So glaubte V. Zirmunskij (1973, S. 206), lange Zeit der führende Komparatist der Sowjetunion, in allen europ. Literaturen die gleiche Abfolge von literar. Strömungen und Stilrichtungen am Werk zu sehen: »Renaissance, Barock, Klassizismus, Romantik, Realismus und Naturalismus, Modernismus und – in unseren Tagen mit dem Anbruch einer neuen Epoche in der gesellschaftlichen Entwicklung – des sozialistischen Realismus, welcher eine neue und höhere Entwicklungsstufe des Realismus darstellt. Diese Übereinstimmung kann unmöglich Zufall sein. Sie ist vielmehr durch ähnliche soziale Entwicklungen bei den betreffenden Völkern historisch bedingt.« Angesichts der augenfälligen intellektuellen Schlichtheit dieser Typologie ist es nicht erstaunlich, daß westliche Marxisten versuchten, sich von solchen ›vulgärmarxistischen‹ Positionen zu distanzieren. Seit dem Zusammenbruch des Ostblocks spielen m.L.n dieses Typus kaum noch eine Rolle, und eine Renaissance dieser Strömung ist in absehbarer Zeit auch nicht zu erwarten. Dabei schwindet auch der Einfluß solcher Theoretiker, die, wie G. Lukács, eine strukturell ähnliche Position weit differenzierter und subtiler vertreten (↗ Widerspiegelung und Widerspiegelungstheorie).

(b) Konsequenter, aber gerade deshalb mit großen erkenntnistheoretischen Problemen behaftet, argumentieren solche Theoretiker, die als Konsequenz des für stark gehaltenen Einflusses der Basis auf den Überbau die Möglichkeiten zur Überwindung ideologischer Verzerrungen der Realitätserkenntnis skeptisch beurteilen. Der einflußreichste Exponent einer solchen Haltung ist der am. Lit.theoretiker F. Jameson. Er übernimmt das Konzept einer gesellschaftlichen Totalität, deren bestimmendes Moment der Stand der Produktionsverhältnisse sei. Gleichzeitig geht er davon aus, daß in der Mediengesellschaft des Spätkapitalismus die ökonomische Basis immer mehr Bereiche des Überbaus, die bislang noch eine relative Autonomie genossen hätten, direkt beeinflusse. Dieser Prozeß sei so weit fortgeschritten, daß es keinen von der Logik der Basis abgekoppelten Bereich mehr gebe, von dem aus Ideologiekritik möglich wäre. Die Ideologie ist einfach allgegenwärtig oder mit Jamesons (1991, S. 180) Worten: »everything is ideology,

or better still, [...] there is nothing outside of ideology«. Positionen, die,
wie Jamesons, einen starken Einfluß der Basis auf den Überbau und einen
sehr expansiven Ideologiebegriff vertreten, geraten zwangsläufig in Gefahr,
eines performativen Widerspruchs bezichtigt zu werden. Wenn alle Positionen ideologisch verzerrt sind, so das einschlägige Argument, müßte das
logischerweise auch für Jamesons eigene Thesen gelten. Dennoch werden
sowohl die theoretischen Grundüberzeugungen als auch die konkreten
Analysen kultureller Erscheinungen mit einem impliziten Geltungsanspruch
vorgetragen, so daß sich die Frage aufdrängt: »By what authority [...] does
Jameson now claim exemption from the prison-house of ideology?« (Flieger
1982, S. 52). Diese Frage bleibt für alle m.l.n dieses Typus entscheidend.
Jameson verweist hier auf ein zukünftiges kollektives Klassenbewußtsein
als Möglichkeit zur Überwindung von Ideologie. F. Lentricchia, der unter
Rückgriff auf Überlegungen von M. Foucault ein ähnliches theoretisches
Projekt verfolgt wie Jameson, glaubt hingegen, auf Aussagen mit Wahrheitsanspruch ganz verzichten zu können. Wenn diese Lösungen auch theoretisch
stringent aus den Basisannahmen abgeleitet sind, so birgt doch die These,
daß individuelle Subjekte Aussagen mit Wahrheitsanspruch nicht legitimieren
können, große Probleme bei der konkreten Arbeit mit Texten. Zudem wird
der Appellcharakter, der dem marxistischen Diskurs stets innewohnt, durch
solche Ansätze stark in Frage gestellt.

(c) Im westlichen Marxismus hat sich bes. nach dem Zweiten Weltkrieg eine deutliche Abkehr von mechanistischen Basis-Überbau-Modellen
vollzogen. Wesentliche Anstöße hierfür kamen von der sog. Frankfurter
Schule. So entdeckt z.B. Th.W. Adorno eine Parallele zwischen der Tendenz,
heterogene Objekte auf ihren Tauschwert zu reduzieren, und dem Versuch,
unterschiedlichste Sachverhalte mit Hilfe begrifflicher Konzepte miteinander
zu identifizieren. ›Identität‹ ist für Adorno (1966, S. 149) »die Urform von
Ideologie«. Damit ist der Begriff der Ideologie auf jede Art identifizierenden
Denkens ausgedehnt. Für klassische Basis-Überbau-Modelle, die heterogene Überbauphänomene zu einem bloßen Reflex der ökonomischen Basis
reduzieren, ist in einem solchen Denken kein Platz. Es muß deshalb ein
Bereich gefunden werden, in dem den heterogenen Erscheinungen ihr Recht
gelassen wird und in dem sie nicht auf identifizierende Allgemeinbegriffe
reduziert werden. Eine Besonderheit der Frankfurter Schule und dort in
erster Linie Adornos besteht darin, daß sie der Kunst und damit auch der
Lit. die Fähigkeit zuschreibt, sich der Ideologie zu entziehen. Ästhetik wird
hier zum Fluchtpunkt des Heterogenen, nicht unter die Identität zu Subsu-
mierenden. Dies erklärt dann auch die Vorliebe der Frankfurter Schule für
die ästhetischen Experimente der klassischen Moderne und ihre Abneigung
gegen den Realismus. Auf einer völlig anderen Grundlage, nämlich der einer
Verbindung strukturalistischer und psychoanalytischer Ansätze, versucht L.
Althusser vulgärmarxistische Konzepte zu überwinden und den Ideologiebegriff weiterzuentwickeln. Zum einen versucht Althusser, das Verhältnis
eines Ganzen zu seinen Teilen neu zu erklären. Es sei nicht so, wie klassische
Basis-Überbau-Modelle voraussetzten, daß ein System ein inneres Wesen
habe, das sich dann nur in einzelnen Phänomenen manifestiere. Vielmehr

genießen nach Althusser die verschiedenen Überbau-Bereiche eine ›relative Autonomie‹ und folgen ihrer eigenen Entwicklungslogik. Einzelne Ereignisse seien Ergebnisse komplexer Wechselwirkungen zwischen jeweils relevanten Subsystemen, durch den Einfluß verschiedener Subsysteme ›überdeterminiert‹. Gleichzeitig sorge die relative Autonomie dafür, daß unterschiedliche Teilsysteme miteinander in Widerspruch geraten könnten. Noch wichtiger für die Weiterentwicklung der m.L. ist jedoch Althussers Theorie der Ideologie. Der Einzelne, so Althusser, könne nicht mit der Erkenntnis der Tatsache leben, daß seine individuelle Existenz für das Funktionieren der gesellschaftlichen Strukturen völlig belanglos sei. Mit ›Ideologie‹ werden diejenigen Fehlurteile über die Realität bezeichnet, die dem Individuum die Illusion vermitteln, einen bedeutsamen Einfluß auf das Gesamtsystem zu haben, um sich so als klassisches Subjekt und nicht als bloßer Träger gesellschaftlicher Funktionen sehen zu können. So wird dem durch verschiedenste Einflüsse der umgebenden Strukturen determinierten Subjekt zugleich die Illusion ermöglicht, ein autonomes und stabiles Wesen zu besitzen. Damit hat Althusser die Sphäre der Ideologie von der Erkenntnis der Objektwelt auf die Konstitution von Subjekten selbst ausgedehnt. Bei aller Vergleichbarkeit ihrer Basisannahmen haben Althussers und Adornos Theorien für die Lit.-theorie sehr unterschiedliche Konsequenzen: Während im einen Fall Lit. auf ihr ideologiekritisches Potential hin untersucht werden muß, ist sie im anderen Fall Ausdruck der ideologischen Sicht von Individuen und bietet somit eine Chance, Ideologie sichtbar zu machen. Gemeinsam ist beiden Theorien jedoch, daß sie die m.L. für Anregungen anderer Strömungen wie des ↗ Strukturalismus und der Psychoanalyse (↗ psychoanalytische Lit.wissenschaften) geöffnet haben.

(d) Die meisten zeitgenössischen m.L.n haben in der Nachfolge Althussers und der durch ihn ausgelösten Rezeption des Strukturalismus Modelle entwickelt, in denen der Primat der Basis sich nur sehr indirekt manifestiert. Gleichzeitig wird versucht, dem performativen Widerspruch zu entgehen, der in einem expansiven Ideologiebegriff angelegt ist, ohne das gesellschaftskritische Potential des Konzeptes aufgeben zu müssen. Ein häufig beschrittener Weg aus diesem Dilemma ist der Versuch, sich mit Hilfe bes. der frühen Schriften Marx' ein erkenntnistheoretisches Fundament zu schaffen, mit dessen Hilfe zumindest ein potentieller Weg zur Erkenntnis nicht ideologisch verzerrter Realität offen gehalten werden kann. Auf dieser Grundlage soll dann mit Wahrheitsanspruch vorgetragene Ideologiekritik möglich werden. So vertritt T. Eagleton in seinen neueren Arbeiten den Ansatz, daß objektive Bedürfnisse und damit rationale Normen aus dem überzeitlichen Datum der Körperlichkeit des Menschen abgeleitet werden können. Arbeit, Sexualität und soziale Interaktion werden so zum Ausgangspunkt für eine Analyse objektiver Bedürfnisse, vor deren Hintergrund Anspruch und Wirklichkeit gesellschaftlicher Strukturen ideologiekritisch miteinander verglichen werden können. Der damit verbundene Versuch, Ethik, Politik, Geschichte und die Rationalität selbst auf einer körperlichen Grundlage zu rekonstruieren, soll so die Basis für eine marxistische Lit.- und Kulturkritik bilden (vgl. Eagleton 1990, S. 196f.). Die gleichrangige Stellung, die Eagleton Arbeit und Sexualität zuweist, ist Ausdruck der Tendenz, die m.L. für andere Ansätze, hier für die ↗ feministische Lit.theorie, zu öffnen. Während in Eagletons Fall der Boden des marxistischen Diskurses dabei nicht verlassen wird, sind einige andere dieser Öffnungsversuche kaum noch als m.L. zu erkennen. So wird in den letzten Jahren häufig versucht, marxistische und poststrukturalistische Positionen miteinander zu verbinden. Die dabei entstehenden theoretischen Konstrukte sind zwar häufig in sich stimmig, verabschieden sich aber von für den Marxismus unverzichtbaren erkenntnistheoretischen Basisannahmen (z.B. Ryan 1982).

Elemente m.L. wie der Ideologiebegriff sind auch für solche Theoretiker interessant, die sich nicht dem marxistischen Diskurs zugehörig fühlen. So haben sich höchst erfolgreiche lit.theoretische Strömungen wie der ↗ *New Historicism* und der ↗ *Cultural Materialism* auf der Grundlage einer fruchtbaren Synthese marxistischer, poststrukturalistischer und historistischer Theoreme gebildet. Insbes. der *New Historicism* kann jedoch nicht zu den m.L.n gerechnet werden, weil er die übergeordneten Ziele des Marxismus nicht teilt.

Lit.: F. Engels: »Brief an W. Borgius vom 25.1. 1894«. In: *Werke. K. Marx; F. Engels* (Hg. Institut für Marxismus-Leninismus beim ZK der SED), Bd. 39, Bln. 1968. S. 205–207. – Th.W. Adorno: *Negative Dialektik*, FfM. 1966. – V.M. Zirmunskij: »Die literar. Strömungen als internationale Erscheinungen«. In: H. Rüdiger (Hg.): *Komparatistik. Aufgaben und Methoden*, Stgt. 1973. S. 104–126. – H. Siegel: *Sowjetische Lit.theorie (1917–1940)*, Stgt. 1981. – J.A. Flieger: »The Prison-House of Ideology. Critic as Inmate«. In: *Diacritics* 12.3 (1982) S. 47–56. – D. Forgacs: »Marxist Literary Theories«. In: Jefferson/Robey 1992 [1982]. S. 166–203. – M. Ryan: *Marxism and Deconstruction. A Critical Articulation*, Baltimore 1982. – A. Callinicos: *Marxism and Philosophy*, Oxford 1983. – Eagleton 1995 [1990]. – F. Jameson: *Postmodernism, or, The Cultural Logic of Late Capitalism*, Ldn. 1991. – J. Knowles: »Marxism, New Historicism and Cultural Materialism«. In: R. Bradford (Hg.): *Introducing Literary Studies*, Ldn. 1996. S. 568–595. – S. Strasen: *Poststrukturalismusrezeption in der neueren m.L.: Möglichkeiten und Grenzen*, Trier 1996. – M. Haslett: *Marxist Literary and Cultural Theories*, N.Y. 1999. – F. Jannidis: »Marxistische Lit.wissenschaft«. In: Fricke 2000. S. 541– 546. – D. Milne: *Reading Marxist Literary Theory*, Ldn. 2001. – M.A. Peters: *Poststructuralism, Marxism and Neoliberalism. Between Theory and Politics*, Lanham et al. 2001.   SS

Materialität der Kommunikation, der Begriff zielt auf die Stofflichkeit, Empirizität und Kontingenz von ↗ Kommunikation. Er ist abzugrenzen von Formen des philosophischen bzw. historischen Materialismus sowie der neueren Konzepte ↗ *Cultural Materialism* und *Material Culture*. – Das Interesse an der M.d.K. läßt sich aus der Kritik an den Zeichenbegriffen (↗ Zeichen und Zeichensystem) E. Husserls und F. de Saussures herleiten, die den ideellen bzw. strukturellen Wert des Bedeutungsträgers von seinen materiellen Eigenschaften abtrennen. In den 1920er Jahren versuchte u.a. V.N. Vološinov, dem formalistischen Zeichenbegriff de Saussures ein materialistisches Sprachmodell entgegenzusetzen. In den 1960er Jahren wird die M.d.K. im Verlauf der poststrukturalistischen Auseinandersetzung

(↗ Poststrukturalismus) mit Saussure neu überdacht. Zentral für diese Revision sind J. Derridas frühe Schriften, in denen er dem Transparenzideal logozentrisch begründeter Subjektpositionen (↗ Logozentrismus) und ↗ Kommunikationsmodelle einen metaphorischen Schriftbegriff entgegenhält, der sowohl geschriebener als auch gesprochener Sprache vorgängig scheint und die Widerständigkeit und Opazität von Sprache betont. Parallel zu Derridas ↗ Dekonstruktion logozentrischer Auffassungen von Sekundarität und Äußerlichkeit schlägt M. Foucault vor, nicht mehr nach inneren und verborgenen Gehalten zu suchen, sondern ›äußere Möglichkeitsbedingungen‹ von ↗ Diskursen zu rekonstruieren, um ›den Zufall, das Diskontinuierliche und die M. in die Wurzel des Denkens einzulassen‹. In Umkreis und Nachfolge der Pariser *Tel-Quel*-Gruppe werden Möglichkeiten einer materialistischen Textsemiotik diskutiert: Hier plädiert R. Barthes für die theoretische Wiederbelebung des stofflichen und körperlichen Aspekts von Kommunikation, während J. Kristeva und andere die M. der Sprache in Anlehnung an Kategorien des historischen Materialismus konzipieren. Aus diesem semiotischen Rückgriff auf die ↗ marxistische Theorie ergibt sich eine wissenschaftsgeschichtliche Parallele zu R. Williams, der in *Marxism and Literature* (1977) das später von St. Hall, J. Fiske und anderen ausgebaute Projekt eines von historischen Materialismus und Prager Strukturalismus zurückgreifenden *Cultural Materialism* vorstellt. Eine stärker pragmatisch orientierte systematische Untersuchung der M. der Repräsentationsweisen verschiedener Künste hat N. Goodman bereits 1968 mit *Languages of Art* vorgelegt.

Ab den 1980er Jahren markiert das Stichwort der M.d.K. in Deutschland eine breitere Rezeption poststrukturalistischer Theorien und die Öffnung traditioneller Disziplinen in Richtung einer Kulturgeschichte von M.d.K. wie z.B. den Modalitäten von Mündlichkeit und Schriftlichkeit. Inspiriert von der kybernetischen Kategorie des ›Rauschens‹ formiert sich ein Forschungsfeld, das den Geisteswissenschaften die M. von kommunikativen Akten, Diskursen und Institutionen entgegenhält und eine ›Physiologie von Aufschreibesystemen‹ (F. Kittler) propagiert, die Sprache nicht mehr als intentional bestimmten Transport geistiger Gehalte begreift. Mit der Weiterentwicklung elektronischer Kommunikationstechnologien kommt es zu einer theoretischen Verzahnung von Konzepten der M.d.K. und Phänomenen der Dematerialisierung: Angesichts der zunehmenden Virtualisierung von Beziehungen, Orten, Waren und Dienstleistungen wird die Frage aufgeworfen, »Ob man ohne Körper denken kann« (J.-F. Lyotard in Gumbrecht/Pfeiffer 1988, S. 813-829). Gegen das zivilisatorische Erbe der cartesianischen Trennung von *res cogitans* und *res extensa* wird eine kulturanthropologische ›Wiederkehr des Körpers‹ mobilisiert, um dem durch die beschleunigte Medienentwicklung bedingten ›Schwinden der Sinne‹ standhalten zu können. Zur Zeit markiert der Begriff der M.d.K. ein heterogenes Feld kultur- und mediengeschichtlicher Forschung. Zukünftige Untersuchungen könnten von der Auseinandersetzung mit den dezidiert politischen Arbeiten des brit. *Cultural Materialism* sowie der *Material Culture*, einem in den USA aus der Museumskunde entstandenen Feld der Erforschung von Alltagsgegenständen, -praktiken und -technologien, profitieren.

Lit.: N. Goodman: *Languages of Art*, N.Y. 1968. – J.F. Lyotard (Hg.): *Les im-matériaux*, 2 Bde., Paris 1985. – H.U. Gumbrecht/K.L. Pfeiffer (Hgg.): *M.d.K.*, FfM. 1988. – S. Gross: *Lese-Zeichen. Kognition, Medium und M. im Leseprozeß*, Darmstadt 1994. – K. Ryan (Hg.): *New Historicism and Cultural Materialism. A Reader*, Ldn. 1996.   JG

Medienkulturwissenschaft, die Forderung nach Etablierung einer M. wurde Anfang der 1990er Jahre von S.J. Schmidt erhoben, der auch erste Vorschläge zur Konzeption einer solchen Disziplin vorlegte. Zur Begründung dieser Forderung wurden sowohl gesellschaftliche als auch wissenschaftliche Entwicklungen angeführt, die kurz so zusammengefaßt werden können: Mit Blick auf die gegenwärtige Gesellschaft ist kaum zu bestreiten, daß wir in einer Mediengesellschaft leben, in der telematische Maschinen Wahrnehmungen und Gefühle, Wissen und Kommunikation, Sozialisation und Interaktion, Gedächtnis und Informationsverarbeitung, Politik und Wirtschaft beeinflussen, wenn nicht gar dominieren. Medien sorgen durch die Pluralisierung von Beobachtungsmöglichkeiten dafür, daß Kontingenzerfahrungen zur Alltäglichkeit werden. Unsere Wirklichkeitserfahrungen werden transformiert durch virtuelle Realitäten, Simulationen und weltweit operierende Netzwerke, in denen die schier unendliche Transformierbarkeit von Datenströmen in temporalisierbare Oberflächenzustände und Aggregate Prozessualität über Identität obsiegen lassen. Die traditionellen Konzepte von Autor und Rezipient, von Information und Kommunikation, von Sinn und Bedeutung, von Kreativität, Rezeptivität und Interaktion werden radikal umgeschrieben.

Die Mediengeschichte zeigt nun deutlich, daß sich die einzelnen Mediensysteme im Gesamtmediensystem einer Gesellschaft gegenseitig in ihren Funktionsmöglichkeiten definieren. Neue Medien verdrängen nicht etwa die bereits vorhandenen. Sie zwingen vielmehr die Gesellschaft zu einer Respezifikation des Gesamtmediensystems, erhöhen die kommunikative Komplexität und modifizieren das Verhältnis zwischen personaler und medienvermittelter Kommunikation. Für medienwissenschaftliche Forschungen folgt aus dieser gesellschaftlichen Entwicklung, daß die Beobachtung und Analyse einzelner Mediensysteme und ihrer spezifischen Medienangebote notwendigerweise differenztheoretisch erfolgen muß, da Medienspezifik nur im Vergleich zu jeweils konkurrierenden Medienangeboten beobachtet werden kann. Das bedeutet, daß einschlägige wissenschaftliche Analysen systemorientiert operieren müssen, um die Co-Evolution wie die funktionsspezifizierende Konkurrenz der Mediensysteme und -angebote in der Gesellschaft in den Blick zu bekommen.

Während über das Faktum der Mediengesellschaft relativ rasch Einigkeit erzielt werden kann, scheiden sich die Geister bei der Beantwortung der Frage, ob wir auch in einer Medienkulturgesellschaft leben; denn für viele sind Medien negativ konnotiert, was mit dem meist vorausgesetzten engen Kulturbegriff (Stichwort: ›Hochkultur‹; Hochlit.) nicht zusammenpaßt. Vertritt man dagegen einen weiten Kulturbegriff, der nicht auf ein Medium allein oder auf die bloße Orientierung an Kunst oder ›Hochkultur‹ zugeschnitten ist, dann gewinnt die Hypothese von der Medienkulturgesellschaft erheblich an Plausibilität. Ein solcher weiter Kulturbegriff kann von der Beobachtung ausgehen, daß alle uns bekannten sozialen Gemeinschaften kognitiv wie kommunikativ mit Systemen von Dichotomien operieren, um sich in ihrer Umwelt zu orientieren, um sozial zu interagieren, Norm- und Wertprobleme zu lösen oder Gefühle und deren Ausdruck zu inszenieren. Aus solchen Systemen von Dichotomien bauen sich die Wirklichkeitsmodelle (im Sinne von Modellen für Wirklichkeit) sozialer Gemeinschaften und Gesellschaften auf, die als Systeme kollektiver Wissensbestände beschrieben werden können. Erst über solches kollektives Wissen (und d.h. über die Vermaschung reflexiver Strukturen) wird Kommunalisierung als Grundlage von Kommunikation und Vergemeinschaftung möglich. Dieses kollektive Wissen wird in der Sozialisation reproduziert, per Kommunikation über Erwartungserwartungen stabilisiert und in für wesentlich erachteten Bereichen an soziale Institutionen gebunden, die spezifische Wissensbestände verwalten und entwickeln. Dieses kollektive Wissen muß in genügender Intensität, hinreichend oft und in Form gesellschaftlich verbindlicher Semantik kommunikativ thematisiert werden, um im Bewußtsein der Gesellschaftsmitglieder Bestand zu haben und die Doppelaufgabe der Reproduktion von Gesellschaft und der Kontrolle von Individuen erfüllen zu können.

Das Programm dieser Thematisierung kann dann sinnvoll als Kultur einer Gesellschaft konzipiert werden. Dieses Programm, das aufgrund der operationalen Geschlossenheit kognitiver Systeme immer wieder neu von ↗ Aktanten angewandt werden muß, ist ausdifferenziert nach Handlungs- und Wissensbereichen, die gesellschaftlich relevant und eigenständig geworden sind, bzw. nach gesellschaftlichen Teilsystemen, die sich im Zuge funktionaler Differenzierung herausgebildet haben (↗ Systemtheorie). Solche Kultur(teil)programme lassen sich unter verschiedenen Gesichtspunkten beobachten und miteinander vergleichen; so etwa nach Verbreitungsbereich und repräsentativer Trägerschaft, nach Sozialsystem-Spezifik und der Bindung an Betreuungsinstitutionen (wie z.B. Museen oder Universitäten), nach dem Typ von Manifestationen dieses Programms (z.B. als Riten, Kunstwerke, Werkzeuge, ↗ Diskurse) usw. Vergleiche basieren dann auf der Beobachtung der spezifischen Komplexität der jeweiligen Programme, ihrer Lernfähigkeit und Dynamik (Aufnahmekapazität und Anpassungsflexibilität), ihrer Kapazitäten der Lösung von spezifischen Legitimations-, Regelungs- und Kontrollproblemen, ihrer Fähigkeit zur Selbstbeobachtung und Selbstthematisierung. Konzipiert man ›Kultur‹ dergestalt als (ausdifferenziertes) Gesamtprogramm der gesellschaftlich relevanten Thematisierung des sozial verbindlichen Wirklichkeitsmodells und berücksichtigt man, daß diese Thematisierung weitestgehend und notwendigerweise in den Mediensystemen abläuft, dann liegt der Schluß nahe, daß wir in der Tat in einer Medienkulturgesellschaft leben.

Akzeptiert man solche Überlegungen einmal als Ausgangspunkt, dann läßt sich das Layout einer künftigen M. wie folgt skizzieren. Zunächst ist zu berücksichtigen, daß eine, wie auch immer konzipierte M. notwendig autologisch und selbstreferentiell operieren muß; denn nur im Rahmen von

Kultur kann über Kultur im Rahmen einer Wissenschaft gesprochen werden. Von einer M. ›objektive‹ Aussagen über Medienkultur erwarten zu wollen, wäre illusorisch; erwarten kann man bestenfalls Aussagen und Analysen, die sich im medienkulturwissenschaftlichen Diskurs als anschlußfähig erweisen, womit man in das zweite Paradox steuert, daß man nur in Kommunikation und mit Hilfe von Medienangeboten über Medienkultur sprechen kann. Mit Blick auf die gegenwärtige Situation der Medienforschung im weiteren Sinn liegt es nahe, M. als ein Interaktionsplafond für alle Disziplinen zu konzipieren, die sich mit Medien beschäftigen. Alles dort bisher erarbeitete Wissen kann sich dabei für eine M. als nützlich erweisen. M. ihrerseits kann für andere medienerforschende Disziplinen zwei wichtige Funktionen übernehmen: (a) die Erarbeitung von Grundlagenwissen in den Bereichen Kognitions-, ↗ Kommunikations-, Medien- und Kulturtheorie, und (b) die Beobachtung, Integration und Evaluation einzelwissenschaftlicher Forschungsergebnisse unter generalisierten medienkulturwissenschaftlichen Perspektiven. Solche Perspektiven betreffen u.a. die Erarbeitung eines konsensfähigen allg. Medienbegriffs, Probleme der Kopplung von Kognition und Kommunikation durch Medien(angebote), die Geschichte der Wahrnehmungsmodifikationen durch die spezifischen Konstruktions- und Selektionsbedingungen der einzelnen Medien, die Entstehung und Funktion komplexer Mediensysteme in unterschiedlichen Gesellschaftstypen und Entwicklungsformen, den Zusammenhang zwischen Medien(systemen) und der Ausdifferenzierung von Kultur(en) als Programm(en) gesellschaftlicher Selbstbeschreibung usw. Um solche Perspektiven nicht rein additiv zu behandeln, empfiehlt sich eine Systematisierung, die zugleich die Teilbereiche einer entwickelten M. markieren.

Dabei können etwa vier Teilbereiche unterschieden werden: (a) Medienepistemologie als systematische Erforschung der ↗ diachronen und ↗ synchronen Möglichkeiten bzw. Erscheinungsformen kognitiver wie kommunikativer Wirklichkeitskonstruktion unter den Bedingungen der Nutzbarkeit spezifischer Medien(systeme) bis hin zu Netzwerken und Hybridsystemen; (b) Mediengeschichte in diversen Ausprägungen, also z.B. als Technikgeschichte, als Wahrnehmungs-, Mentalitäts- oder Kommunikationsgeschichte, wobei diese verschiedenen Beobachtungsaspekte koordiniert und integriert werden müssen, um aus einem bloßen Neben- oder gar Gegeneinander herauszukommen; (c) Medienkulturgeschichte im engeren Sinn als (Re-)Konstruktion der Co-Evolution von Medien(systemen), Kommunikations- und Diskurstypen (Stichworte: Mediengattungstheorie, Kanonisierungsprozesse in Mediensystemen) und einzelnen Kulturteilprogrammen wie z.B. Kunst oder Wissenschaft; (d) Trans- und Interkulturalitätsforschung (↗ Interkulturalität) als Beobachtung und Analyse der Interaktionsmöglichkeiten zwischen Kulturen, spezifischer Möglichkeiten und Erscheinungsformen von Kulturprogrammen (Mono-, Multi-, Transkulturalität), Formen kultureller (Ent-)Kolonialisierung, kultureller Ausdifferenzierung und Entdifferenzierung unter spezifischen Mediensystem-Bedingungen, Identität und Fremdheit unter Globalisierungsansprüchen, internationaler Kommunikation usw. M. kann nur in interdisziplinärer Form arbeiten. Wünschenswert wäre darüber hinaus auch eine interkulturelle Orientierung, um die spezifischen blinden Flecken des eigenen Beobachterstandpunktes relativieren zu können und Latenzbeobachtungen zu ermöglichen. Eine Ausbildung in M. (ein erster Studiengang dieses Namens ist von R. Viehoff an der Universität Halle inzwischen eingerichtet worden; vgl. Viehoff 1997) soll zu einer kompetenten Analyse wie zur kreativen Teilnahme an medienkulturellen Aktivitäten befähigen. Die Themen werden der M. nicht ausgehen, da Entwicklungen wie Migration, Globalisierung der Kommunikation und deren Kommerzialisierung, *cybersociety*, Inter- und Multikulturalität (↗ Multikulturalismus) ständig neue Problemfelder eröffnen, die bearbeitet werden müssen.

Lit.: Schmidt 1996 [1994]. – ders.: »Medien – Kultur – Gesellschaft. Medienforschung braucht Systemorientierung«. In: *Medien Journal* 4 (1995) S. 28–35. – ders.: *Die Welten der Medien*, Braunschweig/Wiesbaden 1996. – ders.: »M.: Interkulturelle Perspektiven«. In: A. Wierlacher/G. Stötzel (Hgg.): *Blickwinkel. Kulturelle Optik und interkulturelle Gegenstandskonstitution*, Mchn. 1996. S. 803– 810. – J. Schönert: »Lit.wissenschaft – M.«. In: Glaser/Luserke 1996. S. 192–208. – ders.: »Transdisziplinäre und interdisziplinäre Entwicklungen in den Sprach-, Lit.-, Kultur- und Medienwissenschaften.« In: G. Jäger/ders. (Hgg.): *Wissenschaft und Berufspraxis*, Paderborn et al. 1997. S. 17– 29. – R. Viehoff: »›Mord und Totschlag‹ als Voraussetzung der Medienwissenschaft. Zur Einrichtung einer kommunikationswissenschaftlichen Professur und zur Entwicklung des Studiengangs ›M.‹ an der Universität Halle«. In: Jäger/Schönert 1997. S. 269– 280. – Ludes 1998. – B. Großmann: *Medienrezeption. Bestehende Ansätze und eine konstruktivistische Alternative*, Opladen 1999. – G. Rusch (Hg.): *Einf. in die Medienwissenschaft*, Opladen 1999. – Schmidt 2000. – G. Stanitzek/W. Voßkamp (Hgg.): *Schnittstelle. Medien und Kulturwissenschaften*, Köln 2001. – S.J. Schmidt: »M.«. In: A. Nünning/V. Nünning 2003. S. 351-370.   SJS

Medienorientierte Literaturinterpretation, die m.L. reflektiert die Rahmenbedingungen literar. Werke im Kontext der Medienentwicklung. Über die inhaltliche Thematisierung von Medien und das Phänomen des Medienwechsels hinaus liegen die Aufgabenbereiche m.L. in der Erforschung der literalen Grundlagen von Texten in Schrift, Druck und Computer sowie in der Erweiterung des Blicks auf das Spektrum literar. Formen im Spannungsfeld außerliteraler Konkurrenzmedien wie Photographie, Phonograph, Grammophon, Film, Hörfunk, Tonband oder Fernsehen. Mit der Betrachtung der Lit.geschichte unter dem Aspekt einer übergreifenden Mediengeschichte trägt m.L. einer zeitgemäßen Ausprägung lit.wissenschaftlicher Fragestellungen in der Mediengesellschaft Rechnung und ermöglicht die Erweiterung bislang vorwiegend sozialhistorisch begründeter kultureller Umbrüche um eine medienhistorische Dimension. Die Gliederung in medientechnisch präfigurierte ↗ Epochen läßt die Geschichte der Lit. als Teil eines allg. kulturellen Ausdifferenzierungsprozesses vom Stadium der primären Oralität über die Stadien von Schrift, Buchdruck und analogen Medien bis zu deren Digitalisierung erkennbar werden.

Die Vormachtstellung von Schrift und Druck in der Gründerzeit der Lit.wissenschaft bildete die Basis für die Konzeption der Philologien als Buchwissenschaften, deren Funktionen J.G. Fichte 1807 als »Kunstmittel aller Verständigung« (Jäger/Switalla 1994, S. 12) definierte. Die seit der Erfindung der Photographie 1839 kategorial veränderte Medienlandschaft ließ spätestens mit der zunehmenden Mediennutzung und internationalen Vernetzung verschiedenster Medientechniken wie Hörfunk, Fernsehen und Computer eine neue Positionierung der einzelnen, national gegliederten Lit.wissenschaften notwendig erscheinen. Bildet auf Produktionsseite die professionelle Beschäftigung moderner Autoren mit dem Status von Lit. im immer differenzierteren Medienumfeld des 19. und 20. Jh.s den Beginn medienorientierter Sichtweisen, so basiert die lit.wissenschaftliche Auseinandersetzung mit Medien, noch vor den Reflexionen über ihren Einsatz im schulischen Bereich, auf der durch Medien wie den Phonographen beförderten Theoriebildung zur Problematik von Mündlichkeit und Schriftlichkeit. Den Startschuß dazu geben Ende der 1920er Jahre die Arbeiten von M. Parry über die oralen Strukturen der Homerschen Epen und seine gemeinsam mit A.B. Lord nach dem Vorbild des Slawisten M. Murko unternommenen Phonogrammstudien an der zeitgenössischen oralen Tradition jugoslaw. Sänger. Angeregt davon und geprägt von den Folgeerscheinungen zeitgenössischer Medienentwicklungen haben v.a. im anglo-am. Raum Forscher wie E.A. Havelock, H.A. Innis, J. Goody, I. Watt, H.M. McLuhan und W. J. Ong die in der wechselseitigen Erhellung von Mündlichkeit und Schriftlichkeit gewonnenen Erkenntnisse auf allg. aktuelle Fragestellungen wie das von Ong beschriebene Phänomen der schriftgestützten sekundären Oralität des elektronischen Zeitalters ausgeweitet. Weitere Wurzeln m.L. sind neben den kunstsoziologischen Untersuchungen von W. Benjamin in den von Medienschaffenden und Medientheoretikern wie B. Brecht, A. Döblin, R. Arnheim, G. Eckert oder S. Kracauer entwickelten Einzelmedientheorien zu Film und Hörfunk sowie in jenem ideologiekritischen Bereich, der das Verhältnis von Medien und Realität reflektiert, zu finden. Von dieser im dt. Sprachraum durch Medienkritiker wie K. Kraus, M. Horkheimer, Th.W. Adorno oder G. Anders vertretenen Ansicht führt ein direkter Weg zu dem von McLuhan in die Debatte eingeführten Slogan »The medium is the message« und der von Autoren wie H.M. Enzensberger kolportierten Einsicht in den prinzipiell manipulativen Impetus von Medien. Die Erkenntnis, daß die formalen Voraussetzungen von Medientechniken den Inhalt ihrer Botschaft wesentlich mitbestimmen, bildet eine wichtige Grundlage für jene Fragestellungen, die sich mit dem Einfluß der verschiedenen Aufschreibsysteme auf die Form von Lit. beschäftigen. Die Öffnung der Germanistik in Richtung auf die von Horkheimer und Adorno stigmatisierte Unterhaltungsindustrie der Massenmedien führt aber auch zu neuen, medienorientierten Bewertungskriterien literar. Texte und zur von H. Kreuzer bereits in den 1960er Jahren betriebenen Problematisierung des traditionellen ↗ Lit.begriffs. Das Verständnis der Germanistik als Teildisziplin einer interdisziplinären Medienwissenschaft macht die von H. Schanze postulierte Notwendigkeit einer Einordnung der Lit. in einen größeren mediengeschichtlichen Zusammenhang deutlich.

Die historische und inhaltliche Basis m.L. bildet die Auseinandersetzung mit der ⁊ Materialität der Kommunikation und von Texten, die sich von den antiken Auffassungen der Dichtung bei Platon und Aristoteles über die Regelpoetiken des Barock bis hin zu den poetologischen Konzepten moderner Autoren des 20. Jh.s verfolgen läßt. In Abgrenzung zu den Denk- und Gestaltungsformen oraler Dichtungen, die als von Rhapsoden memoriertes und mündlich weitergegebenes Depot eines allumfassenden kulturellen Gedächtnisses dienen, sind Theoretiker wie Goody, Watt, Havelock und Ong den Konsequenzen der durch die Schrift in Gang gebrachten Literalisierung von Gesellschaften nachgegangen. Am Beginn der literar. Entwicklung steht die Erfindung des vollständigen phonetischen Alphabets im 8. Jh. v.Chr. und die damit einhergehende Entwicklung schriftgestützter Gattungen wie der gr. Tragödie, der philosophischen Prosa oder der faktenorientierten Geschichtsschreibung. Die mündliche Vermittlung bleibt bis zur Erfindung des Buchdrucks mit beweglichen Lettern um 1450 durch den Mainzer J. Gutenberg in allen Bereichen des gesellschaftlichen Lebens von entscheidender Bedeutung. Ein kategorialer Wandel im Prozeß der Alphabetisierung wird erst wieder durch die Einführung der Typographie mit ihren von M. Giesecke beschriebenen einschneidenden Veränderungen in der Produktion, Distribution und Rezeption von Texten initiiert. Sie bildet im 18. Jh. die Grundlage für die Ausbildung typographischer Lit.konzepte wie G.E. Lessings »Laokoon«. Der von Lessing unter dem Aspekt der Grenzziehung zwischen Lit. und den anderen Künsten (⁊ Intermedialität) für die Dichtung postulierte Aufgabenbereich der Darstellung von Handlungen führt in direkter Linie zu einer von den Romantikern um 1800 auf die Spitze getriebenen Ästhetik der Einbildungskraft, die Novalis als jenen »wunderbare[n] Sinn«, der uns alle Sinne ersetzen kann« (Kittler 1985, S. 120), definiert. Mit der im Verlauf des 19. Jh.s anbrechenden Zeit analoger Medientechniken macht sich eine tendenzielle Umkehrung des Literalisierungsprozesses bemerkbar. Die durch Phonograph, Grammophon, v.a. aber Film, als Medium der Aktion per se, in Frage gestellte ⁊ Funktion der Lit. als Darstellungsmedium von Handlungen geht Hand in Hand mit der Erprobung experimenteller filmischer, funkischer oder explizit unmimetischer Schreibweisen. Ein weiterer Epochenschritt im Verhältnis von Lit. und Medien zeichnet sich heute mit der Nutzung digitaler Textverarbeitungssysteme und der Digitalisierung aller Medienbereiche ab. Aufwendige Multimedia-Anwendungen auf CD-ROM und im Internet fördern durch die medientechnisch erstmals unbegrenzten Möglichkeiten der Manipulation nicht nur eine neue Vorstellung von Wirklichkeit im Sinne virtueller Realität, sie bilden auch die technische Grundlage für neue literar. Formen (⁊ Hypertext) und führen, etwa im Bereich interaktiver Medienkunst, zu einer weitgehenden Verabschiedung traditioneller ästhetischer Konzepte wie dem der Autorschaft.

Im dt. Sprachraum beginnt m.L. um 1970 u.a. mit den allg. Darstellungen F. Knillis, G. Ter-Neddens frühen Thesen zur Literalisierung oder E. Kaemmerlings Untersuchungen zur filmischen Schreibweise in der lit. wissenschaftlichen Debatte Fuß zu fassen. Von zentraler Bedeutung für ihre Etablierung sind H. Schanzes Studie von 1974, die erstmals einen repräsen-

tativen Überblick über das Forschungsgebiet gibt, und Kreuzers Band von
1977. Zu den heute aktuellsten Ansätzen m.L. zählen der seit Anfang der
1980er Jahre unter dem Einfluß der frz. (Post)-Strukturalisten entwickelte
antihermeneutische Ansatz im Umfeld von F.A. Kittler, W. Kittler, N. Bolz
und J. Hörisch sowie die konstruktivistische Perspektive S.J. Schmidts.

Lit.: H. Schanze: *Medienkunde für Lit.wissenschaftler*, Mchn. 1974. – H. Kreuzer
(Hg.): *Lit.wissenschaft – Medienwissenschaft*, Heidelberg 1977. – Kittler 1995 [1985].
– Th. Elm/H.H. Hiebel (Hgg.): *Medien und Maschinen. Lit. im technischen Zeitalter*,
Freiburg 1991. – L. Jäger/B. Switalla: »Sprache und Lit. im Wandel ihrer medialen
Bedingungen. Perspektiven der Germanistik«. In: diess. (Hgg.): *Germanistik in der
Mediengesellschaft*, Mchn. 1994. S. 7–23. – E. Schütz/Th. Wegmann: »Lit. und
Medien«. In: Arnold/Detering 1997 [1996]. S. 52–78.   HHi

Mentalität (lat. *mens*: Geist), M. ist der Gegenstand der M.sgeschichte,
die es sich zum Ziel setzt, die M. einer ↗ Epoche oder eines gegebenen
historischen Zeitraums zu erforschen. Unter M. versteht man im komplexes
Phänomen, das sowohl Konzepte und Ideen als auch unbewußte Motive
umfaßt. Der Begriff der M. läßt sich also nicht festlegen auf die vorherrschenden Denkfiguren und mentalen Strukturen einer Epoche, sondern er
schließt vielmehr auch die psychischen Faktoren, die unbewußten und halb-
bewußten Beweggründe in sich ein, die bestimmte soziale Handlungsmuster
und kulturelle Ausdrucksformen prägen. Damit steht M. im Gegensatz zum
Objektbereich der älteren Geistes- und Ideengeschichte, die sich ausschließlich
für den intellektuellen Horizont, verkörpert in den philosophischen und
literar. Dokumenten einer gegebenen Zeitspanne, interessierte. M. läßt
sich hingegen definieren als ein heterogenes Ensemble aus kognitiven und
intellektuellen Dispositionen, Denkmustern und Empfindungsweisen, aus
denen sich die teilweise unbewußten Kollektivvorstellungen einer Gesellschaft zusammensetzen. Von der Ideengeschichte divergierend, begreift die
Schule der *Annales* die M. als eine Kollektivvorstellung, als Gemeingut einer
Epoche, und erzielt so eine größere Flexibilität, als es die ausschließliche
Orientierung am kulturellen Höhenkamm erlauben würde. Der M.shistoriker
begegnet indes der nicht zu unterschätzenden Schwierigkeit, ausgehend von
der irreduziblen Vielfalt der überlieferten Dokumente einer vergangenen
Epoche, deren mentale und emotive Voraussetzungen zu rekonstruieren. Er
sieht sich mit keiner geringeren Aufgabe konfrontiert, als den überlieferten
empirischen Daten, unter denen sich alltägliche praxisbezogene Schriftstücke
wie Testamente, Gerichtsprotokolle, Meßkataloge, Handelsverträge, Inven-
tarslisten, Flugblätter, Tagebuchnotizen ebenso finden wie literar. Texte und
Kunstwerke, die Funktionsweise und die jeweiligen Mechanismen eines kollektiven Unbewußten zu entlocken. Es stellt sich dabei die Frage, inwieweit
überhaupt und auf welchem Wege von den überlieferten Zeugnissen einer
Periode auf die zugrundeliegende M. hochzurechnen ist. Es liegt auf der
Hand, daß die Arbeit des M.shistorikers in weit höherem Maße als die der
traditionellen Geschichtsschreibung einer interdisziplinären Zusammenarbeit
bedarf mit so unterschiedlichen Forschungszweigen wie der kulturellen

Anthropologie, der Ethnologie, der Mythenforschung (↗ Mythentheorie und -kritik), der Ikonologie, der Psychoanalyse (↗ psychoanalytische Lit.-wissenschaft) und nicht zuletzt der Lit.wissenschaft. In vielfacher Hinsicht ergeben sich Berührungspunkte zwischen dem M.sbegriff und den z.T. enger gefaßten Konzepten des kulturellen ↗ Symbols, der Idee, des Geistes, der ↗ Ideologie und des ↗ Diskurses.

Ging die frühere M.sgeschichte noch von der Leitvorstellung einer *histoire totale* aus, der Möglichkeit, Geschichte in ihrer vollen Komplexität und Totalität zu rekonstruieren, so ist sie von jener ambitionierten Zielsetzung inzwischen eher abgerückt, nicht zuletzt, um Verwechslungen mit älteren Vorschlägen wie demjenigen des ›Zeitgeists‹ vorzubeugen. In diesem Sinne warnt J. Le Goff (vgl. 1992, S. 167) davor, daß der Begriff M. zu einer ›gefährlichen Abstraktion‹ werden kann, wenn er allzu schnell vereinheitlicht wird und nicht auf die historischen Wirklichkeiten in ihren heterogenen Ausprägungen bezogen bleibt.

Lit.: J. Le Goff: *Histoire et mémoire*, Paris 1988 [1977] (dt. *Geschichte und Gedächtnis*, FfM/N.Y. 1992). – V. Sellin: »M. und M.sgeschichte«. In: *Historische Zs.* 241 (1985) S. 555–598. – s. auch die Zs. *Mentalities/Mentalités. An Interdisciplinary Journal* 1986ff.   AS

Mentalstil, 1977 in der engl.sprachigen (›*mind style*‹), 1991 in der dt.sprachigen Philologie geprägter Begriff, der sowohl von Linguisten wie Lit.wissenschaftlern in Anwendung auf literar. Texte entwickelt wurde. Der Begriff M. verweist auf den bes. Aspekt der (unbewußten oder bewußten) Sprachstilgebung, der speziell auf Einstellungen, Meinungen, Werthaltungen und psychische Befindlichkeiten der (individuell konzipierten) Sprachträger zurückzuführen ist. M.e sind einstellungsindizierende sprachliche Strukturvarianten, die sich v.a. über grammatische und lexikalische Sprachformen manifestieren (in Abgrenzung von ›Denkstil‹, ›Erzählstil‹ usw.; restriktivere Bedeutung als ›Autorenstil‹, ›Personalstil‹, ›Individualstil‹, ›Figurenstil‹). Das Verhältnis Stil/Mentalstil ist implikativ: M.e sind Teil des Stils eines Textes, jedoch enthält nicht jeder literar. Text einen ausgeprägten M. (Deviationsstilistik; vgl. dagegen Ansätze, von R. Fowler und anderen, daß jeder Text mentalstilistisch markiert sei).

Der Begriff des *mind style* wurde 1977 von Fowler eingeführt: »Cumulatively, consistent structural options, agreeing in cutting the presented world to one pattern or another, give rise to an impression of a world-view, what I shall call a ›mind-style‹« (Fowler 1977, S. 76). Fowler selbst (1986) und G. Leech sowie M. Short arbeiteten den Begriff anhand von ausgewählten Lit.beispielen weiter aus, bevor 1991 im dt. Sprachraum mit der Einordnung in Stilgeschichte, Stilforschung und Stiltheorie bzw. der methodologischen und theoretischen Erfassung des Begriffs M. in der ersten Monographie der Übergang zu einer Mentalstilistik geleistet wurde. Während frühere Ansätze im Rahmen der Personalstilkonzeption meist am Autorenstil interessiert waren, bis hin zur Autorpsychologisierung (L. Spitzer), unterstreicht diese Konzeptualisierung von M. eine Ästhetisierung des Stilphänomens, nämlich die Auffassung von M. als primär sprachbezogenes literar. Kunstmittel indirekter Figurencharakterisierung. Obwohl der Begriff des M. auch für die Dramentheorie und -analyse relevant ist, erweist er sich bes. ergiebig im Zuammenhang mit Erzähltexten, aufgrund des Hinzutretens einer Vermittlungsinstanz (↗ Erzähler) bzw. Vervielfältigung der sprachlichen Formen (vgl. z.B. ↗ erlebte Rede). M. kann als Autoren-M., Erzähler-M. oder als Figuren-M. greifbar werden. Das Konzept des M. verbindet so nicht nur Lit.wissenschaft und Linguistik, sondern liegt auch im Schnittbereich von Stil und Erzähltechnik, Stiltheorie und Erzähltheorie, wie im Rahmen einer Mentalstilistik deutlich wird.

Lit.: R. Fowler: »Discourse Structure and Mind-Style«. In: ders.: *Linguistics and the Novel*, Ldn. 1977. S. 103– 113. – G.N. Leech/M.H. Short: »Mind Style«. In: dies.: *Style in Fiction*, Ldn. 1992 [1981]. S. 187–208. – R. Fowler: »Meaning and World-View«. In: ders. *Linguistic Criticism*, Oxford 1986. S. 147–167. – R.M. Nischik: *Mentalstilistik. Ein Beitrag zu Stiltheorie und Narrativik*, Tüb. 1991. – M.H. Short: »Mind-style«. In: R.E. Asher (Hg.): *Encyclopaedia of Language and Linguistics*, Oxford 1994. S. 2504–2505.   RN

Metadrama/Metatheater (gr. *metá*: zwischen, hinter, nach; gr. *dráma*: Handlung; gr. *théatron*: Ort zum Schauen), die Begriffe MD. und MT. werden trotz differenzierenden Bezugs auf das literar. Textsubstrat bzw. die ↗ *performance* oft synonym verwendet. Das MD. ist diejenige Form des Dramas, in der es auf sich selbst als literar. ↗ Form/↗ Fiktion bzw. theatralische ↗ Illusion verweist und diese Selbstreflexivität/Selbstreferentialität des Darstellungsgegenstand macht. Trotz einer Affinität zwischen dem Spielcharakter des MD.s und der Postmoderne handelt es sich um ein ahistorisches Merkmal des Dramas, das bes. in der Komödie zu finden ist; auch die audio-visuellen Medien Film und Fernsehen arbeiten mit metadramatischen Elementen. Das MD. läßt sich in der europ. Tradition bis zu den geistlichen Spielen des Mittelalters zurückverfolgen.

Von den vorgelegten Typologien des MD.s hat sich die von K. Vieweg-Marks (1989) als gut operationalisierbar erwiesen: (1) Thematisches MD.: Als Aspekt des mimetischen Wirklichkeitsanspruchs des Dramas (↗ Mimesis) wird z.B. das Theater(milieu) zum *setting*, spielen Schauspieler Schauspieler; das Bewußtsein der ›Theaterhaftigkeit‹ des Dargestellten wird ohne Zerstörung der dramatischen Illusion erhöht. (2) Fiktionales MD. (Spiel-im-Spiel; *play within a play*): Das Drama stellt die Aufführung eines Stücks (oder die Proben dazu) dar, wodurch eine Potenzierung der Fiktionalität und eine Auffächerung der Perspektivenstruktur erreicht wird. (3) Episierendes MD.: Durch Prolog, Epilog, Chor, *asides*, narrativen Nebentext oder eine ›Erzählerfunktion‹ (↗ Erzähler) wird die Absolutheit des Dramas durchbrochen und anti-illusionistisch die Situation der Aufführung explizit gemacht. (4) Diskursives MD.: Das *foregrounding* des Mediums wird mimetisch durch Theaterreferenzen in den Repliken erzielt; das Spektrum reicht von ›toten ↗ Metaphern‹ bis zur Verbalisierung des Bewußtseins der Figuren, in einem theatralischen Raum zu sein, wodurch eine illusionistische Erwartungshaltung des Rezipienten durchbrochen wird. (5) Figurales MD.: Die Dualität Schauspieler/Rolle wird durch verschiedene (episierende) Mittel bewußt gemacht (Darstellungsmittel des ›Aus-der-Rolle-Fallens‹); daneben steht das Fingieren von Sekundärrollen, das der Figurenkonzeption zugeordnet ist. (6) Adaptives MD.: Selbstreflexivität des Mediums entsteht aus dem Bezug des Primärtexts auf einen (bekannten) Stoff bzw. konkreten Prätext oder durch eine Gattungsreferenz (Kriminalstück, Farce). Durch den intertextuellen Bezug (↗ Intertextualität und Intertextualitätstheorien) wird das Bewußtsein für die Literarizität/↗ Fiktionalität des Stücks geschärft.

Lit.: L. Abel: *Metatheatre. A New View of Dramatic Form*, N.Y. 1969 [1963]. – R.J. Nelson: *Play within a Play. The Dramatist's Conception of His Art. Shakespeare to Anouilh*, N.Y. 1971 [1958]. – R. Hornby: *Drama, MD., and Perception*, Lewisburg 1986. – K. Vieweg-Marks: *MD. und engl. Gegenwartsdrama*, FfM. 1989. – W. Wolf: »Spiel im Spiel und Politik. Zum Spannungsfeld literar. Selbst- und Fremdbezüglichkeit im zeitgenössischen engl. Drama«. In: *Poetica* 24 (1992) S. 163–194. – N. Boireau (Hg.): *Drama on Drama. Dimensions of Theatricality on the Contemporary British Stage*, Basingstoke 1997.   GKr

Metafiktion (gr. *metá*: inmitten, zwischen; hinter; nach; lat. *fictio*: Bildung, Gestaltung), (1) (Teil einer) Erzählung, die von Metafiktionalität, einer Sonderform von Metatextualität und damit von literar. Selbstreferentialität bzw. Selbstreflexivität, geprägt ist. Metafiktional sind selbstreflexive Aussagen und Elemente einer Erzählung, die nicht auf Inhaltliches als scheinbare Wirklichkeit zielen, sondern den Rezipienten Textualität und ↗ ›Fiktionalität‹ – im Sinne von ›Künstlichkeit, Gemachtheit‹ oder ›Erfundenheit‹ – und damit zusammenhängende Phänomene zu Bewußtsein bringen. Der seit R. Scholes (1970) geläufige Begriff ›M.‹ hat weithin die älteren, engeren Begriffe der ›*self-conscious narration*‹ und der ›Fiktionsironie‹ ersetzt. Er wird meist auf fiktionales Erzählen beschränkt, findet sich aber auch im Zusammenhang mit dem Drama (vgl. Schlueter 1979). Metatextuelle Phänomene in nicht-fiktionalem Erzählen kann man als Vorkommen von ›Metanarration‹ bezeichnen, falls man nicht in Anlehnung an G. Genette (1972) ›metadiegetisch‹ bzw. ›metanarrativ‹ auf *embedded stories* beziehen will.

(2) Teils in Anlehnung an die Typologie metatextueller Formen lassen sich innerhalb eines Textes u.a. folgende Formen der M. unterscheiden (vgl. Wolf 1993, Kap. 3.2.): (a) Vermittlungsformen: explizite M., d.h. durch den metatextuellen Wortsinn isolierbare und zitierbare M. im Modus des ›*telling*‹, vs. implizite M. im Modus des ›*showing*‹, z.B. auf der *discours*-Ebene typographische Experimente oder auf der *histoire*-Ebene (↗ *histoire* vs. *discours*) Unwahrscheinlichkeiten oder Widersprüche, sofern diese Verfahren dem *foregrounding* des normalerweise latent belassenen Fiktionscharakters dienen; (b) quantitative Formen: punktuelle M. vs. extensive M., die im Extremfall zu ›*critifiction*‹, einer Verwischung der Grenzen zwischen *fiction* und *criticism*, führen kann; kommt M. extensiv vor, spricht man vom betreffenden Text oft auch insgesamt als einer ›M.‹ quasi im Sinne einer Gattungszugehörigkeit (↗ Gattung, literar.); (c) inhaltliche Formen 1:

fictum-M., die Bezugnahme auf den Wahrheitsstatus bzw. die ↗ Referenz eines Text(teil)s oder einer Textgruppe, vs. *fictio*-M., die Bewußtmachung von Künstlichkeit, Textualität, Medialität oder damit Zusammenhängendem ohne Bezug auf den Wahrheitsstatus, z.B. die auktoriale Thematisierung einer Kapiteleinteilung; (d) inhaltliche Formen 2: direkte M. oder Eigen-M., der Metabezug unmittelbar auf den eigenen Text (M. wird mitunter hierauf beschränkt), vs. Formen indirekter M.: Fremd-M. und Allg.-M.: Fremd-M. ist der intertextuelle Metabezug auf andere (Erzähl-)Texte (wobei zu beachten ist, daß ↗ Intertextualität grundsätzlich auch nicht-metafiktionale Phänomene umfassen kann, bes. wenn inhaltliche Elemente des Prätextes ohne Bewußtmachung von dessen Fiktionsstatus thematisch werden); Allg.-M. ist die generelle meta-ästhetische Diskussion von (Erzähl-)Lit. ohne Referenz auf spezifische Texte; die indirekten Formen Fremd- und Allg.-M. tangieren insofern auch den eigenen Text, als dieser ebenfalls (Erzähl-)Lit. ist; analog können auch Bezugnahmen auf und Reflexionen über andere Gattungen und Medien bzw. Kunst und Medien allg. (↗ Intermedialität) metafiktional für den eigenen Text funktionalisiert werden; (e) inhaltliche Formen 3: kritische M., das distanzierende Bloßlegen von Fiktionalität, z.B. in der Parodie als kritischer Fremd-M., vs. nicht-kritische oder affirmative M., d.h. M., die nicht unmittelbar auf Distanzierung oder Kritik zielt, z.B. Authentizitätsfiktionen.

(3) Die Funktionen von M. sind vielfältig und lassen sich nicht auf das Unterminieren der Sinn- und Glaubhaftigkeit des Erzählten reduzieren und auch nicht, trotz der oft rational-distanzierenden Wirkung, immer als Illusionsdurchbrechung ansehen. Andere Funktionen beinhalten: Schaffen poetologischer Reflexionsräume; ästhetische Selbst- oder Fremdkommentierung und Bereitstellung von Verstehenshilfen, v.a. bei innovativen Werken; Feier des Erzählten oder des Erzählers; spielerisches Ausloten der Möglichkeiten des Mediums.

(4) Obwohl M. vielfach in historisch verengender Weise mit dem Postmodernismus gleichgesetzt wird, tritt sie wie Metatextualität seit den Anfängen der abendländischen Erzählkunst auf, schwankt jedoch in Häufigkeit, Form und Funktion in Abhängigkeit (a) von der Gattung (so sind Parodien per Definition M.; komisches Erzählen neigt wegen der Affinität zwischen Komik und Distanz mehr zur M. als ernstes; in Künstlerromanen ist M. thematisch erwartbar); und (b) vom Epochenkontext (↗ Epochen, lit.geschichtliche). Höhepunkte der M. in der neueren westlichen Lit.geschichte sind u.a. M. de Cervantes' *Don Quijote*, H. Fieldings *Tom Jones*, L. Sternes *Tristram Shandy* und D. Diderots *Jacques le fataliste*; im 19. Jh. der dt. Roman der Romantik mit seiner romantischen Ironie; im Realismus W. Thackerays *Vanity Fair* (wobei jedoch in der Regel M. im Realismus eher selten und auf *fictio*-M. oder mimesis-affirmierende *fictum*-M. beschränkt ist); im 20. Jh. tritt M. verstärkt in (mimesis-)kritischen Formen im Modernismus und regelmäßig im Postmodernismus auf; die neueste Entwicklungsform ist dabei die *historiographic metafiction*, die Kombination von historischer Referenz mit metatextueller und metahistorischer Selbstbespiegelung.

Lit.: W.C. Booth: »The Self-Conscious Narrator in Comic Fiction before *Tristram Shandy*«. In: *PMLA* 67 (1952) S. 163–185. – R. Scholes: »Metafiction«. In: *Iowa Review* 1 (1970) S. 100–115. – Genette 1972/80. – R. Alter: *Partial Magic. The Novel as a Self-Conscious Genre*, Berkeley 1975. – J. Schlueter: *Metafictional Characters in Modern Drama*, N.Y. 1979. – L. Hutcheon: *Narcissistic Narrative. The Metafictional Paradox*, N.Y. 1991 [1980]. – Genette 1983/88/94. – P. Waugh: *Metafiction. The Theory and Practice of Self-Conscious Fiction*, Ldn. 1984. – R. Imhof: *Contemporary Metafiction. A Poetological Study of Metafiction in English since 1939*, Heidelberg 1986. – B. Stonehill: *The Self-Conscious Novel. Artifice in Fiction from Joyce to Pynchon*, Philadelphia 1988. – Wolf 1993. – M. Currie (Hg.): *Metafiction*, Ldn. 1995. – Nünning 1995. – M. Scheffel: *Formen selbstreflexiven Erzählens. Eine Typologie und sechs exemplarische Analysen*, Tüb. 1997. – D. Frank: *Narrative Gedankenspiele. Der metafiktionale Roman zwischen Modernismus und Postmodernismus*, Wiesbaden 2001. – J.D. Peters: *Feminist Metafiction and the Evolution of the British Novel*, Gainesville 2002. WW

Metalepse (gr. *metálēpsis*: Umtausch), in G. Genettes ›Discours du récit‹ (*Figures III*, 1972) Bezeichnung für den Wechsel zwischen narrativen Ebenen, der auftritt, wenn zwischen diegetischer (↗ Diegese) und extra- oder metadiegetischer Welt hin- und hergeschaltet wird. Die M. gestaltet und überwindet »eine bewegliche, aber heilige Grenze zwischen zwei Welten: zwischen der, in der man erzählt, und der, von der erzählt wird« (Genette 1994, S. 168f.). Mit parallel konstruierten Begriffen wie z.B. der Prolepse oder Analepse hat die M. den Wechsel der narrativen Ebene gemein. Im Gegensatz zu diesen primär temporal ausgerichteten Konzepten, die die Ordnung (↗ Anachronie), die Dauer und die Frequenz betreffen, gehört die M. jedoch zur Kategorie der Stimme, da sie die narrative Instanz (↗ Erzähler) unmittelbar ins Spiel bringt. – Die metaleptische Transgression birgt ein komisches und phantastisches, auch illusionsstörendes Wirkungspotential, das z.B. von L. Sterne genutzt worden ist: In *Tristram Shandy* (1760–67) nötigt der extradiegetische Erzähler Tristram durch allerlei erzählerische Abschweifungen seinen (diegetischen) Vater dazu, seinen Mittagsschlaf zu verlängern, oder der Leser wird gebeten, die Tür zu schließen. Die spielerisch-ironischen Effekte der M. sowie die Möglichkeiten zur Reflexion der Lit. als Medium, die die M. bietet, haben sie zu einem häufigen Gestaltungsmittel moderner und v.a. postmoderner Lit. gemacht.

Lit.: Genette 1972/80. – ders. 1983/88/94. – D. Herman: »Toward a Formal Description of Narrative Metalepsis«. In: *Journal of Literary Semantics* 26.2 (1997) S. 132–152. – D. Malina: *Breaking the Frame. Metalepsis and the Construction of the Subject*, Columbus, OH. 2002. BM

Metalyrik (gr. *metá*: nach, hinter), lyrischer Text(teil), der auf die eigene ↗ Fiktionalität Bezug nimmt. Als Gegenentwurf zu einer Lyrik mit dominant (bewußtseins-)mimetischer (↗ Mimesis) Ausrichtung handelt es sich bei M. um Gedichte mit markierter ästhetischer Selbstreferenz, die im Rezipienten eine über das gattungsübliche Maß hinausgehende bewußte

Auseinandersetzung mit verschiedenen Aspekten der (literar.) Fiktionalität hervorrufen soll. Terminus und theoretische Konzeption der M. wurden in Analogie zu den beiden anderen Hauptformen literar. Metatextualität, ↗ Metadrama und ↗ Metafiktion, entwickelt; ältere, unschärfere Begriffe wie ›poetologische Lyrik‹ oder ›Dichtergedicht‹ sind z.t. noch in Verwendung. Als wichtigstes Klassifikationskriterium fungiert die Unterscheidung zwischen expliziter und impliziter M., d.h. zwischen zitierbaren Meta-Elementen und der nicht-diskursiven, im Modus des *showing* gehaltenen Inszenierung metalyrischer Inhalte (z.B. Parodie). Weitere Formen können mit Hilfe eines triadischen Systems beschrieben werden (vgl. Müller-Zettelmann 1999): Das inhaltlich bestimmte Formenspektrum umfaßt die Modi *fictio-* vs. *fictum-*M. (Referenz auf ›Gemachtheit‹ vs. ›Erfundenheit‹ des ästhetischen Gegenstands), die Dichotomie kritische vs. nicht-kritische M. und die Unterscheidung zwischen primärer (eigentextueller) und sekundärer, auf die Fiktionalität ›fremder‹ Texte oder Kunstwerke bzw. auf allg. ästhetische Fragen bezogener M. Im Rahmen einer kontextuell bestimmten Systematik kann u.a. zwischen punktueller vs. extensiver M. und zwischen reiner vs. kombinierter M. differenziert werden (vgl. u.a. die Verspoetik, die eine Kombination expliziter ästhetischer Maximen mit deren impliziter Umsetzung aufweist). Die textuellen Präsentationsformen *enounced-* vs. *enunciation-*M. (E. Benveniste) klassifizieren metalyrische Einheiten nach deren Positionierung auf der Inhalts- oder der Vertextungs- bzw. Mediationsebene. Wichtigster wirkungsästhetischer Effekt (↗ Wirkungsästhetik) von M. ist naturgemäß die Illusionsdurchbrechung, doch läßt sich eine Vielzahl anderer, fiktions-affirmativer Funktionalisierungen wie etwa Selbststilisierung des Künstlers, Feier der Poesie, Rezeptionslenkung, Ästhetikdidaxe oder Dichterlob nach-weisen. Zu der seit jeher praktizierten metalyrischen Kritik an Künstlern, Kunstbetrieb und Publikum gesellt sich im 20. Jh. die Inszenierung von Panfiktionalität, universaler ↗ (Inter)textualität und dezentriertem (Autor-)-Ich (↗ Tod des Autors). M. ist seit Anbeginn Bestandteil des Lyrischen, hat aber im Postmodernismus durch radikale Entwertung des *enounced* und Verselbständigung der *enunciation* eine deutliche Erweiterung ihres formalen Spektrums erfahren.

Lit.: H. Schlaffer: »Das Dichtergedicht im 19. Jh.: Topos und Ideologie«. In: *Jb. der dt. Schillergesellschaft* 10 (1966) S. 297–335. – W. Hinck: *Das Gedicht als Spiegel der Dichter. Zur Geschichte des dt. poetologischen Gedichts*, Opladen 1985. – D.Z. Baker: *Mythic Masks in Self-Reflexive Poetry. A Study of Pan and Orpheus*, Chapel Hill 1986. – A. Whiteside: »The Double Bind. Self-Referring Poetry«. In: dies. (Hg.): *On Referring in Literature*, Bloomington 1987. S. 14–32. – D. Gohrbandt/B. Lutz (Hgg.): *Self-Referentiality in 20th Century British and American Poetry*, FfM. 1996. – E. Müller-Zettelmann: *Lyrik und M.: Theorie einer Gattung und ihrer Selbstbespiegelung anhand von Beispielen aus der engl.- und dt.sprachigen Dichtkunst*, Heidelberg 2000.   EMZ

Metapher (gr. *metaphorá*: Übertragung), die Einzelwort-M. gehört zu den Sprungtropen (↗ Tropen) und genießt unter den rhetorischen Figuren die höchste poetische Reputation. Sie steht zu dem von ihr ersetzten eigentlichen Ausdruck nicht, wie die Synekdoche, in einer Teil-Ganzes-Relation und auch nicht, wie die ↗ Metonymie, in einer realen Beziehung qualitativer Art, sondern beruht auf einer Abbild- oder Ähnlichkeitsrelation; die ↗ Rhetorik der Antike hat deshalb die M. als verkürzten Vergleich aufgefaßt, neuere ↗ M.ntheorien bieten andere Erklärungen. Weitgehend gemeinsame Grundlage ist dabei die Differenzierung zwischen Bildspender und Bildempfänger. Die über das Einzelwort hinaus fortgesetzte M. wird in der Rhetorik als Allegorie bezeichnet. Neben dem engen M.-Begriff kennt die Lit.wissenschaft auch einen weiteren M.-Begriff, der auf bildliches Sprechen überhaupt abzielt, also auch Vergleich, Gleichnis, Parabel und die Allegorie im weiteren Sinn miteinschließt und quantitative Kriterien außer acht läßt. M.n im engeren wie im weiteren Sinn können ↗ Bildfeldern zugeordnet werden.

Nach ihrem jeweiligen Habitualisierungsgrad lassen sich die M.n unterscheiden in innovative M.n, die als neuartig, unter gewissen (in der Forschung strittigen) Umständen auch als kühn empfunden werden, klischeeartige M.n, deren metaphorischer Status noch spürbar ist, obwohl sie immer wieder verwendet werden (das ›Feuer der Liebe‹), und verblaßte oder Ex-M.n, deren metaphorischer Ursprung nicht mehr präsent ist (Wer assoziiert den ›Leitfaden‹ sofort mit ›Ariadne‹?) oder die mangels eines ›eigentlichen‹ Ausdrucks semantische Lücken im sprachlichen System ausfüllen (›Flaschenhals‹), die sonst nur durch aufwendige Paraphrasen zu schließen wären. Ex-M.n können durch Expansionen ›revitalisiert‹ werden, was meistens komische Effekte nach sich zieht (der ›Oberschenkel‹ vom ›Tischbein‹). In der modernen Lit. werden mitunter M.n verwendet, die nicht mehr in eine ›eigentliche‹ Ausdrucksweise rückübertragen werden können und daher als absolute M.n bezeichnet werden. Die M. als Lückenbüßer im sprachlichen System ist in der antiken Rhetorik als Katachrese bezeichnet worden. Dieser Terminus wird inzwischen weitgehend nur noch auf die stilblütenartige Bildermengung bezogen (›Die Organe der Staatsmaschine müssen auf einen neuen Kurs gebracht werden.‹).

Wichtiger als das seit der Antike tradierte (ontologische) Spektrum der Möglichkeiten metaphorischer Übertragung (Vom Belebten zum Unbelebten, vom Unbelebten zum Belebten, vom Belebten zum Belebten, vom Unbelebten zum Unbelebten), das inzwischen um ein synästhetisches Paradigma ergänzt worden ist (Plett 1991, S. 82), sind für den Lit.wissenschaftler die Probleme einer ›Grammatik‹ der M.n, die nach den (vornehmlich) syntaktischen Realisierungsmöglichkeiten metaphorischen Sprechens fragt. Dabei wäre z.B. zwischen Substantiv-, Verb-, und Adjektiv-M.n zu unterscheiden und auf Phänomene wie die metaphorische Apposition, Prädikation, Substitution und ↗ Referenz sowie auf die verschiedenen metaphorischen Genitive zu achten (vgl. Plett 1991, S. 84–87). Auch die Frage nach der Funktion der M. ist mit dem Hinweis auf die Möglichkeiten der Belehrung (*docere*), des Erfreuens (*delectare*) und der Emotionalisierung (*movere*) noch längst nicht erschöpfend beantwortet. Der hier nur ansatzweise skizzierte Fragenkatalog erweitert sich noch beträchtlich, wenn man bedenkt, daß die M. ein interdisziplinäres Forschungsfeld bietet, an dem zahlreiche Fächer lebhaftes Interesse bekunden.

Lit.: Lausberg 1990 [1949]. §§ 228–231. – ders. 1990 [1960]. §§ 558–564. – J. Dubois et al.: *Allg. Rhetorik*, Mchn. 1974 [1970]. S. 176–187. – Plett 1991 [1971]. S. 79–90. – H. Weinrich: *Sprache in Texten*, Stgt. 1976. – J. Nieraad: *»Bildgesegnet und bildverflucht«. Forschungen zur sprachlichen Metaphorik*, Darmstadt 1977. – Kurz 1997 [1982]. – P. Michel: *Alieniloquium. Elemente einer Grammatik der Bildrede*, Bern 1987. S. 155–195. – H. Birus: »M.«. In: Fricke 2000. S. 571– 576. – Z. Kövecses: *Metaphor. A Practical Introduction*, Oxford/N.Y. 2001. – A. Haverkamp: *M.: Die Ästhetik in der Rhetorik*, Mchn. 2002.   DP

Metapherntheorien, als M. sind die Erklärungsversuche zur Frage nach der Herkunft und/oder Funktion der ↗ Metapher bzw. metaphorischen Sprechens zu verstehen, die seit der Antike von den verschiedensten Fachdisziplinen unternommen worden sind. Grundsätzlich ist zwischen der Substitutionstheorie und verschiedenen Ausprägungen der Interaktionstheorie zu unterscheiden. – Gemäß der Substitutionstheorie, die seit der antiken ↗ Rhetorik vertreten wird, ersetzt die Metapher als uneigentlicher Ausdruck einen eigentlichen Ausdruck, zu dem sie in einer Ähnlichkeitsrelation steht, so daß sie zu einem Vergleich expandiert werden bzw. als verkürzter Vergleich aufgefaßt werden könnte. Die Schwächen dieser Theorie sind offenkundig und teilweise auch ihren Anhängern bewußt. Schon Aristoteles hat gesehen, daß es Metaphern gibt, die eine sprachliche Lücke im System ausfüllen und deshalb nicht im Sinne einer Umkehr des metaphorischen Verfahrens durch den ›eigentlichen‹ Ausdruck ersetzt werden können. Ebenso läßt sich für die absolute Metapher der modernen Lyrik kein ›eigentlicher‹ Ausdruck rekonstruieren. Andrerseits gibt es Metaphern, die den Bildspender und den Bildempfänger sprachlich gekoppelt präsentieren (wie die Genitivmetapher ›Feuer der Liebe‹); von einem Ersatz kann daher keine Rede sein. Außerdem wird diese Theorie nicht den Besonderheiten gerecht, die mit der über das Einzelwort hinaus fortgesetzten Metapher (Allegorie) verbunden sein können (wie dem Prinzip des überquellenden Details; vgl. Lausberg 1990, § 402).

Die älteste Variante der Interaktionstheorie geht auf die Sprachpsychologen W. Stählin und K. Bühler zurück. Stählin (1914) fragte nach den Verständnisbedingungen metaphorischen Sprechens; er sieht die Metapher in einer gewissen Spannung mit dem Zusammenhang der Äußerung, so daß sich eine Bewußtseinslage der doppelten ↗ Bedeutung als Grundlage des metaphorischen Bedeutungserlebnisses ergibt. Dabei verschmelzen Bild und Sache. Der Hörer sieht sich gezwungen, die Metapher als angemessenes Glied des Zusammenhangs zu interpretieren. – Bühler (1965, S. 342ff.) versteht die Metapher als sphärenmischendes Komponieren, wobei zugleich auch das Phänomen der Sphärendeckung wirksam wird. Die Sphärendeckung, die Bühler am technischen Modell des Doppelfilters verdeutlicht, bewirkt die Neutralisierung jener Merkmale der beiden Sphären, die nicht zueinander passen; so wird z.B. in der Metapher ›Salonlöwe‹ durch die Sphärendeckung das Merkmal ›blutgierig‹ ausgeblendet. Der Begriff der Sphärendeckung im Sinne des Doppelfilters suggeriert klar umrissene semantische Konzepte, die in der Metapher verbunden werden, während die Sphärenmischung dem metaphorischen Prozeß insofern gerechter wird, als dadurch die Kombination komplexer Konzepte mit denotativen wie konnotativen Komponenten nahegelegt wird (↗ Denotation; ↗ Konnotation).

Als Stammvater der Interaktionstheorie im engeren Sinn gilt I.A. Richards (vgl. Haverkamp 1996), der die Metaphorik nicht als Abweichung vom gewöhnlichen Wortgebrauch, sondern als Abbildung des vergleichend-begriffsbildenden Denkens überhaupt versteht und damit den eingeengten Metaphernbegriff der alten Rhetorik übersteigt. In der Metapher werden nicht Wörter gegeneinander ausgetauscht, sondern »zwei unterschiedliche Vorstellungen in einen gegenseitigen aktiven Zusammenhang« (Haverkamp 1996, S. 34) gebracht; Richards differenziert die in der Metapher interagierenden Vorstellungen als *tenor* und *vehicle*, um damit ältere, nicht adäquate Begriffspaare wie ›Bedeutung‹ und ›Bild‹ abzulösen. Richards' Theorie wird von M. Black (vgl. Haverkamp 1996) 1954 aufgegriffen und terminologisch weiterentwickelt; er ersetzt *tenor* und *vehicle* durch *frame* und *focus* und führt auch die Bezeichung ›Interaktionstheorie‹ ein. Den von Richards so genannten ›gegenseitigen aktiven Zusammenhang von Vorstellungen‹ (vgl. Haverkamp 1996, S. 34) präzisiert Black als Bedeutungserweiterung durch die Verbindung oder Beeinflussung zweier »System[e] miteinander assoziierter Gemeinplätze [*system of associated commonplaces*]« (Haverkamp 1996, S. 70f.). Insgesamt gesehen vertieft die von Richards und Black entwickelte Interaktionstheorie das Verständnis der Funktion metaphorischen Sprechens, ist jedoch bei der Interpretation literar. Texte nur begrenzt hilfreich.

Da die Metapher als Prüfstein für jede Semantiktheorie (↗ Semantik) herangezogen werden kann, hat auch die strukturalistische Merkmalsemantik sich um eine M. bemüht. Die dabei diskutierten Prozeduren der Übertragung, Tilgung, Marginalisierung und Topikalisierung einzelner semantischer Merkmale (vgl. Nieraad 1977, S. 55–65) sind strittig und leisten mitunter nicht mehr als die herkömmliche Vergleichstheorie, können aber gelegentlich (etwa durch die Annahme eines Kategorien-Transfers) das Verständnis der absoluten Metaphern in der modernen Lyrik fördern. Das Grundproblem der Merkmalsemantik ist die Frage nach der Methode, die es erlaubt, Bedeutungen in (möglichst hierarchisierte) Merkmalbündel zu zerlegen. Im Rahmen der Transformationsgrammatik (N. Chomsky) bleibt der merkmalsemantische Ansatz außerdem auf die Einzelwortmetapher beschränkt und wird der Abhängigkeit metaphorischer Äußerungen durch den satzübergreifenden Kontext nicht gerecht. In dieser Hinsicht ist der textlinguistische Zugriff ein Fortschritt, der über die Merkmalanalyse einen Text in ↗ Isotopie-Ebenen (Sememfelder) zu zerlegen versucht (vgl. Nieraad 1977, S. 66–69). Solche Isotopien entsprechen den Komponenten von ↗ Bildfeldern und lassen den Zusammenhang mit der Interaktionstheorie nicht mehr erkennen; ihr Auffinden bleibt jedoch dem Grundproblem der merkmalsemantischen M. verhaftet. Die textlinguistische M. kann durch den Rückgriff auf den Projektionsbegriff (Kallmayer) die sprachpsychologische M. (Stählin/Bühler) wieder aufnehmen und damit die Vorstellung von der Interaktion zweier semantischer Konzepte in der Metapher reaktivieren, doch ist dieser vielversprechende Ansatz bisher nicht weiterverfolgt worden.

Als Variante der Interaktionstheorie kann auch die von H. Weinrich

(1976) entwickelte Konterdeterminationstheorie gelten, denn sie geht davon aus, daß die Metapher erst durch die Mitwirkung ihres ↗ Kontextes entsteht. Der Kontext konterdeterminiert das metaphorisch verwendete Wort. Die Metapher weckt einen Erwartungshorizont, dem der Kontext widerspricht; sie erhält durch den (sprachlichen) Kontext (Ko-Text) eine ›Meinung‹, die ihre lexikalisch festgelegte ›Bedeutung‹ übersteigt. Das Prinzip der Konterdetermination läßt sich auch auf den in sich abgeschlossenen Text übertragen, der durch die kommunikative Situation (Kon-Text) eine andere ›Meinung‹ erhält und dadurch als Allegorie verstanden werden kann. So werden bei der Metaphernanalyse auch pragmatische Aspekte berücksichtigt. Weinrich kann mit der Weiterentwicklung seiner Theorie die Erklärungsansätze der Merkmalsemantik und der ↗ Pragmatik integrieren, fällt aber hinter Richards und Black zurück, weil er die Konterdetermination nur in einer Richtung wahrnimmt und sich der Frage verschließt, inwiefern denn die Metapher auf den Kontext einwirken könnte.

In der Wissenschaftstheorie und Philosophie fragt die M. nach der Relevanz der Metapher für die Erkenntnis. Die Antworten fallen verschieden aus: zum einen wird die Metapher als Modell verstanden, das den Gewinn neuer Erkenntnisse ermöglicht (oder verhindert) und zumindest deren Verbreitung didaktisch erleichtert, aber bald gegen ›eigentliche‹ Begriffe ausgetauscht werden sollte, zum andern wird zugestanden, daß Metaphern lebensweltliche Zusammenhänge/Probleme mitteilbar machen, die in eine klare Begrifflichkeit nicht/noch nicht überführt werden können.

Es gibt keine Theorie, die alle mit der Metapher verbundenen Probleme in befriedigender Weise klären kann. Da es verschiedene Metapherntypen gibt, ist zu vermuten, daß auch verschiedene M. notwendig sind, die sich einerseits am jeweiligen Metapherntyp orientieren und andrerseits auf die fachspezifischen Interessen des jeweiligen Ansatzes zugeschnitten sein müssen. Das lit.wissenschaftliche Erkenntnisinteresse deckt dabei nur einen Teilbereich eines zunehmend interdisziplinär erforschten Problemfeldes (vgl. z.B. Lakoff/Johnson, Turner) ab, das sich etwa im Rahmen der politischen Ideengeschichte (vgl. Münkler, Rigotti) als sehr fruchtbar erwiesen hat.

Lit.: W. Stählin: »Zur Psychologie und Statistik der Metapher«. In: *Archiv für die gesamte Psychologie* 31 (1914) S. 297–425. – K. Bühler: *Sprachtheorie – Die Darstellungsfunktion der Sprache*, Stgt. 1982 [1934]. – Lausberg 1990 [1949]. – H. Weinrich: *Sprache in Texten*, Stgt. 1976. – J. Nieraad: »*Bildgesegnet und bildverflucht«. Forschungen zur sprachlichen Metaphorik*, Darmstadt 1977. – G. Lakoff/M. Johnson: *Metaphors We Live By*, Chicago 1996 [1980]. – Kurz 1997 [1982]. – A. Haverkamp (Hg.): *Theorie der Metapher*, Darmstadt 1996 [1983]. – H. Hülzer: *Die Metapher. Kommunikationssemantische Überlegungen zu einer rhetorischen Kategorie*, Münster 1987. – M. Turner: *Death is the Mother of Beauty: Mind, Metaphor, Criticism*, Chicago/Ldn. 1987. – G. Lakoff/M. Turner: *More than Cool Reason. A Field Guide to Poetic Metaphor*, Chicago/Ldn. 1989. – H. Münkler: *Politische Bilder, Politik der Metaphern*, FfM. 1994. – F. Rigotti: *Die Macht und ihre Metaphern. Über die sprachlichen Bilder der Politik*, FfM. 1994. – D.E. Wellbery: »Retrait/Reentry. Zur poststrukturalistischen Metapherndiskussion«. In: G. Neumann (Hg.):

Poststrukturalismus. Herausforderung an die Lit.wissenschaft, Stgt./Weimar 1997. S.
194–207. – Ausg. »Metaphor and Beyond. New Cognitive Developments« (Hgg.
M. Fludernik et al.) der Zs. *Poetics Today* 20.3 (1999). – H.E. Bödeker (Hg.):
Begriffsgeschichte, Diskursgeschichte, Metapherngeschichte, Göttingen 2002. – H.G.
Coenen: *Analogie und Metapher. Grundlegung einer Theorie der bildlichen Rede*,
Bln. et al. 2002.   DP

Metasprache, in einem allg. Sinn handelt es sich um M. immer dann,
wenn eine Aussage über Sprache (vgl. ↗ Objektsprache) getroffen wird. Die
Unterscheidung zwischen Objektsprache und M. wurde zunächst in der Logik,
v.a. von A. Tarski (1971), eingeführt, um Paradoxien in der Art von ›Alle
Kreter lügen‹ des Kreters Epimenides zu vermeiden. R. Jakobson (1971) griff
diese Dichotomisierung auf, indem er jede sprachliche Äußerung, die sich
auf Sprache bzw. auf den ↗ Code bezieht, als M. definierte. Damit gehören
aber nicht nur Aussagen von Logikern und Linguisten zur M., sondern auch
Paraphrasen, Übersetzungen und darüber hinaus Spracherläuterungen jeglicher Art, wie etwa ›Fohlen ist die Bezeichnung für ein junges Pferd‹, so daß
die metasprachliche Funktion als Bestandteil alltäglicher Kommunikation
und wichtiger Bestandteil des Sprachlernprozesses angesehen wird. In der
Lit.wissenschaft wurde v.a. in den 1970er Jahren eine intensive Diskussion
um eine lit.wissenschaftliche M. geführt. Ausgehend von einer Kritik an der
bisherigen Praxis, in der der Sprachgestus der interpretatorischen Paraphrasen
oftmals nicht von dem des Untersuchungsgegenstandes zu unterscheiden
war (vgl. Fricke 1977), wurden v.a. von Vertretern struktauraler Theorien
Überlegungen zur Gestaltung einer lit.wissenschaftlichen M. vorgelegt, die
dem Kriterium der intersubjektiven Nachprüfbarkeit gerecht werden sollte.
Vorschläge, die v.a. in Richtung semantischer Vereindeutung der M. zielten,
wurden hauptsächlich auf der Basis der natürlichen Sprache entwickelt (vgl.
Eimermacher 1973). Dem standen Konzepte gegenüber, analog zu den
Naturwissenschaften rein formale Sprachen zu kreieren (vgl. Koch 1971).
Heute wird die Notwendigkeit einer systematischen und eindeutigen M.
v.a. von Vertretern des ↗ Dekonstruktivismus in Zweifel gezogen.

Lit.: R. Jakobson: »Linguistik und Poetik«. In: J. Ihwe (Hg.): *Lit.wissenschaft
und Linguistik*, Bd. II/1, FfM. 1971. S. 142–178. – W.A. Koch: *Varia Semiotica*, Hildesheim 1971. – A. Tarski: »Der Wahrheitsbegriff in den formalisierten
Sprachen«. In: K. Berka/L. Kreiser (Hgg.): *Logik-Texte*, Bln. 1986 [1971]. S.
443–545. – K. Eimermacher: »Zum Problem einer lit.wissenschaftlichen M.«. In:
Sprache im technischen Zeitalter 48 (1973) S. 255–277. – H. Fricke: *Die Sprache
der Lit. wissenschaft*. Mchn. 1977. – E. Schüttpelz: »Objekt- und Metasprache«.
In: Fohrmann/Müller 1995. S. 179–216.   VW

Methode, literaturwissenschaftliche (gr. *méthodos*: der Weg auf ein Ziel
hin), allg. bezeichnet M. ein planvoll eingesetztes Mittel zur Realisierung
eines Ziels bzw. ein systematisches Verfahren zur Lösung einer gestellten
Aufgabe. Als wissenschaftstheoretischer Begriff wird M. mit Bezug auf die
Naturwissenschaften definiert. Um in den Lit.wissenschaften von M.n

sprechen zu können, sind deren ›weiche‹ Standards zu berücksichtigen. L.M.n müssen drei Bedingungen erfüllen: Es müssen (a) im Kontext einer Interpretationstheorie explizite oder doch explizierbare Ziele benannt werden; (b) relativ genaue Annahmen formuliert werden oder post festum formulierbar sein, nach welchem Verfahren diese Ziele am geeignetsten einzulösen sind; (c) Begriffe eingeführt sein, mit denen die Ergebnisse im wissenschaftlichen Text dokumentiert werden. Eine genuine l.M. gibt es nicht, statt dessen aber eine Reihe von M.n (↗ Pluralismus), die, teils aus anderen Disziplinen adaptiert, teils für lit.wissenschaftliche Fragestellungen entwickelt, in den Lit.wissenschaften eingesetzt werden. M.n der Textsicherung und Textkritik, auch ›philologische M.n‹, sind von solchen der Textanalyse und ↗ Interpretation sowie der Lit.geschichtsschreibung zu unterscheiden. Eingeteilt werden sie nach ihrer Herkunftsdisziplin, z.B. ›soziologische‹, ›psychologische‹ M.n; nach philosophischen Rahmentheorien, z.B. ›positivistische‹, ›phänomenologische‹ M.n; oder nach ihrem primären Gegenstandsbereich, z.B. ↗ ›werkimmanente‹, ↗ ›rezeptionsästhetische‹ M.n. Sie unterscheiden sich v.a. darin, welche leitenden Fragestellungen als sinnvoll akzeptiert, welche Textstrukturen und ↗ Kontexte für relevant gehalten und einbezogen und welche Argumentationstypen als gültig akzeptiert werden. Die Identifikation von l.M.n ist oft schwierig, da sie nicht in Reinform vorkommen, sondern Bestandteil einer Interpretationstheorie sind, und da statt genauer Angaben über einzelne Interpretationsschritte meist unspezifische Regeln formuliert werden.

Dominieren zunächst philologische M.n (Lachmann) und politisch aktualisierende Lit.geschichtsschreibung (Gervinus), so etablieren sich in der zweiten Hälfte des 19. Jh.s die sog. positivistische, biographische M. (Scherer) und um 1900 die auf ein ganzheitliches Verstehen abzielende hermeneutische M. in ihrer geistesgeschichtlichen Spielart (W. Dilthey; ↗ Hermeneutik). Von den l.M.n der 1920er bis 1950er Jahre ist heute meist nur noch die ↗ werkimmanente Interpretation, eine an den ↗ *New Criticism* anknüpfende M., (wenn auch kritisch) im Gespräch. Ab den 1970er Jahren wird der sog. M.npluralismus Kennzeichen der Lit.wissenschaften. Neben die sich um präzisere Analyseverfahren bemühenden strukturalistischen, linguistischen und semiotischen M.n (↗ linguistische Ansätze; ↗ Strukturalismus; ↗ Semiotik) treten verschiedene auf gesellschaftliche Kontextualisierung zielende soziologische Ansätze, z.B. ↗ Ideologiekritik und sozialgeschichtliche Ansätze. Verschiedene rezeptionsbezogene M.n, von der ↗ Rezeptionsästhetik bis zu empirischen Ansätzen (↗ Empirische Theorie der Lit.), werden entwickelt, ebenso autor- oder textzentrierte lit.-psychologische Verfahren. Die Varianten der seit den 1980er Jahren stärker vertretenen ↗ Diskurstheorie, ↗ Dekonstruktion und des ↗ *New Historicism* zeitigen M.n post festum.

Lit.: Hauff 1991 [1971]. – D.E. Wellbery: *Positionen der Lit.wissenschaft*, Mchn. 1985. –H. Fricke: »Wieviele ›M.n‹ braucht die Lit.wissenschaft?« In: ders.: *Lit. und Lit.wissenschaft*, Paderborn 1991. S. 169–187. – K.-M. Bogdal (Hg.): *Neue Lit.theorien in der Praxis. Textanalysen von Kafkas ›Vor dem Gesetz‹*, Opladen 1993.

– de Berg/Prangel 1999. – M.-A. Elliott/C. Stokes: »What Is Method and Why Does It Matter?« In: diess. (Hgg.): *American Literary Studies. A Methodological Reader*, N.Y. 2003. S. 1-15.   SW

Metonymie (gr. *metonymía*: Namensvertauschung, Umbenennung), die M. gehört wie die Synekdoche zu den Grenzverschiebungstropen (↗ Tropen). Sie ersetzt den eigentlichen Ausdruck durch einen anderen, der zum ersetzten in einer realen Beziehung qualitativer Art (kausal, räumlich oder zeitlich) steht, und nicht, wie in der ↗ Metapher, in einer Ähnlichkeitsrelation. Die Grenzen zwischen der M., der Metapher und der Synekdoche sind fließend. – Folgende metonymische Substitutionstypen sind zu unterscheiden: (a) Ursache-Wirkung-Beziehung: Autor statt Werk (›Vergil lesen‹), Gottheit statt Funktionsbereich (mythologische M.: ›Venus verfallen sein‹), Erfinder/Erzeuger statt Erfindung/Erzeugnis (›einen Ford fahren‹); (b) Gefäß-Inhalt-Beziehung (wobei als Gefäß auch Ort oder Zeit verstanden werden können und der Inhalt Personen und Sachen umfaßt): Gefäß statt Inhalt (›ein Glas trinken‹), Ort statt Einwohner (›Köln jubelt‹, ›das Theater tobt‹), Zeit statt Zeitgenossen (›die vergnügungssüchtigen 20er Jahre‹), Körperteil statt Eigenschaft (›Köpfchen haben‹); (c) Abstraktum-Konkretum-Beziehung: ›die Jugend (für: die Jugendlichen) flippt aus‹; (d) ↗ Symbol statt des damit bezeichneten sozialen Phänomens (symbolische M.): ›das Szepter aus der Hand geben‹ (für: die Herrschaft abgeben). Die Substitutionsbeziehungen sind teilweise umkehrbar. – Die verschiedenen Typologisierungsversuche der M. sind Aufzählungen ohne Anspruch auf die Stringenz eines logischen Systems und als solche variabel. Auch die strukturalistische ↗ Rhetorik hat keine überzeugende Theorie der M. ausarbeiten und Kriterien zu ihrer unstrittigen Identifizierung entwickeln können.

Lit.: Lausberg 1990 [1949]. §§ 216–225. – ders. 1990 [1960]. §§ 565–571. – J. Dubois et al.: *Allg. Rhetorik*, Mchn. 1974 [1970]. S. 194–199. – Plett 1991 [1971]. S. 77–79. – H. Birus: »M.«. In: Fricke 2000. S. 588– 591. – R. Dirven/R. Pörings (Hgg.): *Metaphor and Metonymy in Comparison and Contrast*, Bln. et al. 2003.
                                                                      DP

Mimesis (gr. Nachahmung), für die Ästhetik seit der Antike ein zentraler Begriff, der die ↗ Funktion von Kunst und Lit. primär von ihrer Fähigkeit zur Nachahmung einer vorkünstlerischen, außerliterar. Wirklichkeit her bestimmt. Während die M. bei Platon noch eher negativ als bloße Abbildung einer Welt der sinnlichen Erscheinungen gilt, die ihrerseits nur das Abbild einer höheren Wahrheit darstellt, erfährt sie bei Aristoteles eine entscheidende Aufwertung und wird in einer für die zukünftige Lit. theorie maßgeblichen Weise definiert. Zu ihrem Gegenstand hat die M. die Welt menschlicher Handlungen, die sie mit den imaginativen Mitteln der Sprache vergegenwärtigt. Gerade die Verbindung von Bes. und Allg., von Partikularem und Universalem wird dabei zum Hauptmerkmal der Lit., die sie als Diskurs möglicher Welten (↗ *Possible-worlds theory*) von der Geschichtsschreibung als Medium des Partikularen einerseits und von der Philosophie als Medium des Universalen andererseits absetzt. Was Lit. nachahmt, ist also nicht bereits als solches vorgegeben, sondern entsteht gleichsam erst im Akt der Nachahmung selbst. Motivation der M. ist nach Aristoteles eine anthropologische Antriebskraft, insofern die M. einem allgemeinmenschlichen Nachahmungsbedürfnis entspringt und kreativen Ausdruck gibt. Die Formen der M. sind je gattungsspezifisch unterschiedlich, sie orientieren sich aber neben den allg. ästhetischen Kriterien von Rhythmus, Harmonie und Proportionalität an der v.a. in Handlungslogik, Charakterzeichnung und zeitlich-räumlicher Konsistenz ausgedrückten Analogiebeziehung der ↗ Fiktion zur Realität. Die Wirkung der künstlerischen M. schließlich beruht auf der Freude der Rezipienten an der erfolgreich inszenierten Nachahmung, die zum identifizierenden Mit-Spielen der nachgeahmten Handlungen führt und dabei höchst intensive Reaktionen zwischen Mitgefühl und Betroffenheit auslöst (Katharsis).

Die M. hatte seit der Renaissance bis zum Klassizismus große Bedeutung als Prinzip der Nachahmung der ›Natur‹, trat in der Romantik zurück, erfuhr im Realismus und Naturalismus des 19. Jh.s neue Aufwertung und hat auch im 20. Jh. in einem realistisch-humanistischen Strang der Lit.geschichte und in realistisch geprägten Lit.theorien (↗ marxistische Lit.theorie) eine allerdings durch Moderne und Postmoderne grundlegend in Frage gestellte Rolle gespielt.

Lit.: Aristoteles 1994 [1982]. – Auerbach 1994 [1946]. – St. Kohl: *Realismus. Theorie und Geschichte*, Mchn. 1977. – M. Spariosu (Hg.): *Mimesis in Contemporary Theory. The Literary and Philosophical Debate*, Philadelphia 1984ff. – G. Gebauer/Ch. Wulf: *M.: Kultur – Kunst – Gesellschaft*, Reinbek 1992. – A. Melberg: *Theories of Mimesis*, Cambridge 1995. – A. Kablitz/G. Neumann (Hgg.): *M. und Simulation*, Freiburg 1998. – Scholz 1998. – Ausg. »E. Auerbach and Literary Representation« der Zs. *Poetics Today* 20.1 (1999). – H. White: *Figural Realism. Studies in the Mimesis Effect*, Baltimore 1999. – W. Erhart: »M.«. In: Fricke 2000. S. 595–600. – J.H. Petersen: *M. – Imitatio – Nachahmung. Eine Geschichte der europäischen Poetik*, Mchn. 2000. – Th. Metscher: *M.*, Bielefeld 2001. – St. Halliwell: *The Aesthetics of M.: Ancient texts and modern problems*, Princeton 2002. – J. Schönert/U. Zeuch (Hgg.): *M. – Repräsentation – Imagination. Lit.theoretische Positionen von Aristoteles bis zum Ende des 18. Jh.s*, Bln. 2004.   HZ

Modell, literaturwissenschaftliches, formale, graphische oder bildliche Darstellung einer lit.wissenschaftlichen Theorie oder eines Teilbereichs einer Theorie. Obgleich die Verwendungsweisen des M.begriffs in der Lit.wissenschaft uneinheitlich sind, hat dieser eine Reihe von definierten Merkmalen (vgl. Stachowiak 1965, S. 438): M.e sind stets Abbildungen bzw. Repräsentationen von etwas, sie erfassen nur eine begrenzte Anzahl als relevant erachteter Aspekte bzw. Eigenschaften des abgebildeten Bereichs, und sie sind daher abhängig von den zugrundegelegten Relevanzkriterien. Wie andere M.e beruhen auch l.M.e auf Komplexitätsreduktion, denn sie abstrahieren vom Einzelfall und versuchen, generalisierend und vereinfachend komplexe lit.theoretische oder lit.geschichtliche Sachverhalte schematisch darzustellen. V.a. in der Erzähltheorie (vgl. Jahn/Nünning 1994), ↗ Kultursemiotik und Textlinguistik (vgl. Gülich/Raible 1977) sind M.e weit verbreitet. Einflußreiche l.M.e sind der von F. Stanzel entwickelte Typenkreis der ↗ Erzählsituationen, das ↗ Kommunikationsmodell narrativer Texte sowie diagrammartige Darstellungen der Evolution literar. ↗ Gattungen (vgl. Bonheim 1990, Kap. 8 und 9). Der Nutzen l.M.e besteht darin, daß sie heuristische, kognitive, deskriptive, typologische, komparatistische, mnemotechnische und didaktische Funktionen erfüllen und aufgrund ihrer Anschaulichkeit v.a. im Lit.unterricht eine Orientierungshilfe bieten (vgl. Wenzel 1997).

Lit.: H. Stachowiak: »Gedanken zu einer allg. Theorie der M.e«. In: *Studium Generale* 18 (1965) S. 432–463. – Gülich/Raible 1977. – H. Bonheim: *Literary Systematics*, Cambridge 1990. – M. Jahn/A. Nünning: »A Survey of Narratological Models«. In: *LWU* 27.4 (1994) S. 283–303. – A. Nünning: »Vom Nutzen und Nachteil lit. wissenschaftlicher Theorien, M.e und Methoden für das Studium«. In: Nünning 1998 [1995]. S. 1–12. – P. Wenzel: »Ein Plädoyer für M.e als Orientierungshilfe im Lit.unterricht«. In: *LWU* 30.1 (1997) S. 51–70.   AN

Motiv, literarisches (mlat. *motivum*: Bewegung, Antrieb), im weitesten Sinne kleinste strukturbildende und bedeutungsvolle Einheit innerhalb eines Textganzen; im engeren Sinne eine durch die kulturelle Tradition ausgeprägte und fest umrissene thematische Konstellation (z.B. Inzestmotiv). In der engl. und am. Lit.wissenschaft hat sich der Begriff *motif* neben dem allgemeineren Terminus *theme* durchgesetzt; im Frz. wird die Bezeichnung *thème* verwendet, wobei diese, wie engl. *theme*, zugleich die Kategorien ↗ ›Stoff‹, ›Thema‹, ›Idee‹ bzw. ›Gehalt‹ in sich einschließt. Die dt. Terminologie unterscheidet zwischen M., Stoff und Thema, wobei das M. die kleinste semantische Einheit bildet, der Stoff sich aus einer Kombination von M.en zusammensetzt und das Thema die abstrahierte Grundidee eines Textes darstellt. – Der Begriff M. entstammt der spätmittelalterlichen Gelehrtensprache und bezeichnet dort einen intellektuellen Impuls, einen ›Einfall‹, der den Charakter einer Rede bestimmt. Im 18. Jh. wird der Terminus auf die Künste übertragen: Zunächst etabliert er sich im Bereich der Tonkunst, wo das M. als kleinste melodische Einheit einer musikalischen Komposition definiert wird; Ende des 18. Jh.s erscheint der Begriff in der Fachsprache der ital. Malerschule und bezeichnet dort ein ornamentales oder figuratives Element innerhalb eines Kunstwerks. J.W.v. Goethe führt den Begriff als kunstkritische Kategorie in die Lit. ein, wobei sowohl strukturelle Aspekte, wie die Funktion des M.s für den Aufbau von Texten, als auch ein anthropologisches Interesse am M. als ›Phänomen des Menschengeistes‹ eine Rolle spielen. Mit der Erforschung von literar. ›Ur-M.en‹ durch die Brüder Grimm findet die Kategorie des M.s Eingang in die Lit.wissenschaft, wo ab Mitte des 19. Jh.s der Forschungszweig der M.geschichte (↗ Stoff- und M.geschichte/Thematologie) begründet wird. – Der Begriff des M.s wird auf zwei Ebenen verwendet: bei der immanenten Strukturanalyse von Texten und im Bereich der intertextuellen Beziehungen (↗ Intertextualität und Intertextualitätstheorien).

(1) Für die Einsicht in die ↗ Struktur von literar. Texten spielt das M. als kleinste bedeutungstragende Einheit eine zentrale Rolle und erfüllt verschiedene Funktionen: Es dient der formalen Gliederung, der semantischen Organisation und der Verflechtung von Themen; es fungiert als inhaltliche Schaltstelle und es erzeugt Spannung; es fördert die Anschaulichkeit; es entfaltet ein Deutungspotential (vgl. Daemmrich/Daemmrich 1995). Bei der M.analyse lassen sich verschiedene Typen von M.en unterscheiden: auf der Strukturebene die Kern-M.e und die Neben-M.e, ferner die Füll-M.e, die oft nur eine ornamentale Funktion übernehmen; auf der Inhaltsebene die Situations-M.e und die Typen-M.e, z.B. das M. der Feuerprobe oder das M. des Menschenfeindes. Eine Sonderform des literar. M.s ist das aus der Musik entlehnte ›Leitmotiv‹, eine sich im Text systematisch wiederholende Formeinheit, die einer anschaulichen Strukturierung und der signifikanten symbolischen Vertiefung dient (Th. Mann, T.S. Eliot).

(2) Im Forschungsbereich der M.geschichte wird das M. nicht nur als Baustein innerhalb einer Textstruktur, sondern v.a. als Bestandteil eines intertextuellen Bezugssystems untersucht. Kriterium ist hier die Verselbständigung des M.s und die »Kraft [...], sich in der Überlieferung zu erhalten« (Lüthi 1962, S. 18). Zumeist bezieht sich ein solches tradierbares M. auf anthropologische Grundsituationen, die zwar historisch variiert werden, aber in ihrem Kern konstant bleiben. Im Gegensatz zum Stoff ist ein M. nicht an feststehende Namen und Ereignisse gebunden, sondern es bietet lediglich einen ›Handlungsansatz‹ mit verschiedenen Entfaltungsmöglichkeiten‹ (vgl. Frenzel 1992). Ein Teil der überlieferten M.e der Weltlit. ist seit der Antike an feststehende Begriffe gebunden, z.B. das M. der *anagnorisis* (Wiedererkennen) oder das M. des *descensus* (Unterweltsbesuch). Die meisten Bezeichnungen sind jedoch erst durch die allmähliche Konventionalisierung im ↗ diachronen Prozeß entstanden, z.B. ›Doppelgänger‹, ›verführte Unschuld‹, ›künstlicher Mensch‹ oder ›*mirage américain*‹.

Lit.: M. Lüthi: *Märchen*, Stgt. 1962. – E. Frenzel: *M.e der Weltlit.: Ein Lexikon dichtungsgeschichtlicher Längsschnitte*, Stgt. 1992 [1976]. – H.S. Daemmrich/I.G. Daemmrich: *Themen und M.e in der Lit.: Ein Handbuch*, Tüb./Basel 1995 [1987]. – N. Würzbach: »Theorie und Praxis des M.-Begriffs. Überlegungen bei der Erstellung eines M.-Index zum Child-Korpus«. In: *Jb. für Volksliedforschung* 38 (1993) S. 64–89. – U. Wölk: »M., Stoff, Thema«. In: Ricklefs 1996. S. 1320–1337. – R. Drux: »M.«. In: Fricke 2000. S. 638–641.   ChL

Multikulturalismus, Konzept, das die ethnische Vielfalt und das Nebeneinander heterogener sozialer und kultureller Muster in einer Gesellschaft beschreibt. M. bezeichnet auch die politischen Bemühungen von Regierungen und ethnischen Organisationen, die Gleichberechtigung der in einer Gesellschaft vertretenen Kulturen zu gewährleisten und Kontakte zwischen ihnen zu fördern. M. ist einer der zentralen Begriffe in der Diskussion über postkoloniale Literaturen, da er ein Phänomen beschreibt, das ein typisches Erbe des Kolonialismus darstellt und daher in den kulturellen Produkten ehemaliger Kolonien immer wieder auftaucht. Die pluralistische ↗ Hybridität des M. kontrastiert dabei oft mit der monozentrischen Assimilation an eine als dominant gesetzte Kulturform. Als das Konzept eines postkolonialen Synkretismus konkurriert M. aber auch häufig mit den Theorien radikalerer ethnischer Vertreter, die die einseitige Wiederbelebung präkolonialer kultureller Strukturen befürworten. Ersterer Ansatz wird z.B. im karib. bzw. afr. Raum von Schriftstellern wie W. Harris aus Guyana und dem Nigerianer W. Soyinka verfolgt, während Autoren wie der karib. Historiker und Dichter E. Brathwaite und der nigerian. Dichter Chinweizu Anhänger letzterer kultureller Strategie sind. Dabei versucht z.B. Brathwaite, die multikulturelle Vielheit der karib. Gegenwart mit einer Privilegierung der afr. Wurzeln gegenüber dem europ. Superstrat zu verbinden. M. betont die kulturellen Unterschiede in einem egalitären Kontext im Sinne der Bereicherung der gesamten Gesellschaft durch die Heterogenität ihrer Bestandteile. Dies wird allerdings von einigen Vertretern der ↗ postkolonialen Lit.theorie als lediglich kaschierte Form eines europ. Kosmopolitismus und daher als monokulturelle Vereinnahmung kritisiert. Aus diesem Grund zeigen sich austr. Kritiker wie S. Gunew dem Konzept des M. gegenüber skeptisch. Sie sehen in der austr. M.-Politik ein Instrument, das den Kampf der Aborigenes um Landrechte mittels einer eurozentrisch geprägten ideellen Fassade erschwert. So verstanden kann M. also auch als diskursive Formation empfunden werden, die bestimmten ideologischen und ethnischen Interessen dient, wenngleich der Begriff gemeinhin als Konzept zur Bezeichnung von Bemühungen zur Eliminierung der Rassendiskriminierung benutzt wird. Gleichzeitig fungiert M. aber auch als wichtiges Konzept bei der Konstruktion des Nationenbegriffes in heterogenen postkolonialen Gesellschaften und dient als Klammerbegriff, der Ängste in bezug auf Separatismus und Zersplitterung beruhigen soll. M. ist z.B. in ehemals klassischen Einwanderungsland Kanada von bes. Bedeutung. Seit 1971 bezeichnet der Begriff die offizielle Regierungspolitik, und seit 1972 gibt es dort einen Staatsminister für M. Der *Canadian Multiculturalism Act* von 1988 stellt die Prinzipien des gleichberechtigten Nebeneinanders und Miteinanders in der ethnischen Heterogenität der kanad. Gesellschaft im Sinne einer Politik der gegenseitigen Anerkennung und des Respekts auf eine gesicherte juristische Basis. M. ist auch ein wichtiger Faktor in der Diskussion über die oft komplizierten Mechanismen postkolonialer Identitätskonstitution, wobei zwischen der kollektiven Identität z.B. einer ethnischen Gruppe in der multikulturellen Gesellschaft und der persönlichen Identität innerhalb einer solchen Gruppe zu unterscheiden ist. Für beide jedoch ist die ›*politics of recognition*‹ (vgl. Taylor 1994, S. 25–73) von entscheidender Bedeutung.

Lit.: S. Gunew: »Denaturalizing Cultural Nationalisms. Multicultural Readings of ›Australia‹«. In: H. Bhabha (Hg.): *Nation and Narration*, Ldn./N.Y. 1990. S. 99–120. – Ch. Taylor: *Multiculturalism. Examining the Politics of Recognition* (Hgg. A. Gutmann et al.), Princeton 1994. – E. Bronfen et al. (Hgg.): *Hybride Kulturen. Beiträge zur anglo-am. M.debatte*, Tüb. 1997. – C. Willett (Hg.): *Theorizing Multiculturalism. A Guide to the Current Debate*, Oxford 1998. – Carey/Snodgrass

1999. – P. Kelly (Hg.): *Multiculturalism Reconsidered.* ›*Culture and equality*‹ *and its critics*, Malden, MA. 2002. – C.J. Trotman (Hg.): *Multiculturalism. Roots and Realities*, Bloomington, IN. 2002. – C.W. Watson: *Multiculturalism*, Buckingham et al. 2000.   HA

Mythentheorie und -kritik, die Rede über den ↗ Mythos ist seit ihren Anfängen in der Antike mit M.kritik aufs engste verschränkt. Von Platon bis Epikur gilt der Mythos als etwas Unwahres oder Unverbürgtes und darum Zweifelhaftes, das in den Bereich der Erfindung und der ↗ Fiktion verwiesen wird. Jener Vorwurf der Lügenhaftigkeit und moralischen Zweideutigkeit setzte sich in der christlichen Tradition mehr oder weniger ungebrochen fort, zumal diese im Mythos die konkurrierende heidnische Lehre erblickte und zu bekämpfen suchte. Die Kirchenväter beschäftigten sich nicht zuletzt deshalb ausführlicher mit der alteurop. Mythenüberlieferung, um sie desto schlagkräftiger widerlegen zu können.

Während die geläufigen Vorbehalte gegen den Mythos von einer vorherrschenden ablehnenden Einstellung zeugten, die auf dessen Abwertung bedacht war, erhielt die zuvor diskreditierte Nähe der Mythen zur Fiktion und Poesie im 18. Jh. eine entschieden positive Wendung. Obwohl das Jh. der Aufklärung in weiten Teilen im Zeichen einer rationalistischen Überwindung vormodernen Wissens steht, brachte es keineswegs eine einhellig mythenfeindliche Haltung hervor. Im Gegenteil: Auch die aufklärerischen Positionen machten sich die überlieferten Mythologeme in vielfältiger Weise zunutze. Die Befürworter der Frz. Revolution greifen in ihren Schriften sogar bevorzugt auf die antike gr. und, mehr noch, röm. Vorstellungswelt zurück (was sich etwa auch in der damaligen Mode niederschlägt), um der neuen Staatsform eine angemessene mythische Genealogie zu verschaffen, so daß sich im neuen Mythos der Revolution vormoderne und moderne Aspekte unauflöslich verschränken. Für J.G. Herder (1744–1803) avanciert die Mythologie zu einem heuristischen Prinzip eigener Art, weil sie durch ihre sinnliche Konkretheit und unmittelbare Evidenz Entdeckungen ermöglicht, die im blinden Fleck des rationalistischen Wahrheitsbegriffs liegen. Herder erweitert den tradierten Mythosbegriff auch insofern, als er zwischen einer volkstümlichen und einer individuellen Mythengenese unterscheidet. K.Ph. Moritz' *Götterlehre* (1791) betont in Einklang mit Herder die poetische Struktur der Mythenüberlieferung. Er verschärft jedoch die Vorstellung einer irreduziblen Eigengesetzlichkeit der Mythen, die, darin dem neuen Autonomieideal der zeitgenössischen Ästhetikdiskussion verwandt, eine ›Sprache der Phantasie‹ bilden und als in sich vollendete schöne Kunstwerke ihren Endzweck in sich selber haben. Mit dieser programmatischen Aufwertung der abendländischen Mythenkultur ist der diametrale Gegenpol zur christlich-antiken Polemik gegen die mythischen Denkformen erreicht. F.v. Schlegel (1800) sollte die entdeckte Beziehung zwischen Mythen und Poesie weiter ausbauen und zur programmatischen Verkündigung einer ›neuen Mythologie‹ zuspitzen. Nicht nur findet die poetische Imagination in den Mythen einen reichhaltigen Ideenfundus und geeignete *sujets* für die künstlerische Ausgestaltung vor, sondern darüber hinaus stellt die geforderte ›neue Mythologie‹ für Schlegel und F.W. J. Schelling (1856/57) selbst eine einzigartige ästhetische Kategorie dar, die geeignet ist, zwischen (aufgeklärter) Vernunft und prälogischen Denkansätzen, zwischen ›Natur‹ und ›Kunst‹ zu vermitteln.

Wie bereits aus dem historischen Überblick ersichtlich wurde, ist der Gegenstandsbereich der MT. alles andere als eindeutig und klar definiert. Die Frage, was als Mythos bzw. Mythen gelten kann, ist in der Forschung bis heute äußerst umstritten. War die ältere Forschung überwiegend an der antiken gr. Mythenkultur orientiert, die allerdings schon in der Romantik durch ein neu erwachtes Interesse an indischen Mythen ergänzt wurde, geht die ethnologisch geprägte Mythenanalyse des 20. Jh.s längst andere Wege. Sie konzentriert sich auf die Vorstellungswelt der schriftlosen und sog. primitiven Völker, die teilweise mit Hilfe detaillierter Feldforschung rekonstruiert wird. In systematischer Hinsicht bedeutet die strukturalistische MT. von Cl. Lévi-Strauss (1958) eine deutliche Zäsur, nicht nur weil sie erstmals einen konsequenten systematischen Zugriff auf die diversen Formen mythischen Denkens erlaubt hat, sondern auch weil sie die zuvor eher als diffus eingestufte mythische Vorstellungswelt von dem zählebigen Stigma der Unterlegenheit gegenüber dem logischen Denken befreit hat. Eine ähnliche Aufwertung des Mythos gegenüber dem Logos verfolgt auch H. Blumenbergs richtungweisende Studie *Arbeit am Mythos* (1979). Wichtige Impulse empfängt die neuere Mythenforschung zudem durch die psychoanalytischen Richtungen in der Nachfolge S. Freuds und C.G. Jungs. Seitens der vergleichenden Religionswissenschaft war die Bedeutung des Mythos schon früh durch J.G. Frazer (1890) erschlossen worden. M. Eliade (1957) setzte diese Bemühungen, freilich mit neuer Akzentuierung, fort, indem er die mythische Vorstellungswelt als Bereich des ›Anderen‹ konturierte. An die Ergebnisse der strukturalistischen Mythenanalyse anknüpfend, entwickelt R. Barthes eine Verbindung aus ideologiekritischer und semiotischer ›Lektüre‹, in der die (eher unscheinbaren) Mythen des Alltags in den Mittelpunkt des Interesses rücken. Während die von Lévi-Strauss erschlossene und rehabilitierte Ordnung des ›wilden Denkens‹ durchaus noch von der romantischen Faszination am Mythos inspiriert ist, macht sich bei anderen Philosophen des 20. Jh.s eine stärkere Ernüchterung bemerkbar, die nicht zuletzt durch den Mißbrauch mythischer Denkfiguren während des Nationalsozialismus tiefgreifend geprägt ist. Hatte E. Cassirer (1923–29) das mythische Denken in den 1920er Jahren im zweiten Teilband seines philosophischen Hauptwerks noch als eine eigene ›symbolische Form‹ beschrieben und, damit verbunden, als wichtigen Schritt und integralen Bestandteil der kulturellen Evolution des Menschen bewertet, so setzt das im am. Exil verfaßte Spätwerk *Der Mythus des Staates* (1946) sehr viel düsterere Akzente. In Cassirers erneuerter Beschäftigung mit dem Mythos äußert sich nun unter dem Eindruck der Schrecken des Nazisystems die Angst vor dem Ausbruch mythischen Denkens im 20. Jh., das kaum noch als kulturelles Ordnungsprinzip in den Blick rückt, sondern vielmehr ins Chaotische, schlechthin Ungeordnete hinüberspielt und den Niedergang der Kultur bedeutet. Auch O. Marquard (1971) geht auf Distanz zu mythischen Denkformen, und zwar v.a. zu solchen, die nicht polytheistischen Ursprungs sind und zur Verherrlichung einer einzigen Geschichte oder Person tendieren.

Trotz der verständlichen mythenskeptischen Position der Nachkriegswissenschaftler erlebte die MT. in den letzten Jahrzehnten im Fahrwasser der Ausdifferenzierung und der neueren Ergebnisse der Ethnologie und Kulturanthropologie eine erstaunliche Hochkonjunktur. So findet der von Lévi-Strauss begründete, noch vergleichsweise statische Strukturbegriff der mythischen Denkform in der neueren ethnologischen Forschung, welche die Zusammenhänge der symbolischen Form des Mythos und seiner (kultischen) Umsetzung im Ritus erkundet, eine kritische Erweiterung. C. Geertz hebt den Handlungscharakter der kulturellen ↗ Symbole im allg. und der mythischen Komponenten der Kultur im bes. hervor. Nach Geertz ist es Aufgabe des Kulturanthropologen, die Riten und Gebräuche einer Gesellschaft vermittels einer ›dichten Beschreibung‹ zu erfassen bzw. festzuhalten, um in ihnen bes. Inszenierungen kulturellen und mythischen Wissens zu erkennen. Es liegt auf der Hand, daß vor dieser Folie die gegenwärtige MT. aus der Ritenforschung (A. van Gennep, V. Turner) neue Impulse erhalten kann, insofern nun die soziale Komponente, das eigentümliche Handlungspotential und die dynamische Qualität der Mythen zutage treten. Die Ritenforschung weist natürlich über das Gebiet der Mythenforschung hinaus, weil es neben den sakralen auch eine große Anzahl weltlicher Riten ohne erkennbaren mythischen Ursprung gibt. Die neuere Mythenforschung bewegt sich somit in einem interdisziplinären Terrain zwischen Ethnologie, Sozialanthropologie, Religionswissenschaften, Mentalitätsgeschichte, Poetik und Ästhetik. Die im Ritus freigesetzte ›Theatralität‹ mythischer Denkmuster verkörpert nicht allein einen bes. ästhetischen Reiz, sondern ermöglicht es auch, die Umsetzung mythischer ↗ Stoffe in literar. ↗ Gattungen wie im Drama, etwa in der Tragödie, zu verfolgen und, über die bisherigen lit.-wissenschaftlichen Beschreibungsmodelle hinausgehend, aus einem ethnologischen Blickwinkel zu betrachten.

Lit.: J.G. Herder: »Über die neuere Dt. Lit.: Fragmente, als Beilagen zu den Briefen, die neueste Lit. betreffend«. In: ders.: *Sämtliche Werke*, Bd. 1 (Hg. B. Suphan), Hildesheim 1967/68 [1767]. S. 357–531. – K.Ph. Moritz: *Götterlehre*, Bln. 1979 [1791]. – F.v. Schlegel: *Gespräch über die Poesie*, Paderborn et al. 1985 [1800]. – F.W. J. Schelling: *Philosophie der Mythologie*, 2 Bde., Darmstadt 1966 [1856/57]. – J.G. Frazer: *The Golden Bough. A Study in Comparative Religion*, 2 Bde., Ldn./N.Y. 1890. – E. Cassirer: *Philosophie der symbolischen Formen*, 3 Bde., Bln. 1997 [1923–29]. – ders.: *Der Mythus des Staates*, FfM. 1994 [1946]. – Cl. Lévi-Strauss: *Wesen und Wirkung des Symbolbegriffs*, Darmstadt 1956. – M. Eliade: *Das Heilige und das Profane. Vom Wesen des Religiösen*, FfM. 1998 [1957]. – Cl. Lévi-Strauss: *Strukturale Anthropologie*, FfM. 1967 [1958]. – O. Marquard: »Zur Funktion der Mythologiephilosophie bei Schelling«. In: M. Fuhrmann (Hg.): *Terror und Spiel*, Mchn. 1971. S. 257–263. – B. Feldman/R.D. Richardson (Hgg.): *The Rise of Modern Mythology. 1680–1860*, Bloomington/Ldn. 1972. – R. Barthes: *Mythologies*, Paris 1975. – C.G. Jung: *Die Archetypen und das kollektive Unbewußte*, Olten/Freiburg 1976. – H. Blumenberg: *Arbeit am Mythos*, FfM. 1996 [1979]. – H.

Gockel: *Mythos und Poesie. Zum Mythosbegriff in Aufklärung und Frühromantik*, FfM. 1981. – K.H. Bohrer (Hg.): *Mythos und Moderne. Begriff und Bild einer Rekonstruktion*, FfM. 1996 [1983]. – G.v. Graevenitz: *Mythos. Zur Geschichte einer Denkgewohnheit*, Stgt. 1987. – Ch. Jamme: *Einf. in die Philosophie des Mythos*, Bd. 2: *Neuzeit und Gegenwart*, Darmstadt 1991. – D. Harth/J. Assmann (Hgg.): *Revolution und Mythos*, FfM. 1992. – W. Jens: *Mythen der Dichter. Modelle und Variationen, vier Diskurse*, Mchn. 1993. – L. Brisson: *Einf. in die Philosophie des Mythos*, Bd. 1: *Antike, Mittelalter und Renaissance*, Darmstadt 1996. – R. Schlesier: »Das Staunen ist der Anfang der Anthropologie«. In: Böhme/Scherpe 1996. S. 47–59. – J. Assmann: *Moses der Ägypter. Entzifferung einer Gedächtnisspur*, Mchn. 1998. – A. Simonis: »›Das verschleierte Bild‹. Mythopoetik und Geschlechterrollen bei K.v. Günderrode«. In: *DVjs* 74 (2000) S. 254–278. – P. Tepe: *Mythos & Lit.: Aufbau einer lit.wissenschaftlichen Mythosforschung*, Würzburg 2001. – W. Barner et al. (Hgg.): *Texte zur modernen MT.*, Stgt. 2003.   AS

Mythos (gr. *mýthos*: Erzählung, Fabel, Sage; lat. *mythus*), unter M. versteht man meist mündlich tradierte Erzählungen, die im Dienste einer vorwissenschaftlichen Erklärung und Beschreibung der Lebenswelt stehen und sich meist vor der Folie eines kosmischen oder übernatürlichen Bezugsrahmens abspielen. Mythentraditionen finden sich v.a. bei den antiken Hochkulturen und den sog. Naturvölkern. Von der gr. Philosophie wurde der M. mit Skepsis betrachtet. Als symptomatisch für seine Geringschätzung darf Platons Urteil im 2. Buch der *Politeía* (ca. 380–70 v.Chr.) gelten, das die gr. Göttermythen, überliefert durch Homer und Hesiod, als Lügenmärchen abstempelte und nicht zuletzt aus moralischen Gründen für verwerflich erachtete. Somit waren die Vorzeichen für die Aufnahme des M. in der abendländischen Theoriediskussion eher ungünstig. Doch verwendet auch Platon selbst in seinen Dialogen mythische Einlagen, um seine Philosopheme zu veranschaulichen.

Im 18. Jh. war es v.a. K.Ph. Moritz, der im Rahmen seiner *Götterlehre* (1791) dem M. eine erkenntnisleitende Funktion zuerkannte. F.v. Schlegels »Rede über die Mythologie« (1800) erkundet den wechselseitigen Zusammenhang zwischen M. und Poetik. Die romantische Mythenforschung (Arnim, Grimm) meinte im M. urspr. volkstümliche Denkweisen und Ausdrucksformen zu entdecken, in denen sich ein unverstelltes, da von der modernen Zivilisation noch nicht überformtes, anthropologisches Wissen bekundete. Im 20. Jh. setzte E. Cassirer die begonnene Aufwertung des M. fort, indem er in ihm eine menschliche Kulturleistung eigener Art, eine bes. symbolische Form erkannte, die den Zeichensystemen der Sprache und der Geschichte vergleichbar und mit ihnen grundsätzlich gleichwertig sind. Dank Cassirers richtungweisendem Beitrag wurde das ›mythische Denken‹ für die neuere ↗ Kulturwissenschaft interessant. Die gesteigerte Aufmerksamkeit auf den M. erhielt durch die strukturalistische Ethnologie zusätzliche Impulse. In Cl. Lévi-Strauss' Studien gewinnt die Mythenforschung erstmals ein modernes spezialwissenschaftliches Format. Es ist das Verdienst Lévi-Strauss', mittels formalistischer Analysemethoden nachgewiesen zu haben, daß die mythische Denkform keine ungeordnete und regellose ist, sondern eine

von der rationalistischen Logik zwar verschiedene, aber nichtsdestoweniger
komplexe Struktur aufweist, die in der Idee eines prädiskursiven ›wilden
Denkens‹ ihren angemessenen Ausdruck findet.

Lit.: E. Cassirer: *Sprache und M.: Ein Beitrag zum Problem der Götternamen*, Lpz.
1925. – D. Borchmeyer: »M.«. In: ders./Žmegač 1994 [1987]. S. 292–308. – G.v.
Graevenitz: *M.: Zur Geschichte einer Denkgewohnheit*, Stgt. 1987. – U. Heidmann
Vischer: »M.«. In: Fricke 2000. S. 664–668.   AS

N

New Criticism, der Begriff bezeichnet die wohl bedeutendste Richtung in der
am. Lit.theorie und -kritik des 20. Jh.s. Konzipiert schon in den 1930er und
1940er Jahren gewann der *N.C.* in der Zeit von etwa 1950 bis 1970 einen
dominanten Einfluß auf die anglo-am. Lit.kritik und den Lit.unterricht in
den USA sowie in weiten Teilen Westeuropas. In den Jahren danach wurde
er zur bevorzugten Zielscheibe der Polemik fast aller neueren Richtungen in
der am. Lit.theorie. – Trotz seiner weiten Verbreitung war der *N.C.* keine
lit.kritische Schule im strengen Sinne, denn seine Anhänger haben ihre
Prinzipien nur selten, am deutlichsten erst in späten Verteidigungsschriften
(vgl. Wellek 1982; Brooks 1979) expliziert, und die Unterschiede zwischen
ihren Gedankengebäuden und Terminologien sind mindestens ebenso
groß wie die Gemeinsamkeiten. Schon an der Prägung des Begriffs waren
verschiedene Autoren beteiligt (vgl. Wellek 1982, S. 87f.). J.E. Spingarn
entdeckte den Begriff bei B. Croce und machte ihn zum Titel eines 1911
veröffentlichten Büchleins, in dem er Croces Theorien darlegte. E.E. Burgum
verwandte ihn 1930 als Titel eines Sammelbands und J.C. Ransom 1941
als Titel eines Buchs, das am meisten zur Verbreitung des Begriffs beitrug,
obwohl es andere Vorläufer und Vertreter des *N.C.* kritisierte. Selbst unter
Experten ist umstritten, welche Kritiker überhaupt dem *N.C.* zugerechnet
werden dürfen: In der Regel als Vorläufer oder geistige Ahnherren der
Bewegung bezeichnet werden T.S. Eliot, der als erster anglo-am. Kritiker
die Eigengesetzlichkeit der Lit. (Autonomie) betonte und damit eine Basis
für die vornehmlich werkimmanente Lit. betrachtung (↗ werkimmanente
Interpretation) des *N.C.* legte, I.A. Richards, der als erster die Notwendigkeit
einer intensiven Textarbeit im Lit.unterricht erkannte, obwohl er, anders
als die eigentlichen *New Critics*, noch keine scharfe Trennung zwischen der
objektiven Struktur des Textes und den subjektiven Erfahrungen seiner Leser
intendierte, sowie Richards Schüler W. Empson, der mit seiner berühmten
Studie *Seven Types of Ambiguity* (1930) wesentlich zur Verbreitung der für
den *N.C.* zentralen Vorstellung beitrug, daß Mehrdeutigkeit (↗ Ambiguität) ein entscheidendes Kriterium für die ästhetische Qualität eines Textes
sei (vgl. Schulte-Middelich 1982, S. 26). Als typische Vertreter des *N.C.*
gelten neben Ransom seine Schüler A. Tate und C. Brooks (vgl. Halfmann
1971). Brooks sorgte zusammen mit seinen Mitautoren R.P. Warren bzw.
R.B. Heilman durch die Veröffentlichung von vier sehr einflußreichen,

immer wieder aufgelegten Handbüchern (*An Approach to Literature*, 1936; *Understanding Poetry*, 1938; *Understanding Fiction*, 1943 und *Understanding Drama*, 1945) am meisten für die Popularisierung der neuen Richtung. Weitere häufig dem *N.C.* zugerechnete Kritiker sind R.P. Blackmur, K.D. Burke, W.K. Wimsatt und Y. Winters, wenngleich sich die beiden Erstgenannten später deutlich vom *N.C.* abgesetzt haben und auch Winters über die Zuordnung niemals glücklich war (vgl. Wellek 1982, S. 89 und Brooks 1979, S. 592, die als die besten Kenner der Szene die Disparatheit der Bewegung stark betonen). Gefördert wurde die Verbreitung des *N.C.* außer durch die genannten Handbücher auch durch Zs.en wie *The Southern Review, The Kenyon Review* und *The Sewanee Review*, die, von den Hauptvertretern des *N.C.* herausgegeben, die im Sinne des *N.C.* durchgeführte Art der Interpretation weithin bekannt machten. Wie die Liste der genannten Vertreter und Zs.en erkennen läßt, war der *N.C.* im engeren, eigentlichen Sinne ein am., in den konservativ geprägten Südstaaten angesiedeltes Phänomen. Engl. Kritiker und Organe hingegen, die (wie F.R. Leavis und seine Zs. *Scrutiny*) von manchen Betrachtern ebenfalls mit dem *N.C.* in Verbindung gebracht werden, teilen nur einzelne seiner Prinzipien und Termini. Eine über den am. Kontext hinausweisende Komponente erhielt der *N.C.* durch Wellek, der als ehemaliges Mitglied des Prager Linguistenkreises (Prager Schule) und Einwanderer in die USA dem *N.C.* durch sein mit Elementen der osteurop. Lit.theorie angereichertes, gemeinsam mit Warren verfaßtes Handbuch *A Theory of Literature* (1949) ein inoffizielles theoretisches Manifest bescherte und später zum gewichtigsten Verteidiger des *N.C.* wurde. Dem von den *New Critics* praktizierten und in ihren theoretischen Schriften gerechtfertigten Umgang mit Lit. liegen folgende Prinzipien zugrunde:

(a) Die Konzentration auf den Text als Objekt: Unter den verschiedenen Komponenten des ↗ Kommunikationsmodells kommt nach Auffassung der *New Critics* dem Text die entscheidende Bedeutung zu. Auf seine objektiven Strukturen (die Wörter und Wortmuster mit ihren geschichtlich belegbaren Bedeutungen und Assoziationen) soll der Kritiker seine Aufmerksamkeit konzentrieren. Der historische ↗ Kontext ist dabei, abgesehen von der Geschichtlichkeit der Wortbedeutung, nur von geringer Wichtigkeit. Aus der Betrachtung weitgehend ausgespart bleiben sollen auch die Erfahrungen und ↗ Intentionen des Autors und der durch den Text beim Leser hervorgerufene subjektive Respons (↗ Wirkung; ↗ Wirkungsästhetik): zwei Komponenten, für deren aus der Sicht des *N.C.* falsches Für-wichtig-Halten Wimsatt und sein Co-Autor M. Beardsley die Begriffe ›intentional‹ bzw. ›affective fallacy‹ prägten (vgl. Wimsatt, *The Verbal Icon*, 1954). Das Postulat von der Konzentration auf den Text als Objekt verbindet den *N.C.* mit anderen in anderen Nationen angesiedelten lit.theoretischen Richtungen, die sich wie der Russ. Formalismus oder die frz. ↗ *explication de texte* ebenfalls vornehmlich auf die Werkstruktur konzentrieren und damit die rein positivistische, nur auf biographische und historische Fakten ausgerichtete Lit.betrachtung des 19. Jh.s überwinden wollten (Positivismus; Biographismus).

(b) Das Prinzip des ›*close reading*‹: Da der Text als Objekt im Mittelpunkt des lit.theoretischen Interesses des *N.C.* steht, ist das *close reading*, d.h. ein genaues, allen Bedeutungsnuancen und sprachlichen Effekten eines Textes nachspürendes Lesen, eine *conditio sine qua non* neukritischer Lit.-interpretation. Auch in England (in Anlehnung an Richards) unter dem Stichwort *practical criticism* bekannt, wurde das Prinzip des *close reading* zu einem Meilenstein auf dem Weg von einer noch das 19. und frühe 20. Jh. prägenden impressionistischen Art der Lit.betrachtung hin zu wissen-schaftlich-gründlichen, kritischen Textinterpretationsverfahren, die auch aus den auf den *N.C.* folgenden lit.theoretischen Richtungen nicht mehr wegzudenken sind.

(c) Die Suche nach Mehrdeutigkeit: Dieses Prinzip ergibt sich notwendig daraus, daß sich ein *close reading* nur bei solchen Texten lohnt, die vielschich-tig, kompliziert und mit vielen Bedeutungsnuancen angereichert sind. Die verschiedenen Vertreter des *N.C.* haben zur Bezeichnung von Mehrdeutigkeit und semantischen Spannungspotentialen eigene Termini, wie z.B. *ambiguity* (↗ Ambiguität; Empson), *tension* (Tate), *irony* und *paradox* (Brooks) geprägt, die sich auch als Leitbegriffe im Lit.unterricht verwenden ließen und durch häufigen Gebrauch z.T. später zu bloßen Schlagworten verkamen.

(d) Die Betonung der Einheit (›unity‹) im Disparaten: Prägt einerseits der Fokus auf Mehrdeutigkeit und Spannungen das literar. Interesse des *N.C.*, ist es ihm andererseits wichtig, jene Prinzipien zu bestimmen, die die disparaten Elemente eines Kunstwerks zu einer höheren Einheit zu-sammenfügen (vgl. den von Brooks bevorzugten Terminus *paradox*, der ja bereits eine letztliche Einheit der Gegensätze unterstellt). Die *New Critics* konnten sich bei ihrer Betonung der Einheit des Kunstwerks auf die Lit. theorie S.T. Coleridges berufen, der bereits die Formel von der Schönheit der Kunst als einer ›unity in multeity‹, einer Einheit in der Vielheit, verwendet hatte. Aber während Coleridge als Romantiker das Konzept der Einheit nur auf die Imagination des Dichters bezog, versuchten die *New Critics*, sie auch konkret an Elementen des Textes festzumachen, z.B. an einem im Mittelpunkt des Kunstwerks stehenden Charakter, einem durchgängigen Schauplatz oder (meistens) an einem leitmotivischen Thema. Typisch für Interpretationen im Geiste des *N.C.* sind daher Aufsatztitel wie ›The Theme of X in ...‹ oder ›X as a Unifying Principle in ...‹. Nicht nur die Art der Analyse, sondern auch die Auswahl der zu analysierenden Gegenstände wurde von den genannten Prinzipien des *N.C.* vorgeprägt: Die Technik des *close reading* und das Suchen nach Mehrdeutigkeit ließen sich am besten im Bereich der Lyrik praktizieren. Innerhalb der Lyrik kamen v.a. jene Epochen den Interessen der *New Critics* entgegen, die (wie die *Metaphysical Poetry*) oder die moderne Dichtung, mit weithergeholten Vergleichen, schwierigen ↗ Metaphern oder dunklen ↗ Symbolen arbeiten. Im Bereich der Erzähllit. boten sich v.a. kurze und moderne (psychologische, impressionistische und symbolistische) Texte, im Bereich des Dramas die Stücke W. Shakespeares mit ihren komplexen Bildern und Themenmustern für eine Analyse mit den Mitteln des *N.C.* an (vgl. Schulte-Middelich 1982, S. 37–39). Eine Folge dieser Schwerpunktsetzung war eine Kanonbildung im universitären und schulischen Lit.unterricht, die schließlich von neueren Richtungen als einengend und zu traditionsorientiert empfunden wurde. Noch stärker der

↗ Tradition und dem Konservatismus verpflichtet war der *N.C.* in seiner politischen und philosophischen Orientierung. Zu einem großen Teil aus den Südstaaten stammend, vertraten einzelne *New Critics* (wie z.B. Tate) sogar offen antidemokratische Wertvorstellungen; zumindest standen die meisten Vertreter des *N.C.* der modernen, von Wissenschaft und Technik geprägten Zivilisation ablehnend gegenüber. Dementsprechend postulieren sie in ihren lit.theoretischen Schriften einen fundamentalen Unterschied zwischen der Sprache der Wissenschaft und der Sprache der Dichtung: In der ersteren, so die These, seien die Bezeichnungen ausschließlich denotativ, in der letzteren hätten sie zusätzlich eine metaphorisch-konnotative Komponente. Einigen Hauptvertretern der Richtung war dieser Dualismus zwischen denotativer und konnotativer Bedeutung (↗ Denotation; ↗ Konnotation) sogar ein neu erfundenes Begriffspaar wert (Ransom z.B. spricht von *structure* und *texture*, Tate von *extension* und *intension*). Nach Auffassung aller *New Critics* erreicht die poetische Sprache durch ihre metaphorisch-konnotative Komponente eine bes., sie über die Wirklichkeit hinaushebende Qualität. Gleichwohl bleibt sie aber auf die Wirklichkeit bezogen, indem sie eine lebendige Erfahrung (*experience*) zum Ausdruck bringt. Mit der vom ↗ Poststrukturalismus propagierten Auffassung, daß zwischen Sprache und Wirklichkeit ein niemals überwindbarer Bruch besteht, hat die Sprachkonzeption des *N.C.* daher trotz ihrer Betonung der Mehrdeutigkeit von Texten nichts zu tun (vgl. Wellek 1982, S. 94; Brooks 1979, S. 605).

Ob ihres lange Zeit dominanten Einflusses ist es nicht verwunderlich, daß die Grundpositionen des *N.C.* von fast allen anderen Richtungen der Lit.theorie polemisch angegriffen worden sind. Die generelle Strategie dieser Polemiken besteht darin, dem *N.C.* die Mißachtung dessen vorzuwerfen, was der eigenen Richtung als neues ↗ Paradigma gilt: So hielt schon in den 1950er und 1960er Jahren die Chicago-Schule dem *N.C.* die Vernachlässigung von Handlung, Charakteren und anderen gattungsspezifischen Faktoren vor. Rezeptionsorientierte Kritiker klagen, der *N.C.* habe den Leser mißachtet (↗ Rezeptionsästhetik). Vertreter des am. ↗ *New Historicism* und des brit. ↗ *Cultural Materialism* werfen dem *N.C.* vor, den historischen Kontext bzw. die ideologischen ↗ Funktionen von Lit. ignoriert zu haben. Konservative Hermeneutiker vom Schlage eines E.D. Hirsch meinen, der *N.C.* habe mit seiner Suche nach Mehrdeutigkeit die Offenheit und Vieldeutigkeit der Lit. überbetont. Poststrukturalen Theoretikern gehen hingegen die Zugeständnisse des *N.C.* an diese Faktoren noch nicht weit genug. Daß sich dabei die von den verschiedenen Seiten erhobenen Vorwürfe, wie das letzte Beispiel zeigt, z.T. gegenseitig neutralisieren, ist ein Indiz dafür, daß es sich bei den lit.theoretischen Annahmen des *N.C.* im Grunde um ausgewogene Positionen handelt, die besser als manche andere Theorie mit dem *common sense* vereinbar sind.

Lit.: Weimann 1974 [1962]. – U. Halfmann: *Der am. ›N.C.‹*, FfM. 1971. – C. Brooks: »The N.C.«. In: *The Sewanee Review* 87 (1979) S. 592–607. – B. Schulte-Middelich: »Der *N.C.*: Theorie und Wertung«. In: B. Lenz/ders. (Hgg.): *Beschreiben, Interpretieren, Werten*, Mchn. 1982. S. 19–52. – R. Wellek: »The N.C.: Pro and

Contra«. In: ders.: *The Attack on Literature and Other Essays*, Chapel Hill 1982. S. 87–103. – J.R. Willingham: »The N.C.: Then and Now«. In: Atkins/Morrow 1989. S. 24–41. – D. Robey: »Anglo-American N.C.«. In: Jefferson/ders. 1992 [1982]. S. 65–83. – M. Weitz: »Zur Karriere des *Close Reading. N.C.*, Werkästhetik und Dekonstruktion«. In: Pechlivanos et al. 1995. S. 354–365. – Litz et al. 2000.

PW

New Historicism (dt. Neohistorismus), der *N.H.* hat sich mit dem Ende seiner ersten Phase der Theoriebildung Ende der 1980er Jahre in den USA zum »dominanten Theorieparadigma einer sich zunehmend kulturwissen-schaftlich begründenden Lit.wissenschaft« (Hebel 1992, S. 325) entwickelt. Er ist weniger eine homogene Schule, sondern bezeichnet als Sammelbegriff vielmehr eine breite Palette kontextorientierter neohistorischer Ansätze. – St. Greenblatt prägte den Begriff 1982 in seiner Einführung zu der Zs. *Genre*, um die Gemeinsamkeiten verschiedener Studien zur engl. Renaissance zu umschreiben. Rasch konnte sich der *N.H.* als machtvolle neue, kultur-anthropologisch ausgerichtete Interpretationsrichtung (*›poetics of culture‹*) institutionell etablieren, v.a. durch die eindrucksvollen Studien Greenblatts zur Renaissance und zu W. Shakespeare sowie durch die vierteljährlich erscheinende Zs. *Representations*. Verschiedene Sammelbände mit Einfüh-rungs- und Überblickscharakter (vgl. Veeser 1989) folgten, bis schließlich in einer von Greenblatt und G. Gunn 1992 herausgegebenen Zwischenbilanz mit dem programmatischen Titel *Redrawing the Boundaries. The Transforma-tion of English and American Literary Studies* die unumkehrbaren radikalen Veränderungen der lit.kritischen Landschaft dokumentiert und vorläufig festgeschrieben wurden. Neben Greenblatt gelten als Hauptvertreter u.a. S. Bercovitch, J. Dollimore, C. Gallagher, J. McGann, F. Lentricchia, W.B. Michaels, L.A. Montrose und H.A. Veeser. Die Grenzziehung gegenüber dem eher marxistisch geprägten, auf R. Williams zurückgehenden brit. ↗ *Cultural Materialism* ist nicht immer eindeutig möglich. Zahlreiche Forschungsdoku-mentationen und kritische Darstellungen haben, bei allen theoretischen und methodischen Vorbehalten, den *N.H.* als kulturwissenschaftlichen Ansatz auch für dt. Geisteswissenschaftler fruchtbar gemacht (vgl. Eggert et al. 1990; Zapf 1991; Nünning 1992; Hebel 1992; Höfele 1992; vgl. auch die Beiträge von Fluck, Volkmann und Zapf in Ahrens/Volkmann 1996) und der Debatte um eine ›postmoderne Geschichtsschreibung‹ entscheidende Anstöße gegeben (vgl. Eggert et al. 1990; Conrad/Kessel 1994; Scholtz 1997). Allerdings wurde auch auf etablierte dt. kultur- bzw. funktionsgeschichtliche Ansätze verwiesen (z.B. von E. Lämmert oder E. Wolff; vgl. Kaes in Eggert et al. 1990, S. 56; Volkmann 1996, S. 330).

Geistesgeschichtlich wurde der *N.H.* als Reaktion auf die Krise des (am.) Fortschrittsgedankens sowie auf den wachsenden Einfluß von mul-tikulturellem Wertepluralismus gedeutet (vgl. Thomas in Scholtz 1997, S. 13ff.). Trotz der Heterogenität der *New Historicists* ist ihnen die dezidierte Frontstellung gegenüber zwei als überholt abgewerteten Schulen gemeinsam, dem textimmanenten ↗ *New Criticism* sowie den a posteriori nun zum ›*Old Historicism*‹ ernannten früheren kontextbezogenen Interpretations-

richtungen. Dem unhistorischen Analyseverfahren des auf textliche Autonomie insistierenden *New Criticism* wird dabei bisweilen in ideologischer
Überhöhung die Funktion eines über lange Jahre dominanten bourgeoisen
Unterdrückungsapparats zugeschrieben, der eine unheilvolle Allianz mit
dem ›*Old Historicism*‹ eingegangen sei. Als reaktionärer oder konservativer
Sinnstiftungsmechanismus, so der *N.H.*, erkannte letzterer nicht den Konstruktcharakter jeglicher historischen Deutung und degradierte, wie auch
die orthodoxe ↗ marxistische Lit.theorie, die Lit. lediglich zum Reflektor
des historischen Hintergrunds (↗ Widerspiegelung). Bei bewußt eindeutiger
Abgrenzung gegenüber traditionellen Interpretationsrichtungen erweisen sich
die eigenen theoretischen und methodischen Grundlagen des *N.H.* eher als
bewußt eklektizistisch und neuen Einflüssen gegenüber offen. Mit der für
seinen Erfolg mit ausschlaggebenden »portmanteau quality« (Veeser 1989,
S. XI) absorbiert und modifiziert der *N.H.* geschickt andere Positionen.
(a) Wie der ↗ Poststrukturalismus geht der *N.H.* vom dezentrierten, intertextuell vernetzten Individuum bzw. Einzeltext aus (↗ Intertextualität und
Intertextualitätstheorien), leugnet den ontologischen Unterschied zwischen
Text und Kontext und betont den Kontingenzcharakter historischen Geschehens. (b) Mit skeptizistischen Geschichtstheoretikern wie H. White und
in Anlehnung an die ↗ Rezeptionsästhetik wird dabei die Dimension der
Inszenierung des Textes durch den Historiker bzw. Interpreten selbstreflexiv
zur Sprache gebracht. (c) Wie die marxistische Lit.theorie postuliert der
N.H. die Dominanz von Machtbeziehungen und von sozioökonomischen
Prägebedingungen. Allerdings leugnet der *N.H.* im Sinne von M. Foucaults
historischer Diskursanalyse (↗ Diskurs und Diskurstheorien) eine teleolo-
gische Geschichtsausrichtung sowie ein einfaches Basis-Überbau-Schema
angesichts von dynamischen und gängige Hierarchien transzendierenden
Machtkonfigurationen. (d) In der Praxis der ↗ Interpretation werden die
Techniken der ↗ Dekonstruktion bei einem *close reading* angewendet, im
Aufspüren der *fault lines*, der Brüche und Ausgrenzungen in logozentrischen
Textstrukturen. Im Sinne der Tiefenpsychologie S. Freuds und J. Lacans wird
dabei das Verschwiegene, bisher Unterdrückte wieder aufgespürt (↗ Subtext).
(e) Interdisziplinär und in Anlehnung an die Kulturanthropologie von C.
Geertz wird eine enge Verbundenheit aller sozialen und kulturellen Praktiken
erkannt, die es erlaubt, auch in Randphänomenen die ↗ Episteme einer
↗ Epoche aufzudecken. (f) Die dominanten Fragestellungen und Thema-
tiken des *N.H.* orientieren sich, unter dem Einfluß der ↗ feministischen
Lit.theorie, der ↗ postkolonialen Lit.theorie und des ↗ Multikulturalismus,
an den Aspekten von *class*, ↗ *gender* und *race*.
　　Es haben sich darüber hinaus folgende Prämissen und Praktiken der *N.H.*-
Forschung herauskristallisiert. (a) Jeder Text ist historisch geprägt; er ist als
culture in action nicht allein Abbild der Realität, sondern in ein dynamisches
soziokulturelles und ästhetisches, ↗ synchron und ↗ diachron verlaufendes
Interdependenzgeflecht eingebettet (*embedded*). Bedeutenden Texten bzw.
Autoren wird dabei der Status von semiotischen Kraftfeldern eingeräumt.
(b) Literar. Texte verlieren in dieser dynamischen ↗ ›Zirkulation sozialer
Energien‹ (Greenblatt) ihren privilegierten Status als ästhetische Gebilde,

da Geschmack als historische Variable erscheint, Literarizität und Narrativik als Diskursstrategie definiert werden. Literar. Texte interessieren primär in ihren komplexen Interaktionen mit anderen, auch nichtliterar. Texten und kulturellen Praktiken. (c) Den *N.H.* beschäftigt als dominantes Thema die spezifische Konstruktion von Identität, da *race, class* und *gender* als historisch variable Kategorien gedeutet werden. Im Zuge einer Revision der Texte tritt vormals Ausgeschlossenes und Unterdrücktes in den Vordergrund, insbes. komplexe Macht- und Unterdrückungsmechanismen in kohärent wirkenden Texten, bisher schamhaft verborgene Körperlichkeit, Manifestationen des Bizarren und des Wahnsinns usw. Im Zuge dieser Neuorientierung wird der literar. ↗ Kanon durch eine Privilegierung der bisher unterdrückten Stimmen aufgelöst und umgeformt. (d) Interpretationen des *N.H.* widersetzen sich einer Teleologie und Kausalität anstrebenden *master narrative.* Sie praktizieren vielmehr die von Geertz propagierte Darstellungstechnik der ›dichten Beschreibung‹ (engl. ›*thick description*‹), bei der das Geflecht der reziproken kulturellen Beziehungen eingehend erkundet wird. Die kontingenzbetonende Vorgehensweise der Interpreten spiegelt dabei bewußt postmodernes Vielheitsstreben, ↗ Dialogizität und emanzipatorisches wie multikulturelles Bewußtsein.

V.a. in den USA hat die ideologische Ausrichtung des *N.H.* zu scharfen Auseinandersetzungen mit konservativen Kritikern und der Garde der *New Critics* geführt. Es lassen sich schematisch folgende Kritikpunkte am *N.H.* auflisten: (a) Nicht immer werde die eigene Position des *N.H.* kritisch hinterfragt; die Historie gerate bisweilen zur Echokammer postmoderner Ressentiments und ↗ Ideologien. (b) Die Hypothese von der Verbundenheit aller kulturellen Zeichen führe bisweilen zu spekulativen Verallgemeinerungen. Die Geschichte gerate zum abgeschlossenen Irrgarten der Zeitgenossen, die nun nicht mehr Opfer eines dominanten Zeitgeists seien, aber trotzdem zu willenlosen Marionetten an den Fäden komplexer Episteme degradiert würden. (c) Die Einebnung der Einzeltexte wie des Sonderstatus von Lit. habe, so v.a. konservative Kritiker, zu einem Relativismus in der Lit.wissenschaft und zu einer ›Balkanisierung‹ (H. Bloom) der Kulturlandschaft geführt. (d) Zu oft würden Argumentations- wie Kompositionsmuster der eindrucksvollen Greenblatt-Aufsätze epigonal nachgeahmt. Das Fehlen von quellenkritischem Bewußtsein, Stringenz und Prägnanz verberge sich bei Greenblatt-Imitatoren hinter dem ostentativen Gestus der diskontinuierlich ausgerichteten, anti-logozentrischen ›dichten Beschreibung‹. Von einem Schutzwall modischer Terminologie dürftig verborgen, blieben die Ergebnisse bisweilen subjektivistisch, ja unbedeutend und banal. (e) Das Leugnen einer hinter den Mikrogeschichten versteckten verbindlichen Makroebene, also auch der Möglichkeit einer strukturierten diachronen Betrachtungsweise, gerate bisweilen ebenfalls zur Leerformel. Denn mit der Etablierung des *N.H.* und seinem Ausgreifen in alle literar. ↗ Epochen sei inzwischen ein Textkorpus entstanden, das durchaus die vielstimmige ›Große Erzählung‹ einer alternativen Kulturgeschichte durchschimmern läßt. Ungeachtet der Einwände gegen die mangelnde theoretische Fundiertheit und methodische Stringenz und ihre oft eklektische und essayistische

Qualität haben die kulturpoetologischen Studien des *N.H.* maßgeblich zur Historisierung, interdisziplinären Erweiterung und kulturwissenschaftlichen Neuorientierung (↗ Kulturwissenschaft) der Lit.wissenschaften in Amerika und Europa beigetragen.

Lit.: Veeser 1989. – Eggert et al. 1990. – St. Greenblatt: »Culture«. In: Lentric-chia/McLaughlin 1995 [1990]. S. 225–232. – S. Bercovitch: *The Office of ›The Scarlet Letter‹*, Baltimore 1991. – H. Zapf: »*N.H.*«. In: ders. 1996 [1991]. S. 230–240. – Greenblatt/Gunn 1992. – U. Hebel: »Der am. *N.H.* der achtziger Jahre. Bestandsaufnahme einer neuen Orthodoxie kulturwissenschaftlicher Lit.-interpretation«. In: *Amerikastudien* 37 (1992) S. 325–347. – A. Höfele: »N.H./ Cultural Materialism«. In: *Jb. der Dt. Shakespeare-Gesellschaft West*, Bochum 1992. S. 107–123. – A. Nünning: »Narrative Form und fiktionale Wirklichkeitskonstruk-tion aus der Sicht des *N.H.* und der Narrativik«. In: *ZAA* 40 (1992) S. 197–213. – R. Wilson/R. Dutton (Hgg.): *N.H. and Renaissance Drama*, Ldn./N.Y. 1994 [1992]. – Ch. Conrad/M. Kessel (Hgg.): *Geschichte schreiben in der Postmoderne*, Stgt. 1994. – H.A. Veeser (Hg.): *The N.H. Reader*, N.Y./Ldn. 1994. – M. Baßler et al.: *N.H.: Lit.geschichte als Poetik der Kultur*, FfM. 1995. – A. Simonis: »*N.H.* und *Poetics of Culture*. Renaissance Studies und Shakespeare in neuem Licht«. In: Nünning 1998 [1995]. S. 153–172. – St. Mullaney: »After the N.H.«. In: J. Drakakis/T. Hawkes (Hgg.): *Alternative Shakespeares*, Ldn./N.Y. 1996. S. 17–37. – L. Volkmann: »Reconstructing a Usable Past. The N.H. and History«. In: Ahrens/Volkmann 1996. S. 325–344. – Colebrook 1998 [1997]. – G. Scholtz (Hg.): *Historismus am Ende des 20. Jh.s. Eine internationale Diskussion*, Bln. 1997. – Glauser/Heitmann 1999. – Ausg. »The Continuation of Historicism« (Hg. J. Pieters) der Zs. *European Journal of English Studies* 4.2 (2000). – C. Gallagher: *Practicing N.H.*, Chicago et al. 2000. – M. Baßler, »N.H., Cultural Materialism und Cultural Studies«. In: A. Nünning/V. Nünning 2003. S. 132-155.   LV

Norm, ästhetische, für die Lit.wissenschaft zentraler Begriff der Werkäs-thetik zur Bezeichnung des dominanten Beurteilungsmaßstabs, dem sich ein Kunstwerk subsumieren bzw. widersetzen kann und in Auseinandersetzung mit welchem es rezipiert und evaluiert wird. – Bestimmung und Einhal-tung der jeweiligen N. wurde in konservativ-humanistischen Zirkeln bis ins frühe 20. Jh. als präskriptive Aufgabe einer Bildungselite begriffen, die kultur- und gesellschaftsstabilisierende Funktion besitzen und dem Werk mit kantianischem ›interesselosem Wohlgefallen‹ begegnen sollte: »In any period it is upon a very small minority that the discerning appreciation of art and literature depends« (F.R. Leavis 1930, S. 3). Seit den 1970er Jahren hat sich hingegen die Auffassung durchgesetzt, daß Etablierung und ›Kontrolle‹ von N.en nicht überzeitlich und endgültig, sondern historisch extrem variabel sind und unmittelbar von den Entwicklungen in Ideen- und Mentalitätsgeschichte, ↗ Kultursemiotik, Poetik und ↗ Rhetorik abhängen, und zwar in Lit.geschichte und -wissenschaft gleichermaßen: Die Romantik revoltierte gegen die Vorstellungen des Klassizismus, die Moderne überwand die N.en des Realismus und Naturalismus, die Postmoderne verstand sich als Reaktion auf die Moderne usw. Diese Oszillation zwischen verschiedenen

bzw. konträren Schulen und Stilarten der Lit. wird daher mittlerweile nicht
als mangelnde Präzision einer wie auch immer gearteten N. verstanden,
sondern als notwendiges und integratives Entwicklungsmoment von Lit.
überhaupt (vgl. D. Lodge 1977). H. Fricke (1981) hat den Grundgedanken
der Deviationsstilistik, daß Lit. bzw. Dichtung von vorgegebenen N.en des
Sprechens abweicht, präzisiert und zu einer zusammenhängenden Klärung
zentraler Fragen der ↗ Gattungstheorie, der Lit.geschichte, der Lit.soziologie
und der literar. ↗ Wertung ausgearbeitet.

In der Entwicklung der Lit.kritik dominierten innerhalb des ↗ *New
Criticism* die Ideale der organischen Einheit, ausbalancierten Harmonie
und textuellen Eindeutigkeit; im Russ. Formalismus wurde das textuelle
Gelingen von ↗ Verfremdung und Betonung der poetischen Funktion
zur N. (↗ Funktion, ästhetische/poetische); die dt. Variante der ↗ Rezeptionsästhetik schreibt den Ausprägungen von literar. ↗ Unbestimmtheit
(↗ Leerstelle) hohe Priorität zu.

V.a. jüngere Ansätze in Feminismus (↗ feministische Lit.theorie, ↗ Ideologiekritik, ↗ *New Historicism* und Marxismus (↗ marxistische Lit.theorie)
fordern und profitieren gleichzeitig vom ↗ Pluralismus der Diskussion um
Begründung und Funktion der N.; so spricht T. Eagleton (1990, S. 411)
grundsätzlich von »two opposing notions of the aesthetic, one figuring as
an image of emancipation, the other as ratifying domination« (vgl. F.R.
Jameson; P. Macherey). Eine Klärung der in Lit.produktion und -kritik
jeweils als gültig und verbindlich deklarierten N. ist folgerichtig elemen-
tar nicht nur für den ↗ Lit.begriff, sondern ebenso für das Problem des
↗ Kanons. In den 1990er Jahren verstärkte Bemühungen um theoretische
Aufbereitung von hybriden Genres, ↗ Hypertext, ↗ Intermedialität und
↗ Konstruktivismus prägen darüber hinaus die Einsicht, daß Vergnügen
und Verstehen des Kunstwerks weniger auf dessen inhärenten Qualitäten
beruhen als vielmehr auf den jeweils dominanten Rezeptionsidealen und
-kontexten. Dies berücksichtigt die Forschung unter der Prämisse, daß »Erkenntnis nicht mehr monologisch durch die Schaffung neuer hermetischer
Soziolekte zu haben ist, sondern nur dialogisch als Vermittlung zwischen
heterogenen Diskursen, deren Dissens ebenso wichtig ist wie ihr Konsens,
weil er den Monolog opponiert und die Vorurteile und Doxa aufbricht, die
sich in den einzelnen Gruppensprachen immer wieder bilden« (Zima 1991,
S. 407). Eine essentialistische Variante der N. findet sich derzeit noch in der
Plazierung einzelner Werke innerhalb des evaluativen Kanons.

Lit.: s. auch ↗ Rezeptionsgeschichte; ↗ Wertung, ästhetische/literar. – F.R. Leavis:
Mass Civilisation and Minority Culture, Cambridge 1979 [1930]. – D. Lodge: *The
Modes of Modern Writing. Metaphor, Metonymy, and the Typology of Modern Literature*,
Ldn. 1996 [1977]. – Fricke 1981. – Eagleton 1996 [1983]. – R. Haller: *Facta und
Ficta. Studien zu ästhetischen Grundlagenfragen*, Stgt. 1986. – Eagleton 1995 [1990].
– Zima 1995 [1991]. – W. Henckmann/K. Lotter (Hgg.): *Lexikon der Ästhetik*,
Mchn. 1992. – St. Regan (Hg.): *The Politics of Pleasure. Aesthetics and Cultural Theo-
ry*, Buckingham/Philadelphia 1992. – Th. Anz: »N.«. In: Fricke 2000. S. 720–723.
– J.J. Joughin/S. Malpas (Hgg.): *The New Aestheticism*, Manchester 2003.   GN

O

Objektsprache, allg. werden zur O. alle Äußerungen innerhalb einer natürlichen Sprache gerechnet, die Aussagen über außersprachliche Objekte treffen, z.B. ›Ich werfe den Schneeball‹. Unter O. wird auch jene Sprache verstanden, über die dann Aussagen zweiter Ordnung in einer ↗ Metasprache getroffen werden. So ist in der Aussage ›Schneeball‹ ist ein Kompositum‹ ›Schneeball‹ ein objektsprachlicher Ausdruck, dessen Status durch die Anführungszeichen deutlich gemacht wird. Hier liegt die bereits im Mittelalter übliche Unterscheidung zwischen ›Gebrauch‹ eines Begriffs im ersten Beispiel und ›Erwähnung‹ eines Begriffs im zweiten Beispiel zugrunde. In der Lit.wissenschaft trägt in der Regel ein zu untersuchender Primärtext den objektsprachlichen Status, doch können die entstehenden Texte in der Metasprache (↗ Interpretationen) ihrerseits Gegenstand von Untersuchungen und damit zur O. werden (vgl. die Untersuchung von H. Fricke, 1977). – Die Unterscheidung zwischen O. und Metasprache wurde v.a. von A. Tarski (1971) als Unterschied zwischen Grund- und Metasprache eingeführt. Auf diese Weise sollten logische Paradoxien wie das berühmte ›Alle Kreter lügen‹ des Kreters Epimenides vermieden werden.

Lit.: A. Tarski: »Der Wahrheitsbegriff in den formalisierten Sprachen«. In: K. Berka/L. Kreiser (Hgg.): *Logik-Texte*, Bln. 1986 [1971]. S. 443–545. – H. Fricke: *Die Sprache der Lit.wissenschaft*, Mchn. 1977. – E. Schüttpelz: »O. und Metasprache«. In: Fohrmann/Müller 1995. S. 179–216.   VW

Offene vs. geschlossene Form (auch atektonische vs. tektonische Form), ein von dem Kunsthistoriker H. Wölfflin (1915) geprägtes Gegensatzpaar zur Beschreibung der ↗ Struktur von Kunstwerken. Während die g.F. hierarchisch organisiert ist und eine überschaubare, in sich abgeschlossene Einheit bildet, in der alle Elemente funktional auf das Ganze ausgerichtet sind, zeigt die o.F. keinen streng gesetzmäßigen Aufbau und stellt ein vielfältiges, in sich unabgeschlossenes Ganzes in Ausschnitten dar, wobei die Elemente sich verselbständigen. Kompositorische Grundprinzipien sind die Symmetrie in der g.F. sowie Wiederholung, Variation und Kontrast in der o.F. Bezogen auf literar. ↗ Gattungen sind die Merkmale der g.F. im Drama die Wahrung der drei Einheiten, der klassische Aufbau in drei oder fünf Akten und die gehobene Sprache, in Drama und Roman gleichermaßen die einheitliche Thematik, die geringe Figurenzahl sowie die zumeist einsträngige, in sich geschlossene und kausal verknüpfte Handlungsstruktur, schließlich in der Lyrik die Beschränkung auf wenige Hauptmotive (↗ Motiv, literar.) und gleichmäßige Vers- und Strophenformen (wie z.B. im Sonett oder Rondeau). Zu den Formtendenzen der o.F. gehören hingegen die Reihung von isolierten Einzelszenen mit häufigem Schauplatzwechsel, zeitlicher Diskontinuität, hoher Figurenzahl und individualisierender Sprache im Drama und im Roman sowie die wachsende Bedeutung freier Rhythmen in der Lyrik. Für dramatische und narrative Texte finden sich des weiteren inhaltliche Bestimmungen von Offenheit, wenn das Geschehen widersprüchlich dargeboten wird und der offene Schluß dem Leser endgültige Lösungen vorenthält.

V. Klotz (1960) betont, daß die o.F. und die g.F. nicht nur Stiltendenzen sind, sondern auch Aufschluß über die einem Werk zugrunde liegende Wirklichkeitsvorstellung geben. So weist die g.F. auf eine Weltsicht der Ordnung hin, in der dem Einzelnen ein fester Platz in der gesellschaftlichen Hierarchie zugewiesen ist, während sich z.B. die ↗ Figuren im offenen Drama in einer unübersichtlichen, pluralistischen Welt befinden. Daher herrscht die g.F. v.a. im Klassizismus vor, während die o.F. für weniger normative Epochen (wie z.B. Sturm und Drang, Romantik, Expressionismus) kennzeichnend ist. – Im Gegensatz zu Klotz, der einen textimmanenten Ansatz verfolgt, definiert U. Eco die Offenheit eines Kunstwerks pragmatisch (↗ Pragmatik). Es geht Eco nicht um die objektiv erkennbare Struktur eines Kunstwerks, sondern um die Interaktion von Werk und Rezipient. Er charakterisiert Offenheit als ↗ Unbestimmtheit in der literar. ↗ Kommunikation. Demnach ist jedes Kunstwerk offen für eine Vielfalt möglicher Lesarten, durch die das Werk gemäß der subjektiven ↗ Perspektive des Betrachters neu aktualisiert wird. Dies ist jedoch nicht mit einer relativistischen Freiheit der ↗ Interpretation gleichzusetzen, denn nach Eco gründen mögliche Aktualisierungen nicht allein in der ↗ Subjektivität des Interpreten, sondern auch in der Komplexität des zu rezipierenden Kunstwerks: Die o.F. bietet die Möglichkeit für »mehrere der Initiative der Interpreten anvertraute Organisationsformen« (Eco 1987, S. 29).

Lit.: H. Wölfflin: *Kunstgeschichtliche Grundbegriffe*, Basel/Stgt. 1963 [1915]. S. 147–180. – V. Klotz: *G. und o.F. im Drama*, Mchn. 1999 [1960]. – U. Eco: *Das offene Kunstwerk*, FfM. 1987 [1973]. – E. Faas: *O.F.en in der modernen Kunst und Lit.: Zur Entstehung einer neuen Ästhetik*, Mchn. 1975.   CS

Orientalism, herkömmliche engl. Bezeichnung für die Orientalistik, die durch die gleichnamige Schrift von E.W. Said (1978) die neue Bedeutung eines kolonialismuskritischen Schlüsselbegriffs gewonnen hat. Unter dem Einfluß von M. Foucault und A. Gramsci versteht Said *o.* als einen vom Okzident entwickelten Diskurs über den Orient, der durch die abwertende Darstellung des Anderen die eigene Identität profiliert und privilegiert, um imperiale Hegemonieansprüche auf die so abgegrenzte Welt zu rechtfertigen. Der orientalistische ↗ Diskurs umfaßt weit mehr als die philologischen, historischen oder anthropologischen Sparten der Orientalistik: die Vorstellungsmuster und Darstellungsweisen in einem breiten Spektrum von Texten (literar. Werke, Reiseführer, journalistische Berichte, politische Traktate, naturwissenschaftliche Studien, philosophische und religionskundliche Schriften), die v.a. seit dem 18. Jh. in England und Frankreich und seit dem Zweiten Weltkrieg in den USA den Orient bevormundet und vereinnahmt haben, in einer Tradition, die letztlich bis in die Antike zurückzuverfolgen ist. Mit dem Autoritätsanspruch der überlegenen Kultur entwirft darin der Westen auf dichotomisch manipulierter Vergleichsbasis und mit Hilfe einer heterogenen Stereotypik (↗ Stereotyp) ein quasi-mythisches Bild vom Osten, das diesem eine Disposition zur Sensualität, Irrationalität, Dekadenz, Femininität, Korruption und Brutalität unterstellt. Der diskursiv ›orientalisierte‹ Orient ist eine bewußte oder unbewußte Projektion, die latent oder manifest zum Ausdruck kommt, gegenteiligen Realitäten mit bemerkenswerter Konsistenz trotzt und direkt oder indirekt der kolonialen Kontrolle dient. Ausgehend von einem politisch kontextualisierten Lit.- und Kulturverständnis zielt Said in der Analyse des *o.* auf die Offenlegung solcher Zusammenhänge, indem er durch strategische Lesarten die Positionen der Autoren und die intertextuell sich abzeichnenden referentiellen Konstituenten ermittelt.

Nach Wegbereitern wie F. Fanon hat Said mit seiner systematischen, facettenreichen Kritik des *o.* das einflußreiche Modell der Analyse des ›kolonialen Diskurses‹ eingeführt und maßgebliche Grundlagen für die ↗ postkoloniale Lit.theorie geschaffen. So umstritten seine Studie bleibt, wo sie zu Pauschalurteilen über die Komplizenschaft der Orientalistik, undifferenzierten und damit homogenisierenden historischen und kulturräumlichen Vergleichen und einem europ. Philosophien verpflichteten Eklektizismus neigt (vgl. die Kritik bei J.M. MacKenzie, A. Ahmad), so wegweisend war sie interdisziplinär und international für die postkoloniale Theoriebildung, die von G.Ch. Spivak und H.K. Bhabha, wie auch im späteren Werk von Said, in Einzelaufsätzen und Aufsatzsammlungen modifiziert werden sollte, und für die bereits existierende postkoloniale Lit.kritik, der sie einen theoretischen Bezugsrahmen bot.

Lit.: Said 1995 [1978]. – A. Ahmad: *In Theory. Classes, Nations, Literatures*, Ldn./N.Y. 1992. Kap. 5. – Williams/Chrisman 1996 [1993]. Bes. Teil II. – J.M. MacKenzie: *O.: History, Theory, and the Arts*, Manchester 1995. – P. Childs/P. Williams: *An Introduction to Post-Colonial Theory*, Ldn. 1997. Bes. Kap. 3. – B. Moore-Gilbert: *Postcolonial Theory. Contexts, Practices, Politics*, Ldn. 1997. Bes. Kap. 2. – A.L. Macfie (Hg.): *O.: A Reader*, N.Y. 2000. – M. Dobie: *Foreign Bodies. Gender, Language, and Culture in French O.*, Stanford, CA. 2001.   EK

P

Paradigma (gr. *parádeigma*: Beispiel), der P.-Begriff bezeichnet ein Konzept aus der Wissenschaftstheorie, das sich teilweise mit dem Begriff einer wissenschaftlichen Theorie überschneidet. Der Begriff P. wurde von dem am. Wissenschaftshistoriker Th.S. Kuhn 1962 geprägt, als er sich mit Fragen der Entwicklung wissenschaftlichen Wissens und des wissenschaftlichen Fortschritts (Paradigmenwechsel) auseinandersetzte. – Ganz allg. ist P. bestimmbar als gemeinsam geteilte Vorstellungen einer Gruppe von Wissenschaftlern in einer Disziplin. Mit de Mey (1982) lassen sich verschiedene Ebenen und Reichweiten von Paradigmen unterscheiden: von den gemeinsamen, tragenden Normen, Werten, Einstellungen und Handlungsweisen einer Kultur über das wissenschaftliche Weltbild in den Naturwissenschaften bis zu Gemeinsamkeiten einer Wissenschaftlergruppe eines speziellen Forschungsfeldes. Als Antwort auf seine vielen Kritiker präzisiert Kuhn 1969

in einem Postskriptum u.a. seinen Begriff von P., indem er sich auf einen
doppelten Sprachgebrauch beschränkt. Einerseits steht P. für ein Bündel
von Werten, Methoden, Ansichten usw., das er als ›disziplinäre Matrix‹
bezeichnet. Andererseits meint P. ein bes. Element dieser Matrix. Als erstes
Element verfügt eine disziplinäre Matrix über symbolische Verallgemeinerungen, die in ihrer Funktion Naturgesetzen ähneln. Das zweite Element
sind bestimmte Modelle, die der Forschergruppe gängige Metaphern und
Analogien liefern. Gemeinsame Werte bezüglich der Güte von Voraussagen
oder von ganzen Theorien bilden eine dritte Komponente. Die vierte und
letzte Größe besteht aus Musterbeispielen konkreter Problemlösungen, die
nun ebenfalls als P. bezeichnet werden. Unter Anwendung dieser disziplinären
Matrix lassen sich Disziplinen in paradigmatische und vor-paradigmatische
einteilen, wobei die letzteren dadurch gekennzeichnet sind, daß sie noch nicht
über ein P. verfügen. Diese Trennung hat in den sog. Geisteswissenschaften
zu einer weicheren Verwendung des P.-Begriffs geführt.

Lit.: Th.S. Kuhn: *The Structure of Scientific Revolutions*, Chicago 1996 [1962].
– K. Bayertz: *Wissenschaftstheorie und P.begriff*, Stgt. 1981. – M. de Mey: *The
Cognitive Paradigm*, Chicago 1992 [1982]. – E. von Dietze: *Paradigms Explained.
An Evaluation of Thomas Kuhn's Contribution to Thinking about the Implications
of Science*, Westport, CT. 2001.   AB

Paradigmatisch/paradigmatische Beziehungen (gr. *parádeigma:* Vor-
bild, Muster, Modell), im Rahmen strukturalistischer Sprachmodelle (F. de
Saussure, R. Jakobson) Bezeichnung für Beziehungen zwischen sprachlichen
Elementen, die an einer Stelle eines Satzes austauschbar sind. Syntagmatische
Regeln (↗ Syntagma/syntagmatisch) bestimmen die Kombination und die
Kombinationsmöglichkeiten von Elementen in einem Satz oder einem Text,
p.B. und Regeln dagegen die Auswahl und die Möglichkeit, ein Element
durch ein anderes zu ersetzen (vgl. Culler 1975, S. 13). P.B. gibt es nicht
nur auf der Ebene der Wörter; vielmehr reichen die »Elemente und Ebenen der Paradigmatik im künstlerischen Text« (Lotman 1972, S. 143) von
phonologischen und rhythmischen Wiederholungen über metrische und
grammatische Strukturen bis zum Vers und zur Metaphorik (↗ Metapher;
↗ Metapherntheorien).

Lit.: s. auch ↗ Syntagma/syntagmatisch. – Lotman 1993 [1972]. Bes. S. 125–286.
– Culler 1994 [1975].   AN

Paratext (gr. *pará:* neben; über ... hinaus; lat. *textus:* Gewebe, Zusammenhang), dieser von G. Genette (1982) geprägte Terminus wird von ihm als
Sammelbegriff gebraucht für eine Sonderform von ›Transtextualität‹ (zu der
auch ↗ Intertextualität zählt): Kommentar›texte‹ zu einem ›eigentlichen Text‹,
die hauptsächlich funktional definiert sind als lektüresteuernde Hilfselemente,
die Informationen und Interpretationen liefern, gegebenenfalls auch eine
Schmuckfunktion erfüllen, daneben aber auch zumeist materiell, z.B. im
Layout, vom ›eigentlichen Text‹ unterschieden sind. P.e umfassen laut Genette

(1987) (a) je nach Kontext: werkinterne ›Peritexte‹ wie Vorworte, Widmungen, Titel, Kapiteltitel und werkexterne ›Epitexte‹, z.B. Autoreninterviews; (b) je nach Erscheinungszeit: P.e der Erstausgabe und spätere P.e; (c) je nach Autoren: auktoriale, editorische oder ›allographe‹, von fremder Hand verfaßte, P.e; (d) je nach Adressaten: öffentliche vs. private P.e; (e) je nach Realitäts- und Authentizitätsstatus: authentische, fiktive oder ›apokryphe‹ (fälschlich zugeordnete) P.e; sowie (f) je nach Erscheinungsform: textuelle, d.h. schriftliche, und mündliche; verbale und nichtverbale P.e (nichtverbale P.e sind z.B. ikonische P.e, d.h. Illustrationen, aber auch materielle P.e, z.B. Buchformat, verwendete Drucktypen, ferner ›faktuelle P.e‹ wie Alter, Geschlecht des Autors, Erscheinungsdatum usw.).

In dieser weiten, den Textbegriff beinahe poststrukturalistisch ausdehnenden Fassung ist das Konzept ›P.‹ widersprüchlich: Genette (1987, S. 7) scheint P. einerseits auf Schriftlichkeit und Buchmaterialität festzulegen (»ce par quoi un texte se fait livre«), läßt andererseits aber auch mündliche Texte, ja selbst Fakten wie das Autorengeschlecht zu. Außerdem hat Genettes P. fließende Grenzen, z.B. außerhalb des Werkes zum lit.wissenschaftlichen Kommentar und innerhalb zur ↗ Metafiktion oder beim Drama zum Nebentext, ferner zum Phänomen der ›Rahmung‹: Bei Rahmenerzählungen können z.B. Teile der Rahmung, also des ›eigentlichen Textes‹, Funktionen erfüllen, die Genette P.en zuschreibt. Hilfreich erscheint daher eine engere Definition von P. als Sonderfall produktionsseitiger literar. ›Rahmung‹, die im Gegensatz zu sonstigen Rahmungsformen verbal ist, werkintern auf Texte außerhalb des (theoretisch) von den P.en isolierbaren ›eigentlichen‹ Werkes und werkextern auf vom Autor autorisierte Texte beschränkt wäre.

Lit.: Genette 1982/93. – ders.: *Seuils*, Paris 1987 (dt. *Paratexte. Das Buch vom Beiwerk des Buches*, FfM. 2001 [1992]). – B. Moennighoff: »P.e«. In: Arnold/Detering 1997 [1996]. S. 349–356. – W. Wolf: »Framing Fiction«. In: Grünzweig/Solbach 1999. S. 97–124. – A. Retsch: *P. und Textanfang*, Würzburg 2000. – K. Kreimeier/G. Stanitzek (Hgg.): *P.e in Lit., Film, Fernsehen*, Bln. 2003. WW

Performance/Performativität (engl. *perform*: ausführen, aufführen), ein interdisziplinäres Konzept, das seit den 1950er, und verstärkt seit den 1970er und 1980er Jahren in den Geistes-, ↗ Kultur- und Sozialwissenschaften zu einem Schlüsselbegriff geworden ist. Entlang seiner beiden semantischen Hauptachsen, ›Ausführung‹ und ›Aufführung‹, hat er sich in den verschiedenen Wissenschaften und kulturellen Praktiken unterschiedlich entfaltet, ohne daß dabei jedoch der Zusammenhang zwischen den diversen Begriffsprägungen unerkennbar geworden wäre.

(1) Ein erstes Anwendungsfeld, das modellbildend auch in andere Bereiche hineingewirkt hat, sind Theater und darstellende Künste, die *performing arts*: *Performance* (*p.*) verweist hier zunächst auf die Aufführung eines Stücks, im Gegensatz zu dessen schriftlich fixiertem Text. In traditioneller Arbeitsteilung beschäftigte sich bislang die Philologie mit dem Text, die Theaterwissenschaft mit der Aufführung, doch hat inzwischen auch die Lit.wissenschaft die *p.*

und ihre ↗ Kontexte als unabdingbares Element ihres eigenen Gegenstands entdeckt; die Konjunktur von Studien zu ›Shakespeare in P.‹ etwa ist ein Indiz dafür. ›P. Studies‹ weisen jedoch auch über das Theater hinaus und zielen auf multimediale ↗ Repräsentationen in Film, Fernsehen, neuen Medien und in der Alltagswirklichkeit ab. P. und performativ in diesem Sinne ist alles, was durch theatralische Zurschaustellung, durch Inszeniertheit geprägt ist, bis hin zu den Inszenierungen der Politik oder des Lifestyle.

(2) Da das Performative an einer p. gerade das ist, was nicht Text ist, über diesen hinausschießt und von ihm nicht eingeholt werden kann, kommt der idealiter skriptlosen und zwischen den Künsten agierenden Avantgarde-Kunst der ›P. art‹ spätestens seit den 1970er Jahren eine modellbildende Rolle zu, und dies nicht nur für die darstellenden Künste. In ihrem Verwischen der Grenzen zwischen Realität und Inszenierung trifft sie, selbst wo sie auf Unmittelbarkeit und Authentizität pocht, kritisch die Bedingungen einer postmodernen Kultur der *events* und des Spektakels.

(3) Die Ethnologie außereurop. Gesellschaften sieht, schon wegen des Fehlens oder der Kargheit von Texten, ihr eigentliches Untersuchungsfeld in dem, was M. Singer in den 1950er Jahren als ›cultural p.‹ bezeichnet hat, d.h. in Festen, Umzügen, Wettkämpfen, Aufführungen, Konzerten, Initiations-, Hochzeits- oder Begräbnisriten, in denen eine Kultur ihre Identität dar- und ausstellt, ja sie sich eigentlich erst erspielt. Inzwischen ist dieser Ansatz auch auf die westlichen, von Texten und Monumenten bestimmten Kulturen der Vergangenheit oder der Gegenwart zurückprojiziert worden, die damit in ihrer Theatralität als Kulturen des Performativen neu beschreibbar werden. Von hier aus schlägt V. Turner den Bogen zurück zum Drama und Theater: Im ›social drama‹ gesellschaftlicher Krisensituationen folgt auf den Bruch der etablierten Normen eine ›liminale‹ Phase, in der in oft gewagten Spielen Neuorientierungen erprobt werden. Für den Theaterpraktiker und -theoretiker R. Schechner liegt in solch liminalen *p.s* die anthropologische Wurzel des Theaters; theatralische *p.* ist ihm ›restored behavior‹, das in der Aktualisierung immer neu modifiziert wird und damit gerade zum Medium des Experiments und der Innovation werden kann. Der Zusammenhang mit J. Butlers Vorstellungen von der ›Performativität‹ (P.) von Geschlecht (↗ *gender*) und Identität liegt auf der Hand.

(4) Auch die Linguistik und Sprachphilosophie hat eine, in ihren einschneidenden Konsequenzen dem ↗ *linguistic turn* vergleichbare, ›performative Wende‹ vollzogen, wobei hier P. weniger auf Auf-, denn auf Ausführung verweist. N. Chomskys Unterscheidung von Performanz und Kompetenz, lenkt (auch wenn er selbst hierin nicht sehr weit geht) die Aufmerksamkeit auf die performative Aktualisierung des Sprachsystems in situationsgebundener Artikulation. Und wenn L. Wittgenstein nicht mehr fragt, was ein Wort an sich bedeutet, sondern wie man es in Sprachspielen gebraucht, und wenn J.L. Austin (und in Anschluß an ihn J.R. Searle) im Rahmen der ↗ Sprechakttheorie sich bes. für die performative Dimension von Äußerungen interessiert (nicht dafür, was Wörter bedeuten, sondern wie man mit ihnen handelt), so wird hier eine Wende von der ↗ Semantik zur ↗ Pragmatik vollzogen. ↗ Sprechakte sind als Sprechhandlungsschemata, wie

eine Theateraufführung oder ein Ritual, auf Wiederholbarkeit angelegt, doch ist gerade diese *iterabilité*, wie J. Derrida betont, die Bedingung ständiger Veränderung, des Spiels der ↗ *différance*. An diesem Punkt schließt wieder Butlers Theorie performativer Identitätskonstitution an: (Geschlechts-)-Identität sei weder biologisch-materiell noch transzendental vorgegeben, sondern wird immer neu erspielt (Identitätstheorien).

(5) Mit J.-F. Lyotard wird der Begriff auch in die Postmoderne-Diskussion eingeführt: So wie Ökonomie und Technologie von der *p.* einer Aktie oder eines Motors sprechen und damit deren Effizienz oder Leistungs- und Durchsetzungsvermögen in Konkurrenzsituationen meinen, sieht er auch die gegenwärtige Organisation des Wissens durch einen ›generalisierten Geist der P.‹ gekennzeichnet, in der das Ziel nicht länger Wahrheit, sondern P. und Machtzuwachs ist. Dem steht jedoch in der Postmoderne ein inkommensurables Nebeneinander der *p.* gegenüber, das geschlossene Systeme aufbricht und für Differenz und Differenzierung sensibilisiert. Hierin liegt der andere Pol einer Analyse der Postmoderne als einer Kultur des Performativen, deren ästhetische Bestimmung im Zeichen der ↗ Simulacra, Inszenierungen und Spektakel, der ausgestellten Zitate, des verändernden Durchspielens traditioneller Schemata und einer prozeßhaften Offenheit.

Im Rückblick auf diesen *tour d'horizon* lassen sich tentativ folgende Neuorientierungen der Lit.- und Kulturwissenschaften unter der Perspektive von P. benennen: (a) plurimediale Aufführung statt Text; (b) Inszeniertheit und Theatralisierung (gerade auch außerhalb des Theaters); (c) Affinität mit Ritualen, Zeremonien und anderen Handlungsschemata; (d) *showing*, oder *showing off*, im Gegensatz zum *telling* (↗ Diegese); (e) Ausspielen und Überspielen der Relation zwischen Aufführenden und Publikum; (f) die Aktualisierung eines Systems in konkreten Handlungszusammenhängen statt dieses selbst; (g) der Körper eher als die Sprache, und die körperliche Seite der Sprache (Stimme, Gebärde) eher als die Sprache als abstraktes Referenzsystem; (h) Hervorkehren der Materialität des Mediums, u.a. auch durch eine nichtintegrative Multimedialität; (i) Handlungsvollzug, nicht Referenz oder Darstellung: der Akt des Sprechens oder Schreibens, nicht der Text; (j) der offene Prozeß, nicht das fixe Produkt; (k) Verhandlungen, nicht Setzungen; (l) Legitimation durch Erfolg, nicht vorgegebene transzendentale Legitimation.

Lit.: E. Goffman: *The Presentation of Self in Everyday Life*, N.Y. 1999 [1959]. – M. Singer (Hg.): *Traditional India. Structure and Change*, Philadelphia 1959. – Austin 1990 [1962]. – U. Rapp: *Handeln und Zuschauen*, Darmstadt 1973 [1971]. – J. Derrida: *Marges de la philosophie*, Paris 1997 [1972]. – Lyotard 1994 [1979]. – M. de Certeau: *The Practice of Everyday Life*, Berkeley 1984. – R. Schechner: *Between Theater and Anthropology*, Philadelphia 1985. – V. Turner: *Vom Ritual zum Theater*, FfM. 1995 [1989]. – D. Conquergood: »Rethinking Ethnography. Towards a Critical Cultural Politics«. In: *Communication Monographs* 58 (1991) S. 179–194. – H. Joas: *Die Kreativität des Handelns*, FfM. 1992. – Butler 1993. – A. Parker/E. Kosofsky Sedgwick (Hgg.): *Performativity and P.*, N.Y. 1995. – M. Carlson: *P.: A Critical Introduction*, N.Y./Ldn. 1996. – J. Butler: *Excitable Speech*.

A Politics of the Performative, N.Y./Ldn. 1997. – G. Gebauer/C. Wulf: *Spiel, Ritual, Geste. Mimetisches Handeln in der sozialen Welt*, Reinbek 1998. – Ausgabe »Kulturen des Performativen« (Hgg. E. Fischer-Lichte/D. Kolesch) der Zs. *Paragrana* 7.1 (1998). – St. Jaeger/St. Willer (Hgg.): *Das Denken der Sprache und die Performanz des Literar. um 1800*, Würzburg 2000. –J. Eming et al. (Hgg.): *Mediale Performanzen. Historische Konzepte und Perspektiven*, Freiburg 2002. – E. Fischer-Lichte (Hg.): *Performativität und Ereignis*. Tüb. 2002. – D. Mersch: *Ereignis und Aura. Untersuchungen zu einer Ästhetik des Performativen*, FfM. 2002.   MP

Periodisierung (gr. *períodos*: Herumgehen, Kreislauf), in Geschichte und Lit.geschichte Einteilung der Zeit in ↗ Epochen, Abgrenzung unterschiedlicher Zeitabschnitte nach sozialen, ästhetischen, philosophischen, politischen Gesichtspunkten. In ital. und frz. Lit.geschichten wird oft eine chronologische Gliederung der Perioden nach Jh.en bevorzugt, in dt. im Anschluß an die geistesgeschichtliche Lit.betrachtung eine Gliederung nach kunsthistorischen und stilgeschichtlichen Begriffen. Engl. Lit.geschichten wechseln oft die Einteilungsprinzipien. So koexistieren für den Bereich des 18. Jh.s chronologische (z.B. ›*18th century novel*‹), stilgeschichtliche (›*classicism – romanticism*‹), biographische (›*age of Johnson*‹), philosophische (›*enlightenment*‹) oder dynastische (›*Georgian*‹) P. Eine solche Offenheit im Umgang mit P. ermöglicht das Durchschauen der Artifizialität solcher Einteilungen sowie ihrer Abhängigkeit vom jeweils gewählten Gesichtspunkt und vom privilegierten (Fremd-)Diskurs. Zum anderen erschließt sie Polychronie und Pluralität durch die Koexistenz konkurrierender Trennereignisse. Schließlich erlaubt sie das präzisere Erfassen der Anachronie unterschiedlicher kultureller Bereiche. So bleibt die chronologische Einteilung in der engl. Lit.kritik v.a. dem inkommensurablen Roman vorbehalten, während *classicism* sich vornehmlich auf Formen der Versdichtung und des Dramas bezieht, *Georgian* auf architektonische Zeugnisse. Solche Flexibilität auf der Beschreibungsebene erlaubt das Erfassen von vielfältigen Geschichten und kann unnötige Diskussionen über ↗ Synchronie auf der Objektebene vermeiden helfen.

Als Beispiel für eine Lit.geschichte ohne totalisierende P. sei auf A. Nünnings ›andere‹ Geschichte der engl. Lit. von 1996 verwiesen. Diese nimmt bewußt Überlappungen als Preis für die Pluralisierung der Lit.geschichte in Kauf, stellt Gattungsgeschichten neben Epochenüberblicke, mentalitätsgeschichtliche Skizzen sowie Frauenlit.geschichten und bekennt sich zum Konstruktcharakter jeder Lit.geschichte. Fragment und Perspektivwechsel erlauben so zumindest tendenziell eine Rettung der vielstimmigen Zukunftsoffenheit der Geschichte vor präsentistischen Verkürzungen. P.en kranken erstens an der Spannung zwischen Schema und erlebter Diskursvielfalt, zwischen Geschichte und mikrostrukturellen Geschichten, zweitens an der Anachronie zwischen verschiedenen gesellschaftlichen Tempi des Wandels, z.B. zwischen Gesellschaft, Ökonomie und Kunst, drittens an der eigenen Verspätung, sind sie doch gemeinhin Produkte eines retrospektiven Zugriffs (Gegenbeispiele wären die durch Manifeste ausgerufenen Epochen des Futurismus oder des Imagismus) und schließlich an der beschleunigten Dezentrierung postmoderner Gesellschaften, welche dazu neigen, alle Grenzerfahrungen in der Vielfalt simultan vorhandener Erlebnis- und Medienwelten aufzuheben (J. Baudrillard). Perioden haben daher ihre Verbindlichkeit weitgehend eingebüßt, werden vielmehr als zeitbedingte Ordnungsschemata angesehen, deren Berechtigung allenfalls in einer auffälligen Beschleunigung gesellschaftlicher Transformationen zu Zeiten von Epochengrenzen oder Epochenschwellen bestehen kann. Nichtsdestoweniger sind sie notwendig für eine effektive Verständigung über langfristige literar. Entwicklungen.

Moderne P.en, welche sich von zyklischen oder heilsgeschichtlichen Modellen abheben, haben ihren Ursprung in Ch. Perraults *Querelle des Anciens et des Modernes,* welche im späten 17. und im 18. Jh. die Differenzqualität der Moderne vollends anerkennt und einen offenen Horizont für Zukünftiges erschließt (vgl. H.R. Jauß 1970). Grundsätzlich kann von einem Zäsurbedarf des Menschen ausgegangen werden (vgl. Marquard in Herzog/Koselleck 1987, S. 343), welcher auf die eigene Positionierung und Konturierung gegenüber dem Anderen zielt. Dieser Zäsurbedarf nimmt in dem Maße zu, in dem religiöse Grenzsetzungen an Bedeutung abnehmen; zugleich wird er zunehmend innerweltlich gedeckt. Im Anschluß an die *Querelle* entwickelt sich im 18. Jh. bes. mit A.W.v. Schlegel und G.G. Gervinus auch die moderne Lit.geschichtsschreibung. Die eindeutigen zumeist stil- oder ideengeschichtlichen P.sversuche traditioneller Lit.geschichten werden in der Postmoderne unterwandert durch die Kanondebatte (↗ Kanon), durch ↗ Multikulturalismus, durch die Forderung nach einer Frauenlit.geschichte und durch postkoloniale Fremdheitserfahrungen.

Lit.: Jauß 1992 [1970]. – U. Japp: *Beziehungssinn. Ein Konzept der Lit.geschichte,* FfM. 1980. – M. Brunkhorst: »Die P. in der Lit.geschichtsschreibung«. In: M. Schmeling (Hg.): *Vergleichende Lit.wissenschaft. Theorie und Praxis,* Wiesbaden 1981. S. 25–48. – J.-D. Müller: »Lit.geschichte/Lit.geschichtsschreibung«. In: Harth/Gebhardt 1989 [1982]. S. 195–227. – O. Marquard: »Temporale Positionalität. Zum geschichtlichen Zäsurbedarf des modernen Menschen«. In: R. Herzog/R. Koselleck (Hgg.): *Epochenschwelle und Epochenbewußtsein,* Mchn. 1987. S. 343–352. – R. Rosenberg: »Epochengliederung. Zur Geschichte des P.sproblems in der dt. Lit.geschichtsschreibung«. In: *DVjs* 61, Sonderheft (1987) S. 216–235. – D. Perkins: *Is Literary History Possible?,* Baltimore 1992. – W. Röcke: »Lit.geschichte – Mentalitätsgeschichte«. In: Brackert/Stückrath 1997 [1992]. S. 639–649. – M. Pechlivanos: »Lit.geschichte(n)«. In: ders. et al. 1995. S. 170–181. – Ausg. »Periodization. Cutting up the Past« (Hg. M. Brown) der Zs. *Modern Language Quarterly* 62.4 (2001) S. 310-474.   WG

Perspektive (lat. *perspicere*: hindurchschauen, deutlich sehen), urspr. ein Begriff aus der Naturwissenschaft, insbes. der Optik. Mlat. *perspectiva* bezeichnet die Wissenschaft von der Sehkraft, die sich mit dem richtigen Sehen, seinen Gesetzen und Problemen der optischen Täuschung befaßt. In der Malerei verschiebt sich mit dem zentralperspektivischen Bild in der Renaissance die Bedeutung des Begriffs von der Beschreibung optischer Regeln zur Beschreibung bildkünstlerischer Techniken, die bestimmte optische Effekte erzeugen: Ein räumliches Objekt wird auf einer ebenen Fläche so dargestellt, daß es bei dem Betrachter den gleichen Bildeindruck erzeugt wie ein Körper im Raum. In der Philosophie wird die Verwendung von P. im Rationalismus und in der Aufklärung einerseits ausgeweitet zur Beschreibung erkenntnistheoretischer Probleme; andererseits wird das Optische im Zuge einer zunehmenden Betonung der Individualität des Menschen als Instrument der Erkenntnis angezweifelt. Dies führt zu einer inhaltlichen Neubewertung des Begriffs: G.W. Leibniz verwendet ihn erstmals metaphorisch zur Bezeichnung kognitiver Prozesse. In der Strömung des Perspektivismus (F.W. Nietzsche; J. Ortega y Gasset) spiegelt sich schließlich die Auffassung wider, daß die Erkenntnis der Welt immer von der P. des Betrachters abhängt. Damit wird die Möglichkeit einer subjektunabhängigen und allgemeingültigen Wahrheit verneint und der lange dem Begriff zugrundegelegte Subjekt-Objekt-Dualismus zugunsten des wahrnehmenden Subjekts, das seine Wirklichkeit selbst erschafft, aufgehoben.

In der Lit.wissenschaft ist P. ein heterogen verwendeter Begriff der Dramen- und Erzähltheorie, der bei F.K. Stanzel (1979) sowohl die Struktur der erzählerischen Vermittlung (↗ Erzählsituation), den Unterschied zwischen interner und externer ↗ Fokalisierung, den Standpunkt einer Figur sowie die räumliche Darstellung des Schauplatzes bezeichnet. E. Lämmert (1955) charakterisiert als P. den auf den Erzähler bezogenen räumlichen und zeitlichen Abstand zum Geschehen (Nahperspektive vs. Fernperspektive), während W. Kayser (1948) und N. Sullivan (1968) P. rezeptionsästhetisch (↗ Rezeptionsästhetik) bzw. produktionsästhetisch definieren. Unter Rückgriff auf epistemologische Konzepte, welche die visuell-optischen und kognitiven Aspekte des Begriffs miteinander verknüpfen, übernimmt M. Pfister (1974, 1977) das Konzept der P. für die Dramentheorie und definiert die P. einer Figur als deren Vorinformationen, psychologische Disposition und ideologische Orientierung. A. Nünning (1989) adaptiert Pfisters Neukonzeptualisierung für die Narratologie und definiert P. als das Eigenschaftsspektrum, die individuelle Wirklichkeitssicht und, in Anlehnung an S.J. Schmidt (1980), als das fiktive ↗ Voraussetzungssystem einer Figur bzw. des Erzählers.

Neuere, interdisziplinär ausgerichtete Studien untersuchen Zusammenhänge zwischen physikalisch-optischen, philosophischen, bildtechnischen und literar. Konzeptionalisierungen des P.begriffs in verschiedenen Textsorten und Medien (vgl. Röttgers/Schmitz-Emans 1999) und nehmen eine Kontextualisierung und Historisierung von P. vor, die einer rein werkimmanenten und ↗ synchronen Betrachtungsweise entgegenwirken und damit der Erweiterung um kulturwissenschaftliche Fragestellungen (↗ Kulturwissenschaft) in Lit.-, Kunst- und Medientheorien entsprechen.

Lit.: Kayser 1992 [1948]. – E. Lämmert: *Bauformen des Erzählens*, Stgt. 1993 [1955]. – N. Sullivan: *Perspective and the Poetic Process*, N.Y. 1968. – C. Guillén: »On the Concept and Metaphor of Perspective«. In: ders.: *Literature as System. Essays towards the Theory of Literary History*, Princeton 1971. S. 283–371. – M. Pfister: *Studien zum Wandel der P.nstruktur in elisabethanischen und jakobäischen Komödien*, Mchn. 1974. – ders. 2000 [1977]. – Stanzel 1995 [1979]. – Schmidt 1991 [1980]. – H.

Damisch: *The Origin of Perspective*, Cambridge/Ldn. 1994 [1987]. – A. Nünning: »Figurenperspektive, Erzählerperspektive und P.nstruktur des narrativen Textes«. In: ders. 1989. S. 64–83. – K. Röttgers/M. Schmitz-Emans (Hgg.): *P. in Lit. und bildender Kunst*, Essen 1999. – W. van Peer/S. Chatman (Hgg.): *New Perspectives on Narrative Perspective*, Albany 2001. – C.F. Graumann/W. Kallmeyer (Hgg.): *Perspective and Perspectivation in Discourse*, Amsterdam 2002. – C. Surkamp: *Die P.nstruktur narrativer Texte. Zu ihrer Theorie und Geschichte im englischen Roman zwischen Viktorianismus und Moderne*, Trier 2003.   CS

Pluralismus, literaturwissenschaftlicher/methodischer, analog zu seiner politischen Verwendung, in der der Begriff des P. die legitime Vielfalt miteinander konkurrierender Wertsysteme und gesellschaftlicher Interessen bezeichnet, steht der Begriff in der Lit.wissenschaft für die Auffassung, daß zwei oder mehr voneinander verschiedenen oder gar sich widersprechenden Positionen ein gleiches Maß an Berechtigung zukommt. Dabei kann sich der Begriff sowohl auf die Vielfalt der bei der Textinterpretation anwendbaren Methoden (›methodischer P.‹) als auch auf die Vielzahl der verschiedenen möglichen Deutungen eines Textes (›interpretatorischer P.‹) beziehen.

Einen Meilenstein in der Geschichte der theoretischen Reflexion des lit. wissenschaftlichen P. stellt die Arbeit von W.C. Booth, *Critical Understanding* (1979), dar. Booth entwickelt den Begriff des P. in kritischer Abgrenzung gegen drei alternative Konzepte: (a) den Monismus (auch Dogmatismus oder Absolutismus), der unter den verschiedenen möglichen Positionen nur eine als wahr oder richtig anerkennt; (b) den Skeptizismus (auch Relativismus), der keiner der Positionen Wahrheit und Gültigkeit zugesteht, aber mit seiner Hypothese ›that the world is certainly doubtful‹ einen im Grunde nicht weniger dogmatischen Standpunkt vertritt als der Monismus; (c) den Eklektizismus, der bestimmte Teile bestimmter Positionen als wahr akzeptiert und andere Teile verwirft, damit aber das Problem des P. ebenfalls nicht bewältigt, weil er an der Idee einer einzigen Wahrheit festhält, auch wenn diese aus verschiedenen Positionen zusammengesetzt ist. Ein echter P. soll sich nach Booth hingegen dadurch definieren, daß er einander widersprechende Positionen in gleichem Maße als wahr oder richtig anerkennt. In seinen weiteren Reflexionen sieht Booth allerdings sehr deutlich, daß auch ein so definierter P. das logische Problem der Alternative zwischen dem Einen und dem Vielen nicht zu überwinden vermag und Gefahr läuft, auf einer höheren Ebene in eines jener Konzepte zurückzufallen, gegen die er eigentlich abgegrenzt werden sollte. So muß sich der P. entweder als ein allen übrigen möglichen Positionen übergeordnetes Rahmenkonzept verstehen, das die zwischen diesen Positionen bestehenden Widersprüche zu bloßen Teilperspektiven einer höheren Einheit erklärt, so aber auf einer übergeordneten Ebene zum Konzept des Monismus zurückkehrt; oder der P. verzichtet auf jeden Anspruch auf übergeordnete Wahrheit, postuliert nur noch eine relative Gültigkeit der verschiedenen Positionen bezogen auf die ihnen jeweils zugrundeliegenden, historisch wandelbaren Prämissen, nimmt damit aber eine Haltung ein, die einem Skeptizismus bedenklich nahekommt. Da sich das Problem des P. somit auf rein logischem Wege nicht befriedigend lösen läßt, schlägt Booth eine praktisch-ethische Lösung vor: Ein Lit.kritiker, der sich dem Konzept des P. verschreibt, müsse mit fremden Positionen fair umgehen, d.h. sie nicht zu Strohmännern machen, sondern sich um wohlwollendes Verständnis bemühen; er müsse aber auch den Mut besitzen, allzu extreme Positionen zurückzuweisen und deren Ausschließlichkeitsanspruch zu bekämpfen.

Gerade gegen das zuletzt genannte Postulat haben sich jüngere, marxistischen, poststrukturalistischen und anderen avantgardistischen Positionen anhängende Theoretiker (↗ marxistische Lit.theorie; ↗ Poststrukturalismus) immer wieder energisch zur Wehr gesetzt (vgl. hierzu bes. die Beiträge von Mitchell und Erlich in *Critical Inquiry* 1986 sowie Rooney 1989). Nach ihrer Auffassung stellt der von Booth und anderen postulierte lit.wissenschaftliche P. lediglich eine verhüllte Form politischer Repression dar, deren wohlkalkuliertes Ziel es sei, jenen Richtungen der Lit.theorie die Existenzberechtigung abzusprechen, die sich nicht auf ein alle Interessengegensätze transzendierendes Ideal universellen Verstehens einlassen wollen, weil sie in Kategorien wie Klasse, Rasse und Geschlecht (↗ *gender*) die beherrschenden Determinanten aller kritischen ↗ Diskurse erkannt haben. Demgegenüber haben die Verteidiger des P. darauf hingewiesen, daß das Vertrauen auf die Möglichkeit rationaler Kommunikation, die Verständigung über Fakten und Deutungsmöglichkeiten und die Suche nach übergreifenden, das Einzelne und Widersprüchliche integrierenden Perspektiven unverzichtbare Voraussetzungen aller wissenschaftlichen Erkenntnis seien.

Lit.: G. Pasternack: *Theoriebildung in der Lit.wissenschaft. Einf. in Grundfragen des Interpretationspluralismus*, Mchn. 1975. – Booth 1979. – Ausg. »Pluralism« der Zs. *Critical Inquiry* 12.3 (1986). – Rooney 1989.   PW

Poiesis (gr. ›herstellendes Tun‹), seit Aristoteles verwendeter Begriff für die welterzeugende Tätigkeit der dichterischen Einbildungskraft. – Die P. betont gegenüber der in der ↗ Mimesis herausgestellten Nachahmung einer außerliterar. Wirklichkeit den Charakter des literar. Werks als Hervorbringung einer dem handwerklichen Können und der Imagination des Künstlers entsprungenen Eigenwelt der Dichtung, die zwar Analogien zur realen Erfahrungswelt aufweist, aber diese zugleich überschreitet und ihr, als fiktionale Gegenwelt, den Spiegel ihrer unrealisierten Möglichkeiten vorhält. Nach H.R. Jauß benennt P. den produktiven Aspekt der ästhetischen Erfahrung, die nicht nur der Außenwelt ihre ›spröde Fremdheit‹ (G.W.F. Hegel) nimmt, indem sie sie in eine selbstgeschaffene Welt verwandelt, sondern die in eins damit auch die Strukturen menschlicher Kreativität als solche erkundet und zur Darstellung bringt. – Die P. wurde v.a. in solchen Epochen und Stilrichtungen gegenüber der Mimesis aufgewertet, die die Selbständigkeit und den Vorrang der künstlerischen Imagination betonen (v.a. Romantik, Moderne, Postmoderne). In den semiotisch und konstruktivistisch ausgerichteten neueren Lit.- und Kulturtheorien hat P. im allg. Sinn produktiver Hervorbringung statt realistischer Nachbildung von Wirklichkeit Bedeutung gewonnen, etwa im Begriff ›poietischen Könnens‹, den J. Mittelstraß als

Schlüsselbegriff für den schaffenden, neue Möglichkeiten hervorbringenden
Geist der Neuzeit ansetzt, oder in der ↗ ›Autopoiesis‹ als Eigenschaft sich
selbst erzeugender und reproduzierender biologischer, kultureller und textueller Systeme in der ↗ Systemtheorie, oder auch in der ›kulturellen Poetik‹
des ↗ *New Historicism*, die den welterzeugenden Charakter symbolischer
Formen von der Lit. auf die gesamte Kulturwelt ausweitet.

Lit.: Jauß 1991 [1977]. – Aristoteles 1994 [1982]. – A. Hetzel: *Zwischen P. und
Praxis. Elemente einer kritischen Theorie der Kulturwissenschaften*, Würzburg 2001.
– Th. Martin: *P. & Possible Worlds. A Study in Modality & Literary Theory*, Toronto
2003.   HZ

Polyfunktionalität der Sprache, ↗ Zeichen und Zeichensysteme entsprechen der polysensorischen Ausstattung des Menschen, der sogar mit einem
Organ wie dem Ohr gleichzeitig zwei Typen von Wahrnehmung verarbeitet
(Geräusche, Musik, Intonation gegenüber der analytischen Sp.; ↗ Kommunikation, analoge und digitale). Sprach- und andere Zeichen funktionieren
meist gleichzeitig in verschiedener Hinsicht. Die Aussage ›Guten Morgen‹
eröffnet das Gespräch und indiziert mit dem Tonfall Befindlichkeit. Seit
R. Jakobson (1960) wird untersucht, wie Zeichen gleichzeitig und in der
Abfolge vielfältig wirksam sein können und zwar durch die Lenkung der
›Einstellung‹ des Adressaten auf eine Konstituente der Kommunikation: (a)
auf die phatische Kontaktaufnahme bzw. ihre Aufrechterhaltung durch die
Kommunikanten (wie Blicke, Gesten, Annäherung oder der Aufmachung
von Texten, Paratextualität [↗ Paratext] im Sinne G. Genettes), (b) auf die
emotive Indizierung der Bedingungen des Sprechers bzw. Autors, (c) auf
die appellative Ausrichtung auf den Adressaten, (d) auf die metasprachliche
bzw. -semiotische Information über den oder die gebrauchten ↗ Codes, (e)
auf den referentiellen Verweis (↗ Referenz) auf eine Welt(-vorstellung) und
v.a. (f) als poetischer Selbstverweis des Zeichens auf seine Körperlichkeit
oder ›Mache‹. Die fünf restlichen Funktionen können durch die poetische
in ihrer kommunikativen Wirksamkeit gesteigert werden, weil das ästhetisch
bedingte Verweilen beim Zeichenkörper und -prozeß das zeichenverarbeitende
Bewußtsein dynamisiert. Auf diese Weise werden gleichzeitig verschiedene
Vermögen des Menschen aktiviert und die ökonomischen Verwendungsformen
des Zeichens bzw. Textes extrem steigerbar; daher die These von der Kunst
als ökonomischste und konzentrierteste Form der Informationsspeiche-
rung und -übermittlung (vgl. J. Mukařovský 1967 und 1970; Ju. Lotman
1972; Holenstein 1979; Kloepfer 1998) und die Quasi-Notwendigkeit,
künstlerische Verfahren für effiziente Medienkommunikation zu nutzen
(vgl. Kloepfer/Landbeck 1991). Monofunktionalität wie in strenger Wissenschaft (Referentialität), beim Militär (appellativ Befehle) oder in *L'art
pour l'art* (Ästhetizismus) angestrebt gibt es nur annäherungsweise und als
Ausnahme. Die poetische/ästhetische ↗ Funktion mit ihrer Folge (gesteigerte
P.) ermöglicht die Selbsterfahrung der eigenen, durch Lernen gesteigerten
Befähigung, was die wichtigste Grundlage für Genuß ist. Da jeder Funktion
auch ein Geltungsanspruch zugeordnet werden kann (a. Gleichheit/Kontakt,

b. Wahrhaftigkeit/Aufrichtigkeit, c. Richtigkeit/Normativität, d. Verständlichkeit/Klarheit, e. Wahrheit/Adäquatheit und f. Schönheit/Wohlgefälligkeit), ergibt sich, daß Texte, insbes. literar. bzw. künstlerische, je nach Kompetenz des Adressaten immanent (↗ Polyvalenz) und v.a. im Wandel der kulturhistorischen Bedingungen unterschiedlich hierarchisch gegliedert und als unterschiedliche Wirkangebote erscheinen. Ein weiterer Aspekt der sprachlichen P. beruht auf der Nutzung unterschiedlicher Zeichentypen je nach Funktion (↗ Kommunikation). Die Informationen über die Bedingungen der Kommunikanten (a-c) und oft auch die über den Codegebauch (d) werden im Alltag analog/ikonisch oder indiziell gegeben; dies gilt auch für alle Entwicklungen der Prosodie in der Versifizierung sowie für rhetorisch bzw. poetisch gebrauchte ›Figuren‹ oder ›Wendungen‹ (↗ Tropen), welche zusätzliche Äquivalenzen schaffen und, wie elementare Gesten, Angebote sind, sich entsprechend zu verhalten: Etwas auf Gleichheit oder Verschiedenheit abstatend (Reim), etwas verkehrend (Ironie), etwas auffüllend (Ellipse), verkleinernd (Hyperbel) oder Wissen übertragend (↗ Metapher). Referentielle oder appellative Nützlichkeit (*prodesse* bei Horaz) bedarf im Kleinen und Großen der (Gemüts-)Bewegung (*movere*) und der genußvollen Selbsterfahrung oder gar Eigenleistung (*delectare*), um längerfristig wirkungsvoll zu sein durch Einnistung im Gedächtnis (vgl. Weinrich 1988).

Lit.: R. Jakobson: »Linguistik und Poetik (1960)«. In: ders.: *Poetik* (Hg. E. Holenstein), FfM. 1993 [1979]. S. 83–121. – J. Mukařovský: *Kap. aus der Poetik*, FfM. 1967. – ders.: *Kap. aus der Ästhetik*, FfM. 1982 [1970]. – Lotman 1993 [1972]. – E. Holenstein: »Einl.: Von der Poesie und der Plurifunktionalität der Sp.«. In: R. Jakobson: *Poetik* (Hg. E. Holenstein), FfM. 1993 [1979]. S. 7–60. – H. Weinrich: »Über Sp., Leib und Gedächtnis«. In: H.U. Gumbrecht/K.L. Pfeiffer (Hgg.): *Materialität der Kommunikation*, FfM. 1995 [1988]. S. 80–93. – R. Kloepfer/H. Landbeck: *Ästhetik der Werbung*, FfM. 1991. – R. Kloepfer: *Sympraxis. Ko-Autorschaft in Lit. und Film*, Dresden 1998.   RK

Polyvalenz (gr. *polýs*: viel; lat. *valere*: gelten), Bezeichnung für die literar. Texten zugeschriebene Mehrwertigkeit bzw. Mehrdeutigkeit; zu den Eigenschaften, die literar. Texten immer wieder zugeordnet worden sind, gehört die Fähigkeit, hinsichtlich ganz unterschiedlicher Textelemente beim Rezipienten Kohärenz und eine positive Einstellung zu erzeugen. Formale Eigenschaften der Textstruktur wie Reim, Metrum und Syntax gehören ebenso dazu wie semantische Einheiten, z.B. Wortwahl und ↗ Metaphern. Rezipienten können auf der Basis ihrer Erfahrungen, Interessen, Emotionen, sprachlichen Strukturierungsfähigkeiten usw. bei der Herstellung literar. Bedeutung dem Text ein für sie als optimal empfundenes Maß an kohärenten Strukturen zuschreiben und damit ein kohärentes, subjektiv optimal befriedigendes Rezeptionsresultat erzielen. Lit.produzenten gehen auf solche Erwartungen ein, indem sie komplexere Textstrukturierungsverfahren verwenden, die dem Leser auf verschiedenen Ebenen kohärente Strukturen, neue Sinnbezüge und emotionale Besetzungen erlauben.

Derart ausgestattete Texte wurden von S.J. Schmidt 1974 unter dem Konzept der Polyfunktionalität diskutiert. Als Gegenbegriff zur P. fungiert der Begriff der Monovalenz, der in nicht-literar. ↗ Kommunikation prägend ist. Eindeutigkeit, Klarheit, Bestimmtheit werden von umgangssprachlichen und meist auch von wissenschaftlichen Texten erwartet. Sprachliche Überstrukturierungen gelten eher als dysfunktional. P. dagegen verbindet sich mit der ästhetisch positiv bewerteten Möglichkeit, daß verschiedene Rezipienten ↗ synchron oder ein und derselbe Leser synchron und ↗ diachron zu unterschiedlichen, aber jeweils kohärenten und subjektiv relevanten Rezeptionsresultaten kommen können. (↗ Konvention).

Lit.: S.J. Schmidt: *Elemente einer Textpoetik*, Mchn. 1974. – ders. 1991 [1980]. – ders.: *Die Selbstorganisation des Sozialsystems Lit. im 18. Jh.*, FfM. 1989. – L. Kramaschki: »Anmerkungen zur Ästhetik- und P.diskussion der empirischen Theorie der Lit.«. In: *SPIEL* 10.2 (1991) S. 207–233. – N. Groeben/M. Schreier: »The Hypothesis of the Polyvalence Convention. A Systemic Survey of the Research Development from a Historical Perspective«. In: *Poetics* 21 (1992) S. 5–32. AB

Possible-worlds theory (PWT) (engl., Theorie möglicher Welten), ein auf Erkenntnissen der Analytischen Philosophie gründender Ansatz innerhalb einer literar. ↗ Semantik. Der *PWT* liegt die sprachphilosophische Annahme zugrunde, daß die Dinge in der Welt auch anders sein könnten, als sie wirklich sind. Im Anschluß an das von G.W. Leibniz 1710 im Rahmen seiner Metaphysik geprägte Konzept der ›möglichen Welten‹ bildete sich die Auffassung von der Wirklichkeit als modalem System heraus, das aus einer Vielzahl von Welten besteht: einer tatsächlichen Welt (*actual world*) und möglichen alternativen Welten (*possible worlds*). Anfang der 1960er Jahre entwickelte der am. Sprachphilosoph S.A. Kripke ein Modell möglicher Welten (*M-Model*) zur Untersuchung der Beziehung zwischen Sprache und Welt in der Modallogik. Es diente der Erläuterung der Logik von kontrafaktischen Bedingungssätzen, veranschaulichte die Funktionsweise der Modalkategorien ›Möglichkeit‹ und ›Notwendigkeit‹ und klärte Fragen der ↗ Referenz und der epistemologischen Zugänglichkeit (*accessibility*) möglicher Welten.

Ende der 1970er Jahre entdeckten U. Eco, Th. Pavel und L. Doležel das Erklärungspotential der *PWT* für die Beschreibung der von fiktionalen Texten entworfenen Welten. Fiktionale Texte wurden als semiotische Mechanismen (↗ Semiotik) für die Konstruktion alternativer Welten angesehen, welche die Wirklichkeit nicht einfach nachahmen (↗ Mimesis), sondern parallele Welten zu ihr mit eigenen Gesetzmäßigkeiten entwerfen (↗ Poiesis). In der Folge fand das Konzept der möglichen Welten Eingang in vier unterschiedliche Bereiche der Literaturtheorie (vgl. Ryan 1992): (1) Theorie und Semantik von ↗ Fiktionalität; (2) ↗ Gattungstheorie; (3) narrative Semantik, einschließlich Theorien zur Figurendarstellung; (4) Poetiken des Postmodernismus. Im Rahmen der *PWT* werden daher ganz unterschiedliche Fragestellungen untersucht: (a) die Frage nach der Bestimmbarkeit des Wahrheitswerts von Sachverhalten in fiktionalen Texten (vgl. Lewis 1978); (b) der Grad an Autonomie bzw. Abhängigkeit fiktionaler Welten im Verhältnis zur außertextuellen Wirklichkeit (vgl. Maître 1983); (c) das Problem der ontologischen Unvollständigkeit fiktionaler Entitäten (vgl. Pavel 1986; Ronen 1994; Doležel 1998); (d) die interne Konfiguration narrativer Wirklichkeitssysteme (vgl. Doležel 1976; Pavel 1986); (e) die Differenzierung unterschiedlicher ↗ Gattungen auf der Basis einer Typologie fiktionaler Welten (vgl. Doležel 1985; Ryan 1991b); (f) das Zusammenspiel von tatsächlichen (auf Handlungsebene verwirklichten bzw. durch einen auktorialen ↗ Erzähler vermittelten) und virtuellen (von den ↗ Figuren erhofften oder geplanten) Ereignissen in einem Plot (vgl. Ryan 1991; Gutenberg 2000); (g) die Konzeptualisierung literar. Figuren als ›non-actual individuals‹ (vgl. Margolin 1990); (h) die Frage nach der Beziehung zwischen real existierenden Individuen und ihren fiktionalen Ebenbildern (vgl. Doležel 1998); (i) die Aktualisierung fiktionaler Welten durch den realen Leser (vgl. Eco 1987) sowie (j) Formen destabilisierter Ontologie im Zuge einer pluralistischen Wirklichkeitsauffassung im Postmodernismus (vgl. McHale 1987).

Während die *PWT* in Deutschland und Holland frühe Anwendung im Zusammenhang mit Textgrammatiken fand (J. Petöfi, T.A. van Dijk), erlangte sie erst seit Ende der 1980er Jahre internationale Beachtung. Sie ermöglicht die Abkehr von rein textimmanenten, strukturalistischen Textanalysen (↗ Strukturalismus), indem sie Kategorien zur semantischen Beschreibung narrativer Modalitäten bereitstellt. Durch die Einbeziehung des Wirklichkeitsbezugs und des Inhaltsaspekts literar. Texte legt die *PWT* darüber hinaus die Grundlage für eine lit.theoretische Neuorientierung bezüglich Fragen der Referenz, Ontologie und ↗ Repräsentation (vgl. Ronen 1994, S. 8) und stellt somit auch einen wichtigen Schritt in Richtung einer interdisziplinär ausgerichteten Lit.theorie dar.

Lit.: S.A. Kripke: »Semantical Considerations on Modal Logic.« In: *Acta Philosophica Fennica* 16 (1963) S. 83–94. – L. Doležel: »Narrative Modalities«. In: *Journal of Literary Semantics* 5.1 (1976) S. 5–14. – D. Lewis: »Truth in Fiction«. In: *American Philosophical Quarterly* 15 (1978) S. 37–46. – D. Maître: *Literature and Possible Worlds*, Ldn. 1983. – L. Doležel: »Pour une typologie des mondes fictionnels«. In: H. Parret/H.-G. Ruprecht (Hgg.): *Exigences et perspectives de la sémiotique*, Amsterdam/Philadelphia 1985. S. 7–23. – Th. Pavel: *Fictional Worlds*, Cambridge 1986. – U. Eco: *Lector in fabula*, Mchn. 1998 [1987]. – B. McHale: *Postmodernist Fiction*, Ldn. 1996 [1987]. – St. Allén (Hg.): *Possible Worlds in Humanities, Arts, and Sciences*, N.Y./Bln. 1989. – U. Margolin: »Individuals in Narrative Worlds. An Ontological Perspective«. In: *Poetics Today* 11.4 (1990) S. 843–871. – Ryan 1991. – dies.: »Possible Worlds and Accessibility Relations. A Semantic Typology of Fiction«. In: *Poetics Today* 12.3 (1991b) S. 553–576. – dies.: »Possible Worlds in Recent Literary Theory«. In: *Style* 26.4 (1992) S. 528–553. – R. Ronen: *Possible Worlds in Literary Theory*, Cambridge 1994. – L. Doležel: *Heterocosmica. Fiction and Possible Worlds*, Baltimore 1998. – Gutenberg 2000. – A. Spree: »Mögliche Welten«. In: Fricke 2000. S. 624–627. – C. Surkamp: »Narratologie und *Pwt.*: Narrative Texte als alternative Welten«. In: A. Nünning/

V. Nünning (Hgg.): *Neue Ansätze in der Erzähltheorie*, Trier 2002. S. 153-184.
CS

Postkoloniale Literaturtheorie und -kritik, Theorie und Kritik, die aus Ansätzen des Postkolonialismus heraus die vom Kolonialismus beeinflußten bzw. sich von ihm absetzenden Literaturen zum Gegenstand hat. Die Theorie wurde v.a. von E.W. Said, G.Ch. Spivak und H.K. Bhabha, Lit.wissenschaftlern aus der ›Dritten Welt‹, in den USA und England seit den späten 1970er Jahren entwickelt, wobei der frz. ↗ Poststrukturalismus entscheidende Anstöße gab und auch einige Affinitäten zu Postmoderne/Postmodernismus bestehen. Die Kritik hat wesentlich früher eingesetzt, ist breiter angelegt und ungleich produktiver, bleibt häufig aber traditionellen Interpretationsmethoden verhaftet. Auch wo sie nicht theoretisch reflektiert erscheint, nähert sich die Kritik allerdings wie die Theorie in der kontextbewußten Lit.-analyse kulturhistorischen Betrachtungsweisen. Im weitesten Sinne ist die (von der Theorie auch zunehmend beeinflußte) Kritik definierbar als »a set of reading practices ... preoccupied principally with analysis of cultural forms which mediate, challenge or reflect upon the relations of domination and subordination – economic, cultural and political – between (and often within) nations, races and cultures, which characteristically have their roots in the history of modern European colonialism and ... continue to be apparent in the present era of postcolonialism« (Moore-Gilbert 1997, S. 12). Schon vor F. Fanon gab es eine Reihe lit.- und kulturkritischer Autoren von W.E.B. Du Bois über C.L.R. James bis zu A. Césaire, die sich mit solchen Fragestellungen beschäftigten, aber auf breiterer Basis setzte die Kritik erst im Gefolge der Entstehung oder Erneuerung der Literaturen der aus den Kolonien hervorgegegangenen Nationen in den 1960er Jahren ein. In der engl.sprachigen Welt begann man sich den Literaturen des Commonwealth zu widmen und zeigte retrospektiv ein verstärktes Interesse an der Lit. engl. Autoren über die (ehemaligen) Kolonien. Die Studien zur ›Commonwealth-Lit.‹, wie die anglophonen Literaturen Kanadas, der Karibik, West-, Ost- und Südafrikas, Indiens und Südostasiens, Australiens und Neuseelands lange bezeichnet wurden, waren, abgesehen von der ungenauen Bezeichnung für eine (schon durch die wechselnde Mitgliedschaft der einzelnen Länder) kaum zutreffende Einheit, durch die Vorstellung von den Verzweigungen der engl. Lit. beeinträchtigt, die das Mutterland angelsächs. Kultur letztlich zum Maßstab machten. Erst durch den Theorieschub der 1980er Jahre wurde der Blick für die postkoloniale Problematik geschärft, die man mit Begriffen wie ↗ *Orientalism*, ↗ Alterität, Subalternität, ↗ Hybridität, Mimikry oder Zentrum/Peripherie zu erfassen suchte.

Die bekannteste Schrift zur p.L., die v.a. das Verhältnis zur literar. Praxis beleuchtet, ist das Gemeinschaftswerk *The Empire Writes Back* (1989) der Australier B. Ashcroft, G. Griffiths und H. Tiffin. Es bietet einen Forschungsbericht zur Theoriebildung, der auch die poetologischen Konzepte der Autoren einschließt, und eine komparatistische Synopse der Schreibansätze und Strategien in den Literaturen, die nach einem eigenen Modell als Ausdruck eines Dezentralisierungsprozesses gesehen werden. In der subversiven

Verweigerung des imperialen ↗ Diskurses (*abrogation*) und der Aneignung eines indigenen Diskurses (*appropriation*) entsteht eine dialektisch dynamische Hybridität, die in der fortwährenden Auseinandersetzung mit der ›aufgepfropften‹ Kultur kreative Energien freisetzt, wobei den Methoden des umdeutenden *rereading* und neuschaffenden *rewriting* eine wichtige Funktion zukommt. Die literar. Entkolonisierung beginnt bei der Sprache, die dem privilegierten Standard des brit. Engl. eigene Varietäten entgegensetzt. – In der Theoriebildung werden drei Modelle unterschieden: (a) nationale oder regionale Theorien, die sich den Wesensmerkmalen etwa der kanad. oder karib. Lit. widmen; (b) ethnische Theorien, die sich auf die Lit. ethnischer Gruppen wie das ›*black writing*‹ konzentrieren; (c) komparatistische Theorien, die den Wechselwirkungen und Affinitäten zwischen diversen Literaturen etwa der ›Dritten Welt‹ gelten. Wo diese Theorien Essentialismen wie *Canadianness* oder *pan-Africanism* abstrahieren, ist freilich Skepsis angebracht, auch wenn entsprechende Orientierungsversuche z.T. bei den Schriftstellern selber eine große Rolle spielen.

Ist *The Empire Writes Back* deutlich dem postkolonialen Konzept verpflichtet, so rückt eine weitere Bezeichnung des expansiven Lit.gebiets sowohl vom unstimmigen Begriff der ›Commonwealth-Lit.‹ als auch von der ideologiekritischen Programmatik der p.L. ab: Der Begriff ›*New English Literatures*‹ (oder genauer: ›*New Literatures in English*‹) kennzeichnet etwas neutraler die betreffenden Literaturen, deren Neuheit allerdings z.T. recht unterschiedlichen Entwicklungsphasen entspricht und allenfalls in der späten internationalen Rezeption hervortritt. Typische Schwerpunkte der Kritik, die sich den *New English Literatures* widmet, sind etwa folgende: die literar. Reflektion der individuellen wie kollektiven Problematik kultureller Identität; die Entwicklungsmuster der Emanzipation von der Kolonial- zur Nationallit. und die ↗ Synchronie der internationalen Berührungspunkte zwischen diesen, von der Fixierung auf engl. Vorbilder sich lösenden Literaturen; die Konditionen des oft noch beherrschenden Lit.markts Europas und der USA; das Dilemma der Sprachenwahl in multilingualen Kulturen und Aspekte der varietätenspezifischen Stilisierung; die Wiederbelebung autochthoner Traditionen, v.a. in den Formen einer für den Vortrag bestimmten oder mündlich geprägten Lit.; die Entwicklung eigenständiger, von europ. Stilrichtungen divergierender Schreibweisen wie der des magischen Realismus in der ›Dritten Welt‹; die kreative Revision des ↗ Kanons europ. Klassiker mit kolonialgeschichtlichen Implikationen durch Gegendarstellungen; die literar. Erschließung als Leerräume aufgefaßter Territorien in den Siedlerkolonien zum Zwecke der geistigen Anverwandlung und kulturellen Vereinnahmung; die Perspektivenwechsel in der Rekonstruktion der Kolonialgeschichte wie in der desillusionierten Bloßstellung der nachkolonialen Fehlentwicklungen in der ›Dritten Welt‹; die Dramatisierung kolonialgeschichtlich bedingter interner Konflikte zwischen unterschiedlichen Rassen (Konstellation Siedler/Eingeborene) oder Lebensweisen (Gegensatz archaische/moderne Welt); die Beschreibung der ›doppelten‹ Kolonialisierung der Frau durch die angestammte patriarchalische wie die von der Imperialmacht ausgeübte Repression und die Anfänge einer emanzipatorischen Frauenlit. (↗ feministische Lit.theorie); das Aufkommen ethnischer Minoritätenliteraturen der Ureinwohner in den USA und anderen einstigen Siedlerkolonien oder der Diaspora aus der ›Dritten Welt‹ in England.

Neben der Kritik der *New English Literatures* gibt es die weiter zurückreichende Kritik der lateinam. Literaturen und seit einiger Zeit auch die Kritik der frz.sprachigen Literaturen außerhalb Europas. In all diesen Entwicklungen ist der Einfluß der p.l. gegenwärtig unübersehbar; er reicht durch seine vielseitigen Ansätze einer globalen ↗ Komparatistik und die anderen Künste einbeziehenden ↗ Intermedialität sowie seine Affinität zu den *Cultural Studies, Ethnic Studies* und *Women's Studies* weit über die Lit. hinaus. Die postkolonialistische Fokussierung bringt allerdings auch die Gefahr der kritischen Verengung der Lesarten und einer Verkürzung der Literaturen. Es fragt sich, inwieweit die Mehrheit der Autoren zwischen Kanada und Neuseeland tatsächlich das Primärinteresse am anti-kolonialen Diskurs und an der transkulturellen Hybridität teilt oder ob sie nicht mindestens so sehr an der Problematik des Individuums in seiner unmittelbaren Umwelt und vor dem Hintergrund der sich wandelnden modernen Welt interessiert ist, in die solche Fragen nur sekundär hineinspielen. Auf jeden Fall aber sind von der Theorie wichtige Impulse ausgegangen, die sowohl dazu anhalten, die europ. Lit. stärker ›gegen den Strich zu lesen‹ als auch die Literaturen der (ehemaligen) Kolonien differenzierter aus ihren historischen ↗ Kontexten heraus zu begreifen.

Lit.: B. Ashcroft et al.: *The Empire Writes Back. Theory and Practice in Post-Colonial Literatures*, Ldn. 1989. – Williams/Chrisman 1996 [1993]. Teile IV, V. – B. Ashcroft et al. (Hgg.): *The Post-Colonial Studies Reader*, Ldn. 1997 [1995]. – E. Boehmer: *Colonial and Postcolonial Literature. Migrant Metaphors*, Oxford 1995. – E. Kreutzer: »Theoretische Grundlagen postkolonialer Lit.kritik«. In: Nünning 1998 [1995]. S. 199–213. – Mongia 1996. – P. Childs/P. Williams: *An Introduction to Post-Colonial Theory*, Ldn. 1997. Kap. 1, 2, 6. – B. Moore-Gilbert: *Postcolonial Theory. Contexts, Practices, Politics*, Ldn. 1997. Kap. 1, 5. – ders. et al. (Hgg.): *Postcolonial Criticism*, Ldn. 1997. – Ashcroft et al. 1998. – L. Gandhi: *Postcolonial Theory. A Critical Introduction*. Edinburgh/N.Y. 1998. – A. Loomba: *Colonialism/Postcolonialism*, Ldn. 1998. – R.J.C. Young: *Postcolonialism. An Historical Introduction*, Oxford 2000 [1998]. – B. Ashcroft: *Post-Colonial Transformation*, Ldn. 2001. – A. Dietrich: *Differenz und Identität im Kontext Postkolonialer Theorien*, Bln. 2001. – H. Birk/B. Neumann: »Go-between. Postkoloniale Erzähltheorie«. In: A. Nünning/V. Nünning (Hgg.): *Neue Ansätze in der Erzähltheorie*, Trier 2002. S. 115-152.　　EK

Poststrukturalismus, unter dem Begriff P., der oft fälschlicherweise als Synonym zum Begriff Postmoderne gehandelt wird, werden eine Anzahl von Philosophen (G. Deleuze, J. Derrida, M. Foucault, L. Irigaray, J.-F. Lyotard), Lit.kritikern (R. Barthes), Soziologen (J. Baudrillard) und Psychoanalytikern (F. Guattari, J. Kristeva, J. Lacan) gebündelt. Entwickelt wurde der P. zum großen Teil in Frankreich; insbes. in einem kleinen Zirkel von sich gegenseitig befruchtenden Denkern im Paris der späten 1960er-1980er Jahre (man spricht daher oft vom P. als ›frz. Schule‹), wobei der Höhepunkt der

internationalen Rezeption des P. in den 1980er Jahren liegt. Wie sein Name
besagt, entwickelt sich der P. aus einer komplexen Revision und Neudefinition
des wiederum insbes. frz. ↗ Strukturalismus (Cl. Lévi-Strauss, F. de Saussure,
R. Jakobson, L. Althusser). Bedeutend beim P., der den Strukturalismus
modifizierend kritisch weiterentwickelt, ist der Rekurs auf die linguistische
Wende (↗ *linguistic turn*), d.h. auf die Beeinflussung verschiedener Wissenschaften durch Linguistik und ↗ Semiotik. Diese gemeinsame Basis erlaubt
eine starke ↗ Interdisziplinarität, da alle Spielarten des P., ob nun Philosophie, Soziologie oder Psychoanalyse, ihre spezifischen Theorien aus einer
rigorosen Semiotisierung der Welt und der Wissenschaft heraus entwickeln.
So ist den, sich teilweise kritisch voneinander abhebenden, Versionen des P.
gemeinsam der Rückgriff auf die, insbes. Saussuresche, Zeichentheorie, in
der sich das ↗ Zeichen aus der Triade Signifikat (Vorstellung, Bezeichnetes),
↗ Signifikant (Lautbild, Bezeichnendes) und Referent (Ding, Objekt; vgl.
↗ Referenz) zusammensetzt, wobei der Referent als ›ausgeschlossenes Element‹
fungiert, welches der Zeichenproduktion zwar unterliegt (als Vakuum, das es
zu füllen gilt), sie aber nicht direkt beeinflußt (vgl. dazu bes. U. Eco). In den
verschiedenen Versionen des P. wird durchgehend die Idee, der zufolge das
Signifikat höher zu bewerten ist als der lediglich ›supplementäre‹ Signifikant,
einer rigorosen Kritik unterzogen. Bei Derrida geschieht dies mittels einer
↗ Dekonstruktion (ein Begriff der, obwohl genaugenommen nur auf die
Derridasche Form des P. anwendbar, weithin synonym mit der Verfahrens-
weise des P. verwendet wird) ›logozentrischer‹ (↗ Logozentrismus), d.h. in
der Metaphysik verhafteter, Texte. Die dekonstruktive Analyse legt in den
untersuchten Texten die ›Verdrängung‹ des Sprachmaterials zugunsten der
Illusion unkontaminierter Bedeutung offen. In rhetorisch und konzeptuell
höchst komplexen Texten führt Derrida die untersuchten Texte bis an die
Grenze, an der sich die Ideen von Ursprung, reiner ↗ Bedeutung sowie von
gedanklicher und textueller Geschlossenheit auflösen. In einem im Laufe
seiner Entwicklung immer verspielter und freier werdenden Duktus, der sich
bewußt den Gesetzen eines philosophisch-wissenschaftlichen Textes entzieht,
werden Derridas Schriften zu Abbildern eines Denkens, das sich dezidiert
innerhalb der Spaltung von Signifikat und Signifikant ausbreitet. Die durch
die ›Durchstreichung‹ der Ontologie und der Metaphysik erreichte Freiheit
wird dem P. oft als Verspieltheit angelastet. Bei Lacan, der stärker im Strukturalismus verwurzelt ist als Derrida, zeigt sich eine ähnliche Aufwertung
des Sprachmaterials, die Lacan aus der Freudschen Theorie heraus erarbeitet.
Zurückgreifend auf die Theorien Jakobsons bildet Lacan die linguistischen
Begriffe ↗ Metapher und ↗ Metonymie auf die psychoanalytischen Begriffe
Verdichtung und Verschiebung ab. Aus dieser Analogie entwickelt er den
Begriff eines Unbewußten, das ›strukturiert ist wie eine Sprache‹. In der
Kritik von Deleuze und Guattari wird die Lacansche Theorie gegen sich
selbst gelesen, wobei bes. das Gefangensein der Theorie in dem sozialen
Projekt der Ödipalisierung hervorgehoben wird. War das Ergebnis der
psychoanalytischen Kur ein ↗ Subjekt, das sich mit seiner Gespaltenheit
abgefunden hat, so propagieren Deleuze und Guattari ein Subjekt, das sich
in Felder und Ströme von Intensitäten auflöst. Auch Baudrillard macht sich

in seiner Kritik des klassischen Marxismus die Linguistik zunutze. Laut
Baudrillard sind alle ökonomischen Gesetze dem Gesetz und der Struktur
des arbiträren ↗ Codes, d.h. der Sprache, unterworfen und spiegeln dieses
wider. Baudrillards Theorie zufolge ist in der postkapitalistischen Welt die
Realität ausgelöscht und in eine hyperreale Simulation überführt worden
(↗ Simulakrum). Diese ist künstlich geschaffen und vollständig den Werten
des Kapitalismus unterworfen. Wichtig für das Projekt des P., sowie für seine
Rezeption, ist im bes. Maße seine sowohl implizite als auch explizite Neudefinition des Subjektsbegriffs, der sich nicht mehr in einen humanistischen
Rahmen zwängen läßt, obwohl die Aversion zwischen P. und Humanismus
oft auf Mißverständnissen beruht. Das poststrukturalistische Subjekt ist
ohne Ursprung und ohne Einheit. Es ist ›im tiefsten Inneren‹ ein Zeichen-
produkt; ein in der Sprache gefangenes und durch Sprache, im weiteren
Sinne durch Kultur definiertes Wesen. Insbes. der Feminismus hat sich diese
Sichtweise zunutze gemacht, um die Stellung der Frau (als dem Signifikat
eines phallokratischen Systems und einer phallokratischen Sprache) frei- und
umzuschreiben (↗ feministische Lit.theorie). Solche Neudefinitionen sind
möglich, da der P. die Realität als ein künstlich erzeugtes Produkt versteht
und somit als inhärent fiktiv. Ein der Logik der Sprache unterworfenes
Subjekt ist unweigerlich ein eminent literar. Dies ist wohl der Grund dafür,
daß der P. insbes. die Lit.theorie beeinflußt hat, die in diesem Subjekt das
literar. Subjekt wiederfand. Im Gegensatz zum Strukturalismus, dem es
darum ging, aus verschiedenen Oberflächenstrukturen eine Tiefenstruktur
zu abstrahieren und somit aus verschiedenen Texten eine allg. Bedeutung
zu destillieren (im Bereich der Lit.theorie und der Anthropologie denke
man z.B. an die Mytheninterpretationen Lévi-Strauss'; ↗ Mythentheorie
und -kritik), geht es dem P. gerade darum zu zeigen, daß eine solche Trennung nicht aufrechtzuerhalten ist (ein Schlüsselwerk in diesem Übergang
ist Foucaults Buch *Les mots et les choses*, 1966, dt. *Die Ordnung der Dinge*).
Generell propagiert der P. die Gleichstellung der Ebenen des Signifikanten
und des Signifikats bei gleichzeitiger Auslassung des Referenten als einem
erst nachträglich erstellten, immer schon versprachlichten Begriff. In der
Lit.theorie, z.B. in Barthes' *S/Z* (1970), führt dies dazu, daß verschiedene
Lese- und Interpretationsebenen parallel zueinander oder, wie Deleuze und
Guattari sagen würden, ›transversal‹ einen Text durchkreuzen, ohne ihn auf
eine spezifische Bedeutung zu reduzieren.

Dieser Rekurs auf anscheinend frei flottierende, oder in Derridas Vo-
kabular ›disseminierende‹ (↗ *dissémination*), Leseversionen, in deren Licht
selbst die aufgefächertsten Interpretationen der hermeneutischen Schule
noch zu zentriert erscheinen, haben den P. sowohl der im engeren Sinne
lit.theoretischen Kritik einer ›*anything-goes*-Attitüde‹ ausgesetzt als auch im
weiteren Sinne dem Vorwurf, elitär und unpolitisch zu sein. Bes. in letzter
Zeit gibt es Versuche des P., sich eben diesen Kritiken zu stellen. So werden
insbes. in den Kulturwissenschaften Versuche unternommen, Spannungen
zwischen Kulturen und innerhalb kultureller Gruppen als Konflikte zwischen
verschiedenen Zeichensystemen zu behandeln. Selbst der Marxismus, der
seit jeher am stärksten auf einer zeichenlosen, realen Basis ›unterhalb‹ des

kulturellen Überbaus insistiert, hat sich in letzter Zeit mit dem P. ausein-
andergesetzt (Baudrillard; F. Jameson; S. Žižek) und Strömungen des P. in
sein Denkbild integriert.

Lit.: Harari 1989 [1979]. – R. Young (Hg.): *Untying the Text*, Boston 1981.
– Frank 1997 [1983]. – Horstmann 1983. – R. Harland: *Superstructuralism. The
Philosophy of Structuralism and Post-Structuralism*, Ldn. 1994 [1987]. – M. Sarup:
An Introductory Guide to Post-Structuralism and Postmodernism, N.Y. 1988. – G.
Neumann (Hg.): *P.*, Stgt. 1995. – Zapf 1996 [1991]. S. 189–204. – G. Neumann
(Hg.): *P.: Herausforderung an die Lit.wissenschaft*, Stgt./Weimar 1997. – Selden et
al. 1997 [1985]. – St. Münker/A. Roesler: *P.*, Stgt./Weimar 2000. – J. Bark (Hg.):
Schlüsseltexte zur neuen Lesepraxis. Poststrukturalistische Lit.theorie und -didaktik,
Stgt. et al. 2000.– J. Bossinade: *Poststrukturalistische Lit.theorie*, Stgt. 2000. – St.
Münker/A. Roesler: *P.*, Stgt./Weimar 2000. – C. Belsey: *Poststructuralism. A very
short introduction*, N.Y. 2002. – C. Davis: *After Poststructuralism. Reading, Stories
and Theory*, Ldn. 2003.   HB

Pragmatik (gr. *pragmatikós*: im Geschäftsleben erfahren, nützlich; *prágma*:
Tun, Handlung), P. ist allg. der Teil der ↗ Semiotik, der sich mit der Beziehung von ↗ Zeichen zu deren Benutzern beschäftigt. In der Linguistik
untersucht P. das sprachliche Handeln und läßt sich spezieller als Untersuchung von ↗ Bedeutung im ↗ Kontext definieren. Die ↗ Sprechakttheorie
basiert ebenso auf pragmatischer Perspektive wie die Diskursanalyse, da
beide ›regelbestimmte Sprachpraxis‹ (vgl. M. Foucault 1969) betrachten.
L. Wittgensteins (1971, I, § 43) Aussage, daß der Gebrauch eines Wortes
seine Bedeutung bestimmt, bringt die Relevanz der P. durch die untrennbare Beziehung zwischen Sprachgebrauch und -bedeutung zum Ausdruck.
Hierin liegt eine wesentliche Gemeinsamkeit von P. und dem erkenntnistheoretischen Modell des Pragmatismus, das hier nicht näher diskutiert
wird: Das Verstehen von Sprache ist durch das Wissen über ihren Gebrauch
definiert. Wittgensteins Sprachspiele stellen dann eine ›als Lebensform
funktionierende, unzerreißbare Einheit von Sprachgebrauch, Lebenspraxis
und Welterschließung‹ (vgl. Apel 1976, Bd. 1, S. 321f.) dar. Diese ›Funk-
tionseinheit von Sprachverwendung, Lebensform und Situationswelt‹ (vgl.
ebd., S. 375) wird von der P. betont. Wo pragmatische Lit.wissenschaft also
Sprachverwendung in literar. Texten untersucht, analysiert sie zugleich auch
Lebensform und Situationswelt. P. ist daher heute Teil einer allg. Handlungstheorie, die Handeln durch kulturelle Kontexte definiert sieht (vgl.
Morris 1977; Schwemmer 1987). Da Zeichengebrauch und -bedeutung sich
aus lebenspraktischer Erfahrung definieren, führt die Analyse von Zeichen
letztlich zu dem Welt- und Selbstverständnis, das durch Zeichen immer
vermittelt wird, aber keineswegs ständig bewußt ist. Das Weltbild stellt,
wie J.R. Searle (1979) darlegt, den alltäglichen Hintergrund dar, mit dem
ein Hörer vertraut sein muß, wenn er die Bedeutung von ↗ Sprechakten
verstehen und kommunikativ handeln soll. Eine ›Universal-P.‹ hat in diesem
Kontext die Aufgabe, »universale Bedingungen möglicher Verständigung zu
identifizieren und nachzukonstruieren« (Habermas 1982, S. 174).

Eine lit.wissenschaftliche P. untersucht entsprechend die Bedingungen und Formen möglicher und realer Verständigung mittels Lit., speziell etwa die möglichen Wirkungsabsichten, die konkreten, historisch feststellbaren Wirkungen und die realen wie potentiellen Wirklichkeitsbezüge von Texten. Letztlich geht es auch ihr um die Darlegung des maßgeblichen, Bedeutung erst konstituierenden Weltbildes. Im Unterschied zu einer Universal-P. ist lit.wissenschaftliche P. gewöhnlich an den Bedingungen konkret historischer und kulturell geprägter Verständigung interessiert. Sie untersucht die Sprech- bzw. Schreibsituationen, die für ganz bestimmte Personen in spezifischen ↗ Epochen und bei Verwendung konkreter ↗ Gattungen gelten, und fragt etwa danach, zu welchen Handlungen, Reaktionen usw. ein Text Leser explizit oder implizit auffordert. Diese Rezeptionshandlungen sind nur z.T. durch den Text initiiert, zum anderen sind sie bestimmt durch die Verstehens- und ↗ Erwartungshorizonte, die die Rezipienten an den Text herantragen. Erst beides zusammen, Textzeichen und die biologisch wie kulturell geprägte Kompetenz zu ihrer Verarbeitung, ermöglichen Verstehen. Es gibt also einen konstitutiven Zusammenhang »zwischen den generativen Leistungen des sprach- und handlungsfähigen Subjekts einerseits und den allg. Strukturen der Rede andererseits« (Habermas 1982, S. 179). Diese Zweipoligkeit muß die lit.wissenschaftliche P. beachten, die sich deshalb »nicht ausschließlich einer empirischen Analyse« bedienen kann (ebd., S. 180), sondern Empirie bzw. Szientifik mit ↗ Hermeneutik verbindet (Apel 1976, Bd. 2, S. 7–154). Beobachtung oder sensorische Erfahrung muß also mit Verstehen bzw. kommunikativer Erfahrung zusammengehen (Habermas 1982, S. 183f.), um die Einheit von Sprachgebrauch, Lebenspraxis und Welterschließung zu erreichen. Wie in der Semiotik und Linguistik ist P. damit auch in der Lit.wissenschaft ein sehr komplexer Ansatz, der zudem bisher nicht in nur einem wissenschaftlichen Bereich in Erscheinung getreten ist, sondern in verschiedenen Perspektivierungen mit unterschiedlichen Schwerpunktsetzungen erscheint. Hier sei nur auf die ↗ Rezeptionsästhetik als eine Konzeption mit bes. auffälligem Bezug zur P. verwiesen. Aber auch psychologische Untersuchungen der Produktion und Rezeption von Lit., kognitivistische Konzepte, die das Verstehen von Lit. untersuchen (Kognitionstheorie), oder alle historischen, soziologischen und kulturwissenschaftlichen Ansätze haben stark pragmatisch orientierte Komponenten. Aus dieser Komplexität des Gegenstandes pragmatischer Lit.wissenschaft ergibt sich die Notwendigkeit der in der bisherigen Praxis auch feststellbaren Einschränkung des Untersuchungsobjekts auf überschaubare Fragen. Andererseits ist die Relevanz der P. nach Wittgenstein noch einmal dadurch potenziert worden, daß man inzwischen, wie Foucault (1969), davon ausgeht, daß der Sprachgebrauch die Welt, von der die Rede ist, nicht einfach abbildet, sondern überhaupt erst ›konstruiert‹ (↗ Konstruktivität). P. muß dann beschreiben, durch welche Zeichen Welt aufgebaut wird und wie Realität in Sprechhandlungen bzw. deren Produkten, also Texten, zum Ausdruck kommt. P. in der Lit.- wissenschaft fragt demnach nicht nur danach, wie sich ein literar. Text auf kulturelle Kontexte bezieht und welches Verhältnis im und durch den Text zu bestimmten Welten aufgezeigt wird, sondern untersucht letztlich sogar,

welche Welt durch die Zeichen des Textes erstellt wird. Der kulturelle
Kontext ist somit nicht etwas, das extern zur Lit. vorhanden wäre und
nur gelegentlich in ihr reflektiert wird, sondern jeder Text baut ihn mehr
oder weniger explizit in sich ein und durch sich auf. Lit. ist für P. daher
nie außerhalb der Lebenswelt von ↗ Autor und Leser, sondern immer
ein Teil davon und hat entsprechend immer bestimmte ↗ Funktionen
darin. Lit. wird nicht als eine geschlossene oder rein formale Textstruktur
betrachtet, sondern als ein Medium in einer Kommunikationskette, wobei
die funktionale und realitätsbezogene Perspektive sehr wichtig ist. Spezifisch
pragmatische Fragestellungen sind etwa die nach den von Texten nicht
explizit ausgedrückten, aber mit intendierten Bedeutungen, den Implika-
turen, nach den Erwartungshaltungen und Verstehensvoraussetzungen, den
Präsuppositionen, oder nach den Wirkungen, den Persuasionen, von Texten
(↗ Wirkungsästhetik). Wie in der Linguistik ist P. auch in der Lit.wissen-
schaft eine äußerst komplexe Perspektive, die noch keineswegs vollständig
entwickelt und genutzt worden ist, die aber gerade durch ihre vielfachen
Bezüge zur Linguistik und Semiotik im Rahmen interdisziplinären Arbeitens sehr vielversprechend ist. Pragmatische Lit.wissenschaft entwickelt sich
gegenwärtig im Kontext einer immer stärker werdenden interdisziplinären
Kooperation von Lit.wissenschaft mit Geschichte, Anthropologie, Soziologie und ↗ Kulturwissenschaft. In ihrem Bezug zu kulturell und historisch
definierten Lebensformen und Situationswelten findet lit.wissenschaftliche P.
auch die Kriterien für die relative Gültigkeit ihrer Interpretationen und für
eine angemessene Unterbrechung des ansonsten in der Postmoderne endlos
andauernden Interpretationsprozesses, der unendlichen Semiose.

Im Grunde ist bereits Horaz' Bestimmung der Dichtkunst als Mittel zur
Unterhaltung und Belehrung eine Definition aus pragmatischer Perspektive,
die klar zwei unterschiedliche Funktionen und Wirkungen von Dichtung
herausstellt. Diese funktionale Perspektive hat sich in den verschiedensten
Ausprägungen und Akzentuierungen bis heute fortgesetzt. Die sog. ›rhetorische
Kritik‹ von W.C. Booth aus den 1950er Jahren etwa untersucht ebenso die
Relation von Lit. zu ihren Benutzern wie der ↗ Strukturalismus, der Lit.
als ein systematisches Spiel mit ↗ Codes betrachtet, das ganz bestimmte
Wirkungen bei Rezipienten auslöst. M.H. Abrams' (1953) Versuch, Lit. in
Beziehung zu Autor, Leser, zur dargestellten Welt oder zum literar. Text als
expressiv, appellativ, mimetisch oder ästhetisch zu definieren, basiert in ihrer
Beschreibung von Zeichen im Verhältnis zu Benutzern bzw. zur dargestellten
Welt auf der relationalen Perspektive, die für P. grundlegend ist. Nach der
Illusion des ↗ New Criticism und der ↗ werkimmanenten. Interpretation,
Lit. ohne Bezug zu Zeichenbenutzern und deren Lebenswelten interpretieren
zu können, hat die pragmatische Wende in der Sprachwissenschaft auch die
Lit.wissenschaft dazu geführt, Kontext- und Gebrauchsuntersuchungen mit
neuer Intensität zu betreiben. So ist etwa das von G. Brown und G. Yule
(vgl. 1983, S. 59) definierte Prinzip der ›lokalen Interpretation‹, das für
das Verstehen eines Textes Kontexte aus dessen unmittelbarem, alltäglichen
Umfeld fordert und nicht Zusammenhänge, die mit diesem Lebensraum
nur wenig zu tun haben, zumindest implizit etwa im ↗ New Historicism

zu finden. Eine explizit lit.wissenschaftliche P. befindet sich gegenwärtig erst in der Entwicklung und steht immer noch stark in der Nähe zur Sprachwissenschaft, sehr deutlich etwa dort, wo Höflichkeit (vgl. Sell 1985), Stil (vgl. Sell 1993), aber auch Aspekte der Narrativik untersucht werden (vgl. Watts 1981). Es fehlt noch eine umfassende Theorie (vgl. Sell 1991), und auch der Begriff P. selbst wird eher wenig gebraucht, sogar dort, wo z.B. T. Eagleton (1983) immer wieder darauf hinweist, wie sehr Lit. von historischen und kulturellen Kontexten abhängt. Auch bei St. Fish (1980) fällt der Begriff P. nicht, obwohl die Bedeutung der ›Interpretationsgemeinschaft‹ hervorgehoben wird, die allerdings Lit. signifikanterweise nicht in Beziehung zu ihrem Alltagsleben sehen soll, will sie nicht völlig ›unprofessionell‹ (vgl. Fish 1995) werden. P. ist aber im Grunde inzwischen gerade dadurch zu definieren, wie es ihr gelingt, die engen Grenzen der Fishschen Interpretations- oder Berufsgemeinschaft zu überschreiten, interdisziplinär zu arbeiten und so neue Perspektiven zu eröffnen bzw. Lit. gerade in den Kontexten zu sehen, in denen sie eine Bedeutung erhält, die über enge sprachästhetische Grenzen hinausgeht und allgemeinmenschliche Lebens- und Erkenntnispraxis umfaßt.

Lit.: M.H. Abrams: *The Mirror and the Lamp. Romantic Theory and the Critical Edition*, N.Y. 1953. – L. Wittgenstein: *Philosophische Untersuchungen*. In: ders.: *Schriften*, Bd. 1 (Hgg. G. Anscombe/R. Rhees), FfM. 1971 [1953]. S. 279–544. – Foucault 1969. – D. Breuer: *Einf. in die pragmatische Texttheorie*, Mchn. 1974. – K.O. Apel (Hg.): *Sprachpragmatik und Philosophie*, FfM. 1982 [1976]. – J. Habermas: »Was heißt Universalpragmatik?« In: K.-O. Apel 1982 [1976]. S. 174–272. – Ch.W. Morris: *Pragmatische Semiotik und Handlungstheorie*, FfM. 1977. – J.R. Searle: *Expression and Meaning. Studies in the Theory of Speech Acts*, Cambridge 1979. – Fish 1995 [1980]. – R. J. Watts: *The Pragmalinguistic Analysis of Narrative Texts. Narrative Co-operation in Ch. Dickens' ›Hard Times‹*, Tüb. 1981. – G. Brown/G. Yule: *Discourse Analysis*, Cambridge 1983. – Eagleton 1996 [1983]. – R.D. Sell: »Politeness in Chaucer. Suggestions toward a Methodology for Pragmatic Stylistics«. In: *Studia Neophilologica* 57 (1985) S. 175–185. – O. Schwemmer: *Handlung und Struktur*, FfM. 1987. – Buchreihe »Pragmatics & Beyond. New Series«, Amsterdam/Philadelphia 1988ff. – R.D. Sell (Hg.): *Literary Pragmatics*, Ldn. 1991. – R. Shusterman: *Pragmatist Aesthetic. Living Beauty, Rethinking Art*, Oxford 1992. – R.D. Sell: »The Difficult Style of the Wasteland. A Literary-pragmatic Perspective on Modernist Poetry«. In: P. Verdonk (Hg.): *20th Century Poetry. From Text to Context*, Ldn. 1993. S. 134–158. – K. Oehler: »Über Grenzen der Interpretation aus der Sicht des semiotischen Pragmatismus«. In: J. Simon (Hg.): *Zeichen und Interpretation*, FfM. 1994. S. 57–72. – St. Fish: *Professional Correctness. Literary Studies and Political Change*, N.Y. 1995. – H. Putnam: *Pragmatism. An Open Question*, Oxford 1995. – Meibauer, Jörg: *P. Eine Einführung*, Tüb. 2001 [1999]. – S. Strasen: »Wie Erzählungen bedeuten. Pragmatische Narratologie«. In: A. Nünning/V. Nünning (Hgg.): *Neue Ansätze in der Erzähltheorie*, Trier 2002. S. 185-218.   KPM

Psychoanalytische Literaturwissenschaft, als interpretative Methode wurde die Psychoanalyse von S. Freud begründet, der seine klinischen Untersuchungen u.a. mit literar. Analysen verband. Laut Freud enthalten literar. Werke analog zum Tagtraum eine durch Sublimierung bzw. Repression von unbewußtem Begehren entstandene Oberfläche, den manifesten Gehalt, dessen latente Bedeutung durch psychoanalytische Deutungsverfahren entschlüsselt werden kann. Eine Reihe solcher durch Verschiebung und Kondensation entstandener Imagos bzw. symbolischer Muster und ihrer Deutungen findet sich in Freuds *Traumdeutung* (1900).

In ihrer ersten Phase beschränkte sich die p.L. weitgehend auf psychobiographische Deutungen, in denen der Text als Symptom für das individuelle Unbewußte des Autors begriffen wird. Danach schlagen sich die Neurosen bzw. Traumata des ↗ Autors, v.a. die damit verbundenen unterdrückten sexuellen Phantasien, in immer wiederkehrenden ↗ Figuren und ↗ Motiven nieder. Systematisiert und weitergeführt wurden solche Charakter- und Symbolanalysen durch den Freud-Biographen E. Jones, der durch seine Analyse ödipaler Motive in *Hamlet and Oedipus* (1949) bekannt wurde. – Neben Freud war v.a. dessen (abtrünniger) Schüler C.G. Jung für die p.L. modellbildend. Dessen Archetypentheorie hebt auf urtümliche Bedeutungsmuster ab, die über zeitliche und kulturelle Grenzen hinaus als allg. psychische Prädispositionen im sog. kollektiven Unbewußten fortwirken. Auf M. Bodkins *Archetypal Patterns in Poetry* (1934) folgte in den USA eine Flut von Studien, die solche universellen Muster bzw. ↗ Mythen aufzuspüren suchen. Neue Impulse im *archetypal criticism* gingen von N. Frye aus, der Gattungsuntersuchungen den Weg bahnte, sowie von A. Pratt, die ihre Forschungen mit feministischen Ansätzen verband.

In der zweiten Phase der nachfreudianischen p.L. verlagerte sich das Interesse vom Autor und dessen Text hin zum Leser, dem nun eine aktive Rolle in der Produktion von ↗ Bedeutung zugebilligt wurde. Neben der auf M. Klein zurückgehenden Objekt-Beziehungstheorie, welche die dynamische Interaktion zwischen Text und Leser berücksichtigt, initiierte v.a. die am. Ego-Psychologie den modernen *reader-response criticism* (↗ Rezeptionsästhetik), der die Identität, die Rolle und die Funktion des Lesers erforscht. N.N. Holland, einer der Begründer dieser Richtung, beschäftigt sich in *The Dynamics of Literary Response* (1968) mit unbewußten Wünschen als determinierenden Faktoren für Lesererwartungen und -reaktionen. In *The Anxiety of Influence* (1973) setzt H. Bloom den Leser, v.a. wenn es sich um einen Dichter oder Kritiker handelt, in eine ödipale Rivalitätsbeziehung zum Autor, so daß literar. Rezeption zum Schauplatz entsprechender Verhaltensweisen (wie Idealisierung, Neid und Aggression) wird.

Den größten Einfluß auf die neuere p.L. hatte der frz. Psychoanalytiker J. Lacan. Seine strukturale Psychoanalyse basiert auf den linguistischen Modellen von F. de Saussure und R. Jakobson. Lacans zentrale These lautet, daß das Unbewußte wie eine Sprache strukturiert ist und selbst eine Folge des Eintritts in sprachliche Strukturen ist. Das vorgegebene sprachliche System, der Ort des ›Anderen‹, repräsentiert gesellschaftliche Vorschriften, insbes. das ›Gesetz des Vaters‹, und stellt insofern eine symbolische, d.h.

sprachlich-kulturelle Ordnung dar, die durch patriarchalische Strukturen gekennzeichnet ist. Das Symbolische ist mit Hilfe von rhetorischen Mitteln, v.a. durch ↗ Metapher und ↗ Metonymie, beschreibbar. Dabei wird die bei Saussure bereits angelegte Trennung zwischen der sprachlichen ↗ Repräsentation bzw. dem ↗ Signifikanten und der gedanklichen Vorstellung bzw. dem Signifikaten zu einer stets aufgeschobenen Bedeutung erweitert. Aufgrund der fehlenden festen Beziehungen zu Signifikaten unterliegt das ↗ Subjekt einem sprachlich-symbolisch vermittelten Begehren, das nie sein Ziel erreicht. Da auch der Interpret dem (stets verfehlten) unbewußten Begehren unterliegt und Bedeutung nicht fixierbar ist, kann Textdeutung nicht mehr als ein Gleiten an einer Signifikantenkette sein. Insofern hat Lacans Ansatz für die Lit.wissenschaft eher theoretische Implikations- als praktische Applikationsmöglichkeiten.

Eine ideologiekritische Radikalisierung der Ansätze Lacans erfolgte durch den Philosophen G. Deleuze und den Psychiater F. Guattari. In *L'anti-oedipe* (1972) weisen sie auf die Zusammenhänge zwischen der ↗ Ideologie des Mangels in den psychoanalytischen Konzepten des Unbewußten und des Begehrens auf der einen Seite und kapitalistischen Machtstrukturen auf der anderen Seite hin. Entsprechend lehnen sie Freuds und Lacans ödipale Theorien als bürgerlich-imperialistische Konstrukte ab. In ihrer sog. Schizoanalyse wird die von Lacan behauptete Instabilität des sprachlich konstituierten Subjekts und die dauernde Verschiebung des symbolisch vermittelten Begehrens als positive Kraft jenseits gesellschaftlich-kultureller Repressionsmechanismen begriffen. Am Beispiel von Kafka zeigen sie, wie Lit. mit Hilfe der Schizoanalyse gleichsam eine ›Maschinerie‹ des Begehrens mit befreiendem, ja revolutionärem Potential in Gang setzen kann.

Die Suche nach einem Ausweg aus vorgegebenen Repräsentationsformen ist auch das Ziel einer psychoanalytisch orientierten ↗ feministischen Lit. theorie. Nachdem frühe Feministinnen wie S. de Beauvoir und K. Millett Freuds defizitäre Konzeption weiblicher Sexualität angeprangert hatten, setzte mit J. Mitchells einflußreicher Studie *Psychoanalysis and Feminism* (1974) eine positivere Rezeption der Psychoanalyse ein. Dabei wurde Freuds Annahme einer soziokulturell geformten instabilen psychischen Identität und Lacans Konzept der Mobilität des, immer sprachlich vermittelten, Begehrens als Hinweis auf den diskursiv-fiktionalen Charakter von ↗ Geschlechtsidentität und ↗ Geschlechterdifferenz gesehen (vgl. Mitchell/Rose 1982). L. Irigaray hat auf die Notwendigkeit hingewiesen, den Phallozentrismus der Psychoanalyse zu revidieren, insofern der Phallus bei Freud und Lacan als primärer Signifikant fungiert und die Fortschreibung männlicher Machtstrukturen garantiert. J. Kristeva hat Lacans Begriff des Symbolischen durch die Kategorie des Semiotischen ergänzt. Letzteres ist eine Zone des Widerstandes an den Rändern des Symbolischen, das vor und gegen sprachlich-psychische Zwangsmechanismen wirkt und sich v.a. in poetischen Texten, etwa in Form von Widersprüchen, Brüchen und Schweigen, zeigt.

Das provokative Potential der p.L. kommt auch in anderen zeitgenössischen Theorien zu kulturellen Diskursen zum Tragen. In *Histoire de la Sexualité* (1976–84) beschäftigt sich M. Foucault mit dem zentralen

Stellenwert von Sexualität, v.a. in der Psychoanalyse, als einem Kristallisationspunkt moderner Wissens- und Machtstrategien. Foucault geht von einem die Diskurse steuernden kulturellen Unbewußten aus, das er, im Gegensatz zu Jung, als ständig fluktuierend und, im Gegensatz zu Freud, als diskontinuierlich, d.h. als repressiv und gleichzeitig subversiv begreift. Auf dieser Grundlage können auch psychoanalytische Diskurse, ebenso wie andere kulturelle Repräsentationsformen, auf ihre verborgenen Normierungen und wechselnden Marginalisierungen hin neu gelesen werden.

Lit.: J.M. Fischer (Hg.): *Psychoanalytische Lit.interpretationen*, Tüb. 1980. – J. Mitchell/J. Rose (Hgg.): *Feminine Sexuality. J. Lacan and the École Freudienne*, Ldn. 1982. – E. Wright: *Psychoanalytic Criticism. Theory in Practice*, Ldn./N.Y. 1984. – H. H. Hiebel: »Strukturale Psychoanalyse und Lit. (J. Lacan)«. In: Bogdal 1997 [1990]. S. 57–83. – W. Schönau/J. Pfeiffer: *Einf. in die p.L.*, Stgt./Weimar 2003 [1990]. – U. Haselstein: »Exkurs. Psychoanalyse und Lit.wissenschaft«. In: Pechlivanos et al. 1995. S. 295–298. – L. Rühling: »Psychologische Zugänge«. In: Arnold/Detering 1997 [1996]. S. 479– 497. – R. Parkin-Gounelas: *Literature and Psychoanalysis. Intertextual Readings*, Basingstoke et al. 2001. – J.-M. Rabaté: *Jacques Lacan. Psychoanalysis and the Subject of Literature*, N.Y. et al. 2001. – H. de Berg: *Freud's Theory and its Use in Literary and Cultural Studies. An introduction*, Rochester, N.Y. 2002.   DF

R

Referenz (lat. *referre*: zurücktragen), R. steht einmal für die Beziehung zwischen einem ↗ Zeichen und dem von ihm bezeichneten Objekt, häufig aber auch für den Gegenstand oder ›Referenten‹ selbst, auf den Bezug genommen wird. V.a. in sprachpragmatischen Ansätzen bezeichnet die R. darüber hinaus den Akt der Bezugnahme auf ein Objekt. Ferner wird die R. auch mit dem begrifflichen Kern eines Ausdrucks, seiner ↗ Denotation, gleichgesetzt. Neuere Ansätze der Textlinguistik betonen, daß R. »ein kognitives Phänomen ist« (Vater 1992, S. 153), und unterscheiden zwischen verschiedenen R.-typen: Zeitreferenz, Ortsreferenz, Gegenstandsreferenz und Ereignisreferenz. Grundsätzlich kann ein Gegenstandsbezug durch ein deiktisches sprachliches Zeichen (↗ Deixis) wie ›dieses‹ hergestellt werden, durch Prädikationen oder beschreibende Ausdrücke wie ›der dt. Fußballmeister des Jahres 1997‹ und schließlich durch Eigennamen wie ›Joyce‹, die das eigentliche Problem einer Theorie der R. darstellen. Da Namen an sich weder indexikalische noch beschreibende Merkmale aufweisen, entsteht die Frage, wodurch sie die Bezugnahme auf Einzeldinge ermöglichen. Zu den wichtigsten Erklärungsansätzen gehören die v.a. mit G. Frege und B. Russell verbundene Beschreibungstheorie der Eigennamen sowie die mit S. Kripke verknüpfte kausale Theorie der Eigennamen. Während die ältere Theorie davon ausgeht, daß Eigennamen eine Bedeutung annehmen, weil eine entsprechende Kennzeichnung des Objektes mit ihnen assoziiert wird, sieht Kripke den Grund für ihre R. in einer urspr. Zuordnung von Gegenstand und Namen, die durch eine kausale Kette von Verwendungen des Namens historisch weitergegeben wird. Da sich in der fiktionalen Lit. in der Regel singuläre Termini nicht deiktisch und raum-zeitlich lokalisieren oder auf eine reale Wahrnehmungssituation zurückführen lassen, wird ihr häufig R. abgesprochen. Nimmt man allerdings auch mentale Modelle, Vorstellungsbilder oder Universalien als mögliche Objekte der R. und berücksichtigt man ferner, daß die primäre Wirklichkeits-R. auch eines kontextenthobenen Zeichens nie ganz außer Kraft gesetzt werden kann, dann wird die verbreitete These von der Nichtreferentialität durchaus fragwürdig.

Lit.: U. Wolf (Hg.): *Eigennamen*, FfM. 1993 [1985]. – A. Whiteside/M. Issacharoff (Hgg.): *On Referring in Literature*, Bloomington, IN 1987. – Ch. Bode: *Ästhetik der Ambiguität*, Tüb. 1988. – H. Vater: »R. in Texten«. In: ders.: *Einf. in die Textlinguistik. Struktur, Thema und R. in Texten*, Mchn. 1992. S. 109–158.   PhW

Repräsentation (lat. *repraesentatio*: Darstellung/Vertretung), der Begriff läßt sich im weitesten Sinn definieren als ein Prozeß der Sinnkonstituierung, in dessen Verlauf die Komponenten ↗ Referenz und Performanz insofern eine eminente Rolle spielen, als sie ↗ Ambiguität und Neues schaffen. R. ist ein wesentliches Merkmal sprachlicher Prozesse, deren semiotische Dimensionen von F. de Saussure und Ch.S. Peirce ausgelotet und systematisiert wurden. Als Vermittlungsvorgang, der durch Verweisen und ›Stellvertreten‹ funktioniert, ist die R. ein integraler Bestandteil der Sprache(n) und ↗ Zeichensysteme in Kunst und Musik. Gleichzeitig bezeichnet sie in der Philosophie ein umstrittenes epistemologisches Problemfeld und betrifft in ihrer medialen Funktion eine große Bandbreite von Fächern: Seit der Antike ist R. ein Grundkonzept der Ästhetik (der allg. Theorie der Künste), der ↗ Semiotik (der allg. Theorie der Zeichen) und seit etwa 300 Jahren der Politik und Staatskunde. Die gemeinsame Struktur der semiotischen und politischen R. besteht in einer Dreiecksbeziehung (vgl. Mitchell 1995): R. ist jeweils eine Darstellung von etwas/jemand durch etwas/jemand-für etwas/jemand. Die bei R. benutzten Zeichen gewinnen Bedeutung im Rahmen von ↗ Codes bzw. Systemen. Stil und Genre sind z.B. institutionalisierte Arten der Beziehung zwischen R.smaterial und Repräsentiertem.

Historisch gesehen erstreckt sich die umfangreiche Diskussion der R. als Problembegriff von Platon, der R. als künstlerisch falsch ablehnt, über die Tabus der Religionen (Bilderfeindlichkeit und Ikonoklasmus) bis hin zu modernen Phänomenen wie Pornographie (R. sexueller Akte zur Stimulation) und den postmodernen Thesen, die Realität sei ein Netzwerk von ›Artefaktualitäten‹ und virtuellen R.en (vgl. J. Derrida 1996) und die Kunst eine Schrift, welche die Differenz zwischen Wahrnehmung und Kommunikation überbrücke (vgl. N. Luhmann 1995). Psychologen und Neurowissenschaftler haben im Rahmen der sog. ›*imagery debate*‹ erkannt, daß interne, mentale R.en sowohl propositional (sprachartig) als auch bildhaft sind. Psychoanalytisch argumentierende Poststrukturalisten (↗ Poststrukturalismus) bezweifeln schließlich das Vermögen der Sprache schlechthin, Erfahrungen zum Ausdruck zu bringen (vgl. J. Kristeva 1997). Faszination und Problematik der R. liegen darin, daß wir mit ihr unseren

Willen kundtun, während sie gleichzeitig im politischen und ästhetischen
Bereich diesen Willen von uns trennt. Jede R. führt zu einem Verlust, zu
einer Kluft zwischen ↗ Intention und Realisation, Original und Kopie. Der
Gewinn bei der R. sind die Werke der Kunst, Musik und Lit.
   In der Lit. verweisen Wörter bzw. Texte auf die externe Welt, auf andere
Wörter/Texte, auf sich selbst oder auf den Verweisprozeß an sich. W. Iser
(1989) führt aus, daß der engl. Terminus *representation* mehrdeutig ist und
die Vorstellung des Wiederholens und Abbildens (↗ Mimesis) beinhaltet.
Er verwendet R. daher im Sinne des dt. Konzeptes der Darstellung, um die
Performanz (und nicht die Referenz) beleuchten zu können. Iser unternimmt
eine Archäologie des R.saktes und zeigt, wie bei der Aktualisierung/Rezep-
tion von Texten Vielstimmigkeit entsteht. Zwar erkennt er die Tatsache an,
daß sich R. nur im Geist des Rezipienten entfalten kann und daher nicht
Mimesis ist, sondern ein performativer Akt. Bedenklich ist jedoch Isers
Tendenz (die in der Ablehnung des ↗ Dekonstruktivismus begründet ist),
den Aspekt der Referenz auszuschließen und damit auch die Differenz, die
Kunst und Lit. erst schafft.

Lit.: M. Krieger (Hg.): *The Aims of Representation*, N.Y. 1987. – W. Iser: »Repre-
sentation. A Performative Act«. In: ders. 1989. S. 236–248. – W. J.T. Mitchell:
»Representation«. In: Lentricchia/McLaughlin 1995 [1990]. S. 11–23. – T.V.F.
Brogan: »Representation and Mimesis«. In: Preminger/Brogan 1993. S. 1037–1044.
– Th. Metzinger: *Subjekt und Selbstmodell*, Paderborn 1993. – N. Luhmann: *Die
Kunst der Gesellschaft*, FfM. 1995. – J. Derrida: *Echographies de la télévision*, Paris
1996. – R. Eldridge (Hg.): *Beyond Representation. Philosophy and Poetic Imagi-
nation*, Cambridge 1996. – J. Kristeva: *Pouvoirs et limites de la psychanalyse*, Bd.
2: *La révolte intime*, Paris 1997. – Weimann 1997. – Scholz 1998. – Ausg. »E.
Auerbach and Literary Representation« der Zs. *Poetics Today* 20.1 (1999). – B.
Sabel: »*Szene, non-art*, R.: Die Wiederentdeckung der Ekphrasis im *New Historicism*«. In: Glauser/Heitmann 1999. S. 135–155. – Ch. Prendergast: *The Triangle
of Representation*, N.Y. 2000. – Ausg. »The Crisis of Representation. Semiotic
Foundations and Manifestations in Culture and the Media« (Hgg. W. Nöth/Ch.
Ljungberg) der Zs. *Semiotica* 143.1-4 (2003). – J. Schönert/U. Zeuch (Hgg.):
*Mimesis – R. – Imagination. Lit.theoretische Positionen von Aristoteles bis zum Ende
des 18. Jh.s*, Bln. 2004.   HPW

Rezeptionsästhetik (engl. *reception theory, reader-response criticism*), lit.-
theoretischer Ansatz, der Ende der 1960er Jahre gleichzeitig in einer dt.
und einer angelsächs. Variante, dem sog. *reader-response criticism*, entstand
und durch die Konzentration auf die Rolle des Lesers v.a. eine Gegenreaktion auf formalistische und strukturalistische Ansätze (↗ Strukturalismus)
sowie auf die Darstellungsästhetik des ↗ *New Criticism* markierte. Die
Vertreter der R. rebellierten gegen diejenigen Ansätze, die den literar. Text
ausschließlich als ein autonomes Objekt mit einer eigenen Ontologie betrachteten und es daher ablehnten, bei der Analyse solcher Kunstwerke
extratextuelle Faktoren wie die Autorenintention (↗ Intention) oder die
Leserreaktion zu berücksichtigen. Die am. Kritiker W.K. Wimsatt und M.C.

Beardsley hatten 1946 und 1949 in zwei berühmt gewordenen Aufsätzen
die Erörterung dieser Aspekte als *intentional fallacy* bzw. als *affective fallacy*
gebrandmarkt und reklamiert, daß dabei der eigentliche Untersuchungsgegenstand jeder literar. Analyse, der reifizierte Text, verschwände, so daß die
Objektivität einer wissenschaftlichen Untersuchung durch Impressionismus
und Relativismus ersetzt werde. Die R. hingegen konzentriert sich gerade
auf die Wirkungen von literar. Werken auf Leser, da sie den Text als Netzwerk von an den Rezipienten gerichteten ↗ Appellstrukturen versteht.
Der Text wird nach diesem Lit.verständnis erst im Leseprozeß durch die
Interaktion mit dem Leser komplettiert und entsteht nur durch die ↗ Konkretisation vollends. Die R. bezieht wichtige Anregungen aus der Phänomenologie und aus der ↗ Hermeneutik. Hier ist E. Husserls phänomenologische Betonung der Bedeutung unserer Bewußtseinsinhalte gegenüber
den Objekten der Welt ebenso zu nennen wie M. Heideggers Hinweis auf
die unentrinnbare historische Situiertheit unseres Bewußtseins in der Welt
der durch dieses wahrgenommenen Gegenstände. Letzterer Gedanke wurde von H.-G. Gadamer in seiner grundlegenden Arbeit zur philosophischen
Hermeneutik, *Wahrheit und Methode* (1960), aufgenommen und auf die
Lit.theorie appliziert. Gadamer verweist darauf, daß ein literar. Kunstwerk
nicht als vollendeter ästhetischer Gegenstand mit einer festen inhärenten
Bedeutung erscheint, sondern vielmehr immer erst von einem Interpreten
wahrgenommen und verstanden werden muß, wobei dieser Prozeß von der
historischen Situation des Lesers abhängig ist, da im Verlauf der verstehenden Lektüre der Horizont des Textes in einem Dialog auf den des Lesers
trifft. Das Ästhetische ist hier also durch den prozessualen Charakter eines
interaktiven Verstehensvorganges gekennzeichnet, dessen jeweilige geschichtliche Verwurzelung unausweichlich ist.

   H.R. Jauß griff diese Gedanken in *Lit.geschichte als Provokation* (1970)
wieder auf und entwickelte, auch unter dem Einfluß von H. Weinrichs
Plädoyer für eine Lit.geschichte des Lesers, das Konzept des historisch-
ästhetischen ↗ Erwartungshorizontes, das die jeden Rezeptionsprozeß
präformierenden Gedankenstrukturen des Lesers im Sinne eines die Lektüre leitenden Referensystems beschreibt. Erwartungshorizonte liefern den
Lesern die notwendigen Wertmaßstäbe zur Beurteilung literar. Werke. Da
es aber im Laufe der Geschichte auch zum Phänomen des Horizontwandels
kommt, ändern sich die Bedeutungen und Evaluationen von Texten ebenfalls, so daß ↗ Rezeptionsgeschichte in der »sukzessive[n] Entfaltung eines
im Werk angelegten, in seinen historischen Rezeptionsstufen aktualisierten
Sinnpotentials« (Jauß 1970, S. 186) besteht. Damit wird auch das Konzept
einer statischen, korrekten und endgültigen ↗ Bedeutung, die dem Text
immer schon eingeschrieben ist, unhaltbar. Das geht auch aus dem Ansatz
von W. Iser hervor, der den literar. Text insofern als Appell an den Leser
versteht, als ihm sog. Unbestimmtheitsstellen (literar. ↗ Unbestimmtheit)
eingeschrieben sind, die der Rezipient aktualisieren muß, die also nach
Konkretisation verlangen. Der historische, reale Leser allerdings wird die
Unbestimmtheit der schematisierten Ansichten des Textes immer nur aus
seinem historischen Erwartungshorizont heraus konkretisieren können,

denn der Rezipient befindet sich während der Lektüre in einem ständig weiterlaufenden Prozeß der Bedeutungskonstitution, in dem er die potentiellen Bedeutungen des Textes aus seiner Position heraus aktualisiert. Während der implizite ↗ Leser und seine Tätigkeit durch die Unbestimmtheitsstellen des literar. Kunstwerkes angelegt und somit textimmanent sind, trifft der reale Leser mit seinem konkreten historisch und sozio-kulturell bedingten Rezeptionshorizont von außen auf das Werk und schafft individuelle Konkretisationen. Dabei reagiert er auf das ↗ Textrepertoire der vom Autor aus der extratextuellen Welt selektierten und in sein Werk aufgenommenen Normen und Weltansichten, mittels derer versucht wird, dem Chaos der kontingenten Welt eine gewisse Ordnung aufzuerlegen. Es hängt jedoch allein von der Weltsicht des Rezipienten ab, wie er als Leser auf dieses angebotene Repertoire reagiert und wie er die darin enthaltenen ↗ Leerstellen füllt bzw. aktualisiert. So kommt es bei einem Text zu einer Pluralität möglicher Bedeutungen, und interpretatorische Gewißheit wird durch die Offenheit der literar. Kommunikation ersetzt.

St. Fish, der in der angelsächs. Welt mit seiner Theorie einer affektiven Stilistik entscheidend zum Paradigmenwechsel von einer text- zu einer leserzentrierten Lit.theorie beigetragen hat, bot mit seinem Begriff der Interpretationsgemeinschaften allerdings ein Konzept an, das zeigt, daß der Rezeptionsprozeß bei aller Offenheit kein völlig relativer oder gar arbiträrer ist, sondern von institutionalisierten Konventionen geleitet ist. N. Holland und D. Bleich entwickelten rezeptionsorientierte Ansätze in Anlehnung an Ergebnisse psychologischer Forschungen. So greift Holland kognitive psychoanalytische Identitätsmodelle auf und versteht den Leseprozeß als einen Vorgang der spezifischen reaktiven Internalisierung von äußeren Einflüssen im Sinne einer Bestätigung und Festigung der jeweiligen Leseridentität. Bleich greift Gedanken des späten S. Freud auf und negiert die Möglichkeit objektiver Lektüre, was ihn zur empirischen Analyse der subjektiven Bedingtheit jeglicher Interpretation führt. Weitere rezeptionsästhetische Ansätze finden sich bei M. Riffaterre, der mit seinem heuristischen Konzept des aus vielen Einzellesern kumulativ konstruierten Archilesers versucht, der Gefahr eines völligen Subjektivismus entgegenzutreten, und bei J. Culler, der die objektive Existenz literar. Strukturen ablehnt und statt dessen nur vom Leser konstruierte Bedeutungsstrukturen akzeptieren will, wobei es darauf ankommt, die interpretativen Konventionen zu isolieren, deren sich der Rezipient jeweils bedient. In jüngster Zeit hat Iser auf der Basis seines rezeptionsästhetischen Ansatzes eine ↗ literar. Anthropologie entwickelt.

Lit.: H.-G. Gadamer: *Wahrheit und Methode. Grundzüge einer philosophischen Hermeneutik*, Tüb. 1990 [1960]. – H. Weinrich: »Für eine Lit.geschichte des Lesers«. In: *Merkur* 21.2 (1967) S. 1027–1038. – Jauß 1992 [1970]. – Iser 1994 [1972]. – N. Holland: *5 Readers Reading*, New Haven/Ldn. 1975. – R. Warning (Hg.): *R.: Theorie und Praxis*, Mchn. 1994 [1975]. – Iser 1994 [1976]. – Jauß 1991 [1977]. – D. Bleich: *Subjective Criticism*, Baltimore 1978. – Fish 1995 [1980]. – S. Suleiman/I. Crosman (Hgg.): *The Reader in the Text. Essays on Audience and Interpretation*, Princeton 1980. – Tompkins 1994 [1980]. – J. Culler: *The Pursuit of Signs. Semiotics, Literature, Deconstruction,* Ithaca/Ldn. 1981. – Holub 1989 [1984]. – Selden et al. 1997 [1985]. S. 46–69. – E. Freund: *The Return of the Reader. Reader-Response Criticism,* Ldn./N.Y. 1987. – Iser 1989. – J.E. Müller: »Lit. wissenschaftliche Rezeptions- und Handlungstheorien«. In: Bogdal 1997 [1990]. S. 181–207. – P.V. Zima: »Die R. zwischen Hermeneutik und Phänomenologie«. In: ders. 1995 [1991]. S. 215–263. – H. Zapf: »Rezeptionstheorie«. In: ders. 1996 [1991]. Kap. 22, S. 180–188. – D. Schöttker: »Theorien der literar. Rezeption. R., Rezeptionsforschung, Empirische Lit.wissenschaft«. In: Arnold/Detering 1997 [1996]. S. 537–554. – Brenner 1998. Bes. S. 101–131. – K. Womack/T.F. Davis: *Formalist Criticism and Reader-Response Theory,* Basingstoke et al. 2002. – M. Funke: *Rezeptionstheorie, R.,* Bielefeld 2003.   HA

Rezeptionsforschung, empirische (lat. *receptio*: Aufnahme), die R. untersucht die Aufnahme und Wirkungsgeschichte eines Kunstwerkes, eines ⁊ Autors oder einer literar. Mode bei einzelnen Lesern, bei sozial, historisch oder altersmäßig definierten Lesergruppen. Die etwa seit Beginn der 1970er Jahre etablierte R. vereint unterschiedlichste theoretische Ansätze: Lit.-soziologie, ⁊ Hermeneutik, Prager ⁊ Strukturalismus und Lit.geschichte. Entsprechend heterogen sind sowohl die theoretischen Modelle der R. wie auch die konkreten Rezeptionsanalysen.

Das Ziel e.R. ist nicht die (bessere) ⁊ Interpretation literar. Texte, sondern es geht ihr im Rahmen der Lese(r)forschung um die Untersuchung der Bedeutungszuweisungen von Lesern und Rezipientengruppen unter der Berücksichtigung der jeweiligen sozialen, situativen, psychischen und kognitiven Voraussetzungen als Erklärungsfaktoren. Dieses Ziel setzt die theoretische Einsicht voraus, daß Texte generell nicht wie Speicher Bedeutungen enthalten. Die geläufige Metapher von Medienangeboten als Speichermedien ist insofern unscharf, als das gemeinsam geteilte Wissen um Sprache und Sprachgebrauch dabei immer stillschweigend vorausgesetzt wird und ⁊ Kommunikation bloß als Transfer von Bedeutung erscheint. Bedeutungen werden jedoch erst in konkreten Kommunikationssituationen aus Anlaß eines sprachlichen Stimulus erzeugt und diesem sprachlichen Ausgangsmaterial zugeordnet. Texte determinieren nicht die Erzeugung von Bedeutungen; sie bilden einen unter mehreren Faktoren, die am Prozeß der Bedeutungskonstruktion beteiligt sind. Rezeption wird zu einem aktiven Prozeß der Bedeutungbildung, der in der Textverstehensforschung (N. Groeben 1982; Meutsch 1987) als ein zyklischer Prozeß mit *top down-* und *bottom up-*Bewegungen modelliert wird. Im Gegensatz zu ontologischen Text- und Bedeutungsbegriffen basieren aktive Lese(r)modelle auf der Trennung von sprachlichem (graphisch-phonologisch, syntaktisch strukturiertem) Textmaterial und dem Kommunikat als der zugeordneten Bedeutung. Eine vergleichbare Differenzierung findet sich bereits mit ästhetischem Objekt und materiellem Artefakt im Prager Strukturalismus (Prager Schule); R. Ingardens analoge Unterscheidung von Werk und ⁊ Konkretisation wird von der Konstanzer ⁊ Rezeptionsästhetik aufgegriffen. Diese fundamentale Trennung von Text und Bedeutung wird in diesen Ansätzen allerdings nur angedacht und in ihrer theoretischen, methodologischen und empirischen

Tragweite unterschätzt und nicht systematisch verfolgt. Der sog. implizite
↗ Leser ist gerade nicht ein realer Leser, sondern das Konstrukt literarhistorischer Interpretationstätigkeit. E.R. bildet ein interdisziplinäres Feld, auf
dem unterschiedliche Disziplinen mit jeweils eigenen Erkenntnisinteressen
tätig sind. Kommunikationswissenschaft, Geschichte, Soziologie, Psychologie,
Ethnologie, Linguistik, Lit.wissenschaft beschäftigen sich mit Fragen der
Leser und des Lesens: Wer liest welche Texte aus welchen Gründen? Wer liest
überhaupt und wer nicht? Wie wird man zum Leser? Welche Texte wurden
früher gelesen und von wem? – In der Lit.wissenschaft wird schon sehr früh
eine Berücksichtigung des Lesers gefordert: R. Prutz rechtfertigt 1845 in
»Über die Unterhaltungslit.« das breite Publikumsinteresse an Lit., die in
Lit.geschichten üblicherweise keinen Eingang findet. Mehr als 100 Jahre
später ist 1967 diese Forderung mit H. Weinrichs »Für eine Lit.geschichte
des Lesers« immer noch aktuell. Mit Beginn der 1970er Jahre zeigt die
Lit.didaktik ein empirisches Interesse an Leseverhalten, Lektüreauswahl,
Lesemotivation und Rezeptionsleistungen von Schülern. Verschiedene
Schultypen von der Haupt- bis zu den berufsbildenden Schulen werden
dabei erfaßt. E. Nündel und W. Schlotthaus (1978) dehnen die Fragestellung auch auf Lehrer aus, deren Leseeinstellungen empirisch untersucht
und in ihren Konsequenzen für den Lit.unterricht diskutiert werden. Die
Erforschung von Lese- und Medienbiographien ist ein neueres Verfahren,
das Bild vom Leser zu ergänzen (vgl. Bonfadelli et al. 1993). Daneben gab
es in den letzten Jahren empirische Forschungen (E. Schön) zum Erwerb
einer literar. Rezeptionskompetenz, mit der Qualitäten des Rezeptionsaktes
(Erfahrungen, Gratifikationen, Umgangsweisen) selbst angesprochen sind.
Im Rahmen einer Theorie literar. Sozialisation überwindet das Konzept
literar. Rezeptionskompetenz ältere, statische und ästhetisch imprägnierte
Lesealter- bzw. Phasenmodelle literar. Entwicklung. Neben den Untersuchungen zum Lit.unterricht bilden Fragen zum Leseklima in der Familie (vgl.
Hurrelmann et al. 1993), zur literar. Sozialisation im Vorschulalter und vor
Erwerb der Lesefähigkeit weitere Gegenstandsbereiche literar. Sozialisation
(vgl. zu letzeren Komplexen Andringa, Davis und Wieler, in Barsch et al.
1994). Der literarhistorische *mainstream* der Lit.wissenschaft tut sich schwer
hinsichtlich des Rezeptionsaspektes. Häufig kommen daher Anregungen
und Forschungsergebnisse aus angrenzenden Disziplinen. So geht etwa der
Begriff des Geschmacksträgertypus auf den Anglisten und Komparatisten
L. Schücking und seine ›Soziologie der literar. Geschmacksbildung‹ (1931)
zurück. Weitere Impulse erfuhr die e.R. von der Kultur- und Lit.soziologie (R.
Escarpit, H. Fügen, A. Silbermann) und durch historische Buchmarkt- und
volkskundliche Leserforschung (R. Wittmann, R. Engelsing, R. Schenda).

Die Lit.soziologie der letzten drei Dekaden hat in verschiedenen Studien
immer wieder die Zusammensetzung und Beeinflussung der Leserschaft
hinsichtlich von Faktoren wie Alter, Bildung, Beruf, konfessionelle Bindung,
Wohnortgröße, soziales Umfeld und Kontakte, Mediennutzung und Freizeit-
aktivitäten untersucht. Darüber hinaus wurden neben der Unterscheidung
in Wenig-, Durchschnitts- und Vielleser auch Vorschläge für verschiedene
Lesertypen wie den ›Buchmensch‹, ›Buchliebhaber‹, ›Konsumleser‹ oder den

›unlustigen Leser‹ gemacht. Unter dem Topos vom ›Leseland‹ hat es in der ehemaligen DDR eine Reihe empirischer Leser-Studien gegeben, auf die in Göhler et al. (1989) rückblickend eingegangen wird. Einen systematischen Vergleich empirischer Forschung in BRD und DDR bietet Köhler (1990). Empirische Belege für ein Ende des Buchlesens und eine direkte Beeinträchtigung literar. Sozialisation lassen sich in all diesen Studien nicht finden. Die Medienvielfalt und die differenzierte Mediennutzung kann jedoch negative Auswirkungen auf Faktoren haben, die das Lesen fördern: die Gesprächskultur in der Familie und die Art der Themenbehandlung. Im lit.soziologischen Ansatz einer ↗ Empirischen Theorie der Lit. bildet literar. Rezeption eine der zentralen ↗ Handlungsrollen des Lit.systems. Im Rahmen dieses Ansatzes wurden Studien zur Befolgung literar. ↗ Konventionen, zum ↗ Lit.begriff, zu Gattungskonzepten, zum literar. Verstehen und auch zu Lesern von Heftromanen durchgeführt. Ein weiterer wichtiger Teil der e.R. wird von der Lit.psychologie abgedeckt. Neben Arbeiten zur empirischen Erhebung des ↗ Erwartungshorizontes von Rezipienten (Bauer et al. 1972; Hillmann 1974) im Anschluß an die Rezeptionsästhetik und der singulär gebliebenen Arbeit von Heuermann et al. (1982) ist v.a. Groeben (1977) mit dem Ansatz einer Empirisierung der Lit.wissenschaft durch die Validierung lit.wissenschaftlicher Interpretationen auf der Basis von Rezeptionsdaten zu erwähnen. Mit einer Vielzahl empirischer Rezeptionsstudien unter Verwendung und Entwicklung verschiedener Methoden (z.B. der Struktur-Lege-Technik zur Erfassung subjektiver Theorien von Rezipienten) konnte Wissen über den Leser und den konstruktiven Prozeß des Lesens gewonnen werden. Dabei fand auch D.E. Berlynes umgekehrte U-Funktion als Verhältnis von physiologischer Erregung und hedonistischem Wert eine weitere Bestätigung. Andere lit.psychologische Studien sind ausgerichtet auf unterschiedliche Rezeptionsstrategien von Lesern. Grundsätzlich werden dabei immer zwei Rezeptionsmodi gegenübergestellt: eine analysierende, distanzierte Rezeption im Gegensatz zu einer involvierten. Dabei ist die erste Rezeptionshaltung eher ziel- und ergebnisorientiert während die zweite auf den Prozeß des Lesens selbst ausgerichtet ist. In den letzten Jahren ließ sich in der e.R. eine zunehmende Verschiebung von quantitativen auf qualitative Methoden feststellen, wobei beide ihre Berechtigung haben und nicht gegeneinander auszuspielen sind. Im Rahmen von Sprach- und Lit.-psychologie spielt die Wirkungsforschung eine untergeordnete Rolle. Weniger Texte als Medien wie Kino und TV bilden v.a. im Zusammenhang mit der Frage nach der Wirkung von Gewaltdarstellungen einen zentralen Gegenstand gegenwärtiger Diskussionen.

Lit.: W. Bauer et al.: *Text und Rezeption*, FfM. 1972. – H. Hillmann: »Rezeption – empirisch«. In: W. Dehn (Hg.): *Ästhetische Erfahrung und literar. Lernen*, FfM. 1974. S. 219–237. – H. Link: *R.*, Stgt. et al. 1980 [1976]. – Iser 1994 [1976]. – G. Grimm: *Rezeptionsgeschichte*, Mchn. 1977. – N. Groeben: *R. als empirische Lit.wissenschaft*, Tüb. 1980 [1977]. – E. Nündel/W. Schlotthaus: *Angenommen. Agamemnon. Wie Lehrer mit Texten umgehen*, Mchn. 1978.– D. Hintzenberg et al.: *Zum Lit.begriff in der BRD*, Wiesbaden 1980. – N. Groeben: *Leserpsycholo-*

gie. Textverständnis – Textverständlichkeit, Münster 1982. – H. Heuermann et al.: *Werkstruktur und Rezeptionsverhalten. Empirische Untersuchungen über den Zusammenhang von Text-, Leser- und Kontextmerkmalen,* Göttingen 1982. – E. Ibsch/D.H. Schram (Hgg.): *R. zwischen Hermeneutik und Empirik,* Amsterdam 1987. – H.R. Jauß: *Die Theorie der Rezeption,* Konstanz 1987. – D. Meutsch: *Lit. verstehen. Eine empirische Studie,* Wiesbaden 1987. – N. Groeben/P. Vorderer: *Leserpsychologie. Lesemotivation – Lektürewirkung,* Münster 1988. – H. Göhler et al. (Hgg.): *Buch – Lektüre – Leser. Erkundungen zum Lesen,* Bln. 1989. – U.E.E. Köhler: »Lesekultur in beiden dt. Staaten. 40 Jahre – ein Vergleich«. In: *Archiv für Soziologie und Wirtschaftsfragen des Buchhandels* 44 (1990) W2369-W2628. – B. Hurrelmann et al.: *Lesesozialisation,* Bd. 1.: *Leseklima in der Familie,* Gütersloh 1993. – H. Bonfadelli et al.: *Lesesozialisation,* Bd. 2.: *Leseerfahrungen und Lesekarrieren,* Gütersloh 1993. – Barsch et al. 1994. – G. Marci-Boehncke et al. (Hgg.): *BlickRichtung Frauen. Theorien und Methoden geschlechterspezifischer R.,* Weinheim 1996. – D. Schöttker: »Theorien der literar. Rezeption. Rezeptionsästhetik, R., Empirische Lit.wissenschaft«. In: Arnold/Detering 1996. S. 537–554. – P. Rössler et al. (Hgg.): *Theoretische Perspektiven der R.,* Mchn. 2001. – ders. et al. (Hgg.): *Empirische Perspektiven der R.,* Mchn. 2002.   AB

Rezeptionsgeschichte, ein wichtiger Aspekt der Entwicklung der neueren Lit.theorie, der insbes. von der literar. ↗ Hermeneutik Anstöße erhielt, aber auch in anderen Ansätzen zunehmend Bedeutung gewann, ist die Verlagerung der Aufmerksamkeit im Prozeß literar. Kommunikation vom ↗ Autor oder Text auf den Leser. Lit. wird nicht länger im vermeintlich überzeitlich fixierbaren Objekt des Textes verortet, sondern als Kommunikationsprozeß aufgefaßt, in welchem dem Leser eine wichtige, ja konstitutive Rolle zukommt (↗ Rezeptionsästhetik; ↗ Wirkungsästhetik). Die prozessuale Natur des Ästhetischen bleibt dabei nicht auf den individuellen Rezeptionsakt beschränkt. Sie kennzeichnet vielmehr die Geschichte der Lit. selbst, die weniger als Abfolge von Werken denn als Abfolge der Wirkungen aufgefaßt wird, die diese Werke durch jeweils verschiedene Epochen hindurch ausgeübt haben.

Der führende Vertreter dieser R. ist H.R. Jauß. Jauß führt den Begriff des historisch-ästhetischen ↗ ›Erwartungshorizonts‹ ein, der die Leserreaktion auf einen Text präformiert, aber auch umgekehrt die Reaktion des Textes auf seine intendierten Leser mitbestimmt. Die Erwartungen des Lesers können vom Text erfüllt, modifiziert oder völlig desillusioniert werden. Jauß erläutert dies u.a. an G. Flauberts Roman *Madame Bovary* (1856), der die Erwartungen seines ersten Publikums schockierte, da sich sein provokativ unpersönlicher Stil in bis dahin völlig ungewohnter Weise jedes moralischen Urteils enthielt. Der Protest gegen den Roman gipfelte in einem Prozeß, der mit dem kuriosen Ergebnis endete, daß der Autor zwar freigesprochen, sein Stil aber als ›amoralisch‹ verurteilt wurde. Später indessen wurde genau dieser Stil seinerseits zu einer akzeptierten Norm, die den ästhetischen Geschmack des Publikums veränderte und so die Rezeption der nachfolgenden Generation frz. Romanciers mitbedingte.

Die R. eines literar. Werks wird von Jauß aufgefaßt als beständig fortschreitender und sich geschichtlich wandelnder Vollzug jener stets neu zu leistenden ›Horizontverschmelzung‹, die H.-G. Gadamer als grundlegend für die hermeneutische Begegnung zwischen Interpret und Text angesetzt hatte. Jauß definiert die R. als die »sukzessive Entfaltung eines im Werk angelegten, in seinen historischen Rezeptionsstufen aktualisierten Sinnpotentials, das sich dem verstehenden Urteil erschließt, sofern es die ›Verschmelzung der Horizonte‹ in der Begegnung mit der Überlieferung kontrolliert vollzieht« (Jauß 1970, S. 186). Hier tritt eine eigentümliche Ambivalenz des Begriffs der R. zwischen Historie und Metahistorie, zwischen der tatsächlichen R. eines Werks und der metahistorischen Beschreibung dieses Prozesses hervor, die sich durch die obige Definition und durch die Praxis der R. als Wissenschaft zieht. Dennoch hat dieser Ansatz sich inzwischen insofern als produktiv erwiesen, als er allein schon quantitativ einen ganz neuen Zweig von Lit.geschichte hervorgebracht hat, der sich mit unterschiedlichsten Aspekten der Rezeption von Autoren bzw. Werken als konstitutivem Teil von deren Nachwirkung, Geltung, Bedeutung und Interpretationsgeschichte beschäftigt. Allerdings nimmt es nicht Wunder, daß die real praktizierte R. oftmals doch wieder auf die vermeintlich überwundene positivistische Stufe zurückfällt, da sowohl die genannte ›Horizontverschmelzung‹ wie auch der tragende theoretische Begriff des ›Erwartungshorizonts‹ relativ vage und spekulativ bleiben. Insbes. ist klar, daß letzterer mit zunehmender Annäherung an die Gegenwart an Prägnanz verliert, da hier die Pluralisierung und Individualisierung der ästhetischen Stile und folglich auch der Erwartungshaltungen so weit fortgeschritten ist, daß nicht mehr von einer dominierenden Richtung gesprochen werden kann.

Die R. eines Werks kann aber über dessen Aufnahme beim Publikum und bei der Kritik auch an späteren Neubearbeitungen verfolgt werden, wobei allerdings der Punkt erreicht ist, an dem die Rezeption eines Werks in neue literar. Produktion übergeht. Bei vielen modernen Inszenierungen und Dramenadaptionen z.B. findet effektiv eine Neubearbeitung klassischer Stücke aus dem Geist eines dezidierten Gegenwartsbewußtseins statt. Ebenso werden zunehmend Folgeromane klassischer Werke, wie der von J. Austen, populär. Das poststrukturalistische Konzept (↗ Poststrukturalismus) der ↗ Intertextualität schreibt gar allen Texten den Charakter von ›produktiven Rezeptionen‹ früherer Texte zu. Die in solchen (post-)modernen Konzeptionen implizierte Auflösung eines fixen, autonomen Werkbegriffs und seine Dynamisierung in einen Prozeß jeweils neuer ästhetischer Erfahrung ist durchaus im Sinn der ›Provokation der Lit.wissenschaft‹, die Jauß' Konzeption der R. intendiert. Allerdings ist klar, daß in einer wissenschaftlichen R., anders als in der literar. Primärrezeption, der urspr. Text durch die sich verändernden Gestalten seiner Auslegungs- und Aneignungsgeschichte im Auge behalten werden muß.

Über den ästhetischen Aspekt der historisch sich wandelnden Text-Rezipienten-Beziehung hinaus sind auch literar. Institutionen der Lit.-rezeption wie das Bildungssystem, die Lit.kritik, die Verlage und das Distributionssystem in den Gesichtskreis der R. gerückt (Zimmermann 1977), andererseits wurden methodisch unterschiedliche Analyseverfahren und Darstellungsformen rezeptionsgeschichtlicher Untersuchungen theoretisch herausdifferenziert und praktisch fruchtbar gemacht (Grimm 1977). Trotz des gemeinsamen Interesses am Leser ist die hermeneutisch orientierte R. zu unterscheiden von W. Isers phänomenologischer Wirkungsästhetik und v.a. von der empirischen ↗ Rezeptionsforschung, die sich der Methoden der empirischen Sozialwissenschaften bedient, um die tatsächlichen Reaktionen von Rezipienten zu ermitteln.

Lit.: Jauß 1992 [1970]. – G. Grimm: *R.: Grundlegung einer Theorie*, Mchn. 1977. – B. Zimmermann: *Lit.rezeption im historischen Prozeß. Zur Theorie einer R. der Lit.*, Mchn. 1977. – Holub 1989 [1984]. – M. von Albrecht: *Lit. als Brücke. Studien zur R. und Komparatistik*, Hildesheim 2003. – D. Kimmich/B. Stiegler (Hgg.): *Zur Rezeption der Rezeptionstheorie*, Bln. 2003.   HZ

Rhetorik (engl. *rhetorical criticism*, gr. *rhētorikḗ téchnē*: ›Redekunst‹), ist die Kunst der Meinungsbeeinflussung durch eine triftig argumentierende, sinnvoll gegliederte, stilistisch ansprechende und wirkungsvoll vorgetragene Rede zunächst im mündlichen, dann aber auch, wie beim Brief, im schriftlichen Kontext. Zugleich hat die Rh. seit der Antike als Theorie und Wissenschaft der Redekunst ein imponierendes Lehrgebäude errichtet. Von dem Streit zwischen Platon und den Sophisten an steht die Rh. im Spannungsfeld zwischen einer stärker zweckbestimmten Definition als ›dicere ad persuadendum accommodate‹ (Cicero) und einer eher moralistischen Definition als ›ars/scientia bene dicendi‹ (Quintilian). Dieser Gegensatz lebt wieder auf in der Renaissance, in der Opposition zwischen der von den Humanisten postulierten »kulturstiftende[n] Einheit von Rede und Vernunft« (Plett 1996, S. 17) einerseits und der machiavellistischen, machtpolitisch motivierten Redekunst andererseits, die auch die Mittel der Verstellung und Verführung einschließt. Angesichts des Mißbrauchs der Rh. als Mittel der Unterdrückung und der Verführung in Politik und Werbung hat die sog. Argumentations-Rh. (J. Kopperschmidt, G.K. Mainberger) mit Begriffen wie ›vernünftige Rede‹ und ›rhetorische Vernunft‹ das alte *oratio-ratio*-Ideal wiederzubeleben versucht. Tacitus' idealistische Auffassung vom Gedeihen der Rh. nur unter den Bedingungen der politischen Freiheit ist, wenn man Erfolgskriterien berücksichtigt, durch die Wirkung von Agitation und Propaganda gerade im 20. Jh. immer wieder Lügen gestraft worden.

Das in der Antike entwickelte System der Rh. stellt Regeln und Techniken für die Redeherstellung (primäre/öffentliche Rh.) und die Textherstellung (sekundäre/literar. Rh.) bereit. Es unterscheidet (a) die Gerichtsrede (*genus iudiciale*) mit den Funktionen von Anklage oder Verteidigung, (b) die politische Rede (*genus deliberativum*) mit den Funktionen von Zuraten oder Abraten sowie (c) die Festrede (*genus demonstrativum*) mit der Funktion von Lob (oder Tadel). – Das übergeordnete Gliederungsprinzip im System der Rh. ergibt sich aus den fünf Arbeitsgängen beim Herstellen einer Rede (*officia oratoris, processes of rhetoric*): (a) Findungslehre (*inventio*), die Lehre vom Suchen und Finden von Argumenten und Beweisen, (b) Anordnungslehre (*dispositio*), die Lehre von Zahl und Anordnung der Redeteile, (c) Stillehre (*elocutio*), die Lehre vom sprachlichen Ausdruck, insbes. vom übertragenen

Wortgebrauch (Tropik), den rhetorischen Figuren, den Stilgattungen und den Stiltugenden und -fehlern, (d) Gedächtnislehre (*memoria*), (e) Lehre vom Vortrag (*actio*).

Das Mittelalter, in dem die Rh. als ein Teil im System der sieben Künste (*artes liberales*) weiterlebt, hat das Lehrgebäude der Rh. um zwei Zweige der Theorie erweitert, (a) die *ars dictaminis*, die rhetorische Kunst des Briefschreibens, und (b) die *ars praedicandi*, die Kunst des Predigens. Die Renaissance-Rh. knüpft unmittelbar an die in der Epoche wiederentdeckte antike Rh. an. Es entwickelten sich Rh.en, die sich ganz auf den Stil (*elocutio*) konzentrierten. Im Zuge dieser Entwicklung wuchsen Poetik und Rh. zusammen, wie in G. Puttenhams *The Arte of English Poesie* (1589), einer Poetik, die sich hauptsächlich mit den ↗ Tropen und Figuren befaßt. Die Konsequenz aus dieser Entwicklung zogen die sog. *Ramisten* (P. Ramus, A. Talaeus), welche die Findungs- und Gliederungslehre (*inventio, dispositio*) der Logik zuwiesen und die Zuständigkeit der Rh. auf die Stillehre (*elocutio*) beschränkten. Eine solchermaßen amputierte Rh. war nicht mehr als eine Stillehre. Nach der Renaissance und dem Barock setzt eine Abwertung der Rh. ein. In der Romantik wird der Bruch mit der Rh. endgültig vollzogen, etwa bei W. Wordsworth, der mit dem Kunststil des Klassizismus (*poetic diction*) abrechnet, und Novalis, der sagt: ›Poësie ist Poësie. Von Rede (Sprach)kunst himmelweit verschieden.‹ – Als Fachdisziplin wurde die Rh. freilich in der klassischen Philologie des 19. und 20. Jh.s weiterbetrieben, neuerdings durch am. Forscher wie J.J. Murphy und G.A. Kennedy, die mit dem Blick auf ein breiteres Publikum schreiben. Zu einer Renaissance der Rh. haben E.R. Curtius mit der Neubegründung der ↗ Toposforschung, H. Lausberg mit seiner umfassenden Systematik rhetorischer Kategorien und K. Dockhorn mit seiner neuen Nutzung der rhetorischen Affektenlehre für die ↗ Interpretation beigetragen. An der Renaissance der Rh. wirkten auch Philosophen wie H. Blumenberg, H.-G. Gadamer und J. Habermas mit, wobei letzterer mit seinem Theorem der herrschaftsfreien Kommunikation und der Konsensustheorie die größte Öffentlichkeitswirkung hatte. Die neue Rh. in der Nachfolge von C. Perelmans und L. Olbrechts-Tytecas *La nouvelle rhétorique* (1958) modernisiert die Disziplin etwa durch Umdeutung der Rh. zur Texttheorie und der *inventio* zur Argumentationstheorie und durch »die Linguistisierung der *elocutio*« (Plett 1996, S. 14).

In bezug auf die rhetorisch geprägte Lit., bes. der Renaissance und des Barock, haben Neuphilologen bei der Erforschung rhetorischer Prinzipien und Techniken und in der rhetorischen Textanalyse (*rhetorical criticism*) viel geleistet. Z.B. ist die Struktur der klassischen Rede im Aufbau von Ph. Sidneys *Defence of Poesie* (1595) nachgewiesen worden oder der Gebrauch der rhetorischen Topik in L. Sternes *Tristram Shandy* (1759–1767). Ohne explizit den Bezug zur klassischen Rh. zu suchen, haben Vertreter des ↗ *New Criticism* die Rh. als ›the study of verbal understanding and misunderstanding‹ neu bestimmt (I.A. Richards). Das Rh.-Verständnis von C. Brooks und R.P. Warren in *Modern Rhetoric* (1949) läßt die *inventio* und literar. und historische Kontexte unberücksichtigt. Der *New Criticism* wurde von K. Burke heftig angegriffen, der alles menschliche Tun als rhetorisch or-

ganisiert begreift. Ein Beispiel für die erfolgreiche Nutzung der Rh. in der
literar. Textanalyse ist W.C. Booths *The Rhetoric of Fiction* (1961), das die
rhetorischen Möglichkeiten der Leserbeeinflussung im Roman untersucht
und viele Nachfolger fand. Auch neuere lit.wissenschaftliche Ansätze wie
der ↗ Dekonstruktivismus bedienen sich allerdings in ihrer Bedeutung
erweiterter rhetorischer Kategorien, bes. der ↗ Metapher.

Lit.: Lausberg 1990 [1960]. – K. Dockhorn: *Macht und Wirkung der Rh.*, Bad
Homburg 1968. – W. Barner: *Barockrhetorik*, Tüb. 1970. – Plett 1991 [1971]. – P.
Dixon: *Rhetoric*, Ldn. 1971. – St. Fish: »Rhetoric«. In: Lentricchia/McLaughlin
1995 [1990]. S. 222. – K.-H. Göttert: *Einf. in die Rh.: Grundbegriffe – Geschichte
– Rezeption*, Mchn. 1994 [1991]. – E. Torra: »Rh.«. In: Pechlivanos et al. 1995.
S. 97–111. – U. Neumann: »Rh.«. In: Arnold/Detering 1997 [1996]. S. 219–233
– H.F. Plett (Hg.): *Die Aktualität der Rh.*, Mchn. 1996. – G. Ueding: »Rh.«. In:
Ricklefs 1996. S. 1647–1668. – H.F. Plett: *Systematische Rh.*, Mchn. 2000. – Th.O.
Sloane (Hg.): *Encyclopedia of Rhetoric*, N.Y. 2001. – W. Jost/W. Olmsted (Hgg.):
A Companion to Rhetoric and Rhetorical Criticism, Malden, MA. 2004.   WGM

S

Schema und Schematheorie (lat. *schema*; gr. *schéma*: Haltung, Gebärde,
Gestalt, Erscheinung, geometrische/rhetorische Figur), ein vorwiegend in
der Kognitionstheorie und -psychologie verwendeter Begriff, der einen
hypothetisch angenommenen Baustein der Kognition bezeichnet. Sch.ta
sind fundamentale Elemente, auf denen alle Informationsprozesse beruhen.
Sie repräsentieren als ganzheitliche Strukturen Wissen auf allen Stufen der
Abstraktion, z.B. Sinneseindrücke, Szenerien, Gestalttypen, institutionelle
Strukturen, Emotionen, Interaktionen usw. In bezug auf Sprachproduktions-
und Verstehensprozesse wird dafür in der Linguistik und Künstlichen-Intel-
ligenz (KI)-Forschung der Begriff *frame* verwendet. Nur auf Handlungen
und Ereignisse beziehen sich die Termini *script* und *scenario*.

Die Sch.-Theorie hat ihre Grundlagen in der Gestalttheorie (vgl. M.
Wertheimer, W. Köhler, K. Koffka und andere) und in den darauf aufbau-
enden Ansätzen der experimentellen Psychologie (vgl. O. Selz) und der
Entwicklungspsychologie (vgl. Handlungs- und Assoziationsschemata bei
J. Piaget). Der Begriff Sch. findet sich jedoch bereits in einer ähnlichen
Verwendung bei I. Kant (sog. ›transzendentales Sch.‹, ein Verfahren der
Einbildungskraft, bei dem nach einer allg. Regel ein bes. Bild hergestellt
wird, das nicht mit dem konkreten Bild des Begriffes identisch ist) und
bei H. Bergson (Konzept der ›dynamischen Sch.ta‹ als Abstrahierung von
konkreten Bildern beim Lernen und ein ›Rückübersetzen‹ beim Erinnern).
Als eigentlicher Begründer der Sch.theorie gilt der Experimentalpsychologe
Sir F. Bartlett (1932). Bartlett kritisiert am bisherigen Sch.-Begriff, daß er zu
statisch sei, und stellt seinen Sch.-Begriff unter drei Prämissen: (a) Sch.ta sind
bewußte und aktive Prozesse; sie reduzieren Komplexität und konstituieren
Sinn. (b) Sch.ta bestehen nicht aus einzelnen Elementen, sondern bilden

ganzheitliche Strukturen, die komplexes Wissen repräsentieren. (c) In den Sch.ta sind nicht nur kognitive Wissensbestandteile integriert, sondern auch soziale und affektive. Nach einer Phase der Ablehnung und Zurückweisung vor dem Hintergrund des Introspektionismus und Behaviorismus erfuhr die Sch.-Theorie in den 1970er Jahren eine Neubelebung durch nahezu gleichzeitig erschienene Publikationen der kognitiven Psychologie (vgl. D.E. Rumelhart), KI-Forschung (vgl. M. Minsky), Linguistik (vgl. Ch. Fillmore), Theorie der Motorik (vgl. R.A. Schmidt), die alle auf der Sch.theorie aufbauen. Sie ist seither ein fester Bestandteil dieser Forschungsgebiete.

Die Sch.theorie ist im Grunde eine Theorie über Wissen, enthält aber auch Informationen darüber, wie man das Wissen anwenden kann. Dem Sch.-Begriff liegen folgende Prinzipien zugrunde: Sch.ta sind aktive Prozesse, die der Informationsherstellung und -verarbeitung dienen. Sie sind Hilfen bei der Wahrnehmung (z.B. das Gesichtsschema), beim Verstehen eines Diskurses (z.B. Sch. einer Szenerie), beim Erinnern, beim Lernen und Problemlösen. Sie sind verantwortlich für die Interpretation sensorischer Daten, die Organisation von Handlungen, das Bestimmen von Zielen und Teilzielen und kontrollieren die mentale Verarbeitung. Sch.ta bestehen aus mehreren Leerstellen oder Rollen. Diese können wieder aus einem anderen Sch. bestehen. Die Füllungen der Leerstellen können sich gegenseitig beeinflussen. Sch.ta sind also hierarchisch strukturiert; Sch.ta, die keine Subschemata mehr einbetten, werden als sog. *primitives* bezeichnet. Die Sprach- und Textverstehensforschung versteht Sch.ta im engeren Sinne als Gedächtnisinhalte oder mentale Repräsentationen, die die wichtigsten Eigenschaften eines Gegenstandes oder stereotype Handlungssequenzen abbilden. Diese im Langzeitgedächtnis gespeicherten Einheiten werden bei der Sprachproduktion und -rezeption zusammen mit einem Begriff aufgerufen. Neben dem Terminus *frame* werden auch die Begriffe *script* (vgl. Schank/Abelson 1977) oder *scenario* (vgl. Sanford/Garrod 1981) verwendet, um die Repräsentation von stereotypen Handlungsabfolgen oder Ereignissen mit jeweils festgelegten Rollen für die Akteure zu bezeichnen. Beispiel dafür ist der Besuch im Restaurant, bei dem ein bestimmter Handlungsablauf, wie Bestellen, Servieren, Essen, Bezahlen, und eine bestimmte *personage* in ihrer jeweiligen Rolle, wie Gäste, Kellner/in, Koch, assoziiert werden. Nicht erwähnte Handlungsabläufe und/oder Personen können mit Hilfe solcher Sch.ta inferiert werden. Die auf der Sch.theorie basierenden Ansätze sehen damit in den Sch.ta eine entscheidende Grundlage für das Verstehen von Äußerungen und Texten. Indizien für das erst in letzter Zeit erkannte lit. wissenschaftliche Anwendungs- und Leistungspotential der Sch.theorie sind innovative Ansätze der Erzähltheorie, insbes. der kognitiven Narratologie (vgl. Jahn 1997), die unter Rückgriff auf das Konzept der *frames* zu einer Neukonzeptualisierung der Konstitution von ↗ Erzählsituationen vorgedrungen ist.

Lit.: F.C. Bartlett: *Remembering. A Study in Experimental and Social Psychology*, Cambridge 1995 [1932]. – R.C. Schank/R.P. Abelson: *Scripts, Plans, Goals and Understanding*, Hillsdale 1977. – D.E. Rumelhart: »Schemata. The Building Blocks of Cognition«. In: R.J. Spiro et al. (Hgg.): *Theoretical Issues in Reading Comprehension*, Hillsdale 1980. S. 33–58. – A.J. Sanford/S.C. Garrod: *Understanding Written Language*, Chichester 1981. – M.R. Waldmann: *Sch. und Gedächtnis*, Heidelberg 1990. – K.-P. Konerding: *Frames und lexikalisches Bedeutungswissen*, Tüb. 1993. – M. Jahn: »Frames, Preferences, and the Reading of Third-Person Narratives. Towards a Cognitive Narratology«. In: *Poetics Today* 18.4 (1997) S. 441–468.   CR

Semantik, strukturale und historische (gr. *séma*: Zeichen), innerhalb der Linguistik untersucht die Teildisziplin S. als Subkategorie der ↗ Semiotik die ↗ Bedeutung sprachlicher ↗ Zeichen. Je nach Forschungsinteresse geschieht dies auf Mikroebene in bezug auf Wörter, Sätze, Äußerungen und Texte, auf Makroebene in bezug auf verschiedene Einzelsprachen, beides sowohl in ↗ diachroner wie ↗ synchroner Hinsicht. Die Forschung geht dabei als deskriptive, empirische, kombinatorische oder komparatistische (↗ Komparatistik) Analyse in Form von Wort-S., Satz-S., sprachphilosophischer S. und logischer S. vor. Grundlegend geprägt hat den mitunter deckungsgleich mit Semasiologie verwendeten Terminus erst M. Bréal (1897), doch reicht sein Gegenstand bis zu den sprachphilosophischen Schriften von Platon und Aristoteles und deren konträren Grundauffassungen vom naturalistisch-ostentativen (Platon) bzw. konventionalistisch-konzeptionellen (Aristoteles) Abbildungsverhältnis der Wörter zu ihren Inhalten zurück. Die Universalität des Begriffs der S. ist erkennbar in seiner Definition als »a set of studies of the use of language in relation to many different aspects of experience, to linguistic and non-linguistic context, to participants in discourse, to their knowledge and experience, to the conditions under which a particular bit of language is appropriate« (Palmer 1993, S. 206). S. ist ein äußerst komplexes und heterogenes Arbeitsfeld, das eine Affinität zu einer Reihe weiterer Disziplinen aufweist, was durch die Vielzahl von Studien mit kombinatorischem Ansatz dokumentiert wird (z.B. ›Syntax und S.‹, ›S. und ↗ Pragmatik‹, ›Generative S.‹, ›Interpretative S.‹, ›Logische S.‹, ›Psychologische S.‹, ›Textsemantik‹, ›*truth-conditional semantics*‹ usw.; vgl. Lyons 1977).

In der Formierungsphase der Disziplin seit dem frühen 19. Jh. stand v.a. die historische S. im Mittelpunkt. Diese besteht weitgehend im diachronen Studium von Bedeutungswandel, oft veranschaulicht durch morphologisch und phonologisch minutiös durchgeführte Etymologie von z.T. rekonstruierten Protoformen einzelner Lexeme (vgl. Fisiak 1985). Historische S. ist somit ein zentrales Aufgabengebiet der historisch-vergleichenden Sprachwissenschaft und der Indogermanistik. Während der Blütezeit von ca. 1880 bis 1940 erstellte sie eine Reihe von Klassifikationen zur diachronen Erklärung von lexikalischen Innovationen, Transformationen und Neologismen (vgl. Sappan 1983). Hiervon profitieren zeitgenössische Arbeiten zur Sprachverbund-, Sprachtypologie- und Universalienforschung ebenso wie die eher praxisorientierte Aktualisierung und Konzipierung von Wörterbüchern. Ihre Ergebnisse liefern darüber hinaus wichtige Grundlagen für die Arbeitsbereiche der affektiven Stilistik, der ↗ Metaphern- und Übersetzungstheorien sowie der ↗ Rhetorik. Derzeit in rascher Fortführung begriffen befindet

sich daneben die für die erst in Ansätzen geleistete Systematisierung des
Phänomens linguistischer Kategorisierung wichtige Forschungsrichtung
der Prototypen-S. Nicht zu vergessen ist die politische Relevanz bzw. die
›Warnfunktion‹ der historischen S. mit Blick auf die Prozesse des Sprach-
verfalls und des Sprachtods.

Von entscheidender Prägung sowohl für die Linguistik als auch für die
Lit.wissenschaft war das 1923 erstmals publizierte, bis heute mehrfach neu
aufgelegte und immens einflußreiche Buch *The Meaning of Meaning* von
C.K. Ogden und I.A. Richards, dessen Titel sprichwörtlich zur Ausgangsfrage
v.a. wortsemantischer Analyse geworden ist. In diesem Werk wird u.a. das
Modell des semantischen (auch semiotischen) Dreiecks entworfen, das auch
die derzeitige Auffassung der Dependenzrelationen zwischen ↗ Signifikant
und Signifikat noch bestimmt:

THOUGHT OR REFERENCE

SYMBOL   *Stands for*   REFERENT
         (an imputed relation)
         *TRUE

Semantisches Dreieck nach Ogden/Richards (1923, S. 11)

Zwischen *symbol* (linguistisches Element, Signifikant, Bezeichnung) und
referent (reales Objekt, Gegenstand, Denotat, Designat, Bezeichnetes) exi-
stiert eine als wahr angenommene, konzeptionelle und vereinbarte Relation.
Diese ist konventionalisiert und im Prinzip austauschbar (↗ Arbitrarität
des Zeichens). Zwischen *symbol* und *thought or reference* (Konzept, Begriff,
Sinn, Bedeutung) besteht dagegen eine korrekte, d.h. zutreffende kausale
Relation, zwischen *thought or reference* und *referent* eine weitere kausale
Relation von adäquatem, d.h. zulänglichem Charakter. Jedes Element des
Dreiecks definiert sich also jeweils über die Beziehung zu zwei Relata, und
nur über begriffliche Konzepte lassen sich sprachliche Ausdrücke auf Objekte
der außersprachlichen Realität beziehen. Ausschlaggebend für ›korrektes‹
Sprachverständnis ist statt einer direkt relevanten Beziehung die mittelbare
Interpretation via das Konzept. V.a. für das Anliegen der Lit.wissenschaft,
nicht-eindeutige sprachliche Einheiten zu interpretieren (↗ Ambiguität), ist
die durch das Modell ermöglichte strukturell präzise Differenzierung von
denotativer (↗ Denotation) und assoziativer bzw. konnotativer (↗ Konnotation) Bedeutung ein sinnvolles Analyseinstrument. Die sprachphiloso-

phische S. seit R. Carnap (1891–1970), G. Frege (1848–1925), B. Ru̇ssell
(1872–1970), H. Putnam (*1926) und L. Wittgenstein, auch etabliert unter
dem Terminus der ›Philosophie der normalen Sprache‹ (›*ordinary language
philosophy*‹), bemüht sich nachhaltig um weitere definitorische Präzisierung
der Konzepte Sinn und Bedeutung und hat hierzu eine Reihe fruchtbarer
Systematiken (Abbildtheorie; Intension vs. Extension; Verifikation vs. Falsi-
fikation; Wahrheitswerttheorie) entwickelt, die wichtige Arbeitsgrundlagen
für die ↗ Computerphilologie, Informationstechnologie und Forschung zur
Künstlichen Intelligenz bereitstellen.

Seit ca. 1930 trat im Anschluß an F. de Saussure und L. Hjelmslev
ein verstärktes synchron und strukturalistisch motiviertes Interesse zutage
(vgl. Nerlich 1992), das z.B. durch Komponentenanalyse die systematische
Strukturiertheit von Wort- und Satzbedeutungen, ihre Motivation und, in
jüngerer Zeit, auch ihre emotiv-affektiven Charakteristika im Blickfeld hat
(vgl. Osgood et al. 1975). Als bes. vielversprechend sind hier die Ansätze
der lexikalischen S. hervorzuheben, welche die dominanten Regeln zur
↗ paradigmatischen und ↗ syntagmatischen Kombinierbarkeit von Lexemen funktional erfassen. Bisweilen sehr komplexe semantische Relationen
wie Antonymie, Homonymie, Hyponymie, Kollokation und Polysemie
zwischen Wörtern bzw. Wortgruppen als lexikalischen Feldern werden so
in Hinsicht auf semantische Kompatibilität, und Kongruenz untersucht
(vgl. Wunderlich 1980).

In der modernen S. steht dagegen eher die praktische ↗ Referenz im
Mittelpunkt, d.h. die Frage, mittels welcher semantischer Organisationsprin-
zipien Sprecher verschiedener Sprachen die Welt ›aufteilen‹, sich linguistische
und in der Folge perzeptive und kognitive Orientierungsschemata schaffen
Kognitionstheorie). Die S. zeigt so fließende Grenzen zur linguistischen
Pragmatik, d.h. sie konzentriert sich auf das Verhältnis zwischen Zeichen
und Zeichenbenutzer und fokussiert den tatsächlichen Sprachgebrauch
gegenüber der theoretischen Sprachfähigkeit (↗ *langue* und *parole*; Performanz und Kompetenz). Literar. S. (z.T. auch literar. Semiotik) wird seit den
1960er Jahren (vgl. Eaton 1966) bes. in Großbritannien unter Einfluß des
frz. ↗ Strukturalismus (R. Barthes; A. J. Greimas) als eigenständige Sub-
disziplin der Lit.theorie betrieben. Die derzeit vielversprechendsten Ansätze
versuchen, unter den Begriffen der ›*possible*‹ bzw. ›*text world(s) semantics*‹, als
Subform der Textlinguistik (vgl. Gülich/Raible 1977), die epistemischen,
ontologischen und psychologischen Bedingungen der Bedeutungskonstitution
in literar. Texten zu eruieren, und vor kommunikativ-handlungstheoreti-
schem Hintergrund repetitive Strukturen der Etablierung, Markierung und
Manipulation textueller ↗ Kohärenz zu erarbeiten.

Lit.: M. Bréal: *Essai de sémantique*, Brionne 1983 [1897]. – C.K. Ogden/I.A.
Richards: *The Meaning of Meaning*, Ldn. 1994 [1923]. – T. Eaton: *The Semantics
of Literature*, Den Haag 1966. – Ch.E. Osgood et al.: *Cross-Cultural Universals of
Affective Meaning*, Urbana 1975. – F.R. Palmer: *Semantics*, Cambridge et al. 1993
[1976]. – Gülich/Raible 1977. – J. Lyons: *Semantics*, 2 Bde., Cambridge 1977.
– D. Wunderlich: *Arbeitsbuch S.*, FfM. 1991 [1980]. – R. Sappan: *The Rhetorical-*

logical Classification of Semantic Changes, Braunton 1987 [1983]. – J. Fisiak (Hg.): *Historical Semantics and Historical Word Formation*, Bln. 1985. – B. Nerlich: *Semantic Theories in Europe 1830–1930*, Amsterdam/Philadelphia 1992. – J. Gutierrez-Rexach (Hg.): *Semantics Critical Concepts in Linguistics*, 6 Bde., Ldn. 2003. – Holl, Mirjam-Kerstin: *S. und soziales Gedächtnis. Die Systemtheorie Niklas Luhmanns und die Gedächtnistheorie von Aleida und Jan Assmann*, Würzburg 2003.   GN

Semantisierung literarischer Formen (gr. *séma*: Zeichen), prägnante Formulierung für die Einsicht, daß literar. Darstellungsverfahren und Strukturen als eigenständige Bedeutungsträger fungieren und bei der Bedeutungszuschreibung durch den Rezipienten eine zentrale Rolle spielen können. Zu den Pionieren dieser Einsicht zählen A. Warburg, E. Cassirer, C. Lugowski sowie J. Mukařovský, J. Tynjanov und R. Jakobson, deren Erkenntnisse über die Semantik der äquivalenzbildenden Verfahren eine Synthese und Weiterentwicklung in dem formästhetischen Inhaltskonzept Ju. Lotmans fanden (vgl. Schmid 1977a; 1997b, S. 55ff.). Die auf den Russ. Formalismus und die Prager Schule zurückgehende Vorstellung einer S.l.F., die nach der Bedeutungsfunktion künstlerischer Verfahren fragt, bezieht sich weniger auf die äußere Gestaltung literar. Werke, sondern meint »ihre innere Perspektive, ihre bes. Art, ein Weltbild zu erzeugen. Darin setzt die poetische Form die Deutungsaufgaben des [↗]Mythos fort: sie konstituiert Sinn« (Schlaffer, in Lugowski 1994, S. XIV). Die Frage nach der S.l.F., bei der es um die Inhaltskorrelate poetischer Techniken (z.B. Klangwiederholungen) geht, zielt »auf die Rolle der KÜNSTLERISCHEN VERFAHREN bei der Konstituierung des ÄSTHETISCHEN INHALTS literarischer Werke« (Schmid 1977b, S. 8).

Das von F. Jameson in Anlehnung an L. Hjelmslevs Glossematik geprägte Konzept einer ›Ideologie der Form‹ (»form is immanently and intrinsically an ideology in its own right«, Jameson 1981, S. 141) faßt Form und Struktur als ›sedimentierten Inhalt‹ auf. Folgt man dieser Einsicht, dann kann die Analyse formaler Darstellungsverfahren Aufschluß geben über die von strukturalistischen Ansätzen (↗ Strukturalismus) ausgeblendete Frage der Sinnorientierung und Sinndimensionen literar. Werke (vgl. Reinfandt 1997). Bes. deutlich ist das bedeutungskonstituierende Potential literar. Formen im Falle von Verfahren wie Multiperspektivität oder der Gestaltung der ↗ Erzählsituationen, aber auch andere strukturelle Darstellungsmittel wie die Raum- und Zeitdarstellung sind oftmals bedeutungstragend (zur ›S. des Raumes‹ vgl. Pfister 1977, S. 339ff.). – Der Titel von H. Whites Aufsatzsammlung *The Content of the Form* (1987) faßt die von ihm in mehreren Publikationen anhand von Geschichtswerken des 19. Jh.s belegte Einsicht zusammen, daß formale Erzählstrukturen auch in der Geschichtsschreibung keine transparenten und neutralen Vermittlungsverfahren, sondern eigenständige Bedeutungsträger sind, von denen die ›Inhalte‹ abhängen.

Lit.: C. Lugowski: *Die Form der Individualität im Roman*, FfM. 1994 [1932]; mit einer Einl. von H. Schlaffer. – Pfister 2000 [1977]. – W. Schmid: »Die S. der Form. Zum Inhaltskonzept Ju. Lotmans«. In: *Russian Literature* 5 (1977a) S. 61–80. – ders.: *Der ästhetische Inhalt. Zur semantischen Funktion poetischer Verfahren*, Lisse

1977b. – Jameson 1994 [1981]. – White 1987. – Ch. Reinfandt: *Der Sinn der fiktionalen Wirklichkeiten. Ein systemtheoretischer Entwurf zur Ausdifferenzierung des engl. Romans vom 18. Jh. bis zur Gegenwart*, Heidelberg 1997.   AN

Semiotik (gr. *sēmeîon*: Zeichen), Wissenschaft von den ↗ Zeichen(prozessen). – Ch.S. Peirce (1993, Bd. 3, S. 259) definiert die S. als die »Lehre von der wesentlichen Natur und den grundlegenden Arten der möglichen Semiose«. Als solche untersucht die S. alle Arten von Zeichenprozessen, wie sie z.B. zwischen oder innerhalb von Menschen, nichtmenschlichen Organismen und Maschinen (z.B. Computer-S., Maschinensemiose) stattfinden. Die S. vereinigt somit »die wissenschaftliche Erforschung aller verbalen und nicht-verbalen Kommunikationssysteme in sich« und befaßt sich »mit der Formulierung von Nachrichten durch Quellen, der Übermittlung dieser Nachrichten über Kanäle, der Dekodierung und Interpretation dieser Nachrichten durch Empfänger und der Signifikation« (Sebeok 1984, S. 232).

Nach T. Todorov (1977) speist sich die S. historisch aus der ↗ Semantik/Sprachphilosophie, Logik, ↗ Rhetorik und ↗ Hermeneutik; man unterscheidet auch zwischen einer medizingeschichtlichen, einer philosophischen und einer linguistischen Tradition. Reflexionen über Zeichengebrauch finden sich bereits früh in verschiedenen Disziplinen. Sie reichen über die Antike (Platon, Aristoteles), Augustinus, die ma. Scholastik (R. Bacon, J. Duns Scotus, W.v. Ockham), die Renaissance (J. Poinsot, Th. Campanella) und die Aufklärung (J. Locke spricht in seinem *Essay Concerning Human Understanding* [Buch IV, Kap. xxi, §4] von »σημειωτική«, or *the Doctrine of Signs*«) bis zur Konstituierung der S. als eigenständiger Wissenschaft im 20. Jh. In die hier nur ansatzweise skizzierte Tradition reihen sich die Grammatiker von Port Royal genauso ein wie G.W. Leibniz, J.H. Lambert, E.B. de Condillac, J.M. Degérando, W.v. Humboldt, J.G. Herder, I. Kant und G.W.F. Hegel.

Die moderne S. speist sich unter linguistischen Gesichtspunkten aus F. de Saussures strukturalistischer Sprachtheorie sowie seinem der Sozialpsychologie zugeordneten Projekt der *sémiologie*. Dieses konzipiert Saussure (1967 [1916], S. 33) als »*une science qui étudie la vie des signes au sein de la vie sociale*«, innerhalb derer der Linguistik eine bes. Rolle zukommt. Seit den 1970er Jahren verringert sich jedoch der Einfluß der strukturalistisch orientierten linguistischen Ausrichtung der S. zugunsten eines von Peirce dominierten philosophisch fundierten Entwicklungsstrangs, der sich durch eine umfassendere Semiotik- und Zeichenkonzeption auszeichnet. – Peirce entwickelt 1867/68 ein System von drei ›Universalkategorien‹, die für seinen Zeichenbegriff, der den funktionalen und relationalen Charakter des Zeichens betont, von zentraler Bedeutung sind. Für Peirce bildet das Zeichen eine triadische Relation aus Repräsentamen (Zeichen als ›Vehikel‹ des Semioseprozesses), Interpretant (Zeichenbedeutung/-wirkung im Bewußtsein des Interpreten) und dargestelltem, nicht notwendigerweise materiellem Objekt. Bei seinem Zeichenbegriff unterscheidet Peirce zwischen dem emotionalen/unmittelbaren, dem energetischen/dynamischen und dem logischen/normalen/finalen Interpretanten sowie zwischen dem unmittelbaren (zeicheninternen) und dem dynamischen (zeichenexternen) Objekt. Da für ihn Denken in Zeichen erfolgt und der Interpretant somit selbst ein zu interpretierendes ›Gedankenzeichen‹ darstellt, eröffnet die Interpretation eines Zeichens ein Universum potentiell unendlicher Semiose. Entsprechend seinem Dreierschema der Universalkategorien unterteilt Peirce den Zeichen-, Interpretanten- und Objektaspekt der ›Zeichentriade‹ in drei Trichotomien. Unter dem Aspekt des Zeichens als Repräsentamen unterscheidet er zwischen dem Quali-, dem Sin- und dem Legizeichen, bezüglich des Interpretantenbezugs differenziert er zwischen Rhema, Dicent und Argument, bezüglich des Objektbezugs zwischen Ikon, Index und ↗ Symbol.

Unter Anlehnung an Peirces Arbeiten rückt Ch.W. Morris das beobachtbare ›Zeichenverhalten‹ in den Vordergrund, da er die (deskriptive) S. als ›Teil der naturwissenschaftlichen Verhaltensforschung‹ betrachtet. Das von Morris entwickelte Zeichenmodell umfaßt den einer Zeichenklasse angehörenden Zeichenträger, das Designat als Klasse oder Gesamtheit aller möglichen Denotate/Referenten sowie den Interpretanten. Dieser wird als Disposition aufgefaßt, auf ein Zeichen mit einem bestimmten Verhalten zu reagieren. Auf Morris geht auch die auf der Basis der drei Zeichenaspekte von Peirce vorgenommene Unterteilung der S. in eine syntaktische, eine pragmatische und eine semantische Dimension zurück.

In der Lit.wissenschaft finden sich strukturalistisch inspirierte semiotische Ansätze seit den 1920er Jahren bei V. Propp, im Russ. Formalismus sowie in der Prager Schule, weshalb man auch von einem dritten, russ.-tschech. Hauptstrang in der Entwicklung der S. sprechen kann. In den 1930er und 1940er Jahren wird Saussures Projekt einer *sémiologie* von L. Hjelmslev aufgenommen. Z.T. darauf aufbauend, allerdings weniger formalistisch als Hjelmslev, entwickelt A.J. Greimas Saussures Projekt im Sinne einer strukturalen, auf Texte (im weitesten Sinne) angewandten ↗ Semantik weiter. Mit Hilfe von *carrés sémiotiques* versucht er, die Sinn-Achsen von Texten herauszuarbeiten und ›Sinnbezirke‹ durch ↗ binäre Oppositionen in ›konträre‹ und ›kontradiktorische‹ semantische Einheiten zu strukturieren. Neben Greimas findet die S. in Frankreich in den 1960er und 1970er Jahren v.a. in den Untersuchungen zur Narrativik von R. Barthes, Todorov, Cl. Bremond und G. Genette bedeutende Vertreter. Da sich der vorliegende Überblick im folgenden auf ausgewählte Aspekte der Lit.semiotik, die ein Teilgebiet der Textsemiotik darstellt, beschränken muß, kann auf die Entwicklung der S. in der ehemaligen UdSSR (M.M. Bachtin; Tartu-Moskauer Schule), in Italien (F. Rossi-Landi, U. Eco, C. Segre) und den USA (R. Scholes, M. Riffaterre) nur verwiesen werden. Dasselbe gilt auch für viele text- und lit.semiotisch interessante multimediale Bereiche, wie z.B. für Comic, Theater oder Werbung.

In der Lit.wissenschaft führt die S., die in Deutschland erst ab Mitte der 1960er Jahre Bedeutung erlangt, zu mehr Systematik, Wissenschaftlichkeit und Methodenreflexion. Dabei ermöglichen die zunehmende Verwendung des triadischen Zeichenmodells von Peirce und die Differenzierung zwischen ›Ko- und ↗ Kon-Text‹ sowohl einen ›dynamischen Strukturbegriff‹ als auch die ›Immanenz der Textstruktur‹ transzendierende Fragestellungen. Vereinfachend kann zwischen einer deduktiven, an einer wissenschaftstheoretischen

Fundierung der Lit.wissenschaft arbeitenden, und einer deskriptiven oder
angewandten Lit.-S. unterschieden werden, welche »die Frage nach Er-
kenntnisverfahren und -funktion von Dichtung« (Kloepfer 1977, S. 252)
in den Vordergrund stellt. In lit.semiotischen Arbeiten finden sich somit
sowohl Versuche, ›Textgrammatiken der Lit.‹ und ›universelle Poetiken‹ zu
erstellen als auch Untersuchungen zur ↗ Dialogizität, Mehrfachkodiertheit,
zum Zeichencharakter sowie zu den Prozessen der Leserlenkung und der
Bedeutungsproduktion literar. Texte. Diese können von einer diskursanalytisch
erweiterten S. auf ihre Interaktion mit anderen kulturellen Teilsystemen sowie
auf die Charakteristika literar. Zeichen untersucht werden. Unter diesem
Aspekt versucht die S., die Fragestellung nach der ›Literarizität/Poetizität‹
literar. Diskurse durch das Herausarbeiten ihrer Spezifika wie ›Autofunktio-
nalität‹, ↗ ›Verfremdung/Deautomatisierung‹, ›Multiplikation konnotativer
Signifikate/Polysemie bzw. Polyisotopie‹, ›Zeichenmotivierung‹ und ›Symbolik‹
zu beantworten. Dabei wird die Frage nach kleinsten ›literar.‹ Elementen
um die Frage nach der Existenz semiotischer Regeln ergänzt, welche »die
syntagmatische Fügung literar. Texte in ihrer Gesamtheit« (Link 1990, S.
531) erklären. Die Struktur des literar. Diskurses wird dadurch zumindest
vorläufig als »paradigmatisch generiertes und paradigmatisch expandiertes
Syntagma« (ebd., S. 536) faßbar, dessen Mehrstimmigkeit sowohl aus den
ihm immanenten semiotischen Strukturen als auch aus seinem Status als je
nach ›Kulturtyp‹ mehr oder weniger institutionalisiertem und elaboriertem
↗ Interdiskurs resultiert.

Andere lit.semiotische Ansätze sehen in der S. v.a. eine ›Wissenschaft
von den ↗ Codes‹ oder privilegieren den kommunikativen und prozessualen
Aspekt des Rezeptionsvorgangs, indem sie z.B. untersuchen, inwiefern der
Text als komplexes semiotisches System/›Superzeichen‹ nicht nur Einfluß
auf den Akt der Lektüre nimmt, sondern auch nur eine gewisse Anzahl an
Interpretationen (›type-token‹-Relation) zuläßt. So erscheint die Lektüre
z.B. bei Eco als Code- und Spurensuche, als zeichengesteuert-kreativer
Konstruktionsvorgang, der von den Strategien des Textes vorgesehen ist
und durch eine ›Logik der ↗ Signifikanten‹ sowohl stimuliert als auch
kontrolliert wird. – Doch die Frage nach der Begrenzung der Interpretationsmöglichkeiten eines Textes ist seit der Infragestellung strukturalistischer
Prinzipien durch die ↗ Dekonstruktion umstritten. Seit Mitte der 1960er
Jahre kann von der Herausbildung einer ›poststrukturalen‹ S. gesprochen
werden (↗ Poststrukturalismus), welche die diskursive Produktion von Sinn,
die Signifikanten(kette), Prozesse wie Aufschiebung und Weiterverweisung
sowie die Materialität und ↗ Intertextualität der Zeichen privilegiert. Zu
dieser innerhalb der S. umstrittenen Ausrichtung (vgl. Posner 1993) werden
u.a. die (sich durchaus strukturalistischer Erkenntnisse bedienenden) Arbeiten
von J. Lacan, spätere Arbeiten von Barthes, J. Kristevas ›Sémanalyse‹ und
J. Derridas ›Grammatologie‹ gerechnet.

Lit.: Saussure 1967 [1916]. – Eco 1994 [1972]. – J. Trabant: *Elemente der S.*, Tüb.
1996 [1976]. – U. Eco: *The Role of the Reader. Explorations in the Semiotics of Texts*,
Bloomington 1984 [1979]. – ders. 1985. – R. Kloepfer: »Tendenzen der Lit.semiotik

in der BRD. Eine Skizze«. In: *Romanistische Zs. für Lit.geschichte* 1.2 (1977) S. 247–264. – T. Todorov: *Théories du symbole*, Paris 1977 (dt. *Symboltheorien*, Tüb. 1995). – P.V. Zima (Hg.): *Textsemiotik als Ideologiekritik*, FfM. 1977. – Eschbach/ Rader 1980. – Th. Sebeok: »Die Büchse der Pandora und ihre Sicherung. Ein Relaissystem in der Obhut einer Atompriesterschaft«. In: *Zs. für S.* 6.3 (1984) S. 229–252. – Merrell 1985. – Nöth 2000 [1985]. – Blonsky 1991 [1985]. – Sebeok 1994 [1986]. – U. Eco 1991 [1987]. – J.K. Sheriff: *The Fate of Meaning. Ch. Peirce, Structuralism, and Literature*, Princeton 1989. – J. Link: »Lit.wissenschaft und S.«. In: Koch 1990. S. 521–564. – ders./R. Parr: »S. und Interdiskursanalyse«. In: Bogdal 1997 [1990]. S. 108–133. – Nöth 1990. – P.V. Zima: »Die Ästhetiken der S.: Drei Modelle«. In: ders. 1995 [1991]. S. 264–314. – Merrell 1992. – Ch.S. Peirce: *Semiotische Schriften*, 3 Bde. (Hg. Ch. J. Kloesel), FfM. 1986–93. – R. Posner: »S. diesseits und jenseits des Strukturalismus. Zum Verhältnis von Moderne und Postmoderne, Strukturalismus und Poststrukturalismus«. In: *Zs. für S.* 15.3–4 (1993) S. 211–233. – Moriarty 1996. – R. Posner et al. (Hgg.): *S.: Ein Handbuch zu den zeichentheoretischen Grundlagen von Natur und Kultur*, 4 Bde., Bln. et al. 1996-2004. – B.v. Heusden: *Why Literature? An Inquiry into the Nature of Literary Semiosis*, Tüb. 1997. – J.D. Johansen/S.E. Larsen: *Signs in Use. An Introduction to Semiotics*. Ldn. 2002. – Nöth 1997. – U. Volli: *S.: Eine Einführung in ihre Grundbegriffe*, Tübingen et al. 2002. – Ch. Ohno: *Die semiotische Theorie der Pariser Schule*, Bd. 1, *Ihre Grundlegung und ihre Entfaltungsmöglichkeiten*, Würzburg 2003.   StH

Signifikant (frz. *signifiant*) und Signifikat (frz. *signifié*), für den schweizer. Sprachwissenschaftler F. de Saussure, den Begründer der modernen Linguistik, besteht das sprachliche ↗ Zeichen aus zwei Teilen oder Ebenen, die konventionell miteinander verbunden sind. Auf der Inhaltsebene gibt es eine Vorstellung, einen Begriff (das Bezeichnete oder Signifikat), und auf der Ausdrucksebene gibt es das damit verbundene Lautbild (das Bezeichnende bzw. den Signifikant): »Das sprachliche Zeichen vereinigt in sich nicht einen Namen und eine Sache, sondern eine Vorstellung und ein Lautbild« (Saussure 1967, S. 77). Saussure vergleicht die Sprache mit einem Blatt Papier, wobei das Denken die Vorderseite und der Laut die Rückseite ist: »[M]an kann die Vorderseite nicht zerschneiden, ohne zugleich die Rückseite zu zerschneiden« (ebd., S. 134). Das Signifikat ist eine ›psychische‹ Vorstellung, die für Saussure nur auf der Ebene des Denkens existiert und sich auf den materiellen Referenten in der Wirklichkeit bezieht. Ebenso ist der Signifikant, das Lautbild, ein idealisiertes »kollektives Modell« (Trabant 1996, S. 40) und nicht etwa der tatsächliche materielle Laut, den wir wahrnehmen. Trabant unterscheidet deshalb die aktuelle physikalische Vergegenwärtigung eines Wortes als Signifikantenexemplar von dem nur auf einer idealen psychischen Ebene existierenden Lautbild bzw. *image acoustique*. Verschiedene semiotische Schulen interpretieren und benennen den Signifikanten auf verschiedene Weise: z.B. als *Interpretant*, ›Sinn‹, ›Begriff‹ oder *Designatum*. Dem Terminus Signifikat entsprechen in verschiedenen semiotischen Theorien z.B. Zeichen, ↗ Symbol, zeichenhaftes Vehikel, Ausdruck oder *Representamen*. – Manche Lit.wissenschaftler wie R. Barthes und J. Derrida haben die Dichotomie auch auf literar. Texte übertragen. Für G. Genette ist in einer Erzählung

z.B. das Signifikat die erzählte Geschichte (↗ *histoire*) und das Signifikant
der Diskurs des Erzählens (*récit*).

Lit.: F. de Saussure: *Grundfragen der allg. Sprachwissenschaft*, Bln. 1967 [1916].
– Genette 1972/80. – U. Eco: *Zeichen. Einf. in einen Begriff und seine Geschichte*,
FfM. 1977 [1973]. – J. Trabant: *Elemente der Semiotik*, Tüb. 1996 [1976].
                                                                                    MK

Simulakrum (lat. *simulacrum*: Bild, Abbild, Nachbildung, Gebilde; kann
aber auch mit Statue, Götterbild, Bildsäule, Traumbild, Schatten und Ge-
spenst übersetzt und als Produkt oder Gegenstand einer Simulation [vgl.
lat. *simulatio*: Vortäuschung, Verstellung, Schein oder Vorwand] verstanden
werden), in aktuellen medientheoretischen Kontexten gilt ein S. als eine
›Kopie ohne Original‹, als eine Darstellung, die sich auf ein reales Vorbild
zu beziehen scheint, diese ↗ Referenz aber nur noch simuliert. – Der Begriff
verdankt seine medien- und kulturtheoretische Karriere im wesentlichen den
Schriften J. Baudrillards. Dieser verwendet den Begriff (frz. *simulacre*) in *Der
symbolische Tausch und der Tod* (1991) zunächst noch als beschreibend-neutrale
Bezeichnung für die Produkte der Repräsentationsordnungen verschiedener
symbolischer Kulturen. Er beschreibt im Rahmen seiner Revision der marxistischen Werttheorie ›drei Ordnungen der Simulakren‹, in deren Verlauf
dem klassischen und industriellen ein gegenwärtiges Zeitalter folgt, in dem
die Prinzipien Imitation und Produktion dem S. weichen und Werte allein
aufgrund von Strukturgesetzen kursieren. In Baudrillards späteren Schriften, v.a. in dem Essay »Die Präzession der Simulakren« (1978), umfaßt der
Begriff des S.s ↗ Repräsentationen und Artefakte, die sich nicht mehr auf
Vorbilder, Substanzen, Zwecke und Ideale zurückführen lassen, sondern mit
Hilfe von Modellen und ↗ Codes Realitätseffekte simulieren und operationalisierbar machen. Mit der Popularisierung von Baudrillards fatalistischer
Medientheologie ist das S. zu einem Inbegriff eines gegenwärtigen Zeitalters
der Digitalisierung, zur vielzitierten Chiffre einer Medienwelt geworden,
in der Authentizität künstlich hergestellt wird und sich Opposition und
↗ Ideologiekritik überlebt haben, weil die Unterscheidungen von ›wahr‹
und ›falsch‹, Sein und Schein längst implodiert sind. Will man diese allerdings weiterhin als S. beschreiben, empfiehlt es sich, den Begriff von den
Konzepten ↗ Illusion, ↗ Fiktion und Repräsentation sowie ihren jeweiligen
wissenschaftsgeschichtlichen Implikationen abzugrenzen und zudem die
Produktion und den Gebrauch von S. genauer ins Auge zu fassen.

Lit.: J. Baudrillard: *Der symbolische Tausch und der Tod*, Mchn. 1991 [1976].
– ders.: »Die Präzession der Simulakren«. In: ders.: *Agonie des Realen*, Bln. 1978.
– A. Kablitz/G. Neumann (Hgg.): *Mimesis und Simulation*, Freiburg 1998. – M.W.
Smith: *Reading Simulacra. Fatal Theories for Postmodernity*, Albany 2001.   JG

Sprechakt, die einschlägige Bedeutung des Begriffs Sp. (engl. *speech act*)
geht zurück auf J.L. Austin (1962), der gegenläufig zur zeitgenössischen
Linguistik und Sprachphilosophie die Handlungsdimension der Sprache

analysierte. Er bezeichnete Äußerungen als Sp.e und umriß so das Paradigma der einflußreichen ↗ Sp.theorie. – Nach Aufgabe der Unterscheidung zwischen ›performativen‹ oder praktisch vollziehenden und ›konstativen‹ oder behauptenden Äußerungen bestimmt Austin in allen Sp.en drei verschiedene linguistische Akte: den ›lokutionären‹ oder phonetischen, morphosyntaktischen und rhetischen Akt, den ›illokutionären‹ Akt, der die mit der Äußerung des Satzes vollzogene Handlung (z.B. des Versprechens oder Verurteilens) bezeichnet, und schließlich den ›perlokutionären‹ Akt, d.h. seine kontingenten Wirkungen auf die Umstände und ZuhörerInnen. Die Lokution kann wahr oder falsch sein, die Illokution dagegen ›gelingt‹ oder ›mißlingt‹, je nachdem ob sie bestimmte extralinguistische ↗ Konventionen erfüllt. Diese betreffen z.B. bei dem Satz ›Ich spreche die Angeklagten frei‹ die Gruppe möglicher SprecherInnen, institutionelle Voraussetzungen usw. J.R. Searle formalisiert 1969 die Illokution als Folge von Intention und Kontext betreffende Bedingungen sowie ›konstitutiven‹, d.h. eine soziale Praxis erzeugenden Regeln. Seit neuerem werden Sp.e unter dem Gesichtspunkt der verändernden Wiederholung (*iterabilité*) und Zitierbarkeit (*citation*) in eine Theorie der ↗ Performativität (*performativity*) integriert und als identitätskonstituierendes Potential analysiert (vgl. Butler 1997). – In der lit.-theoretischen Rezeption der Sp.theorie wird der literar. Text selbst als Folge von Sp.en oder insgesamt als Sp. bezeichnet und damit in seiner dialogischen, institutionalisierten oder interventionistischen Dimension stark gemacht.

Lit.: Petrey 1990. – J.M. Henkel: *The Language of Criticism. Linguistic Models and Literary Theory*, Ithaca 1996. – J. Butler: *Excitable Speech. A Politics of the Performative*, N.Y./Ldn. 1997 (dt. *Haß spricht. Zur Politik des Performativen*, Bln. 1998). – S. Krämer: *Sprache, Sp., Kommunikation. Sprachtheoretische Positionen des 20. Jh.s*, FfM. 2001.   UBe

Sprechakttheorie, der Begriff Sp. (engl. *speech act theory*) geht in seiner heutigen Bedeutung zurück auf den engl. Philosophen J.L. Austin, der sich in *How to Do Things with Words* (1990 [1962]) der Handlungsdimension des Sprechens zuwandte. Die daran anschließende Beschreibung des Handlungscharakters von Äußerungen als ↗ Sprechakte ist zum zentralen Gegenstand der Sp. geworden, die in der Sprachphilosophie und linguistischen ↗ Pragmatik vorangetrieben, doch auch in anderen Disziplinen aufgegriffen wurde. – Austins systematische Betrachtung sowohl der linguistischen Bedeutung als auch der Handlungsdimension von Äußerungen führte zwei lange separierte Bereiche wieder zusammen. Schon Aristoteles trennte die Untersuchung der Aussage von anderen Aspekten der Rede, die er der Poetik und ↗ Rhetorik zuordnete. Diese Aufspaltung des wissenschaftlichen Untersuchungsgegenstands ›Sprache‹ blieb bestimmend und wurde im 19. Jh. durch vereinzelte handlungsorientierte Sprachuntersuchungen in Psychologie, Rechtswissenschaften und später der Ethnologie nicht überwunden. Die Betrachtung der Sprache als ›System‹ im Anschluß an F. de Saussure in der modernen Linguistik sowie die Konzentration auf Propositionen in ›perfekten‹ logischen Sprachen in der Nachfolge des logischen Positivismus

in der Philosophie verhinderten auch in der ersten Hälfte des 20. Jh.s
die systematische Erforschung des sprachlichen Handelns. Ähnlich wie
L. Wittgenstein im Modell des Sprachspiels vollzog Austin daher einen
tiefgreifenden Perspektivenwechsel, als er die an Wahrheitsbedingungen
orientierte Sprachphilosophie lediglich zum Ausgangspunkt nahm, um den
vernachlässigten Handlungsaspekt des Sprechens zu erörtern.

Austin schreibt allen Äußerungen eine Illokution zu und meint damit
die Handlung (z.B. des Versprechens, Wettens, Taufens, Verurteilens), die
mit der Äußerung eines Satzes in einem bestimmten Kontext vollzogen
wird. Während der propositionale Gehalt eines Sprechakts wahr oder falsch
sein kann, ›gelingt‹ oder ›mißlingt‹ seine Illokution, je nachdem, ob sie
bestimmte extralinguistische Konventionen und Bedingungen erfüllt. J.R.
Searle formalisiert 1969 die Sp. als allg. Bedeutungstheorie und beschreibt
die gelingende Illokution durch eine Abfolge von Regeln und Bedingungen.
An die Stelle der Erfüllung einer institutionellen Konvention tritt nun die
erfolgreiche Kommunikation der ↗ Intention der Sprecher/innen vor einem
komplexen und kontingenten ›Hintergrund‹ (›*background*‹), in den kulturelle
Vorannahmen, Allgemeinwissen, Fähigkeiten und Praktiken eingehen. Die
Sp. bezieht sich im Kern auf Äußerungen, die im wörtlichen Sinn verwendet
werden, und betrachtet die insinuierenden oder ›indirekten‹, figurativen
und ironischen Sprechakte als abgeleitete oder ›parasitäre‹ (Austin) und
›nicht-ernsthafte‹ (Searle) Phänomene. Analog dazu beschreibt Searle auch
den Status fiktionaler Rede als ›nichtlügende Vortäuschung‹ (*pretending*),
bei der die Illokutionen suspendiert werden. Einen anderen, pragmatisch
orientierten Zugang zu indirekten Sprechakten bietet H.P. Grice (1989
[1967]). Für ihn unterliegt die Konversation einem unausgesprochenen
›Kooperationsprinzip‹, das sich in Maximen der Wahrhaftigkeit, Relevanz,
Klarheit und Knappheit spezifizieren läßt. Werden diese in spezifischen
Kontexten gezielt verletzt, so können durch ›konversationelle Implikatur‹
für die Hörer/innen zusätzliche Bedeutungen entstehen, die das Gelingen
indirekter Sprechakte verständlich machen. In der weiteren Entwicklung
der Sp. konkurriert die Formalisierung der Illokutionstypen auf der Ebene
der ↗ Semantik mit stärker pragmatisch, d.h. auf die Methodologie der
empirischen Beschreibung, den zugrundegelegten Handlungsbegriff und
die Beziehungen zwischen Sprechakten und extralinguistischen Faktoren
ausgerichteten Forschungen.

Die Rezeption der Sp. in der Lit.wissenschaft setzt noch in den 1970er
Jahren ein. Zum einen wird die Sp. theoretischer Bezugspunkt für Interpretationen, die Sprecher/innen, Sprechakt und Hörer/innen als Konstituenten
lit., insbes. dramatischer, Texte analysieren. Zum anderen erklärt die Lit.-
theorie den literar. Text selbst zum ›Sprechakt‹, wenn sie sich in Abgrenzung
zu textzentrierten Theorien auf die Sp. stützt. Hier wird der literar. ›Sprechakt‹ als dialogische oder soziale Praxis geltend gemacht, wobei verschiedene
Akzentsetzungen möglich bleiben. In einer Studie M.L. Pratts von 1977
dient die Sp. dazu, die institutionelle und konventionelle Einbettung der
Produktion und Rezeption literar. Texte und Textgenres herauszustellen. Im
reader-response criticism bzw. der ↗ Rezeptionsästhetik greifen W. Iser (1978),

St. Fish (1980) und andere die Sp. auf, um die Konstruktionstätigkeit auf
der Seite der Rezeption zu unterstreichen, doch wird mit der Sp. auch für
die Relevanz der Autorintention argumentiert. Sh. Felman (1980) schließlich
führt eine psychoanalytisch (↗ psychoanalytische Lit.wissenschaft) und de-
konstruktivistisch (↗ Dekonstruktion) inspirierte Lektüre vor und verweist
zugleich auf die Grenzen der Sp. Zudem hat die zentrale Rolle indirekter,
metaphorischer, ironischer usw. Sprechakte in der Lit. zur Einbeziehung
des Kooperationsprinzips geführt, mit dessen Hilfe Ch. Altieri (1981) und
Pratt (1977) hermeneutische Spielräume eröffnen.

Kritik an der Sp. gilt wesentlich den Folgen ihrer wahrheitssemantischen
Fundierung. Die Bestimmung fiktionaler Diskurse qua Negation läßt die
Ausformulierung der Leistungen literar. Texte kaum zu, und theoretische
Idealisierungen der Sp. drohen als Ideologisierung in die Lit.wissenschaft
einzugehen. Dies betrifft den Geltungsanspruch des Kooperationsprinzips
aber auch das von Searle unterstellte isolierte Sprecher/in-Hörer/in-Modell.
Letzteres legt die Autonomie der Sprecher/in im Sprechakt nahe, blendet die
Bedeutung ihrer sozialen und institutionellen Positionierung und entdif-
ferenziert Rezeptionsweisen. Problematisch erscheint auch die Übertragung
logisch-linguistischer Konventions- und Regelbegriffe des Modells in sozial-
und lit.wissenschaftliche Kontexte sowie die metaphorische Verschiebung der
Sp. von einzelnen Äußerungen auf ganze Texte. Zudem werden kontingente
Effekte, wie etwa die rhetorisch-persuasive Dimension der Lit., in der Sp.
eher benannt denn ausgearbeitet. In einer kritischen Würdigung Austins
und daran anschließenden Diskussion mit Searle befragt J. Derrida (1988)
den Intentionsbegriff, die Stabilität der linguistischen Bedeutung und die
Unterscheidung zwischen ernsthaften und nicht-ernsthaften Sprechakten. Mit
Hinweis auf die verändernde Wiederholbarkeit (*iterabilité*) und Zitierbarkeit
(*citation*) von Äußerungen behauptet er den ›unernsten‹ oder ›theatralischen‹
Charakter aller Sprechakte, ein Postulat, dessen Verständlichkeit dennoch
auf die angegriffene Opposition angewiesen bleibt. Die Polemik dieser
Auseinandersetzung darf nicht verdecken, daß weder Derrida noch Searle
die volle Bedeutung einer Äußerung in ihrer linguistischen Bedeutung
lokalisieren. Was Derrida jedoch durch die textuellen Verschiebungen im
Bedeutungsgehalt aller Zeichen und durch ihre verändernde Wiederholbarkeit
(*iterabilité*) skeptizistisch begründet, fundiert der philosophische Realist Searle
in der Abhängigkeit des Sprechakts von einem kontingenten, komplexen
Hintergrund. J. Butler und andere haben den von Derrida postulierten
zitierenden, ›theatralischen‹ Aspekt von Äußerungen in konstruktivistischen
Identitätskonzeptionen aufgenommen. In diesem Verständnis konstituiert
sich im wiederholenden oder ›resignifizierenden‹ Vollzug von Sprechakten
eine sowohl konventionsgebundene als auch transgressive, ›performative‹
Identität. – Die Sp. thematisiert neben der linguistischen Bedeutung von
Äußerungen jene Bedeutungsaspekte, die im Feld kultureller Praxis individuell, institutionell oder historisch kontingent und interpretierbar bleiben.
Dies bestimmt einerseits die Grenze dessen, was die Theorie formalisieren
kann, und erklärt andererseits, warum sie für die Lit.- und Kulturtheorie
lebendig bleibt.

Lit.: Pratt 1977. – Sh. Felman: *Le scandale du corps parlant. Don Juan avec Austin, ou la séduction en deux langues*, Paris 1980 (engl. *The Literary Speech Act. Don Juan with J.L. Austin or, Seduction in Two Languages*, Ithaca 1983). – Ch. Altieri: *Act and Quality. A Theory of Literary Meaning and Humanistic Understanding*, Brighton 1981. – J. Derrida: *Limited Inc.*, Evanston 1988. – R.W. Dasenbrock: »Introduction«. In: ders. (Hg.): *Redrawing the Lines. Analytic Philosophy, Deconstruction, and Literary Theory*, Minneapolis 1989. S. 3–27 (s. auch die annotierte Bibliographie, S. 247– 255). – Petrey 1990. – R. Harnish (Hg.): *Basic Topics in the Philosophy of Language*, Englewood Cliffs 1994. S. 3–74. – P.J. Rabinowitz: »Speech Act Theory and Literary Studies«. In: Selden 1995. S. 347–374. – J.M. Henkel: *The Language of Criticism. Linguistic Models and Literary Theory*, Ithaca 1996. – J. Butler: *Excitable Speech. A Politics of the Performative*, N.Y./Ldn. 1997 (dt. *Haß spricht. Zur Politik des Performativen*, Bln. 1998). – J.H. Miller: *Speech Acts in Literature*, Stanford, CA. 2001. – D. Vanderveken: *Essays in Speech Act Theory*, Amsterdam 2001.   UBe

Stereotyp (gr. *stereós*: starr, fest; frz. *stéréotype*: mit feststehenden Typen gedruckt), der aus dem Druckwesen und der Pressetechnik stammende Begriff wird sowohl in der Sozialwissenschaft als auch in der Lit.- und Kulturtheorie in übertragenen und meist pejorativen Bedeutungen zur Bezeichnung von stark vereinfachten, schematisierten (↗ Schema und Schematheorie), feststehenden und weit verbreiteten Vorstellungen einer Gruppe von einer anderen (Hetero-St.) oder von sich selbst (Auto-St.) verwendet. St.e bilden sich aufgrund weniger, meist oberflächlicher Merkmale; sie zeichnen sich »durch Konstanz und Universalität« aus, »sind schwer beeinflußbar und veränderbar und durchziehen alle Lebens- und Themenbereiche« (Kleinsteuber 1991, S. 63); St.e sind zu unterscheiden von ›Images‹, ›Klischees‹ und ›Vorurteilen‹ (vgl. ebd.). – Das Konzept des St.s wurde durch den am. Journalisten W. Lippmann in dem einflußreichen Buch *Public Opinion* (1922), das die Rolle der von den Massenmedien konstruierten Bilder für die öffentliche Meinung behandelt, in den Diskurs der Medien-, ↗ Kultur- und Sozialwissenschaften eingeführt. Seit Lippmann gilt die Bildung von St.en als eine (zumeist unbewußte) kognitive Strategie der selektiven Wahrnehmung und Komplexitätsreduktion.

Eine bedeutende Rolle spielt die Untersuchung von St.en, die sich in literar. Texten v.a. in der Figurendarstellung manifestieren (Charakter und Typ), auf dem Mimesischarakter von Lit. gründen (↗ Mimesis; vgl. Leerssen 1991) und u.a. von der ↗ Stoff- und Motivgeschichte erforscht werden, in der Sozialpsychologie sowie in verschiedenen Ansätzen der Lit.- und Kulturtheorie: Der Begriff Geschlechterstereotyp zählt zu den zentralen Konzepten ↗ feministischer Lit.theorien; die ↗ postkoloniale Lit.theorie und -kritik (vgl. H. Bhabha 1994; E.W. Said; G.Ch. Spivak) deckt die ideologischen Prozesse kolonialistischer und rassistischer Stereotypisierung auf, die sich auf ethnische Zugehörigkeit gründen (↗ Alterität, kulturelle; ↗ *orientalism*); und die komparatistische ↗ Imagologie untersucht festgefügte Vorstellungen über die eigene Nation und über andere Völker, die als nationale Selbst- und Fremdbilder bzw. nationale Auto- und Hetero-St.e bezeichnet werden und die v.a. in der Reiselit. eine große Rolle spielen. In der Kulturwissenschaft stehen kulturelle St.e sowie die Frage nach der Bedeutung von nationalen und ethnischen St.en für das kollektive Gedächtnis und das Verstehen fremder Kulturen (Fremdverstehen) im Mittelpunkt.

Lit.: s. auch ↗ Imagologie, komparatistische; ↗ postkoloniale Lit.theorie und -kritik. – W. Lippmann: *Public Opinion*, N.Y. 1922 (dt. *Die öffentliche Meinung*, Mchn. 1964). Bes. S. 79ff. – W. Manz: *Das St.: Zur Operationalisierung eines sozialwissenschaftlichen Begriffs*, Meisenheim 1968. – G. Blaicher (Hg.): *Erstarrtes Denken. Studien zu Klischee, St. und Vorurteil in engl.sprachiger Lit.*, Tüb. 1987. – H.J. Kleinsteuber: »St.e, Images und Vorurteile. Die Bilder in den Köpfen der Menschen«. In: G. Trautmann (Hg.): *Die häßlichen Deutschen? Deutschland im Spiegel der westlichen und östlichen Nachbarn*, Darmstadt 1991. S. 60–68. – J. Leerssen: »Mimesis and Stereotype«. In: ders./M. Spiering (Hgg.): *National Identity. Symbol and Representation*, Amsterdam/Atlanta 1991. S. 165–175. – H. Bhabha: »The Other Question. Stereotype, Discrimination and the Discourse of Colonialism«. In: ders. 1995 [1994]. S. 66–84. – J.-Ph. Leyens et al.: *Stereotypes and Social Cognition*, Ldn. 1994. – C.C. Barfoot (Hg.): *Beyond Pug's Tour. National and Ethnic Stereotyping in Theory and Literary Practice*, Amsterdam/Atlanta 1997. – F.K. Stanzel: *Europäer. Ein imagologischer Essay*, Heidelberg 1997. – Horatschek 1998. – R. Florack: *Nation als St.: Fremdwahrnehmung und Identität in deutscher und französischer Lit.*, Tüb. 2000. – dies.: *Tiefsinnige Deutschen, frivole Franzosen. Nationale St.e in deutscher und französischer Literatur*, Stgt./Weimar 2001. – M. Pickering: *Stereotyping. The Politics of Representation*, Basingstoke 2001. – H.-H. Hahn (Hg.): *St., Identität und Geschichte. Die Funktion von St.en in gesellschaftlichen Diskursen*, FfM. et al. 2002.   AN

Stoff, literarischer, eine Konfiguration von Personen, Handlungen und Problemstellungen, die durch mythische, literar. oder geschichtliche Vorgaben fest umrissen ist, die durch die literar. Tradition fortgeschrieben wird und die dabei historisch bedingte Umdeutungen erfährt. In der engl., am. und frz. Lit.wissenschaft wird entweder der dt. Terminus St. übernommen oder der allgemeinere Begriff *theme* bzw. *thème* verwendet, der zugleich die Kategorien ›Thema‹, ›Idee‹ bzw. ›Gehalt‹ und ↗ ›Motiv‹ mit einschließt. Im Dt. wird einerseits zwischen St. und Motiv unterschieden, wobei das Motiv die kleinste semantische Einheit, der St. eine Kombination von Motiven darstellt; außerdem wird der St. als vorliterar., abstrakte Gegebenheit abgegrenzt von den Begriffen ↗ ›Form‹ und ›Gehalt‹, die sich auf die ästhetische Gestaltung und die Grundidee, das ›Thema‹ eines konkreten Werks beziehen.

Begriffsgeschichtlich stammt das Wort St. urspr. aus dem außerliterar. Bereich (altfrz. *Estoffe*: Gewirk, Gewebe) und bezeichnet Textilien, wird aber seit dem 18. Jh. wegen seiner Bildhaftigkeit (Text = Gewebe) auf die Lit. übertragen. Als ästhetische Kategorie wird die Bezeichnung aus dem Niederländ. entlehnt, wo sie seit dem 15. Jh. vermutlich über das Handwerk der Seidenweberei Eingang in die Malerei findet. Bis Mitte des 18. Jh.s ist im Dt. der Begriff ›Materie‹ gebräuchlich, der auf Horaz' Unterscheidung von *res* (Thema) und *materia* (St.) zurückgeht. 1740 findet sich erstmals bei J.J. Bodmer die Bezeichnung ›Stof‹ für eine noch literar. zu gestaltende Handlung. G.E. Lessing verwendet in der *Hamburgischen Dramaturgie*

durchgängig den Begriff ›St.‹ als Übersetzung von frz. *sujet* (Thematik);
bei J.W.v. Goethe erscheint demgegenüber das Wort häufig synonym mit
›Vorwurf‹ (stoffliche Vorgabe). Während im frz. Sprachgebrauch konsequent zwischen *matière* als dem vorgegebenen Material und dem *sujet* als
der individuellen Thematik eines Textes unterschieden wird, kommt es
im Dt. zu einem doppeldeutigen Gebrauch des Wortes ›St.‹, das einmal
die außerliterar. Vorgabe, dann aber auch die Fabel, den Plot eines Textes
meint. Diese begriffliche Spannung spiegelt sich auch in den Kontroversen
um die lit.wissenschaftliche Disziplin der ↗ ›St.geschichte‹, die sich Ende
des 19. Jh.s zunächst auf positivistische Quellen- und Einflußforschung
konzentriert, dann seit Beginn des 20. Jh.s im Sinne der Geistesgeschichte
betrieben wird, die ›St.‹, ›Form‹ und ›Gehalt‹ eines Werkes als Einheit begreift. In der neueren Forschung wird zwischen diesen Positionen vermittelt,
indem l. St.e sowohl historisch als auch systematisch untersucht werden. Ein
St. wird demnach als ein Handlungsgerüst und eine Problemkonstellation
definiert, die beide in der literar. Tradition vorgeprägt sind, zugleich aber
im Text individuell realisiert werden.

Ein l. St. ist dann als solcher zu bezeichnen, wenn folgende Bedingungen
erfüllt sind: Er muß, im Gegensatz zum Motiv, auf eine eindeutige Vorlage,
auf eine (oder mehrere) konstitutive Ausgestaltung(en), zurückzuführen
sein, auf die spätere Bearbeitungen sich beziehen. Daraus ergibt sich als
Konsequenz, daß l. St.e weitgehend an feststehende Personennamen und
Handlungskonfigurationen gebunden sind, die geringfügig verändert, ergänzt oder reduziert werden können. Schließlich ist ein zentrales Kriterium
die Einbindung in ein intertextuelles Bezugsnetz (↗ Intertextualität und
Intertextualitätstheorien): Nur dann ist von einem l. St. zu sprechen, wenn
er eine Überlieferungsgeschichte aufweist und somit in konventionalisierter
und kanonisierter Form auftritt. Selbst Kontrafakturen oder Ironisierungen
eines St.komplexes orientieren sich notwendig am festgelegten Bezugsrahmen. – Die zahlreichen St.e der Weltlit. (vgl. Frenzel 1992) speisen sich aus
verschiedensten Quellen: aus antiken ↗ Mythen (z.B. Ödipus; Antigone;
Prometheus; Sirenen; Narziß), aus Volkssagen (z.B. Artus; Nibelungen), aus
biblischen Geschichten (z.B. Adam und Eva; David; Maria Magdalena), aus
literar. Vorlagen (z.B. Parzival; Faust; Undine) sowie aus der Geschichte (z.B.
Caesar und Cleopatra; Wallenstein).

Lit.: E. Frenzel: *St.e der Weltlit.: Ein Lexikon dichtungsgeschichtlicher Längsschnitte*, Stgt.
1992 [1962]. – dies.: *Vom Inhalt der Lit.: St. – Motiv – Thema*, Freiburg 1980. – H.S.
Daemmrich/I.G. Daemmrich: *Themen und Motive in der Lit.: Ein Handbuch*, Tüb./Basel
1995 [1987]. – U. Wölk: »Motiv, St., Thema«. In: Ricklefs 1996. S. 1320–1337. ChL

Stoff- und Motivgeschichte/Thematologie, Teildisziplin der ↗ Kom-
paratistik; die St.u.M. untersucht im ↗ diachronen und interkulturellen
Vergleich die Ausprägungen, Überlieferungen und historisch bedingten
Modifikationen literar. ↗ Stoffe, ↗ Motive und Themen und bezieht dabei
neben den Zeugnissen der Weltlit. auch Gestaltungen in bildender Kunst,
Musik und Alltagskultur mit ein. Da die dt. Kategorien ›Stoff‹ und ›Motiv‹

in der frz. und angelsächs. Lit.wissenschaft keine eindeutige Entsprechung
haben und statt dessen unter der allgemeineren Bezeichnung *thème* bzw.
theme zusammengefaßt werden, haben sich dort die Begriffe *thématologie*
bzw. *thematics* durchgesetzt. Aus wissenschaftsgeschichtlichen Gründen gibt
es auch in der dt. Komparatistik Bestrebungen, die herkömmliche ›St.u.M.‹
durch die modernere ›Th.‹ zu ersetzen.

Die St.u.M. nimmt ihren Ausgang von der Volkslied- und Märchen-
forschung zu Beginn des 19. Jh.s. Die Brüder Grimm, die die Geschichte
der Dichtung generell als ›Geschichte der poetischen Stoffe‹ betrachten,
erstellen im Rahmen ihrer Erforschung der Volkslit. eine umfängliche Stoff-
und Motivsammlung, aus der sie einen ›Urmythos‹ der indogermanischen
Lit. abzuleiten suchen. K. Lachmann begründet seine Liedertheorie mit
Untersuchungen zu den Homerischen Epen und namentlich zum Nibe-
lungenlied. Während es in diesen frühen Studien zunächst um die Frage
nach archetypischen Grundmustern und Urbildern, um ›Phänomene des
Menschengeistes‹ (J.W.v. Goethe) geht, tritt im späteren 19. Jh. an die Stelle
der synthetisierenden Betrachtungsweise eine historisch-geographische Differenzierung. Th. Benfey legt mit seiner ›Wanderungstheorie‹ den methodischen
Grundstein für eine positivistische St.u.M. Die ›finnische Märchenschule‹
bemüht sich, in der Nachfolge Benfeys, um eine detaillierte lexikographische
Erfassung einzelner Märchenmotive und Stoffelemente sowie um die Dokumentation ihrer jeweiligen Herkunft und Entstehungszeit (A. Aarne, A.
Christensen, St. Thompson). Auch in den stoff- und motivgeschichtlichen
Untersuchungen des lit.wissenschaftlichen Positivismus (W. Scherer, M.
Koch) geht es in erster Linie um die Registrierung und Systematisierung
kanonisierter Stoffe und Motive der abendländischen Lit. (↗ Kanon, literar.):
um die Rekonstruktion ihrer Entstehungs- und Überlieferungsgeschichte,
um die Auflistung sämtlicher auffindbarer Textzeugen und Varianten,
schließlich um minutiöse Strukturvergleiche. Wegen des summarischen
Vorgehens ist die positivistische St.u.M. schon früh der Kritik von Seiten
der geistesgeschichtlichen Lit.wissenschaft ausgesetzt. B. Croce (1902) wirft
ihr blinde ›Stoffhuberei‹ vor und bemängelt die Beschränkung auf das bloße
Material und die Vernachlässigung der ästhetischen Aussagekraft des literar.
Kunstwerks. Ihm folgen in Deutschland Lit.wissenschaftler wie O. Walzel, F.
Gundolf und R. Unger, in Frankreich die Komparatisten R. Baldensperger,
P. Hazard und andere, die an die Stelle der historischen Einflußforschung
die psychologische, geistesgeschichtliche und ästhetische Betrachtungsweise
setzen und ihr Augenmerk auf die individuelle, schöpferische Ausgestaltung
des literar. Werkes sowie auf epochenspezifische Eigenheiten richten. W.
Dilthey plädiert, trotz aller Kritik an der mechanistischen Vorgehensweise
des Positivismus, für ein Festhalten an der St.u.M., die nun allerdings als
Untersuchungsfeld ideengeschichtlicher Zusammenhänge fruchtbar gemacht
werden soll. In diesem Sinne setzt sich F. Unger für eine Neubestimmung der
St.u.M. als ›Problemgeschichte‹ ein. Auch die Neuansätze J. Petersens und
P. Merkers in den 1920er Jahren weisen in diese Richtung: sie fordern eine
geistesgeschichtliche Aufarbeitung des seit den Arbeiten der Brüder Grimm
und der Positivisten bereitstehenden umfangreichen Materials. Während in

der geisteswissenschaftlichen St.u.M. das Interesse an stofflichen Konstanten
zurücktritt und der historische Eigenwert der Varianten ins Zentrum rückt,
etabliert sich im Kontext des Russ. Formalismus eine Forschungsrichtung,
die Motivstrukturen in Texten nicht mehr in einer diachronen Perspektive,
sondern ausschließlich ↗ synchron analysiert. Dabei tritt eine funktionale und
typologische Beschreibung von Motivkomplexen in den Vordergrund. Der
russ. Märchen- und Erzählforscher V. Propp (1928) etwa untersucht typische
Erzählmuster und Motivketten, aus denen das narrative Strukturmodell der
↗ Gattung abstrahiert wird. Die Übertragung seiner Theorie der Textstruktur
auf kompliziertere literar. Formen (L. Doležel) erweist sich zwar als schwierig,
zumal die statische Modellbildung den komplexen und dynamischen literar.
Prozessen entgegensteht; es ist aber das Verdienst der strukturalen Motiv-
forschung, überhaupt erstmals Einsichten in die Funktion von Motiven für
die Textorganisation gewonnen zu haben. In der strukturalen Motivanalyse
wird allerdings zunehmend ein modifizierter Motivbegriff verwendet, der
sich auf die internen Textelemente und weniger auf die diachrone Überlieferung und eigenständige Geschichtsfähigkeit kanonisierter Motive bezieht.
    Einen Höhepunkt erreicht die Diskussion um den Erkenntniswert und
die lit.theoretische Begründung der St.u.M. in den 1950er Jahren durch
die ↗ werkimmanente Interpretation und die formalistische Position des
am. ↗ New Criticism. W. Kayser (1948) wirft der St.u.M. Reduktionismus,
die Herauslösung und isolierte Behandlung von Einzelelementen des literar.
Kunstwerks und damit die Vernachlässigung des ästhetischen Ganzen vor; R.
Wellek und A. Warren (1949) vertreten ein komparatistisches Konzept, das
aus der Lit.analyse alle außerliterar., historischen, sozialen, philosophischen
und psychologischen Faktoren ausschließt. Wellek polemisiert v.a. gegen die
frz. Schule der St.u.M. (Baldensperger, Hazard et al.), die mehr auf den ›Stoff‹
als auf die ›Kunst‹ ausgerichtet sei. Infolge der breitenwirksamen Kritik an
der positivistischen ›Stoffhuberei‹ einerseits, der geistesgeschichtlichen Instru-
mentalisierung der Kunst andererseits kommt es im Bereich der St.u.M. zu
einem Stillstand; eine Neubelebung des Forschungszweiges findet erst seit der
Mitte der 1960er Jahre statt. Mit seinem »Plaidoyer pour la Stoffgeschichte«
(1964) knüpft R. Trousson an die Tradition der historisch ausgerichteten frz.
Komparatistik an, fordert nun aber einen problemorientierten Umgang mit
literar. Stoffen und Motiven. Es geht dabei einerseits um die systematische
Erfassung und funktionale Bestimmung kanonisierter literar. Themen, andererseits um die kulturgeschichtliche Reflexion von Wandlungsprozessen.
Ausgehend von Bearbeitungen antiker Stoffe begründet Trousson die Disziplin
der *thématologie*, wobei die problemorientierte Themenforschung insofern
eine Ausweitung erfährt, als auch Zeugnisse aus Musik und bildender Kunst
in die Analyse einbezogen werden. Ähnliche Tendenzen finden sich auch in
am. und dt. Neuansätzen im Rahmen der St.u.M. H. Levin (1968) plädiert
in einem programmatischen Aufsatz für eine Integration von historischer
und ästhetischer Betrachtungsweise; F. Jost (1974) vertritt die Auffassung,
die Thematologie müsse als ›study in functional variations‹ systematische
Perspektiven entwickeln. Entsprechend präsentiert Th. Ziolkowski (1977,
1983) in seinen Studien einen kulturwissenschaftlichen Zugang zur Themen-

forschung, indem er kollektive Imagines in einer Art literar. Ikonographie untersucht und historische Ausdifferenzierungen und Verschiebungsprozesse beschreibt. In der dt.sprachigen Lit.wissenschaft erhält die St.u.M. zunächst in den 1960er Jahren durch die Arbeiten E. Frenzels einen Aufschwung, die einerseits um eine typologische bzw. lexikographische Aufarbeitung des bereits erfaßten Materials, andererseits um die Verbindung der Themenforschung mit poetologischen Fragestellungen bemüht ist. H. Petriconi betreibt in seinen exemplarischen Studien zur St.u.M. ›Lit.geschichte als Themengeschichte‹ (1971) und knüpft damit an die historische und problemorientierte Neuausrichtung der Th. in der frz. Komparatistik an. In die gleiche Richtung zielen die Beiträge von H.S. Daemmrich und I.G. Daemmrich, die wegen des ideologischen, zwischen Positivismus, Geisteswissenschaft und *New Criticism* ausgetragenen Streits um den ›Stoff‹-Begriff von diesem Abstand nehmen und ihn durch die allgemeinere Bezeichnung ›Thema‹ ersetzen. Um die Terminologie und damit auch um den Gegenstandsbereich der St.u.M. entspinnt sich in der dt. Komparatistik seit den 1970er Jahren eine Debatte, die bisher nicht zu einer endgültigen begrifflichen Entscheidung geführt hat. M. Beller schlägt bereits 1970 vor, sich vom Begriff der St.u.M. wegen seiner wissenschaftsgeschichtlichen Belastung zu trennen und stattdessen die frz. Bezeichnung *thématologie* einzuführen, was zugleich die problemorientierte Neuausrichtung des Forschungszweiges unterstreicht. Während sich dieser Vorschlag in einschlägigen komparatistischen Lehrbüchern und Nachschlagewerken durchgesetzt hat (Strelka, Weisstein, Daemmrich/Daemmrich), formulierten manche Vertreter des Faches Bedenken wegen der mit der neuen Terminologie verbundenen Ausweitung des Forschungsgegenstandes (Bisanz, Frenzel). Der Begriff des ›Themas‹, wie er in der engl. und frz. Lit.wissenschaft verwendet wird, bezieht sich nicht auf den eng umrissenen Bereich der geschichtlich überlieferten Stoffe und Motive, sondern zugleich allg. auf thematische und formale Elemente der Lit., die zwar in einem Traditionszusammenhang (↗ Tradition) stehen, aber nicht unbedingt intertextuell verknüpft sind (z.B. Freundschaft, Liebe, Tod). Die terminologischen und sachlichen Unstimmigkeiten bleiben aber zweitrangig angesichts der insgesamt innovativen Entwicklung des Forschungszweigs: der sich durchsetzenden problemorientierten und kulturwissenschaftlichen Neuausrichtung der St.u.M., der wachsenden internationalen Verflechtung und Fundierung der Forschungsdiskussion, nicht zuletzt auch eines zunehmenden Theoriebewußtseins. Namentlich durch die neueren Ansätze der ↗ Rezeptionsästhetik, der ↗ Intertextualitätstheorie, des ↗ *New Historicism* und der *New Cultural History*/Kulturgeschichte hat die St.u.M., die Th., wichtige theoretische und methodische Impulse erhalten.

Lit.: B. Croce: *Estetica come scienza dell'espressione e linguistica generale*, Mailand 1902. – V. Propp: *Morphologie des Märchens*, Mchn. 1972 [1928]. – Kayser 1992 [1948]. – Wellek/Warren 1993 [1949]. – R. Trousson: »Plaidoyer pour la St.«. In: *Revue de Littérature Comparée* 38 (1964) S. 101–114. – H. Levin: »Thematics and Criticism«. In: P. Demetz et al. (Hgg.): *The Disciplines of Criticism*, New Haven/Ldn. 1968. S. 125–145. – H. Petriconi: *Metamorphosen der Träume. Fünf Beispiele zu einer Lit.geschichte als Themengeschichte*, FfM. 1971. – M. Beller: »Von der St. zur Thematologie. Betrachtungen zu einem lit.theoretischen Dilemma«. In: *DVjs* 47 (1973) S. 149–166. – F. Jost: *Introduction to Comparative Literature*, Indianapolis 1974. – Th. Ziolkowski: *Disenchanted Images. A Literary Iconology*, Princeton 1977. – H.S. Daemmrich/I.G. Daemmrich: *Wiederholte Spiegelungen. Themen und Motive in der Lit.*, Bern/Mchn. 1978. – E. Frenzel: *Vom Inhalt der Lit.: Stoff – Motiv – Thema*, Freiburg 1980. – R. Trousson: *Thèmes et mythes. Questions de méthode*, Brüssel 1981. – Th. Ziolkowski: *Varieties of Literary Thematics*, Princeton 1983. – Th. Wolpers (Hg.): *Gattungsinnovation und Motivstruktur*, 2 Bde., Göttingen 1989/92. – E. Frenzel: »Neuansätze zu einem alten Forschungszweig. Zwei Jahrzehnte Stoff-, Motiv- und Themenforschung«. In: *Anglia* 111 (1993) S. 97–117. – F. Trommler (Hg.): *Thematics Reconsidered, Fs. H. J. Daemmrich*, Amsterdam 1995.   ChL

Struktur (lat. *structura*: Bau, Bauwerk, Aufbau, Gefüge), zentraler Begriff und charakteristische Denkkategorie des ↗ Strukturalismus zur Konzeption des Untersuchungsgegenstandes, zur Überwindung von Denkweisen in ›Ganzheiten‹ einerseits, von dichotomisch-klassifikatorischen, a priori festschreibenden Einteilungen wie ›Form-Inhalt‹ andererseits. Im lit.wissenschaftlichen Umfeld ist es zunächst der Text, der als Verknüpfung von Elementen zu einer St. gedacht wird, die Träger eines Sinns, einer ↗ Bedeutung ist. Aber auch andere Einheiten können als System aufgefaßt werden: St. ist (a) ein relationaler Begriff; er ist in der Begriffsserie ›System‹/›Element‹/›Relation‹/›Funktion‹ zu verorten. St. ist die Menge der Relationen zwischen den Elementen eines Systems. Insofern St. wie die damit verbundene Begriffsreihe nicht substanziell definiert ist, sondern beide (b) relative Begriffe sind und (c) auf verschiedenste Sachverhalte und Realitätsbereiche angewendet werden können, stellt dieses Inventar ein flexibles Instrumentarium dar, das der jeweiligen Betrachtungsweise und Fragestellung entgegenkommt. Der Gegenstand der Klassifikation ist durch heuristisch-operationale Gesichtspunkte und das jeweilige Erkenntnisinteresse geregelt; die inhaltliche Auffüllung ist vom konkreten Anwendungsfall abhängig. Die abstrakte Bestimmung von St. korrespondiert ihrem erkenntnistheoretischen Status: St. ist (d) keine Eigenschaft des Objektes, sondern der theoretischen Modellbildung. Als deren Konstrukt ist sie demgemäß nicht ›empirisch‹ beobachtbar, sondern »Ergebnis einer Interaktion zwischen dem Objekt und den rekonstruierenden Operationen eines epistemischen Subjekts« (Titzmann 1984, S. 261). St.beschreibungen dienen der systematischen Rekonstruktion der dem jeweiligen Objekt zugrundeliegenden Ordnung und können auf verschiedenen Abstraktionsniveaus ablaufen. Instanz ihrer Adäquatheit sind die Normen der Analytischen Wissenschaftstheorie. Konstitutiver Bestandteil dieser Begriffsserie ist (e) der Begriff der Funktion, der in der strukturalen Denkweise notwendig mit dem der St. verbunden ist. Funktion in diesem Kontext meint (im Unterschied zur ästhetischen/poetischen ↗ Funktion) die Bedeutung und den Stellenwert, die/der einer St. in einer umfassenderen, übergeordneten Einheit, dem, was jeweils als System gesetzt ist, zukommt. Die Funktion ist als Größe abhängig vom jeweiligen Gesamtsystem und vernetzt St. mit diesem. St. und Funktion sind dabei voneinander unabhängige Größen, ihre Relation ist nicht notwendig eindeutig: Zum einen ist eine St. nicht durch genau eine Funktion determiniert, zum anderen kann ein- und dieselbe St. in verschiedenen Kontexten verschiedene Funktionen erfüllen. – Der St.begriff im oben erläuterten Sinne stellt einen ›modernen‹ St.begriff dar, der etwa ab 1930 gehäuft auftritt. Die Verwendungsweisen zuvor (bereits W. Dilthey verwendet den Begriff St.) sind wenig systematisiert und theoretisiert und inhaltlich zumeist nur aus dem jeweiligen konkreten Verwendungskontext zu erschließen. Seine gegenwärtige Bedeutung erlangt der St.begriff in dezidierter und präzisierter Weise als Basisbegriff des Strukturalismus.

Lit.: M. Oppitz: *Notwendige Beziehungen. Abriß der strukturalen Anthropologie*, FfM. 1975. – M. Titzmann: »St., Strukturalismus«. In: K. Kanzog/A. Masser (Hgg.): *Reallexikon der dt. Lit.geschichte*, Bd. 4, Bln. 1984. S. 256–278. – J.C. Rowe: »Structure«. In: Lentricchia/McLaughlin 1995 [1990]. S. 23–38.   HK

Strukturalismus, amerikanischer, französischer, genetischer, Analysemethode, die in den Humanwissenschaften historische Untersuchungen durch Strukturanalysen ersetzte. Ziel der strukturalistischen Erneuerung des methodischen Instrumentariums sollte es sein, durch möglichst formalisierbare Beschreibungen der Exaktheit der Naturwissenschaften vergleichbare Aussagen zu erzielen. Diese v.a. von Frankreich ausgehende Umorientierung von einer historischen Betrachtungsweise zur Erfassung ↗ synchroner Zustände basiert auf der Prämisse einer ganzheitlichen, in sich dynamischen ↗ Struktur kultureller Phänomene. Sie ist bestrebt, die Gesamtheit der die Elemente eines Systems verknüpfenden Relationen integrativ zu beschreiben. Diese Grundannahme führte zur Abstraktion vom Individuellen, Einmaligen und Kontingenten, das sich keiner Systematik fügt. In dieser von der Kontingenz bereinigten Sicht wird der Struktur Wesenhaftigkeit zugeschrieben, die dem Individuellen vorgegeben ist und so als unbewußtes Regulativ individueller Äußerungen fungiert.

In der Lit.wissenschaft reiht sich der St. in die Tradition einer werkimmanent orientierten Textkritik ein (↗ werkimmanente Interpretation), die, ausgehend von dem linguistischen Strukturmodell F. de Saussures, entscheidende Impulse des Russ. Formalismus und der Prager Schule in sich aufnahm. In seinem *Cours de linguistique générale* (1916) unterschied Saussure im Gegensatz zur genetischen Sprachbetrachtung der Junggrammatiker zwischen der Sprache als ↗ *langue*, einem unabhängig von seinen Sprechern existierenden ↗ Zeichensystem, und als *parole*, der im einzelnen Sprechakt aktualisierten Sprache. Mit Hilfe dieser Unterscheidung wollte er die Frage nach dem Funktionieren sprachlicher Kommunikation beantworten. Das Zustandekommen einer Verständigung im konkreten Redeakt ist für Saussure nur möglich, wenn Sprecher und Hörer, Sender und Empfänger aufgrund der dem Redeakt vorausgehenden Kenntnis der Sprachstruktur die ↗ paradigmatische Stellung des einzelnen sprachlichen ↗ Zeichens und seiner ↗ syntagmatischen Kombinierbarkeit (wiederer)kennen. Der Wert des einzelnen sprachlichen Zeichens resultiert folglich nicht aus seinem

Bezogensein auf die Wirklichkeit, sondern primär aus seiner Stellung im Relationsgefüge des Sprachsystems, der Sprachstruktur. Mit dieser Emanzipation und Autonomisierung des Zeichens hat Saussure einem semiotischen Kulturbegriff den Weg geebnet, welcher ein in sich geschlossenes System ohne die Einbeziehung außersystemischer Determinanten wissenschaftlich beschreibt. Von diesen Prämissen ausgehend entwickelten die Prager Strukturalisten in den 1920er und 1930er Jahren ein Erklärungsmodell, welches die Autonomie von Lit. in Abgrenzung von der etablierten positivistischen Textanalyse und dem Biographismus ebenso wie von der ↗ marxistischen Lit.theorie postulierte. In Anknüpfung an die formalistische Prämisse der Autoreflexivität des ästhetischen Zeichens formulierten sie, allen voran J. Mukařovský und R. Jakobson, die Auffassung vom Kunstwerk als einem autonomen Zeichengebilde, das weder als Ausdruck der Persönlichkeit des Verfassers noch als Abbild einer außerliterar. Wirklichkeit zu verstehen ist. Was sie am einzelnen Kunstwerk interessiert, ist die spezifisch ästhetische Komposition des Systems der Sprachzeichen, d.h. das durch die künstlerische Sprache Bezeichnete, ihr Signifikat also, welches, um als Künstlichkeit erkennbar zu werden, als Abweichung von der zur Gewohnheit gewordenen Alltagssprache registriert sein muß. Mit Begriffen wie Literarizität, ›Poetizität‹ oder der ›poetischen ↗ Funktion von Lit.‹ wird die Abweichung vom ›gewöhnlichen Sprechen‹, der Mitteilung oder der Erörterung von Fakten, zum Kriterium für Lit. und die Komposition eines künstlerischen Textes zu seinem ästhetischen Signifikat gemacht. Im Übergang von den 1930er zu den 1940er Jahren tritt zunehmend ein kontextualistisches Beschreibungsmodell in den Vordergrund, welches die Organisation von Texten als Funktion einer außerliterar. Bezugswirklichkeit begreift. Die ↗ Interpretation textimmanenter Strukturen im Sinne von bedingt auf Selbsterhaltung ausgerichteten kollektiven Denk- und Darstellungsgewohnheiten verleiht zwar dem St. eine neue Dimension, ändert jedoch nichts an der undialektischen Ausklammerung des kreativen Individuums im Prozeß der kulturellen Evolution.

Ein weiterer wichtiger Impuls für die Profilierung des St. ging von dem frz. Anthropologen Cl. Lévi-Strauss aus, der archaische Kulturen im Sinne von Zeichensystemen nach quasi-linguistischen Regeln analysierte und so eine Kultur in ihrer gesamtheitlichen Struktur wissenschaftlich zu erfassen suchte. Indem er Kulturen als eine Erscheinungsform der symbolischen Tätigkeit des Menschen verstand, konnte er neben der Beschreibung der jeweiligen kulturellen Manifestationen die Gesetzmäßigkeiten enthüllen, denen die Symbolisierung der Welt folgt. Für die Lit. wissenschaft war von bes. Bedeutung seine Analyse mythischer Erzählungen aus verschiedenen Kulturen, in denen er die Strukturgesetze des jeweiligen ↗ Mythos aufspürte. Die Attraktivität dieses Ansatzes für eine strukturalistische Lit.-wissenschaft bestand darin, daß der einzelne Text als Teil eines umfassenden literar. oder kulturellen Korpus verstanden wird und seine spezifische Ausprägung repräsentativ die Gesetzmäßigkeiten des gesamten Systems verdeutlicht. Auf diese Weise wird eine Systematisierung der Lit. im Sinne eines zusammenhängenden Strukturkomplexes von Texten, ↗ Motiven und kulturellen Implikationen möglich.

Die frz. Strukturalisten unternahmen seit den späten 1950er Jahren den Versuch der Verknüpfung dieser Ansätze zu einem Funktionsmodell narrativer Texte auf der Grundlage werkimmanenter Signifikationsstrukturen. A.J. Greimas' bes. Interesse galt der Etablierung elementarer semantischer ↗ Paradigmen, die von den jeweiligen Texten artikuliert werden. Analog zu Saussures Unterscheidung von *langue* und *parole* stellen diese Paradigmen ein Kombinationsmodell dar, dessen sich die Texte bedienen und das sie auf ihre spezifische Weise performativ aktualisieren. T. Todorovs sog. ›homologisches Modell‹ beruht auf der Prämisse, daß das Wesen eines literar. Textes, seine Literarizität, in seiner Transformation eines Sprachsystems besteht, auf dessen Strukturgesetze er permanent rekurrieren muß, um rezipiert werden zu können. Der literar. Text modifiziert das ihn generierende Sprachsystem in der Weise, daß dieses Sprachsystem in quasi verfremdeter Form als Kunst neu produziert wird. In diesem Sinne geht sein Modell von einer Wechselbeziehung der konstitutiven Textelemente aus, die in analoger Konfiguration im Verlauf der Geschichte in der Form von Homologien wiedererstehen. Folglich soll die Aufgabe der Textinterpretation das Herausfiltern dieser Homologien sein, welche die narrative Tiefenstruktur des Textes ausmachen. Todorovs Modell ist für den St. insofern richtungsweisend, als es die konventionelle Trennung von ›Inhalt‹ und ↗ ›Form‹ zerstört und das ›formale Medium‹ des Textes zur Bedeutung erhebt.

Die Arbeiten von R. Barthes lassen bereits poststrukturalistische Ansätze erkennen. Mit dem St. teilt er die Überzeugung von der fundamentalen Bedeutung der Sprache für die Konstituierung von Wirklichkeit; die Auffassung der Welt als einer Welt der Zeichen, aus der es keinen Weg in eine vorsemiotische Erfahrung gibt; die Sicht des individuellen Textes als Bestandteil einer umfassenderen Textumwelt. Während der St. diese Prämissen zu einer quasi-naturwissenschaftlichen Grundlegung der Humanwissenschaften auszubauen versuchte und nach den Grundgesetzen forschte, die die symbolische Tätigkeit des Menschen determinieren, wird bei Barthes die Selbstkritik strukturalistischer Positionen sinnfällig, die die Idee der Kultur als eines der Sprache nachgebildeten Systems zentrierter Strukturen mit relativ klar zuschreibbaren Bedeutungen verwirft. Seine Argumentation, daß kulturelle Bedeutungen aus dem Wechselspiel von Zeichen resultieren, welche von Individuen entsprechend ihres kulturellen Kontextes en- und dekodiert werden, basiert zwar auch auf der strukturalistischen Konzeption des Textes als einer semiotischen Struktur, geht jedoch über diesen Ansatz hinaus, wenn er der Textstruktur stabile werkimmanente Bedeutungen abspricht und diese vielmehr als Teil eines instabilen kulturellen Kontextes versteht.

Im anglo-am. Sprachraum trug die Rezeption des St. durch N. Fryes *Anatomy of Criticism* (1957) maßgeblich zur Ausweitung des werkimmanent orientierten ↗ *New Criticism* bei. Mit seinem auch als ↗ Mythenkritik bezeichneten Verfahren der lit.wissenschaftlichen Archetypentheorie bzw. -kritik unternahm er den Versuch, archetypische Strukturzüge der Lit. herauszuarbeiten. Er entwickelte auf der Grundlage einer Korrespondenzannahme zwischen Lit., Natur und kollektivem Unbewußten eine Typologie literar. Helden und eine Theorie der literar. ↗ Gattungen, die von der Prämisse eines kollektiven Unbewußten ausgeht, welches eine gleichsam vorsprachliche kulturelle Symbolsprache darstellt. Lit. ist somit jenseits des einzelnen Textes ein den gemeinsamen Regeln ihrer mythologischen Tiefenstruktur folgendes strukturelles Ganzes, in dem sich die archetypischen Kräfte der menschlichen Psyche in Analogien zu den ihnen entsprechenden Naturkräften artikulieren. Fryes Ansatz läßt in stark psychologisierter Form die Rezeption des anthropologischen St. eines Lévi-Strauss erkennen, wenn er Lit. im Sinne eines zusammenhängenden, den einzelnen Text erst situierenden Motiv- und Strukturkomplexes interpretiert.

Die eigentliche Ablösung der Dominanz des *New Criticism* erfolgte mit den Arbeiten von J. Culler und R. Scholes. Scholes' *Structuralism in Literature* (1974) übermittelte die frz. Theorieansätze systematisierend für den engl.sprachigen Raum, und Culler wies in seinem *Structuralist Poetics* (1975) den Weg zu einer Neuorientierung der Lit.kritik auf den Prozeß der Bedeutungsgeneration im literar. Diskurs. Cullers Modell geht von der Prämisse aus, daß ein Text nur als Lit. wahrgenommen wird, wenn er den etablierten ↗ Konventionen dieses Diskurses entspricht. Deshalb dürfe eine Poetik sich nicht der Analyse der Texte an sich zuwenden, sondern jener kollektiv akzeptierten Konventionen, die einem Text den Status von Lit. zuteil werden lassen (Literarizität). Indem Culler eine Poetik formuliert, die den Analyseschwerpunkt von textinhärenten Strukturmustern auf die dem Text kulturell eingeschriebenen Bedeutungsstrukturen verlegt, weist er die Richtung zu einer poststrukturalistischen Kulturkritik, die Lit. als eine soziale Institution und deren Rezeption als eine soziale Aktivität begreift.

Die Geschichte des St. ist auch begleitet von Syntheseversuchen mit nichtstrukturalistischen Ansätzen, wie z.B. dem sog. genetischen St. eines L. Goldmann, der die Integration des St. in den dialektischen Materialismus anstrebte. Im Unterschied zum etablierten St. versteht er unter Struktur kein archetypisch-ahistorisches Regelsystem, das sich in den verschiedenen Einzelwerken immer wieder neu manifestiert, sondern ein ganz und gar geschichtliches Phänomen, dessen ↗ Kohärenz seine essenzielle Existenzbedingung darstellt. Für ein kulturelles Gefüge, das den Kriterien der Kohärenz und Funktionalität der Teile im Rahmen einer Ganzheit genügt, hat Goldmann den Begriff der ›sinnvollen Struktur‹ geprägt. Sie ist nichts Vorgegebenes im herkömmlichen Sinn der Struktur, sondern eine Zielstellung, die im Lauf der Geschichte zu verwirklichen ist. Daraus folgte für ihn in seiner *Soziologie des modernen Romans* (1964) ein kultureller Geschichtsbegriff im Sinne eines Abbaus älterer und des Aufbaus neuer Gesamtstrukturen. Ausgehend von diesem dialektischen Geschichtsverständnis, das die sinnvolle Struktur von Kultur als Projekt bzw. als Entwurf einer sinnvollen Welt versteht, leitete Goldmann einen ↗ Lit.begriff ab, der eine Homologie zwischen der imaginären Welt der Lit. und den Denkstrukturen der jeweiligen sozialen Klassen und Schichten etabliert. Dabei sieht er die Spezifik von Kunst und Lit. in ihrem schöpferischen Vorsprung vor der Realität, da sie über die Höhe des kollektiven Bewußtseins der Klassen hinausgeht und deshalb als Motor des Fortschreitens auf ein sinnvoll strukturiertes Leben dient. Goldmanns Versuch der Verknüpfung historischer und strukturalistischer

Ansätze stellt eine nutzbringende Weiterentwicklung des St. dar, die dessen begrenzte Wirklichkeitsauffassung zu überwinden beginnt. Nachhaltigen Einfluß übte der in vielen geisteswissenschaftlichen Disziplinen rezipierte St. insbes. auf die Erzähltheorie (G. Genette, G. Prince) und die ↗ Semiotik aus. Seit den späten 1960er Jahren wurden die Prämissen und systematisierenden Verfahren des St. von Seiten des ↗ Poststrukturalismus als logozentrische Illusionen (Logozentrismus) kritisiert und durch andere Ansätze (v.a. ↗ Dekonstruktivismus, ↗ New Historicism) abgelöst.

Lit.: J. Piaget: *Le Structuralisme*, Paris 1968. – Culler 1975. – R. Scholes: *Structuralism in Literature. An Introduction*, Ldn. 1975. – T. Hawkes: *Structuralism and Semiotics*, Ldn. 1991 [1977]. – J. Sturrock (Hg.): *Structuralism and Since. From Lévi-Strauss to Derrida*, Oxford/N.Y. 1990 [1979]. – E. Kurzweil: *The Age of Structuralism. Lèvi-Strauss to Foucault*, N.Y. 1996 [1980]. – D. Lodge: *Working with Structuralism*, Boston 1981. – Culler 1994 [1982]. – L. Fietz: *St.: Eine Einf.*, Tüb. 1992 [1982]. – Selden et al. 1997 [1985]. S. 103–124. – J. Sturrock: *Structuralism*, Ldn. 1993 [1986]. – R. Harland: *Superstructuralism. The Philosophy of Structuralism and Post-Structuralism*, Ldn. 1994 [1987]. – J. Albrecht: *Europ. St.*, Tüb. 2000 [1988]. – P. Caws: *Structuralism. The Art of the Intelligible*, Atlantic Highlands 1988. – L.H. Lefkovitz: »Creating the World. Structuralism and Semiotics«. In: Atkins/Morrow 1989. S. 60–80. – Zapf 1996 [1991]. S. 155–165. – L. Jackson: *The Poverty of Structuralism. Literature and Structuralist Theory*, Ldn. 1991. – H. Meyer: »Exkurs. Formalismus und St.«. In: Pechlivanos et al. 1995. S. 43–48. – R. Grübel: »Formalismus und St.«. In: Arnold/Detering 1997 [1996]. S. 386–408. – Dosse 1998 [1996f.]. – J.S. Koch: *St.: Zur Geschichte und Aktualität eines kulturwissenschaftlichen Paradigmas*, Heidelberg 2001.   StL

Subjekt und Subjektivität (lat. *subiectum*: das Unterworfene), obwohl die urspr. lat. Wortbedeutung Passivität suggeriert, wird das Substantiv S. (ebenso wie das Deadjektivum Subjektivität [ST.]) üblicherweise mit der Vorstellung aktiven Handelns verbunden. So entspricht auf der grammatischen Ebene das S. meist dem Agens eines Satzes. Für die philosophische Tradition der Neuzeit ist die von R. Descartes vertretene Auffassung eines denkenden S.s als Träger oder Quelle von Bewußtsein und Intentionalität (*cogito ergo sum*) grundlegend. Mit der nachidealistischen Philosophie des 19. Jh.s (vgl. A. Schopenhauer, F.W. Nietzsche, K. Marx) und mit dem Beginn der Psychoanalyse S. Freuds setzt jedoch eine kritische Hinterfragung des Begriffs des rational-autonomen S.s ein, die bis in die jüngere Kultur- und Lit.theorie fortwirkt, wo das S. nicht mehr als selbständig handelndes, sondern als Wirkung von Handlungen, als Konstrukt oder Effekt von ↗ Ideologie und Sprache konzeptualisiert wird.

Die einflußreichste Darstellung des S.s als ideologisches Konstrukt ist die des marxistischen Philosophen L. Althusser. Die Ideologie (für Althusser die Summe der imaginären Beziehungen, die den Einzelnen an seine realen Existenzbedingungen knüpfen) ruft »die konkreten Individuen als konkrete S.e an« (Althusser 1977, S. 142). Schon indem er auf diese Anrufung (*Interpellation*) reagiert, identifiziert sich der Einzelne mit der ihm von der

Ideologie benannten Position und wird so als S. ›konstituiert‹. Weit davon
entfernt, ein freies und unabhängiges Wesen zu sein, ist der Einzelne in
das Netz imaginärer Beziehungen eingebunden, an denen er sich von der
ihm zugewiesenen Position aus beteiligen kann. Er ist somit, in Althussers
Worten, ›immer schon S‹.

Althussers Konzept des von einem System imaginärer Beziehungen abhän-
gigen S.s ist stark beeinflußt von der psychoanalytischen Theorie J. Lacans,
der die Bedeutung des Eintritts in die Sprache für die S.genese hervorhebt.
In der Lacanschen Entwicklungsgeschichte des Kleinkinds identifiziert sich
das Kind noch vor dem Spracherwerb über sein Spiegelbild mit einem imaginären ganzheitlichen und autonomen Ich. Mit dem Spracherwerb erweist
sich dieses Ich jedoch noch deutlicher als unerreichbar. Um ein soziales S.
werden zu können, muß der Einzelne in die von der Sprache verkörperte
›symbolische Ordnung‹ eintreten, die seiner Existenz vorgängig ist und ihm
nur dann die Möglichkeit bietet, sich auszudrücken und eine (symbolische)
Identität anzunehmen, wenn er eine Reihe von vorgegebenen Positionen als
seine eigenen (v)erkennt. ST. wird dabei innerhalb einer Matrix diskursiver
S.positionen konstituiert. Darüber hinaus bedeutet der Eintritt in die Sprache
eine S.spaltung. Das Ich, das spricht (›*sujet d'énonciation*‹), ist ein anderes,
als das Ich, das im Diskurs repräsentiert wird (›*sujet d'énoncé*‹).

Das Konzept des durch die Sprache konstituierten S.s ist eine der
Grundannahmen sowohl der post-Saussureschen ↗ Semiotik als auch der
poststrukturalistischen Kulturtheorie, die sprachliche Bedeutung nicht als
Ausdruck einer intentionalen Haltung des S.s zur Welt, sondern als Produkt
eines Systems von Differenzen verstehen. Indem der ↗ Poststrukturalismus
das S. nicht mehr als ein urspr., autonomes und einheitliches Selbst beschreibt, sondern als eine ›Funktion des ↗ Diskurses‹ (vgl. M. Foucault),
versucht er das S. von seiner vormals privilegierten Stellung als Ursprung
und Quelle zu verdrängen, zu ›dezentrieren‹. Diese Dezentrierung des S.s
hat in der Lit.theorie dazu geführt, die beiden wichtigsten Rollen des literar.
Prozesses (↗ Autor und Leser) nicht mehr in personelle, sondern in rein
textuelle Begriffe zu fassen. So ist es etwa für R. Barthes (1976) ›Sprache,
die spricht, nicht der Autor‹, während der Leser gleichzeitig auf ›eine Pluralität anderer Texte, unendlicher ↗ Codes‹ reduziert ist. Auf ähnliche Weise
werden in poststrukturalistischen ↗ Intertextualitätstheorien spezifische und
abgrenzbare Bezüge zwischen Autoren, im Sinne intendierender S.e, ersetzt
durch unendliche und nicht-intentionale Beziehungen zwischen Texten und
umfassenderen Codes und Sinnsystemen. Im Gegensatz zu dem von G.
Deleuze, J. Derrida und J.-F. Lyotard konstatierten ›Tod des S.s‹ (vgl. auch
↗ Tod des Autors) und dessen Entsubstantialisierung haben Hermeneutiker
und Philosophen des Diskurses neue und differenziertere Interpretationen
von ST. und Individualität entwickelt (vgl. v.a. die Arbeiten von M. Frank).

Lit.: J. Lacan: *Das Seminar*, Band 11, Bln. 1987 [1964]. – R. Barthes: *S/Z*, FfM.
1976 [1970]. – L. Althusser: *Ideologie und ideologische Staatsapparate. Aspekte zur
marxistischen Theorie*, Hbg. 1977. – Carroll 1982. – M. Frank: *Die Unhintergehbarkeit von Individualität*, FfM. 1986. – ders. et al. (Hgg.): *Die Frage nach*

dem S., FfM. 1988. – ders./A. Haverkamp (Hgg.): *Individualität*, Mchn. 1988. – R.L. Fetz et al. (Hgg.): *Geschichte und Vorgeschichte der modernen Subjektivität*, Bln./N.Y. 1998. – P.V. Zima: *Theorie des S.s: Subjektivität und Identität zwischen Moderne und Postmoderne*, Tüb./Basel 2000. – P. Geyer (Hg.): *Von Rousseau zum Hypertext. Subjektivität in Theorie und Lit. der Moderne*, Würzburg 2001. – P.V. Zima: *Das literar. S.: Zwischen Spätmoderne und Postmoderne*, Tüb. et al. 2001. – St. Deines et al. (Hgg.): *Historisierte S.e – Subjektivierte Historie. Zu Verfügbarkeit und Unverfügbarkeit von Geschichte*, Bln. 2004.   RA

Subtext, im Kontext poststrukturalistischer Vorannahmen (↗ Poststrukturalismus) hat der S.begriff und damit die Differenz von explizit formuliertem Haupttext und implizitem S. in der zeitgenössischen Theorie und Textinterpretation große Verbreitung erfahren. In Analogie zur psychoanalytischen Unterscheidung von ›manifestem Gehalt‹ und ›latentem Sinn‹, wie sie S. Freud in seiner *Traumdeutung* entwickelt hat, geht es darum, aus dem, was der Text erzählt und in seinem manifesten Gehalt affirmiert, das ›Verborgene‹ und das ›Unbewußte‹ seines latenten Sinns zu rekonstruieren, über den er ›uneigentlich‹ auch spricht, indem er in einer eigentümlichen Dialektik von Zeigen und Verschweigen das latent Angedeutete zugleich in der autorisierten Botschaft des manifesten Gehalts verdeckt. T. Eagleton (1983, S. 178) definiert daher den S. als ›das Unbewußte des Textes selbst‹, als »a text which runs within it, visible at certain ›symptomatic‹ points of ambiguity, evasion or overemphasis«. Und H. Pinter (1964, S. 123) spricht von der Figurensprache, »[that] is speaking of a language locked beneath it. (...) The speech we hear is an indication of that which we don't hear. It is a necessary avoidance, a violent, sly, anguished or mocking smoke screen which keeps the other in its place«. Die eigentliche Tragweite des S.-Konzepts wird erst ersichtlich, wenn man es als texttheoretische Ableitung aus den Prämissen einer ↗ ›Hermeneutik des Verdachts‹ (P. Ricœur) begreift, die in letzter Konsequenz auf das Wahrheitspostulat aufklärerischer Vernunft und ihren Anspruch zielt, als autonome ↗ Subjektivität ihrer selbst mächtig zu sein und als zentrierte, transzendental gegründete Instanz aller gültigen, wahren Urteile zu fungieren. So gehen in das S.-Konzept Anregungen von Denkern wie F.W. Nietzsche, K. Marx, Freud, M. Foucault, J. Derrida und J. Lacan ein, die eindringlich den Nachweis geführt haben, daß das Subjekt entgegen der intuitiven Selbstevidenz nicht ›Herr im eigenen Hause‹ ist. Auf die Praxis der Textinterpretation bezogen, hat dieses an einem ↗ ›différance‹- (Derrida) statt an einem Identitätskonzept orientierte Verständnis des S.s zur Folge, daß gerade im Umkreis der für eine Kultur zentralen diskursiven Konstruktion von Klasse, Rasse und ↗ *gender* der S. im Verhältnis zum intentional autorisierten manifesten Gehalt eine alternative Version impliziert, die es wie bei einem Palimpsest aus den fragmentarisch aufscheinenden Spuren innerhalb der Brüche des Überschreibungstextes interpretatorisch in ihrer verborgenen textuellen ↗ Kohärenz zu rekonstruieren gilt. Während daher der Haupttext von den traditionalen Werthierarchien und Diskursformationen abendländisch-aufklärerischen Denkens zeugt, sind dem S. die Spuren einer gegenläufigen Wertung eingeschrieben, die auf eine Dezentrierung des

Subjekts, die Fragwürdigkeit auktorialer Intentionalität, die Brüche in der ästhetischen ↗ Struktur und die Offenheit des latenten Sinns hindeuten.

Lit.: H. Pinter: »Writing for the Theatre [1964]«. In: P. Goetsch (Hg.): *English Dramatic Theories*, Bd. 4: *20th Century*, Tüb. 1972. S. 118–124. – Eagleton 1996 [1983]. – M. Winkgens: »Natur als Palimpsest. Der eingeschriebene S. in Ch. Dickens' ›David Copperfield‹«. In: ders. et al. (Hgg.): *Das Natur/Kultur-Paradigma in der engl.sprachigen Erzähllit. des 19. und 20. Jh.s*, Tüb. 1994. S. 35–61.   MW

Symbol (gr. *sýmbolon*: Wahrzeichen, Merkmal von *symbállein*: zusammenwerfen), in der Antike war das S. urspr. ein Erkennungszeichen aus zwei Hälften, die beim Wiedersehen, bei einer Nachrichtenübermittlung oder einer Vertragserneuerung nach längerem Zeitraum als Beglaubigung dienten. Später wurde als S. auch das auf höhere geistige Zusammenhänge verweisende bildhafte ↗ Zeichen verstanden. – Der Terminus S. wird und wurde in verschiedenen Disziplinen (darunter auch in der Theologie, Psychoanalyse und Soziologie) uneinheitlich und teilweise inflationär verwendet; seine Wort- und Begriffsgeschichte ist bisher nicht befriedigend aufgearbeitet worden. Daher ist das S. auch nicht eindeutig abzugrenzen von verwandten oder benachbarten Phänomenen wie der Allegorie, dem Emblem, der ↗ Metapher, der ↗ Metonymie und der Synekdoche. Festzuhalten ist, daß das S. keine rhetorische Figur ist, sondern reale Gegenstände oder Handlungen bezeichnet, die in der Realität oder der erzählten Welt auf etwas anderes verweisen. Dabei ist zu unterscheiden zwischen solchen S. und symbolischen Handlungen, die bewußt als solche gesetzt sind (wie das christliche Kreuz oder die Fahnenweihe) und sich in ihrem Verweisungscharakter erschöpfen, und solchen, die ihren eigenen Stellenwert in der Realität oder im Erzählzusammenhang haben und denen die Verweisungskraft des S.s erst im Nachhinein zugesprochen wird, d.h. die pragmatisch und symbolisch verstanden werden können (vgl. Charlottes Tintenfleck in J.W.v. Goethes *Wahlverwandtschaften*). – Goethes Bevorzugung des S.s gegenüber der Allegorie hat zu einer ideologischen Aufladung und zu einer Ausweitung des Begriffs geführt, so daß er unscharf geworden ist und daher für die Lit.analyse stets neu im Sinne einer Arbeitsdefinition (ohne umfassende philosophische Implikationen) präzisiert werden sollte.

Lit.: W. Emrich: »Das Problem der S.interpretation im Hinblick auf Goethes ›Wanderjahre‹«. In: *DVjs* 26 (1952) S. 331–352. – W. Haug (Hg.): *Formen und Funktionen der Allegorie*, Stgt. 1979. – Kurz 1997 [1982]. – P. Michel: *Alieniloquium. Elemente einer Grammatik der Bildrede*, Bern 1987. S. 536–538. – B.F. Scholz: »Allegorie 2«. In: Weimar 1997. S. 40–44.   DP

Sympathielenkung (gr. *sympátheia*: Mitleiden, Mitgefühl, Einhelligkeit; gr. *sympathḗs*: mitleidend, mitfühlend; gr. *páthos*: Leiden), ein meist nur vage definierter Oberbegriff für die Steuerung affektiv-kognitiver Reaktionen von Rezipienten durch literar. Darstellungsverfahren, die die Anteilnahme des realen Lesers, als den »Adressaten der S.« (Habicht/Schabert 1978, S. 9), am

Schicksal der ↗ Figuren (als dem »Objekt der Sympathiezuwendung«, ebd.)
beeinflussen. Der Begriff der ›S.‹ beruht auf der Annahme, daß Rezipienten
mit den Figuren mitfühlen und sich emotional mit ihnen identifizieren;
er umgreift »zwei Ebenen der Rezeption: (1) die ästhetische Einstellung
des Publikums den fiktiven Figuren und Geschehensabläufen gegenüber,
die zwischen den Polen der *Identifikation* und des *Engagements* und einer
neutralen oder kritischen *Distanz* variiert, und (2) die ganzheitliche, ge-
fühlsmäßige, moralisch wertende und intellektuelle Momente integrierende
Reaktion des Publikums auf die [F]iguren, die sich in ein Spektrum von
uneingeschränkter *Sympathie* bis zu uneingeschränkter *Antipathie* abstufen
läßt« (Pfister 1978, S. 21).

Wichtige Beiträge zur Theorie der S., deren Ansätze sich bis auf die
affektiv-rhetorischen Grundlagen der Dramentheorie des Aristoteles (Katharsis) zurückverfolgen lassen (vgl. ebd., S. 23), leisteten u.a. W.C. Booth
mit seiner einflußreichen Studie zur ›Rhetorik der Erzählkunst‹, E.A.J.
Honigmann, H.R. Jauß und M. Pfister. S. ist eine Kategorie der ↗ Rezepti-
ons- und ↗ Wirkungsästhetik, die sowohl für die Erforschung der Prozesse,
die bei der Konstitution von Personenvorstellungen während der Rezeption
(Aktualisierung; ↗ Konkretisierung) eine Rolle spielen, als auch bei der
Beantwortung von Fragen nach den in Texten vermittelten ethischen und
moralischen Werten und Normen (↗ *ethical criticism*) sowie bei ästhetischer
↗ Wertung von zentraler Bedeutung ist. Die Untersuchung der S. zielt auf die
Erfassung des ›pragmatischen Wirkungspotentials‹ (vgl. Platz 1986) literar.
Texte sowie des jeweils vermittelten Werte- und Normensystems ab und
beinhaltet zumindest implizit einen Rekurs auf die umstrittene Kategorie
der ↗ Intention des historischen ↗ Autors (vgl. das Konzept der ›auktorial
intendierten S.‹; Pfister 1978, S. 24). Das »aus der Antike stammende
kosmologische Sympathiekonzept« wurde in der Mitte des 18. Jh.s von D.
Hume und A. Smith »durch ein immanentes, psychologisches Konzept von
Sympathie« (Schabert 1978, S. 35) ersetzt, das das auf Empathie beruhende
Einfühlen und imaginative Miterleben an den Freuden und Leiden anderer
meint. Unter dem historisch variablen und vagen Begriff der ›Sympathie‹
werden gleichwohl sehr unterschiedliche Reaktionsweisen subsumiert (z.B.
Mitleid, Interesse, Bewunderung, Achtung, Betroffensein, verstehender
Nachvollzug usw.; vgl. Clemen 1978, S. 13).

Theorie und Techniken der S. variieren von ↗ Gattung zu Gattung.
Entscheidend für die Theorie der S. im Drama ist, daß S. ein Konzept einer
»publikumsbezogenen Dramaturgie« (Habicht/Schabert 1978) ist. Zu den
wichtigsten Strukturen und Strategien der S. im Drama zählen der Hand-
lungsverlauf, die Figurenkonzeption, die Figurenkonstellation, der ›Fokus‹ des
Interesses, die Informationsvergabe, die Techniken epischer Kommentierung,
der »*Perspektivismus* der Darstellung, die Wahl und Abfolge der Figuren-
perspektiven, aus denen eine bestimmte Figur betrachtet und kommentiert
wird« (Pfister 1978, S. 29) sowie im Falle von Aufführungen die jeweilige
Inszenierung. In narrativen Texten spielen darüber hinaus Textstrategien wie
die Gestaltung der ↗ Erzählsituation und der ↗ Fokalisierung, Distribution
der Innenweltdarstellung, evaluative Kommentare eines ↗ Erzählers, der um

Mitgefühl und wohlwollende Beurteilung von Figuren wirbt, Kontrast- und Korrespondenzrelationen zwischen den Figuren sowie die Perspektivenstruktur eine zentrale Rolle für die S. (vgl. Nünning 1989).

Den Theorien und Einsichten von Ansätzen wie der Rezeptionsästhetik und der kognitiven Narratologie zufolge ist davon auszugehen, daß für die S. nicht allein oder primär textbezogene Merkmale wie das ↗ Textrepertoire, bestimmte Textverfahren sowie primäre und sekundäre Schreibweisen ausschlaggebend sind, sondern v.a. auch empirisch oft schwer bestimmbare rezeptions- und kognitionsorientierte sowie kontextuelle Parameter (z.B. der ↗ Erwartungshorizont, das ↗ Voraussetzungssystem des jeweiligen Rezipienten, die in einer Epoche vorherrschenden Menschenbilder, Identitäts-, Rollen- und implizite Persönlichkeitstheorien, kognitive ↗ Schemata, zeitbedingte ↗ Stereotype und Vorurteile). Trotz dieser und anderer ›Unsicherheitsfaktoren‹, die die Grenzen der »Untersuchbarkeit von S.« (Clemen 1978) markieren, »eröffnet sich die Möglichkeit, über die Frage nach der S. die auseinanderlaufenden Perspektiven herkömmlicher Formanalyse integrativ aufeinander zu beziehen« (Pfister 1978, S. 22). Obgleich Fragen der S. für Interpretationen im Rahmen von ideologiekritischen Ansätzen wie der ↗feministischen Lit.theorie und der ↗ postkolonialen Lit.theorie implizit eine große Rolle spielen, zählt eine Theorie der S. in narrativen Texten zu den Desideraten der Erzähltheorie.

Lit.: Booth 1991 [1961]. – H.P. Sucksmith: *The Narrative Art of Ch. Dickens. The Rhetoric of Sympathy and Irony in His Novels*, Oxford 1970. – W. Habicht/I. Schabert (Hgg.): *S. in den Dramen Shakespeares. Studien zur publikumsbezogenen Dramaturgie*, Mchn. 1978. – W. Clemen: »Überlegungen zur Untersuchbarkeit von S. in Shakespeares Dramen«. In: Habicht/Schabert 1978. S. 11–19. – M. Pfister: »Zur Theorie der S. im Drama«. In: ebd. S. 20–34. – I. Schabert: »›Sympathy‹ als rezeptionsästhetische Kategorie in der engl. und am. Shakespearekritik«. In: ebd. S. 35–54. – N.H. Platz: *Die Beeinflussung des Lesers. Untersuchungen zum pragmatischen Wirkungspotential viktorianischer Romane zwischen 1844 und 1872*, Tüb. 1986. – Nünning 1989. – H. Lindner: »S. im frz. Naturalismus. Maupassants Novellistik«. In: *Zs. für frz. Sprache und Lit.* 101.3 (1991) S. 242–265.   VN/AN

Synchron/Synchronie (gr. *sýn*: mit ..., zusammen; gr. *chrónos*: Zeit), bezeichnet die zeitliche Koexistenz und das Zusammenwirken von Elementen innerhalb eines Systems; bei einer synchronen Analyse geht es um die Zusammenschau von (ggf. sehr unterschiedlichen) Phänomenen, die innerhalb eines bestimmten Zeitraumes gleichzeitig anzutreffen sind. Die inzwischen klassische Unterscheidung der beiden Arten von Sprachwissenschaft geht auf F. de Saussure (1967, S. 96) zurück: »Synchronisch ist alles, was sich auf die statische Seite unserer Wissenschaft bezieht; diachronisch alles, was mit den Entwicklungsvorgängen zusammenhängt« (↗ diachron/Diachronie). Saussure stellte die ↗ Arbitrarität des sprachlichen Zeichens in das Zentrum seiner Theorie, wohingegen J. Piaget (1968, S. 67) einen ebenso klassischen Einwand gegen die einseitige Formalisierung dieser Kategorien erhebt, da sie komplexe, historisch gewachsene Strukturen vereinfachen: »Quant aux structures de valeurs, comme en économie, elles occupent une position intermédiaire, liée au diachronique quant au développement des moyens de production et surtout au synchronique quant à l'interaction même des valeurs«. Im frz. ↗ Strukturalismus wird der Prozeß- und Ereignischarakter der Geschichte auf ›struktursynchrone Systeme‹ bezogen (Cl. Lévi-Strauss 1968), die »von einem und demselben Kollektivsystem wahrgenommen werden« (Saussure 1967, S. 119). Dies verweist den Lit.wissenschaftler eher auf die ↗ Systemtheorie als auf strukturalistische Arbeitsweisen, gilt es unter diesen Vorzeichen nun, in der Gleichzeitigkeit bestehende literar. Strukturen auf das ihnen inhärente Regelwerk zu untersuchen, sei dies im Hinblick auf ihre Selektivität in bezug auf Gegenstand und Form oder auch auf die Gleichförmigkeit von Sinnbildungsmustern.

Lit.: F. de Saussure: *Grundfragen der allg. Sprachwissenschaft*, Bln. 1967 [1916]. – Cl. Lévi-Strauss: *Das wilde Denken*, FfM. 1968 [1962]. – J. Piaget: *Le structuralisme*, Paris 1968.   FWN

Syntagma/syntagmatisch (gr. *syntagma*: Zusammengestelltes), im Rahmen des strukturalistischen Sprachmodells F. de Saussures, das der Sprache einen linearen Charakter zuweist, nimmt der Begriff S. einen wichtigen Platz ein. Er bezeichnet die Beziehung eines Wortes zu den anderen, mit denen es im gleichen Satzgefüge steht: Worte »reihen sich eins nach dem andern in der Kette des Sprechens an, und diese Kombination, deren Grundlage die Ausdehnung ist, können Anreihungen oder Syntagmen genannt werden« (Saussure 1967, S. 147). – Die Beziehung eines Wortes zu all den Wörtern, die statt ihm an seiner Stelle hätten stehen können, wird hingegen ↗ paradigmatisch bzw. assoziativ genannt. Das Wortpaar s./paradigmatisch ist in der strukturalistischen Linguistik allerdings nicht nur auf der Ebene der Wörter und Sätze anwendbar, sondern genauso auf der Ebene von Lauten und Wörtern bzw. Sätzen und Texten. Auf allen diesen verschiedenen Ebenen gehören gleichartige Elemente der einen Ebene zu einer paradigmatischen Klasse, aus der schließlich ein Element für die höhere Ebene ausgesucht wird, auf der es in eine s. Beziehung mit den anderen Elementen dieser höheren Ebene tritt.

Auch in der Lit.- und Kulturwissenschaft ist die Dichotomie S./Paradigma auf verschiedene Weise angewandt worden. Auf die Einbindung eines Wortes in s. und paradigmatische Beziehungen bezieht sich z.B. R. Jakobsons Klassifizierung von Sprachstörungen: manche Arten der Aphasie sind auf Schwierigkeiten auf der s. und andere auf Probleme auf der paradigmatischen Ebene zurückzuführen. Laut Jakobson führt das im ersten Fall dazu, daß Patienten keine ↗ Metonymien bilden können; im zweiten Fall können die Patienten keine ↗ Metaphern bilden. – D. Lodge überträgt Jakobsons Überlegungen auf die Lit. und unterscheidet zwischen Genres, die mehr auf metaphorischer Sprache beruhen, wie Lyrik und der Roman der literar. Moderne, und anderen Genres, die sich eher auf metonymische Sprache gründen, wie der traditionell-realistische Roman. Auch Cl. Lévi-Strauss und J. Lacan haben sich in ihren Theorien der Dichotomie von s. und paradigmatisch bedient.

Lit.: F. de Saussure: *Grundfragen der allg. Sprachwissenschaft,* Bln. 1967 [1916].
– Cl. Lévi-Strauss: *Das wilde Denken,* FfM. 1968 [1962]. – D. Lodge: *The Modes of Modern Writing. Metaphor, Metonymy, and the Typology of Modern Literature,* Ldn. 1977. – R. Jakobson: »Two Aspects of Language and Two Types of Aphasic Disturbances«. In: K. Pomorska/S. Rudy (Hgg.): *R. Jakobson. Language in Literature,* Cambridge 1987. S. 95– 114.   MK

Systemtheorie (gr. *sýstēma*: ein aus Gliedern bestehendes Ganzes; gr. *theōría*: Betrachtung), die Grundlagen heutigen systemtheoretischen Denkens wurden seit den 1940er Jahren in verschiedenen mathematisch-naturwissenschaftlichen Disziplinen erarbeitet. Wie die Begründung der Allg. S. durch den Biologen L.v. Bertalanffy um 1950 belegt, wurde das Potential des Ansatzes für eine Vereinheitlichung der Wissenschaften schon früh erkannt. Bis heute ist die S. ein Katalysator für Interdisziplinarität geblieben. Als System werden dabei ganz unterschiedliche Phänomene aufgefaßt. Das Spektrum reicht von chemischen und thermodynamischen Zusammenhängen über alle Stufen von Leben bis hin zu Fragen der Ökologie und den Erscheinungsformen von Gesellschaft und Kultur. Die gelegentlich emphatisch vertretene Annahme eines ganzheitlich-evolutionären Zusammenhangs dieser Phänomene beruht auf einer Theoretisierung von Beobachtungen aus dem naturwissenschaftlichen Bereich. Im Zentrum des so fundierten wissenschaftlichen ↗ Paradigmas stehen Konzepte der Selbstreferenz, der Selbstorganisation und der ↗ Autopoiesis, die als dynamische Grundprinzipien aller Formen von Evolution vorausgesetzt werden. In erkenntnistheoretischer Hinsicht steht die Entwicklung der S. in engem Zusammenhang mit der Formulierung und Etablierung des radikalen ↗ Konstruktivismus.

In der Lit.wissenschaft werden systemtheoretische Konzepte in einem engeren, theoretisch-methodisch ausdifferenzierten Sinne seit den 1970er Jahren diskutiert. Ein in Deutschland kaum rezipierter und auch sonst wenig beachteter Ansatz mit semiotischer Orientierung ist die von I. Even-Zohar seit 1970 ausgearbeitete *Polysystem Theory* (vgl. Even-Zohar 1990), die u.a. an Überlegungen von Ju. Tynjanov (Russ. Formalismus) anschließt und Lit. als komplexen Zusammenhang einer Vielzahl von konzeptuellen, d.h. auf Normen und Werte bezogenen Systemen begreift. Hingegen beziehen sich die v.a. in Deutschland entwickelten Konzeptionen einer systemtheoretischen Lit.wissenschaft in erster Linie auf die von T. Parsons eingeleitete und von N. Luhmann fortgeführte Übernahme systemtheoretischer Konzepte in die Soziologie. In Analogie zu den mit diesen Namen verbundenen Unterschieden der jeweils zugrundegelegten Systemkonzepte gibt es auch in der lit. wissenschaftlichen Adaption zwei Richtungen. So hält die von S.J. Schmidt begründete ↗ Empirische Theorie der Lit. (ETL) an einem handlungstheoretischen Modell fest und konzipiert das Lit.system als Gesamtmenge von beobachtbaren Kommunikationshandlungen, die sich auf konkrete Individuen in vier sozialen Rollen, nämlich Lit.produzent, Lit.vermittler, Lit.rezipient und Lit.verarbeiter, beziehen lassen (vgl. Jäger 1994). Andere Modelle hingegen versuchen, der in Luhmanns Theorie vollzogenen Emanzipation der Kommunikation von ↗ Handlung gerecht zu werden, und beschreiben das

Sozialsystem Lit. als einen dynamischen Zusammenhang sich autopoietisch reproduzierender Kommunikationen. Dabei gelten folgende, auch in der ETL weitgehend unumstrittene Grundannahmen: (a) Im Zuge des Strukturwandels vom vor- bzw. nichtmodernen Prinzip der stratifikatorischen zum modernen Prinzip der funktionalen Differenzierung der Gesellschaft kommt es zur Ausdifferenzierung von jeweils auf eine bestimmte Funktion ausgerichteten sozialen Systemen wie z.B. Wirtschaft, Recht, Wissenschaft oder Politik; die Etablierung dieser Funktionssysteme ist gegen Ende des 18. Jh.s abgeschlossen. (b) Jedes der so ausdifferenzierten Systeme muß eine Mehrheit von Systemreferenzen unterscheiden, nämlich (i) seine Beziehung zum übergeordneten sozialen System der modernen Gesellschaft insgesamt (Funktion), (ii) seine Beziehungen zu anderen Systemen in seiner Umwelt (Leistungen) und (iii) seine Beziehung zu sich selbst (teilsystemspezifische Reflexion). Auf dieser letzten Ebene bestimmt ein System durch Selbstbeobachtung und Selbstbeschreibung und die damit einhergehende Regulierung des Verhältnisses von Funktion und Leistungen seine Identität.

Eine Theorie, die Lit. als soziales System vorstellt, muß somit bei der ↗ Funktion an setzen, denn nur eine spezifische, von keinem an deren sozialen System bediente Funktion kann die Ausdifferenzierung eines Sozialsystems Lit. rechtfertigen. Luhmann (1995, S. 238) selber verweist im Hinblick auf die Kunst allg. auf den »*Nachweis von Ordnungszwängen im Bereich des nur Möglichen*« und bleibt dabei ähnlich wie Schmidt (1989, S. 418), der von »versuchte[r] Überwindung der funktionalen Differenzierung und ihrer Folgeschäden für das Subjekt und die ›bürgerliche Gesellschaft‹« spricht, dem Blickwinkel des mit der modernen Gesellschaft konfrontierten Individuums verhaftet. Das gleiche, wenn auch weniger emphatisch, gilt für G. Plumpe und N. Werber, die die Funktion der Kunst vor dem Hintergrund der durch die funktionale Ausdifferenzierung der Gesellschaft entstehenden Freizeit mit ›Unterhaltung‹ markieren (vgl. diess. 1993, S. 32–35). Die sich hier andeutende enge Bindung von Kunst und Lit. an das Bewußtsein psychischer Systeme legt es nahe, auf der Ebene der Leistungen nicht nur die vielfältigen Beziehungen des Lit.systems zu anderen sozialen Systemen zu berücksichtigen (vgl. dazu die von Plumpe und Werber [1995] konzipierte polykontexturale Lit.wissenschaft), sondern auch die Beziehungen des Lit.-systems zu psychischen Systemen als Leistungen aufzufassen und gerade in der Relationierung beider Orientierungen ein Charakteristikum des Lit.-systems zu sehen (vgl. Reinfandt 1997, S. 29–41).

Die Frage nach den spezifischen Besonderheiten literar. ↗ Kommunikation muß dann auf der Ebene der teilsystemspezifischen Reflexion weiterverfolgt werden. Dabei ergeben sich vor dem Hintergrund der Luhmannschen Theorie folgende Fragen: (a) Welche Kommunikationen lassen sich dem Lit.system zuordnen, und wie erfolgt die bereichsspezifische Attribution im Vorgang der Kommunikation selbst? Systemtheoretisch formuliert stellt sich hier die Frage nach dem symbolisch generalisierten Kommunikationsmedium und dem binär schematisierten Code des Lit.systems. Abstrakt betrachtet kämen als symbolisch generalisiertes Kommunikationsmedium z.B. Schön-

heit bzw. die Möglichkeit von Ordnung (Luhmann) oder Interessantheit
(Plumpe/Werber) in Betracht, wo ran sich dann als entsprechende Codes
schön/häßlich oder interessant/langweilig anschließen und mit begriffsgeschichtlichen Argumenten mehr oder weniger plausibel untermauert
werden können. Letztlich geht es auf dieser formal-funktionalen Ebene
jedoch primär um die binäre Schematisierung an sich, die einen positiven
Präferenz- und einen negativen Reflexionswert zur Verfügung stellt (Leitdif-
ferenz). Angesichts der Textbezogenheit literar. Kommunikation bietet sich
darüber hinaus eine Konkretisierung an, die darauf abzielt, daß die Kontinuität literar. Kommunikation insbes. dadurch gewährleistet und stabilisiert
wird, daß Texte als (Kunst-) Werke aufgefaßt und kommuniziert werden.
Es erscheint somit sinnvoll, den Werkbegriff als sym bolisch generalisiertes
Kommunikationsmedium des Kunst- bzw. Lit.systems zu operationalisieren
(vgl. Plumpe/Werber 1993, S. 25–27 sowie zur Rolle des Textes in der S.
allg. Ort 1995). (b) Wie wird die inhaltsneutrale, rein funktional auf die
Fortsetzung literar. Kommunikation bezogene Ebene des Codes inhaltlich,
d.h. durch Programme gefüllt? Von zentraler Bedeutung ist dabei der in
Luhmanns Theorie entworfene Sinnbegriff, der sich zunächst rein funktional
auf ein bestimmtes System, die mit ihm verbundene spezifische System-
Umwelt-Differenz und die Fortsetzung der systemspezifischen Operationen
bezieht. Durch die Selbstreferenz des Systems kommt es allerdings zu
einem paradoxen *re-entry*, der die System-Umwelt-Differenz als durch das
System produzierten und im System beobachteten Unterschied verdoppelt.
Auf diese Weise wird operativ geschlossenen autopoietischen Systemen
›Umweltkontakt‹ möglich, indem sie der Umwelt Sinn zuschreiben, den
sie selber produzieren. Hinsichtlich des Sinnbegriffs ergibt sich daraus
eine grundsätzliche Differenz der Beobachtungsebenen (vgl. Reinfandt
1997, S. 56–61): Der in Luhmanns Theorie zentral stehende funktionale
Sinnbegriff, der nur einer Beobachtung zweiter Ordnung zugänglich ist,
bezieht sich ausschließlich auf die Möglichkeiten und Bedingungen der
Fortsetzung systemspezifischer Kommunikation. Wesentliches Merkmal
ist hier die Etablierung eines systemspezifischen symbolisch generalisierten
Kommunikationsmediums und des dazugehörigen Codes. Demgegenüber
kommt es auf der Ebene der Selbstbeobachtung und Selbstbeschreibung des
Systems zur inhaltlichen Umsetzung der Konsequenzen des funktionalen
Sinnbegriffs. Dabei etablieren sich Programme oder gar weiterreichende
Semantiken, die unter modernen Bedingungen oft genug als Auseinandersetzung mit Phänomenen des Sinnverlusts erscheinen. Während der
funktionale Sinnbegriff ohne Vernichtung des Systems nicht negierbar ist
und so für jedes System einen eigenen differenzlosen Letztbegriff darstellt,
der für die gesamte Makroperiode der Moderne gilt, läßt sich mit Hilfe
des inhaltlichen Sinnbegriffs etwa über eine Beobachtung der Abfolge von
Programmen eine Binnenperiodisierung der Evolution des modernen Lit.
systems vornehmen (vgl. Plumpe/Werber 1993, S. 35–41). Gerade der für
die S. Luhmanns zentrale Sinnbegriff bietet somit durchaus Möglichkeiten,
den Zusammenhang von sozialer und semiotischer Referenzebene der Lit.
nachzuzeichnen, und hier liegt das immense Potential eines derart umfas-

senden Theorieentwurfs. Eine systemtheoretische Lit.wissenschaft bietet
die Möglichkeit einer Einbeziehung der historischen bzw. soziokulturellen
Voraussetzungen von Lit. bei gleichzeitiger differenzierter Berücksichtigung
des Lit.spezifischen in Abgrenzung von anderen gesellschaftlichen Bereichen.
Beide Aspekte werden in ein einheitliches begriffliches Konzept integriert,
das sich zudem zeitgemäß im Rahmen einer konstruktivistischen Erkenntnistheorie bewegt. Eine Realisierung dieses Potentials ist bisher nur in Ansätzen
zu beobachten, doch bleibt die S. ›der Theoriekandidat für die Umsetzung
dieses Programms‹ (vgl. Jahraus/Marius 1998, S. 105).

Im Gesamtverbund der Lit.wissenschaften haben systemtheoretische
Ansätze nach wie vor mit Vorurteilen zu kämpfen, die ihnen einerseits aus
traditioneller Sicht Abstraktion und Lebensfeindlichkeit und andererseits aus
dekonstruktivistischer Sicht (↗ Dekonstruktivismus) Totalisierungsstreben
und Erklärungswahn vorwerfen. Demgegenüber rückt auf systemtheoretischer Seite nach anfänglicher, auf dem Selbstverständnis als neues Paradigma
(vgl. Schwanitz 1990) beruhender Abgrenzung zunehmend die Frage nach
Parallelen und Verknüpfungsmöglichkeiten mit anderen Grundlagentheorien
wie z.B. ↗ Dekonstruktion oder ↗ Hermeneutik in den Mittelpunkt des
Interesses (vgl. de Berg/Prangel 1995 und 1997).

Lit.: S.J. Schmidt: *Die Selbstorganisation des Sozialsystems Lit. im 18. Jh.*, FfM.
1989. – Ausg. »Polysystem Studies« (Hg. I. Even-Zohar) der Zs. *Poetics Today* 11.1
(1990). – H. Müller: »S./Lit.wissenschaft«. In: Bogdal 1997 [1990]. S. 208–224.
– D. Schwanitz: *S. und Lit.*, Opladen 1990. – G. Plumpe/N. Werber: »Lit. ist
codierbar. Aspekte einer systemtheoretischen Lit.wissenschaft«. In: Schmidt 1993.
S. 9–43. – diess. (Hgg.): *Beobachtungen der Lit.: Aspekte einer polykontexturalen Lit.
wissenschaft*, Opladen 1995. – G. Jäger: »S. und Lit. Teil I. Der Systembegriff der
Empirischen Lit.wissenschaft«. In: *IASL* 19.1 (1994) S. 95–125. – de Berg/Prangel
1995. – N. Luhmann: *Die Kunst der Gesellschaft*, FfM. 1995. – C.-M. Ort: »S.
und Lit. Teil II. Der literar. Text in der S.«. In: *IASL* 20.1 (1995) S. 161–178.
– de Berg/Prangel 1997. – Ch. Reinfandt: »Moderne literar. Kommunikation.
Ein systemtheoretischer Entwurf«. In: ders.: *Der Sinn der fiktionalen Wirklichkeiten*, Heidelberg 1997. S. 16–122. – O. Jahraus/B. Marius: »S. und Lit. Teil
III. Modelle systemtheoretischer Lit.wissenschaft in den 1990ern«. In: *IASL* 23.1
(1998) S. 66–111. – Jahraus/Scheffer 1999. – A. Koschorke/C. Vismann (Hgg.):
Widerstände der S.: Kulturtheoretische Analysen zum Werk von N. Luhmann, Bln.
1999. – H. de Berg/J.F.K. Schmidt (Hgg.): *Rezeption und Reflexion. Zur Resonanz
der S. Niklas Luhmanns außerhalb der Soziologie*, FfM. 2000. – N. Binczek: *Im
Medium der Schrift. Zum dekonstruktiven Anteil in der S. Niklas Luhmanns*, Mchn.
2000. – U. Stäheli: *Sinnzusammenbrüche. Eine dekonstruktive Lektüre von Niklas
Luhmanns S.*, Weilerswist 2000. – Ausg. »Systems Theory and Literature« (Hg.
Ch. Reinfandt) der Zs. *EJES* 5.3 (2001). – Ch. Reinfandt: »S. und Lit. Teil IV.
Systemtheoretische Überlegungen zur kulturwissenschaftlichen Neuorientierung
der Lit.wissenschaften«. In: *IASL* 26.1 (2001) S. 88-118. – M.-K. Holl: *Semantik
und soziales Gedächtnis. Die S. Niklas Luhmanns und die Gedächtnistheorie von
Aleida und Jan Assmann*, Würzburg 2003.   ChR

T

Textrepertoire, Begriff aus der ↗ Rezeptionsästhetik zur Beschreibung des Umgangs mit der extratextuellen Wirklichkeit in literar. Texten. W. Iser beschreibt in seiner Theorie ästhetischer ↗ Wirkung mit dem Terminus T. diejenigen Konventionen eines Textes, die für das Erstellen einer Situation notwendig sind. Literar. Texte kommunizieren mit dem Leser, indem sie Versatzstücke der außertextlichen Welt aufgreifen, selektieren und neu arrangieren. Durch den Rückgriff auf etwas vorausliegendes Bekanntes wird die Textimmanenz überschritten, da sich literar. Werke in ihrem T. auf vorausgegangene Texte (↗ Intertextualität und Intertextualitätstheorien) ebenso beziehen können wie auf historische oder soziale Normen sowie auf weitere Elemente des sozio-kulturellen Kontextes. Das Bekannte kehrt nunmehr aber nicht in bloßer Reproduktion im Text wieder, sondern in veränderter, reduzierter und verfremdeter Form. Dies ist laut Iser eine wesentliche Bedingung für die im literar. Prozeß ablaufende Kommunikation. Vor dem Hintergrund des Bekannten gehen die T.-Elemente neue Beziehungen ein, und diese überschreitende Verwendung des nunmehr umorganisierten Gewohnten begründet den ästhetischen Wert des Textes, da der Leser durch die verfremdete Präsentation von vermeintlich Bekanntem zu neuer Wahrnehmung und zu einer Neubewertung des Gewohnten veranlaßt wird. Der Leser wird also in die Lage versetzt, mittels der textuellen Horizontdurchbrechung Aspekte wahrzunehmen, derer er im täglichen Leben nicht gewahr wird. Der ästhetische Wert eines fiktionalen Textes stellt insofern eine produktiv negative Größe dar, als durch das T. und die Strategien des Textes kritisch reorganisierend auf die Weltkontingenz und -komplexität reduzierenden Wirklichkeitsmodelle reagiert wird und der Leser durch die somit hergestellte Textkontingenz zu eigener Konsistenzbildung und dadurch zu Sinnaufbau veranlaßt wird. Da das T. v.a. die Grenzen und Lücken bekannter Sinnsysteme sowie durch diese ausgesparte Bereiche thematisiert, regt es vor dem Horizont solcher Modelle zu einer interaktiven Reaktion auf diese an.

Lit.: Iser 1994 [1976]. – ders. 1993 [1991].   HA

Theorie, literaturwissenschaftliche (gr. *theōría*: das Anschauen, Untersuchung, Forschung), die auf W. Dilthey rückführbare Trennung in Natur- und Geisteswissenschaften weist als Kern disparate Auffassungen über Th.en sowie ihre Funktionen und Leistungen auf. Der Th.begriff in den sog. Geisteswissenschaften ist im Gegensatz zur naturwissenschaftlich ausgerichteten Wissenschaftstheorie kaum expliziert. Wie z.B. Titel und Darstellung von T. Eagleton 1983 zeigen, werden in der Lit.wissenschaft häufig schon Methoden, Ansätze oder Richtungen als Th.en bezeichnet. Die Ursachen für diesen Sachverhalt sind vielschichtig. Traditionell sind weite Teile der Lit.wissenschaft von Abneigung bis Th.-Feindlichkeit geprägt. Genährt wird diese Ablehnung durch einen autonomen ↗ Lit.begriff, dessen Unikatanspruch sich einer Suche nach Gesetzmäßigkeiten sperrt. Mit der angestrebten Trennung in Natur- und Geisteswissenschaften geht die Unterscheidung von nomothetischen und idiographischen Disziplinen einher, die von dem Postulat unterschiedlicher Forschungsziele gefolgt wird: Erklären von Phänomenen in den Naturwissenschaften, Verstehen von Texten und anderen menschlichen Handlungsresultaten in den Geisteswissenschaften. Im Gegensatz zum harten Th.begriff der Naturwissenschaften bezeichnet in einer weicheren Verwendung ›Lit.theorie‹ allg. konzeptuelle Voraussetzungen, mit denen ein jeweiliger Forschungsgegenstand abgesteckt und bearbeitet wird. Es lassen sich drei Typen von Lit.theorien unterscheiden, die wissenschaftstheoretisch einen unterschiedlichen Status haben: normative, deskriptive und ↗ empirische. Als normativ sind solche Lit.theorien zu kennzeichnen, die implizit oder explizit auf einer Ästhetik oder Poetik aufbauen. Unter der Aufstellung ästhetischer Kriterien und Merkmale werden Bedingungen und Forderungen an Texte herangetragen, die diese zu erfüllen haben, um im Sinne des Ansatzes als literar. akzeptiert zu werden. Im Gegensatz zu normativen sind deskriptive Lit.theorien induktiv ausgerichtet. Sie versuchen, Gemeinsamkeiten und Besonderheiten eines vorgegebenen, begrenzten Korpus von Texten bzw. literar. Phänomenen herauszufiltern. Hauptgebiet deskriptiver Lit.theorien ist die Aufstellung von Klassifikationstypologien und daran anschließend die Bearbeitung von Zuordnungsfragen. Klassisches Beispiel sind ↗ Gattungstheorien, die allg. Bestimmungen spezieller Textsorten anstreben und literar. Texten jeweils zuordnen. Auch strukturalistische Ansätze (↗ Strukturalismus) wie solche der ↗ linguistischen Poetik und systemisch/systemtheoretische Ansätze (↗ Systemtheorie) ohne Erklärungsanspruch fallen unter diese Gruppe von Th.en. Das Problem normativer und deskriptiver Th.en besteht darin, daß sie entweder einen historisch kontingenten Lit.begriff zur Norm setzen oder aus einem festgelegten Arsenal an Texten induktiv generelle, ahistorische Merkmale von Literarizität erschließen. Empirische Lit.theorien sind am Wissenschafts- und Th.begriff der analytischen Philosophie ausgerichtet. Sie haben einen anderen Status als normative und deskriptive Th.en. Ihr Interesse gilt nicht einzelnen Texten, sondern kausalen Zusammenhängen, der Aufstellung von Gesetzmäßigkeiten und ihrer empirischen Prüfung im Sinne der Lösung wissenschaftlicher Probleme. Mit der Historisierung und Empirisierung der Frage: ›Was ist Lit.?‹ werden empirische Lit.theorien weder aus dem Gegenstandsbereich abgeleitet noch ihm aufgezwungen. Zentraler Streitpunkt zwischen normativen bzw. deskriptiven Ansätzen einerseits und empirischen Th.en andererseits ist neben der Bestimmung des Gegenstandsbereichs primär der Status lit.wissenschaftlicher Interpretationen.

Lit.: W. Stegmüller: *Probleme und Resultate der Wissenschaftstheorie und Analytischen Philosophie*, 4 Bde., Mchn. 1973/74. – Pasternack 1975. – K. Eibl: *Kritisch-rationale Lit.wissenschaft*, Mchn. 1976. – Eagleton 1996 [1983]. – Bogdal 1997 [1990]. – Nünning 1998 [1995]. – Pfeiffer et al. 2000.   AB

Tiefenhermeneutische Ansätze (gr. *hermēneutikē téchnē*: Kunst der Auslegung, Deutung, Übers.), in Philosophie, Psychologie, Kulturtheorie und Lit.wissenschaft zielen t.A. darauf ab, im Rahmen einer ↗ Hermeneutik des

Verdachts jene vorgängigen, unbewußten Tiefenstrukturen aufzudecken und
zu deuten, die die konstitutiven Prinzipien der individuellen und kulturellen
Wahrnehmungs-, Erkenntnis- und Wertekategorien wesentlich präformieren,
und jene vorgängigen Interessen und Ängste aufzudecken, welche die Auslassungen und Verzerrungen auf der Ebene des Bewußtseins motivieren. Um
diese den Strukturen des kulturell entworfenen Weltbildes vorgelagerten Motive
zu durchschauen, ist es nötig, über den von H.-G. Gadamer festgesetzten
Geltungsbereich der ↗ Hermeneutik hinauszugehen. Gadamer sieht eine
von der Hermeneutik des Verdachts geprägte Hinterfragung gesellschaftlicher
Kommunikationsstrukturen, wie sie z.B. die Psychoanalyse darstellt, dort
nicht mehr legitimiert, wo sie die eingelebten sozialen Beziehungen betrifft
(vgl. Gadamer 1971, bes. S. 81f.). J. Habermas hingegen plädiert im Rahmen
einer fundamental-kulturkritischen Analyse für die bewußte Einbeziehung
von tiefenhermeneutischen Erklärungsmodellen, welche sich um eine Systematisierung von konstitutiven Prinzipien der Bedingungen, Möglichkeiten
und Funktionsweisen von Bewußtsein bemühen. Während Gadamer den
Psychoanalytiker, der auch außerhalb seines Berufes die gesellschaftliche
Kommunikation mit dem Blick des Psychoanalytikers betrachtet, kritisiert,
hält Habermas (1971, S. 132) es für die Arbeit des tiefenhermeneutisch arbeitenden Ideologiekritikers (↗ Ideologie und Ideologiekritik) für notwendig,
sich diesen Blick zu eigen zu machen, da nur so »die allg. Bedingungen der
Pathologie umgangssprachlicher Kommunikation erkannt« werden. Doch
da niemand »einen durch wechselseitige Verständigung herbeigeführten
Konsensus gleichsam von der Seite einsehen und hinter dem Rücken der
Beteiligten erneuten Legitimationsforderungen unterwerfen« kann, erscheint
jeder »Versuch, dieses gewiß kontingente Einverständnis abstrakt als falsches
Bewußtsein zu verdächtigen, [als] sinnlos, weil wir das Gespräch, das wir
sind, nicht transzendieren können« (ebd., S. 152). Ein Standpunkt außerhalb ›des Gespräches, das wir sind‹, läßt sich konstruieren. Um die kulturell
bedingte Horizonthaftigkeit in den Blick zu bekommen, konstruieren so
unterschiedliche Denkrichtungen wie der Marxismus und die Psychoanalyse,
Philosophien des Vitalismus und die Diskursanalyse (↗ Diskurs und Diskurstheorien), feministische und postkolonial orientierte DekonstruktivistInnen
(↗ Dekonstruktivismus; ↗ feministische Lit.theorie; ↗ postkoloniale Lit.-
theorie und -kritik) Erklärungs- und Analysemodelle, welche die konstitutiven Prinzipien für die Funktionsweise bewußter Erkenntnis im Rahmen des
europ. Kulturhorizontes aus ihrer Subjektposition aus aufdecken und deuten.
– Als privilegiertes Medium der Verstellung und (ungewollten) Enthüllung
von Tiefenstrukturen steht die Sprache in fiktionalen und nicht-fiktionalen
Texten im Mittelpunkt vieler tiefenhermeneutischer Analysen. Im Gefolge
des ↗ linguistic turn werden z.B. im ↗ New Historicism jedoch auch andere
kulturelle Praktiken wie Kleiderordnungen und Theaterkonventionen als ↗ Zeichensysteme analysiert, deren kulturelle Bedeutung sich über t.A. erschließt.

Lit.: H.-G. Gadamer: »Rhetorik, Hermeneutik und Ideologiekritik. Metakritische Er-
örterungen zu *Wahrheit und Methode*«. In: Apel 1971. S. 57–82. – J. Habermas: »Der
Universalitätsanspruch der Hermeneutik«. In: Apel 1971, S. 120–159.   AHo

Tod des Autors (engl. *death of the author*), Schlagwort autorkritischer Ansätze, das auf den frz. Kritiker und Philosophen R. Barthes zurückgeht, der es 1968 anhand einer Analyse von H. de Balzacs Geschichte »Sarrasine« (1831) prägte. Obgleich mit der Rede vom ›T.d.A.‹ ganz unterschiedliche Thesen und Positionen zusammengefaßt werden, ist dieses Diktum seitdem nahezu kritiklos übernommen worden. Barthes greift traditionelle Vorstellungen vom ↗ Autor als eines privilegierten Individuums, einer Person, die den von ihr verfaßten Text und seine Bedeutung völlig kontrolliert, auf und entlarvt sie als Produkte einer typisch modernen, individualistischen und kapitalistischen Ideologie, wie sie sich seit dem Ausgang des Mittelalters herausgebildet hat. Im Gefolge St. Mallarmés, P. Valérys und M. Prousts will Barthes die Schrift selbst in der Funktion eines solchen Autors sehen und diesen durch einen Skriptor ersetzen, der gleichzeitig mit dem Text geboren wird. Es gibt also keinen gottähnlichen Autor mehr, der seine Botschaft in quasi-theologischer Manier monologisch durch den Text vermittelt, sondern einen multidimensionalen textuellen Raum, der als ein Gewebe von Zeichen und Zitaten unterschiedlicher kultureller Provenienz erscheint (↗ Intertextualität und Intertextualitätstheorien) und nicht mehr eindeutig im Sinne des Autors entschlüsselbar ist. Statt dessen fokussieren die in einem dialogischen Verhältnis zueinander stehenden Bestandteile des Textes nunmehr im realen historischen Leser, der als Träger der Bedeutungskonstitution an die Stelle des Autors rückt. Der T.d.A. ist damit die Geburtsstunde des Rezipienten. – Barthes' einflußreiches Diktum entstand gleichzeitig mit der sich in Deutschland Ende der 1960er Jahre neu entwickelnden ↗ Rezeptionsästhetik und wurde zu einem der grundlegenden Texte des ↗ Poststrukturalismus. M. Foucault versuchte, die Anonymisierung oder völlige Abschaffung des Autor-Begriffes durch Barthes in »Qu'est-ce qu'un auteur?« (1969) mittels einer historisierend-ideologiekritischen Neudefinition des Konzepts des Autors als einer im Lauf der Geschichte veränderlichen Diskursfunktion zu verhindern.

Lit.: R. Barthes: »The Death of the Author« [1968]. In: ders: *Image – Music – Text*, Ldn. 1987 [1977]. S. 142–148. – M. Foucault: »Qu'est-ce qu'un auteur?.« In: *Bulletin de la Société française de Philosophie* 63 (1969) S. 73–104 (dt. »Was ist ein Autor?« In: ders.: *Schriften zur Literatur*, FfM. 1988 [1974]. S. 7–32). – M. Nesbit: »What Was an Author?«. In: *Yale French Studies* 73 (1987) S. 229–257. – P. Lamarque: »The Death of the Author. An Analytical Autopsy«. In: *British Journal of Aesthetics* 30 (1990) S. 319–331. – S. Burke: *The Death and Return of the Author. Criticism and Subjectivity in Barthes, Foucault and Derrida*, Edinburgh 1998 [1992]. – Jannidis et al. 1999. – H. Detering (Hg.): *Autorschaft. Positionen und Revisionen*, Stgt./Weimar 2002.   HA

Topik/Toposforschung (gr. *tópos*: Ort), mit diesen Begriffen sind zwei Disziplinen bezeichnet, die sich auf zwei unterschiedliche Bedeutungen des Wortes Topos beziehen. In seiner urspr. Bedeutung gehört der Topos als Beweismittel in die *inventio*, die Lehre vom Finden der Argumente und Beweise, die ein Bindeglied zwischen der ↗ Rhetorik und der Dialektik/Logik bildet. Der rhetorische Topos ist ein ›Fundort‹ für Beweise oder Argumente (lat. *sedes argumentorum*), die man in einer Rede verwenden kann. Die Lehre von den Argumentationstopoi ist die T. (z.B. Aristoteles' *Topica*). Die Argumentationstopoi oder ›Suchformeln‹ (vgl. Lausberg 1960), ›allg. Formprinzipien der Argumente‹ (vgl. Veit 1963), bilden ein umfassendes Reservoir von Mitteln zur Findung von Argumenten, die z.B. bei einem Rechtsstreit behilflich sein können. Einige Suchformeln finden sich in einem ma. Hexameter ›quis, quid, ubi, quibus auxiliis, cur, quomodo, quando‹, einem Fragenkatalog, den der engl. Rhetoriker Th. Wilson im 16. Jh. so wiedergibt: ›Who, what and where, by what help, and by whose:/Why, how, and when, do many things disclose.‹ Cicero hat diese Topoi in *De inventione* in Sach- und Personentopoi eingeteilt. Es gibt auch abstraktere Topoi wie den Schluß aus dem Gegenteil (*argumentum a contrario*) und den Schluß vom Stärkeren her (*argumentum a fortiori*). Alle diese Argumentationstopoi sind insofern allg. Topoi, als sie auf unterschiedliche Fälle und Situationen anwendbar sind, Aristoteles' *koinós tópos*. Die lat. Entsprechung ist *locus communis* (dt. Gemeinplatz).

Im Lauf der Geschichte hat sich die Bedeutung des Wortes *locus communis* tiefgreifend verändert. Es ist von der Suchformel für ein Argument auf das Argument selbst, den Inhalt des Arguments, bezogen worden. Das trifft zunächst auf prägnante Wahrheitssätze zu, wie z.B. *carpe diem* (›pflücke den Tag‹), *tempus fugit* (›die Zeit entflieht‹). E.R. Curtius hat, den etwas pejorativ konnotierten Begriff *locus communis* vermeidend, in seinem Werk *Europ. Lit. und lat. Mittelalter* (1948) den Topos-Begriff zur Grundlage einer neuen historischen ↗ Komparatistik gemacht. Seine Neudefinition der Topoi als ›feste Clichés oder Denk- und Ausdrucksschemata‹ mag historisch nicht legitimiert sein; sie hat sich aber als ungemein fruchtbar erwiesen. Curtius hat in engerem Sinne rhetorische Topoi behandelt wie den Bescheiden-heits- und den Unsagbarkeitstopos und topische ↗ Metaphern wie die vom Leben als einer Schiffahrt oder der Welt als einem Theater (*theatrum mundi*), Landschaftstopoi wie den *locus amoenus*, traditionelle thematische Konfigurationen wie die von Waffen und Wissenschaften (*armas y letras*), oxymoronische Vorstellungen wie die vom Knaben als Greis (*puer senex*) und Adynata wie die Vorstellung von der verkehrten Welt. Von großer Bedeutung sind u.a. auch die tradierten Techniken der Eröffnung (Exordialtopoi) und der Schlußgebung literar. Werke.

Aus dem hohen Alter der meisten Topoi ergibt sich eine ihrer grundsätz-lichen Eigenschaften, nämlich die ihnen gewöhnlich inhärente Spannung zwischen Altehrwürdigkeit und Abgegriffenheit. Topoi können die Plattheit von ›Gemeinplätzen‹ annehmen. Sie können aber auch neu formuliert und neu gedeutet und damit revitalisiert werden. Curtius sah im Weiterleben der Topoi durch die Geschichte ein Zeugnis der Einheit des Erbes der europ. Kultur. Man hat ihm deshalb ein unhistorisches, restauratives Kulturver-ständnis vorgeworfen (vgl. Jehn 1972). Die T. hat aber den geschichtlichen Funktionswandel der Topoi akzentuiert (vgl. Baeumer 1972). Die historische Dynamik der Topoi zeigt sich auch darin, daß zu bereits existierenden Topoi wie dem *locus amoenus* der pastoralen Dichtung Gegentopoi gebildet werden wie der *locus terribilis* der schauerromantischen Lit. T. ist auch als ›Topologie eines Gesprächs‹ verstanden worden (vgl. Pöggeler 1960), die auch auf die nichtfiktionale Lit. bezogen sein kann. So stellt sich die Geschichte der Stiltheorie z.B. als ein Dialog konkurrierender topischer Gedanken dar (vgl. Müller 1981). In den letzten Jahrzehnten läßt sich neben dem Weiterleben des lit.wissenschaftlich-komparatistischen Toposkonzepts eine Verallgemeinerung des Begriffes auf alle gesellschaftlich vermittelten Bestandteile der Tradition feststellen (vgl. Bornscheuer 1976).

Lit.: E.R. Curtius: *Europ. Lit. und lat. Mittelalter*, Bern 1993 [1948]. – E. Mertner: »Topos und Commonplace«. In: G. Dietrich/F.W. Schulze (Hgg.): *Strena Anglica. Fs. für O. Ritter*, Halle 1956. S. 178–224. – Lausberg 1990 [1960]. – O. Pöggeler: »Dichtungstheorie und Toposforschung«. In: *Jb. für Ästhetik und allg. Kunstwissenschaft* 5 (1960) S. 89–201. – W. Veit: »Toposforschung«. In: *DVjs* 37 (1963) S. 120–163. – M.L. Baeumer (Hg.): *Toposforschung*, Darmstadt 1973. – P. Jehn (Hg.): *Toposforschung. Eine Dokumentation*, FfM. 1972. – L. Bornscheuer: *T.: Zur Struktur der gesellschaftlichen Einbildungskraft*, FfM. 1976. – W.G. Müller: *T. des Stilbegriffs*, Darmstadt 1981. – U. Hebekus: »T./Inventio«. In: Pechlivanos et al. 1995. S. 82–96. – Th. Schirren: *T. und Rhetorik. Ein interdisziplinäres Symposium*, Tüb. 2000.   WGM

Tradition (lat. *tradere*: weitergeben, überliefern), dem Wortsinn nach bezeichnet T. das Ensemble des Hergebrachten, Überkommenen und gewohnheitsmäßig Gegebenen. Bei der Erörterung des T.skonzepts empfiehlt es sich, dessen mögliche Gegenbegriffe und Alternativkonzepte in Betracht zu ziehen: So steht T. als das ›Beharrende‹ und kontinuierlich sich Fortsetzende im Gegensatz zu Neuerung und Innovation bzw. schärfer gefaßt: T.sbruch und radikaler Zäsur. Als der Nachahmung empfohlene, gleichsam autoritäre Vorgabe kontrastiert T. mit der Idee des Abweichenden und Individuellen; als das Alte, Überkommene schließlich erscheint sie als Gegensatz schlechthin zu Moderne und Modernität.

Daß ohne T. keine kulturelle bzw. literar. Entwicklung, auch keine Innovation, möglich sei, ist spätestens seit der Renaissance (vgl. M.E. de Montaigne) ein Topos der lit.- und kulturkritischen Diskussion. Texte kommen überhaupt erst durch Zitate, durch Referenzen auf ihre literar. Vorläufer zustande (↗ Intertextualität und Intertextualitätstheorien). Auch das Neue bedarf der T., und sei es nur als der Folie, von der sich abhebend es als solches sichtbar wird. Als einer der einschlägigen neuzeitlichen Ausgangspunkte der Geschichte des T.sproblems gilt neben der Renaissance zu Recht die frz. Klassik. Die von Ch. Perrault eröffnete und in verschiedenen Nationallit. fortgeführte *Querelle des anciens et des modernes* (1688ff.) stellt einen klassischen Bezugspunkt der T.sdebatte dar. Von der oben genannten deskriptiven Einsicht in die Unhintergehbarkeit des Bezugs auf T. zu unterscheiden ist eine emphatische, normative Auffassung, die T. als Inbegriff des Gültigen, Verbindlichen und schlechthin Bewahrenswerten begreift. Wie die Geschichte des T.sbegriffs zeigt, läßt sich auch bei anspruchsvollen, theoretischen Problemformulierungen häufig die Tendenz beobachten, daß ein deskriptiver, analytischer Zugang durch normative Gesichtspunkte verstellt und der T.sbegriff ontologisch oder anthropologisch überhöht wird. T.S. Eliot, dessen Essay »Tradition and the Individual Talent« (1919) der T.sdebatte des 20. Jh.s das Stichwort gibt, vertritt in diesem Zusammenhang noch eine gemäßigte Position: Das jeweils neue Werk werde zwar in die Ordnung der T. eingefügt (›its fitting in is a test of its value‹), doch komme ihm zugleich ein Potential zu, verändernd auf die Kriterien und Relationen jenes kanonischen Gefüges der Texte zurückzuwirken. An Eliot anschließend vertritt v.a. E.R. Curtius einen emphatischen, tendenziell substantialistischen T.sbegriff. Bei Curtius findet sich auch die elitäre Vorstellung von T. als einer überzeitlichen Gemeinschaft der großen Geister, ein Bild, das nicht zufällig an den alten Topos der Kette der Dichter und Weisen anknüpft (Homer, Platon). Hier wird zugleich deutlich, daß der Begriff T. aufs engste mit Problemen der Kanonbildung (↗ Kanon) und des Klassischen verknüpft ist: Als selektive Ordnung der Überlieferung schließt T. immer auch Prozesse der Auswahl und Kanonisierung mit ein. Normative, substantialistische Konzepte neigen zu einer Gleichsetzung von T. und Klassik: Die bewahrenswürdige T., so die Auffassung, ist eben die klassische. Von einer in diesem Sinne ontologischen, klassikorientierten Tendenz ist auch H.-G. Gadamers T.sbegriff nicht frei. Seine Konzeption droht die zunächst konzedierte hermeneutische Differenz von gegenwärtigem Interpreten und vergangenem Werk letztlich preiszugeben.

Im Gegensatz zu herkömmlichen Vorstellungen von T. betont das Konzept des Traditionsverhaltens die aktive Auseinandersetzung mit dem kulturellen Erbe. Anknüpfend an den häufig nachgedruckten und sehr einflußreichen Sammelband *The Invention of Tradition* (Hobsbawm/Ranger 1983) sind in der ↗ Kulturwissenschaft, der *New Cultural History* und in Studien zum kollektiven Gedächtnis v.a. die ↗ Konstruktivität von T.en, die nicht ›vorgefunden‹, sondern zu einem erheblichen Teil auch nach Maßgabe gegenwärtiger Bedürfnisse und Interessen ›erfunden‹ werden, sowie die Wirksamkeit von ›erfundenen T.en‹ bei der Stiftung kultureller Gemeinsamkeiten und kollektiver Identität in das Zentrum des Interesses gerückt.

Lit.: T.S. Eliot: »Tradition and the Individual Talent«. In: ders.: *The Sacred Wood*, Ldn. 1964 [1920]. S. 47–59. – E.R. Curtius: *Europ. Lit. und Lat. Mittelalter*, Tüb. 1993 [1948]. – H.G. Gadamer: *Wahrheit und Methode*, Tüb. 1975 [1960]. – Jauß 1992 [1970]. – Bloom 1997 [1973]. – E.J. Hobsbawm/T. Ranger (Hgg.): *The Invention of Tradition*, Cambridge 1997 [1983]. – R. Goebel: »Curtius, Gadamer, Adorno. Probleme literar. T.«. In: *Monatshefte* 78.2 (1986) S. 151–166. – A. Höfele: »T.«. In: Borchmeyer/Žmegač 1994 [1987]. S. 431–435.   LS

Tropen (gr. *trópos*: ›Wendung‹), die T. gehören in den Bereich der rhetorischen Stillehre (*elocutio*; ↗ Rhetorik). Sie sind ein wichtiges Element des sprachlichen Schmucks (*ornatus*). T. sind einzelne Wörter oder Wendungen, die im uneigentlichen (übertragenen, figurativen) Sinne gebraucht werden. Das Bildungsprinzip der T. ist die Substitution. Der eigentliche Ausdruck (*proprium*) wird durch einen uneigentlichen Ausdruck (*improprium*) ersetzt. Durch diese semantische Prozedur unterscheiden sich die T. von den rhetorischen Figuren (z.B. Frage, Chiasmus, Ellipse, Anapher), welche die Bedeutung der einzelnen Wörter nicht antasten. Man kann die T. nach dem Grad der Distanz zwischen dem eigentlichen und dem übertragenen Ausdruck unterscheiden, wobei es ein Spektrum gibt, das von der Synonymie bis zur Antonymie reicht. Bei geringerer Distanz spricht H. Lausberg von ›Grenzverschiebungstropen‹ (z.B. Periphrase, ↗ Metonymie, Litotes, Hyperbel), bei größerer von ›Sprungtropen‹ (z.B. ↗ Metapher, Allegorie, Ironie). Ein instruktives Beispiel ist das Verhältnis von Ironie (Ausdruck des Gemeinten durch sein Gegenteil) und Litotes (Ausdruck des Gemeinten durch die Verneinung des Gegenteils). Ironisch sagt man von einem ungestalten Mann ›Das ist ein Adonis‹, litotisch ›Das ist kein Adonis‹.

Es gibt ↗ Epochen in der Lit.- und Kulturgeschichte, wie Renaissance und Barock, in denen die tropische Diktion den Sprachstil dominiert. Im europ. Manierismus, speziell dem ital. Marinismus und dem span. Gongorismus, auch bei den engl. *metaphysical poets*, werden ausgeklügelte metaphorische Denk- und Sinnfiguren (ital. *concetti*, engl. *conceits*) gebildet, die Gegensätzliches paradoxal (Paradoxie) in einer höheren Einheit verbinden. Das *conceit* ist in der Romantik (Novalis, C. Brentano), in Symbolismus (A. Rimbaud, St. Mallarmé) und in der Moderne (T.S. Eliot, G. Benn, P. Celan) wiederaufgenommen worden. Epochen können auch einzelne T. bevorzugen, wie der engl. Klassizismus, in dessen *poetic diction* die Periphrase, die Umschreibung eines Ausdrucks durch mehrere Wörter, aufgrund ihrer definitorischen Kraft eine große Rolle spielt. Die Allegorie als Trope und als ↗ Gattung ist im Mittelalter und im Barock von zentraler Bedeutung. Der Klassizismus schätzt auch die Ironie, Hauptmittel der für die Epoche wichtigen Gattung der Satire. Die T. und damit die ↗ Rhetorik sind auch für die moderne Lit.- und Kulturkritik von großer Bedeutung. Der Linguist R. Jakobson bestimmt, von der Unterscheidung zwischen Metapher und Metonymie ausgehend, oppositäre metaphorische und metonymische kulturelle Phänomene, z.B. Drama vs. Film, Surrealismus vs. Kubismus, Poesie vs. Prosa, lyrisches vs. episches Gedicht, Romantik/Symbolismus vs. Realismus. D. Lodge versucht mit Hilfe der Jakobsonschen Oppositionen zu einer Typologie der modernen Lit. zu gelangen. Zu einem Angelpunkt einer neuen Theorie der Geschichtsschreibung werden die T. bei H. White, der die Hauptformen der europ. Historiographie des 19. Jh.s mit den vier T. Metapher, Metonymie, Synekdoche und Ironie verbindet. Lit.wissenschaftlich einflußreich ist die T.kritik des ↗ Dekonstruktivismus (P. de Man).

Lit.: Lausberg 1990 [1949]. – Plett 1991 [1971]. – White 1997 [1973]. – D. Lodge: *The Modes of Modern Writing*, Ldn. 1996 [1977].   WGM

U

Unbestimmtheit, literarische, zentrales Konzept rezeptionsästhetisch orientierter Lit.theorie, derzufolge fiktionale Texte in ihren Bestandteilen nie völlig bestimmt im Sinne einer einzig möglichen interpretativen Realisierung, Aktualisierung oder ↗ Konkretisierung sind. In der durch die ↗ Rezeptionsästhetik ausgelösten Debatte über Objektivismus und Subjektivismus in der ↗ Interpretation literar. Texte nimmt W. Iser eine vermittelnde Position ein, indem er in einem durch die Spezifik des jeweiligen Textes eingeschränkten Rahmen die Offenheit literar. Werke und damit die Möglichkeit unterschiedlicher Interpretationen postuliert. Dazu greift er auf R. Ingardens auf phänomenologischer Grundlage entwickeltes Konzept der U.stelle zurück, das beschreibt, wie die polyphone Harmonie der unterschiedlichen Schichten eines Kunstwerkes Bestimmtheit lediglich vortäuscht, in der Tat aber den intentionalen Gegenstand des Textes offenläßt. Letzterer ist also prinzipiell unfertig und muß erst noch durch den Akt der Konkretisation im Sinne der Aktualisierung potentieller Elemente vollendet werden. L.U. aktiviert also den Rezipienten und animiert ihn zur Konstitution des Textgegenstandes. Sind Ingardens U.sstellen Suggestionsreize einer gedachten Komplettierung, so dynamisiert Iser das Konzept, wenn er von textuellen ↗ Leerstellen spricht, die er nicht als zu realisierendes Potential, sondern als ausgesparte Anschließbarkeit definiert. Leerstellen sind die Gelenke oder gedachten Scharniere des Textes, an denen ein Textelement nicht ohne weiteres an die vorhergehenden anschließbar ist, wodurch die Textkohärenz (↗ Kohärenz) gefährdet wird. Die dadurch entstehende Kombinationsnotwendigkeit der Textschemata entautomatisiert die im habituellen Sprachgebrauch pragmatisch unproblematische Beziehung der Segmente zueinander. Als Bedingung für die Betätigung des Rezipienten im Text aktiviert die Leerstelle also die Vorstellungsbildung des Lesers, der interaktiv auf den Text reagiert und aus seinem Erfahrungshorizont heraus die Leerstelle füllt, indem er im Interpretationsprozeß ein neues Beziehungsverhältnis zwischen den Segmenten konstituiert.

Lit.: W. Iser: *U. als Wirkungsbedingung literar. Prosa*, Konstanz 1970. – ders. 1994 [1976]. – G. Graff: »Determinacy/Indeterminacy«. In: Lentricchia/McLaughlin 1995 [1990]. S. 163–176.   HA

Unzuverlässigkeit, erzählerische (engl. *unreliability*), auch als Unglaubwürdigkeit oder unzuverlässiges Erzählen (engl. *unreliable narration*) bezeichnet; der Begriff wurde von W.C. Booth für die Analyse von Erzähltexten eingeführt und stellt seitdem eine zentrale Kategorie für die Beurteilung von ↗ Erzählern dar. Booth (1961, S. 158f.) bezeichnet einen Erzähler als zuverlässig, wenn er für die Normen des Gesamtwerkes (d.h. die Normen des impliziten ↗ Autors) eintritt oder in Übereinstimmung mit diesen handelt, und als unzuverlässig, wenn ein Widerspruch zwischen den Normen des impliziten Autors und denen des Erzählers auftritt. Dieses textimmanente Verständnis von e.U. geriet erst in den 1990er Jahren in die Kritik neuerer lit.theoretischer Ansätze (vgl. Nünning 1997; Wall 1994), die eine Rekonzeptualisierung von e.U. vornahmen. Danach fungiert nicht der implizite Autor als Maßstab für die Ermittlung von e.U., sondern die Werte und Auffassungen des realen Lesers. Über den Mechanismus der dramatischen Ironie entsteht eine Diskrepanz zwischen den Intentionen und dem Wertesystem des Erzählers und dem (Vor)Wissen und Normen des Lesers. Damit gewinnt e.U. weitreichende Bedeutung für die ↗ Rezeptionsästhetik und die ↗ Kulturwissenschaft, da sie ein Phänomen an der Schnittstelle zwischen moralischen und ästhetischen Kategorien darstellt. Zur Beschreibung der bisher weitgehend vernachlässigten Interdependenzen zwischen pragmatischem Kontext und e.U. läßt sich unter Rückgriff auf die ↗ Schematheorie ein Bezugssystem erstellen, das textuelle Signale für e.U. (z.B. interne Widersprüche im Diskurs oder multiperspektivische Kontrastierungen) mit kontextuellen Faktoren (z.B. Widersprüche gegen allg. Weltwissen oder allg. literar. Konventionen) verbindet.

Das Phänomen der e.U. ist seit der literar. Inszenierung von ↗ Subjektivität in der Romantik in zunehmendem Maße mit modernen erkenntniskritischen, epistemologischen und ontologischen Fragestellungen innerhalb des literar. Diskurses verknüpft. Obgleich U. weitgehend auf Erzähltexte bezogen wird, hat sie auch hohe Relevanz für eine Vielzahl anderer literar. Formen wie etwa das *memory play* und den *dramatic monologue* (vgl. Richardson 1988).

Lit.: Booth 1991 [1961]. – B. Richardson: »Point of View in Drama. Diegetic Monologue, Unreliable Narrators, and the Author's Voice on Stage«. In: *Comparative Drama* 22.3 (1988) S. 193–214. – K. Wall: »*The Remains of the Day* and Its Challenges to Theories of Unreliable Narration«. In: *Journal of Narrative Technique* 24 (1994) S. 18–42. – A. Nünning: »»But why *will* you say that I am mad?‹ On the Theory, History, and Signals of Unreliable Narration«. In: *AAA* 22.1 (1997) S. 83–105. – ders. (Hg.): *Unreliable Narration. Studien zur Theorie und Praxis unglaubwürdigen Erzählens in der engl.sprachigen Erzähllit.*, Trier 1998. – M. Martinez/M. Scheffel: »Unzuverlässiges Erzählen«. In: diess.: *Einf. in die Erzähltheorie*, Mchn. 1999. S. 95–107. – J. Phelan/M.P. Martin: »The Lessons of ›Weymouth‹. Homodiegesis, Unreliabilty, Ethics, and *The Remains of the Day*«. In: Herman 1999. S. 88–109. – B. Zerweck: »Historicizing Unreliable Narration. Unreliability and Cultural Discourse in Narrative Fiction«. In: *Style* 35.1 (2001) S. 151-78. – G. Olson: »Reconsidering Unreliability. Fallible and Untrustworthy Narrators«. In: *Narrative* 11.1 (2003) S. 93-109. – J. Phelan: *Living to tell about it. A Rhetoric and Ethics of Character Narration*, Ithaca, N.Y. 2004.   BZe

V

Verfremdung, die theoretische Begründung der V. erfolgt unsystematisch durch B. Brecht und wird von ihm mit dem Einsatz von ↗ ›V-Effekten‹ in der praktischen Theaterarbeit umgesetzt. Ausgangspunkt ist die Einsicht, daß die Vortäuschung von Wirklichkeit (als ob) durch die Illusionierung einer Ästhetik des Industriezeitalters unangemessen ist, zumal der Faschismus mit seiner ›Ästhetisierung der Politik‹ (W. Benjamin) alle traditionellen Mittel der Einfühlung zur Verführung der Massen einsetzt. Ziel ist es, die Kunst der Erkenntnis zu öffnen und parallel zum wissenschaftlichen Expe-

riment künstliche sowie künstlerische Modelle der gesellschaftlichen Realität zu schaffen. Dazu werden das Gewohnte bzw. Bekannte fremd gemacht
und die unsichtbaren Bewegungsgesetze des gesellschaftlichen Zusammen-
lebens parabelhaft zur ästhetischen Anschauung gebracht. Abzugrenzen
davon ist das vom Russ. Formalismus (V. Šklovskij) entwickelte *ostranenie*
(gewöhnlich ebenfalls mit V. übersetzt); es gilt der Vermittlung einer neuen
künstlerischen Wahrnehmungsweise, mit der die alltägliche, automatisierte
Wahrnehmung negiert und wieder der unvoreingenommenen ›Empfindung
der Dinge‹ zugeführt wird (*Iskusstvo kak priem*, 1917; in Striedter 1969).
V., erstmals in der Verbform bei B. Auerbach (*Neues Leben*, 1842) nachgewiesen, geht zurück auf G.W.F. Hegels (1964, II.25, S. 33) Begriff der
›Entfremdung‹, die dieser als Bedingung von Erkenntnis theoretisch begründet hat: »Das Bekannte überhaupt ist darum, weil es *bekannt*, nicht
erkannt«. Um zum Gegenstand der Erkenntnis zu werden, muß die unmittelbare Apperzeption negiert werden und das zu erkennende Objekt die
Gestalt von etwas Fremdartigem erhalten. Über die Negation dieser Entfremdung (Negation der Negation) ist Erkennen gewährleistet. Brecht
übernimmt, als er 1936 (»Beschreibung der Kopenhagener Uraufführung
von *Die Rundköpfe und die Spitzköpfe*« in Brecht 1967, S. 1087) V. erstmals
verwendet, die theoretische Position Hegels, verbindet sie zugleich aber
(deshalb die terminologische Abweichung) mit seiner Ästhetik eines kritischen
Realismus. Diese hat zum Ziel, mit bewußt demonstrierten künstlerischen
Mitteln (›zeige, daß du zeigst‹) die von K. Marx dem Begriff der ›Entfremdung‹ zugeführten materiellen Aspekte offenzulegen: die Fremdbestimmung
des Menschen durch Unterdrückung und Ausbeutung sowie die internali-
sierten gesellschaftlichen Zwänge, die menschliches Selbstbewußtsein verhindern. E. Bloch (1962) hat, an Hegel und Brecht anschließend, V. kurz
als Negation der ›heimischen Entfremdung‹ definiert.

Lit.: G.W.F. Hegel: *Phänomenologie des Geistes*, Stgt. 1964 [1807]. – E. Bloch: *V.en*,
FfM. 1962. – B. Brecht: *Schriften zum Theater 3. Anmerkungen zu Stücken und
Aufführungen 1918–1959* (Gesammelte Werke Bd. 17), FfM. 1967. – V. Šklovskij:
»*Iskusstvo kak priem*/Die Kunst als Verfahren«. In: Ju. Striedter (Hg.): *Texte der
russ. Formalisten*, Bd. 1, Mchn. 1969. S. 2–35. – R. Lachmann: »Die ›V.‹ und
das ›Neue Sehen‹ bei V. Šklovskij«. In: *Poetica* 3 (1970) S. 226–249. – J. Knopf:
Brecht-Handbuch. Theater, Stgt. 1980. – V. Žmegač: »V.«. In: Borchmeyer/Žmegač
1994 [1987]. S. 453– 457.   JK

Verfremdungseffekt, auch V-Effekt (lat. *abalienare*: sich einer Sache entäu-
ßern, verkaufen, entfremden), Bezeichnung von B. Brecht für die technischen
und sprachlichen Mittel, die (v.a. im Theater) ↗ Verfremdung hervorbringen.
Die Basis bildet die Überzeugung, daß Kunst in der fortgeschrittenen und
immer komplexer gewordenen Industrie- und Massengesellschaft nicht
(mehr) täuschen darf (↗ Illusion, ästhetische), sondern alle Mittel offenlegen
muß, die sie zu ihrer Verfertigung benötigt hat, d.h. Kunst muß zeigen, daß
gezeigt wird (Illusionsdurchbrechung). Dies geschieht u.a. dadurch, daß
(a) die Darsteller einer Rolle nicht in ihr aufgehen, sondern sie während

der Verkörperung zugleich kritisieren und kommentieren (Überführung in die 3. Person), daß (b) bei musikalischen Partien die Handlung durch Lichtwechsel unterbrochen wird und die Darsteller eine neue Haltung einnehmen (Desillusionierung), daß (c) die Trennung Bühne/Publikum durch Einführung einer halbhohen Gardine, die die Zuschauer z.b. an Umbauten beteiligt, und durch direkte Ansprachen sowohl während des Geschehens als auch durch Prolog und/oder Epilog durchbrochen wird (Niederlegung der 4. Wand), daß (d) mögliche und widersprüchliche Alternativen zur gezeigten Handlung angedeutet oder mitgespielt werden (Fixierung des Nicht-Sondern) und/oder daß (e) überraschende sprachliche Wendungen den gewohnten Sinn von Worten oder Sentenzen umkehren und durch Doppeldeutigkeit kritisieren. Alle Mittel dienen dazu, die Zuschauer in eine entspannte, beobachtende und damit kritische Haltung zu versetzen, die es ihnen ermöglicht, die künstliche und kunstvolle Demonstration auf der Bühne mit ihren realen Erfahrungen zu vergleichen und aus dem Vergleich möglicherweise Konsequenzen für ihr gesellschaftliches Verhalten zu ziehen. Zugleich ist der V. nötig, um die verborgenen, nicht sichtbaren Bewegungsgesetze der Gesellschaft zur Anschauung zu bringen und damit zu demonstrieren, daß die Zuschauer die sie bestimmende Realität und das ihnen vermeintlich Bekannte (eigentlich) gar nicht kennen. Die Demonstration der Kunst als Kunst greift auf verschiedene Traditionen des Komischen, z.B. der *Commedia dell'arte*, zurück und soll dadurch auch das Vergnügen der Zuschauer an der Kunst verbürgen.

Lit.: J. Knopf: *Brecht-Handbuch. Theater*, Stgt. 1996 [1980]. S. 388–394.   JK

Voraussetzungssystem, Konzept aus der ↗ Empirischen Theorie der Lit. (ETL) zur Bezeichnung des Systems aller Handlungsvoraussetzungen und -bedingugen, die sich in der Sozialisationsgeschichte von Aktanten herausgebildet haben und die deren Handlungen in konkreten Situationen bestimmen. Dazu gehören folgende allg. Bedingungen: (a) Alltagswissen, kommunikatives, kulturelles, soziales, politisches, ökonomisches Wissen, (b) kommunikative, kognitive, soziale Fähigkeiten, (c) allg. Motivationen, (d) Bedürfnisse, (e) Intentionen, (f) ökonomische, politische, soziale und kulturelle Bedingungen. Ferner sind folgende spezielle Bedingungen zu berücksichtigen: (a) Annahmen über das V. und die psychischen Dispositionen anderer Kommunikationsteilnehmer, (b) Kenntnis von früheren Handlungen, (c) Kenntnis und kommunikative Realisierung der eigenen Rolle, (d) Erwartungen an den Kommunikationsprozeß, (e) psychische Zustände wie Euphorie oder Depression, (f) physische Zustände wie Ermüdung oder Hunger usw. Für die Erklärung literar. Produktions-, Rezeptions-, Vermittlungs- und Verarbeitungshandlungen werden jeweils spezifische Ausschnitte aus dem V. der Aktanten in Anspruch genommen, für literar. Produktionshandlungen z.B. spezielles poetologisches, sprachliches und lit. geschichtliches Wissen, spezielle kreative, kommunikative und imaginative Fähigkeiten, ästhetische Interessen usw.

Lit.: Schmidt 1991 [1980]. Bes. S. 274–315. – ders./G. Rusch: *Das V. G. Trakls*, Braunschweig 1983. – V. Nünning: »V. und Produktionshandlungen V. Woolfs am Beispiel von *Orlando*«. In: *SPIEL* 7.2 (1988) S. 347–372.   GR

W

Weiblichkeit/Weibliche Ästhetik, die feministische Theorie hat seit den frühen 1970er Jahren eine natürliche Beziehung zwischen weiblichem Körper und der weiblichen ↗ Geschlechtsidentität bzw. Geschlechterrolle bestritten. Die Auseinandersetzung um W.skonstrukte konzentrierte sich zunächst v.a. auf die Festlegung der Frauen auf traditionelle Geschlechterrollen, auf Misogynie und Sexismus. Frz. Wissenschaftlerinnen kritisierten eine als ›männlich‹ definierte Sprache, die das Weibliche marginalisiert. In neueren Studien wird betont, daß W. nicht nur Ausgangspunkt und Ziel männlichen Schreibens sei, sondern, als Uneigentliches verstanden, letztlich für die Repräsentation selbst stehe.

Der Zusammenhang von weiblicher Autorschaft und Schreiben ist in S. Bovenschens Aufsatz »Über die Frage: Gibt es eine w.Ä.?« (1976) programmatisch beleuchtet worden. Mit dieser Diskussion verfolgt die ↗ feministische Lit.theorie ein doppeltes Ziel: die Kritik an ›männlichen‹ Texten sowie die positive Suche nach einem alternativen ›weiblichen‹ Schreiben bzw. spezifischen Ausdrucksformen für W. In den 1970er Jahren wurde die von V. Woolf in *A Room of One's Own* (1929) aufgeworfene Frage nach den Bedingungen weiblichen Schreibens in einer patriarchalen Gesellschaft wieder aufgenommen. Dabei bezeichnet ›weiblich‹ für einige TheoretikerInnen solche Texte, die nicht zwangsläufig von einer Frau verfaßt sein müssen, sondern durch Merkmale geprägt sind, die die westliche Kultur traditionell der Frau zugewiesen hat. In diesem Sinne wird w.Ä. oftmals synonym mit H. Cixous' Konzept der ↗ *écriture féminine* verwendet. Im angloam. und dt.sprachigen Bereich implizierte die Frage nach einer w.Ä. aber eher die Problematisierung weiblicher Autorschaft, die Arbeit an einem ›weiblichen‹ Lit.kanon sowie die Analyse der Besonderheiten der Texte von Frauen (S.M. Gilbert/S. Gubar; E. Showalter). Eine w.Ä. wird im allg. nicht auf den biologischen Körper zurückgeführt, sondern als Effekt der paradoxen Situation der schreibenden Frau begriffen, die Teilhabe an der Kulturproduktion beansprucht, aus der sie eigentlich ausgeschlossen ist. Dies äußert sich in der Geschichte der Frauenlit. u.a. in der Übernahme männlicher Pseudonyme und einer männlichen Erzählperspektive, dem Verzicht auf Veröffentlichung oder der Konzentration auf ↗ Gattungen wie Tagebücher oder Brieflit. Im Zusammenhang mit dem Slogan der Neuen Frauenbewegung, »Das Private ist politisch«, konzentrierten sich Texte von Autorinnen in den 1970er Jahren insbes. auf die Aufarbeitung der eigenen Biographie, was als Konstitution einer authentischen, nicht fremdbestimmten Identität verstanden wurde. In der Lit.wissenschaft ging dies mit der Suche nach einer eigenen Tradition weiblichen Schreibens und der identifikatorischen Lektüre der Texte von Frauen einher (Gynozentrismus). Diese Schwerpunktsetzung ist seit den

1980er Jahren zunehmend kritisiert worden, basiert sie doch auf Vorstellungen von der Autonomie des Subjekts und einem mimetischen Verhältnis (↗ Mimesis) zwischen ↗ Repräsentation und repräsentierter ›Wirklichkeit‹, die in der Postmoderne problematisch geworden sind. So konzentrieren sich feministische Interventionen in den letzten Jahren eher darauf, in der Theorie und Kritik ebenso wie in der künstlerischen Praxis W.skonstrukte durch die ihnen inhärenten Brüche und Lücken in Frage zu stellen. In diesem Zusammenhang sind die Theorien frz. Feministinnen rezipiert und weiterentwickelt worden (S. Weigel, E. Meyer, M. Schuller). Gegenüber der früheren Konzentration auf ↗ Figuren, ↗ Motive und ↗ Handlung rückt nun die Frage nach der Schreibweise sowie der (↗ De-)Konstruktion des sprechenden/schreibenden Subjekts ins Zentrum des Interesses. Dabei wird jedoch eine Neuschrift von W. gerade vermieden, um nicht die patriarchale Festschreibung ›der Frau‹ zu wiederholen.

Lit.: T. de Lauretis: *Alice Doesn't. Feminism, Semiotics, Cinema*, Bloomington 1984. – S. Weigel: *Die Stimme der Medusa. Schreibweisen in der Gegenwartslit. von Frauen*, Dülmen 1987. – I. Weber (Hg.): *W. und weibliches Schreiben. Poststrukturalismus, w.Ä., kulturelles Selbstverständnis*, Darmstadt 1994.   DF/SSch

Werkimmanente Interpretation (lat. *immanere*: bleiben, anhaften), im weiteren Sinne bedeutet w.I. jede ↗ Interpretation (lat., Auslegung, Erklärung, Deutung), die sich auf den literar. Text selbst konzentriert und die ↗ Kontexte (wie Biographie, Lit.-, Kultur- und Geistesgeschichte, Rezeption) weitgehend vernachlässigt. Ein solches Verfahren kann durch didaktische oder andere Gründe der Zweckmäßigkeit bedingt sein. Prinzipiell wird es propagiert von bestimmten lit.theoretischen Richtungen des 20. Jh.s, welche die Autonomie des literar. Kunstwerks betonen und die Beschäftigung mit kontextuellen Aspekten der Lit. als sekundär oder sogar störend ansehen (vgl. Russ. Formalismus; ↗ *New Criticism*; ↗ *explication de texte*).

Im engeren Sinne meint man mit w.I. oder Werkinterpretation eine dominierende formal-ästhetische Schule in der dt. Nachkriegsgermanistik, welche die Forderung erhebt, das Dichtwerk als künstlerisches Produkt müsse allein aus dem Text heraus gedeutet werden. Dieser Standpunkt kommt sehr deutlich in der Definition zum Ausdruck, die G.v. Wilpert in seinem *Sachwörterbuch der Lit.* (1955) für ›Interpretation‹ gibt: »[...] e. Methode der modernen Dichtungswissenschaft, die durch möglichst eindringliche, tiefe Erfassung e. dichter. Textes in seiner Ganzheit als untrennbare Einheit von Gehalt und Form rein aus sich heraus – ohne Seitenblicke auf biographisches oder lit.geschichtliches Wissen – zu e. vertieften Verständnis und voller Einfühlung in die eigenständigen, weltschöpferischen Kräfte des Sprachkunstwerks führen, die Dichtung als Dichtung erschließen will«. Schon an dieser Erklärung läßt sich ablesen, daß die Wurzeln einer solchen Position bereits im dt. Idealismus zu suchen sind. Konkret vertreten wurde die w.I. dann im frühen 20. Jh., z.B. von O. Walzel (1916) in einem Vortrag mit dem bezeichnenden Titel »Die künstlerische Form des Dichtwerks«, wo er geltend macht, ›daß Dichtung v.a. als Kunst genommen werden will‹.

Ansätze in Richtung auf die w.I. lassen sich auch in den Stilforschungen beobachten, wie sie etwa L. Spitzer betrieb, oder in den gattungsgeschichtlichen Untersuchungen, wie sie z.B. der Germanist K. Viëtor plante und durchführte: Hier wandte sich das lit.wissenschaftliche Interesse von der Geistesgeschichte ab und richtete sich auf die künstlerische Form, von der außerliterar. auf die innerliterar. Reihe. Der entscheidende Durchbruch der w.I. in der dt. Germanistik nach 1945 wird gern und plausibel als Reaktion auf den Sündenfall im Dritten Reich erklärt. In Abkehr von der historischen Sichtweise völkischer und nationalpädagogischer Aspekte eröffneten sich nun in der ahistorischen Einstellung der w.I. neue, unverdorbene Perspektiven, und mit der Absage an jedes ideologische Engagement wurden jetzt rigoros geschichtliche, soziale und politische Momente der Lit. aus der Betrachtung verbannt. Zudem gewann man auf diese Weise Anschluß an Entwicklungen, welche sich ähnlich in anderen Ländern bereits vollzogen hatten. Es ist vielleicht kein Zufall, daß Viëtor, der nach anfänglichen Sympathien für die nationalsozialistische Bewegung 1936 in die USA emigriert war, zu einem Pionier der neuen Einstellung wurde und in einem programmatischen Aufsatz über »Dt. Lit.geschichte als Geistesgeschichte« (1945, S. 915) die w.I. als genuine Form der Lit.betrachtung apostrophieren konnte: »Wo immer man die Lit. betrachtet hat als Ausdruck oder als Nebenprodukt allgemeiner Entwicklungsvorgänge: politischer, sozialer, intellektueller, psychologischer, kultureller – da hat man sich vom ästhetischen Phänomen und seiner Sphäre fortbewegt in den Gesamtraum der Geschichte. Das sind gewiß sinnvolle Fragestellungen. Aber man hat angefangen zu erkennen, daß dies nicht die spezifischen Fragestellungen des Lit.wissenschaftlers sein können. Der Hauptgegenstand seiner Bemühungen hat das gestaltete Werk in seiner sinnlich-spirituellen Ganzheit zu sein – ein Phänomen ›sui generis‹, nicht ein Spiegel oder Ausdruck von Kräften und Bewegungen anderer Sphären. Dadurch bekommt die Interpretation wieder ihren Platz, der ihr gebührt: sie wird wieder zur Haupt- und Grundkunst des Lit.wissenschaftlers. Lit.-*geschichte* aber rückt damit an die zweite Stelle«.

Maßgebliche Vertreter der w.I. sind E. Staiger und W. Kayser. Staigers Buch *Die Zeit als Einbildungskraft des Dichters. Untersuchungen zu Gedichten von Brentano, Goethe und Keller* (1953 [1939]), das im wesentlichen auf Zürcher Vorlesungen aus den Jahren 1936 und 1938 zurückgeht, ist über die engere Thematik hinaus bedeutend. Bes. die kurze Einl. »Von der Aufgabe und den Gegenständen der Lit.wissenschaft« konnte als ein Manifest der w.I. aufgefaßt werden. Bezugnehmend auf G.W.F. Hegel, spricht Staiger (1953, S. 15) das Wortkunstwerk als eine eigene Welt an, die er als das zentrale Aufgabenfeld des Lit.wissenschaftlers versteht, indem er konstatiert: »Darauf kommen wir immer wieder zurück, auf die Welt des Dichters, die im Wort vernehmlich wird, das heisst, wir kommen immer wieder zum Werk, das uns allein als unmittelbarer Gegenstand gegeben ist«. Der Gegenstand, mit dem sich der Lit.wissenschaftler nach Staiger auseinandersetzt, ist »die Dichtung selbst, nicht etwas, das dahinter liegt« (ebd.). Staigers Darlegung der interpretatorischen Arbeit kulminiert in einer vielzitierten Formel: »[...] eben dies, was uns der unmittelbare Eindruck

aufschliesst, ist der Gegenstand literar. Forschung; dass wir begreifen, was
uns ergreift, das ist das eigentliche Ziel aller Lit.wissenschaft« (ebd., S.
11). In seiner vorsichtigen Terminologie vermeidet Staiger hier das Wort
›Interpretation‹ und spricht von seiner Absicht, »mit aller Behutsamkeit das
einzelne Kunstwerk zu beschreiben. Eine wissenschaftliche Beschreibung
nennen wir Auslegung« (ebd., S. 17). Nicht ohne Grund verweist er auf
F. Schleiermacher, ›den Meister der hermeneutischen Kunst‹, und zitiert
W. Dilthey und M. Heidegger. Mit dem letzteren sieht er den hermeneutischen Zirkel (»das Einzelne aus dem Ganzen zu verstehen, um hernach
das Ganze wieder aus dem Einzelnen zu klären« [ebd., S. 17f.]) als »eine
positive Möglichkeit ursprünglichen Erkennens, die freilich in echter Weise
nur dann ergriffen ist, wenn die Auslegung verstanden hat, dass ihre erste,
ständige und letzte Aufgabe bleibt, sich jeweils Vorhabe, Vorsicht und
Vorgriff nicht durch Einfälle und Volksbegriffe vorgehen [sic] zu lassen,
sondern in der Ausarbeitung aus den Sachen selbst her das wissenschaftliche Thema zu sichern« (ebd., S. 18). Staiger (1953, S. 19) möchte »durch
vertiefte Einsichten in das Einzelne« eine »Erneuerung« der Lit.wissenschaft
bewirken, eine Art Reformation, und so schließt er mit einem Hölderlin-
Zitat, in dem das sola-scriptura-Prinzip des Protestantismus gefeiert wird:
Was dem kirchlichen Reformator die Heilige Schrift ist, das ist dem literar.
Exegeten der Text des dichterischen Kunstwerks. Im Einleitungsaufsatz
seines bedeutenden Werks Die Kunst der Interpretation (1955) legt Staiger
noch einmal seinen methodischen Ansatz dar. Auffällig ist, daß als Basis
der wissenschaftlichen Arbeit ›das allersubjektivste Gefühl‹ angesprochen
wird. Interpretation ist für Staiger die Kunst, der inneren Stimmigkeit der
Einzelteile im Ganzen des Sprachkunstwerks nachzuspüren (»Kunstgebilde
sind vollkommen, wenn sie stilistisch einstimmig sind.« [Staiger 1955, S.
14]). Die Subjektivität dieses Ansatzes wird bis zu einem gewissen Grade
ausgeglichen, indem das »Wissen, das ein Jh. dt. Lit.wissenschaft erarbeitet
hat« (ebd., S. 18), als Kontrollinstanz, um eine Fehlleitung des Gefühls zu
verhindern, anerkannt wird.

   W. Kaysers Das sprachliche Kunstwerk (1948), das für die Germanistik
in Schule und Universität lange eine maßgebliche Orientierung bedeutet
hat, bringt durch den Untertitel Eine Einf. in die Lit.wissenschaft bereits
zum Ausdruck, daß die Interpretation für den Autor den eigentlichen
Kern lit.wissenschaftlichen Arbeitens ausmacht. Gegenüber Staiger, auf
den sich Kayser mehrfach anerkennend bezieht, ist der Ansatz hier weniger
subjektiv. Auch Kayser (1992, S. 5) setzt sich von früheren positivistischen
und geisteswissenschaftlichen Richtungen ab und meint, mit ihm habe
»ein neuer Abschnitt in der Geschichte der literar. Forschung« begonnen.
Für ihn besitzt ebenfalls das literar. Werk eine autonome Seinsweise: »Das
sprachliche Kunstwerk lebt als solches und in sich« (ebd., S. 387). Oder:
»Eine Dichtung lebt und entsteht nicht als Abglanz von irgend etwas an-
derem, sondern als in sich geschlossenes sprachliches Gefüge« (ebd., S. 5).
Kayser (ebd., S. 387) spricht sogar von »ewigen Gesetze[n] [...], nach denen
sich das sprachliche Kunstwerk bildet«. Bes. Gewicht hat für Kayser (1992,
S. 14) die Dichtung; in ihr manifestieren sich das »besondere Vermögen

[der] literar. Sprache, eine Gegenständlichkeit eigener Art hervorzurufen, und der Gefügecharakter der Sprache, durch den alles in dem Werk
Hervorgerufene zu einer Einheit wird«. Entsprechend formuliert Kayser
(ebd., S. 5) das Erkenntnisziel des Lit.wissenschaftlers: »Das dringendste
Anliegen der Forschung sollte demnach sein, die schaffenden sprachlichen
Kräfte zu bestimmen, ihr Zusammenwirken zu verstehen und die Ganzheit
des einzelnen Werkes durchsichtig zu machen«. Und er möchte entscheidend dazu beitragen und würde es begrüßen, »wenn sich das Bewußtsein
herrschend durchsetzte, daß alle Wissenschaft von der Dichtung in der
›Schönen‹ Lit. einen Gegenstandsbezirk eigener Art als Kernbezirk besitzt,
dessen Erforschung ihre eigenste und innerste Aufgabe ist« (ebd., S. 24).
Auch wenn Kayser neben Beispielen aus anderen europ. Literaturen auch
auf engl.sprachige Texte eingeht (er ist »der Überzeugung, daß es keine
nationalen Lit.wissenschaften gibt« [ebd., S. 6]) und Gemeinsamkeiten
mit den *New Critics* deutlich zutagetreten, sind seine Argumentation und
Terminologie doch unübersehbar germanistisch geprägt. Der Unterschied
zwischen ›Inhalt‹, der ›nicht überbetont werden sollte‹, und ›Gehalt‹, dem ein
hoher Stellenwert beigemessen wird, dürfte für einen engl. Sprecher kaum
nachvollziehbar sein. – In den 1960er Jahren wurde die w.I. zunehmend
wegen ihrer Subjektivität und ahistorischen Einseitigkeit, die freilich in
der interpretatorischen Praxis durchaus durch historisches Wissen ergänzt
wurde, kritisiert und in Richtung auf umfassendere Modelle erweitert. Es
ist auf jeden Fall ihr Verdienst, die zentrale Bedeutung des literar. Textes
ins allg. Bewußtsein gebracht und, ähnlich dem *close reading*, Verfahren für
eine intensive Textanalyse entwickelt zu haben.

Lit.: O. Walzel: »Die künstlerische Form des Dichtwerks« [1916]«. In: H. Enders
(Hg.): *Die Werkinterpretation*, Darmstadt 1978 [1967]. – E. Staiger: *Die Zeit als
Einbildungskraft des Dichters*, Zürich 1953 [1939]. – K. Viëtor: »Dt. Lit.geschichte
als Geistesgeschichte«. In: *PMLA* 60 (1945) S. 899–916. – Kayser 1992 [1948].
– E. Staiger: *Die Kunst der Interpretation*, Zürich 1955. – G. von Wilpert: *Sachwör-
terbuch der Lit.*, Stgt. 1955. – H. Endres (Hg.): *Die Werkinterpretation*, Darmstadt
1967. – E. Leibfried: »Die sog. Werkinterpretation. Kunst und Handwerk«. In:
ders. (Hg.): *Kritische Wissenschaft vom Text*, Stgt. 1970 [1969]. S. 188–208. – K.L.
Berghahn: »Wortkunst ohne Geschichte. Zur werkimmanenten Methode der Ger-
manistik nach 1945«. In: *Monatshefte* 71 (1979) S. 387– 398. – M. Marquardt:
»Zum historischen Verhältnis von Interpretation und Lit.geschichte«. In: *Zs. für
Germanistik* 8.1 (1987) S. 61–74. – W. Strube: »Analyse der Textinterpretation«.
In: *Dilthey-Jb.* 5 (1988) S. 141–163. – H. Müller: »Zur Kritik herkömmlicher
Hermeneutikkonzeptionen in der Postmoderne«. In: *Diskussion Deutsch* 21.166
(1990) S. 589–599. – L. Danneberg: »Zur Theorie der w.I.«. In: W. Barner/Ch.
König (Hgg.): *Zeitenwechsel*, FfM. 1996. S. 313–342. – P. Rusterholz: »Formen
›textimmanenter‹ Analyse«. In: Arnold/Detering 1997 [1996]. S. 365–385.
RB

Wertung, ästhetische/literarische, der Begriff W. bezeichnet eine sprachliche oder nicht-sprachliche Handlung, mit der ein Subjekt einem Objekt

(Gegenstand, Sachverhalt oder Person) die Eigenschaft zuordnet, in bezug auf einen bestimmten Maßstab bzw. Wert positiv oder negativ zu sein. In einer ä.W. wird ein ästhetischer Maßstab herangezogen, um ein in der Regel (aber nicht notwendigerweise) ästhetisches Objekt zu beurteilen. Eine l.W. stellt einen Sonderfall ä.W. dar, insofern als Objekt der W. ein literar. Text oder Sachverhalt und/oder als Maßstab ein lit.bezogener Wert fungiert. Literar. Texte sind nicht an sich wertvoll oder wertlos, sondern erhalten diese Eigenschaften erst, wenn man sie auf Wertmaßstäbe bezieht und fragt, ob und in welchem Umfang sie diesen Maßstäben entsprechen. Als Maßstäbe l.W. werden nicht nur ästhetische im engeren Sinne herangezogen, die sich auf formale, strukturelle oder sprachliche Merkmale von Texten beziehen, z.B. ›Schönheit‹, ›Stimmigkeit‹, ›Mehrdeutigkeit‹, ›Selbstreferenz‹, sondern auch auf Inhalte bezogene moralische, politische usw., wirkungsbezogene Maßstäbe, z.B. ›Informationsgewinn‹, ›Wissensvermittlung‹, ›Mitleid‹, ›Sinnstiftung‹ und relationale Werte wie ›Abweichung‹ oder ›Innovation‹. Inhaltliche Bestimmung und Geltung dieser Maßstäbe sind historisch variabel und hängen von gesellschaftlichen Entwicklungen und normativen Vorgaben aus philosophischen, religiösen, ethischen, sozialen und anderen Rahmentheorien ab. Gewertet wird in allen Bereichen des Umgangs mit Lit., sei es explizit oder implizit sprachlich oder in bewußten wie unbewußten Akten des Wählens: beim Verfassen, Lesen und Verstehen von Texten, bei der Distribution z.B. durch Verleger, Lektoren oder Bibliothekare und der Lit.verarbeitung durch Lit.kritiker, -didaktiker und -wissenschaftler.

Infolge der Ausdifferenzierung der Disziplin und als Reaktion auf soziale Krisenerfahrungen etablierte sich nach ersten Thematisierungen durch W. Scherer in den 1920er Jahren l.W. als eigener Bereich lit.wissenschaftlicher Reflexion (O. Walzel). Seitdem sind auf verschiedenen theoretischen Grundlagen Argumente für unterschiedliche Maßstäbe l.W. vorgebracht worden (vgl. Mecklenburg 1977; Schrader 1987), die auf fundierte Werturteile abzielen. Bis in die 1980er Jahre dienen sie zugleich der Rechtfertigung von Lit. als Kunst, denn immer geht es in diesen Diskussionen auch um Legitimationsfragen der Disziplin insgesamt. Im Zusammenhang mit der Kritik am ↗ Kanon, v.a. in den USA, wird teils die Kontingenz l.W. und ihrer Maßstäbe hervorgehoben, teils das Ziel wissenschaftlich begründeter Werturteile auf poststrukturalistischer Basis aufgegeben. Dagegen stehen neuere Versuche, l.W. zu intersubjektivieren.

Lit.: N. Mecklenburg (Hg.): *L. W.*, Tüb. 1977. – M. Schrader: *Theorie und Praxis l. W.*, Bln./N.Y. 1987. – Smith 1995 [1988]. – M. Kienecker: *Prinzipien l. W.*, Göttingen 1989. – B.H. Smith: »Value/Evaluation«. In: Lentricchia/McLaughlin 1995 [1990]. S. 177–185. – R.v. Heydebrand/S. Winko: *Einf. in die W. von Lit.*, Paderborn 1996. – S. Winko: »L.W. und Kanonbildung«. In: Arnold/Detering 1997 [1996]. S. 585–600.   SW

Widerspiegelung und Widerspiegelungstheorie, in der Philosophie bezeichnet der Begriff Widerspiegelungstheorie (WT.) erkenntnistheoretische Positionen, die davon ausgehen, daß Erkenntnis die W. einer unabhängig

vom erkennenden Bewußtsein existierenden objektiven Realität sei. Das
Äquivalent dieser Überzeugung auf dem Gebiet der Lit.theorie ist die von
Aristoteles bis weit in das 19. Jh. hinein dominierende Auffassung, daß
Lit. ↗ Mimesis, d.h. eine Imitation der Welt ist oder sein sollte. Nachdem
durch den Einfluß des ↗ Strukturalismus klassische W.T.n in den meisten lit.
theoretischen Strömungen als zu mechanistisch abgelehnt werden, wird der
Begriff ›W.T.‹ inzwischen häufig in einer engeren Bedeutung gebraucht. Er
bezeichnet dann ausschließlich marxistische Theorien der W. (↗ marxistische
Lit.theorie), die in erster Linie auf G. Lukács zurückgehen.

Der Kerngedanke der von Lukács inspirierten W.T.n greift unmittelbar
auf Grundlagen der Philosophie G.W.F. Hegels zurück. Lukács schreibt der
realistischen Lit. die Möglichkeit zu, die gesellschaftliche Totalität widerzu-
spiegeln. Dies bedeutet aber nicht, daß hier eine möglichst naturalistische
Lit. gefordert wird. Nicht die möglichst genaue Schilderung empirischer
Tatsachen spiegele die Realität, sondern die Form des Textes, die das Wesen der gesellschaftlichen Strukturen reproduziere. So liegt nach Lukács
beispielsweise in J. Joyces *Ulysses* (1922) trotz der gesellschaftskritischen
Ansätze auf der Ebene des Inhalts gerade keine W. vor, weil die stark subjektive ↗ Perspektive die Komplexität gesellschaftlicher Prozesse zu einer
unverbundenen Abfolge individueller Psychodramen reduziere. Damit werde
die Entfremdung nicht als Produkt gesellschaftlicher Strukturen, sondern als
condition humaine repräsentiert. Dagegen sei ein inhaltlich stark konservatives
Werk wie H. de Balzacs *Les Paysans* (1844/55) durch seine die relevanten
gesellschaftlichen Widersprüche reflektierende Figurenkonstellation ein
Musterbeispiel für W.

Lukács enge Fokussierung auf den realistischen Roman des 19. Jh.s hat
ihm scharfe Kritik eingetragen. So vertritt Th.W. Adorno die Auffassung,
der bes. Wert von Lit. bestehe genau darin, daß sie die Realität nicht einfach
widerspiegele, sondern die Fähigkeit habe, sich von ihr zu distanzieren. Auch
strukturalistisch beeinflußte Positionen im marxistischen Diskurs bestreiten,
daß das ästhetische ↗ Zeichen den Referenten ›gesellschaftliche Realität‹
abbilden könne. Trotzdem gibt es immer wieder Versuche, den Begriff
der W. zu retten, ohne in Lukács' unflexible und normative Haltung zu
verfallen. So geht es bei L. Goldmanns Begriff der Homologie nicht mehr
darum, daß sich die Konstellationen inhaltlich klar bestimmter Elemente,
wie z.B. Bürgertum, Adel und Proletariat bei Balzac, in der Lit. und in der
Welt entsprechen. Der Kern von Goldmanns Theorie ist die Annahme
einer strukturellen, nicht inhaltlichen Entsprechung zwischen Werk und
sozialem Umfeld. Denkstrukturen bestimmter sozialer Gruppen lassen sich
nach Goldmann in den Textstrukturen wiederfinden.

Auch in jüngster Zeit gibt es immer wieder Versuche, modifizierte W.T.n
zu entwickeln und zu verteidigen. So stellt beispielsweise F. Jamesons *The
Political Unconscious* (1981) einen Versuch dar, unter Rückgriff auf psychoanalytische Kategorien Parallelen zwischen literar. Formen und Strukturen
des Bewußtseins zu ermitteln. Auch in seinen Beiträgen zur Debatte um den
Status der Postmoderne versucht Jameson häufig, Entsprechungen zwischen
postmodernen Artefakten und dem fragmentarischen Bewußtsein unter den

Bedingungen des Spätkapitalismus ausfindig zu machen. – Ein gemeinsames Problem aller marxistischen WT.n ist die Beantwortung der Frage, welchen Mechanismen die Lit. die Fähigkeit verdanken soll, sich ideologischen Verzerrungen entziehen und die Realität direkt oder indirekt angemessen widerspiegeln zu können (↗ Ideologie und Ideologiekritik). Trotz der im Detail stark divergierenden Lösungsansätze sind alle diese Theorien letzten Endes darauf angewiesen, direkt auf zwei Prämissen Hegels zurückzugreifen: (a) Die Realität bildet eine Totalität, einen Sinnzusammenhang, dessen inneres Wesen prinzipiell ermittelbar ist; (b) das organisierende Prinzip der Totalität läßt sich in allen ihren Teilen wiederfinden. Das Maß der Bereitschaft, diese Prämissen zu akzeptieren, bestimmt deshalb weitgehend die Positionen in der Diskussion um die Angemessenheit von WT.n.

Lit.: G. Lukács: *Die Theorie des Romans*, Darmstadt 1986 [1916]. – ders.: *Geschichte und Klassenbewußtsein*, Neuwied 1970 [1923]. – L. Goldmann: *Pour une sociologie du roman*, Paris 1964. – Jameson 1994 [1981].   SS

Wirkung, ästhetische/literarische, l.W. wird häufig in einem lit.wissenschaftlich nicht präzisierten Sinne verwendet, um die außerliterar. Wirksamkeit von Lit. zu benennen, während der Terminus ä.W., insbes. im Zusammenhang einer texttheoretisch fundierten ↗ Wirkungsästhetik, die durch den Kunstcharakter von Lit. ausgelösten Erfahrungsprozesse ins Blickfeld rückt. – Der Begriff l.W. subsumiert zumeist die den aktuellen Leseakt überdauernden Momente, also jene höchst unterschiedlichen Spuren, die die Lektüre literar. Texte im Leser selbst sowie in Lit. und Gesellschaft hinterläßt. L.W. kann sowohl den Einfluß literar. Werke auf andere Texte und Autoren meinen wie auch die psychischen, moralischen und sozialen Folgen, die sich aus der Aufnahme und Verbreitung von Lit. ergeben. So verstanden, fallen die Probleme der l.W. in den Arbeitsbereich empirischer ↗ Rezeptionsforschung.

In der klassischen Ästhetik ist von l.W. und ä.W. kaum die Rede, da sie als kunstfremde Phänomene gesehen werden. Überlegungen zur Wirkung von Kunst und Lit. auf ihre Empfänger finden sich denn auch vorwiegend in der ↗ Rhetorik, in der Lehre von den Affekten, in fiktionsfeindlichen Polemiken und moralistischen Warnungen sowie in kunst- und geschmackssoziologischen Untersuchungen. In der Philosophiegeschichte sind die *Poetik* des Aristoteles wie auch I. Kants *Kritik der Urteilskraft* (1790) insofern eine Ausnahme, als die Konzeption der Katharsis wie auch die Ästhetik der reflektierenden Urteilskraft zwar auf wirkungsästhetischen Annahmen beruhen, aber keine entsprechende Theorietradition begründet haben. Dies gilt auch für jene kunsttheoretischen Reflexionen des 18. Jh.s und der Romantik, wie z.B. E.A. Poes Ästhetik des kalkulierten literar. Effekts, in denen Wirkungsphänomene unter Kategorien wie Empfindung, Wohlgefallen, Geschmack und Einbildungskraft thematisiert werden.

Erst in der Methodendiskussion der letzten Jahrzehnte werden Fragen der ä.W. und l.W. zum Gegenstand lit.wissenschaftlicher Theoriebildug. V.a. im Rahmen der Wirkungs- und ↗ Rezeptionästhetik, die damit an Einsichten des Russ. Formalismus und der Prager Schule, der ↗ Hermeneutik sowie der phänomenologischen Ästhetik R. Ingardens (phänomenologische Lit.-wissenschaft) anknüpft, spielen sie eine theoriekonstitutive Rolle. So geht W. Iser (1976, S. 7) von der Überlegung aus, daß ein literar. Text seine Wirkung erst in der Lektüre zu entfalten vermag: »Wirkung ist [...] weder ausschließlich im Text noch ausschließlich im Leseverhalten zu fassen; der Text ist ein Wirkungspotential, das im Lesevorgang aktualisiert wird«. Ä.W. ereignet sich daher in der Interaktion von Text und Leser. Ästhetisch heißt die durch den Text ausgelöste Wirkung deshalb, weil das Wahrnehmungs- und Vorstellungsbewußtsein des rezipierenden Subjekts angesprochen wird, um es zu einer Differenzierung seiner Einstellungen zu veranlassen. Dies kann sowohl die Auffassung von Selbst und Welt betreffen wie auch die Erwartungen im Umgang mit Kunst und Lit. Wenn literar. Texte als Anweisung zur Vorstellungsbildung und Sinnkonstitution verstanden werden, dann hat die Beschreibung der ä.W. eines Textes einsichtig zu machen, wodurch der Text das Rezeptionsbewußtsein aktiviert und zu welchen unterschiedlichen Konstitutionsleistungen es in Anspruch genommen wird.

Lit.: R. Warning (Hg.): *Rezeptionsästhetik*, Mchn. 1975. – Iser 1994 [1976]. – Jauß 1991 [1977]. – Holub 1989 [1984]. – E. Freund: *The Return of the Reader*, Ldn./N.Y. 1987.   HJSch

Wirkungsästhetik, obwohl die Frage nach der ↗ Wirkung literar. Texte im Spannungsfeld von Intentionalität, Potentialität und Realität die lit. kritische Reflexion seit jeher beschäftigt, ist mit einigem Recht von der theoretischen Entdeckung des Lesers oder gar einem wirkungsästhetisch und rezeptionsgeschichtlich orientierten Paradigmenwechsel in der Lit.wissenschaft seit Ende der 1960er Jahre die Rede. Dies v.a. aus zwei Gründen: Zum einen häufen sich seit dieser Zeit die Versuche, das Zusammenspiel von fiktionalem Text und historisch konkretem Leser in theoretisch angemessener Weise zu konzeptualisieren, ohne sich dabei mit der traditionellen Unterscheidung zwischen einem in ontologischer Selbstgenügsamkeit dem Werk innewohnenden ›meaning‹ als Ziel ›wahrer‹ Interpretationsurteile und der leserabhängigen Aktualisierung der ›significance‹ (E.D. Hirsch) zu begnügen oder in empirischer, zumeist sozialpsychologisch verfahrender ↗ Rezeptionsforschung zu enden. Die psychoanalytischen Wirkungstheorien von S. Lesser und N. Holland sowie H. Weinrichs Plädoyer für eine ›Lit.-geschichte des Lesers‹ sind hier ebenso zu nennen wie St. Fishs konstruktivistische Auflösung der rezeptionstranszendenten Identität des Textes in verschiedene mögliche Lesarten, deren potentielle Willkür allein von der normbildenden Autorität historisch und kulturell relativer ›interpretive communities‹ (Interpretationsgemeinschaft) begrenzt wird, und zahlreiche modellhaft entworfene Lesertypologien vom ›Archileser‹ (M. Riffaterre), über den ›informierten Leser‹ (Fish), den ›intendierten Leser‹ (E. Wolff), die dem Text inhärente ›Rezeptionsvorgabe‹ (Naumann) und Varianten des ›idealen Lesers‹, bis zum ›impliziten ↗ Leser‹ (W. Iser). Zum anderen haben H.R. Jauß mit seiner historischen ↗ Rezeptionsästhetik und Iser mit seiner Theorie der W. sowie andere Repräsentanten der Konstanzer Schule differenzierte Theoriemodelle entwickelt, die sich komplementär ergänzen und so das lit.wissenschaftlich relevante Spektrum rezeptionsorientierter Fragen abzudecken vermögen. Aufgrund des den Theorieentwürfen der Konstanzer Schule eigenen Perspektivenwechsels können sie konstruktiv auf Erschöpfungsphänomene der bis dahin vorherrschenden darstellungs-ästhetischen und formalistischen Forschungsrichtungen reagieren und mit dem Aufbrechen der Seinsautonomie und sinnhaften Geschlossenheit fiktionaler Texte gegenüber den hermeneutischen Vorstellungsaktivitäten der Leser, theoretische Entwicklungen, wenn auch z.T. ungewollt, vorbereiten, wie sie sich etwa in einem offenen postmodernen Intertextualitätskonzept (↗ Intertextualität und Intertextualitätstheorien) oder poststrukturalistischen Analyseverfahren (↗ Poststrukturalismus) manifestieren. Es empfiehlt sich, zwischen einer vom Text ausgehenden und in seiner virtuellen Systemstruktur zentrierten Theorie der (Iser) und einer primär an einem dem historischen Wandel unterworfenen ↗ ›Erwartungshorizont‹ orientierten Theorie der Rezeptionsästhetik (Jauß) zu differenzieren. In seiner *Theorie ästhetischer Wirkung* definiert Iser den Text als ein Wirkungspotential, das im Lesevorgang aktualisiert wird, und ästhetische Wirkung als eine zwischen Textstruktur und Aktstruktur des Lesens sich ereignende kommunikative Interaktion. In deutlicher Absetzung von darstellungsästhetischen und formalistischen Textkonzepten akzentuiert er ein Modell fiktionaler Texte, bei dem diese nicht als Dokument für etwas verstanden werden, ›das es (in welcher Form auch immer) gibt, sondern als eine Umformulierung bereits formulierter Realität, durch die etwas in die Welt kommt, das vorher nicht in ihr war‹. Generell ist für Isers Wirkungstheorie der aus einem ↗ funktionsgeschichtlichen Argumentationsansatz resultierende Versuch kennzeichnend, traditionelle ontologische Essentialismen wie etwa die Opposition von Realität und ↗ Fiktion oder die statische Triade von ↗ Autor, Werk und Leser prozeßhaft zu dynamisieren und den Ereignis charakter des kommunikativen Geschehens zwischen Text und Leser zu betonen, um so einen angemessenen Begriff von den konstruktiven Erzeugungsleistungen fiktionaler Texte vorstellbar werden zu lassen.

In seinem Textmodell unterscheidet Iser zwischen der ↗ paradigmatischen Ebene des ↗ Textrepertoires, der Summe der in den Text eingezogenen Normen, Konventionen und literar. Bezugnahmen, durch die dieser eine Beziehung zu einer außerhalb seiner selbst liegenden vorgängigen ›Realität‹ anzeigt, und der ↗ syntagmatischen Ebene der Textstrategien, die für die ›textimmanente Organisation des Repertoires‹ verantwortlich sind und sämtliche Erzähl- und Darstellungsverfahren umfassen, durch die sich der Text als ein komplexes perspektivisches System konstituiert. In der durch das Zusammenspiel von Repertoire und Strategien erzeugten ↗ Repräsentation einer außertextuellen Realität bezieht sich der Text weder auf kontingente Wirklichkeit schlechthin, sondern auf existierende Sinnsysteme, die im Sinne der ↗ Systemtheorie N. Luhmanns ihrerseits Sinn und Ordnung nur durch die ›Reduktion von Wirklichkeitskomplexität‹ zu generieren vermögen und daher notwendigerweise ihre eigenen Ausschließungen, Begrenzungen und Defizite

mithervorbringen, noch reproduziert er durch ↗ Widerspiegelung einfach
ihre vertikal stabilisierte lebensweltliche Geltungshierarchie. Vielmehr kombiniert der Text in seinem horizontal strukturierten System der Perspektivität
verschiedene Norm- und Sinnsysteme miteinander, arbeitet so die jeweiligen
Grenzen heraus, entpragmatisiert ihre lebensweltlichen Geltungsansprüche
und eröffnet einen Horizont von Relationen wechselseitiger Beobachtbarkeit,
der es erlaubt, das transzendierend in den Blick zu bekommen, worin wir
normalerweise befangen sind, weil es unser Denken und Handeln bestimmt.

Damit freilich dieser bevorzugte Ort der Fiktionen an den Grenzen der
etablierten Sinnsysteme Gestalt annehmen kann und damit ihre zentrale
Erkenntnisfunktion der ›Bilanzierung defizitärer Realitäten‹ zu einer wirklichen
Erfahrung des Lesers werden kann, müssen eine Reihe von Bedingungen erfüllt und theoretisch angemessen konzeptualisiert werden. Zu den wichtigsten
gehören: (a) Durch das Konzept des impliziten Lesers wird ein transzendentales Modell konstruiert, das als im Text verankerte strukturierte Hohlform
die Gesamtheit der Vororientierungen bezeichnet, ›die ein fiktionaler Text
seinen möglichen Lesern als Rezeptionsbedingungen anbietet‹, und zugleich
den Übertragungsvorgang beschreibt, durch den sich die Textstrukturen
über die Vorstellungsakte in den Erfahrungshaushalt des Lesers übersetzen.
In dieser Leserrolle, welche die im Text markierte Leserfiktion als einen der
den Text als System der Perspektivität konstituierenden Perspektivträger
transzendiert, wird ein die Vorstellbarkeit der Ganzheit des Textes ermögli-
chender Blickpunkt mit dem dazugehörenden Horizont vorgezeichnet, der
freilich nur virtuell und impliziert, selbst dagegen nicht ausformuliert ist; (b)
da fiktionale Texte eine multiperspektivische, durch voneinander abhebbare
Perspektivträger wie ↗ Erzähler, ↗ Handlung oder ↗ Figuren gebildete
Anlage besitzen, die als divergierende Orientierungszentren unterschiedlich
aufeinander beziehbar sind (Perspektivenstruktur), gleichwohl aber als das
den Text als Ganzheit konstituierende System der Perspektivität auf einen
gemeinsamen Sinnhorizont verweisen, gilt es einen zwar vorstrukturierten,
selbst aber nicht ausformulierten Blickpunkt im Lesen zu besetzen, ›von
dem her das Zusammenspiel der ↗ Perspektiven gewärtigt‹ werden kann;
(c) aufgrund der temporalen Erstreckung des Handlungsgeschehens wie
des Lesevorgangs folgt dieser vorstrukturierte Blickpunkt einem ständigen
Perspektivenwechsel, dessen allg. Merkmale sich durch die Vordergrund-
Hintergrund-Beziehung und die Thema-Horizont-Struktur erfassen lassen;
(d) durch die diesem textuell vorstrukturierten Blickpunkt entsprechenden,
im Vorgang der Lektüre aktualisierten ›Bewußtseinskorrelate des wandernden
Blickpunkts‹ wird der Leser nicht nur im beständigen Ineinandergreifen
von Retention und Protention (E. Husserl) in den Geschehenscharakter des
offenen Sinnhorizonts hineingezogen und durch seine Vorstellungsaktivitäten
zu sich laufend modifizierenden Gestaltbildungsprozessen veranlaßt, sondern
er realisiert auch durch die seinem Konsistenzbildungsbedürfnis entsprin-
genden Selektionen im Netz der Beziehungsmöglichkeiten von Positionen
und Perspektiven die virtuelle Systemstruktur des Textes in einer für ihn
spezifischen Weise; (e) es ist daher die fiktionale Texte auszeichnende Dialektik
von Zeigen und Verschweigen, von Formuliertem und Unformuliertem,

welche die sinnerzeugende Dynamik in der kommunikativen Interaktion generiert und die ↗ Fiktionalität des Werks zu einer Wirklichkeit für den Leser werden läßt; (f) diese Dialektik konkretisiert sich syntagmatisch in den ↗ Leerstellen als ›ausgesparter Anschließbarkeit‹ und paradigmatisch in den auf das Normenrepertoire gerichteten Negationen, die beide die Beteiligung des Lesers an der Aktualisierung des virtuellen Sinns des Textes potenzieren und als Kommunikationsrelais fungieren, ›durch das sich die Negation des Bekannten in eine Erfahrung des Lesers zu übersetzen vermag‹; (g) der produktiven Dialogizität von Text und Leser entsprechend, verdinglicht sich das Ästhetische fiktionaler Texte nicht in der autonomen Substantialität formaler Relationen, sondern der ästhetische Wert wird funktionalistisch als Ermöglichungsbedingung für die Organisation komplexer Textperspektiven und ihrer intrikaten Interrelationen bestimmt; (h) Ziel der kommunikativen Interaktion ist die Erzeugung des Äquivalenzsystems des Textes, das mehr ist als alle Positionen und Perspektiven zusammen. Es ist im Text als System zwar virtuell angelegt, nicht aber verbal realisiert, so daß es den je individuellen Konsistenzbildungsakten von Lektüre und ↗ Interpretation obliegt, es gemäß den Signalen der Textstruktur hervorzubringen. Da in jede Äquivalenzbildung unweigerlich individuell gefärbte und historisch relative Selektionsentscheidungen in der ↗ Konkretisierung der Leerstellen wie in der blickpunkthaften Koordination der perspektivischen Relationen eingehen, wird nicht nur die Offenheit des textuellen Sinnhorizonts für sich verändernde historische Rezeptionsbedingungen erklärbar, sondern auch die ›Unausschöpfbarkeit‹ des Sinns durch eine jeweils individuelle Aktualisierung der Struktur des impliziten Lesers.

Es liegt in der Logik dieses bemerkenswert ausgereiften und einflußreichen Modells der W., daß Iser in seinen eigenen Interpretationen den unweigerlich standortrelativen Begrenzungen der Struktur des impliziten Lesers unterliegt. Angesichts der häufig kritisierten Einseitigkeit der von ihm präferierten Texte wie auch der durch Interpretation von ihm rekonstruierten Leserrolle empfiehlt es sich, das prinzipielle Erkenntnispotential seiner W. nicht mit den Limitationen kurzzuschließen, die seinen eigenen Geschmacksvorlieben und denen einiger seiner Schüler inhärent sind.

Lit.: H. Weinrich: »Für eine Lit.geschichte des Lesers«. In: ders.: *Lit. für Leser*, Stgt. 1971. S. 23–34. – R. Warning (Hg.): *Rezeptionsästhetik*, Mchn. 1994 [1975]. – Iser 1994 [1976]. – H. Turk: *W.: Theorie und Interpretation der literar. Wirkung*, Mchn. 1976. – Fish 1995 [1980]. – Iser 1993 [1991]. – Zapf 1996 [1991]. S. 182–185. – M. Richter: »W.«. In: Arnold/Detering 1997 [1996]. S. 516–535. – D. Pany: *Wirkungsästhetische Modelle. Wolfgang Iser und Roland Barthes im Vergleich*, Erlangen et al. 2000.   MW

Z

Zeichen und Zeichensystem, ein Z. ist eine sinnlich wahrnehmbare Entität, die in einem Kommunikationsprozeß für eine andere Sache, den Referenten

(↗ Referenz), steht, diesen abbildet oder repräsentiert. Die ↗ Kultur- und
Lit.wissenschaften haben es gemeinhin mit sprachlichen Z. zu tun, und das
Studium der sprachlichen Z. ist die Aufgabe der linguistischen ↗ Semantik.
Aber sprachliche Z. sind bei weitem nicht das einzige System von Z., dem
man im täglichen Leben begegnet. Die übergreifende Wissenschaft, die sich
mit Z. und Z.systemen beschäftigt, ist die ↗ Semiotik.

Zu semantischen und semiotischen Fragen haben sich Philosophen schon
seit der Antike geäußert. Neben den Überlegungen Demokrits, Platons und
Aristoteles' zu den Eigenschaften von Wörtern und Z. ist aus der Antike
v.a. die Semiotik des Kirchenvaters Augustinus wichtig, die dieser insbes. in
De doctrina christiana entwickelte und in der er eine grundlegende Unterscheidung zwischen Z. und Sachen (*signa* und *res*) vornimmt. Ein Z. ist für
ihn »eine Sache, die außer ihrer sinnenfälligen Erscheinung aus ihrer Natur
heraus noch einen anderen Gedanken nahelegt« (Augustinus 1925, S. 49),
so wie eine Spur auf ein Tier schließen läßt oder Rauch auf Feuer.

Nach dem heute gängigen Z.modell, wie es von C.K. Ogden und I.A.
Richards entwickelt wurde, sind neben dem realweltlichen Referenten, auf
den das Z. Bezug nimmt, zwei Ebenen des Z.s wichtig, die Ausdrucks- und
die Inhaltsebene. Während die meisten Z.theorien sich über die Wichtigkeit
dieser Trias einig sind, weicht die Benennung der einzelnen Teile von einem
Modell zum anderen stark voneinander ab.

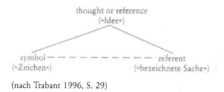

(nach Trabant 1996, S. 29)

In der modernen Linguistik und Lit.wissenschaft ist der Z.begriff des Schweizer Sprachwissenschaftlers F. de Saussure bedeutsam. Für ihn besteht das
Z. aus zwei Teilen: auf der Ausdrucks- oder Formebene der ↗ Signifikant,
das Bezeichnende, und auf der Inhaltsebene das Signifikat, das Bezeichnete.
Hierbei steht das Signifikat für das rein gedankliche Konzept des Bezeichneten,
ist also nicht mit dem für Saussure außerhalb des Z.s liegenden realweltlichen
Referenten zu verwechseln. (nach Saussure 1967, S. 78)

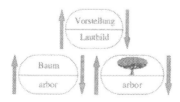

(nach Saussure 1967, S. 78)

Die Zuordnung von Signifikant und Signifikat ist weder eindeutig noch durch die Natur festgelegt, sondern beruht auf gesellschaftlicher Übereinkunft bzw. Konventionen (↗ Arbitrarität des Z.s). Es gibt verschiedene Möglichkeiten, Z. zu klassifizieren. Der am. Philosoph Ch.S. Peirce unterscheidet in seinem semiotischen System z.B. u.a. zwischen dem *icon*, das auf einer Ähnlichkeit zwischen Z. und Referent beruht, dem *index*, das auf einer Zeigefunktion beruht, und dem *symbol*, das auf eine Konvention oder Regel zurückzuführen ist. Es ist eine wichtige Erkenntnis der strukturalistischen Semiotik in der Nachfolge Saussures, daß die einzelnen Z. ihre Bedeutung erst dadurch erhalten, daß sie zu den anderen Z. in einem durch Differenzen bedingten Verhältnis stehen (vgl. ↗ Syntagma und ↗ Paradigma bei Saussure bzw. Selektions- und Kombinationsebene bei R. Jakobson), so daß sie in ein System eingebunden sind. Über die Sprache und mit ihr die Lit. hinaus lassen sich aber auch viele andere Bereiche des täglichen Lebens in diesem Sinne als Z.system definieren, nicht nur primär der Kommunikation gewidmete wie das Morsealphabet oder die Piktogramme auf Flughäfen und Bahnhöfen, sondern z.B. auch die Mode oder die Musik.

Der semiotische Ansatz in der Lit.kritik sieht den Text als ein Z.system, in dem nicht nur traditionelle sprachliche Z. (Wörter) zueinander in Beziehung stehen, sondern auch literar. Konventionen und Stilformen. Über eine solche textimmanente Analyse hinaus gibt es jedoch auch semiotische Analysen (z.B. die von R. Barthes), die die zugrundeliegende Kultur und den außerhalb des Texts stehenden Leser mit in ihre Analysen einbeziehen. Sie untersuchen die Faktoren, durch die literar. ↗ Kommunikation zwischen Autor und Leser oder Zuhörer zustande kommt, und die Elemente, die sie konstituieren.

Lit.: Augustinus: *Des heiligen Kirchenvaters A. Augustinus ausgewählte Schriften*, Bd. 8 (Übers. P.S. Mitterer), Mchn. 1925. – F. de Saussure: *Grundfragen der allg. Sprachwissenschaft*, Bln. 1967 [1916]. – Eco 1994 [1972]. – ders.: *Z.: Einf. in einen Begriff und seine Geschichte*, FfM. 1977 [1973]. – J. Trabant: *Semantic Theory*, Tüb. 1996 [1976]. – K. Baldinger: *Elemente der Semiotik*, Oxford 1980. – R. Keller: *Z.theorie. Zu einer Theorie semiotischen Wissens*, Tüb. 1995.   MK

Zensur, literarische (lat. *censura*: Beurteilung oder Prüfung), als interdisziplinärer Forschungsgegenstand weist das kulturelle Phänomen der l. Z. eine breite Terminologie- und Definitionsvielfalt auf. L. Z. im engeren Sinne beschreibt alle staatlich und kirchlich institutionalisierten (formellen) sowie nicht legitimierten, z.B. durch sozialen oder ökonomischen Druck durchgesetzten (informellen) Maßnahmen, die eine Überwachung, Hemmung und Kanalisierung von literar. ↗ Kommunikation intendieren. Eine praktische Umsetzung der Maßnahmen erfolgt durch die umfassende Kontrolle literar. Produktions- und Distributionsprozesse mit Hilfe von legalen oder illegalen juristischen, politischen, ökonomischen, sozialen oder anderen Zwangsmitteln (Aulich 1988, S. 215f.; Biermann 1988, S. 3; Guggenbühl 1996, S. 30). Die jüngste Z.forschung systemtheoretischer Provenienz (↗ Systemtheorie) reagiert mit einem formell und funktional differenzierten Z.begriff auf die im

Anschluß an M. Foucault entstandenen begriffsgeschichtlichen Theoreme, die l. Z. pauschal als Diskurskontrolle (↗ Diskurs und Diskurstheorien) und »Instrument semantischer Herrschaft« definieren (Guggenbühl 1996, S. 27). Z. wird hier verstanden als die Kontrolle der literar. Produktion, Distribution und Diffusion. Umstritten ist die von Aulich eingeführte dritte Kategorie zensorischer Aktivität, die Kontrolle der literar. Diffusion, die eine bereits eingetretene mögliche Wirkung von Texten, z.b. durch propagandistische oder diffamatorische Kampagnen, abzuschwächen sucht (Aulich 1988, S. 216f.). Biermann plädiert deshalb für die Verwendung des Begriffes der ›funktionalen Äquivalenz‹. Hierzu zählen alle diejenigen sozialen Normen, Institutionen und Strukturen, die zensorische Wirkung besitzen, ohne bereits Z. zu sein (Biermann 1988, S. 3; Biermann 1987, S. 219), sowie diskurshemmende Maßnahmen, die als fördernde kommunikationssteuernde Mechanismen in Gestalt expliziter Distributionserlaubnisse für spezifische Texte oder Kanonbildung (↗ Kanon) durch Selektion von Texten, z.B. die lesepädagogische Kampagne gegen ›Lesesucht‹ im 18. Jh. oder bei Editionen literar. Werke, eine wichtige Rolle spielen (Aulich 1988, S. 184f.; Assmann 1987, S. 11f.). Die disparate Quellenüberlieferung zur Z.geschichte im dt.sprachigen Raum erfordert eine enge Korrelation von theoretischer Modellbildung und quellenorientiertem, auf archivalischer Akteneinsicht basierendem, historisch-wissenschaftlichem Vorgehen. Ein interdisziplinärer Z.diskurs ist deshalb wichtige Voraussetzung für eine methodisch-systematische Erfassung des Phänomens l. Z.

Mit der Erfindung des Buchdrucks institutionalisierte sich l. Z. als staatliche und kirchliche Kontrollinstanz für Druckschriften unterschiedlicher Provenienz. Die zensorischen Aktivitäten im absolutistischen Zeitalter wirkten aufgrund der unüberschaubaren Rechtssituation vielfach willkürlich und ineffizient. Nach der Aufhebung der unter Napoleon installierten totalitären Kommunikationskontrolle löste das strafrechtlich-repressive Justizsystem allmählich das zensurrechtlich-präventive Polizeisystem ab. Der staatliche Anspruch auf Kontrolle und Steuerung der literar. Kommunikation wurde auch unter einer verfassungsrechtlichen Verankerung der Pressefreiheit, in Deutschland z.b. nach der 1848er Revolution oder in der Weimarer Republik, nicht aufgegeben. Der NS-Staat ersetzte die gesetzlich garantierte Pressefreiheit durch eine gleichgeschaltete totale Kommunikationskontrolle. Nach 1945 praktizierte die DDR ein gesetzlich legitimiertes Z.system. In der BRD wurde die Presse- und Meinungsfreiheit als Artikel 5 des Grundgesetzes Bestandteil der demokratischen Verfassung. Dennoch massierten sich seit den 1970/80er Jahren in der BRD spektakuläre Z.eingriffe in Form kurzfristiger Kampagnen gegen eine vermeintliche kommunistische Bedrohung, terroristisches Sympathisantentum und angeblich pornographische Schriften (Kienzle/Mende 1980, S. 284; Brockmeier/Kaiser 1996; Buschmann 1997). Die Forderung nach zensorischen Eingriffen durch den Staat wird in jüngster Zeit im Zusammenhang mit den elektronischen Medien, z.B. Internet, erneut diskutiert.

Lit.: M. Kienzle/D. Mende (Hgg.): *Z. in der Bundesrepublik. Fakten und Analysen*, Mchn. 1980. – A. Assmann/J. Assmann (Hgg.): *Kanon und Z.*, Mchn. 1987.

– A. Biermann: »Konstruktion der ›Gefährlichkeit‹ von Lit. Beispiele aus der frz. Aufklärung und dem *Premier Empire*«. In: Assmann/Assmann 1987. S. 212–226. – R. Aulich: »Elemente einer funktionalen Differenzierung der literar. Z.«. In: H. Göpfert/E. Weyrauch (Hgg.): ›*Unmoralisch an sich* ...‹. *Z. im 18. und 19. Jh.*, Wiesbaden 1988. S. 177–230. – B. Dankert/L. Zechlin (Hgg.): *Lit. vor dem Richter. Beiträge zur Lit.freiheit und Z.*, Baden-Baden 1988. – A. Biermann: »›Gefährliche Lit.‹ – Skizze einer Theorie der literar. Z.«. In: *Notizen zur Buchgeschichte* 13.1 (1988) S. 1–28. – P. Brockmeier/G.R. Kaiser (Hgg.): *Z. und Selbstzensur in der Lit.*, Würzburg 1996. – R. Grübel: »Wert, Kanon und Z.«. In: Arnold/Detering 1997 [1996]. S. 601– 622. – C. Guggenbühl: *Z. und Pressefreiheit. Kommunikationskontrolle in Zürich an der Wende zum 19. Jh.*, Zürich 1996. – S. Buschmann: *Literar. Z. in der BRD nach 1945*, FfM./N.Y. 1997. – B. Müller (Hg.): *Z. im modernen deutschen Kulturraum*, Tüb. 2003. ChH

Zirkulation (lat. *circu(m)latio*, von *circumferre*: im Kreis herumtragen), St. Greenblatt prägte den Begriff der ›Z. sozialer Energien‹, mittels dessen er die Vorstellung dynamischer soziokultureller Austauschprozesse bezeichnete. Geschichtliche Daten und literar. Zeugnisse sowie ästhetische Werke stehen gemäß dieser, für die neueren kulturpoetologischen Studien des ↗ *New Historicism* und des ↗ *Cultural Materialism* richtungweisenden Leitidee in einem teils offenkundigen, teils latenten reziproken Verhältnis. Modellbildend für jenes Verständnis gesellschaftlicher Strukturen, wie sie sich seit der frühen Neuzeit herausbildeten, wirkte der Bereich der Ökonomie, der Handel und v.a. die Z. des Geldes. Ähnlich hatte schon G. Simmel in seiner zukunftsweisenden soziologischen Studie *Die Philosophie des Geldes* (1900) eine zirkuläre Struktur und innere Eigendynamik moderner gesellschaftlicher Organisationsformen herausgearbeitet. Greenblatt kann die Vorstellung der Z. gesellschaftlicher Energien gezielt dazu nutzen, die orthodox-marxistische Widerspiegelungsidee (↗ Widerspiegelung und Widerspiegelungstheorie) zu modifizieren, derzufolge es die Aufgabe der Kunst und Lit. ist, die empirische Wirklichkeit mimetisch abzubilden. Auch das ältere Basis-Überbau-Modell (↗ marxistische Lit.theorie) gerät durch Greenblatts Leitidee einer dynamischen Z. ins Wanken. Noch in einer anderen Hinsicht macht sich in der Leitkonzeption kulturellen Austauschs eine Tendenz zur Enthierarchisierung bemerkbar. Unter dem Eindruck des frz. ↗ Poststrukturalismus macht der *New Historicism* die Vorstellung geltend, daß es innerhalb einer Gesellschaft subtile Beziehungen und Wechselwirkungen zwischen Zentrum und Peripherie gibt. Die Vorgänge an der Peripherie vermögen ungeachtet ihrer scheinbaren Belanglosigkeit über die zentralen politischen Ereignisse, Institutionen und deren Funktionsweise interessante Aufschlüsse zu geben und erlauben unerwartete Einblicke in die bestehenden Machtverhältnisse.

Lit.: St. Greenblatt: *Shakespearean Negotiations. The Circulation of Social Energy in Renaissance England*, Oxford 1987 (dt. *Verhandlungen mit Shakespeare. Innenansichten der englischen Renaissance*, FfM. 1993). – G. Simmel: *Philosophie des Geldes* (Hgg. D.P. Frisby/K.Ch. Köhnke), FfM. 1989. – Glauser/Heitmann 1999. AS

Allgemeine Abkürzungen

afr.	afrikanisch	german.	germanisch
ahd.	althochdeutsch	gr.	griechisch
alger.	algerisch	Hg.	Herausgeber (Sg.)
allg.	allgemein	Hgg.	Herausgeber (Pl.)
am.	amerikanisch	holländ.	holländisch
angelsächs.	angelsächsisch	ind.	indisch
argentin.	argentinisch	indian.	indianisch
asiat.	asiatisch	insbes.	insbesondere
Aufl.	Auflage	ital.	italienisch
austral.	australisch	japan.	japanisch
Bd./Bde.	Band/Bände	Jb.	Jahrbuch
Beih.	Beiheft	Jh.	Jahrhundert
belg.	belgisch	jüd.	jüdisch
bes.	besondere	kanad.	kanadisch
	besonders	Kap.	Kapitel
brit.	britisch	karib.	karibisch
bulg.	bulgarisch	kolumbian.	kolumbianisch
byzantin.	byzantinisch	kroat.	kroatisch
bzw.	beziehungsweise	kuban.	kubanisch
ca.	circa	lat.	lateinisch
chilen.	chilenisch peruan.	lateinam.	lateinamerikanisch
dän.	dänisch	Lit.	Literatur
ders.	derselbe	lit. ...	literatur- ...
DFG	Deutsche Forschungs-	literar.	literarisch
	gemeinschaft	ma./MA.	mittelalterlich/
d.h.	das heißt		Mittelalter
dies.	dieselbe	marokkan.	marokkanisch
diess.	dieselben	mexikan.	mexikanisch
Diss.	Dissertation	mlat.	mittellateinisch
dt.	deutsch	Nachdr.	Nachdruck
ebd.	ebenda	n.Chr.	nach Christus
Einf.	Einführung	niederländ.	niederländisch
Einl.	Einleitung	nigerian.	nigerianisch
elsäss.	elsässisch	nlat.	neulateinisch
engl.	englisch	norweg.	norwegisch
erw.	erweitert	Nr.	Nummer
et al.	und andere	österreich.	österreichisch
europ.	europäisch	peruan.	peruanisch
f.	folgende	Pl.	Plural
ff.	fortfolgende	poln.	polnisch
frz.	französisch	port.	portugiesisch
Fs.	Festschrift	Rez.	Rezension
geb.	geboren	röm.	römisch

russ.	russisch	u.a.	unter anderem
S.	Seite	Übers.	Übersetzung
s.	siehe	ungar.	ungarisch
schott.	schottisch	urspr.	ursprünglich
schweizer.	schweizerisch	usw.	und so weiter
serb.	serbisch	v.a.	vor allem
Sg.	Singular	v.Chr.	vor Christus
skandinav.	skandinavisch	vgl.	vergleiche
slowen.	slowenisch	vs.	versus
sog.	sogenannt	walis.	walisisch
sowjet.	sowjetisch	z.B.	zum Beispiel
Sp.	Spalte	zit. n.	zitiert nach
span.	spanisch	z.T.	zum Teil
tschech.	tschechisch	Zs.	Zeitschrift

Zeitschriften

AAA	Arbeiten aus Anglistik und Amerikanistik
Anglia	Anglia. Zeitschrift für englische Philologie
DVjs	Deutsche Vierteljahrsschrift für Literaturwissenschaft und Geistesgeschichte
EJES	European Journal of English Studies
ELH	English Literary History
Euphorion	Euphorion. Zeitschrift für Literaturgeschichte
GRM	Germanisch-Romanische Monatsschrift
IASL	Internationales Archiv für Sozialgeschichte der deutschen Literatur
JbIG	Jahrbuch für Internationale Germanistik
LiLi	Zeitschrift für Literaturwissenschaft und Linguistik
LWU	Literatur in Wissenschaft und Unterricht
Merkur	Merkur. Deutsche Zeitschrift für europäisches Denken
MLN	Modern Language Notes
NLH	New Literary History
PMLA	Publications of the Modern Language Association of America
PTL	PTL: A Journal for Descriptive Poetics and Theory of Literature
REAL	The Yearbook of Research in English and American Literature
RS/SI	Recherches Sémiotiques/Semiotic Inquiry
SPIEL	Siegener Periodicum zur Internationalen empirischen Literaturwissenschaft
TLS	Times Literary Supplement
ZAA	Zeitschrift für Anglistik und Amerikanistik
ZfS	Zeitschrift für Sozialforschung

Orte

Bln.	Berlin
FfM.	Frankfurt/Main
Hbg.	Hamburg
L.A.	Los Angeles
Ldn.	London
Lpz.	Leipzig
Mchn.	München
N.Y.	New York
Stgt.	Stuttgart
Tüb.	Tübingen

Verzeichnis der Mitarbeiterinnen und Mitarbeiter

AB	Achim Barsch, Siegen
ABe	Anja Beinroth, Münster
AHo	Annegreth Horatschek, Kiel
AN	Ansgar Nünning, Gießen
AS	Annette Simonis, Braunschweig
BD	Burckhard Dücker, Heidelberg
BM	Beate Müller, Newcastle
BZe	Bruno Zerweck, Köln
CR	Claudia Riehl, Freiburg
CS	Carola Surkamp, Gießen
ChH	Christine Haug, Gießen
ChL	Christine Lubkoll, Erlangen
ChR	Christoph Reinfandt, Darmstadt
DF	Doris Feldmann, Erlangen
DP	Dietmar Peil, München
DS	Dagmar Schmauks, Berlin
EK	Eberhard Kreutzer, Bad Münstereifel
EMZ	Eva Müller-Zettelmann, Wien
EUG	Ernst-Ulrich Große, Freiburg
FJ	Fotis Jannidis, Darmstadt
FWN	Fritz-Wilhelm Neumann, Erfurt
GKr	Gottfried Krieger, Köln
GN	Göran Nieragden, Huerth
GR	Gebhard Rusch, Siegen
GV	Gabriele Vickermann, Orléans
HA	Heinz Antor, Köln
HB	Hanjo Berressem, Köln
HHH	Hans H. Hiebel, Graz
HHi	Heinz Hiebler, Graz
HJ	Hannah Jacobmeyer, Münster
HJSch	Hermann J. Schnackertz, Eichstätt
HK	Hans Krah, Passau
HPW	Hans-Peter Wagner, Landau
HZ	Hubert Zapf, Augsburg
JE	Jutta Ernst, Saarbrücken
JG	Julika Griem, Stuttgart
JJ	Joseph Jurt, Freiburg
JK	Jan Knopf, Karlsruhe
JL	Jürgen Link, Bochum
JS	Jürgen Schlaeger, Berlin
KPM	Klaus Peter Müller, Mainz
KS	Klaudia Seibel, Gießen

KSt	Klaus Stierstorfer, Düsseldorf
LS	Linda Simonis, Köln
LV	Laurenz Volkmann, Paderborn
MB	Matthias Bauer, Saarbrücken
MK	Martin Kuester, Marburg
MP	Manfred Pfister, Berlin
MSch	Michael Schwarze, Eichstätt
MSp	Marion Spies, Wuppertal
MW	Meinhard Winkgens, Mannheim
NW	Nikolaus Wegmann, Köln
OSch	Oliver Scheiding, Tübingen
PMH	Peter M. Hejl, Siegen
PVZ	Peter V. Zima, Klagenfurt
PW	Peter Wenzel, Aachen
PhW	Philipp Wolf, Gießen
RA	Richard Aczel, Köln
RAh	Rüdiger Ahrens, Würzburg
RB	Raimund Borgmeier, Gießen
RK	Rolf Kloepfer, Mannheim
RN	Reingard Nischik, Konstanz
RP	Rolf Parr, Dortmund
RPo	Roland Posner, Berlin
RS	Roy Sommer, Gießen
SJS	Siegfried J. Schmidt, Münster
SS	Sven Strasen, Aachen
SSch	Sabine Schülting, Berlin
SSt	Silke Stratmann, Dortmund
SW	Simone Winko, Göttingen
StH	Stefan Horlacher, Mannheim
StL	Stephan Lieske, Berlin
UBe	Ute Berns, Berlin
UG	Ute Gerhard, Dortmund
VB	Vittoria Borsò, Düsseldorf
VN	Vera Nünning, Heidelberg
VW	Volker Wiemann, Dortmund
WG	Walter Göbel, Stuttgart
WGM	Wolfgang G. Müller, Jena
WW	Werner Wolf, Graz
YSt	Yvonne Stork, Düsseldorf

Auswahlbibliographie literaturtheoretischer Werke

Ahrens, Rüdiger/Volkmann, Laurenz (Hgg.): *Why Literature Matters. Theories and Functions of Literature*. Heidelberg: Winter 1996.

Apel, Karl-Otto (Hg.): *Hermeneutik und Ideologiekritik*. Frankfurt a.M.: Suhrkamp 1971.

Appiah, Kwame Anthony/Gates, Henry Louis (Hgg.): *The Dictionary of Global Culture*. New York, NY: Knopf 1996.

Aristoteles: *Poetik. Griechisch/Deutsch* (Hg. M. Fuhrmann). Stuttgart: Reclam 1994 [1982].

Arnold, Heinz Ludwig/Detering, Heinrich (Hgg.): *Grundzüge der Literaturwissenschaft*. München: dtv 1997 [1996].

Ashcroft, Bill et al.: *Key Concepts in Postcolonial Studies*. London: Routledge 1998.

Assmann, Aleida/Harth, Dietrich (Hgg.): *Kultur als Lebenswelt und Monument*. Frankfurt a.M.: Fischer 1991.

Atkins, G. Douglas/Morrow, Laura (Hgg.): *Contemporary Literary Theory*. Amherst, MA: University of Massachussetts Press; Basingstoke/London: Macmillan 1989.

Auerbach, Erich: *Mimesis. Dargestellte Wirklichkeit in der abendländischen Literatur*. Tübingen et al.: Francke 1994 [1946] (engl. *Mimesis. The Representation of Reality in Western Literature*. Princeton, NJ: Princeton UP 1953).

Austin, John Longshaw: *How to Do Things with Words*. Oxford: Oxford UP 1990 [1962] (dt. *Zur Theorie der Sprechakte*. Stuttgart: Reclam 1994 [1972]).

Baasner, Rainer: *Methoden und Modelle der Literaturwissenschaft. Eine Einführung*. Berlin: Schmidt 1996.

Bachmann-Medick, Doris (Hg.): *Kultur als Text. Die anthropologische Wende in der Literaturwissenschaft*. Frankfurt a.M.: Fischer 1998 [1996].

Barsch, Achim et al. (Hgg.): *Empirische Literaturwissenschaft in der Diskussion*. Frankfurt a.M.: Suhrkamp 1994.

Belsey, Catherine: *Critical Practice*. London: Routledge 1994 [1980].

Bhabha, Homi K.: *The Location of Culture*. London/New York, NY: Routledge 1995 [1994] (dt. *Die Verortung der Kultur*. Tübingen: Stauffenburg 1997).

Blonsky, Marshall (Hg.): *On Signs. A Semiotics Reader*. Baltimore, MD: Johns Hopkins UP 1991 [1985].

Bloom, Harold: *The Anxiety of Influence. A Theory of Poetry*. New York, NY: Oxford UP 1997 [1973] (dt. *Einflußangst. Eine Theorie der Dichtung*. Basel/Frankfurt a.M.: Stroemfeld 1995).

Böhme, Hartmut/Scherpe, Klaus R. (Hgg.): *Literatur und Kulturwissenschaften. Positionen, Theorien, Modelle*. Reinbek: Rowohlt 1996.

Bogdal, Klaus-Michael (Hg.): *Neue Literaturtheorien. Eine Einführung*. Opladen: Westdeutscher Verlag 1997 [1990].

Booth, Wayne C.: *The Rhetoric of Fiction*. Chicago, IL/London: University of Chicago Press 1991 [1961] (dt. *Die Rhetorik der Erzählkunst*. Heidelberg: Quelle und Meyer 1974).

Booth, Wayne C.: *Critical Understanding. The Powers and Limits of Pluralism*. Chicago, IL/ London: University of Chicago Press 1979.

Borchmeyer, Dieter/Žmegač, Viktor (Hgg.): *Moderne Literatur in Grundbegriffen.* Tübingen: Niemeyer 1994 [1987].

Brackert, Helmut/Stückrath, Jörn (Hgg.): *Literaturwissenschaft. Ein Grundkurs.* Reinbek: Rowohlt 1997 [1992].

Brenner, Peter J.: *Das Problem der Interpretation. Eine Einführung in die Grundlagen der Literaturwissenschaft.* Tübingen: Niemeyer 1998.

Brooker, Peter/Widdowson, Peter (Hgg.): *A Practical Reader in Contemporary Literary Theory.* London et al.: Prentice Hall et al. 1996.

Bußmann, Hadumod/Hof, Renate (Hgg.): *Genus. Zur Geschlechterdifferenz in den Kulturwissenschaften.* Stuttgart: Kröner 1995.

Carey, Gary/Snodgrass, Mary Ellen: *A Multicultural Dictionary of Literary Terms.* Jefferson, NC et al.: McFarland 1999.

Carroll, David: *The Subject in Question. The Language of Theory and the Strategies of Fiction.* Chicago, IL/London: Chicago UP 1982.

Chatman, Seymour: *Story and Discourse. Narrative Structure in Fiction and Film.* Ithaca, NY: Cornell UP 1993 [1978].

Chatman, Seymour: *Coming to Terms. The Rhetoric of Narrative in Fiction and Film.* Ithaca, NY: Cornell UP 1993 [1990].

Childs, Peter/Williams, Patrick R.J.: *An Introductory Guide to Post-Colonial Theory.* London/New York, NY: Prentice Hall 1997 [1996].

Cohen, Ralph (Hg.): *The Future of Literary Theory.* New York, NY/London: Routledge 1989.

Cohn, Dorrit C.: *Transparent Minds. Narrative Modes for Presenting Consciousness in Fiction.* Princeton, NJ: Princeton UP 1983 [1978].

Colebrook, Claire: *New Literary Histories. New Historicism and Contemporary Criticism.* Manchester/New York, NY: Manchester UP 1998 [1997].

Coyle, Martin et al. (Hgg.): *Encyclopaedia of Literature and Criticism.* London: Routledge; Detroit, MI: Gale Research 1991 [1990].

Culler, Jonathan: *Structuralist Poetics. Structuralism, Linguistics and the Study of Literature.* London: Routledge 1975.

Culler, Jonathan: *On Deconstruction. Theory and Criticism after Structuralism.* Ithaca, NY: Cornell UP; London: Routledge 1994 [1982] (dt. *Dekonstruktion. Derrida und die poststrukturalistische Literaturtheorie.* Reinbek: Rowohlt 1994 [1988]).

Culler, Jonathan: *Literary Theory. A Very Short Introduction.* Oxford/New York, NY: Oxford UP 1997.

Danneberg, Lutz/Vollhardt, Friedrich (Hgg.): *Wie international ist die Literaturwissenschaft? Methoden- und Theoriediskussion in den Literaturwissenschaften. Kulturelle Besonderheiten und interkultureller Austausch am Beispiel des Interpretationsproblems (1950–1990).* Stuttgart/Weimar: Metzler 1996 [1995].

de Berg, Henk/Prangel, Matthias (Hgg.): *Differenzen. Systemtheorie zwischen Dekonstruktion und Konstruktivismus.* Tübingen: Francke 1995.

de Berg, Henk/Prangel, Matthias (Hgg.): *Systemtheorie und Hermeneutik.* Tübingen: Francke 1997.

de Berg, Henk/Prangel, Matthias (Hgg.): *Interpretation 2000. Positionen und Kontroversen. Festschrift zum 65. Geburtstag von Horst Steinmetz.* Heidelberg: Winter 1999.

de Man, Paul: *Allegories of Reading. Figural Language in Rousseau, Nietzsche, Rilke, and Proust.* New Haven, CT/London: Yale UP 1979.

Derrida, Jacques: *De la grammatologie.* Paris: Minuit 1997a [1967] (dt. *Grammatologie.* Frankfurt a.M.: Suhrkamp 1998 [1974]).

Derrida, Jacques: *L'écriture et la différence*. Paris: Seuil 1997b [1967] (dt. *Die Schrift und die Differenz*. Frankfurt a.M.: Suhrkamp 1997 [1972]).

Dosse, François: *Geschichte des Strukturalismus*. Bd. 1: *Das Feld des Zeichens, 1945–1966*. Bd. 2: *Die Zeichen der Zeit 1967–1991*. Hamburg: Junius 1998 [1996f.].

Eagleton, Mary (Hg.): *Feminist Literary Theory. A Reader*. Oxford: Blackwell 1996 [1986].

Eagleton, Terry: *Literary Theory. An Introduction*. Oxford: Blackwell 1996 [1983] (dt. *Einführung in die Literaturtheorie*. Stuttgart/ Weimar: Metzler 1997 [1988]).

Eagleton, Terry: *The Ideology of the Aesthetic*. Oxford: Blackwell 1995 [1990] (dt. *Ästhetik*. Stuttgart/Weimar: Metzler 1994).

Eco, Umberto: *La struttura assente*. Mailand: Bompiani 1980 [1968] (dt. *Einführung in die Semiotik*. München: Fink 1994 [1972]).

Eco, Umberto: *Trattato di semiotica generale*. Mailand: Bompiani 1994 [1975] (dt. *Semiotik. Entwurf einer Theorie der Zeichen*. München: Fink 1991 [1987]).

Eco, Umberto: *Semiotica e filosofia del linguaggio*. Turin: Einaudi 1996 [1984] (dt. *Semiotik und Philosophie der Sprache*. München: Fink 1985).

Eggert, Hartmut et al. (Hgg.): *Geschichte als Literatur. Formen und Grenzen der Repräsentation von Vergangenheit*. Stuttgart/Weimar: Metzler 1990.

Eschbach, Achim/Rader, Wendelin (Hgg.): *Literatursemiotik. Methoden – Analysen – Tendenzen*. 2 Bde. Tübingen: Narr 1980.

Fabian, Bernhard (Hg.): *Ein anglistischer Grundkurs. Einführung in die Literaturwissenschaft*. Berlin: Schmidt 1998 [1971].

Fish, Stanley: *Is There a Text in This Class? The Authority of Interpretive Communities*. Cambridge, MA: Harvard UP 1995 [1980].

Fludernik, Monika: *Towards a ›Natural‹ Narratology*. London: Routledge 1996.

Fohrmann, Jürgen/Müller, Harro (Hgg.): *Diskurstheorien und Literaturwissenschaft*. Frankfurt a.M.: Suhrkamp 1992 [1988].

Fohrmann, Jürgen/Müller, Harro (Hgg.): *Literaturwissenschaft*. München: Fink 1995.

Fohrmann, Jürgen/Müller, Harro (Hgg.): *Systemtheorie der Literatur*. München: Fink 1996.

Foucault, Michel: *Les mots et les choses. Une archéologie des sciences humaines*. Paris: Gallimard 1966 (dt. *Die Ordnung der Dinge. Eine Archäologie der Humanwissenschaften*. Frankfurt a.M.: Suhrkamp 1997 [1971]).

Foucault, Michel: *L'archéologie du savoir*. Paris: Gallimard 1969 (dt. *Archäologie des Wissens*. Frankfurt a.M.: Suhrkamp 1997 [1973]).

Fowler, Alastair: *Kinds of Literature. An Introduction to the Theory of Genres and Modes*. Oxford: Clarendon 1997 [1982].

Fowler, Roger (Hg.): *A Dictionary of Modern Critical Terms*. London: Routledge 1991 [1973].

Frank, Armin Paul: *Einführung in die britische und amerikanische Literaturkritik und -theorie*. Darmstadt: Wissenschaftliche Buchgesellschaft 1983.

Frank, Manfred: *Was ist Neostrukturalismus?* Frankfurt a.M.: Suhrkamp 1997 [1983] (engl. *What Is Neostructuralism?* Minneapolis, MN: Minnesota UP 1989).

Fricke, Harald: *Norm und Abweichung. Eine Philosophie der Literatur*. München: Beck 1981.

Fricke, Harald (Hg.): *Reallexikon der Deutschen Literaturwissenschaft*. Bd. 2: *H–O*. Neubearbeitung *des Reallexikons der Deutschen Literaturgeschichte*. Berlin/New York, NY: de Gruyter 2000. [Bd. 1 s. Weimar 1997]

Frühwald, Wolfgang et al.: *Geisteswissenschaften heute. Eine Denkschrift.* Frankfurt a.m.: Suhrkamp 1996 [1991].

Gates, Henry Louis, Jr. (Hg.): ›*Race‹, Writing, and Difference.* Chicago, IL: Chicago UP 1995 [1986].

Genette, Gérard: »Discours du récit« in *Figures III.* Paris: Seuil 1972 (engl. *Narrative Discourse. An Essay in Method.* Ithaca, NY: Cornell UP 1995 [1980]).

Genette, Gérard: *Palimpsestes. La littérature au second degré.* Paris: Seuil 1982 (dt. *Palimpseste. Die Literatur auf zweiter Stufe.* Frankfurt a.m.: Suhrkamp 1996 [1993]).

Genette, Gérard: *Nouveau discours du récit.* Paris: Seuil 1983 (engl. *Narrative Discourse Revisited.* Ithaca, NY: Cornell UP 1988; dt. *Die Erzählung.* München: Fink 1998 [1994]).

Gibson, Andrew: *Postmodernity, Ethics and the Novel. From Leavis to Levinas.* London: Routledge 1999.

Glaser, Renate/Luserke, Matthias (Hgg.): *Literaturwissenschaft – Kulturwissenschaft. Positionen, Themen, Perspektiven.* Opladen: Westdeutscher Verlag 1996.

Glauser, Jürg/Heitmann, Annegret (Hgg.): *Verhandlungen mit dem ›New Historicism‹. Das Text-Kontext-Problem in der Literaturwissenschaft.* Würzburg: Königshausen & Neumann 1999.

Greenblatt, Stephen J./Gunn, Giles (Hgg.): *Redrawing the Boundaries. The Transformation of English and American Literary Studies.* New York, NY: Modern Language Association of America 1992.

Groden, Michael/Kreiswirth, Martin (Hgg.): *The Johns Hopkins Guide to Literary Theory and Criticism.* Baltimore, MD/London: Johns Hopkins UP 1995 [1994].

Grünzweig, Walter/Solbach, Andreas (Hgg.): *Grenzüberschreitungen. Narratologie im Kontext/Transcending Boundaries. Narratology in Context.* Tübingen: Narr 1999.

Gülich, Elisabeth/Raible, Wolfgang: *Linguistische Textmodelle. Grundlagen und Möglichkeiten.* München: Fink 1977.

Gumbrecht, Hans Ulrich/Link-Heer, Ursula (Hgg.): *Epochenschwellen und Epochenstrukturen im Diskurs der Literatur- und Sprachhistorie.* Frankfurt a.M.: Suhrkamp 1985.

Gutenberg, Andrea: *Mögliche Welten. Plot und Sinnstiftung im englischen Frauenroman.* Heidelberg: Winter 2000.

Harari, Josué V. (Hg.): *Textual Strategies. Perspectives in Post-Structuralist Criticism.* Ithaca, NY: Cornell UP 1989 [1979].

Harris, Wendell V.: *Dictionary of Concepts in Literary Criticism and Theory.* New York, NY/London: Greenwood 1992.

Harth, Dietrich/Gebhardt, Peter (Hgg.): *Erkenntnis der Literatur. Theorien, Konzepte, Methoden der Literaturwissenschaft.* Stuttgart/Weimar: Metzler 1989 [1982].

Hauff, Jürgen et al.: *Methodendiskussion. Arbeitsbuch zur Literaturwissenschaft.* 2 Bde. Königstein/Ts.: Athenäum 1991 [1971].

Hawthorn, Jeremy (Hg.): *A Glossary of Contemporary Literary Theory.* London: Arnold 1998 [1992] (dt. *Grundbegriffe moderner Literaturtheorie.* Tübingen/Basel: Francke 1994).

Henrich, Dieter/Iser, Wolfgang (Hgg.): *Funktionen des Fiktiven.* München: Fink 1983.

Herman, David (Hg.): *Narratologies. New Perspectives on Narrative Analysis.* Columbus, OH: Ohio State UP 1999.

Holub, Robert C.: *Reception Theory. A Critical Introduction*. London: Routledge 1989 [1984].

Horatschek, Annegreth: *Alterität und Stereotyp. Die Funktion des Fremden in den ›International Novels‹ von E.M. Forster und D.H. Lawrence*. Tübingen: Narr 1998.

Horstmann, Ulrich: *Parakritik und Dekonstruktion. Eine Einführung in den amerikanischen Poststrukturalismus*. Würzburg: Königshausen & Neumann 1983.

Iser, Wolfgang: *Die Appellstruktur der Texte. Unbestimmtheit als Wirkungsbedingung literarischer Prosa*. Konstanz: Universitätsverlag 1970.

Iser, Wolfgang: *Der implizite Leser. Kommunikationsformen des Romans von Bunyan bis Beckett*. München: Fink 1994 [1972].

Iser, Wolfgang: *Der Akt des Lesens. Theorie ästhetischer Wirkung*. München: Fink 1994 [1976] (engl. *The Act of Reading. A Theory of Aesthetic Response*. Baltimore, MD: Johns Hopkins UP 1991 [1978]).

Iser, Wolfgang: *Prospecting. From Reader Response to Literary Anthropology*. Baltimore: Johns Hopkins UP 1989.

Iser, Wolfgang: *Das Fiktive und das Imaginäre. Perspektiven literarischer Anthropologie*. Frankfurt a.M.: Suhrkamp 1993 [1991] (engl. *The Fictive and the Imaginary. Charting Literary Anthropology*. Baltimore, MD: Johns Hopkins UP 1993).

Jahraus, Oliver/Scheffer, Bernd (Hgg.): *Interpretation, Beobachtung, Kommunikation. Avancierte Literatur und Kunst im Rahmen von Konstruktivismus, Dekonstruktivismus und Systemtheorie*. Tübingen: Niemeyer 1999.

Jameson, Fredric: *The Prison-House of Language. A Critical Account of Structuralism and Russian Formalism*. Princeton, NJ: Princeton UP 1974 [1972].

Jameson, Fredric: *The Political Unconscious. Narrative as a Social Symbolic Act*. Ithaca, NY: Cornell UP 1994 [1981] (dt. *Das politische Unbewußte. Literatur als Symbol sozialen Handelns*. Reinbek: Rowohlt 1988).

Jannidis, Fotis et al. (Hgg.): *Rückkehr des Autors. Zur Erneuerung eines umstrittenen Begriffs*. Tübingen: Niemeyer 1999.

Jauß, Hans Robert: *Literaturgeschichte als Provokation*. Frankfurt a.M.: Suhrkamp 1992 [1970].

Jauß, Hans Robert: *Ästhetische Erfahrung und literarische Hermeneutik*. Frankfurt a.M.: Suhrkamp 1991 [1977] (engl. *Aesthetic Experience and Literary Hermeneutics*. Minneapolis, MN: Minnesota UP 1982).

Jefferson, Ann/Robey, David (Hgg.): *Modern Literary Theory. A Comparative Introduction*. London: Batsford 1992 [1982].

Kayser, Wolfgang: *Das sprachliche Kunstwerk. Eine Einführung in die Literaturwissenschaft*. Tübingen/Basel: Francke 1992 [1948].

Kittler, Friedrich A.: *Aufschreibesysteme 1800/1900*. München: Fink 1995 [1985].

Koch, Walter A. (Hg.): *Semiotik in den Einzelwissenschaften*. 2 Bde. Bochum: Brockmeyer 1990.

Koselleck, Reinhart: *Vergangene Zukunft. Zur Semantik geschichtlicher Zeiten*. Frankfurt a.M.: Suhrkamp 1995 [1979].

Kurz, Gerhard: *Metapher, Allegorie, Symbol*. Göttingen: Vandenhoeck & Ruprecht 1997 [1982].

Lausberg, Heinrich: *Elemente der literarischen Rhetorik*. Ismaning: Hueber 1990 [1949].

Lausberg, Heinrich: *Handbuch der literarischen Rhetorik*. Stuttgart: Steiner 1990 [1960] (engl. *Handbook of Literary Rhetoric*. Leiden et al.: Brill 1998).

Lentricchia, Frank: *After the New Criticism.* Chicago, IL: Chicago UP; London: Athlone 1980.

Lentricchia, Frank/McLaughlin, Thomas (Hgg.): *Critical Terms for Literary Study.* Chicago, IL/London: Chicago UP 1995 [1990].

Lenz, Bernd/Lüsebrink, Hans-Jürgen (Hgg.): *Fremdheitserfahrung und Fremdheitsdarstellung in okzidentalen Kulturen. Theorieansätze, Medien/Textsorten, Diskursformen.* Passau: Wissenschaftsverlag Richard Rothe 1999.

Link, Jürgen (Hg.): *Literatursoziologisches Propädeutikum.* München: Fink 1980.

Link, Jürgen: *Elementare Literatur und generative Diskursanalyse.* München: Fink 1983.

Litz, Arthur Walton et al. (Hgg.): *The Cambridge History of Literary Criticism.* Bd. 7: *Modernism and the New Criticism.* Cambridge: Cambridge UP 2000.

Lotman, Jurij M.: *Die Struktur literarischer Texte.* München: Fink 1993 [1972].

Ludes, Peter: *Einführung in die Medienwissenschaft. Entwicklungen und Theorien.* Berlin: Schmidt 1998.

Lyotard, Jean-François: *La condition postmoderne. Rapport sur le savoir.* Paris: Minuit 1994 [1979] (dt. *Das postmoderne Wissen. Ein Bericht.* Wien: Passagen-Verlag 1994 [1982]).

Makaryk, Irena R. (Hg.): *Encyclopedia of Contemporary Literary Theory. Approaches, Scholars, Terms.* Toronto: University of Toronto Press 1993.

McHale, Brian: *Constructing Postmodernism.* London: Routledge 1992.

Merrell, Floyd: *A Semiotic Theory of Texts.* Berlin: Mouton; New York, NY: de Gruyter 1985.

Merrell, Floyd: *Sign, Textuality, World.* Bloomington, IN: Indiana UP 1992.

Moi, Toril: *Sexual/Textual Politics. Feminist Literary Theory.* London: Routledge 1995 [1985].

Mongia, Padmini (Hg.): *Contemporary Postcolonial Theory. A Reader.* London: Arnold 1996.

Moriarty, Michael E.: *Semiotics of World Literature.* Lewiston, NY: Mellen 1996.

Nöth, Winfried: *Handbuch der Semiotik.* Stuttgart/Weimar: Metzler 2000 [1985] (engl. *Handbook of Semiotics.* Bloomington, IN: Indiana UP 1990).

Nöth, Winfried (Hg.): *Semiotics of the Media. State of the Art, Projects, and Perspectives.* Berlin: Mouton/New York; NY: de Gruyter 1997.

Nünning, Ansgar: *Grundzüge eines kommunikationstheoretischen Modells der erzählerischen Vermittlung. Die Funktionen der Erzählinstanz in den Romanen George Eliots.* Trier: Wissenschaftlicher Verlag Trier 1989.

Nünning, Ansgar (Hg.): *Literaturwissenschaftliche Theorien, Modelle und Methoden. Eine Einführung.* Trier: Wissenschaftlicher Verlag Trier 1998 [1995].

Nünning, Ansgar: *Von historischer Fiktion zu historiographischer Metafiktion.* Bd. 1: *Theorie, Typologie und Poetik des historischen Romans.* Trier: Wissenschaftlicher Verlag Trier 1995.

Nünning, Ansgar/Nünning, Vera (Hgg.): *Konzepte der Kulturwissenschaften. Theoretische Grundlagen – Ansätze – Perspektiven.* Stgt./Weimar: Metzler 2003.

Nünning, Vera/Nünning, Ansgar (Hgg.): *Erzähltextanalyse und Gender Studies.* Stgt./Weimar: Metzler 2004.

Pasternack, Gerhard: *Theoriebildung in der Literaturwissenschaft. Einführung in Grundfragen des Interpretationspluralismus.* München: Fink 1975.

Pechlivanos, Miltos et al. (Hgg.): *Einführung in die Literaturwissenschaft.* Stuttgart/Weimar: Metzler 1995.

Petrey, Sandy: *Speech Acts and Literary Theory.* New York, NY/London: Routledge 1990.

Pfeiffer, Karl Ludwig: *Das Mediale und das Imaginäre. Dimensionen kulturanthro-
pologischer Medientheorie.* Frankfurt a.M.: Suhrkamp 1999.

Pfeiffer, Karl Ludwig et al. (Hgg.): *Theorie als kulturelles Ereignis.* Berlin/New
York: de Gruyter 2000.

Pfister, Manfred: *Das Drama. Theorie und Analyse.* München: Fink 2000 [1977]
(engl. *The Theory and Analysis of Drama.* Cambridge: Cambridge UP 1994
[1988]).

Pilkington, Adrian: *Poetic Effects. A Relevance Theory Perspective.* Amsterdam/Phi-
ladelphia: Benjamins 2000.

Plett, Heinrich: *Einführung in die rhetorische Textanalyse.* Hamburg: Buske 1991
[1971].

Posner, Roland et al.: *Semiotik. Ein Handbuch zu den zeichentheoretischen Grundlagen
von Natur und Kultur.* Bd. 1. Berlin/New York, NY: de Gruyter 1997.

Pratt, Mary Louise: *Toward a Speech Act Theory of Literary Discourse.* Bloomington,
IN: Indiana UP 1977.

Preminger, Alex/Brogan, Terry V.F. (Hgg.): *The New Princeton Encyclopedia of
Poetry and Poetics.* Princeton, NJ: Princeton UP 1993.

Ray, William: *Literary Meaning. From Phenomenology to Deconstruction.* Oxford:
Blackwell 1984.

Renner, Rolf Günter/Habekost, Engelbert (Hgg.): *Lexikon literaturtheoretischer
Werke.* Stuttgart: Kröner 1995.

Ricklefs, Ulfert (Hg.): *Fischer Lexikon Literatur.* 3 Bde. Frankfurt a.M.: Fischer
1996.

Rimmon-Kenan, Shlomith: *Narrative Fiction. Contemporary Poetics.* London:
Routledge 1996 [1983].

Rooney, Ellen: *Seductive Reasoning. Pluralism as the Problematic of Contemporary
Literary, Theory.* Ithaca, NY: Cornell UP 1989.

Rusch, Gebhard: *Erkenntnis, Wissenschaft, Geschichte. Von einem konstruktivistischen
Standpunkt.* Frankfurt a.M.: Suhrkamp 1987.

Ryan, Marie-Laure: *Possible Worlds, Artificial Intelligence, and Narrative Theory.*
Bloomington, IN et al.: Indiana UP 1991.

Ryan, Michael: *Literary Theory. A Practical Introduction.* Oxford: Blackwell
1998.

Said, Edward W.: *Orientalism.* London et al.: Penguin 1995 [1978] (dt. *Orienta-
lismus.* Frankfurt a.M. et al.: Ullstein 1981).

Said, Edward W.: *Culture and Imperialism.* New York, NY: Knopf 1994 [1993]
(dt. *Kultur und Imperialismus. Einbildungskraft und Politik im Zeitalter der
Macht.* Frankfurt a.M.: Fischer 1994).

Saussure, Ferdinand de: *Cours de linguistique générale.* Paris: Payot & Rivages
1967 [1916] (kritische Ausgabe [Hg. Rudolf Engler]: Wiesbaden: Harras-
sowitz 1967ff.).

Schmidt, Siegfried J.: *Grundriß der Empirischen Literaturwissenschaft.* Bd. 1: *Der
gesellschaftliche Handlungsbereich Literatur.* Frankfurt a.M.: Suhrkamp 1991
[1980]. Bd. 2: *Zur Rekonstruktion literaturwissenschaftlicher Fragestellungen in
einer empirischen Theorie der Literatur.* Braunschweig/Wiesbaden: Vieweg 1982.

Schmidt, Siegfried J. (Hg.): *Literaturwissenschaft und Systemtheorie. Positionen,
Kontroversen, Perspektiven.* Opladen: Westdeutscher Verlag 1993.

Schmidt, Siegfried J.: *Kognitive Autonomie und soziale Orientierung. Konstruktivistische Bemerkungen zum Zusammenhang von Kognition, Kommunikation,
Medien und Kultur.* Frankfurt a.M.: Suhrkamp 1996 [1994].

Schmidt, Siegfried J.: *Kalte Faszination. Medien – Kultur – Wissenschaft in der Mediengesellschaft*. Weilerswist: Velbrück Wissenschaft 2000.

Scholz, Bernhard F. (Hg.). *Mimesis. Studien zur literarischen Repräsentation/Studies on Literary Representation*. Tübingen/Basel: Francke 1998.

Sebeok, Thomas A. (Hg.): *Encyclopedic Dictionary of Semiotics*. 3 Bde. Berlin/New York, NY: Mouton de Gruyter 1994 [1986].

Selden, Raman: *Practising Theory and Reading Literature. An Introduction*. New York, NY: Harvester Wheatsheaf 1995 [1989].

Selden, Raman (Hg.): *The Cambridge History of Literary Criticism*. Bd. 8: *From Formalism to Poststructuralism*. Cambridge: Cambridge UP 1995.

Selden, Raman et al.: *A Reader's Guide to Contemporary Literary Theory*. London: Prentice Hall 1997 [1985].

Showalter, Elaine (Hg.): *The New Feminist Criticism. Essays on Women, Literature and Theory*. London: Virago 1993 [1985].

Smith, Barbara Herrnstein: *Contingencies of Value. Alternative Perspectives for Critical Theory*. Cambridge, MA/London: Harvard UP 1995 [1988].

Stanzel, Franz: *Theorie des Erzählens*. Göttingen: Vandenhoeck & Ruprecht 1995 [1979].

Storey, John: *An Introductory Guide to Cultural Theory and Popular Culture*. New York, NY: Harvester Wheatsheaf 1997 [1993].

Strube, Werner: *Analytische Philosophie der Literaturwissenschaft. Untersuchungen zur literaturwissenschaftlichen Definition, Klassifikation, Interpretation und Textbewertung*. Paderborn et al.: Schöningh 1993.

Tholen, Toni: *Erfahrung und Interpretation. Der Streit zwischen Hermeneutik und Dekonstruktion*. Heidelberg: Winter 1999.

Tompkins, Jane P. (Hg.): *Reader-Response Criticism. From Formalism to Post-Structuralism*. Baltimore, MD: Johns Hopkins UP 1994 [1980].

Tonn, Ralf: *Zwischen Rezeption und Revision. Derrida in der amerikanischen Literaturwissenschaft, mit besonderer Berücksichtigung der ›Yale-critics‹*. Frankfurt a.M. et al.: Lang 2000.

Veeser, Harold Aram (Hg.): *The New Historicism*. New York, NY: Routledge 1989.

von Braun, Christina/Stephan, Inge (Hgg.): *Gender-Studien. Eine Einführung*. Stuttgart/Weimar: Metzler 2000.

von Graevenitz, Gerhart (Hg.): *Konzepte der Moderne*. Stuttgart/Weimar: Metzler 1999.

Wagenknecht, Christian (Hg.): *Zur Terminologie der Literaturwissenschaft. Akten des IX. Germanistischen Symposions der Deutschen Forschungsgemeinschaft, Würzburg 1986*. Stuttgart/Weimar: Metzler 1989 [1988].

Weimann, Robert: ›*New Criticism*‹ *und die Entwicklung bürgerlicher Literaturwissenschaft*. München: Beck 1974 [1962].

Weimann, Robert: *Ränder der Moderne. Repräsentation und Alterität im (post)kolonialen Diskurs*. Frankfurt a.M.: Suhrkamp 1997.

Weimar, Klaus (Hg.): *Reallexikon der Deutschen Literaturwissenschaft*. Bd. 1: *A-G*. Neubearbeitung *des Reallexikons der Deutschen Literaturgeschichte*. Berlin/New York, NY: de Gruyter 1997. [Bd. 2 s. Fricke 2000]

White, Hayden: *Metahistory. The Historical Imagination in 19th Century Europe*. Baltimore, MD/London: Johns Hopkins UP 1997 [1973] (dt. *Metahistory. Die historische Einbildungskraft im 19. Jahrhundert*. Frankfurt a.M.: Fischer 1994 [1991]).

White, Hayden: *Tropics of Discourse. Essays in Cultural Criticism*. Baltimore, MD/London: Johns Hopkins UP 1994 [1978] (dt. *Auch Klio dichtet oder die Fiktion des Faktischen. Studien zur Tropologie des historischen Diskurses*. Stuttgart: Klett-Cotta 1991 [1986]).

White, Hayden: *The Content of the Form. Narrative Discourse and Historical Representation*. Baltimore, MD: Johns Hopkins UP 1987 (dt. *Die Bedeutung der Form. Erzählstrukturen in der Geschichtsschreibung*. Frankfurt a.M.: Fischer 1990).

Williams, Patrick/Chrisman, Laura (Hgg.): *Colonial Discourse and Post-Colonial Theory. A Reader*. New York, NY: Harvester Wheatsheaf 1996 [1993].

Wolf, Werner: *Ästhetische Illusion und Illusionsdurchbrechung in der Erzählkunst. Theorie und Geschichte mit Schwerpunkt auf englischem illusionsstörenden Erzählen*. Tübingen: Niemeyer 1993.

Zapf, Hubert: *Kurze Geschichte der anglo-amerikanischen Literaturtheorie*. München: Fink 1996 [1991].

Zapf, Hubert: *Literatur als kulturelle Ökologie. Zur kulturellen Funktion imaginativer Texte an Beispielen des amerikanischen Romans*. Tübingen: Niemeyer 2002.

Zima, Peter V.: *Literarische Ästhetik. Methoden und Modelle der Literaturwissenschaft*. Tübingen: Francke 1995 [1991].

Zima, Peter V.: *Komparatistik. Einführung in die vergleichende Literaturwissenschaft*. Tübingen: Francke 1992.

Zima, Peter V.: *Die Dekonstruktion. Einführung und Kritik*. Tübingen et al.: Francke 1994.

Zima, Peter V. (Hg.): *Literatur intermedial. Musik – Malerei – Photographie – Film*. Darmstadt: Wissenschaftliche Buchgesellschaft 1995.

Printed in the United States
By Bookmasters